MARCHA

Y
AMÉRICA LATINA

Horacio Machín
Mabel Moraña
Editores

ISBN: 1-930744-15-3

© Biblioteca de América, 2003
Instituto Internacional de Literatura Iberoamericana
Universidad de Pittsburgh
1312 Cathedral of Learning
Pittsburgh, PA 15260
(412) 624-5246 • (412) 624-0829 FAX
iili@pitt.edu

Colaboraron en la preparación de este libro:

Tapa: Joaquín Torres-García, *Construcción con tres figuras* (1946).
Composición y diseño gráfico: Erika Braga
Correctores: Cornelio Delgado y Antonio Gómez

Carlos Quijano durante su residencia en México

MARCHA
Y
AMÉRICA LATINA

Horacio Machín
Mabel Moraña
Editores

MARCHA
y
América Latina

Mabel Moraña. Introducción 9
Tulio Halperin Donghi. Apertura 19

I. ESTUDIOS

1. LA POLÍTICA EN MARCHA

Carmen de Sierra. Marcha en el contexto político-económico internacional del siglo XX 33
Eduardo J. Vior. Perder los amigos, pero no la conducta. Tercerismo, nacionalismo y antiimperialismo: *Marcha* entre la revolución y la contrarrevolución (1958-74) 79
Yamandú Acosta. Arturo Ardao: la inteligencia filosófica y el discernimiento del tercerismo en *Marcha* 123

2. MARCHA Y AMÉRICA LATINA

Arturo Ardao. El latinoamericanismo de Quijano 167
Hiber Conteris. Marcha y el despertar de la conciencia latinoamericana: análisis del ideario americanista del semanario en sus primeros veinte años de existencia 185
Mirian Pino. Carlos Quijano y sus editoriales en *Marcha* de los sesenta: un recorrido necesario 199
María Angélica Petit. De *Marcha* a *Cuadernos de Marcha*. Un proceso ideológico inscripto en el tiempo histórico ... 215
Luisa Peirano Basso. La primera época de los *Cuadernos de Marcha* 253

3. ESTUDIOS LITERARIOS Y CAMPO CULTURAL

Claudia Gilman. Batallas de la pluma y la palabra 277
Haydée Ribeiro Coelho. América Latina como alteridad: memorias de un campo identitario 299

Pablo Rocca. La idea de América Latina y de su historia literaria. Las visiones de Emir Rodríguez Monegal y de Ángel Rama en *Marcha* 313
Jorge Ruffinelli. La censura contra *Marcha*: un caso ejemplar 349

4. OTRAS CARTOGRAFÍAS

Abril Trigo. La larga *Marcha* hacia los estudios culturales latinoamericanos 381
Lucía Jacob. *Marcha*: de un cine club a la C3M 399
Raúl Antelo. Inclusión progresiva o inclusión excluyente: dos marchas de la cultura 433
Gustavo A. Remedi. Blues de un desencuentro: *Marcha* y la cultura popular 451
Omar Prego Gadea. Pancho Graells en *Marcha* 481

II. TESTIMONIOS

Arturo Ardao. ¿Dos *Marchas*? 511
Homero Alsina Thevenet. Dos palabras sobre *Marcha* 513
Eduardo Galeano. El periodismo independiente 515
José Manuel Quijano. Carlos Quijano, economista 517
Manuel Claps. Quijano en México 525
María Angélica Petit. Cuadernos de México en Francia ... 529
Mario Benedetti. Réquiem por Carlos Quijano 537
Arturo Ardao. Julio Castro. ¡Quince años después! 541

Horacio Machín. Post Scríptum 549

Colaboradores 555

Introducción

Mabel Moraña
Directora de Publicaciones, IILI
Universidad de Pittsburgh

Quizá sería justo comenzar estas reflexiones aceptando la idea de que la trayectoria del semanario *Marcha* (1939-1974) estuvo desde el comienzo recorrida por una marca de excepcionalidad. Desde las condiciones propicias que dieron lugar a su nacimiento, hasta el devastador panorama que marcó su clausura, esa publicación constituyó un ejemplo paradigmático de los efectos que las fuerzas sociales y políticas pueden llegar a imprimir en los imaginarios colectivos y en las prácticas culturales concretas a través de las cuales se expresa una comunidad. Modelo inimitado de fertilidad creativa y pensamiento crítico, *Marcha* surge de uno de los países más pequeños y periféricos de América Latina y pronto se proyecta con una fuerza inusitada a través de fronteras culturales e ideológicas, abriendo un espacio transnacional de diálogo y debate en el que participarían las más prestigiosas figuras de la cultura, la política y la economía internacional. Después de más de treinta años de reconocida y persistente labor, la clausura de *Marcha* señala el final de una era. Arrasada por las dictaduras de los años setenta, la vida civil en el Cono Sur adquiere un carácter kafkiano, marcado por la devastación y la tragedia. El prestigioso semanario sucumbió a la barbarie de la violencia de Estado, incrementando el desamparo no solo del público nacional, sino de un continente que perdía con *Marcha* uno de los más firmes puntos de referencia ideológica y cultural que haya tenido a lo largo de su azarosa historia.

Desde sus páginas responsables y combativas, *Marcha* marcó semanalmente una línea de reflexión que desafió los escenarios intelectuales más convencionales de su tiempo –los que seguían con rigidez caminos engoladamente académicos, o los que desde el periodismo más tradicional se dejaban regir por intereses partidistas estrechos y circunstanciales. Sin sacrificar lo particular a lo general, lo nacional a lo internacional, lo individual a lo colectivo, *Marcha* supo articular, quizá como ninguna otra publicación latinoamericana, las exigencias de la contingencia con las necesidades de un pensamiento de proyección mayor, internacionalista, volcado hacia debates y horizontes que daban a lo local un sentido más pleno. Ese pensamiento, que tomó a veces giros universalistas y no se negó a cierto vuelo utópico e imaginativo, fue a la vez analítico y especulativo, poético y crítico, político y filosófico. A través de él se ensayaban ideas, se delineaban o discutían proyectos, se diseñaban o criticaban agendas, sin que la urgencia de lo inmediato hiciera perder de vista los contextos históricos o geoculturales más vastos, con los que el Uruguay intersectaba entonces más productivamente que en ningún otro momento de su historia. En este sentido, *Marcha* significó una *interrupción* necesaria y eficaz de los discursos oficiales, y realizó una *intervención* fundamental en las dinámicas de la vida pública.

Operó, así, a nivel colectivo, una transformación que dio a los discursos cerradamente esencialistas de la identidad nacional y regional una dimensión nueva, en la que "lo foráneo" se insertaba productivamente como un registro diferenciado pero asimilable a las lecturas de "lo propio". Lo nacional no aludiría ya a una mismidad autorreferencial, sino a la especificidad de una historia política y cultural inconcebible fuera de los vínculos que la articulaban a los destinos de América Latina y a las propuestas de un occidentalismo de cuño colonialista que debía ser desafiado y desenmascarado desde las perspectivas específicas de cada sociedad, clase o generación que se enfrentaba a las coyunturas históricas y políticas de su tiempo.

Pero si *Marcha* transgredió fronteras nacionales y culturales y desafió esquemas ideológicos y políticos, fue también un semillero de propuestas en cuanto a la lectura de la textualidad social. Sus artículos apuntaban tanto al análisis económico como a la interpelación de un sujeto social que las páginas del semanario contribuyeron a visualizar en su diversidad de expectativas, en sus grados de percepción política y en sus niveles de formación estética. Desde los más sesudos estudios de economía hasta la atención a la educación, la ciencia y las artes, desde la crítica literaria a la teatral y cinematográfica, desde el humor al más estricto compromiso político, *Marcha* fue siempre, ante todo, una plataforma –y, en muchas instancias, una barricada– desde la que se defendiera el interés colectivo, la justicia social, la democracia, los derechos humanos, sin claudicaciones, aun en las etapas más difíciles de la historia nacional.

El hecho de que *Marcha* fue, ante todo, un proyecto colectivo, no resta relevancia a los aportes individuales que le dieron impulso desde sus orígenes. Los nombres de su esclarecido fundador, Carlos Quijano, los del filósofo Arturo Ardao y el educador Julio Castro, asesinado por la dictadura, los de algunos de sus más fieles colaboradores, como Emir Rodríguez Monegal, Ángel Rama, Carlos Real de Azúa, Homero Alsina Thevenet, Mario Benedetti, Eduardo Galeano, María Esther Giglio, Juan Fló, Mercedes Rein, para citar solo unos pocos de los múltiples y leales contribuyentes del semanario, dan muestra del calibre intelectual de la empresa. Al mismo tiempo, a pesar de la relevancia de la obra que cada uno desarrollara independientemente, ninguno de ellos puede ser extraído del contexto de *Marcha*, que encuadrara brillantemente muchos de los más relevantes aportes que estos intelectuales han realizado al pensamiento latinoamericano y al fortalecimiento de la cultura nacional. *Marcha* es producida a partir de un colectivo intelectual y es como producto plural que se proyecta hacia la totalidad del continente, que distingue en las páginas del semanario los perfiles singulares de sus colaboradores tanto como las articulaciones que los organizan en torno a ejes comunes. Son justamente esas afinidades y acuerdos tácitos, esas alianzas estratégicas que no eliminan las discrepancias ni aspiran a un consenso superficial, los que interpelan desde el Uruguay democrático a los demás países de América Latina, que reconocen en los planteamientos del semanario uruguayo preocupaciones propias, conflictos derivados de las mismas raíces que requieren una reflexión compartida en la búsqueda de soluciones de aplicabilidad continental.

Como es sabido, durante más de cuatro décadas *Marcha* hizo mucho más que informar sobre política y economía, y más que analizar la cultura latinoamericana, europea y norteamericana, tareas que de por sí hubieran ya marcado una trayectoria inigualada en el periodismo del siglo XX. También –quizá habría que decir, "principalmente"– presentó propuestas, impulsó movimientos sociales, elaboró lecturas que ponían sobre el tapete del pensamiento crítico los productos de la alta cultura y los de la cultura de masas, impulsando la reflexión sobre el sujeto nacional-popular tal como éste podía ser concebido desde los horizontes ideológicos y filosóficos de la época. Exploró contradicciones, agendas y prácticas sociales, sin olvidarse de los individuos concretos que las diseñan y las protagonizan. Ejerció una crítica fuerte, a veces radical, de las acciones que sustentan las movilizaciones populares y de los intereses, no siempre confesados, que las atraviesan. Instaló, sobre todo, en el espacio crítico de América Latina, una *ética política* que ayudó a delinear, en distintas latitudes, la misión histórica de generaciones que se enfrentaban al desafío de repensar las estructuras del liberalismo desde los horizontes alternativos que proponía el marxismo, desde la activación social que producían los movimientos de liberación nacional, la resistencia estudiantil, la organización sindical, el antiimperialismo. Como interlocutora tenaz y rigurosa de la Revolución Cubana, *Marcha* fue escenario de análisis, polémicas y discusiones que hacían del espacio cultural transnacionalizado una arena de encuentro y exploración crítico-teórica, en la que se ensayaban ideas y se desplegaban las fuerzas que componían el pensamiento de vanguardia política.

Desde el panorama de la segunda posguerra hasta el más álgido momento de la dictadura militar, *Marcha* fue ejemplo de periodismo militante. Sus colaboradores –algunos provenientes de los partidos tradicionales, otros definibles casi como intelectuales orgánicos de la resistencia de izquierda– fueron al mismo tiempo profesionales insertados fuertemente en el espacio preservado de la alta cultura. Desde estos parámetros sin duda restrictivos, se propusieron, sin embargo, la tarea de revisar, sin concesiones, el repertorio historiográfico, los mitos nacionales y los fraudes económicos y políticos del oficialismo, buscando brechas que permitieran insertar la crítica, la duda, el rigor, como instrumentos liberadores y creativos para que la cultura y, más ampliamente, la sociedad civil, pudieran contener en su centro a sus márgenes, sin exclusiones ni privilegios.

Sin grandes alharacas, la tarea intelectual de *Marcha* fue pionera no solo porque representó una vanguardia política y cultural en el amplio contexto de América Latina. También desde sus páginas se abrieron paso muchos de los debates que, décadas después, pasarían a integrar el repertorio de los estudios culturales, y a ocupar las agendas teóricamente atiborradas del latinoamericanismo internacional. La revisión de los componentes y límites de *lo nacional*, la necesidad de transgredir fronteras disciplinarias, la concepción de la cultura como trama y texto en el que pueden leerse, en registro simbólico, los conflictos sociales, el reconocimiento de las fuerzas que impulsan la formación de subjetividades colectivas, la concepción del campo intelectual como espacio de lucha por el poder representacional, la atención al diseño de políticas culturales, constituyeron ejes de reflexión que fueron transformándose, refinándose y cambiando de signo según las urgencias y desafíos de cada momento histórico y cada coyuntura política. Pero *Marcha* no llegó a caer nunca en un culturalismo banal o esteticista que perdiera de vista las determinaciones económicas que operan en la conformación misma de las matrices de producción cultural y de organización política y social. Los colaboradores más constantes del semanario –y ni qué decir su incansable director–, se mantuvieron siempre vigilantes con respecto al lugar que ocupan lo económico y lo político particularmente en sociedades de cuño neocolonial y posicionalidad periférica, donde el diálogo con los centros del capitalismo internacional está siempre mediado por la desigualdad y la necesidad de defenderse. Dentro de los grandes diseños globales, *Marcha* trató de definir el espacio de lo local, interpretar las historias que cuentan las peripecias de la cotidianidad y figurar un *modo de ser y de estar* en América Latina donde la dignidad y la independencia ocuparan un lugar prioritario.

Coincido con Tulio Halperin Donghi en la voluntad de evitar, a lo largo del vuelo, una mirada hacia atrás que revele solamente las ruinas del presente. El legado de *Marcha* habla no solo del país que el Uruguay fue, sino también del que pudo llegar a ser, a pesar de todo, en condiciones que nunca fueron ideales. Habla de persistencia, esfuerzo personal, visión política, capacidad intelectual y sacrificio colectivo. Pero también de la fuerza que nace de lo *político*, entendiendo por tal lo que pertenece a la polis, lo que articula y fundamenta el pensamiento de una comunidad, los principios que sustentan sus acciones y búsquedas, las pautas que organizan la movilización popular y ayudan a inscribirla en encuadres mayores. Lo político como el motor que activa lo social y lo dirige al cambio, que promueve y potencia lo cultural y permite hacer surgir nuevos sujetos y nuevas alianzas, y diseñar nuevas cartografías. Lo político, entonces, como una forma de cohesión que permite articular lo privado en lo público, lo inmediato en lo futuro, de acuerdo con principios donde lo contingente adquiere trascendencia. Sin esa plataforma, las acciones colectivas se dispersan y pierden sentido y la sociedad queda a merced de la arbitrariedad y la rapiña.

Nadie duda de que las avenidas de lo político no pueden ser hoy las recorridas en el siglo pasado. La devastación política y cultural provocada por las dictaduras, el costo social de la impunidad, la debacle económica rematada por el neoliberalismo y la reestructuración de las hegemonías auspiciadas por los procesos de globalización hacen necesaria, sin duda, una revisión radical de los imaginarios políticos no solo nacionales sino occidentales, y una recuperación de las tramas que sustentan ideologías, movimientos sociales y alianzas populares. Por esta razón, el proyecto de *Marcha* no debería ser evaluado solamente como una aventura intelectual irrepetible que habría que celebrar y luego archivar, como si se tratara del segmento pasivo de una genealogía nacional y continental definitivamente clausurada. Más bien, valdría la pena retener la idea de que más allá de sus aportes más puntuales y de su valor puramente epocal, *Marcha* logró construir un modelo de acción intelectual y constituir una práctica cultural paradigmática, que bajo nuevas formas América Latina y particularmente el Río de la Plata necesitan hoy más que nunca, para recuperar un pensamiento crítico que permita visualizar nuevos caminos donde lo colectivo se reivindique como la instancia primera para la reapropiación de lo social. Las nuevas generaciones que tendrán principalmente a su cargo esta tarea, deberán aprender quizá la principal enseñanza que el proyecto de *Marcha* pudo transmitir: la de que la política se hace desde las microhistorias cotidianas, desde el trabajo intelectual que se realiza de cara a los conflictos de cada época, desde la impugnación persistente de los discursos dominantes, desde las alianzas, los frentes, y los acuerdos estratégicos. En este sentido, volver críticamente sobre el legado de *Marcha* es mucho más que un ejercicio académico. Es el intento por reabrir un ámbito de reflexión entre generaciones, espacios culturales, disciplinas, momentos de la historia, e instancias de la vida política. Significa, al menos en la intencionalidad que alentó este volumen, tender un puente entre la evidencia de lo que pudo ser y las expectativas que se abren en el contexto de una redemocratización insuficiente, que clama por una recuperación plena del pensamiento crítico y político tanto para el Uruguay como para el resto de América Latina.

El libro que se ofrece aquí surgió de la iniciativa del Profesor Hernán Vidal, de la Universidad de Minnesota, y fue financiado en gran parte por los fondos provistos por esta institución. Hernán Vidal, chileno y director, durante buena parte de la década de los ochenta, del Departamento de Español y Portugués de esa universidad, contribuyó durante toda su carrera a través de una prolífica obra, pero también con una práctica constante y solidaria, al análisis político y cultural de América Latina, principalmente en los campos de la literatura, el discurso autoritario, los derechos humanos y los movimientos de resistencia a las dictaduras del Cono Sur. Su propuesta de que quienes ahora editamos este volumen nos ocupáramos del legado de *Marcha* es, así, doblemente significativa: primero, porque parte de alguien que es ajeno al interés de exaltación de nuestra cultura nacional, percibiendo más bien la importancia del semanario desde su repercusión latinoamericana. En segundo lugar, porque este interés emerge de alguien que ha priorizado durante toda su carrera el lugar de lo político como espacio para la construcción de la cultura y como base ineludible del pensamiento crítico. A él va, entonces, por estas razones, nuestro mayor agradecimiento.

Presidido por las palabras certeras del historiador Tulio Halperin Donghi, que reflexiona sobre las circunstancias de surgimiento y sobre la trayectoria excepcional de *Marcha* en el contexto latinoamericano, este libro se divide en cuatro secciones principales, que enfocan diversos campos en los que la contribución del semanario se destacó con mayor claridad. El primero de ellos, "La política en *Marcha*", se dedica a ubicar la posición del semanario en el panorama político internacional de la segunda posguerra, y a estudiar las relaciones ideológicas entre tercerismo, latinoamericanismo y antiimperialismo. El segundo apartado, "*Marcha* y América Latina", explora las conexiones del periódico con problemáticas continentales y la función continuadora que tuvieron los *Cuadernos de Marcha* en distintos contextos. Asimismo, se estudia la posición latinoamericanista de Carlos Quijano y la proyección de sus editoriales sobre todo en los años que siguieron a la Revolución Cubana. En tercer lugar, bajo el título "Estudios literarios y campo cultural", se analizan aspectos vinculados a la crítica literaria y en general a la definición del campo intelectual del que surgían y en el que se insertaban los artículos presentados por el semanario. Finalmente, "Otras cartografías" agrupa, trabajos que relevan los aportes de *Marcha* al estudio de la cultura popular, el discurso humorístico, el cine, etc. o sea el modo en que la cultura letrada que *Marcha* representaba paradigmáticamente se enfrentaba a la imagen, los medios de comunicación y otros discursos que interferían productivamente con las versiones escriturarias de la "alta cultura". Cerrando el libro, bajo el título de "Testimonios", se ofrece una serie de evaluaciones o evocaciones provenientes de la pluma de muchos de los más fieles colaboradores de *Marcha*, en los que se recuperan momentos singulares o aspectos específicos de esta publicación, o en los que se da paso a memorias personales, a modo de homenaje a Carlos Quijano y sus colaboradores más cercanos.

En muchos de los artículos ofrecidos, quienes participan en este libro piensan la experiencia de *Marcha* desde horizontes teóricos ya problematizados por los estudios culturales, donde las narrativas críticas intersectan con planteamientos de evaluación política, interés historiográfico, o análisis sociocultural. En ellos se respeta lo que fue la intención principal de esta compilación: mostrar la incidencia de *Marcha* más allá de lo local, pero sin despreciar esta dimensión evidente y necesaria que el semanario atendió a cabalidad. Sobre todo, se preocupan por dejar en claro los términos en los que se abre, se sostiene y se cierra, a través de las páginas de *Marcha*, un diálogo valiente y riguroso a nivel continental, donde la cultura germinó como una aventura intelectual colectiva, y como forma de la imaginación y de la sensibilidad social.

Deseo agradecer, en mi nombre y en el de Horacio Machín, co-editor de este libro, la paciencia y generosidad de quienes participaron en esta empresa editorial, ya sea ofreciendo sus trabajos, ya como editores y correctores de las pruebas que precedieron al producto final. Sobre todo, nuestro agradecimiento a la Universidad de Minnesota que apoyó este proyecto, fiel a una trayectoria de muchas décadas de impulso al pensamiento crítico producido desde y sobre América Latina.

Logotipo de Marcha

Apertura

Tulio Halperin Donghi

Cuando se reflexiona desde el devastado presente sobre qué fue y qué significó *Marcha*, y no solo para el Uruguay, surge inmediatamente la tentación de tomar un camino que, se sabe demasiado bien, sería preferible evitar, inventariando todo lo que fue necesario para que *Marcha* fuese posible. Sería preferible evitar esa tentación, porque nos llevaría a recorrer una vez más una ruta que – en la Argentina tanto como en el Uruguay– solo puede conducir, ya sea a ese dolor que Dante proclamó mayor que cualquier otro, que es el de recordar el feliz tiempo pasado en medio de la presente desgracia, o –lo que sería sin duda más grave– ese otro amargo y rencoroso sentimiento que Juan Cruz Varela denunciaba ya en 1839, en confesado plagio de Manzoni, como el mísero orgullo de un tiempo que fue.

Dejemos constancia entonces de que *Marcha* solo fue posible en un Uruguay y un Río de la Plata que no tenían medida común con los actuales, pero solo para agregar que aun en ese contexto la exitosa prolongación de esa experiencia, por más de tres décadas, significó una hazaña, ya que no imposible, sí por lo menos altamente improbable. Una vez por semana *Marcha* se constituía en el escaparate en que se desplegaban los productos de la vida cultural uruguaya, y el despliegue invitaba a quienes la leían desde fuera a atribuir a esa vida una intensidad y una riqueza tan inesperadas en país tan pequeño que podían despertar la sospecha de que lo que tenían entre las manos era un equivalente periodístico de esas aldeas de pura fachada que Potemkin había erigido para proteger del duro choque con la realidad a las ilusiones que conservaba la gran Catalina sobre la prosperidad de su imperio. Cuando después de haberla leído largamente de lejos se leía *Marcha* desde Montevideo (y hablo aquí por experiencia personal), se descubría que la explicación era otra: aunque las riquezas que desplegaba no podían ser más auténticas, había muy poco en la producción intelectual uruguaya que no buscara y encontrara acceso a esa vidriera que el semanario había abierto al mundo.

La capacidad que tuvo *Marcha* de constituirse en el vehículo de casi todo lo que alcanzaba alguna importancia en la vida intelectual de la nación, se hace aún más notable en un periódico que dedicaba lo mejor de sus esfuerzos a defender agresivamente agendas políticas que solo episódicamente lograban ganar el favor de la opinión mayoritaria. Es ésta en suma la hazaña de *Marcha*, que sería incomprensible si no se tomara en cuenta lo que aportó a ella la personalidad excepcional de su fundador, pero que hubiera sido de todos modos imposible en un marco distinto del proporcionado por la etapa de vida uruguaya que va desde la Segunda Guerra Mundial hasta la conquista del poder político por el estamento militar, una de cuyas más tempranas víctimas iba a ser el semanario fundado por Carlos Quijano en 1939.

Su fundador en primer lugar. Quijano se identificaba a la vez con dos tradiciones a las que mantenía una férrea lealtad que hacía de él una figura a la vez admirable y levemente anacrónica. Una de ellas no podía ser más uruguaya; era la del principismo blanco, que en el bravío Uruguay de la segunda mitad del siglo XIX había mantenido una lealtad no menos firme a los principios del liberalismo doctrinario florecido en Francia medio siglo antes, renunciando con ello de antemano a cualquier posibilidad de evadirse de una posición marginal en las filas de un partido al que desde 1865 la fortuna de la guerra había también relegado a una marginalidad que le llevaría casi un siglo superar. Quijano estaba seguro de haber dejado atrás ese credo ya irremediablemente anacrónico, pero retenía plenamente la actitud que él había inspirado en quienes lo habían hecho suyo, y que lo llevó a encabezar un Partido Nacional Social Demócrata destinado a obtener habitualmente la más baja cifra de sufragios entre todas las fracciones blancas. La otra era más hispanoamericana que uruguaya: era la del movimiento continental desencadenado en torno a la reforma universitaria, que encontraba inspiración en un antiimperialismo en que el influjo de Lenin convivía como podía con el más vernáculo de Rodó, y con el cual Quijano iba a tomar contacto directo durante sus años europeos sobre todo a través de Víctor Raúl Haya de la Torre, el inventor y guía del aprismo peruano.

La primera etapa de *Marcha* se dio en una coyuntura que puso de inmediato en primer plano todo lo que debía colocar al periódico en un lugar excéntrico en un país que no estaba viviendo las peripecias de la Segunda Guerra Mundial como un espectador distante, porque prefería en cambio imaginarse participante de primera fila en el inmenso conflicto. Una mayoría cuya gravitación numérica se hacía sentir de modo aun más abrumador gracias al fervor que ponía en su identificación con la causa que iba, finalmente, a perfilarse vencedora e iba a rehusarse a reconocer legitimidad alguna a las reservas que despertaban en los redactores de *Marcha* los corolarios que deducía la coalición gobernante de la adhesión a una causa cuya victoria también ellos juzgaban deseable, y más aún, a la alarma que en ellos despertaba –y éste es sólo un ejemplo entre no pocos posibles– la inclinación de los gobernantes del momento a abrir la puerta a la presencia militar de Estados Unidos en el territorio nacional.

Marcha sobrevivió sin embargo a esa etapa difícil que, paradójicamente, iba a dejar un legado favorable a su suerte futura, pues ni aun quienes a lo largo de ella habían juzgado con dureza las actitudes del semanario, podían negar retrospectivamente que les había inspirado una lealtad, quizá inoportuna, a convicciones que en tiempos menos críticos habían sido compartidas por muchos que, urgidos por alcanzar la victoria en un conflicto en que estaban en juego cosas que les parecían aun más importantes, las habían dejado de lado, pero que, pasada la emergencia y disipadas las esperanzas antes depositadas en las consecuencias de esa victoria, comenzaban a encontrar las menos inoportunas de lo que en su momento las habían juzgado.

Si sería demasiado decir que a partir de entonces la opinión estuvo más dispuesta a seguir las inspiraciones de *Marcha*, no lo es concluir que estaba ahora más inclinada a reconocer, tras posiciones que a menudo habría de encontrar de nuevo extravagantes, una buena voluntad, una buena fe, una esencial honradez intelectual poco frecuentes en el debate político. No ha de negarse a la vez que ese reconocimiento era facilitado por la fundada convicción de que la prédica de *Marcha* contaba con muy escasas probabilidades de orientar al país por caminos distintos de los preferidos por las fuerzas políticas mayoritarias; en todo caso, esa persuasión contribuyó a que en la etapa abierta con la derrota de la candidatura presidencial de Luis Alberto de Herrera –el jefe de la fracción blanca mayoritaria quien en 1946 había esperado ser llevado al triunfo en la cresta de la ola de descontento colectivo frente a una victoria que dejaba beneficios mucho más magros que los en verdad exorbitantes anticipados mientras duraba el combate– el papel de *Marcha* como aspirante a guía político e ideológico de la nación pasara decididamente a segundo plano, en favor del de sensibilísimo eco multiplicador de la vida intelectual uruguaya.

Facilitaba esa transición la atenuación de las tensiones políticas en una etapa en que –si el ritmo de la vida uruguaya no recuperó el dinamismo que la había caracterizado en el medio siglo anterior al gran derrumbe de 1929– el goce de lo logrado en ese medio siglo le aseguró una placidez un poco soñolienta que la visión retrospectiva tiende a apreciar más que quienes vivieron en ella, pero que alcanzó con todo a inspirar el módico proyecto modernizador que bajo la guía de Luis Batlle prometía devolver a la vida nacional algo de ese perdido dinamismo, y mientras tanto no incitaba a prestar demasiada atención a los toques de alarma que *Marcha* seguía prodigando. Pero si era esa suerte de remanso en el curso de una historia nacional habitualmente más agitada el que permitió que el público comenzara a ver ante todo a *Marcha* como el órgano por excelencia de la vida de la cultura y de las ideas, le facilitó por otra parte la conquista de una posición central y casi monopólica en este terreno el haberlo encontrado poblado por personajes e instituciones demasiado desvitalizados para competir con un interlocutor que irrumpía en él con todo el vigor y el entusiasmo que precisamente les faltaba.

Ocurría que esos personajes e instituciones eran veteranos de más de una década de combates en defensa del legado ideológico y cultural de la etapa uruguaya que había construido el Estado liberal y luego orientado su acción hacia objetivos de progreso social, tanto contra el régimen surgido del golpe de Estado de marzo de 1934, cuanto contra los avances del fascismo a escala mundial, y a lo largo de esos años se habían concentrado hasta tal punto en esa defensa que no solo no se sintieron tentados de renovar un legado ya constituido en lo esencial desde antes de la Primera Guerra Mundial, sino que hubieran condenado cualquier tentativa emprendida en esa dirección como un oblicuo llamado a desertar del combate; luego de que esa etapa había sido coronada por la victoria, ésta era vista como la confirmación de la validez intemporal y definitiva del acervo ideológico y cultural por el que habían tenazmente combatido.

El resultado era un inevitable arcaísmo en las ideas, que podía ser menos percibido como tal debido al estancamiento que también en otros aspectos afectaba a la vida uruguaya, que iba a contribuir también a facilitar la conquista del centro de la escena por parte de *Marcha*. Un buen ejemplo de esto último fue el papel que tuvo el semanario en la implantación de una refinada cultura cinematográfica, gracias a la cual Montevideo comenzó, súbitamente, a latir con el pulso del mundo, pero para lograrlo, ese crítico de excepción que fue Homero Alsina Thévenet no necesitó contraponer su propia visión a otra que encontrara ya vigente en esta materia en los medios formadores de opinión, puesto que éstos no sólo no ejercían la crítica cinematográfica, sino que ni siquiera fingían hacerlo aún, y se limitaban a acompañar los anuncios de los estrenos con las ditirámbicas gacetillas informativas enviadas por las agencias distribuidoras, en un uso que en otras partes había sido ya dejado atrás por más de una década.

Se hace aquí muy grande la tentación de ofrecer como conclusión un lugar común, y proclamar que *Marcha* había venido a llenar un vacío, pero la verdad es que terminó llenando no uno, sino varios y muy variados vacíos. Hasta qué punto ello era así pude medirlo cuando me tocó preparar una antología de textos de Carlos Real de Azúa, y descubrir que *Marcha* había sido el destino compartido por reseñas bibliográficas que por su índole no hubieran estado fuera de lugar en un anuario erudito, y cuando las inspiraba la necesidad de disentir lo hacían con la desmesurada acritud que suele caracterizar a las disputas entre eruditos, con ensayos que cuando tocaban temas actuales desplegaban la mirada amplia y un poco despegada que caracterizó a lo mejor de ese género que los franceses llaman *reportage*, que aunque encuentra su lugar habitual en la prensa diaria y busca merecer un destino menos efímero, pero al volverse al pasado adquiría toda la urgencia y la contundencia que suelen reservarse para los que tocan el presente más quemante. Que todo eso no pudiera encontrar su lugar sino en *Marcha* revelaba cuántas eran las carencias que el semanario de Quijano había venido a corregir, pero a la vez que lo encontrara de modo del todo natural allí probaba hasta qué punto éste estaba siendo capaz de corregirlas.

Hay en particular una hazaña de *Marcha* que es imposible pasar por alto: gracias primero a Emir Rodríguez Monegal y luego a Ángel Rama iba a desplegarse en sus columnas una imagen –admirable por su riqueza tanto como por su precisión y justeza– de lo que hace siglo y medio solía llamarse el movimiento literario, tanto en el Uruguay como en Hispanoamérica y el mundo. Ambos críticos, a los que tantas cosas separaban, tenían en común no haberse dejado seducir por la noción de que lo que tenían frente a sí eran textos que se habían escrito a sí mismos; ambos –de modo más instintivo Emir y más consciente y razonado Ángel– preferían creer que esos textos tenían autores, que su producción se había venido a insertar en el curso de algo que no tiene nada de abusivo llamar historia de la literatura, y –de nuevo de modo más decidido Ángel– que ese curso se confunde a su vez en el de una historia sin adjetivos, y muy pronto la historia misma se encargaría de refrendar del modo más cruel la validez de esta última conclusión.

La presencia de *Marcha*, se ha sugerido ya, se había consolidado en esa plácida etapa de la vida uruguaya en que era posible ejercer influjo considerable desde un lugar que se sabía y quería excéntrico. Porque en ese momento una voz disidente podía ser no solo tolerada, sino en efecto escuchada, el saberse escuchada contribuía quizá a que encontrase su propia marginalidad más tolerable de lo que gustaba de imaginar, y que su voluntad de marcar diferencias con el consenso dominante estuviese menos urgida de subvertirlo de lo que también se complacía en creer. *Marcha* tuvo la fortuna de contar por un tiempo como secretario de redacción a Juan Carlos Onetti, que se adivina ya destinado a ocupar en el paisaje literario del siglo XX hispanoamericano, tal como lo verá el siglo XXI, un lugar central menos ampliamente compartido de lo que se hubiera esperado hace unas décadas, y que en *El astillero* propuso una imagen eficacísima de esa etapa uruguaya, en la que desenmascaraba al estancamiento como escuálida decadencia; que dedicara esa obra maestra a Luis Batlle es revelador en cuanto no deja duda de cuál era entonces –para decirlo en lenguaje de Borges– el tamaño de su esperanza, porque lo que prometía Luis Batlle era poner de nuevo en movimiento a un país demasiado quieto, que seguiría sin embargo siendo la Suiza de América, en otras palabras el Uruguay de siempre.

Cuando esa promesa se reveló vacía, la sospecha de que el Uruguay de siempre no iba quizá a ser para siempre hizo aun más seductora una propuesta que llegaba del más inesperado rincón de Hispanoamérica. La Revolución Cubana prometía un distinto camino al futuro, pero para Carlos Quijano esa promesa traía recuerdos de un pasado que se estaba revelando menos muerto de lo que había podido parecer hasta casi la víspera. Y sin duda no se equivocaba cuando reconocía tras del anuncio del Hombre Nuevo que estaba en el centro del mensaje de Ernesto Guevara un eco del de Deodoro Roca que había presentado a la rebelión de los estudiantes cordobeses como el primer paso de un movimiento destinado a eliminar un orden que sólo produce "hombres mutilados", y hacer posible así el surgimiento del "Hombre, pleno en la posesión de sí mismo", que introduciría una "nueva luz en el mundo".

En esa nueva hora americana, *Marcha* estaba lista para llevar ese mensaje no solo al Uruguay sino a Hispanoamérica toda, en la huella de tantos otros periódicos del pasado medio siglo, y en primer lugar entre ellos ese legendario *Repertorio Americano*, en cuyas columnas Joaquín García Monge lo había difundido por décadas desde San José de Costa Rica. Pero había desde luego una diferencia, porque ahora.

su voz que venía de los márgenes no estaba encerrada en un marco cuya excesiva quietud parecía condenarla irrevocablemente a permanecer en ellos. Latinoamérica y también el Uruguay habían entrado en movimiento, y ello trasformaba en inequívocamente subversivo un mensaje que en el pasado no había logrado, ni aun acaso querido del todo serlo. Ahora quizá no se lo propusiera más decididamente que hasta la víspera (en medio de un clima cada vez más violentamente tenso, Quijano podía sorprender a los lectores de su semanario con alarmados editoriales en que, con abrumador despliegue de cifras, reprochaba imparcialmente a todos los gobernantes que había tenido el Uruguay en el siglo xx que no hubieran hecho todo lo necesario para asegurar el equilibrio del presupuesto), pero lo lograba aun sin proponérselo. Sin duda hubo algunos que lo advertían, y advertían aun más claramente los riesgos que ello implicaba (si se permite aquí un recuerdo personal, cuando la Universidad de la República ofreció hospitalidad a colegas a quienes el general Onganía había dado a entender, con el brusco estilo en él característico, que no eran ya bienvenidos en las argentinas, mi comentario de que me sentía como esos refugiados que luego de 1933 llegaban de Berlín a Viena, y que Karl Kraus comparó con ratas que se precipitaban al barco que se hundía, no reveló a Ángel Rama nada que él no supiera ya). Pero también ellos se unieron a un combate en que sabían que la victoria era imposible, y sobre todo gracias a ellos el fin de *Marcha* puede hoy ser recordado con una suerte de desolado orgullo.

I. Estudios

1. La política en *Marcha*

Logotipo histórico del semanario

Marcha en el contexto político-económico internacional del siglo xx*

Carmen de Sierra
Historiadora/Investigadora y Docente en Enseñanza Superior

> ¿Es equivocado pensar que otro mundo, todavía informe, esta naciendo? ¿Es desvarío afirmar que la democracia del siglo xxi no será la del siglo xx y que así mismo el socialismo de mañana, no será en sus formas y expresiones, el de ayer y el de hoy, aunque su esencia permanezca?
> Carlos Quijano – febrero de 1971

I. Revisión intelectual y modernidad en el Uruguay contemporáneo: Carlos Quijano (1900-1984) y Arturo Ardao (1912)

A) Una formación, una ética y una metodología

Carlos Quijano, abogado, economista, periodista –nacido con el siglo– aparece como un protagonista clave de la evolución cultural uruguaya del siglo xx. Su personalidad y su labor tendrán un peso decisivo en la formación del medio intelectual y universitario del país durante por lo menos medio siglo. Su reflexión sobre la situación mundial y las especificidades latinoamericana y uruguaya comienza a configurarse con claridad desde los años treinta, secundada por otras figuras de la intelectualidad de la época. Lo fundamental de sus aportes se centró, desde el inicio, en varias publicaciones nacionales de esa década y especialmente en el semanario *Marcha* (1939-1974), del que será director hasta su violento cierre en los años setenta.

Las ideas fuerza que estructuran con sorprendente continuidad su pensamiento de influencia a nivel nacional y latinoamericano se podrían resumir en tres ejes fundamentales: 1) la distinción y diferenciación clara en todos los análisis concernientes al mundo contemporáneo de dos tipos de *liberalismo* que a menudo se confunden; por un lado el *liberalismo político* y por otro el *liberalismo económico*, diferente en la estructuración interna y en sus consecuencias político - sociales; 2) la afirmación de que el mundo actual –incluyendo Latinoamérica– está sometido a una contradicción fundamental no resuelta, entre los *nacionalismos políticos* y el *internacionalismo económico*; 3) la adhesión definida y siempre confirmada a la *democracia política*, como conquista histórica universal. Al mismo tiempo la exigencia indispensable del funcionamiento real de la *democracia económica* y la *democracia social*, para que la *democracia política* pueda consolidarse.

En los años veinte, siendo muy joven y ya abogado, Quijano se traslada a París, donde realiza estudios de posgrado en ciencias políticas y ciencias económicas, al mismo tiempo que continúa su militancia dentro de grupos latinoamericanistas en Europa, fundando la Asociación General de Estudiantes Latinoamericanos, AGELA(1925), de la misma forma en que había promovido la creación del *Centro Ariel* en 1917 en Montevideo. A su retorno al Uruguay en 1929, crea con otras personalidades progresistas de la época –Arturo Ardao, Julio Castro– la "Agrupación Nacionalista Democrático Social" dentro de uno de los dos grandes partidos tradicionales del país, el Partido Blanco, de la cuál será presidente hasta 1958, cuando se retira por discrepancias político-ideológicas, pasando a expresar su apoyo explícito a las corrientes del Partido Socialista uruguayo.

Después de su regreso al Uruguay se desempeña como profesor de ciencias económicas en la Universidad de la República; promueve la creación del "Instituto de Economía" allí mismo; se desempeña como director de importantes instituciones económicas nacionales e internacionales dado su reconocido prestigio como especialista en problemas económicos y financieros. En los años treinta escribe como periodista en los diarios y semanarios ligados al Partido Blanco: *El País* y *El Nacional* y en el semanario *Acción*, junto a la fundamental colaboración de Arturo Ardao. De toda su labor, la más destacada será la publicación del ya mencionado semanario *Marcha* (1939-1974), una vez más con el apoyo estrecho de Arturo Ardao, Julio Castro y Juan Carlos Onetti, entre las figuras más relevantes. Más tarde en los años sesenta, esta empresa intelectual se completa con la fundación de *Cuadernos de Marcha* (1967-1992), de la *Biblioteca Marcha* y del *Cine Club Marcha*. Una verdadera aventura y red de trabajo intelectual de incalculables consecuencias sobre la cultura nacional, siguiendo el principio de que "navegar es necesario, vivir no es necesario" (título del detallado trabajo de Hugo Alfaro). Durante cincuenta años su tarea periodística de nivel académico en diarios, semanarios y revistas sobre temas económicos, políticos, sociales e internacionales, refleja su seria formación interdisciplinaria; ello se completa con sus obras: *Contralor de cambios en el Uruguay* (1924), *Ciclo de la evolución económica - Cámara Nacional de Comercio* (1949) y *La Reforma Agraria en el Uruguay* (1963).

En un artículo de Arturo Ardao –abogado, filósofo, especialista en historia de las ideas– publicado en *Cuadernos de Marcha* en 1989 en conmemoración de los cincuenta años del semanario *Marcha* y los cinco años de la muerte de Quijano durante su exilio en Ciudad de México, titulado "El magisterio de Quijano", el autor revisa el papel decisivo de esta personalidad en la historia intelectual uruguaya. Ardao ve en él un sucesor directo del escritor José Enrique Rodó y del filósofo Carlos Vaz Ferreira, verdaderos pilares de la forma de pensamiento dominante en la cultura moderna, racionalista y ética del Uruguay contemporáneo. Reconoce en la formación de Quijano las influencias "neorrealistas", "neo-idealistas" y "neopositivistas" de sus predecesores, unidas a los nuevos aportes metodológicos del marxismo en el campo socio-económico, que integró en sus análisis epistemológicos: "Rodó y Vaz Ferreira al fondo, Marx más acá, asumidos todos ellos del modo más libre o menos dogmático". La continuidad con Rodó y Vaz Ferreira se manifesta en "la afirmación del ideal frente al desborde utilitario", en una "filosofía moral idealista, filosofía de lo ideal de la acción y de la vida", en un nuevo esfuerzo de síntesis entre lo ideal y la realidad, "para marchar hacia el ideal y comprender la realidad". En lo fundamental, estas influencias determinan en Quijano que aquellos prólogos, al igual que otros estudios que se irán produciendo, darán concreción, precisión y afinamiento a algunas de sus máximas pautas: *nacionalismo antiimperialista* y *latinoamericanista; democracia política, democracia social y socialismo democrático.*

En 1927, el joven Quijano envía desde París un artículo a la sección "Cartas a los lectores" del diario *El País*, en donde expresa el sentimiento generalizado de la época en ciertas élites latinoamericanas residentes en Europa, frente a la persistencia de un latinoamericanismo esencialmente culturalista ligado a ciertas confusas interpretaciones del pensamiento "rodoniano". Decía en esa oportunidad: "en América no habrá ni cultura, ni arte, ni ciencias propias, ni organización política estable; mientras no hallamos resuelto nuestra independencia económica, mientras no adquiramos la disciplina del trabajo; mientras no seamos fuertes y ricos, mientras no explotemos nuestras propias riquezas" ("Algunas consideraciones..."). Pero las bases del racionalismo ético rodoniano han permanecido siempre en la evolución ideológica de Quijano y ello se explicita en numerosas oportunidades, muy especialmente en un editorial de 1964 del semanario *Marcha* titulado "Atados al mástil". En un período ya convulsionado de la historia nacional y latinoamericana, el director del semanario revisa la evolución de su pensamiento a través de los años frente a la evolución nacional, afirmando:

> No hay retornos, como decíamos en el comienzo de un largo auto examen. Si los hay, no dejan de ser conmovedores. Porque después de haber andado tanto, debemos de reconocer que hemos vuelto sin quererlo ni buscarlo, a los mentores de nuestra adolescencia. A Rodó que nos enseñó a reverenciar a los que nos vencerán con honor. A Vaz Ferreira que nos enseñó a desconfiar del espíritu de sistema y de las verdades acuñadas.

La mencionada postura metodológica se puede reconocer en el discurso de Quijano en temas muy diversos que van de los problemas económicos nacionales e internacionales a los problemas del conocimiento en los procesos políticos y sociales. En las décadas del cincuenta, sesenta y setenta leemos en diversos editoriales: "La vida nos ha enseñado a desconfiar de nosotros mismos, de las verdades absolutas y de los dogmas" ("Por caminos..."); "cabe creer que sólo se avanza cuando se comprende que es más lo que falta aprender que lo que se sabe... [porque]... la batalla del conocimiento es inextinguible" ("Uruguay...").

Refiriéndose a los problemas de creciente polarización y simplificación de los conflictos sociales en los años sesenta, –sin renunciar a sus convicciones y compromisos bien definidos–, Quijano logra plantear algunos interrogantes clave sobre la realidad política y social, sobre las recetas y los paradigmas interpretativos. En "Atados al mástil" su mensaje mantiene la misma postura:

> ¿Hombres de izquierda? ¿Hombres de derecha? ¿Qué es izquierda y qué es derecha? ¿De qué sirven las etiquetas? Las que valen son las soluciones, la actitud y la conducta [...] ¿Revolución? ¿Evolución? América esta en las vísperas gloriosas de su segunda gran revolución ¿Se cumplirá esta por la violencia? ¿Qué sabemos? Decimos... que [la transformación] asumirá distintas formas según las latitudes y que deseamos ardientemente que solo utilicemos la fuerza cuando la fuerza de los otros nos obligue a hacerlo.

Ya en el año 61 anunciaba esta misma línea de reflexión en el editorial "Digamos nuestro mensaje", en momentos en que se discutía la declaración de Fidel Castro sobre su adhesión al Bloque Soviético:

¿Qué es esto de evolución y revolución de método reformista y de método revolucionario? ¿Qué es esto? Puede que en el fondo se reduzca a un juego de palabras, a un empleo de muletillas que impiden pensar, o ¿por qué no?, una forma cobarde de querer preservar nuestra comodidad. Las revoluciones no se hacen con discursos y manifiestos y las evoluciones no pueden conducirse a los acordes de un minué. Revolución o evolución ¿qué importa? El tiempo, las circunstancias, los hombres, los hechos exteriores que pueden parecernos ajenos, decidirán... ¿Cómo la evolución deja de ser tal para transformarse en revolución? ¿Qué línea separa una de la otra? ¿Cuestión de ritmo? Sí, es cuestión de ritmo...

El reconocimiento de Quijano ante Rodó y Vaz Ferreira parece referirse al legado de una ética del comportamiento y de una metodología del pensamiento y de la acción dentro de un pensamiento científico fundado sobre el análisis objetivo de la realidad, aceptando la relatividad y el carácter transitorio y transformable del conocimiento en todos los ámbitos de lo existente.

Carlos Quijano se nos aparece como una figura moderna por su conocimiento exhaustivo de los problemas históricos, económicos y socio-políticos de la época que le toca vivir: el siglo xx. Se sintió comprometido con la historia del presente y sus grandes llamados e interrogantes en el campo internacional, como en el latinoamericano y nacional. Es, sin duda, un personaje moderno a la altura de los cambios metodológicos del siglo, en lo que tiene que ver con la complejidad e interdependencia de los fenómenos históricos, económicos, políticos, sociales y culturales; en la comprensión de la urgencia de los estudios interdisciplinarios para el avance en los campos de las Ciencias Económicas y las Ciencias Sociales. Es una personalidad intelectual moderna porque se ha formado en la experiencia muy rica de una síntesis que recoge la herencia del siglo xix –evolucionismo, racionalismo, valor del pensamiento científico, realismo neo positivista– con el realismo neoidealista, el relativismo, el marxismo y otras corrientes de análisis social del siglo xx. Logra integrar en sus reflexiones las nuevas problemáticas y replanteos surgidos de la experiencia histórica: la Revolución Mexicana, la Revolución Rusa y Soviética, la Primera y la Segunda Guerra Mundial, el desarrollo científico y tecnológico acelerado, la

Revolución China, la Revolución Cubana, los movimientos nacionalistas e independentistas de las regiones del tercer mundo, la complejidad y la peligrosa evolución de la posguerra y de la Guerra Fría, los problemas del armamentismo y de la paz. Forma parte de un trabajo continuo empecinado, comprometido en la búsqueda –a veces vista como utópica– de un nuevo orden político-económico mundial más justo, más solidario, más racional; capaz de aplicar la ciencia, la tecnología y la educación en una gran empresa transformadora de los valores y metas de la sociedad contemporánea. En "Atados al mástil", afirmaba:

> Ese humanismo, queremos creer, ha estado presente en toda nuestra prédica... para lograr una sociedad más justa que devuelva al hombre su cabal dignidad; he acá el propósito todavía vigente, a cuyo servicio hemos dado nuestras horas... porque tenemos fe en el hombre y hacemos de él un fin y no un medio, [por ello] hemos librado duras batallas.

Este tipo de razonamiento lo lleva al problema de las naciones, de los Estados, de la política internacional; a las relaciones entre países centrales y periféricos, entre países llamados desarrollados y subdesarrollados, entre países coloniales y países colonizados, entre países del norte y países del sur. Porque además, se parte de la convicción de que la historia es siempre universal. Es decir que se es partidario de la modernización, del progreso y de la tecnología, pero no como una nueva "religión" instaurada en el mundo contemporáneo, justificando los monopolios, los imperialismos y las guerras, por encima del desarrollo humano real, económico y político de las sociedades. Es por lo tanto una modernidad no inocente, no confiada en el solo desarrollo económico, científico, tecnológico y material que las doctrinas dominantes en el siglo XIX y comienzos del siglo XX, identificaban indefectiblemente con la idea del progreso y el logro de una sociedad humana ideal, acabada, ya sea capitalista o comunista. Es por lo tanto un modernista crítico, que por momentos emplea un lenguaje y un vocabulario que extraídos de su contexto histórico y temático pueden parecer propios del "posmodernismo" del presente. Cree en el progreso, en la capacidad de desarrollo de las sociedades, de los hombres individuales y de los grupos sociales. Confía en las posibilidades del desarrollo económico social de las zonas periféricas del tercer mundo. Pero esta posibilidad está condicionada y garantizada por la existencia de la conciencia y la acción política transformadoras de los hombres, de las sociedades, de sus líderes y gobernantes. Sin esta condición y participación, el desarrollo económico, científico y tecnológico, sólo pueden ser como un barco a la deriva, sin brújula y sin destino previsible.

B) *Liberalismo económico y democracia social*

Quijano y toda la escuela universitaria económica del país, que conoce bien el pensamiento de Marx, los clásicos liberales y los keynesianos, han seguido también con interés los aportes de corrientes "heréticas" o "heterodoxas" contemporáneas como las de Alfred O. Hirschmann, Thorstein Veblen, Joseph Schumpeter y sobre todo François Perroux. Estos pensadores tienen en común, frente a las corrientes clásicas de la economía contemporánea –liberal o marxista– la introducción en el análisis económico de determinantes de índole no económica, la crítica del *homo economicus* común al capitalismo y al marxismo. La toma de conciencia del peso decisivo de las innovaciones técnicas y sus resultados imprevistos, la integración de los fenómenos de poder y de las relaciones de fuerza en los análisis sobre el crecimiento; las decisiones económicas en el seno de las empresas, el funcionamiento del mercado y las desigualdades del desarrollo por regiones a escala mundial. Todos los especialistas en economía y ciencias sociales, parecen también conocer los aportes latinoamericanos de un Víctor Urquidi, de un Raúl Prebisch, de los estudios económicos y sociales de la CEPAL.

Los economistas uruguayos de formación universitaria, ligados a la corriente de análisis abierta por el pensamiento de Carlos Quijano, están más cercanos a las diversas formas que adopta la economía mixta, los nuevos enfoques de la "economía de la convención", los análisis "convencionalistas" de tipo francés y los de la nueva "socioeconomía" de tipo norteamericano ya que todas reivindican la complementariedad y la interacción de las ciencias económicas, las ciencias sociales y las ciencias humanas. Frente a las derivas economicistas de los análisis liberales dominantes en occidente y las del marxismo contemporáneo, estas corrientes integran los fundamentos no solo sociales sino también institucionales y culturales, así como los factores extra-racionales en su análisis de los comportamientos económicos y los sistemas sociales. Es por esto que los problemas de la dependencia económica frente al mundo desarrollado e industrial son encarados –tanto en lo que se refiere a sus causas como a sus eventuales soluciones–, en el marco de explicaciones más amplias que, junto a los factores estrictamente económicos, hacen aparecer factores políticos y culturales, en una interacción global y compleja.

Un punto común aparece en estos análisis y en particular en el enfoque antropológico, económico y social propio de Quijano, con una actitud similar a la que adoptara por ejemplo en los años cuarenta Karl Polanyi para realizar su obra maestra: *La Gran transformación* (1944). Esta obra señalaba cómo en el curso del siglo XIX se dio en el conjunto de la sociedad humana un proceso anómalo por el cual "la utopía liberal" se transformó, en realidad, separando lo económico de lo social. Para Polanyi,

> nuestra tesis es que la idea de un mercado que se autorregule es completamente utópica. Una institución de este tipo no podría existir con continuidad sin anular la sustancia humana y natural de la sociedad, sin destruir al hombre y transformar su medio en un desierto. Además es cierto que la sociedad puede tomar medidas para protegerse, cualquiera de esas medidas comprometen la autorregulación supuesta del mercado, desorganizando la vida industrial, exponiendo así la sociedad a nuevos riesgos y peligros.

Quijano se expresa en el mismo sentido cuando muestra en 1961 cómo el sistema económico mundial se apropió de América Latina, del tercer mundo en general, pero también de Europa y de América del Norte, aunque esta aparezca como dominante.

> El mundo que los hombres de nuestra generación todavía conocieron y en el cual aún vivimos o vegetamos, está muerto. Definitivamente muerto. Todas las civilizaciones son mortales. Si el capitalismo dio origen a una civilización, esa civilización ya es un cadáver. Están los que no creen aún y es lógico. Pero no son las creencias solas las que históricamente deciden, aunque ellas también sean un hecho. Son los hechos. Al capitalismo, etapa histórica de grandes conquistas, lo mataron desde adentro sus propias contradicciones. ("Digamos nuestro mensaje")

Esta convicción, fuertemente arraigada en Quijano y en muchos de sus más cercanos colaboradores es retomada de diferentes formas y a través de diversas influencias convergentes por numerosos autores nacionales: historiadores, filósofos, economistas y sociólogos. Pero no se dan siempre de la misma forma en esta masa de especialistas los mismos caracteres claros de análisis antropológico y ético que explican, unido a lo económico, el comportamiento del ser humano en la sociedad, como se observará en los fundadores de la primera generación intelectual crítica del Uruguay desde los años treinta. Si bien Quijano plantea con total claridad que para salir de la dependencia y el subdesarrollo los países del continente deberán lograr la planificación, la socialización y las uniones regionales, otros especialistas en estudios del subdesarrollo, la dependencia y el desarrollo no insisten tanto en estos aspectos. Muchos economistas y sociólogos, jóvenes en los años sesenta –como Enrique Iglesias o Germán Rama– retoman la idea de la planificación o de la modernización, sin dar la misma importancia a la socialización o a la unión de los países del continente. Se observan también aproximaciones y distancias diferentes en relación a las posiciones de la CEPAL, frente a la capacidad real de los Estados latinoamericanos en sus independencias y neutralidad económico sociales, en todo plan de transformación y desarrollo regional y continental. En el editorial "Atados al mástil" completa estas ideas:

> No creemos, no hemos creído nunca, que el régimen capitalista, factor por otra parte del imperialismo, se compadezca con las necesidades y las posibilidades de los países subdesarrollados... Y tampoco creemos, como es lógico, que toda planificación sea buena, cualesquiera sean sus fines, cualesquiera sean quienes la proyecten y apliquen.

En 1966 el sociólogo español José Medina Echeverría, radicado en América Latina y participante activo en los orígenes de la CEPAL, da una conferencia sobre "Filosofía del desarrollo" en los VIII Cursos de Verano de la Universidad de la República sobre *Uruguay: una política del desarrollo*. En estas reflexiones, muy próximas al pensamiento uruguayo que venimos analizando, se plantea con claridad la complejidad y confusión que acompañan las políticas del "desarrollo" contemporáneo. Se plantean los peligros que rodean a las concepciones lineales, mesiánicas y de salvación de las doctrinas del progreso y del desarrollo; confundidas éstas con el "sistema económico puro", desligado del "sistema económico cultural integrado", que había sido el característico de todas las sociedades históricas pre-modernas. Este autor tan prestigioso y de tan amplia cultura histórica, sociológica y económica, observa que en realidad "la filosofía del progreso ha perdido su vigencia en nuestro tiempo" por dos razones fundamentales. "En primer lugar por el desvanecimiento de su ingrediente moral. Precedentemente el Progreso no solo comprendía la razón física, la conquista material de la naturaleza, sino la permanente elevación del hombre en su estatura moral, su indefinida perfectibilidad". Citando a Hanna Arendt y sus trabajos, que explican cómo el siglo XX es heredero directo del evolucionismo biologista, científico, filosófico y político de la segunda mitad del siglo XIX, crea varios interrogantes sobre las relaciones del progreso económico, científico y técnico frente al desarrollo moral y la libertad del hombre contemporáneo en la experiencia violenta de la primera mitad del siglo XX. Observa cómo "el Progreso como ilusión se ha convertido en progreso como fatalidad". Hace referencia a cómo justamente es en esa pérdida del futuro, que muchos autores contemporáneos han juzgado el signo más grave de la denominada crisis de Occidente, citando al pensador holandés F. L. Polak a propósito de cómo probablemente "ese vacío señala el lugar donde el presente se tragó pasado y futuro".

Los estudios de Hanna Arendt son contundentes y tuvieron una indudable influencia en las figuras intelectuales más cultas a nivel mundial y latinoamericano, como es el caso de Medina Echeverría, de Silva Herzog o Carlos Quijano. La autora había explicado:

> No solo Herbert Spencer, si no todos los primeros evolucionistas y darwinistas poseían una fe tan fuerte en el futuro angélico de la Humanidad, como en el origen simiesco del hombre... A finales del siglo los escritores abordaban constantemente los temas políticos de biología y zoología, y zoólogos hubo que escribieron *Perspectivas biológicas de nuestra política exterior*, como si hubieran descubierto una guía infalible para los políticos. Todos ellos ofrecían nuevos medios de controlar y regular *la supremacía de los más aptos*, conforme a los interés nacionales [...] El proceso de selección tuvo que pasar de ser una necesidad natural que actuaba a espaldas de los hombres, a una herramienta *artificial y física conscientemente aplicada*.

De esta forma se habían consolidado en el pasaje del siglo XIX al XX, los lazos entre expansión colonial, imperialismo ultramarino, imperialismo continental, con diversas formas de pensamiento racial. En este proceso se habrían socavado las bases fundamentales de la democracia y el liberalismo político occidental. Medina Echeverría considera que es en realidad en Estados Unidos y en la Unión Soviética (por otro proceso deductivo) donde a esta altura del siglo XX (décadas del cincuenta y sesenta), aparece intacta aún la fe ciega en la ciencia y el progreso, que legara la Ilustración del siglo XVIII al mundo moderno.

A través del análisis de los autores europeos y de algunos latinoamericanos que vivieron durante la Segunda Guerra Mundial y que realizaron una revisión de la evolución del mundo industrial, capitalista o comunista, podemos comprender mejor las raíces comunes y los lazos que los unen a figuras uruguayas como Vaz Ferreira, Carlos Quijano, Arturo Ardao, Julio Castro, Carlos Real de Azúa, entre los más conocidos. A pesar de pertenecer a épocas diferentes y tener formaciones diversas, todos ellos tienen en común una visión histórica global y a largo plazo, una concepción de la civilización no meramente material sino compuesta también por elementos culturales y éticos. Es por esto que todos los artículos, conferencias y publicaciones de esa época, que esperan establecer otro modelo de desarrollo nacional y latinoamericano, encaran los problemas del subdesarrollo, el desarrollo, la dependencia y la lucha contra la dominación, desde un enfoque educativo, cívico y ético. Es un llamado a la racionalidad, la libertad y la valorización de la condición humana y social. El desarrollo y el fin de la dependencia, no pasan solo por la productividad y el crecimiento actuales sino también por la toma de conciencia social e individual.

Lo esencial de la influencia del pensamiento de Carlos Quijano sobre los economistas, los historiadores y los sociólogos agrupados alrededor de *Marcha* es sobre todo la desacralización de las teorías e ideologías totalizadoras y simplificadoras de la realidad histórica, sea cual sea su origen. Esto es válido también respecto a la "dependencia" y el "imperialismo" de la época contemporánea en América Latina. La influencia de su reflexión antidogmática, antiesquemática, consciente de la complejidad y las contradicciones propias de la realidad –reflexión heredada del pensamiento universitario nacional fundado en el realismo, el agnosticismo y el neo-positivismo de la primera mitad del siglo xx, el pensamiento de Rodó y de Vaz Ferreira– es perceptible en las obras de todos los especialistas en ciencias sociales hasta el día de hoy, independientemente de sus diferentes orientaciones ideológicas o filosóficas. Se encuentra en todos estos trabajos, una suerte de método, de voluntad de comprender la realidad en su funcionamiento específico, de abarcar diferentes hipótesis posibles para comprender estos procesos; de exigencia respecto a un método científico que trascienda los sentimientos y las creencias individuales.

En su importante editorial "A rienda corta" de 1958, en el que encara un examen de la evolución de su pensamiento frente a la evolución económica del país en el contexto internacional, Quijano –coincidiendo probablemente con la mayoría de los sociólogos y economistas del país- escribe: "Marx una vez conocido, no se le puede olvidar. Marca e impregna. Volvemos siempre a él, para refutarlo, para contradecirlo, para negarlo, pero también para confirmarlo y confirmarnos". De hecho, en aquel entonces, solo una personalidad que gozaba del prestigio, de la formación y de la fuerza de persuasión de Quijano podía abordar este tema con tanta claridad, sin temer el juicio de los demás o "la inquisición ideológica" sutil que, como en todos los ambientes intelectuales, se hacía sentir en el Uruguay. Representa y al mismo tiempo marca un cambio en el rumbo del pensamiento más culto y más especializado de los economistas universitarios que interrogan el pasado y el presente de la nación sin sentirse atados a una teoría predeterminada. Estos están dispuestos, al menos, a corregir su teoría en función de los nuevos datos o documentos, aunque éstos cuestionen ideas profundamente arraigadas en el ambiente intelectual.

A esta obra ya entrada en años se agregan las reflexiones de dos economistas norteamericanos de gran renombre, Paul Baran y Paul Sweezy, que retoman el estudio del capitalismo monopólico y las corporaciones gigantescas de la economía capitalista contemporánea. Baran había explicado "la imposibilidad de que exista en el mundo actual un desarrollo capitalista para los países subdesarrollados". Estas obras no son solamente estudiadas por especialistas en su edición completa, sino que también forman parte del material de lectura que la Fundación de Cultura Universitaria mimeografía para los estudiantes de la Facultad de Ciencias Económicas y de la Facultad de Derecho y Ciencias Sociales en los años sesenta y setenta, en la Universidad de la República del Uruguay. De la misma forma se analizará, a través de distintas publicaciones, la especificidad de las características del desarrollo del capitalismo en los países del Río de la Plata, como Argentina y Uruguay. La independencia ideológica de estos economistas de fines de los años sesenta y principios de los setenta no hace sino confirmar la influencia metodológica de *Marcha* y de Quijano en particular en cuanto a los análisis económicos. Todos estos especialistas revelan los elementos de heterogeneidad y de contradicción que constituyen la historia de los países latinoamericanos.

En realidad, Quijano está convencido de que "podemos y debemos saltarnos etapas, entre otras razones, porque el mundo en el cual se mueve nuestro naciente capitalismo, no es el mismo mundo, el del siglo XIX, en el que apareció el capitalismo europeo". La gran diferencia es que "este capitalismo y su sucesor y rival, el capitalismo norteamericano, se hicieron con el andar de los años imperialistas; pero al transformarse así, transformaron también las relaciones y perspectivas de todo el mundo circundante y en primer término de las economías dominadas." Este tipo de actitud conduce lógicamente a negar la concepción fatalista según la cual el mismo sistema capitalista se aplicaría a todos los países, sea cual sea su grado de industrialización: "las economías dominadas están en condiciones de aprovechar las transformaciones ajenas para librar la batalla por una economía planificada y nacionalizada"("Esta América..."). Para hacer esto es preciso descubrir el camino específico y tener, luego, el coraje de trazarlo y seguirlo.

En los años sesenta y setenta lo que preocupa ya no es la antigua dependencia estructural de larga duración incluso cuando se sabe que está ligada al desequilibrio del desarrollo económico y la falta de diversidad en la producción en un momento de profunda transformación del escenario mundial. La verdadera preocupación se refiere al ingreso del país en los nuevos circuitos internacionales de bancos, préstamos, deudas, evasión de capitales, fuga de divisas, penetración financiera de los bancos extranjeros, sustitución de la inversión productiva por la inversión especulativa. Estas son las nuevas formas de capitalismo descritas por Baran y Sweezy. Se adoptan poco a poco por medio de programas y planes de desarrollo, aceptando el liberalismo total y rechazando toda forma de proteccionismo defensivo de las economías regionales. Pero se trata de un liberalismo de exportación cuya lógica no conviene a los países subdesarrollados. En este punto, todos los economistas concuerdan, tanto los de izquierda como los de centro e incluso ciertos liberales conservadores; sin olvidar a los miembros de grupos de extrema izquierda.

Carlos Quijano, hacia 1972, en un momento crítico de la historia nacional que preparaba el golpe de Estado cívico militar del año 1973, aclaraba y ponía énfasis en una serie de puntos que aparecían con frecuencia confusos:

> Es falso que socialismo y libertad sean inconciliables. Si lo fueran habría que desesperar del destino humano. Es falso que libertad suponga, necesariamente, libertad de comercio y vía libre para el lucro. Una de las trampas del capitalismo es la de aparear, libertad política y la llamada libertad económica y presentar a esta como garantía de aquella. También tramposa es la afirmación de que no hay progreso, sin lucro y sin propiedad individual en los medios de producción. La libertad política, la llamada libertad económica,

son dos categorías diferentes que llegado un cierto punto se repelen ("Tiempos difíciles").

Queda así claramente definida su postura sobre las diferencias y distinciones entre liberalismo político y liberalismo económico. Otro aspecto novedoso que recalcan sus editoriales y escritos durante más de cuatro décadas, es el que tiene que ver con la gran contradicción que vive el mundo contemporáneo entre los nacionalismos políticos y el internacionalismo económico. En el mismo número de *Marcha* Arturo Ardao corroboraba este problema de las confusiones de términos y conceptos: la gran confusión que tiende a identificar el régimen soviético y el socialismo, "como concepto intercambiable, palabras diversas que se refieren a un hecho igual"; confusión esta de la que debemos cuidarnos atentamente.

C) *La democracia y los avatares de la política internacional*

Ya en 1928 Quijano explicitó ciertas convicciones básicas que mantuvo al correr de su vida, junto a sus próximos colaboradores en la tarea intelectual y política. En un artículo titulado "Algunas consideraciones sobre la Democracia", publicado en la sección *Cartas a los lectores,* del diario *El País,* expresaba: "Si de la libertad puede decirse que para merecerla hay que conquistarla todos los días, algo parecido cabe decir de la Democracia. [...] es algo vivo, en constante evolución, en permanente peligro, además de caer en la tiranía o desvanecerse en la demagogia". Por ello surge la convicción en esta primera generación crítica del país "en medio de la descomposición autoritaria que crece en el mundo [de] consolidar, depurar la democracia [como] una primera y necesaria labor ".

Así, a diferencia de lo que se había predicado a nivel nacional e internacional, surge la evidencia de que la democracia no es un "estado", una conquista definitiva de la historia, sino una lucha, un proyecto en permanente peligro. De esta forma surge la visión muy moderna y desacralizada de los procesos políticos sociales en la historia, lo que supone la aceptación del carácter inevitablemente conflictual de toda sociedad democrática y de toda sociedad en general. Estas ideas fuerza se reiteran a través del tiempo prácticamente sin variantes.

En relación al tema de la libertad y de las exigencias de la democracia, se observa la misma continuidad de pensamiento a través de toda la prédica periodística y discursiva de Quijano. En 1969 tomaba una posición terminante ante los excesos de las fuerzas en pugna y los peligros de la violencia y el poder represivo:

la Libertad no es todo, y no solo de Libertad vive el hombre... No es suficiente, pero es imprescindible. Y cuando la libertad se pierde o sufre eclipses, o está amenazada, o corre peligro de que hasta invocando su propio nombre, se le ahogue, la tarea primigenia, es reconquistarla. O defenderla, o hacerla resplandecer. ("¿Por qué ...?")

Pero en esta dialéctica, no confunde las responsabilidades mayores, cuando afirma en 1971 en un editorial: "[En] el mecanismo de la violencia –acción y reacción– siempre la responsabilidad mayor le corresponde al poder (el Estado). No hay violencia en sociedades normalmente organizadas. La hay, en donde la esperanza ha muerto, y reina la arbitrariedad. Donde no hay justicia"... ("Fin y principio"). Pero también había afirmado en 1962, en "Los dados que se echan a rodar": "Una Constitución mala es preferible a la ausencia de Constitución. Más aún: sin Constitución no hay país". Todo este pensamiento aparece incluido en una concepción de la historia abierta a la acción de los hombres, en la evolución de los procesos históricos, en la evolución de los sistemas y de las ideologías. Nada aparece totalmente determinado, ni es absoluto a través del tiempo. Y esa apertura se acepta para el orden nacional e internacional: "¿Es equivocado creer que otro mundo, todavía informe, esta naciendo? ¿Es desvarío afirmar que la democracia del siglo XXI no será la del siglo XX y que así mismo, el socialismo de mañana, no será en sus formas y expresión el mismo de ayer y de hoy, aunque su esencia permanezca?" ("Frugoni...") –anunciaba ya en *Marcha* en 1971, en un editorial homenaje ante el deceso del doctor Emilio Frugoni, conductor del Partido Socialista uruguayo.

Ante estas particularidades del mundo intelectual uruguayo contemporáneo, en el cual la figura de Quijano cumple un papel rector fundamental, el socio-politólogo francés Daniel Pécaut (*directeur d´Etudes*) de la Escuela de Altos Estudios en Ciencias Sociales de París (E.H.E.S.S), se pregunta "¿Cómo comprender este vigor, esta presencia del tema democrático? ¿De qué fuente se alimenta?... Ningún otro país de América Latina conoció una entrada tan temprana de la modernidad democrática, fundada en la laicidad y la combinación de los derechos políticos y sociales". Parece también atribuirle un carácter modernizador a esta experiencia intelectual por mantener siempre una manera de pensar en sociedad, formulando constantemente un proyecto emancipador, al decir de Habermas.

¿Por qué hablar de proyecto emancipador? Aquellos que conozcan algo de los movimientos intelectuales de América Latina de los años 1930 y 1960 se sorprenderán por cierto al descubrir [...] la fidelidad permanente de los intelectuales uruguayos al tema de la democracia, así como su inquietud por hacer de ella el principio director de una modernización de las estructuras sociales. En cambio, en los países vecinos, como la Argentina o el Brasil, tanto en los sectores de izquierda como en los de derecha, existen múltiples corrientes, que constantemente denuncian las por así llamadas *falsedades* de la democracia, imputándole a sus premisas individualistas, el acabar por disolver la sociedad, apelando a una recreación del orden político sobre bases orgánicas, corporativistas o autoritarias.

Observa que nada de esto ocurre en el Uruguay, y tomando el ejemplo estudiado de Carlos Quijano y su equipo colaborador, a los que considera próximos a diversas corrientes del socialismo contemporáneo, se confirma así nuestra opinión: la democracia nunca es tomada por ellos como una ilusión, al tiempo que "pretenden ir más allá de la concepción liberal de la democracia y solo conciben a ésta acotada por la extensión de los derechos sociales y los progresos de la independencia socio-económica".

II. Posiciones sobre hispanoamericanismo, panamericanismo, latinoamericanismo; nuevos análisis.

A) *Orígenes y reelaboración*

Desde la época de la Independencia –en la primera mitad del siglo xix para los hispánicos y más tarde para los lusoamericanos–, y al correr de toda la etapa contemporánea, los sectores intelectuales latinoamericanos parecen lograr sus expresiones de pensamiento más originales y atractivas. A través del trabajo permanente de redefinición de lo propio frente a lo externo; frente a lo europeo, a lo ibérico, a lo inglés, a lo francés, a lo estadounidense.

Si partimos del siglo xix dentro de esta línea de afirmación –aunque con diferencias de enfoques y de referencias–, podemos mencionar como ejemplos las obras de Domingo Faustino Sarmiento, Juan Bautista Alberdi, Andrés Bello, José María Torres Caicedo, Francisco Bilbao, José Martí, José Enrique Rodó. Entrando ya en las primeras décadas del siglo XX, –época testigo de las grandes transformaciones políticas, ideológicas y económicas que acompañan la Revolución de 1917 y del desencadenamiento y desarrollo de la Primera Guerra Mundial–, se escucha la reflexión de pensadores latinoamericanos que influirán sobre amplios sectores de la intelectualidad del continente: José Enrique Rodó, Manuel Ugarte, José Ingenieros, José Vasconcelos, Carlos Pelicier o Miguel Ángel Asturias, por ejemplo.

Desde la grave crisis de 1929, durante los años treinta y al correr de la Segunda Guerra Mundial, se percibe la polarización de intereses económicos mundiales en conflicto, la crisis de las corrientes de pensamiento democrático y republicanas, el ascenso creciente en Europa y a nivel internacional de ideologías político-económicas autoritarias e imperialistas. En los círculos más preparados del mundo latinoamericano se observan en esta época revisiones y revaloraciones en el campo de la filosofía de la historia, de la historia de las ideas y de la historia de la cultura. En esta tarea intelectual de filósofos, historiadores, escritores y literatos se intenta reconstruir una identidad compleja y heterogénea: las raíces histórico-culturales ibéricas más lejanas, las europeas más modernas de los siglos XIX y XX y sus relaciones con lo autóctono. Se toma conciencia también de la persistencia en amplios sectores de las élites latinoamericanas de diferentes formas de dependencia cultural y "colonialismo mental" que impiden una reflexión propia, autónoma, que permita percibir y analizar las características específicas del continente y sus regiones en el contexto internacional contemporáneo. Serán figuras representativas de este movimiento autores como Leopoldo Zea, Silvio Zavala, Carlos Quijano, Arturo Ardao, Pedro Henríquez Ureña, João Cruz Costa, Mariano Picón Salas, Sergio Bagú, José Luis Romero, Guillermo Francovitch, Augusto Salazar Bondi. En los años sesenta, Tulio Halperin Donghi y otros especialistas latinoamericanos de la historia contemporánea realizan su contribución. De la misma forma, al correr de la Segunda Guerra Mundial y desde comienzos de la posguerra, el gran desarrollo y renovación metodológica de las ciencias sociales y los análisis interdisciplinarios provocaron un fuerte impacto en economistas, sociólogos y politólogos latinoamericanos que percibirán cada vez con más claridad la inestabilidad y las contradicciones del sistema mundial contemporáneo, que partiendo de los países centrales, repercuten a veces en forma inesperada sobre las regiones periféricas. Ejemplos representativos de este movimiento de revisión y análisis de las estructuras y de las coyunturas nacionales e internacionales a través del tiempo y el espacio, son los trabajos interdisciplinarios en ciencias sociales sobre el continente desde fines de los años cuarenta y a partir de los años cincuenta. Entre sus autores más reconocidos se puede mencionar: Raúl Prebisch, José Medina Echevarría, Carlos Quijano, Aníbal Pinto, Celso Furtado, Pablo González Casanova, Rodolfo Stavenhagen, Theotonio Dos Santos, Fernando H. Cardoso, Enzo Faletto, Francisco Weffort, Helio Jaguaribe, José Matos Mar.

Esta tendencia definida de pensar el continente dentro del contexto internacional y en su interdependencia, aparece expresada en las denominaciones y autodeterminaciones que los sectores políticos e intelectuales han aplicado al territorio en sus relaciones con el mundo y a la propia conciencia que han desarrollado sobre las mismas a través del tiempo. Así se sucederán las denominaciones de "Hispanoamérica", "Lusoamérica", "Iberoamérica" y "Latinoamérica". Esta necesidad de autodefinición frente a lo externo y lo internacional es el fruto de una historia específica, historia muy diferente a la de las élites de intelectuales de las naciones europeas de los siglos XIX y XX. Muy diferentes también pero por otras razones a la historia de las élites culturales y políticas de Estados Unidos al correr de los mismos siglos.

En general, las representaciones de los países europeos –en especial los dominantes económica y culturalmente en el ámbito internacional–, han estado vinculadas a la convicción de simbolizar la culminación de la civilización, la cultura y el desarrollo, que deberá difundirse en el resto del mundo. Como prueba de ello bastaría el discurso proclamado con firmeza en esos países durante la gran expansión colonial de las últimas décadas del siglo XIX, hasta mediados del siglo XX. El caso de Estados Unidos es el de una historia particular: un país que logra constituir una nación a través de la Unión de los Estados Confederados, más allá de la guerra civil, de la violencia interna y de las crisis económicas, construyendo un proceso de revolución industrial. Esto le permitirá, desde las últimas décadas del siglo XIX, avanzar en una línea de crecimiento económico, expansión comercial, financiera y política hasta etapas recientes del siglo XX; desplazando el poderío de potencias económicas precedentes como el caso de Inglaterra. Esta historia especial y atípica explicaría en parte que también sus élites culturales y políticas –a pesar de diferencias notorias de posturas y mensajes–, creen constituir una nación mítica, un pueblo destinado por su esfuerzo y sus cualidades a triunfar inexorablemente en todos los planos y por lo tanto con el derecho de imponer su modelo superior al resto del mundo. Muy especialmente a la otra América tan próxima geográficamente y cuyas raíces ibéricas hablan de una etapa pre-moderna de la historia universal.

En realidad la voluntad expansionista de Estados Unidos había aparecido ya en la primera mitad del siglo XIX en muchos aspectos de la Doctrina Monroe (1822) y frente al Congreso de Panamá (1826) convocado sin éxito por Simón Bolivar. Pero los precedentes problemas económicos y políticos de la construcción de la Unión de Estados Confederados, como el salto a la modernización e industrialización de las últimas décadas del siglo XIX, prolongaron en el país una etapa "aislacionista" en el orden internacional. Claro está que la expansión e invasión estadounidense de parte importante de los territorios de México en la década de los cuarenta del siglo XIX niegan el declarado no-intervencionismo. De cualquier manera parece objetivo que en las últimas décadas de este siglo y comienzos del siglo XX, en la política interna de Estados Unidos y en los movimientos de su sociedad civil se manifestaron con fuerza posturas anti-expansionistas y antimperialistas. Ya que América, "la más grande esperanza del mundo", no tenía que imitar a las grandes potencias del Viejo Mundo, ni distraer sus energías ocupándose de "pueblos inferiores, de territorios lejanos, de grupos de intereses especiales" dice el historiador francés André Kaspi, especialista actual en historia general de Estados Unidos y su evolucion contemporánea.

Después de 1898, Estados Unidos entró ya en el grupo de las grandes potencias del mundo, abandonando clara y definitivamente la llamada postura internacional "aislacionista"; pasó a la etapa de un nuevo tipo de nacionalismo expansionista dentro de formas cada vez más imperialistas, característica que mantendrá al correr del siglo XX. Las regiones que sintieron rápidamente los cambios de esa política exterior fueron las más próximas geográficamente: la región del Caribe y América Central, el "Mediterráneo americano". Con la construcción del canal de Panamá y la separación definitiva de este país de los territorios de Colombia (1892-93), con la intervención activa en la independencia de la isla de Cuba frente a España (1900), el país del norte tendrá las principales llaves de la región desde comienzos del siglo XX. Así la primera constitución del gobierno cubano se comprometía a aceptar "que el gobierno de EE.UU. ejerza el derecho de intervenir para preservar la independencia de vidas, bienes, libertades y obligaciones internacionales". Desde esta época –explica el politólogo francés Alain Rouquié– la penetración económica y política en el continente latinoamericano será constante e ininterrumpida, sustituyendo definitivamente la antigua predominancia de Gran Bretaña en el mismo. Había pues comenzado la etapa del "panamericanismo" (1898-1945).

Es también en este período cuando España vive una profunda crisis en su identidad nacional y cultural, muy especialmente en su conocida "generación del 98", movimiento de trascendencia que intenta revisar el complejo de decadencia que recorre la nación española, con consecuencias sobre el mundo americano. Esta vivencia trágica crea una conciencia sobre las complejidades y contradicciones de un sistema mundial en cambio acelerado, dentro del cual había que construir una nueva identidad, que conservara lógicamente importantes elementos del pasado.

En realidad para la América española, de la segunda mitad del siglo XIX y sobre todo a partir de sus últimas décadas, el gran peligro de expansionismo extranjero venía ahora de Estados Unidos y no de Europa. De ello son conscientes los pensadores e intelectuales hispanoamericanos a partir de la mitad del siglo XIX. Ello explicará la toma de conciencia acelerada en las últimas décadas del siglo XIX y comienzo del siglo XX sobre este problema, cuya expresión literaria más representativa fue *Ariel* (1900) de José Enrique Rodó. Así, este "panamericanismo" triunfante a nivel de política diplomática internacional desde 1889 –fecha convencional– durará hasta el fin de la Segunda Guerra Mundial y la consolidación de la Guerra Fría entre los dos grandes bloques que se reparten las influencias en el planeta: el capitalista occidental bajo la jefatura de Estados Unidos y el socialista soviético liderado por la URSS. Por lo tanto, si no se conoce la historia específica de América Latina, no se pueden comprender las reacciones, contradicciones y comportamientos de sus países en el período de entre guerra, Segunda Guerra Mundial y oficialización de la Guerra Fría. El poder de Estados Unidos y su intervención permanente en la región en defensa de un campo ideológico opuesto a las propuestas del mundo comunista será a partir del fin de la Primera Guerra Mundial una historia muy conocida por los países latinoamericanos.

El filósofo e historiador de las ideas doctor Arturo Ardao escribió en forma precursora un importante artículo aparecido en *Marcha*, en 1965, titulado "Orígenes del latinoamericanismo antiimperialista", que será punto de partida de extensas investigaciones posteriores. Allí Ardao explica cómo fueron dos figuras de la segunda mitad del siglo XIX, el estadounidnse James G. Blaines y el colombiano José María Torres Caicedo, "el más ilustre y respetado representante de la cultura latinoamericana en la Europa de su tiempo" –nacidos ambos en 1830–, los respectivos padres del "panamericanismo" y del "latinoamericanismo" contemporáneos. Ardao reconoce que el latinoamericanismo surgió bajo el influjo de la inicial ideología latinista francesa del siglo XIX (Michelet, Chevalier, la política panlatinista del imperio de Napoleón III), pero observa que ese movimiento aparece con carácter propiamente americano a través de un "latinoamericanismo defensivo", "humanista y universalista" frente al panamericanismo de la época. En sus trabajos posteriores analiza también cómo el concepto y la definición de "América Latina" solo fue posible históricamente, después que se había dado en el Viejo Continente y especialmente en Francia, "la idea latina" y de la "Europa latina", en respuesta sin duda a las fuertes tendencias del "pangermanismo" y el "paneslavismo" europeos del siglo XIX; provocando también las reacciones de "la ideología cultural latinista" y el posterior "panlatinismo". Pero queda claro en los trabajos del investigador uruguayo que el primer bautismo del nombre "América Latina" es en español y aparece por primera vez en los círculos hispanoamericanos, en París y en España desde los años cincuenta y sesenta del siglo XIX. Sobre todo lo nuevo de estos textos hispanoamericanos son las propuestas de una "Liga Latinoamericana" (1861), de una "Unión Latinoamericana" (1865) y más tarde de la "Unión Latinoamericana" (1879).

En el transcurso de las primeras décadas del siglo XX –en continuidad con lo anteriormente anotado– se produce en Argentina un acontecimiento de importancia y gran influencia en la vida universitaria del continente latinoaericano: la "Reforma de Córdoba" de 1918. Esta plantea implícita y explícitamente el desarrollo de un nuevo tipo de universidad latinoamericana, más comprometida con la sociedad en su conjunto a través de un compromiso más progresista y avanzado con las reales necesidades de sus sociedades respectivas.

B) *Nuevos condicionantes del siglo XX*

Se observa también cómo ese latinoamericanismo después de la etapa creadora de mitad del siglo XIX hasta fines de siglo, es en gran parte conservado como ideal, como sueño, como mito, frente al fenómeno concreto y pragmático del "panamericanismo" triunfante en el ámbito internacional y las relaciones diplomáticas de gran parte del siglo XX. Pero es cierto también que desde fines de la década del cincuenta, –después de la revolución cubana– y en los años sesenta, en plena Guerra Fría, reaparecen con fuerza las tendencias de renovación de diferentes formas de "latinoamericanismos" ahora como posturas de supervivencia insoslayables, como necesidad y utilidad histórica concreta. Una muestra de esta tendencia crítica aparece ya en los años cuarenta en el pensamiento de Carlos Quijano, al comenzar la Segunda Guerra Mundial. En un editorial de julio de 1940 titulado "El panamericanismo, no; acuerdos regionales, sí", Quijano decía:

> El panamericanismo es una farsa y no sería nada si fuera una de las tantas farsas diplomáticas sin trascendencia. Lo malo es que se trata de farsa peligrosa. Parte de una identidad geográfica inexistente, para llegar a una política de absorción o protectorado peligrosamete real [...] la unión latinoamericana, hemos dicho, es hoy por hoy una utopía.

En esta reflexión solo cabe una postura más real y defensiva: "a la política del vasallaje que es el panamericanismo, a la política hoy de la utopía y la retórica que es el latinoamericanismo, oponemos la política del acuerdo regional, geográfica, histórica y económicamente determinada".

Sin duda es esta una expresión de toma de conciencia y reacción frente a una historia internacional ya consolidada. A fines del siglo XIX en Estados Unidos, entre octubre de 1889 y abril de 1890, después de una campaña intensa de casi una década, el político James Blaines logró la realización oficial en Washington de la "Primera Conferencia Internacional Americana", denominada en la práctica "Panamericana", pero que en realidad funcionó como "Oficina Comercial de las Repúblicas Americanas". Será –sostiene Ardao– en la IV Conferencia realizada en Buenos Aires en 1910, que se dará el nombre de "Unión Panamericana". Al finalizar la Primera Guerra Mundial en el año 1918, la institución se metamorfosea a través del nuevo "Sistema Interamericano" institucionalizado bajo el liderazgo de Estados Unidos. El sistema se organiza bajo la idea de la estructuración continental alrededor de la seguridad del hemisferio frente al comunismo: concepción que el presidente Truman había sintetizado muy bien con la afirmación: "un hemisferio cerrado en un mundo abierto". Esta nueva estructura interamericana aparece acompañada de dos nuevos instrumentos diplomáticos: uno militar, el "Tratado Interamericano de Asistencia Recíproca" (TIAR), firmado en Río de Janeiro en setiembre de 1947; el otro, político: la "Carta de la Organización de los Estados Americanos (OEA)", firmada en Bogotá en 1948, que debía asegurar la paz y el acuerdo entre las regiones, entre los países y al interior de los mismos. La Carta admite los principios de igualdad jurídica de sus miembros pero en la realidad ofrece a los Estados Unidos una mayoría automática fundada sobre los pretendidos intereses comunes de la "familia americana". Ya hacia los años sesenta, la organización ha perdido completamente su prestigio por su permanente silencio ante las frecuentes intervenciones militares directas o indirectas de Estados Unidos en diversos países; por el silencio ante numerosas dictaduras latinoamericanas cuyo solo "mérito" constituye el de ser profundamente anti-comunistas. Consolidando esta actitud, Cuba será expulsada de la OEA en la Conferencia de Punta del Este en 1962, después de su alianza con la Unión Soviética; en el mismo año en la reunión de México, se le negará también su participación en la ALALC, a pesar de la abstención de México y Brasil frente a la resolución negativa (Rouquie 399-400).

Desde la segunda mitad del siglo XIX y en las últimas décadas se puede constatar por lo tanto, la aparición y desarrollo, de parte de algunas élites hispanoamericanas, de una forma de "latinoamericanismo" como postura política frente al triunfante "panamericanismo". A través del tiempo se sucederán a esta corriente hispanoamericanista de rechazo otras formas de "latinoamericanismo" de tipo "tercermundista", "marxista", "antiimperialista". También en los años cincuenta, sesenta y setenta las corrientes de un "latinoamericanismo" de tipo democrático socialista, así como los proyectos más pragmáticos de las "uniones regionales" con posibilidades de organización y eficacia en el contexto continental e internacional. Por otra parte se ha observado la significación que había tenido el hecho de que al mismo tiempo que se creaba la OEA (Organización de Estados Americanos) con sede en Washington, aparecía también un organismo internacional en el ámbito de las Naciones Unidas, que hacía mención específica a lo latinoamericano, al crearse en 1948 la CEPAL (Comisión Económica para América Latina) con sede en Santiago de Chile. El fenómeno podría tener una significación en el campo de la imagen y la representación simbólica en el plano internacional e institucional, a través de una aceptación de mayor independencia de lo latinoamericano y del "latinoamericanismo" frente a la larga historia del "panamericanismo"; por lo menos en los aspectos relacionados con la economía, la técnica y el desarrollo.

La significación del surgimiento de la CEPAL y su funcionamiento hasta el presente –más allá de las diferencias ideológicas y metodológicas de sus investigadores y técnicos, estaría en el hecho de constituir un fenómeno colectivo fundador, sobre la base de un trabajo científico específico de las ciencias sociales y económicas, aplicadas en forma sistemática a las realidades regionales o de países del mundo latinoamericano.

C) *El pensamiento latinoamericano frente a la guerra y la polarización mundial* -*América Latina* -Marcha-Cuadernos Americanos

El semanario *Marcha* (1939) y la revista bimensual *Cuadernos Americanos* (1942), aparecerán al comenzar la Segunda Guerra Mundial y en el desarrollo de ésta. Originados en dos países del continente latinoamericano, Uruguay y México, en regiones muy distantes y con historias demográficas y político-sociales diferentes. La similitud de sus planteos y enfoques ante la situación internacional y la contienda mundial constituye un fenómeno muy significativo sobre la evolución de los procesos culturales y la toma de conciencia crítica de sectores intelectuales latinoamericanos. Ambas publicaciones aparecen como centros de alto nivel intelectual y cultural, que cuestionan, reflexionan y responden -dentro de problemáticas más globales del continente y sus regiones- a la evolución de la civilización contemporánea, sus alcances y contradicciones. Un rasgo característico de ambas a través del tiempo es la permanencia del interés por ciertos temas: la universalidad de la cultura y de los fenómenos internacionales contemporáneos, especialmente dentro del campo de influencia de la llamada civilización occidental; la mundialización de los procesos económicos y culturales, a través del predominio de los países centros, y sus consecuencias sobre las regiones de la periferia; la necesidad de repensar y reelaborar la relación de estas con los países centrales, como única posibilidad de asegurar la alternativa de construir historias reales y específicas que correspondan a la identidad de tiempos, espacios y evoluciones concretas e intransferibles. Reafirmar este tipo de reflexión y de respuestas aparece como única posibilidad digna de tener un rol en el conjunto de la historia universal contemporánea. Como la única posibilidad adulta y madura de relacionarse con el proceso internacional. Estas dos publicaciones tienen pues en común la densidad de sus mensajes y la continuidad temática y reflexiva de cuatro a cinco décadas del siglo XX.

Es necesario mencionar en este tipo de trabajo intelectual, otras dos publicaciones del continente: *Repertorio Americano*, dirigida por el costarricense Joaquín García Monge y la revista peruana *Amauta*, dirigida por el consagrado José Mariátegui. Ambas desarrollan, -como las que son el centro de este trabajo-, una reflexión seria sobre lo latinoamericano o hispanoamericano, dentro de los determinantes históricos mundiales y occidentales.

Arturo Ardao decía en el diario *Acción* en un artículo titulado "La unión económica latinoamericana" de 1932:

> Una de las cosas en las que hizo hincapié nuestro grupo desde el momento mismo en que surgió a la vida política fue la necesidad de que nuestros partidos fijasen categóricamente su posición frente a los problemas internacionales, que plantea el mundo... Hay pues, serios problemas internacionales que no podemos de ningún modo eludir... Los viejos moldes de la economía internacional se han quebrado y de sus ruinas se levantan briosamente las nuevas fórmulas en la construcción de las cuales es preciso poner una vigilante atención, si queremos ser realmente un pueblo de responsabilidad y solvencia histórica.

Observa que la formación de las nuevas "grandes unidades han desplazado violentamente el eje de la economía mundial; los nacionalismos económicos no son ya posibles y se marcha irremesiblemente a la formación de grandes agregados". Por ello, "ya que no está maduro el acuerdo continental", hay que ir a "entes regionales... Está ahí sin ir muy lejos, el conocido proyecto de acuerdo regional emitido por el economista argentino Alejandro Bunge, de la Unión Aduanera del Sur", aclara el autor. Además, refiriéndose también a la política internacional en el mismo artículo analizaba cómo: "Todavía obsesionados por nuestros problemas internos no hemos llegado a tener conciencia plena de nuestra individualidad como país... Y los problemas están ahí, agolpándose. El primero de todos, [es] el que nos crea la expansión avasalladora y hasta ahora incontrolable del imperialismo económico de Estados Unidos...". Ante esta realidad confirma la postura exigida: "...queremos defender nosotros –que tan alejados estamos de los patrioterismos– el derecho de los pueblos a disponer de sí mismos...". Ardao deducía:

> De ahí que los países europeos busquen la defensa de su independencia económica en la Federación Económica de Europa que en la teoría interpretara Briand [...] El mismo problema [pues] se nos plantea a nosotros. Los países sudamericanos desarticulados y dispersos, están condenados a marchar a remolque del capital imperialista. [...] Por ello lo económico –repetimos– exige hoy soluciones internacionales...

Al correr de la Segunda Guerra tanto los responsables de *Marcha* como los de *Cuadernos Americanos*, son conscientes de la polarización del mundo, destinada a perdurar. Así en un editorial de 1946 titulado: "Sí, la guerra ha sido en vano", Carlos Quijano sintetizaba la posición de los responsables del semanario: "La dominación del mundo por los soviets sería una desgracia; pero una desgracia ha de serlo también, y, no tenemos vacilación en decirlo, la dominación del mundo por las potencias anglosajonas. Más, si esas potencias anglo-sajonas quedan reducidas a una: Estados Unidos...". Pero como decía Ardao en 1947, en "El divorcio de yancófilos y rusófilos":

> ... el divorcio que se entabla entre comunistas y yancófilos, tantas veces previsto desde estas páginas, nos obliga a insistir una vez más en la enérgica condenación de toda política internacional que en lugar de atender los intereses específicos de la nacionalidad, subordina estos a las directivas o las conveniencias de una potencia extranjera.

Por otra parte, de ese mismo año en el mes de marzo Quijano expresaba en su editorial titulado "El miedo que todo lo cubre":

> Objetivamente lo cierto es que las dos principales rivales de la hora, los Estados Unidos y la Unión Soviética, no precisan hoy por hoy al menos, nuevos territorios, ni experimentan necesidades de cualquier especie, que deban ponerlas, forzosamente en conflicto...De ahí deducimos que la causa de la tensión actual, no es una necesidad inmediata de poder sino una necesidad futura y eventual de ese mismo poder. Dicho de otro modo: lo que domina, en las disputas entre los dos colosos, es el miedo...El miedo que, además se cultiva, se exalta, se propaga como obedeciendo a una consigna...Y así el miedo está cubriendo el universo y dominándolo todo.

Siguiendo la lectura de los editoriales de *Marcha*, como de sus principales artículos sobre a la política internacional, se puede apreciar la tensión que crece al mismo tiempo que el temor de que la paz que se prepara y se firma en Yalta no sea verdadera. Esta etapa ya nos muestra el encadenamiento entre 1947 y 1949, que consolida la llamada Guerra Fría y la definición de bloques "Este" y "Oeste". El editorial citado de Carlos Quijano está escrito dos días después del discurso del presidente Truman al Congreso Americano, el 12 de marzo de 1947; este discurso oficializa la Guerra Fría. El director del semanario explicaba: "Dijo [Truman] que los Estados Unidos están en riesgo por los avances del comunismo y que la situación del mundo es extremadamente grave". En este sentido observa que no se percibe por ninguna parte la causa objetiva real de esta declaración, porque no existen las condiciones para una guerra ya que el avance de la Unión Soviética está bloqueado y parece "...estar en retroceso en todos los frentes y nada indica que se disponga a invadir a Turquía y Grecia...", donde Estados Unidos envía a su armada.

El análisis de estos hechos lleva al autor a reflexionar sobre problemas más básicos del comportamiento de los pueblos, de las clases dirigentes y de los hombres como protagonistas, en momentos de crisis desintegradora. En estos se desata el terror y la violencia por más declaración de paz que esté firmada: "...el miedo de unas naciones a otras; miedo de los partidos de izquierda a que surja el dictador; miedo de los partidos de derecha a que surja la dictadura; miedo a la bomba atómica; miedo por todas partes. Y, finalmente, nuestro propio miedo, que es el miedo a tanto miedo". Es decir que este fenómeno es examinado no solo como un hecho político y estratégico, sino también como un problema de civilización, de ruptura de valores que exigen otro tipo de análisis. Parece que el hombre no actúa en forma diferente del animal en ciertas circunstancias: "...porque [el miedo] es una fuerza biológica, inferior, la que estimula las agresiones de los animales, la que provoca los furores de las bestias en sus combates. Porque el miedo es obnubilación, oscuridad, impotencia, para una acción pacífica y equilibrada. Porque todo lo malo se puede esperar del miedo". Es decir que es el encadenamiento de la paralización; el temor que lleva a otras guerras.

Observamos este mismo tipo de planteos y de análisis en la revista mexicana *Cuadernos Americanos*. Dirigida hasta el año 1985 por el economista y pensador mexicano Jesús Silva Herzog (1892-1985), conocido investigador especialista en la Revolución Mexicana, la nacionalización del petróleo, los problemas de los monopolios nacionales e internacionales, el mundo de las finanzas y el imperialismo. Es también un pensador de militancia permanente, con una constante preocupación ética y política. En el primer número de la revista en 1942 este autor publicaba "Lo humano, problema esencial", con un llamado marcado por el dramatismo de la Segunda Guerra Mundial:

...Y en esta hora inmensamente trágica de la historia, en esta hora en que, en la vieja Europa se asesina con furia inaudita... y se subvierten los principios éticos más elementales; en esta hora en que la ruina y la desolación amenaza a invadirlo todo, es preciso que se oiga un grito salvador... Ese grito, no lo puede lanzar Europa torturada, ni quizás tampoco los Estados Unidos, porque la apagarían las voces imperativas de los financieros; tiene que brotar de garganta americana, de nuestra América.

Se observa un llamado apasionado a la militancia de los sectores intelectuales y políticos del continente, que se supone, percibirán más claramente la crisis de la civilización a la que están enfrentados. Y la urgencia de reaccionar en función de los intereses propios y específicos; no sólo para bien de América Latina sino también de occidente y de la humanidad.

Al comienzo de 1948 Silva Herzog publica un artículo titulado "La Cultura y la Paz". Su visión es muy crítica y desesperanzada porque los problemas contemporáneos aparecen como más profundos y difíciles de resolver. "Ahora bien, la cultura occidental se ha transformado en la cultura de la sociedad mercantil... ¿Y esta cultura puede servir a la Paz?" se pregunta; y contesta: "Hasta ahora ha servido a los intereses de la guerra, los ha servido con eficacia incuestionable; la guerra es uno de los negocios productivos, a veces el más productivo de los negocios. Y la cultura de nuestro tiempo continuará al servicio de la guerra". Se observa pues, la misma mirada crítica y desacralizadora en *Marcha* sobre el modelo de expansión económico-industrial que se da en los países centro contemporáneos; sin negar los avances científicos y tecnológicos que revolucionan el mundo actual y que ellos aportan.

Cabe preguntarse cómo se produjo esta respuesta prácticamente simultánea en dos regiones del continente –Uruguay y México– paralela al fenómeno de crisis política, social y cultural que acompaña la Segunda Guerra Mundial, a la que responden y tratan de analizar en su evolución, conflictos y contradicciones.

Arturo Ardao en su libro *La inteligencia latinoamericana* estudia este proceso que culmina hacia los años cuarenta del siglo XX en las dos regiones. Nos habla de cómo se formaron casi al mismo tiempo en esa década centros académicos de intereses similares en el estudio de la historia de la filosofía latinoamericana, a través de cátedras y seminarios especializados. En Buenos Aires, bajo la dirección del filósofo Francisco Romero, que recibe como otras figuras intelectuales del Río de la Plata el estímulo de los trabajos precedentes de José Ingenieros y de Alejandro Korn. La importancia que tuvo el viaje del joven filósofo mexicano Leopoldo Zea – alumno de Samuel Ramos y

José Gaos– por todo el continente, realizando una tarea de investigación desde mediados de 1945 a mediados de 1946. De la misma forma se consolidaba en 1948 en México, bajo la iniciativa y reciente experiencia de éste último, el "Comité de Historia de las Ideas en América". Comienza así un trabajo y comunicación cada vez más frecuentes entre los especialistas del Río de la Plata y los de México y otras regiones del continente; permite esto reunir una labor historiográfica continental que pasa a ser sistematizada progresivamente. En 1950 se realiza como culminación y "digno broche doctrinario" el "Tercer Congreso Interamericano de Filosofía" en la ciudad de México. Culminaba así hacia el final de la guerra la teoría de la Historia de las Ideas en América en el carácter de "disciplina inseparable del destino de la filosofía americana".

La década de los treinta, pero sobretodo la de los cuarenta, va a constituir una experiencia fundamental para el mundo intelectual y el pensamiento latinoamericano. La toma de conciencia del carácter periférico, marginal, frente a los grandes conflictos contemporáneos de grave repercusión mundial. La necesidad de revisar las relaciones complejas entre América Latina y los países centrales; de conocer y asumir la propia historia y sus particularidades comprendidas en la historia universal, a la que no se debe asistir sólo como espectador y receptor de consecuencias y transferencias externas. La crisis mundial, la crisis de civilización y valores produce pues, un repliegue fecundo y creador de reelaboración y síntesis, de lo específicamente latinoamericano al interior de la cultura mundial.

Estados Unidos había descubierto la bomba atómica y la había arrojado sobre Japón en 1945, quebrando el eje nazi-fascista mundial. Con la Conferencia de Yalta en febrero del mismo año –que reunió a Roosevelt, Stalin y Churchill– se adoptaba la "Declaración sobre la Europa Libre", prometiendo a todo el continente elecciones libres y democráticas. Pero el engranaje de desacuerdos se sucede, desplazando la ilusión en un orden "paneuropeo" que englobara todo el continente. Se precipita así la polarización del mundo en dos bloques ideológico-políticos antagónicos: el bloque de la Unión Soviética y el del Mundo Occidental, liderado y dirigido por Estados Unidos. Pero su jefatura ya no estaba en las manos de Roosevelt y su doctrina de la "Buena Vecindad" y del acuerdo. Ahora es la etapa de Truman, del comienzo de la Guerra Fría, del Plan Marshall y de la "Alianza Atlántica" (1947-1949). Es la época también de retomar frente a América Latina las doctrinas del "Destino Manifiesto" y del "Espacio Vital".

En 1949 Silva Herzog escribía en *Cuadernos Americanos*, su ensayo "Interpretación del drama contemporáneo", manteniendo a través de su rebelión el enfoque característico de la publicación:

> Los pueblos no olvidan que en 1914 se dijo que había que luchar para salvar la democracia, la libertad y la civilización; y que en 1939 y 1945 se repitieron iguales o parecidas palabras a los de la siguiente generación. Empero al finalizar este año 1949 la civilización está en entredicho, la democracia en descrédito y menguada la libertad.

Y se pregunta a continuación: "¿Y después de esto una tercera guerra también para defender la democracia, la civilización y la libertad?", refiriéndose a la campaña bélica que engloba a Europa y todo el mundo occidental. Para el economista, el haber llegado a estas circunstancias era sinónimo de "una crisis vertical y horizontal, moral e ideológica: crisis total". Pero el desaliento da también cabida a una esperanza y a un llamado al compromiso: "...hay que hacerle la guerra a la guerra, sin partidarismos a favor de los grandes imperios; lealmente y tan solo por motivos humanos, en defensa de la supervivencia de la especie". Y en otro artículo expresaba: "...más nada podrá lograrse si no se modifica la estructura económica antes o al mismo tiempo que la estructura humana, si no se organiza una democracia socialista o una sociedad planificada con libertad" ("la cultura"). Reunía aquí sus exigencias de economista con las de pensador crítico de la época contemporánea, llamado por una exigencia política y sobre todo ética para cambiar el funcionamiento de la realidad histórica contemporánea. Era un deber individual y colectivo insoslayable para todos y muy especialmente para los intelectuales latinoamericanos. Surgía así este deber, por necesidad, por instinto de supervivencia, por exigencia a construir la historia concreta y particular de América Latina. En el mismo número de la revista explicaba Daniel Cosío Villegas, historiador, en su artículo "Rusia, Estados Unidos y la América Hispánica":

> ...la falta de una acción político-gubernamental que encauce, vigorice y acelere la unión entre los pueblos hispanoamericanos solo se remediará si puede despertarse en ellos una corriente de opinión pública que haga del logro de esa unión un objetivo indudable, necesario, permanente, de todos los gobiernos. Y en esta tarea el intelectual debe tener un papel decisivo y ciertamente la mayor de las responsabilidades.

Surgirá así, tanto en *Cuadernos Americanos* como en *Marcha* desde el fin de la guerra y comienzo de la Guerra Fría lo que se ha llamado "Tercera Posición", que según plantea Arturo Ardao en el semanario, es una actitud específica frente a la política internacional, para evitar una nueva conflagración mundial; pero también para preservar las autonomías regionales y nacionales en un mundo armamentista y peligrosamente agresivo. Ardao, como Quijano, la defiende porque la "Tercera Posición" por ser "utópica o teórica del punto de vista de las realidades internacionales de la hora, no deja por eso de constituir la aspiración íntima y cierta de millones de seres que se resisten a ser súbditos espirituales de Stalin o Truman" (Ardao, "La tercera posición"). Es decir que esta postura significaba una afirmación de dignidad, la reivindicación de una relativa independencia y resistencia no solo al imperialismo y al colonialismo, sino también al "colonialismo mental", padre de todos los otros colonialismos.

Al festejar, *Cuadernos Americanos* sus diez años de existencia, se reunió en la capital mexicana un numeroso grupo de intelectuales españoles, mexicanos y de otros países de América Latina. Allí pronunciaron discursos Manuel Sánchez Sarto, Leopoldo Zea y Mario Monteforte Toledo. Estos fueron publicados posteriormente por la propia revista, pero también por *Marcha* en junio de 1951; cuando el semanario tenía ya trece años de vida. Estas dos publicaciones aparecen pues identificadas políticamente con las tendencias liberales progresistas; las tendencias socialistas democráticas más radicales, militantes por un equilibrio entre la libertad y la justicia en el plano internacional. Ellas nuclean los sectores más preparados, selectos y críticos del mundo intelectual del Uruguay, de México y de otros países latinoamericanos. También ambas son notoriamente antiimperialistas y antiautoritarias, independientemente de la región o de la ideología política que las respalden. Estas posturas las aplican al conjunto de América Latina, y muy especialmente a las experiencias dictatoriales o populistas autoritarias que se conocen en el continente en esa época.

Son también antipanamericanistas. Decía Carlos Quijano en editoriales de los cuarenta: "Hay en Estados Unidos, sin duda, muchas buenas voluntades y muchos altos, finos y generosos espíritus que repudian las incursiones de banqueros y de sus grandes capitanes de industrias, tanto o más que nosotros" ("El regionalismo..."). En el mismo sentido se había ya manifestado en 1940 en un editorial titulado "Panamericanismo, no; acuerdos regionales, sí" –manteniendo esa misma línea de pensamiento a través de los años, junto al resto del Equipo Redactor del semanario–, cuando decía: "...A la política del vasallaje que es el Panamericanismo, a la política hoy de la utopía y la retórica que es el latinoamericanismo, oponemos la política del acuerdo regional...".

También se puede hacer una distinción en las influencias de pensamiento dominante en cada una de las publicaciones americanas. En *Cuadernos Americanos* se observa un papel determinante del pensamiento español radical y democrático, al mismo tiempo que el estudio de las raíces hispánicas en la filosofía y en la cultura de Hispanoamérica; en *Marcha* las influencias son más heterogéneas. En esta podemos observar la influencia del modelo de prensa francés que propone *Le Monde* y de la revista *Europe* (1923-1939), también publicada en Francia; así como la participación de autores y personalidades del pensamiento radical y socialista francés (Jacques Kayser, León Blum, más tarde Méndez -France). De igual manera sobre este tema en los años 47 y 48 se publicarán en el semanario varios artículos de Henry A. Wallace, vicepresidente de los Estados Unidos en el período de Roosevelt, dentro de una concepción similar a la del semanario (véase *Una nación de repúblicas*).

Pero confirmando el estudio de este trabajo, se puede observar como los responsables intelectuales y la mayoría de los colaboradores de ambas publicaciones tienen en común el ser antidogmáticos. Al mismo tiempo manifiestan una marcada preocupación ética y de principios que busca empeñosamente un nuevo orden económico, político y cultural mundial. Si bien esta aspiración puede parecer utópica, en la práctica resultaba también realista, desmitificadora, desacralizadora; con la voluntad de cambiar la mentalidad dominante en muchos sectores intelectuales y políticos del continente, caracterizados por la indiferencia ante la dependencia y el colonialismo cultural. Estos dos centros de sociabilidad creativa del mundo intelectual latinoamericano tienen como meta fundamental la lucha por la Paz como principio básico de supervivencia, dentro de un mundo marcado por la agresividad y el armamentismo. Plantean una visión antropológica del proceso histórico y de la situación mundial del presente. Especialmente del mundo occidental del que se saben partícipes y periféricos, pero destinados a ser protagonistas indispensables en una nueva concepción política y humana internacional (véase *Una nación de repúblicas*).

III. Contra todos los imperialismos y totalitarismos. Por un nuevo orden internacional

A) Contexto regional y consecuencias de la Guerra Fría

Será característica saliente del medio intelectual y universitario uruguayo desde mediados de la década del treinta el carácter crítico, objetivista, desacralizador de los grandes mitos e idealizaciones de países, naciones o continentes, "modelos" a imitar, adaptar y copiar. Esta postura constituirá una diferencia de importancia en el plano epistemológico y metodológico en relación con las generaciones de intelectuales del Uruguay de fines del siglo XIX y primeras décadas del siglo XX, que no podrán evitar la fascinación y deslumbramiento ante los adelantos y virtudes "inalcanzables" de los países cabezas del desarrollo económico o político moderno: Inglaterra, Francia, Alemania, Estados Unidos. Pero en las generaciones críticas a partir de los años cuarenta, aparece en forma definida la exigencia de independencia en los procesos nacionales y latinoamericanos frente a todo tipo de dominación, y no solamente de la procedente de los Estados Unidos.

Es cierto que el siglo XX ya en su cuarta década estaba mostrando un rostro muy diferente al imaginado en el siglo XIX. El evolucionismo y progresismo optimista de este siglo, había prometido no solo el crecimiento científico, técnico, industrial, económico –que se estaba cumpliendo a niveles sorprendentes– sino también había prometido como su consecuencia, un mundo de paz, más democrático y libre. Pero el siglo XX reservará sorpresas políticas, ideológicas, humanas y de masas, insospechadas y trastornantes como decía Karl Polanyi. Así, al desencadenarse la Segunda Guerra Mundial en 1939, Arturo Ardao escribía en su artículo "La Guerra y América" en el semanario *Marcha*: "¿Cómo no intuirlo después de lo de España?...Iremos de ese modo haciendo nuestro aprendizaje para la Segunda Emancipación. Dejaremos de ese modo, de ser colonos mentales, lo que será de por sí un ancho y decisivo paso liberador". Aparece pues con claridad la exigencia de reflexión y de distancia crítica frente al funcionamiento del sistema contemporáneo mundial y sus mecanismos desestructurantes. La enseñanza fundamental de esta reflexión será una forma de desacralización:

> Más que una lucha entre democracia y aristocracia, entre derecho y fuerza, lo que hay en el fondo es la lucha a muerte entre

imperialismos satisfechos e imperialismos insatisfechos. Lo que las armas están hoy decidiendo en los campos de batalla es el reparto violento del mundo entre grandes financieros internacionales.

No muy alejados de estas reflexiones nos resultan los planteos de la filósofa y politóloga Hannah Arendt, a quien ya nos hemos referido, en su libro L'Impérialisme, segunda parte de su obra Les origines du totalitarisme, publicado ya en los años cincuenta en los Estados Unidos y en Francia, análisis –aunque comparable complementario y diferente– al de Lenin en Imperialismo, etapa superior del Capitalismo. Arendt planteaba que era en realidad a fines del siglo XIX que el Imperialismo había hecho su entrada triunfal en la época contemporánea, con sus principales fundamentos teóricos, filosóficos y geopolíticos. Era el tiempo –afirma– de la expansión sin límites considerada como política suprema; de la expansión de la "raza superior" (en África y Asia), de la expansión de la burocracia como principio de dominación (en Argelia, Egipto e India). Para esta autora, ciertas corrientes del darwinismo y el evolucionismo de las últimas décadas del siglo XIX habían dado un valor excesivo, en el debate político, a la concepción de "supervivencia" y a la necesidad de la "automática supremacía de los mejores". Esto explicaría en parte la evolución de los nacionalismos exacerbados, expansionistas, triunfantes o frustrados, que propulsados también por los grandes intereses económicos organizados, descubren su "misión nacional" y entran en el camino de la dominación, del imperialismo y la guerra. Así, la distancia que en principio existiría entre el nacionalismo y el imperialismo se borraba con la fuerza avasallante del "nacionalismo tribal" y del "racismo brutal" de los cuales el siglo XX había sido gran testigo.

Podemos observar en muchos de los pensadores uruguayos que hemos mencionado, como Carlos Quijano, reflexiones realistas próximas a este mismo tipo de razonamiento. En el editorial "Los pichones en el nido", de 1957, confirmaba: "Lo que decimos es que la decantada igualdad de los Estados, es un mito, si no va acompañada de poderío. Que no hay acuerdo sino entre iguales, los que pueden recíprocamente hacerse respetar". La evolución contemporánea no hace más que confirmar el hecho de que "la política internacional reposa sobre la desigualdad. Y la historia y el sentido común no conocen otra manera de afrontar a los fuertes, que haciéndose también fuertes". Por consiguiente la tarea consiste hoy en tomar el camino de las uniones y las alianzas entre las regiones y las naciones menos poderosas; de organizarse en la defensa de los más débiles contra los fuertes y dominantes. De reivindicar el derecho a la independencia frente al carácter imperialista de todas las guerras del siglo xx, y los intentos de globalización y mundialización de los conflictos. Quedaba establecida así la oposición básica a toda globalización o polarización expansionista dominante y la afirmación de una "Tercera Posición" como "primera posición", reivindicatoria de lo específico.

El peligro de la globalización y mundialización dentro de un sistema cerrado bipolar, liderado por las potencias de turno que se consideran responsables de conducir y decidir la historia universal, lo expresa también con claridad Quijano en su editorial de 1963, "Murieron por nosotros". En este sistema, explica,

> hay que optar sin vacilaciones. La neutralidad es un crimen. El resto del mundo, los intereses específicos, los modos de vida, las tradiciones, las costumbres, la organización, los sueños, las virtudes, los defectos de todos los demás, países y tierras, no cuentan. O el *American Life*, Biblia en mano y dólares en bolsa, o el Comunismo. Europa no existe, África no existe, América Latina no existe, Asia no existe. Solo Washington y Moscú y pronto esta dicotomía se extenderá a los astros y a los asteroides si es que antes el diablo no es empujado para siempre, al fondo de las sombras.

Como han observado ciertos autores, la época moderna ha aportado la idea de la historia universal o el internacionalismo –la Revolución Francesa, la Revolución Rusa, la revolución proletaria–, ya sea de la burguesía o de los sectores proletarios, pero siempre con la idea de un proyecto de transformación ejemplar que cambiará el mundo. También se ha notado que esa modernidad produjo la mundialización del mercado y del Estado-nación, sin nunca haber logrado crear una cultura y una mística común también internacional, que sustituya las grandes religiones universales (véanse Ory; Racine y Trebitsch). Es decir, que los proyectos universalistas se han podido expandir y dominar pero sin lograr las expresiones de masas vinculadas a las memorias colectivas y a las tradiciones de larga duración.

En el Uruguay, la concepción de la "Tercera Posición" –frente a la polarización de la política internacional– está sin duda vinculada a una tradición precedente del medio intelectual –como se explica en la primera parte de este trabajo–, de tipo independiente, crítica y antidogmática en los planos político y filosófico. Esta corriente es de importancia capital en la historia cultural y política nacional, desde el comienzo de la Guerra Fría. Es cierto que los acontecimientos internacionales de los años sesenta, el proceso de la Revolución Cubana y la política norteamericana en este sentido, crean cambios en las posturas, sobre todo en las generaciones estudiantiles y militantes de los años sesenta y setenta. Pero el tipo de razonamiento, la postura metodológica frente a los problemas internacionales persiste, especialmente en las generaciones intelectuales mayores, maduras.

No se puede negar que esta corriente tuvo también sus adversarios decididos. En primer lugar en los períodos de crisis del mundo soviético frente a las revueltas de las repúblicas asociadas del este y su represión en los años cincuenta y sesenta, se produjeron protestas apasionadas de *Marcha*, de la Federación de Estudiantes Universitarios (FEUU), de las asociaciones profesionales y culturales del país. El entonces Partido Comunista Uruguayo, consideraba que la "Tercera Posición" podía fomentar el anticomunismo primario de los sectores políticos oficiales y sus políticas exteriores. Por otra parte, en el seno mismo del mundo universitario e intelectual nacional, aparecerá la crítica, pero con sentido contrario. Nos referimos al planteo del sociólogo Aldo Solari –director del Instiuto de Ciencias Sociales en los años sesenta y más tarde funcionario técnico de las Naciones Unidas–, en su libro *El Tercerismo en el Uruguay* (1964). En este libro, así como en la polémica pública en *Marcha* con el profesor Arturo Ardao –director, del Instituto de Filosofía de la Universidad de la República y decano de la Facultad de Humanidades y Ciencias en los años sesenta–, Solari critica la prédica de *Marcha*, de la FEUU y del mundo intelectual en general, frente a los problemas internacionales. El sociólogo piensa que el "tercerismo" es un fenómeno típicamente uruguayo, que muestra bien las características de ese medio intelectual uruguayo hipercrítico, purista, prescindente y aislacionista de los partidos políticos tradicionales, de la política oficial, como de los determinantes insoslayables de la política internacional. De la misma forma, piensa que esta corriente, como los centros culturales que la difunden, han creado una "obsesión antiimperialista" en el medio universitario e intelectual, que constituye ya "una ideología conservadora", al manifestarse en forma sistemática contra el desarrollismo, la industrialización, la ayuda externa de capitales extranjeros, como se planteaba por ejemplo, a través de la "Alianza para el Progreso" en los años sesenta. Pensaba Solari que este plan podía funcionar en América Latina, como había funcionado el "Plan Marshall" para Europa. Pero, sin duda, la historia demostró posteriormente que tanto sus fundamentos teóricos como su funcionamiento práctico, se articularon de forma muy diferente en el nuevo y en el viejo continente.

El profesor Ardao responderá con una serie de largos artículos en *Marcha*, a través de un análisis de tipo histórico y metodológico aplicados al orden nacional e internacional. Explica que el "tercerismo" no es una ideología, que no está contra el desarrollo y la industrialización, sino contra el "desarrollismo". Que esta última corriente apareció en 1949 con el punto IV del Plan Truman, que es anterior a la "Alianza para el Progreso", aunque la prepara y condiciona en sus fundamentos. Por otra parte, considera que no hay que confundir "desarrollo" con "desarrollismo" y que este último aparece vinculado a los conceptos precedentes del mismo origen sobre la división de "países desarrollados" y "países subdesarrollados". El autor explica que *Marcha* y los terceristas se manifestaron contra el Plan Truman para América Latina, que John Kennedy heredó, denominándose "Alianza para el Progreso" y que concebía la ayuda a los países atrasados, subdesarrollados, de América Latina a través de inversiones privadas de los hombres de negocios norteamericanos, diferente claramente al Plan Marshall aplicado en Europa. Explica también Ardao cómo el "tercerismo" es antes que nada un movimiento de tendencias políticas heterogéneas que se unifican en el momento de la Guerra Fría en el Uruguay y en todo el mundo –hasta en los Estados Unidos–, por asegurar la paz; para evitar una Tercera Guerra Mundial, congelando el armamentismo; para luchar contra la fuerza avasallante de los imperialismos.

Las publicaciones de Ardao en *Marcha* sorprenderán a los que imaginaban que era éste un movimiento fundamentalmente contra el Imperialismo Norteamericano; considera el autor que el verdadero fundador del "tercerismo" es el norteamericano Henry Wallace –exvicepresidente de Estados Unidos– y a su vez ex-ministro de la administración Truman, que organizará una campaña nacional e internacional, junto a otras firguras como Norman Thomas, contra la política de Truman, partidaria de la polarización en dos bloques, que desplazaba las posibilidades que existieron hasta el año 1946, de "Tres Grandes" o de "Cuatro Grandes", como proponía el frustrado plan de de Gaulle. Wallace representaba entonces la corriente democrática y antiimperialista estadounidense y proponía la construcción de un *New Deal* mundial para elevar el nivel económico de los pueblos arruinados creando a la vez un factor de equilibrio internacional que permitiría la colaboración con la Unión Soviética en el mantenimiento de la paz.

La segunda gran corriente del "tercerismo" mundial –planteaba Ardao– será la del "tercerismo doctrinario de fuente francesa" que tuvo sus primeros grandes representantes en el integrante del Partido Radical Jacques Kayser y el líder del Partido Socialista Léon Blum, de enorme influencia en el Uruguay. Kayser mismo –amigo personal de Quijano desde sus épocas de estudio comunes en París de los años veinte– escribía en *Marcha* el 20 de junio de 1947 un artículo titulado significativamente "El tercer bloque", que según Ardao sería el texto fundador del tercerismo francés de influencia internacional por sus aspectos doctrinarios y filosóficos y no solo tácticos. Escribía Kayser:

> Que en este tiempo de guerra se esté forzado a optar, que la neutralidad se haya hecho imposible, es un hecho que experiencias recientes han establecido. Pero no estamos en tiempo de guerra y, en el mundo entero, los pueblos desean el mantenimiento de la paz. Escoger ahora es ayudar a la división del mundo en dos, es ceder a los métodos simplistas de la fuerza, es participar con la evolución que puede conducir al desencadenamiento de la guerra mundial número tres.

Así –explica Ardao– este tercerismo, sumado al de Wallace, contribuyó decisivamente a definir el "tercerismo uruguayo", desde el momento en que la Doctrina Truman, formulada en mayo de 1947 para Europa bajo la forma de ayuda a Grecia y a Turquía, se prolongó en el Plan Truman para América Latina, proyecto de ley por el cual se autorizaba al gobierno de Estados Unidos a suministrar armamentos y adiestrar a todas las fuerzas del hemisferio americano.

Como hemos explicado en otras partes de este trabajo, el mundo intelectual liderado por Quijano posee una cultura universal muy amplia, destacada dentro del mundo latinoamericano. Prueba de ello son, por ejemplo los contactos y correspondencias de este autor con figuras destacadas del mundo europeo hacia fines de la Segunda Guerra Mundial, como el socialista León Blum, el economista radical Jacques Kayser y la "eminencia gris de la Cuarta República Francesa", "el creador de Europa" y autor del plan Schuman de la "Comunidad Europea del Carbón y del Acero" y del plan Pleven sobre el ejército europeo, el internacionalmente conocido y prestigioso Jean Monnet. Era esta la piedra fundamental del gran emprendimiento del Mercado Común Europeo que desembocará en la Comunidad Económica Europea. Así, la experiencia de la Europa de posguerra a través de sus políticos y pensadores más progresistas, que buscaban las uniones económicas y políticas regionales para sobrevivir a la mundialización e internacionalización de la economía y las finanzas, influirá directamente en los modelos de desarrollo de la intelectualidad nacional en relación al país y la región. Estos modelos encuentran también sus antecedentes en ciertas experiencias y mitos históricos afianzados en el pasado regional.

Se observa también cómo la dificultad de impedir la polarizacón en dos bloques estuvo en relación directa con la fragilidad cierta de Europa occidental y su mínima posibilidad para crear una "Tercera Fuerza Internacional" de la que hablaba Léon Blum. Por otra parte, la delegación implícita que hará Gran Bretaña en la fuerte diplomacia estadounidense del Plan Truman, unida al Plan Marshall, constituirá como decía Wallace, además de una ayuda, también cierta presión y cierto chantaje al Viejo Continente, que terminaron por definir en el año 1947 la división bien estructurada en dos bloques y el comienzo oficial de la Guerra Fría. Como escribió en una serie de artículos publicados entre setiembre de 1947 y febrero de 1948 en *Marcha*, previo contrato firmado por la administración de la misma y los representantes de *The New Republic* en abril de 1947 (Wallace).

Así, el "tercerismo" uruguayo aparece alejado de otras numerosas corrientes internacionales de la "Tercera Vía" que se manifestaron desde 1947 declarándose ni de derecha ni de izquierda, rechazando tanto el liberalismo como el marxismo, sin buscar otra alternativa. Algunas de estas corrientes, sobre todo en Europa, se replegaron en una postura espiritual y moral, no política. Por otra parte, la "Tercera Posición" en el Uruguay no parece exactamente responder a las mismas características y posicionamientos de otros "tercerismos" de tipo nacionalista y populista de la época, sobre todo en regiones del después llamado "Tercer Mundo". La corriente uruguaya se manifiesta marcadamente ligada a una concepción de tipo socialista democrática. Si bien en ella el aspecto táctico o pragmático juega un papel, lo que más la caracteriza es un conjunto de aspectos doctrinarios, de principios, de alcance epistemológico y metodológico, en la búsqueda de la creación de nuevos equilibrios y de un posible proyecto político de construcción de un nuevo orden económico y político internacional. En esta postura entra en juego también, sin lugar a dudas, la reconstitución de la especificidad de lo latinoamericano dentro del hemisferio y en el contexto mundial, cuya influencia y trayectoria hemos analizado en la primera parte de este trabajo.

B) *Las bases socioculturales de las generaciones críticas*

El movimiento intelectual y universitario uruguayo estará organizado a través de dos instituciones centrales de la vida cultural y científica del país: la Universidad de la República (1849) y el semanario *Marcha* (1939-1974). Estos dos centros institucionales, el primero público y el segundo privado, constituirán dos tipos de estructuras de una sociabilidad intelectual y científica muy intensas y complementarias en la historia cultural y política del país, así como en la reflexión sobre la realidad nacional e internacional. En su conjunto y en gran interacción, ambas instituciones constituirán la base de un medio intelectual heterogéneo pero a su vez homogéneo, crítico y autocrítico que logra una autonomía bastante notoria en relación a los otros poderes de la sociedad (Estado, iglesia, ejército, partidos políticos); sobre todo en un análisis comparativo con los otros países del continente y con sus vecinos de la región. Esta característica dará a este medio intelectual una cierta unidad y continuidad a pesar de las diferentes posturas y definiciones sobre problemas de método o de interpretación de problemas nacionales e internacionales, permitiendo así la construcción de un *consenssus* en el *dissensus*, sobre ciertos principios democráticos progresistas y tambien antiimperialistas de ambos partidos tradicionales (Blancos y Colorados), como de distintos sectores de la izquierda nacional, de grupos libertarios independientes, de corrientes cristianas y católicas progresistas.

A través de estos centros de reflexión y sus publicaciones –en el medio universitario oficial y en la Federación de Estudiantes Universitarios (FEUU)– aparecerán ya en los años treinta el diario *Jornada*, luego *Tribuna Universitaria* y más tarde en los años sesenta *Gaceta de la Universidad*. Por otra parte, en la publicación semanal de *Marcha*, en sus editoriales y artículos de fondo, se expresaron a través del tiempo abogados, historiadores, literatos, economistas, filósofos, sociólogos y periodistas, en un trabajo de revisión sobre las relaciones del país con la región, con el continente, con Europa y los Estados Unidos. Ellos analizarán las consecuencias de la crisis del año 1929 y los años treinta, los graves problemas políticos de entreguerra, la significación de la guerra civil en España, el desencadenamiento de la Segunda Guerra Mundial, la Guerra Fría y sus consecuencias. Por encima de las diferencias ideológicas desde los años treinta y en las décadas siguientes se dibuja en ese medio cultural un pensamiento marcadamente antiimperialista, una preocupación por los problemas de la democracia política y sus relaciones con la democracia social y económica; la preocupación por los problemas del desarrollo y la modernización en sus relaciones con el sistema mundial contemporáneo de "países centro y países periféricos". En el campo de la política internacional, una característica casi unánime de este medio –por lo menos hasta mediados de la década del sesenta– será el predominio de la corriente de la "Tercera Posición" frente a la polarización mundial en dos bloques antagónicos –política, económica e ideológicamente–, que se declaran irreconciliables.

Esta primera generación crítica del Uruguay contemporáneo –a cuyas dos principales figuras nos referimos en este trabajo–, se compromete pues en una empresa periodística de nivel documental y de mensaje cultural ambicioso en el momento que comienza la Segunda Guerra Mundial. Se compromete de forma muy modesta en el plano material y sin ambiciones de ganancia. Surge como una necesidad de reflexión sobre el momento histórico crítico a nivel mundial y latinoamericano; como una necesidad insoslayable de compromiso con la realidad y la comunidad nacional. Y latinoamericana.

Algunos dijeron que era esta una publicación de "élites", pero queda claro hoy, por muchos datos acumulados y también por el testimonio de Hugo Alfaro –administrador del semanario durante toda su existencia y periodista del mismo en ciertos períodos– en su libro *Navegar es necesario*, escrito en 1984. Alfaro constata que en 1974, cuando el semanario es cerrado por la dictadura cívico militar instalada en el país, se imprimían treinta mil ejemplares. Teniendo en cuenta –dice el autor– que se calculan cuatro lectores por cada ejemplar hacia esa época, se llega a la cifra de ciento veinte mil lectores semanales aproximadamente. A ello se agrega además la enorme difusión del semanario en el extranjero, sobre todo a partir de fines de los cincuenta y al correr de la década sesenta y primeros años de la década setenta. Llegaba regularmente a Buenos Aires y aun a muchas provincias argentinas, especialmente a sus capitales. Llegaba a Santiago de Chile, México, Caracas. También se encontraba y vendía por encargo en París, Madrid, Suecia, Gran Bretaña y aun Estados Unidos. Universidades y bibliotecas en los países desarrollados de Europa y de América del Norte comienzan a solicitar la suscripción este ya prestigioso semanario. Más tarde, desde 1967, cuando aparecen los *Cuadernos de Marcha*, se produce el mismo fenómeno.

Carlos Real de Azúa describía el éxito del semanario como un "lujo" o "un milagro" de la república, por la evidente desproporción entre el número de habitantes del Uruguay y de su masa crítica. En el balance de este éxito y prestigio aparecen sin duda aspectos cualitativos y las características muy especiales de ciertas figuras en la articulación de varias generaciones que se suceden, desde los años treinta hasta los años setenta. La amplitud de temas tratados en el campo de las ciencias sociales, de la ciencia económica y de la ciencia política, de las relaciones internacionales, la cultura, la literatura, por periodistas bien formados y la participación de personalidades nacional e internacionalmente reconocidas. Ello explica su gran difusión e influencia en una etapa histórica en que el Tercer Mundo y los llamados países periféricos eran el centro de atención de numerosos especialistas de muy diversos países (Sauvy, Lacoste, Petras, Fanon, "Che" Guevara, Debray, Furtado, etc.), quienes también escribían en ocasiones artículos para *Marcha*.

Hay una diversidad temática y se ha hablado con criterio de la existencia de "dos *Marchas*": una *Primera Marcha* dedicada a los temas económicos, políticos, sociales, e internacionales, vinculando el Uruguay, a América Latina y al sistema mundial; una *Segunda Marcha* dedicada al campo literario y cultural en general, con el mismo prestigio que la primera, pero con otro público lector, que sin duda a veces – como nos ha expresado personalmente Arturo Ardao– ignoraba casi completamente los temas de la otra mitad del semanario.

Hay sin lugar a duda una serie de canales conductores que atraviesan a través del tiempo los intereses del semanario; por lo menos lo veremos aquí en la primera de esas *Marchas*, ya que es el tema de este trabajo.

Ardao caracteriza los aspectos fundamentales del pensamiento de Carlos Quijano en una serie de núcleos temáticos: nacionalismo antiimperialista y latinoamericanista, democracia política, democracia social y socialismo democrático. Pero ellos son también los canales conductores de la reflexión y el trabajo de Arturo Ardao a través del tiempo en sus artículos y editoriales en *Marcha*; también formará parte de sus temas de investigación académica como universitario, en relación al Uruguay, América Latina y la historia mundial. Indudablemente que estas dos figuras fundadoras de la Generación Crítica del siglo XX uruguayo, que aquí estudiamos a pesar de su diferencia de edad (Ardao doce años menor que Quijano), sus diferencias de caracteres, de formas de comunicación con los lectores, de sus formaciones más específicas (Quijano economía/ciencias políticas, Ardao historia de las ideas/filosofía), aparecen por el contrario con ciertos aspectos básicos en común. Con respecto a formas de su pensamiento, actitudes frente a ciertas problemáticas de la realidad nacional y de los acontecimientos mundiales. Ambos han conocido la Reforma Universitaria de Córdoba, ambos han militado en la Federación Universitaria del Uruguay (FEUU), ambos han enfrentado el golpe de Estado de 1933 y han conocido la polarización política del país a causa de la guerra civil en España, a vía de ejemplo. Pero seguramente las bases comunes de ambas figuras y de otros que los acompañan en su tarea intelectual y política (en el sentido genérico de la palabra), están dadas por la influencia de ciertas figuras intelectuales que han pesado en la formación universitaria del país en sus primeras décadas: Jose Enrique Rodó, Carlos Vaz Ferreira, ciertos pensadores españoles; también Marx y figuras socialistas europeas vinculadas a corrientes democráticas de tipo antitotalitarias. Si quisiéramos sintetizar en algunos puntos los aspectos que nos parecen más comunes entre ambos autores diríamos: 1) una postura invariable de rechazo a la posibilidad de que la lucha por un fin justifique los medios, en cualquier forma de lucha, en cualquier empresa del conocimiento, en cualquier empresa individual o colectiva; 2) una muy marcada postura antidogmática, que niega la posibilidad de verdades absolutas, inmutables, indiscutibles, posibles de ser aplicadas por igual a los hombres o a las sociedades. Decía Quijano en 1964 –y Ardao lo recuerda en trabajos posteriores– que ya bien maduro había comprendido y reconocido como propia la enseñanza implícita en Rodó de saber "reverenciar a los otros que nos vencen con honor" y que de Vaz Ferreira había recibido "el saber desconfiar del espíritu de sistema y de las verdades acuñadas". Nada era absoluto ni definitivo, porque la existencia y el conocimiento suponían un cambio, una transformación permanente, no por relativismo sino por infinitud de la "verdad" siempre buscada y siempre a conquistar; 3) la convicción que se configura a nivel del pensamiento más actualizado del siglo XX uruguayo. El Uruguay pertenece en primer lugar al sur de América del sur y forma parte del continente latinoamericano. Ya no se escuchará la reivindicación permanente Uruguay, la Suiza de América o como el Uruguay no hay como país aislado en el continente, sino integrado con miedo y orgullo en América Latina. En América Latina con todas sus complejidades y contradicciones. No para imitarla sino para transformarla y transformarse.

A pesar de los grandes cambios que se producen en la sociedad uruguaya en los años sesenta y setenta, que parecen hacer bascular estas posturas sobre todo en las generaciones mas jóvenes, debido a las circunstancias críticas que se vivían, existen a nuestro entender elementos aún no suficientemente estudiados, que nos harían pensar en la permanencia, en amplios sectores de jóvenes intelectuales, universitarios, estudiosos, jóvenes de esas décadas y posteriores, de una actitud ética de búsqueda del deber ser individual y social, que presentan una capacidad de resistencia muy integrada en el inconsciente o la memoria colectiva que resiste fuertemente a todas las formas de autoritarismo o totalitarismos .Y esta fue la prédica fundamental de *Marcha* durante toda su existencia, fue también el legado fundamental de sus fundadores de 1939 de los que este trabajo se ocupa.

El semanario *Marcha*, bajo la conducción de intelectuales como Carlos Quijano, Arturo Ardao y Julio Castro, se transformó en una especie de *lieu*, encrucijada de una nueva forma de sociabilidad intelectual y cultural en el país. Sociabilidad que permitía el encuentro, desencuentro, acuerdo y discrepancia, cruce y entrecruzamiento, de posturas próximas y distantes (dentro de una base común de preocupación humanista genérica) que logra instalarse con bastante firmeza en los sectores más instruidos y aun medianamente educados del país: el hábito de aceptar la heterogeneidad y la divergencia con tolerancia. Por ello –quizás– nunca *Marcha* pretendió ser un partido político, ni pretendió representar una corriente unificada y de síntesis final de una plataforma política sistemática para ser votada y seguida por las masas. Es un lugar, un *carrefour*, para reflexionar, discutir, intercambiar, contrastar, para discrepar y redescubrir. Un lugar, un centro que no toma el rol o representación de un organismo político específico, ni de un partido, sino el del lugar que prepara o que anticipa el pensar y el actuar político de los individuos en sociedad.

Nota

* Partes de este trabajo fueron presentadas en los Congresos Internacionales de Americanistas ICA 1997(Quito) y 2000 (Varsovia), y otras son parte de la investigación realizada en 1997 en el Instituto de Ciencias Políticas de la Facultad de Ciencias Sociales, Universidad de la República, Uruguay.

Bibliografía

Alfaro, Hugo. *Navegar es necesario*. Montevideo: Ed. de la Banda Oriental, 1989.

Ardao, Arturo. *La inteligencia latinoamericana*. Montevideo: Universidad de la República, 1987.

_____ "La unión económica latinoamericana". *Acción* (2 de abril de 1932).

_____ "La guerra y América". *Marcha* (15 de setiembre de 1939).
_____ "El divorcio de yancófilos y rusófilos". *Marcha* (3 de enero de 1947).
_____ "La Tercera Posición ". *Marcha* (9 de abril de 1948).
_____ "Orígenes del latinoamericanismo antiimperialista". *Marcha* (Montevideo, 12 de febrero de 1965).
_____ "El magisterio de Quijano". *Cuadernos de Marcha* (Tercera época) 44 (Montevideo, junio 1985).
Arendt, Hanna. *Los orígenes del totalitarismo - 2 Imperialismo*. Madrid: Alianza, 1987. Cap. II y IV.
Cosío Villegas, Daniel. "Rusia, Estados Unidos y la América hispánica". *Cuadernos Americanos*. (México, enero-febrero de 1948).
Kaspy, André. "Les Américains". *Les Etats Unis de 1945 à nos jours*.
Kayser, Jacques. "El tercer bloque". *Marcha* (Montevideo, 20 de junio de 1947).
Medina Echevarría, José. "Filosofía del desarrollo". *Uruguay: una política del desarrollo*. Montevideo:-Facultad de Derecho y Ciencias Sociales, 1966. Cuaderno N° 17: 209-89.
Ory, Pascal. *Nouvelle Histoire des Idées Politiques*. París: Hachette, 1987.
Pecaut, Daniel. Prefacio a Carmen de Sierra. *De la crisis a la búsqueda de una nueva identidad Nacional (Uruguay-Siglo XX)*. París: Ecole des Hautes Etudes en Sciences Sociales, 1996.
Polanyi, Karl. *La grande transformation: aux origines politiques et économiques de notre temps*. [1944]. París: Gallimard, 1983.
Quijano, Carlos. "Algunas consideraciones sobre la Democracia". Carta a los lectores. *El País* (Montevideo, 18 de abril de 1928).
_____ "Panamericanismo, no; acuerdos regionales, sí". *Marcha* (Montevideo, 26 de julio de 1940).
_____ "El regionalismo económico (VI)" *Marcha* (Montevideo, 20 de abril de 1945).
_____ "El miedo que todo lo cubre". *Marcha* (Montevideo, 9 de mayo de 1947).
_____ "Sí, la guerra ha sido en vano". *Marcha* (Montevideo, 23 de agosto de 1947).
_____ "Por caminos trillados". *Marcha* (Montevideo, julio de 1955).
_____ "Uruguay: consumo o inversión". *Marcha* (Montevideo, julio de 1955).
_____ "Los pichones en el nido". *Marcha* (Montevideo, 23 de agosto de 1957).
_____ "A rienda corta". *Marcha* (Montevideo, 27 de agosto de 1958).

_____"América, espacio-tiempo". *Marcha* (Montevideo, 9 de octubre de 1959).

_____"Digamos nuestro mensaje". *Marcha* (Montevideo, 15 de diciembre de 1961)

_____"Esta América que no es nuestra". *Marcha* (Montevideo, 6 de abril de 1962).

_____"Atados al mástil". *Marcha* (Montevideo, 26 de junio de 1964).

_____"Murieron por nosotros". *Marcha* (Montevideo, 7 de mayo de 1965).

_____"Poner nuestra casa en orden". *Marcha* (Montevideo, 3 de octubre de 1965).

_____"¿Por qué flamean las banderas?". *Marcha* (Montevideo, 17 de julio de 1969).

_____"Frugoni y su tiempo". *Marcha* (Montevideo, 5 de febrero de 1971).

_____"Fin y principio". *Marcha* (Montevideo, 30 de diciembre de 1971).

_____"Tiempos difíciles". *Marcha* (Montevideo, 11 de agosto de 1972).

_____"Los dados que se echan a rodar". *Marcha* (Montevideo, 30 de diciembre de 1972).

Racine, Nicole y Michel Trebitsch. *Intellectuels engagés d'une guerre à l'autre*. Paris: Institut d'histoire du temps présent, 1994

Rouquié, Alain. *Amérique Latine : introduction a l'extrême occident*. París: Seuil, 1987.

Sierra, Carmen de. "Una nación de repúblicas, ¿Utopía o proyecto?". *Utopía y nuestra America*. Horacio Cerutti Guldberg y Oscar Agüero, eds. Quito: Abya-Yala, 1996.

Silva Herzog, Jesús. "–Lo humano, problema esencial". *Cuadernos Americanos* 1 (México, enero de 1942).

_____ "La cultura y la paz". *Cuadernos Americanos* (México, febrero de 1948).

_____ "Interpretación del drama contemporáneo". *Cuadernos Americanos* (enero- febrero de 1949).

Wallace, Henry. "Ningún pueblo puede ser comprado". *Marcha* (Montevideo, 2 de mayo de 1947).

Perder los amigos, pero no la conducta[1]
Tercerismo, nacionalismo y antiimperialismo: *Marcha* entre la revolución y la contrarrevolución (1958-74)

Eduardo J. Vior
Universidad de Magdeburgo

A Mirta Zampieri, in memoriam, que me enseñó a escuchar y leer entre líneas para conocer el mundo.

Hacia 1965, al entrar en la adolescencia y empezar a salir al centro de Buenos Aires, comencé a comprar *Marcha* en el quiosco ubicado frente a la puerta del cine "Lorraine" de la calle Corrientes, entre otros motivos, para leer sus magníficas críticas cinematográficas. A veces iba ya el viernes por la noche para estar seguro de conseguirlo.

Hasta que la dictadura militar prohibió, un año después, su entrada a Argentina, el semanario nos introdujo en la política internacional y en la literatura latinoamericana, nos hizo conocer a muchos autores de la izquierda internacional antidogmática y a amar su periodismo de análisis y discusión, fundamentado, polémico y serio. Al advenir el gobierno peronista en 1973 *Marcha* volvió a ser permitido en el país, pero ya no nos satifizo, quizá porque gran parte de mi generación se había definido por el peronismo y no nos sentíamos acompañados por el semanario y en parte por las mutilaciones que éste había sufrido bajo la dictadura militar uruguaya desde febrero de ese año.

Preparando este ensayo revisé las intensas discusiones libradas en sus páginas durante los años sesenta sobre los conceptos de "tercerismo", "nacionalismo", "antiimperialismo" y "revolución". Sobre estas ideas discutíamos también en Argentina en la misma época, pero, aunque la situación de mi país era el tema extranjero más importante en las páginas de *Marcha,* en la década aquí tratada el semanario solo reprodujo las discusiones de la llamada "izquierda nacional" argentina y de los grupos intelectuales radicalizados después de su apoyo a Arturo Frondizi en 1958. A partir de mediados de la década el semanario comenzó a informar sobre la radicalización del peronismo combativo y revolucionario, pero nunca se metió en la discusión programática y estratégica que se libraba en la otra orilla del Río de la Plata.

Esta omisión me llamó tanto más la atención cuanto que Carlos Quijano y sus colaboradores más cercanos se definían como "nacionalistas" y "antiimperialistas". Aproximándonos a este problema llegaremos rápidamente a una primera respuesta que nos remite a la más abarcadora por la naturaleza del nacionalismo y antiimperialismo marchistas. Este es el tema central de este texto.

MARCHA Y EL PERONISMO

Marcha nunca polemizó con o sobre el peronismo. Carlos Quijano analizó a menudo la evolución de la situación argentina, comentó a veces las políticas de Perón, pero no debatió sobre sus ideas. Su actitud ante este líder fue ambigua: por momentos era para él solo un "demagogo" a quien no cabía considerar seriamente. Así, afirmaba en 1953: "A nosotros, muy modestos ciudadanos, nos parece un tonto. Un tonto sin redención y sin historia, llevado y traído por el azar de los hechos, y a quien se atribuye una importancia que está muy lejos de merecer" (12-9-53).[2] Pero dos años después, cuando la confrontación civil y social en Argentina se agudizaba entre el motín del 16 de junio y el triunfante golpe del 16 de setiembre, lo veía de manera diferente: "[E]l señor Perón escribe derecho en líneas torcidas. [...] El señor Perón quiere mandar y a esta voluntad de mando avasalladora sacrifica todo. Incluida su *vielle carcasse* [cursiva en el original – EJV]" (2-9-55).

Hasta 1972 Quijano nunca definió su posición ante el peronismo y evitó categorizarlo.[3] Solo cuando Perón regresó por primera vez a Argentina, el 17 de noviembre de 1972, preparando la derrota de la dictadura militar dirigida entonces por Alejandro A. Lanusse, el director de *Marcha* volvió a ocuparse personalmente del "fenómeno Perón", sin tratar su pensamiento y estrategia. Así afirmaba ese mismo día en su editorial ("El hombre y el mito") que:

> [E]l fenómeno peronista, el hecho peronista, no fue comprendido. Esa especie de partido único, donde coexisten todas las contradicciones de un país dependiente escapaba a los modelos que se manejaban. Era un partido que a veces sin tener conciencia cabal de ello, recogía una gran corriente histórica, entrañablemente popular, la del federalismo, rediviva en el radicalismo. Partido antioligárquico y antiunitario, puesto bajo la dirección de un líder magnetizador. El partido de los caudillos, el de Facundo y el Chacho Peñaloza, frente al partido de los doctores, el de Rivadavia,

Sarmiento y Mitre. El de las provincias frente al de Buenos Aires, puerto y vidriera, extranjerizador y extranjerizante.
Uno y otro [Irigoyen y Perón – EJV] enfrentaron la presión imperialista.
Uno y otro trataron de romper con sentido nacional, tan profundo en las capas populares de Argentina, la dependencia.
Uno y otro le abrieron las puertas a la "chusma", a las generaciones formadas por los hijos de inmigrantes, a los obreros del campo y la ciudad, a los marginados y desplazaron a las grandes familias, a los grandes apellidos, a esa seudo aristocracia argentina de cuyos desaciertos y traiciones, a lo largo de la historia, los orientales también fuimos víctimas.
Uno y otro –carencias a un lado, demagogia en algunos casos, a otro– fueron la antioligarquía.
El hombre no hace la cosa. El radicalismo es el auténtico radicalismo de Alem a Hipólito Irigoyen. "El Peludo"[4] es el heredero del federalismo. El peronismo es el heredero del auténtico radicalismo. De un radicalismo de raíz popular o si se quiere, para mayor tranquilidad de los exquisitos, populista.
III. Singular, fuera de serie, también el personaje. Los amados de los dioses mueren jóvenes; pero a veces, como en este caso, llegan a viejos. [...] Los años de destierro y de persecuciones en lugar de destruirlos, los recrean. El hombre de carne y hueso, deviene mito. En él se conjugan la lacerante nostalgia de un tiempo que la distancia dora y la fe no menos lacerante en la redención. Es la víctima y el héroe. El caballero de la esperanza.[5] Catártico y carismático.
La historia la hacen los pueblos; pero con jefes.
(17-11-72)

Sus referencias posteriores al movimiento argentino estuvieron fuertemente condicionadas por la evolución de la dictadura militar uruguaya a partir del 16 de febrero de 1973, que culminaría con la disolución del parlamento el 27 de junio siguiente y las sucesivas clausuras del semanario hasta su cierre definitivo en noviembre de 1974. Considero estas referencias al peronismo argentino como un tratamiento elíptico de la situación uruguaya.

Así, por ejemplo, al saludar el 25 de mayo de 1973 el ascenso al gobierno del Frente Justicialista de Liberación (FREJULI[6]), bajo el título "¡Al gran pueblo argentino, salud!"[7] Quijano escribe lo siguiente:

[E]l gobierno argentino vuelve a ser ahora expresión indiscutible de la voluntad popular.
La elección argentina tiene características y significación excepcionales:

a) En Uruguay el retorno al poder del Partido Nacional se produjo después de noventa años [en 1958 – EJV]. Durante ese tiempo, sin embargo, salvo en algunos períodos, el nacionalismo no fue proscripto. [...]
El peronismo, en cambio, durante más de diecisiete años conoció la proscripción. [...]
La "travesía del desierto"[8] de de Gaulle se extiende desde su renuncia en 1947, hasta su retorno en 1958, [...]
b) Durante esos diecisiete años largos el militarismo gobernó, con breves intervalos cargados de amenazas, a su antojo. [...]
c) Esta elección se produce, cuando el imperio, de rodillas frente a Vietnam, está corroído por una espantosa corrupción interna (caso Watergate) y cuando busca pasar la posta en nuestras tierras, al subimperio,[9] [...]. Para nosotros, y también para toda América Latina, [...] el posible resurgimiento de Argentina es fundamental. La historia y la geografía mandan. Una historia muy vieja; una geografía eterna. [...]
En política internacional sí [...] el enemigo de nuestro enemigo es nuestro amigo. Una Argentina fuerte, de raíz popular y proyecto socialista, es también por esta razón, preferible a una Argentina militarista y oligárquica, segundona del imperio y cómplice del subimperio, como lo fue en 1816, como lo fue en 1865, como lo fue en estos años últimos, los de las "fronteras ideológicas".[10]
Ahora empieza otra historia. [...]
Festejemos pues la derrota del militarismo, confiemos en el pueblo argentino que conoció la adversidad y no se doblegó y reconozcamos con total amplitud la vigencia histórica del peronismo y la estatura de su conductor, [...]
Cuando el cuartelazo de Uriburu contra Irigoyen algunos escribieron aquí: "¡Al gran pueblo argentino, salud!"
Ahora, cuarenta años después, nos toca decirlo a nosotros. Con emoción y esperanza. Sí, ahora más que nunca, ahora después de la larga travesía y el sacrificio lustral: "¡Al gran pueblo argentino, salud!"
(25-5-73)

Quijano siempre estuvo convencido de la influencia que los procesos argentinos tenían sobre Uruguay. Su sentencia "ahora empieza otra historia" no se refería solo al país vecino: el cambio en Argentina haría que también en Uruguay "empezara otra historia".

Los dos textos citados son la culminación de un proceso contradictorio que se remonta al surgimiento del peronismo en 1945. Quijano nunca tomó partido en las discusiones internas del peronismo ni polemizó con sus representantes porque quería conservar estrictamente la independencia del nacionalismo oriental, tal como él lo concebía. Pero, al reconocer al peronismo como nacionalismo popular, estableció un parámetro de comparación para la propia orientación perfilada desde que fundó del Centro "Ariel" en 1917 (Rocca, 1993:6). De ella nos ocuparemos a continuación.

LAS FUENTES DEL PENSAMIENTO MARCHISTA

El semanario *Marcha* siempre se definió como antiimperialista, nacionalista, democrático y socialista. A partir de 1947, también como tercerista. Cierto que Arturo Ardao repitió en muchas ocasiones que el nacionalismo democrático, social y antiimperialista de Quijano ya estaba constituido al fundar ambos en 1928 la Agrupación Democrática y Social Nacionalista (ADSN) en el seno del Partido Nacional (Blanco). Pero, en vista de los cambios nacionales e internacionales hasta el golpe de Estado de 1973, es de suponer que esa concepción se desarrolló, se complejizó y se adaptó a nuevas circunstancias seleccionando los aportes que le llegaban desde otras orientaciones nacionales y extranjeras. ¿Qué tipo de nacionalismo se estaba construyendo en torno a *Marcha* que prescindía de la comparación con orientaciones similares? ¿Se definió acaso en relación a orientaciones contrarias?

Quijano denunció a menudo los planes intervencionistas de los gobiernos norteamericanos, pero nunca se interesó por las motivaciones internas de las ideas rectoras en los EE.UU.[11] Para él el imperialismo era un hecho fundamentalmente económico que se explicaba por la necesidad del capital norteamericano de expandirse más allá de las fronteras y la ideología era un resultado de esa motivación.[12]

Marcha se desinteresó también de la evolución doctrinaria del neobatllismo en los años cincuenta y la del postbatllismo a fines de los sesenta y principios de los setenta. Mucho menos se preocupó por analizar la evolución del pensamiento conservador, fuera colorado o blanco, y el surgimiento paulatino del neoliberalismo y el neoautoritarismo.[13] Dedicó sí brillantes análisis constitucionalistas a los avances neoautoritarios entre 1967 y 1973, pero más como denuncia y esclarecimiento que para redefinir las propias posiciones. Su argumento era que se estaba repitiendo el proceso que llevó al golpe de Estado de Gabriel Terra, el 31 de marzo de 1933. Su motivación no era entender el pensamiento neoautoritario en gestación, sino advertir contra la periódica vuelta del autoritarismo en la historia uruguaya.

Desde sus páginas se tomó en cambio partido ante los avatares del herrerismo y del nacionalismo.[14] Especialmente Quijano y Ardao discutieron asiduamente sobre historia nacional, el primero también mucho sobre reformas económicas y constitucionales así como sobre la integración regional y/o latinoamericana, mientras que el segundo se concentró más en la historia de las ideas filosóficas, de la universidad (a partir de 1965) del latinoamericanismo y entre 1965 y 1966 llevó adelante contra Real de Azúa la fundamental discusión sobre tercerismo que recogemos más abajo. Para Ardao el tercerismo de *Marcha* desde 1947 era puramente estratégico, dirigido al no-alineamiento en la Guerra Fría, y no tenía significado doctrinario. Así marcó los límites frente a la "tercera posición" del peronismo histórico.[15]

Después de los primeros momentos (1939-41) *Marcha* se concentró en ser una tribuna de doctrina nacionalista, antiimperialista, tercerista, democrática y socialista. Pablo Rocca lo resume de la siguiente manera:

> *Marcha* fue una publicación atípica, extraña en el submundo dependiente, pero posible en un Uruguay europeizado, raigalmente liberal. Nació y creció en una ciudad, pequeña a escala del continente que orilla, y de ese enclave fue producto, hecho y leído por clases medias integradas a la economía distributiva y a la educación de fuertes tonos democrático-radicales, tempranamente pauperizada. (1993: 128)

Marcha fue producto y productor de ese medio cultural. Su estilo tendió más a la didáctica de las posiciones propias que al análisis de las ajenas,[16] a la desconstrucción de las posiciones adversarias, al desenmascaramiento y la denuncia de los planes adversarios y -especialmente a partir de 1970- a la agitación de masas a favor de la alternativa anhelada. Su discurso se presenta como autopropulsado y autorreferido. Se fundamenta a sí mismo en la construcción de una tradición específicamente oriental, desde el estoicismo de Artigas, pasando por la exaltación rodosiana de las virtudes republicanas y la resistencia al golpe terrista de 1933 hasta llegar a *Marcha*. La historia del pueblo uruguayo es construida como un continuo sólo roto por las oligarquías, los imperios e imperialismos y que se proyecta hacia el futuro como un mandato. Las rupturas le llegan al cuerpo social "desde afuera".

Este es un modo de articulación habitual de algunos discursos proféticos y de aquéllos dirigidos a fundar naciones, que son la versión (no siempre) laica de los primeros en la época moderna.[17] Bajo esta perspectiva queremos tratarlo. Para restablecer sus relaciones con el proceso histórico y poder formular algunas hipótesis sobre sus efectos sobre los discursos democráticos y de justicia social en Latinoamérica tendremos en cuenta el tardío escrito de Sigmund Freud *Moisés y el origen del monoteísmo*[18] que presentaremos sucintamente al analizar el discurso político de Carlos Quijano. Por este camino buscamos ubicarlo en la tradición del pensamiento nacionalista y antimperialista latinoamericano y sacar algunas conclusiones de carácter general sobre los efectos actuales del mismo.

El primer objetivo de este trabajo es estudiar la etiología y la dinámica del discurso político marchista para entender sus motivaciones, alcances y limitaciones. El segundo objetivo es discutir sus posibles efectos sobre la ulterior construcción de la identidad latinoamericana a principios del siglo XXI.

LA VIABILIDAD DEL URUGUAY EN EL PENSAMIENTO DE CARLOS QUIJANO

Un aspecto central del pensamiento político de Carlos Quijano lo constituyó la preocupación por fundamentar la "viabilidad"[19] del Uruguay como nación. Para ubicar esta preocupación en el contexto de las distintas y contrapuestas orientaciones historiográficas a través de la historia uruguaya, me permito citar extensamente a Gerardo Caetano (1992):

> En esta ponencia nos proponemos recorrer, en forma necesariamente sumaria y muy panorámica, el itinerario histórico de algunas "obsesiones" a través de las cuales se ha buscado dilucidar en el país ese tópico de "las telas más íntimas del nosotros nacional".[20] [...] se analizarán [...] diversas vías de involucramiento [...] en torno al problema de la nación: a) la nación y el pasado; b) la nación y la política; c) la nación y la frontera del "afuera"; d) y, por último, la nación y el desafío de la viabilidad. (60)

Aquí seguiremos a grandes trazos la propuesta de Caetano, porque coincidimos con su idea básica de considerar a la nación como una "comunidad imaginada" en el sentido de Benedict Anderson (1983) y porque nos remite a las cuestiones centrales del discurso marchista (construcción del sujeto colectivo, de sus destinatarios, de los colectivos, de sus adversarios y/o enemigos, etc.), tal como las consideramos en este texto.

Sobre la visión del pasado como fundante de la nacionalidad uruguaya apunta él:

Sin duda que uno de los escenarios más tradicionales en la consideración del "problema" de la nación entre los uruguayos ha sido el vinculado con el debate historiográfico en torno al surgimiento del Uruguay como Estado independiente. Respecto a este punto es harto sabido que se han enfrentado básicamente dos posiciones [...]: a) la postura "nacionalista" o "independiente clásica", cuyo rasgo más distintivo sería la reivindicación del surgimiento del Uruguay en tanto "estado soberano" como el fruto de una voluntad y un sentimiento "nacionales" ya maduros en 1825 [...]; y b) la postura "unionista" o "disidente", que destacaría en cambio la inconsistencia efectiva del deseo independentista de 1825, opuesto a la fuerza coetánea del sentido de integración platense (cimentado además en la índole federal del artiguismo), explicándose en consecuencia el surgimiento del Uruguay independiente como derivación más o menos directa de factores y artificios exógenos y, en particular, de la influencia británica. (63-4)

Aunque no mencionado por Caetano, cabe adelantar en este punto que esta última fue la posición sostenida por Quijano.

La cuestión histórica se interrelaciona con la justificación de las orientaciones políticas, aunque -teniendo en cuenta el fracturamiento del sistema partidario y su baja coherencia doctrinaria- no sea posible hacer un corte tajante entre visiones "coloradas" y "blancas" de la historia del país.

Caetano lo sintetiza de la siguiente manera:

Dentro del campo colorado ha predominado lo que llamaremos la visión de la "uruguayidad". Ella supondría una conciencia nacional de matriz fuertemente cosmopolita, identificada con valores e ideales universales que trascienden largamente las fronteras del país, en la que "lo interno" y "lo externo" no reconocen límites precisos. Refiriéndose a este punto, F. Panizza, por ejemplo, ha señalado que la conciencia nacional colorada y fundamentalmente la batllista refieren "un 'afuera' a la vez constituido y constituyente de la identidad de la sociedad uruguaya y de sus dislocaciones". [...]
En contrapartida lo "blanco" ha tendido a asociarse con la idea de "orientalidad". En rasgos generales ella supondría una identidad nacional que reivindica desde el vamos una índole telúrica y hasta "bárbara" (por oposición a la "civilización" eurocéntrica), que tiene al "afuera" como una fronta "más dura" en tanto constituye el escenario de algo que "la Nación no es", que privilegia nítidamente los referentes del pasado y de la tradición sobre las claves universalistas de la construcción modélica. [...]

Por su parte, para el universo plural de las izquierdas el tema de "lo nacional" ha sido objeto de tratamientos muy disímiles, constituyéndose a este respecto mucho más en frecuente foco de controversias que en catalizador de convergencias. Si bien referido a este tópico podrían establecerse conexiones sólidas entre el "socialismo nacional" de Vivian Trías y lo que Carlos Quijano llamaba difusamente "izquierda nacional", las contradicciones saltan de inmediato si comparamos sus análisis y percepciones con los del "socialismo frugoniano" o con la fuerte matriz exógena de la identidad comunista dsede los tiempos de Mibelli y Gómez hasta el propio Arismendi. (68-9)

En cualquiera de sus orientaciones –según Caetano– el "afuera" ha constituido desde siempre una de las claves configurativas de la identidad uruguaya. Esta percepción de lo externo como determinante del propio horizonte de valores, normas y sistemas simbólicos es especialmente fuerte en la tradición batllista que, como hemos visto, configuró hegemónicamente buena parte de la visión uruguaya de la propia nacionalidad. Esta tradición la sintetiza Caetano en los siguientes puntos:

> Ese intento batllista de construcción de una nacionalidad a través de "la identificación del país con ideales que lo trascendían" también aparece rflejado en otra larga serie de manifestaciones y escenarios típicos de la época: a) La escuela pública, donde desde el nombre de los institutos hasta los programas de enseñanza remitían a esa manera de concebir la nación; b) La identificación del Uruguay con otros países del mundo (Suiza, Francia, Nueva Zelandia, etc.), lo que trasuntaba el deseo inocultable de ser una "isla" tan excepcional como ajena dentro de América Latina; c) la honda dramatización en la vivencia de los acontecimientos de la escena mundial; d) La propia modalidad de acción política del batllismo. (71-2)

Al respecto añade

> [L]a persistencia incluso acrecentada del mito de la "excepcionalidad" uruguaya y de la asociación entrañable con la peripecia internacional. En ese contexto, a nadie puede extrañar que los uruguayos viviesen como "intransferiblemente propios" los episodios de la caída de París primero y de su liberación después, que una publicación como el semanario *Marcha* diera cuenta de ambos hechos con sendas portadas en idioma francés (72)

En este sentido el pensamiento marchista participaba también de esa excepcionalidad autoatribuida. (Raviolo/Rocca, 1997: 253-5). Precisamente la crisis de los años sesenta puso en cuestión ese lugar imaginario del Uruguay. En esa situación la misma "viabilidad" del Uruguay como país independiente apareció como controevrtida. Como Caetano lo expresa:

> Esta cuestión de la viabilidad y su continuidad en el imaginario colectivo de los uruguayos ha permanecido durante el siglo xx. El desafío pudo ser ignorado o soslayado en los tiempos de prosperidad y de la expansión reformista, [...] pero resurgió con mayor fuerza y crudeza al sobrevenir la crisis y el agotamiento del modelo. (75)

Y concluye, citando a su vez a Real de Azúa ("La dimensiones de la defensa de Paysandú", *Marcha*, 31-12-64):

> [S]i la nación misma no es capaz de "tener un pasado" es porque [...] [no] parece tener un futuro [...]. Cuando me refiero a un pasado entiendo por él algo de lo que T.S. Elliot llamaba "un pasado útil", es decir inteligible, capaz de sustentar, de dar sentido, a una faena histórica y nacional proyectada hacia adelante (76)

Sintetizando este punto para las necesidades de nuestro trabajo, podemos decir que: 1) para Quijano y el núcleo central de *Marcha* la cuestión de la "viabilidad" del Uruguay como nación independiente fue una de las "obsesiones" centrales que guiaron su tarea y se fue haciendo tanto más dominante cuanto más acuciantes las urgencias que planteaba la crisis terminal del modelo batllista; 2) buscaron resolver esta cuestión en el doble sentido señalado por Caetano: construyendo, por un lado, un "pasado útil" con el que, por el otro, intentaron fundamentar un proyecto nacional centrado en la integración latinoamericana; 3) no solo en esta acentuación del "afuera", sino también en la perenne identificación de Quijano con Francia, de Gaulle, el republicanismo y el laicismo puede considerárselos como arraigados en la tradición republicana uruguaya y compartiendo algunos valores centrales de la misma con otras corrientes, lo que hará ambivalentes y contradictorias sus rupturas de los años sesenta y setenta; y 4) la "ex-centricidad" de Carlos Real de Azúa, quien no compartía ni la identificación con Francia, ni la creencia en la excepcionalidad del Uruguay, ni la consecuente lealtad a lo que podemos denominar "racionalismo oriental"[21] (del que empero no

Perder los amigos, pero no la conducta • 89

renegaba), representó en la definición ulterior del proyecto marchista durante los años sesenta a la vez una atracción y una amenaza, pero nunca fue totalmente ajena al mismo.

MARCHA EN EL TERCERISMO: ARDAO VS. REAL DE AZÚA EN 1965-66

El segundo aspecto relevante para ubicar nuestro análisis es la definición del concepto de tercerismo, tal como fue utilizado por el núcleo central del semanario. No conociendo posteriores tratamientos teóricos del tema,[22] para completar la caracterización del pensamiento marchista considero necesario volver a la polémica que al respecto libraron Arturo Ardao y Carlos Real de Azúa entre fines de 1965 y principios de 1966.

La misma se desencadenó por la dura crítica al libro del sociólogo uruguayo Aldo Solari (1922-89) *El tercerismo en el Uruguay* que Ardao hizo en tres artículos aparecidos en *Marcha* en diciembre de 1965 y los comentarios de Real de Azúa sobre dicha crítica en cuatro contribuciones para el diario *Época* en enero de 1966.[23]

Solari había pasado del tercerismo al desarrollismo y era a mediados de los años sesenta director del Instituto de Ciencias Sociales de la Facultad de Derecho y Ciencias Sociales de la Universidad de la República en Montevideo.[24] Poco después de la polémica comenzó a trabajar para la CEPAL en Santiago de Chile hasta su jubilación en 1985. Volvió entonces a su patria donde asesoró al presidente Julio M. Sanguinetti hasta morir en 1989. Durante la polémica estaba fuera del país y no participó en ella hasta que al final respondió indignado a las críticas de Ardao. La disputa se libró entonces entre éste y Real de Azúa.

En su libro Solari hizo una crítica del tercerismo en el Uruguay que en lo fundamental se dirigía (casi sin mencionarlo) al grupo de *Marcha*. Siguiendo aquí a Cotelo, pueden resumirse sus afirmaciones del modo siguiente:

[...]
4. El antiimperialismo de los terceristas es tan vago como el concepto de imperialismo. En sus inicios, la Revolución Cubana fue el sueño dorado de los terceristas; su vuelco hacia el marxismo-leninismo significó profundos desgarramientos y divisiones de lealtades en la conciencia de los terceristas.[25]
5. El nacionalismo es un ingrediente de la ideología tercerista.
[...]

8. En definitiva el tercerismo condena los valores de la sociedad moderna o industrial.
9. [...] Es una ideología de élites y no de masas. [...]
10. El tercerismo surgió con la guerra fría y la coexistencia pacífica le planteó conflictos difíciles de resolver.
11. Pese a Carlos Quijano el tercerismo no ha presentado una inserción en lo económico. [...]
12. '[...] el tercerismo [...] es declarativo, verbal, políticamente inocuo, teórico y meramente crítico. (817-8)

O sea que cuestionaba la vigencia del tercerismo marchista, su sentido de realidad y su ubicación en la realidad política uruguaya. Esta condena desencadenaría tormentas. Para explicar el violento enfrentamiento, Cotelo (820-1) aduce por una parte la dura lucha por el control de los aparatos culturales en América Latina entre la CIA y el movimiento de solidaridad con Cuba que se estaba produciendo en esos mismos meses[26] y la declinación del tercerismo en la Federación de Estudiantes Universitarios del Uruguay (FEUU).[27]

Para entender por otra parte la violenta confrontación entre Ardao y Real, Cotelo añade los opuestos orígenes intelectuales de ambos: el liberalismo ilustrado del primero, el antiliberalismo y antimodernismo otrora falangista del segundo.[28] Así, la virulencia de la reacción de Ardao se explicaría por la sensación de cerco creciente que el grupo central de *Marcha* experimentaba en los primeros meses de 1966. Pero esta explicación no basta para aclarar por qué fue tan agresivo con Real de Azúa.

Yo sostengo que la confrontación se hizo tan enconada fundamentalmente porque ambos contendientes competían por influenciar el mismo espacio político-cultural, el del nacionalismo antiimperialista. Quijano, Ardao y Castro se construyeron desde fines de los años veinte una posición crítica dentro de la cultura y el espacio político uruguayos que en los años sesenta se veía amenazada por el giro reaccionario de los grupos dominantes, pero también por la radicalización de la izquierda posterior a 1961. La crítica de Real de Azúa desde el mismo espacio político habría sido percibida por Ardao como una amenaza para el liderazgo que *Marcha* tenía dentro del nacionalismo antiimperialista. Por eso su violenta reacción.

En su primer artículo (17-12-65) Ardao presenta la serie que dedicaría al libro de Solari (Real/Ardao 827).

Para él, a diferencia de Solari, el tercerismo no era una ideología (hoy diríamos una doctrina o sistema de orientaciones y creencias), sino una posición en materia de política internacional al comenzar la

Guerra Fría en 1947. Fue entonces que *Marcha* comenzó a desarrollar las propias ideas terceristas (Real/Ardao 832-6) como una opción naturalmente resultante de la historia de su grupo fundador:

> En lo que respecta a nuestra agrupación política de entonces, la *Democracia Social Nacionalista* [en cursiva en el original – EJV], con ininterrumpida militancia antiimperialista social-demócrata desde su fundación por Quijano en 1928, el enfrentamiento de los dos Imperios la empujaba de antemano al naciente tercerismo. **Marcha** [en negrita en el original – EJV] iba a ser lógicamente su órgano periodístico de expresión. (841)

En el mismo artículo cita Ardao un editorial suyo del 7-11-47 en el que hacía un llamado a redoblar los esfuerzos para formar un tercer bloque internacional fundamentándolo en la derrota de las fuerzas terceristas en las recientes elecciones francesas y en una referencia harto significativa al más inmediato contexto latinoamericano:

> Si en Europa el caso francés sirve de índice, entre nosotros sirve de tal el caso argentino. Desde la terminación de la guerra a la fecha, hemos asistido a la progresiva subordinación de la Casa Rosada a la Casa Blanca,[29] no obstante los pujos de aquélla por definir una posición de independencia y equilibrio entre los dos polos de la escena internacional (842-3)

Recordemos lo ya dicho sobre la valoración del contexto rioplatense en el desarrollo del nacionalismo marchista y apuntemos la omisión de Ardao en este punto: ni en el editorial citado ni en el texto central de su artículo de 1965 hace alguna referencia a la fundamentación del tercerismo peronista, que no era solo una posición de política internacional –aunque tuviera uno de sus orígenes en la misma–, sino de principio. El peronismo histórico buscaba construir un modelo social alejado del capitalismo liberal y del socialismo soviético. La apreciación del tercerismo peronista constituiría uno de los núcleos de la diferencia entre Ardao y Real.

Casi a continuación reitera la omisión en un nivel superior:

> [...] Convencidos estamos de que el tercerismo –de Wallace a Blum, de Kayser a Quijano, de De Gaulle a Nehru, de Einstein a Russell, de Estocolmo a Bandung, de *Cuadernos Americanos* a *Marcha* [en cursiva en el original – EJV]-, incluyendo en ese intento heterogéneo pero congruente enunciado, el materialmente minúsculo tercerismo

uruguayo [...], ha sido el más poderoso factor de paz en el mundo en los últimos lustros. (843)

Para Ardao el tercerismo marchista se convertía así en un elemento relevante del orden mundial con prescindencia de influencias regionales rioplatenses y/o sudamericanas.

En el artículo siguiente (del 31-12-65, 845-51) se concentra en los "errores de método" de Solari, puntualizando que la posición de principio de *Marcha* es el antimperialismo y que el tercerismo fue solo una consecuencia circunstancial de la misma.

En este momento irrumpió Real de Azúa en el debate con un artículo publicado en *Época* el 4-1-66. Comienza disculpando en parte las imperfecciones de la obra de Solari y rescatando algunas percepciones del mismo. Pero a continuación (Real/Ardao 856ss.) comenzó a replicar –sin nombrarlo– a Ardao. Rechazó su datación del origen del tercerismo, que –como todo fenómeno en la historia de las ideas– no tendría comienzo en un momento fijo, sino que sería parte de un proceso en el que interactuaban múltiples influencias. Según él sí se trataba de un fenómeno "ideológico", sin precisar empero sus contornos. Antecedentes del tercerismo encontraba él en los distintos procesos antiimperialistas y nacionalistas de América Latina (859). Para Real "el tercerismo es la ideología borrosa del Tercer Mundo" (862).

Para entender el "exotismo" del tercerismo en la sociedad uruguaya propuso al día siguiente (5-1-66) lo siguiente:

> Sería cuento largo el anotar las refracciones que sufrieron en la conciencia política del tercerismo uruguayo los sucesos que en los últimos veinte años alumbraron la realidad del Tercer Mundo y promovieron la noción de sus comunes intereses. Qué ecos suscitó, por ejemplo, el largo período varguista de Brasil. Qué reacciones despertó el peronismo y cómo se siguió y hasta qué punto esa revaloración del decenio 1945-1955 que hoy, en los sectores progresistas, no tiene casi contradictores. (862-3)

Real consideraba que el moralismo y legalismo del primer tercerismo uruguayo, heredados de la izquierda tradicional, lo inhabilitaban para entender movimientos similares en lo fundamental, pero diferentes en los estilos. Según él, el rechazo del tercerismo uruguayo a esos modos de hacer política se explicaba por su imbricación con el Uruguay liberal (864).

Todavía añadió que el sujeto de la reflexión tercerista está en la praxis del Tercer Mundo, por eso es solo una "sombra" en el debate ideológico mundial, determinado por la bipolarización. Real estaba ubicando al nacionalismo antiimperialista marchista como subordinado a los valores predominantes en la cultura uruguaya, negándole la autoría del tercerismo que sostenía y atribuyendo al peronismo y al varguismo la principal responsabilidad por el desarrollo de un tercerismo "ideológico" en el Cono Sur. No desconocía al tercerismo del semanario, pero le negaba el protagonismo autoatribuido.

En su primera respuesta Ardao reafirmó tajantemente el 14 de enero el carácter meramente político del tercerismo (Real/Ardao 881-2). En un segundo artículo en el mismo número ("Respuesta a un tercero" 886-91) desmenuzó los errores de Real de Azúa, acusándolo de haber falseado sus citas (890).

En su retruque del día 19 de enero, Real intentó aclarar sus argumentos, puntualizando que el tercerismo comenzó siendo una "posición de política internacional" para convertirse después en una "doctrina" surgida de la praxis de liberación del Tercer Mundo (897). Y el 21 de enero se remitió al forjismo argentino (901).[30]

A diferencia de los nacionalismos metropolitanos –explicó al día siguiente- los coloniales tendrían un carácter defensivo y se explicarían también en sus tácticas y estilos como respuestas al sojuzgamiento colonial. Al radicalizarse incorporaban la "planificación socialista". "Descartadas las clases nocivas [...] en el nacionalismo defensivo [...] la nación se identifica con la colectividad entera" (910). Esta combinación de nacionalismo integral y "planificación socialista" iba conformando la "ideología del tercerismo".

Él diferenciaba este tercerismo de los posicionamientos internacionales de los distintos países. A veces podría ser provechoso "alinearse", como Egipto en 1956 y Cuba desde 1961. Así el nacionalismo y el antiimperialismo se hacían compatibles con el alineamiento, el "tercerismo político" se diferenciaba del "tercerismo ideológico": uno se diluía ante la bipolaridad, el otro se desarrollaba hacia formas alternativas de socialismo (914 y ss.).

Falta en la edición consultada la "Segunda respuesta a un tercero" que Ardao publicó el 28 de enero de 1966, pero de la "Segunda respuesta a un segundo" de Real (4-2-66) puede inducirse que el primero había pasado a la acusación personal. Al final de su artículo Ardao habría acusado a quienes confundían el tercerismo con el neutralismo durante la Segunda Guerra Mundial de seguir a "todos los que apoyaron la causa del Eje nazi-fascista e hicieron militancia antijudía" (cit. por Real 921-2).

En su réplica Real justificó su ambigua biografía política[31] por la tradición del pensamiento americano:

> [E]n muchos destinos americanos tanto más importantes que el mío se da la básica ambigüedad con que en nuestro continente, como en todas las áreas semicoloniales, se refractan o refractaron (y entre ellas el fascismo) las ideologías europeas. De la adhesión al Eje y a un nacionalismo de tipo extremista provenían –o por ellos pasaron– quienes asumieron, tras 1945, papeles de primera línea en la década de lucha por una Argentina popular. Del integralismo fascista salió Santiago Dantas, el formidable orientador de la política exterior de Brasil –mientras Brasil fue una nación independiente. (925)

Frente al criterio de autoridad de Ardao, afirmado en la trayectoria marchista, Real se legitimaba ubicándose en las tradiciones del peronismo y el varguismo.

En su "Tercera respuesta a un tercero", del 18 de febrero de 1966, Ardao repitió sus argumentos, acusó a Real de incoherencia y proclamó haberlo encerrado en un "círculo de hierro" (933) argumental del que no podría salir. Su propia posición era "inconmovible como una piedra". La confusión de Real resultaría de la confusión ideológica del Uruguay.

A continuación citó un texto profranquista y antisemita publicado por Real en 1937, lo acusó de reivindicar el fascismo del integralismo brasileño de los años treinta y la adhesión al Eje de los nacionalistas argentinos. Citó su afirmación de que "No me siento incómodo al lado de esos 'equivocados'", comentando que:

> En sí misma no sería grave esa jactancia individual. Lo que la vuelve grave, profundamente grave, como nuevo factor de confusionismo sobre un pasado criminal cuyo regreso nos amenaza todos los días, es que encuentre tribunas para producirse en actitud que pretende ser de militancia.
> [...]
> Militante nazi-fasci-falangista-imperialista él, cuando la gran ola de barbarie se abatió sobre el mundo, hasta el punto de pedir [...] nuestra "reconquista" por el "Imperio" español, con buena ...eliminación de todos los judíos, masones y comunistas de América; terrista de la dictadura imperialista y pro-fascista en su hora; militante en los grupos más reaccionarios y pro-imperialistas del

Perder los amigos, pero no la conducta • 95

ex-terrismo, después; al servicio intelectual más tarde de Chico-Tazo,[32] ese Chico mimado que fue, de la reacción y el imperialismo. Nosotros, por falta acaso de imaginación, desde 1931, a los 19 años de edad, hasta ahora, en el mismo granítico reducto demócrata-social, latinoamericanista, antimperialista y antifascista montado poco antes por Quijano, [...] el inolvidable grupo político que habíamos formado en el seno de un Partido Nacional muy distinto del actual. (936-7)

Irracionalismo, incoherencia y reacción de un lado; racionalismo, coherencia total y progreso del otro. La ecuación construida por Ardao no dejaba lugar a mediaciones.

En su última contestación, "Última respuesta a un segundo" (*Época*, 2-3-66), Real subrayó, citando las figuras retóricas de Ardao ("geométrico dibujo mental", "reducto granítico", etc.), la inflexibilidad e incapacidad de adaptación de su contendiente, su falta de sentido de realidad y su actitud elitista (940).

Al recapitular enumeró los puntos que, a su juicio, sí deberían discutirse:

¿Qué es hoy y en qué ha parado el *"tercerismo"* [entrecomillado y en cursiva en el original – EJV-]? ¿Qué tiene que decir de la formalización de una voluntad política unitaria en ese "Tercer Mundo" que, cuando él nació, era apenas un barrunto? ¿Cómo, y en qué direcciones lo ha afectado la Revolución cubana, las experiencias (tristes experiencias) del "desarrollo en libertad" [entrecomillado y en cursiva en el original –EJV-], la desmonolitización del mundo socialista, las nuevas formas de presión del imperialismo? ¿En qué ha parado la presunta *"equidistancia"* [entrecomillado y en cursiva en el original –EJV-] de los primeros tiempos? [...]
Y, sobre todo, ¿hasta qué grado de precisión se puede ver perfilando una *"ideología"* [entrecomillado y en cursiva en el original –EJV-] la concurrencia de textos tan diferentes pero tan secretamente ligados como algunos de Sartre (sobre todo su prólogo a los escritos de Lumumba), de Fanon, de Krumah, de Furtado, de Céspedes, de González Pedrero y otros más? (943)

Real calló en adelante, mientras que Ardao retomó la serie planeada sobre el libro de Solari.

Cada uno de los polemistas discutió sobre algo diferente: Ardao intentó legitimar el discurso marchista construyendo una continuidad ininterrumpida, unitaria y sin fisuras desde los años veinte. Le dio un estatus de "verdad" indudable sobre el que basar las afirmaciones sobre la realidad. El discurso marchista debía refundar la patria. Sus temas determinantes eran el nacionalismo y el antimperialismo, el tercerismo era solo una adaptación a las circunstancias de la posguerra. Y, según Ardao, ambos temas estuvieron siempre completamente formulados en el pensamiento de Quijano que se realizaría en la historia. Los enemigos invariables del mismo eran el "fascismo" interno y el imperialismo externo. Por eso se refirió reiteradamente (como Quijano) al pasado fascista que amenazaba retornar. El golpe de Estado de 1933 fue un choque determinante para la formación de su discurso político, su lucha posterior se dirigió a impedir la repetición del terrismo. La Guerra Civil española y la Segunda Guerra Mundial cimentaron el trauma que luego se reactivó periódicamente. Quien pusiera en duda estas certezas, amenazaba los fundamentos de la existencia del grupo y debía ser combatido, mucho más si militaba en las mismas filas. Por eso fue que se enfrentó tan violentamente a Real.

Real de Azúa, en cambio, mantuvo permanentemente su posición "ex-céntrica", de "cazador oculto", atreviéndose a señalar desde afuera de todos los aparatos institucionales de conocimiento científico y de acción política del Uruguay de su época las debilidades de los discursos de poder. Especialmente su reivindicación del peronismo y el varguismo como fuentes del tercerismo deslegitimaba a *Marcha* relativizando su autocentrismo.

Real estaba fuera de su tiempo y su lugar. Quería refundamentar la nacionalidad "oriental" (y no "uruguaya") desde un sujeto popular de la Cuenca del Plata aún hoy inexistente. Dicha "ex-centricidad " fue castigada por izquierda y por derecha. Pero al cuestionar los fundamentos del Uruguay liberal batllista cuestionó a todos los estados oligárquicos de la región, herederos de la "balcanización" decimonónica. Por eso me permito convalidar lo ya dicho por Methol Ferré en 1987: "la conciencia histórica de las nuevas generaciones solo puede constituirse críticamente por 'mediación' de Carlos Real de Azúa" (cit. por Rocca, 1997:254).

En este punto retomamos el discurso político de Carlos Quijano. Dada su nunca desmentida identificación con Ardao, todo lo dicho sobre éste debe servirnos para analizar al primero.

El discurso de Carlos Quijano

Determinado ya el perfil de los temas principales del discurso marchista (nacionalismo, antiimperialismo y tercerismo[33]), pasaremos ahora analizar su dinámica interna para entender sus alcances y limitaciones. La idea central que guía este trabajo es que la posición discursiva que Carlos Quijano adopta y recibe en el pensamiento del núcleo central de *Marcha* como "refundador de la nación uruguaya" organiza todo el discurso del semanario, dándole sentido a sus afirmaciones, negaciones y omisiones, fijando sus alcances y limitaciones. Por lo tanto se trata aquí de caracterizar la estructura de ese discurso, tratando de identificar al sujeto del mismo, a quién se dirige, qué papel cumplen en él adversarios y/o enemigos y qué valores y objetivos postula.[34]

Partimos de la hipótesis de que el discurso nacionalista de Quijano venía deconstruyendo la estructura ideológica del poder oligárquico en el Uruguay desde su constitución a fines de los años veinte, pero que solo a partir de 1958, mediante la incorporación de Ángel Rama como responsable de las páginas culturales (Rocca, 1993:69 ss.), alcanzó la coherencia interna requerida para construir un proyecto nacional alternativo. Pero esta posibilidad se truncó ya en diciembre de 1961, cuando el alineamiento de Cuba con la Unión Soviética subsumió la relación estadounidense-latinoamericana en la más general polarización de la Guerra Fría y cerró el camino a los tercerismos.

Hasta fines de los años cincuenta el nacionalismo y antiimperialismo de *Marcha*, como todos los nacionalismos populares latinoamericanos surgidos en la entreguerra, alternaba en su actitud ante los Estados Unidos el enfrentamiento a los mismos con el reconocimiento y/o admiración por sus logros.[35] La misma podría definirse con la fórmula de Rodó sobre la república norteamericana: "no los amo, pero los respeto". El antiimperialismo y nacionalismo revolucionarios de los años sesenta y setenta, por el contrario, veían en la potencia hegemónica tan solo a un enemigo al que había que –y se podía– vencer militarmente. La progresiva preeminencia de estas posiciones en la izquierda uruguaya y aun entre los jóvenes colaboradores del semanario a partir de 1960 (Mario Benedetti –aunque no era ya de los más jóvenes–, Eduardo Galeano, Jorge Rufinelli, Carlos Núñez, Carlos M. Gutiérrez y otros[36]) modificó el papel de *Marcha* en la política uruguaya.

En los años sesenta *Marcha* deconstruyó eficazmente el discurso oligárquico hegemónico y deslegitimó la inserción del país en el dominio norteamericano sobre el continente, pero su estrategia para reformar la democracia liberal uruguaya desde adentro fue rechazada por la izquierda antes de coaligarse en el tardío Frente Amplio, cuyo programa de enero de 1971 llevaba la marca del marchismo y su entorno.[37] Pero este giro reformista llegó cuando la ofensiva reaccionaria estaba en marcha. La estrategia contrarrevolucionaria se perfiló paso a paso a partir de la asunción de la presidencia por J. Pacheco Areco después de la muerte del general O. Gestido en noviembre de 1967: mediante medidas represivas –en lo posible, adoptadas legalmente– concentrar poder en torno al presidente para derrotar a la guerrilla tupamara, quebrar la política del compromiso social y adaptar el modelo exportador a las nuevas condiciones regionales y mundiales. Se trataba de una estrategia contrarrevolucionaria continental para salvar la dominación oligárquica y el control norteamericano del continente. Para legitimarse la contrarrevolución construyó una imagen de enemigo "subversivo y terrorista" en la que también subsumió al nacionalismo marchista.

La propuesta marchista de refundar el Uruguay sobre el nacionalismo oriental, artiguista y antiimperialista implicaba revisar las fronteras de los Estados oligárquicos de la región y dar el protagonismo político a sus pueblos unidos. Ante esta amenaza que podía hacerse efectiva en la crisis de aquella época, las oligarquías, las fuerzas armadas y de seguridad y el gobierno de los Estados Unidos actuaron preventivamente, primero, dentro de los marcos legales, y después, cuando éstos ya no bastaron, fuera de ellos.

El discurso político de Carlos Quijano se construía en torno a un sujeto admonitorio. "[H]ay que salvar al país" termina el editorial del 12 de julio de 1968 comentando el primer mes de "medidas prontas de seguridad" del gobierno de Jorge Pacheco Areco.

Sus principales consignas estaban formuladas como un mandato moral impersonal: "En este triste 18 de julio, más que nunca, hay que volver ojos y corazón a los constituyentes de 1830, recoger su mandato, dar vida a su mensaje. Volver ojos y corazón a la sin par epopeya artiguista. Y al tenaz, largo, sacrificado peregrinaje del pueblo oriental en procura de la libertad" (17-7-69).

Es el pueblo peregrino el que debe volver a la "ciudad sitiada". Quijano utilizó muchas veces el motivo del "éxodo del pueblo oriental", que en 1811 se retiró del sitio de Montevideo siguiendo a Artigas al Ayuí, a orillas del río Uruguay, en su rechazo a los compromisos del gobierno de Buenos Aires con las autoridades borbónicas. Introdujo un corte en la historia entre el pasado, dominado por los oligarcas, y el futuro, signado por la vuelta del pueblo:

> *Fueron* los verdugos y sepultureros de un Uruguay, acostumbrado al diálogo, a la ardiente contradicción en la paz. *Dispusieron* del poder a su antojo. *Manejaron* al país como les vino en gana. *Creyeron* que podían someter a los orientales [...]. *Convirtieron* a la Constitución en una oblea. (30-12-69) [énfasis mío – EJV]

He subrayado los pretéritos que caracterizan la acción de los reaccionarios. En cambio, al pueblo le correspondía el futuro: "Esta década que se inicia y cuyo término *verán* otros, *será* la década de América Latina. La de su liberación". Junto al uso del futuro para anunciar la liberación señalemos el anuncio de la propia muerte, que en realidad llegó en 1984. Al pueblo oriental le cabía completar su obra personal. Y continuaba:

> Uruguay solo tiene destino dentro de una América Latina reconquistada por sus pueblos y para sus pueblos, sin los cuales nada perdurable puede construirse. Una América Latina patria de patrias, socialista y libre.
> En el umbral de la nueva década, donde las más increíbles mutaciones tendrán asiento, miremos hacia esa América, prometida y soñada, esa América nuestra, donde la tierra oriental recobrará – como Artigas, el gran traicionado de siempre, lo intuyó- su auténtica autonomía. [...] Por ella, la vida, "corta de días y harta de sinsabores", merece ser vivida y ser perdida.

Retengamos la cadena argumental de este texto: Uruguay solo tendría viabilidad dentro de una América Latina liberada del imperialismo. A esa "tierra prometida", en la que los orientales "recobrarán" la autonomía, llegarán éstos vengando a Artigas, que "siempre" fue traicionado. La palabra de Quijano sancionaba la traición y señalaba el camino.

En el discurso quijanista Artigas se presenta con dimensiones bíblicas.

> Pasarán muchos años antes de que el mundo entero, América y el Uruguay, conozcan a Artigas. [...] El pasado es él; la respuesa que reclama el presente, esta en él; en él, está el futuro. Sobre nuestras tierras pesa, desde hace ciento cincuenta años, su derrota. Pero esa su derrota, es su victoria y será nuestra victoria.

La historia del pasado siglo y medio es, con parciales y/o transitorias rectificaciones, la historia del antiartiguismo.
Sí, él, Cristo a la jineta, nuestro Cristo a la jineta, para redención de nuestros pecados y salvación de nuestra alma y nuestra tierra. Sí, él, nuestro Cristo a la jineta, para ayudarnos a vivir y para ayudarnos a morir. (20-6-64).

Cristo trae la redención, como en el Evangelio de Mateo, por la espada ("a la jineta"), y quien anuncia su vuelta es un profeta. El profeta sabe lo que los otros no ven o no quieren ver, conoce la Ley. Quien toma este papel se refiere a la ignorancia en tercera persona ("conozcan a Artigas"), puesto que él no es ignorante. Pero el modelo de profeta que conoce la Ley por sí solo y el camino para la salvación de su pueblo es paleotestamentario. Desde la muerte de Cristo su papel lo cumple la Iglesia. Moisés fue el primero que en el Viejo Testamento conoció la palabra de Dios y condujo al pueblo elegido hacia la "tierra prometida". Para poder conducirlo le hizo conocer las Tablas de la Ley. Para Quijano los Diez Mandamientos comenzaban con uno del que se deducían los demás: "Ser oriental es ser artiguista. Ser artiguista es ser rioplatense. Ser rioplatense es ser hispanoamericano. Si hay leyes naturales, esa es nuestra ley natural. Nuestra tradición y nuestro destino" (31-5-74).

Un año antes, a punto de culminar la instauración de la dictadura militar en Uruguay, comentando el segundo retorno de Perón a Argentina –el 20 de junio de 1973– ya había constatado que:

No habrá patria sin liberación. El primer mandamiento es liberarnos y salvar nuestras esencias. [...]
El segundo mandamiento es ayudar a la liberación de las demás patrias americanas. [...]
El tercer mandamiento es poner las cuentas en claro. Bien en claro. Las cuentas claras conservan las amistades y consolidan las familias. Y la nuestra es una familia. (22-6-73)

Uruguay es una familia en la que hay que "ajustar las cuentas". Así hablan los padres cuando los hijos se portan mal. Quien enuncia los mandamientos de la Ley, fija los límites de lo permitido y anuncia la sanción para los transgresores.

Pero la Ley se justifica tanto por el mandato histórico como por los peligros que acechan en el presente. Sobre los regímenes autoritarios en Argentina y/o Brasil comentaba al final de su vida: "Uruguay está cercado por Argentina y Brasil. ¿Cómo romper el cerco? [...] ¿Estamos irremediablemente condenados?" (*Cuadernos de Marcha*, México, julio de 1983). Sobre el imperialismo ya se había expedido en 1928 en la declaración fundacional de la Agrupación Nacionalista Demócrata Social: "Un grave peligro amenaza a estas repúblicas del Nuevo Mundo. El capitalismo moderno se ha hecho netamente imperialista. [...] Ningún capitalismo más imperialista en la actualidad que el de los Estados Unidos" (cit. por A. Ardao, 1992[1989]:XXXI). La condena del imperialismo norteamericano conducía a la del panamericanismo: "El panamericanismo es una farsa, porque reposa sobre una mentira, una gran mentira: la igualdad de los supuestos asociados. [...] El panamericanismo es una farsa, repetimos. Pero es también una forma de escapismo. Un pretexto cobarde para eludir nuestras obligaciones" (23-8-57). Y en otro lugar: "Todo el proceso político, cultural, económico de América Latina, está inficionado por el imperialismo, por la sujeción [sic] a Washington, por la influencia de Washington" (6-4-62). Al colocar la lucha nacionalista en un contexto mundial:

> Si hay dos bloques en el mundo, esos dos bloques no son los que se alistan detrás de la Unión Soviética o detrás de los Estados Unidos. Son los formados por las grandes potencias industrializadas, todas las grandes potencias, de un lado; por los países subdesarrollados, las 'naciones proletarias', de otro.(15-11-63)

Refiriéndose a la continuidad de los peligros que acechan a la patria:

> La Cisplatina[38] [...] es un fruto y al tiempo una semilla. Anuda el paso de los hechos. Muestra la continuidad de una lucha que llega a nuestros días y ha de prolongarse en los futuros. La Cisplatina es el reclamo, primero y la gozosa aceptación después, de la invasión extranjera. Las furezas del "orden" estaban cansadas de la anarquía y los "anarquistas".
> En lo más hondo de la tierra las dos corrientes que chocaron en un terrible remolino durante los años de la patria vieja, continúan su curso. (19-5-61)

Hay una línea continua que desde el fondo de la historia define a los enemigos de la patria, haciendo así necesario al profeta conductor:

> La hora llegó de aquellos que no creían a nuestros pueblos capaces de ser lirbes y reclamaban tutores. Cambian los tiempos, la desconfianza que lleva a la alienación continúa. Ayer, España,

Portugal, Francia, Inglaterra. Hoy Estados Unidos o el respaldo de otros bloques.[...]
Los dictadores de hoy son los herederos de los monárquicos de ayer.
Artigas es la independencia total y la república democrática; la nación en la confederación; la producción frente al intermediario; los frutos de la tierra para los que sorbe ella, penan.
Por eso sus enemigos fueron todos: los débiles y los déspotas; los escépticos y los burócratas; (20-6-64)

Las definiciones del sujeto y del enemigo llevan a las de las metas: "La patria grande se hará con las patrias chicas; pero se hará en el crisol revolucionario y no dentro de los marcos trazados por el enemigo" (28-10-66). Este es el marco en que él colocaba su permanente preocupación por la integración económica latinoamericana: "La integración será antimperialista y si no, no será. La integración de América Latina no puede hacerse dentro del mundo capitalista, occidental e imperialista. Debe hacerse contra ese mundo. [...] Será, en su marcha, una guerra" (18-11-66).

En su crítico homenaje a Ernesto Guevara reiteró su concepción de la revolución latinoamericana:

La gran revolución de nuestro tiempo tiene que hacerse contra el más poderoso imperio de toda la historia. Y no hemos de engañarnos. La lucha será dura y larga y como toda lucha tropezará más de una vez con la derrota. Desde ya nos reclama cuadros, disciplina, educación política de la masa, unidad, paciencia y obsesión. La obsesión, implacable y excluyente de conquistar la libertad y recrear la patria.
[...] El tiempo de la reconquista ya ha comenzado.
Escribo estas líneas en homenaje a Ernesto Guevara. Murió por nosotros y, sin duda, como quería morir. Pero fue otra vez en nuestra América, otro hombre solo. (3-11-67)

La finalidad de su vida fue siempre encontrar viabilidad al Uruguay:

Quisimos ser un país y nos esforzamos por serlo. A través de muchos años de callados y aun sangrientos sacrificios defendimos nuestras débiles fronteras. Ahora en tiempos de integraciones sin dejar de ser patria, la patria chica, debemos hacer con todos los otros, aquellos que dentro del continente afrontan el mismo desafío, otra patria, la patria grande, fruto y prolongación de la revolución emancipadora,

frustrada por la codicia ajena, la balcanización y la traición y miopía de las oligarquías nativas. Por el nacionalismo, pensamos alguna vez, se va al antimperialismo, por el antimperialismo al socialismo. Por la patria chica, pensamos entrañablemente ahora, a la patria grande. Por el socialismo a la integración. Sin la revolución liberadora y antimperialista no habrá para nosotros patria. Ni chica ni grande.
Y lindo será entonces morir oriental en la patria chica..., cabe la grande. (9-2-68)

Aún más precisamente define su idea de socialismo al final de su vida:

Nosotros tenemos que crear en nuestros países de América Latina, sin aliarnos ni a un lado ni a otro, una nueva fórmula. Como no creo en el capitalismo creo que esa fórmula tiene que ser socialista. Como no creo en la dictadura creo que el socialismo tiene que ser con libertad, es decir un socialismo con democracia.
(*Cuadernos de Marcha*, Montevideo, junio de 1985)

Con estos parámetros queda delimitado el actor colectivo de su discurso: "los orientales". "Ser oriental es ser artiguista. Ser artiguista es ser rioplatense. Ser rioplatense es ser hispanoamericano. Si hay leyes naturales esa es nuestra ley natural. Nuestra tradición y nuestro destino. [...] Los orientales seremos artiguistas de la raíz a la copa, o no seremos nada" (31-5-74).
La definición de los peligros que acechan a la Patria y de las metas a alcanzar construye una imagen de pueblo condicionada por la palabra profética. Pero ésta deja a afuera a muchos actores históricos reales: los uruguayos "no-orientales", el pueblo brasileño, los pueblos indígenas y afroamericanos. Como en todo discurso nacionalista consecuente la delimitación estricta de la "patria" excluye a más de los que incluye.
En los párrafos antes citados quedaron definidas las ideas centrales de su discurso: patria, socialismo, democracia, libertad, justicia y revolución. Pero no podemos pasar por alto el efecto que le produjo el discurso de Fidel Castro en la Universidad de La Habana, el 1° de diciembre de 1961, cuando se proclamó marxista-leninista y anunció la adhesión de Cuba al bloque socialista de Estados acaudillado por la Unión Soviética.
Quijano percibió inmediatamente que con ese giro cubano el nacionalismo antiimperialista perdería la hegemonía del movimiento

de liberación latinoamericano que detentaba desde la Revolución Mexicana de 1910-20. Al incorporarse Cuba al bloque soviético el continente sufriría la bipolaridad de la Guerra Fría, perdería vigencia el tercerismo (no importa cómo se lo definiera), se legitimaría la alianza de los conservadores y autoritarios del continente con los Estados Unidos, se constituiría en territorio cubano una base revolucionaria que concentraría la dirección de la lucha antimperialista y, no en última instancia, se desacreditarían las estrategias que, como la marchista, priorizaban la lucha legal. Por eso su rechazo:

> Fidel Castro [...] Razones tendrá, "sus razones", para decirlo. Pero esas, "sus razones", no son las nuestras. Y nunca lo fueron. [...]
> [...] las declaraciones de Fidel Castro [...] tienen un pueril sabor eligioso. La puerilidad de los catecúmenos, que se creen capaces de llevar en el hueco de la mano todas las verdades y todas las explicaciones. [...] –Castro y también Guevara o Dorticós, pongamos por caso– [...] En puridad de verdad reeditan los dichos y ritos de los primeros soldados y predicadores del movimiento obrero. [...] Toman de Marx lo eterno y formal y definitivamente caduco, y olvidan y dejan a un lado lo todavía vivo y sustancial Están atrasados –y no se trata de modas y que se nos excuse señalarlo- cincuenta años, por lo menos.
> Fidel Castro habría condenado al "tercerismo" y habría confesado o declarado, implícita o expresamente, su adhesión al bloque socialista.³⁹ [...]
> Desde el punto de vista puramente político, la presunta y hasta ahora no desmentida declaración de Fidel Castro, nos parece una torpeza, una torpeza de la peor especie, porque compromete el destino de la revolución y las posibilidades de liberación de América Latina. Cuando se trata de jugarse la propia piel, las torpezas no cuentan o cuentan poco. Cuando se trata de jugarse la piel o el porvenir de los demás, las torpezas son inexcusables. Ese tipo de errores, en política, no tienen, ni pueden tener justificación y perdón. No somos comunistas y no lo somos por convicción y no por odio cerril o miedo repugnante, o sucios intereses. [...]
> Y como no somos comunistas y como no creemos que la gran empresa de liberación de América Latina pueda hacerse bajo directivas comunistas y dentro de moldes comunistas, las supuestas declaraciones de Fidel Castro, nos resultan doblemente torpes y peligrosas. Sin quererlo –no le inferimos el agravio mezquino que él habría lanzado contra los que tienen otra concepción de la lucha antimperialista–, Fidel Castro le hace hoy y aquí, en este año 1961, en este continente traicionado, aherrojado e inquieto, el juego al imperialismo. Como otra vez dijimos, alisa el palo para que lo golpeen, para que nos golpeen a todos.

Y bien, ¿Qué es eso del tercerismo, con el cual nos castigan, día a día, los oídos? Sí, ¿qué es eso del tercerismo, sobre el cual tantas imbecilidades se escriben? No hay tal tercerismo. Hay, pura y simplemente, conciencia de que América Latina tiene un camino propio. Hay pura y simplemente, la convicción de que nuestra política interna e internacional, debe ajustarse a nuestras necesidades, a nuestros intereses, a nuestras conveniencias y a nuestros planes. [...]
Con directivas internacionales no es posible, hacer evoluciones nacionales y lo que América Latina necesita es eso: una revolución nacional.
[...] Navegar es necesario, vivir no es necesario.⁴⁰ [...]
[...] Esta es nuestra verdad, la verdad que ha sido la sal y la luz y el consuelo de nuestra vida. Aunque todo se derrumbe a nuestro lado, seguiremos combatiendo por ella. [...] (8-12-61)

Citamos largamente este artículo, porque marcó un hito en la historia de *Marcha*, o sea en de Carlos Quijano. En su libro de 1965 Aldo Solari contó la pérdida de vigencia del tercerismo uruguayo después de 1961. No sabemos si Quijano, al escribir el artículo recién citado, sabía ya del manuscrito sobre el tercerismo que Real de Azúa había comenzado a redactar dos meses antes.⁴¹ Pero el tema seguramente era motivo de discusiones con los redactores del semanario y otras figuras del nacionalismo. Por eso se deslindó ríspidamente del "tercerismo ideológico", para afirmar al mismo tiempo la independencia de su proyecto.

A partir de 1961 se estrechó sensiblemente el espacio político del marchismo.Así se puede ver su lucha en los años sesenta como una carrera contra el tiempo. Trataba por un lado de salvar las instituciones democráticas uruguayas y evitar la guerra civil y la consecuente división del país entre sus vecinos (a este temor lo inducía su lectura de la historia uruguaya), por el otro buscaba reformarlas para salvar a Uruguay como Estado independiente.

A partir del ascenso de Jorge Pacheco Areco a la presidencia de la república en diciembre de 1967, después de la muerte del presidente electo, el general Oscar Gestido, se puso paso a paso en marcha la contrarrevolución reaccionaria que finalmente desembocaría en el golpe militar de 1973. Al mismo tiempo, la radicalización del MLN Tupamaros (aun más después del encarcelamiento de su primera conducción en 1969) hasta su ofensiva terrorista de abril de 1972 (Arteaga 300) quitó aún más espacio al proyecto marchista. La creación del Frente Amplio en febrero de 1971 y la crispada campaña electoral que culminó en la derrota de la izquierda en las elecciones presidenciales de noviembre de ese año fueron intentos para evitar la guerra civil y la contrarrevolución temida. Por primera vez en su historia el semanario se comprometió entonces con una plataforma político-electoral.

Probablemente su angustiosa necesidad de supervivencia y la conciencia de estar jugando sus últimas cartas lo llevaron a sobreestimar la propia influencia hasta creer en la inevitabilidad del triunfo. "El pueblo que regresa del éxodo" tituló Mario Benedetti su última nota antes de las elecciones (26-11-71), interpretando seguramente el sentir de Quijano.[42] Al volver del éxodo comenzado en 1811 el pueblo oriental daba cuerpo a la prédica marchista de décadas. Tan fuerte pesó el fracaso electoral que Quijano no volvió a publicar ningún editorial político hasta la crisis constitucional de abril de 1972, cuando, tras una nunca vista oleada de atentados tupamaros, el gobierno y la inmensa mayoría del parlamento reforzaron la represión, abriendo paso a la tortura masiva y las detenciones indiscriminadas. El proceso político de los catorce meses siguientes pareció cumplir los más negros presagios del marchismo (Arteaga 300-8).

No podemos aquí analizar el fracaso de esos intentos por salvar las instituciones republicanas uruguayas. Pasaremos, en cambio, a analizar la vigencia actual del discurso quijanista en una perspectiva latinoamericanista, democrática, de justicia y equidad sociales.

Efectos de la alocución profética

En distintos pasajes de este trabajo he aludido al carácter "mosaico" del discurso quijanista. Este es un modo especial de los discursos proféticos a mi juicio estudiados magistralmente por Sigmund Freud. Recurro aquí a uno de los textos fundamentales de crítica de la cultura del fundador del psicoanálisis, por un lado por su eficiencia para el tratamiento de las motivaciones ideológicas de los actores político-culturales, por el otro porque quiero valorar críticamente los posibles efectos actuales del antiimperialismo en general y del marchismo en particular sobre la construcción de la identidad latinoamericana.

Desde las primeras formulaciones de la teoría psicoanalítica en 1895 Freud recalcó siempre la homología existente entre las fases del desarrollo filogenético (el de la especie humana) y las del proceso ontogenético (el de formación de la personalidad individual). Así estableció un paralelismo funcional entre los procesos neuróticos y psicóticos individuales y el desarrollo de los mitos y las religiones, inclusive de aquellas laicas. Autores posteriores han extendido esas consideraciones a otros campos de la actividad social y política y problematizado muchos de sus supuestos y omisiones. En otros trabajos ya tomé posición al respecto (véase la bibliografía de Vior de 2000 y 2001) y aquí no me voy a extender sobre el tema por razones de espacio y tiempo.

Si se acepta que todo discurso político busca erigirse como discurso competente (Certeau), es decir como autorizado por el "sentido común" para formular proposiciones para el conjunto social desde una definición creíble de la "realidad", debe construir un sujeto simbólico facultado para definir la "verdad" y así hacer inapelables sus constataciones. La teoría freudiana atribuye este papel a la figura paterna en lo individual y a la divina en las religiones. Este esquema de análisis permite intercambiar las experiencias de la práctica psicoanalítica con las de la sociología y etnología en el análisis de los discursos políticos.

Por el otro lado, el texto sobre Moisés es especialmente eficiente para el estudio del pensamiento quijaniano, en primer lugar para caracterizar la ya señalada actitud profética del director de *Marcha*, vista en el específico sentido en que Freud vio la de Moisés, como fundador del pueblo judío a partir de su palabra convertida en Ley. En segundo lugar por los efectos que el concepto de "latencia" permite identificar en su funcionamiento y que pueden repetirse en cualquier situación comparable. Este es un concepto central de la interpretación freudiana que requiere una explicación más extensa.

Según Freud, Moisés podría haber sido consanguíneo del faraón Acnatón (1375-1358 a.C.), de la XVIII° dinastía, que hacia 1368 introdujo el culto monoteísta de Atón, el disco solar, prohibió el culto de los dioses egipcios tradicionales, sus representaciones gráficas y monumentales y los ritos mágicos para proteger a los muertos en su paso por el infierno de Osiris. Luego de la restauración de los sacerdotes tebanos a la muerte del faraón, la prohibición del nuevo culto y la destrucción de sus abstractas representaciones, el joven príncipe habría huido o habría sido puesto a salvo (aquí siguiendo la leyenda recogida en Génesis, II), uniéndose a la tribu de Israel que, por alguna causa desconocida, debía abandonar Egipto perseguida por los nuevos dominadores. (Aquí tenemos el motivo del éxodo).

Moisés habría convertido a su pueblo adoptivo a la nueva religión monoteísta y después de un largo vagabundeo por el desierto, metaforizado en la Biblia con el período de "cuarenta años", le habría dado a su nuevo pueblo las Tablas de la Ley y señalado el camino de la Tierra Prometida a la que él no llegó.

El compromiso alcanzado después de largas controversias entre el pueblo de Israel, que conservó la imagen del héroe que lo salvó del cautiverio, y los custodios de la nueva religión del fundador, los levitas, permitió a éstos imponer ciertos ritos de la nueva religión –la circuncisión– y ciertas restricciones en la mención del nuevo dios (Yahvé), pero encubrió el alejamiento del pueblo israelita de la nueva fe (reflejado en la leyenda del becerro de oro) y, probablemente, el abandono y/u olvido de los hechos del héroe fundador. Para Freud es especialmente llamativo que, después de varios siglos, el dios mosaico, sus leyes y la tradición del fundador hayan recobrado enérgicamente su vigencia. Los enormes sufrimientos del pueblo judío hasta el establecimiento del Reino de Saúl y David (hacia el año 1.000 a.C.) lo habrían hecho retornar al estricto y ascético dios heredado del culto a Atón. Pero este renacimiento de la fe mosaica habría estado acompañado de un intenso sentimiento de culpa por la conciencia de haber "abandonado" y "traicionado" a Moisés. Para soportar este sentimiento tan intenso el pueblo judío habría desplazado su sentimiento de culpa a la imagen de sí mismo como "pueblo elegido" por Yahvé para salvar a la humanidad.

El renacimiento de la religión mosaica conllevó un nuevo compromiso entre la casta sacerdotal y el pueblo: aquélla obtuvo el reconocimiento de Yahvé como único dios; éste, por su parte, afirmó reiteradamente (como muestran los sucesivos profetas) la renuncia a las ofrendas y ceremonias, ratificando así el espíritu de la religión del desierto. Este proceso de una nueva creencia, revolucionaria, que primero genera reacciones afectivas de rechazo y es negada, para después imponerse, a veces al cabo de mucho tiempo, se dio muchas veces en la historia de las religiones (el cristianismo) y de la ciencia (Freud menciona el evolucionismo). En el ámbito individual Freud da un ejemplo complementario del anterior: un individuo experimentó un accidente o fue testigo de un crimen y, aparentemente, lo sobrevivió sin daños. Pero después de un lapso (a veces muy largo), sin motivos evidentes, comienza a experimentar síntomas psíquicos y motrices que los especialistas adjudican a una "neurosis traumática". Freud ve un paralelismo entre este ejemplo y el de la religiosidad judía: entre el trauma original y la eclosión de la nueva situación psíquica se da un período que él denomina de "latencia". O sea, que el choque originario nunca desapareció de la psiquis, sólo estuvo bajo el control de los mecanismos defensivos del inconciente (supresión, negación, desplazamiento y/o proyección). Basta con algún desencadenante externo para que vuelva a aparecer en la conciencia. Pero como, por lo menos en el caso de la religión monoteísta judía, su reaparición está vinculada al sentimiento de culpabilidad por haberse apartado del héroe fundador y su mensaje, su nueva manifestación se da bajo una reelaboración neurótica que puede tener distintas formas. Una muy típica en el caso de las religiones es el ritualismo obsesivo, que mediante la reiteración permanente de los aspectos externos de la fe intenta "lavar" la culpa que se siente por la traición que supuestamente se ha cometido.

En este punto quiero apartarme de Freud y retornar a Quijano. En varios pasajes he observado como su discurso anula la historia uruguaya, retornando permanentemente a Artigas, y este retorno identifica su palabra con la "verdad de la Patria", definidora de la "realidad" del pueblo uruguayo. Por su palabra el pueblo retorna del exilio ("El pueblo que regresa del éxodo") para completar la historia y vengar los sufrimientos ocasionados por los dominadores. Todas las desgracias de la patria durante siglo y medio se explicarían por la traición sufrida por el héroe fundador. Aparentemente los traidores son "los otros" (los dictadores, los oligarcas y el imperialismo), pero, sin que Quijano lo diga, la culpa cae también sobre el pueblo que se habría apartado del fundador, porque –como hemos visto– "ser oriental es ser artiguista". El sujeto construido por él sanciona las normas de conducta del ser oriental y se legitima por su visión del Uruguay que debe ser ("la patria chica en la patria grande, democrática y socialista"). Esta es la tierra que Quijano promete al pueblo oriental si acata su palabra. Si no lo hace, repite la culpa originaria.

La diferencia entre el discurso de Quijano y el mosaico es que el autor marchista incluye el período de "latencia" en su propia formulación: entre el mensaje del héroe fundador y la actualidad de Quijano habría pasado un tiempo de olvido y/o abandono, después del cual repetidos hechos traumáticos (el golpe de G. Terra en 1933, los sucesivos avances autoritarios desde 1960, especialmente 1967 y el golpe de 1973) obligarían a todo oriental a reavivar el credo artiguista. Nuestro autor se habría construido a sí mismo un lugar de mensajero recorriendo la historia para mantener viva la memoria indeseada.

Pero esta latencia incluida en la dinámica del propio discurso nos plantea un grave conflicto para el futuro, porque no solo incluye la explicación de su propio fracaso político (la catástrofe se habría producido por haber abandonado el ideal artiguista), sino su posible reiteración ante nuevas contingencias traumáticas. Siguiendo este esquema discursivo, el pueblo uruguayo sólo podría recuperar su memoria histórica si volviera al nacionalismo antiimperialista del período anterior. Pero, si bien la memoria popular condena el terrorismo de Estado, no puede desvincularlo del agitado período anterior. La sensación de que "por algo habrá sido" sigue vigente. La vuelta al nacionalismo antiimperialista acarrearía entonces para la mayoría el retorno del terror que quiere olvidar.

Para las fuerzas críticas del sistema político y económico vigente, en tanto, desaparecido el sujeto del discurso nacionalista, cuestionada la vigencia de su marco referencial (el Estado nacional) y difuminada la imagen de enemigo acuñada por el mismo, la vuelta a esa articulación resultaría compulsiva. Negar la tradición nacionalista y antiimperialista latinoamericana significaría, empero, negar la primera manifestación completa de la identidad latinoamericana, vigente de 1898 a 1989. Sin solución de este dilema es imposible definir un sistema axiológico, normativo y simbólico referencial.

CONCLUSIONES: COMO SER LEAL A LA TRADICIÓN SIN SER SU PRISIONERO

La trayectoria y el discurso político de Carlos Quijano son los del nacionalismo antiimperialista latinoamericano bajo las condiciones específicas de Uruguay. Su derrota fue también similar a la de otros nacionalismos en la región. Sus aportes y sus deficiencias son parte de la identidad latinoamericana. Continuar construyendo la misma implica reasumir los unos y superar las otras.

A partir de la intervención norteamericana en la Guerra de Independencia de Cuba en 1898, los Estados Unidos se expandieron por todo el continente. Esta expansión provocó el surgimiento del antiimperialismo y nacionalismo latinoamericanos, que primero fueron de élites intelectuales y a partir de la revolución Mexicana, patrimonio de grandes movimientos populares en todo el continente.

Desde entonces hasta 1989 la oposición y entrelazamiento de las visiones norteamericanas de América Latina e iberoamericanas de los Estados Unidos determinaron la identidad de aquélla y contribuyeron a perfilar la de éstos (Aparicio; Fender; Vior, 2000 y 2001). Los dirigentes e intelectuales latinoamericanos oscilaron entre la sumisión y la oposición frontal a los supuestos o reales requerimientos de la potencia rectora. Al surgimiento del antiimperialismo latinoamericano, entre 1898 y 1930 sucedió su combinación variable con los nacionalismos. La necesidad de salir de la crisis llevó a los principales países latinoamericanos (Argentina, Brasil, Chile y México) a aplicar la estrategia del desarrollo orientado hacia el mercado interno con integración social y solidaridad latinoamericana. A esta política correspondió una actitud pragmática hacia Washington. Del lado latinoamericano puede observarse una correlación directa entre integración social, legitimidad de los Estados nacionales, racionalidad de la construcción identitaria y calculabilidad de las actitudes hacia los Estados Unidos. Una correlación análoga no se da del otro lado. Es que para la construcción de la identidad estadounidense son más importantes sus percepciones de Europa y el Pacífico.

Esta ecuación fue muy influyente en el discurso marchista. Puede argumentarse que precisamente las políticas integracionistas e industrialistas del batllismo y neobatllismo, sin ser nacionalistas, hicieron posible la lealtad del nacionalismo oriental al sistema legal democrático y condicionaron la racionalidad de su pensamiento. Inversamente existiría una correlación entre el creciente autoritarismo a partir de mediados de los años sesenta y el remplazo del nacionalismo por el antiimperialismo revolucionario.

Gracias al antiimperialismo nacionalista se formó una identidad común latinoamericana basada en reapreciaciones compartidas de la historia, el territorio, la lengua, la estética y las costumbres y cohesionada por la oposición a los Estados Unidos. Pero la agudización del enfrentamiento entre éstos y Cuba a partir de 1959 radicalizó las relaciones intracontinentales: del trato entre adversarios se pasó al enfrentamiento entre enemigos. La ideología de la "seguridad nacional" y el antiimperialismo revolucionario se hicieron dominantes.

El discurso marchista definió la nacionalidad oriental unidimensionalmente en torno al artiguismo y a éste desde sí mismo. Así excluyó otras tradiciones y otras interpretaciones dentro del nacionalismo. Su actitud era mesiánica, pero por origen, raigambre y ambiente nunca rompió completamente los lazos con lo que Real de Azúa llamó "la sociedad amortiguadora" (Rocca, 1997:267).

El antiimperialismo revolucionario propuso concentrar poder en torno a nuevas élites contra el enemigo externo que gobernaba mediante sus agentes internos. Según esta visión, tras un largo pasado de dominaciones coloniales, estaba llegando la hora de la liberación definitiva de América Latina. Los movimientos de protesta en los países centrales, el movimiento antiimperialista en África, Asia y América Latina y el apoyo del bloque soviético sugerían la próxima derrota del capitalismo en crisis. La unidad nacional contra el enemigo era la condición de la victoria y ésta sólo era posible en torno a una conducción armada que movilizara a las masas. Consecuentemente repudiaron los compromisos y alianzas del antimperialismo anterior.

El terrorismo de estado de los años setenta buscó restaurar el orden social anterior al período nacionalista y antiimperialista. Las élites norteamericanas, en tanto, después de las crisis y derrotas de 1973/75 retomaron la iniciativa homogeneizando su modelo político, económico y militar, movilizando a sus reservas detrás de su idea religiosa de la Libertad.[43]

Iberoamérica carece desde entonces de sujeto. Los movimientos sociales, de género, etno-culturales y ecologistas disputan ese espacio simbólico a los medios controlados por el neoliberalismo. La incorporación del subcontinente al nuevo espacio imperial –en la definición de Hardt y Negri– produjo una dispersión de sentidos socioculturales ya no resumibles por los Estados nacionales.

El nacionalismo antiimperialista es hoy inviable en el proceso de construcción del nuevo sujeto de la cultura latinoamericana. Pero él fundó la identidad del subcontinente en el siglo XX y su herencia subyace a gran parte de los discursos políticos y apelaciones del mismo. El desarrollo ulterior de la identidad latinoamericana depende de la revalorización crítica del nacionalismo y antiimperialismo. La tarea más importante -superar la negación de los Estados Unidos como modo de diferenciación identitaria devolviéndolos al mismo tiempo a sus fronteras-, exige entender su dinámica interna y los motivos de su accionar. Para reconquistar la libertad política de los Estados latinoamericanos hay que remplazar al integracionismo nacionalista por discursos nacionales plurales. Devolver a los sectores populares su presencia multitudinaria supone acabar con las mediaciones corporativas y los monopolios mediáticos. Restablecer la equidad social implica el acceso equitativo a la propiedad, el capital y las tecnologías. La reconstrucción de comunidades simbólicas que den sentido humanístico y de justicia a la construcción identitaria, finalmente, pasa por dar a nuestras herencias nacionales, regionales y grupales proyección universalista.

Ser leal a *Marcha* implica tener la cabeza en el mundo y los pies en nuestras tierras.

Notas

[1] Del editorial de Carlos Quijano en el 25° aniversario de *Marcha*, el 26 de junio de 1964, caracterizando la línea de conducta del semanario.
[2] Para las citas de artículos publicados en el semanario se ha preferido en este trabajo citar las fechas de su publicación. Los textos de Quijano son por regla

editoriales, los de los otros autores –especialmente Arturo Ardao- se reparten en distintas páginas. Están compilados en la edición patrocinada por la Cámara de Representantes del Uruguay (*Los golpes de estado, América Latina: una nación..., Cultura, personalidades...*).

[3] En el mencionado artículo de 1955 realiza a continuación de las líneas citadas una maravillosa comparación entre el proceso peronista de esos meses y el de Juan M. de Rosas entre 1829 y 1835. En los motivos referidos por él en este artículo (renunciamiento del líder, movilización popular combinada con milicias leales, poderosos que ceden a esta presión, ofertas reiteradas del mando al conductor que se resiste, aceptación final de éste en aras de la República) puede leerse su propuesta estratégica para los procesos populares uruguayos y latinoamericanos.

[4] Denominación popular del presidente argentino Hipólito Irigoyen (1916-22 y 1928-30).

[5] "El caballero de la esperanza" fue la denominación que las masas campesinas brasileñas dieron en 1935 a Luiz Carlos Prestes, más tarde líder histórico del Partido Comunista Brasileño, durante su recorrida de 10.000 km con una pequeña columna ("la columna Prestes") por el interior del país, en su lucha contra el gobierno de Getúlio Vargas. Quijano asimila y funde distintos procesos en una sola historia latinoamericana.

[6] Coalición del peronismo con seis partidos menores que en las elecciones presidenciales del 11-3-73 obtuvo el 49,5% de los votos. Como Perón estaba proscripto por la dictadura militar, la fórmula fue encabezada por el peronista Héctor Cámpora y el conservador Vicente Solano Lima.

[7] Verso del himno nacional argentino.

[8] La imagen de la "travesía del desierto" es reiterativa y central en el pensamiento de Quijano y será materia de tratamiento especial en este trabajo. Moisés salvó al pueblo judío de la furia del faraón con el éxodo a través del Mar Rojo, conduciéndolo en la travesía de cuarenta años por el desierto del Sinaí, dándole las tablas de la Ley y mostrándole el camino de Canaán. Con el mismo modelo (éxodo-travesía-leyes-retorno a la Tierra Prometida) caracterizó el director de *Marcha* repetidamente a los movimientos populares nacionalistas y/o revolucionarios y a sus líderes. Esta cuestión nos ocupará más adelante.

[9] Se refiere a los planes expansionistas de la dictadura militar brasileña (1964-85), que en aquel momento se encontraba en el apogeo de su fase más represiva e intervenía casi abiertamente en los países vecinos.

[10] El concepto de "fronteras ideológicas" fue formulado en noviembre de 1965 durante una visita a Brasil del por entonces Comandante en jefe del Ejército argentino y posterior presidente del gobierno surgido del golpe de estado del 28 de junio de 1966, general Juan Carlos Onganía. Dicho concepto pretendía remplazar la tradicional rivalidad argentino-brasileña por la Doctrina de Seguridad Nacional y la lucha contra el "comunismo", es decir contra todo tipo de movimientos populares, reformistas y/o revolucionarios que pudieran alterar el orden establecido. Especialmente Uruguay –por

aquellos años en plena crisis social y política- sufrió las consecuencias de la colaboración represiva de sus dos vecinos.

[11] Durante la dura polémica entre Arturo Ardao y Carlos Real de Azúa sobre el tercerismo en el Uruguay (v. más abajo), entre diciembre de 1965 y marzo de 1966, hay una brillante referencia de Ardao al pensamiento de William James y a su crítica al imperialismo de Theodore Roosevelt (1901-09). Pero no he hallado antecedentes ni continuaciones de ese análisis (Ardao, 18-3-66).

[12] Se encuentran en distintos pasajes algunas referencias al miedo como motor de la actitud norteamericana hacia el continente, pero él nunca sistematizó estas reflexiones. Sobre el papel de este sentimiento en la política continental de EE.UU. véanse mis consideraciones en las conclusiones.

[13] Alejandro Vegh Villegas, ministro de Economía de la dictadura en los años setenta, fue asiduo colaborador del semanario en la primera mitad de los años sesenta, donde publicó una larga serie sobre el desarrollo económico del Uruguay. Ya en ese momento había en su pensamiento elementos que podrían haber despertado la desconfianza, que sin embargo pasaron desapercibidos para la dirección del semanario.

[14] Presente en las polémicas de Ardao con Methol Ferré en 1961 y con Real de Azúa en 1965-66.

[15] Para la comprensión de la misma véase el discurso de Perón al clausurar el 1° de mayo de 1949 el Ier. Congreso Mundial de Filosofía en la ciudad argentina de Mendoza, editado en libro con el título de "Una Comunidad Organizada". En una monografía inédita de 1983 traté este tema (Vior, 1983).

[16] Me permito en este punto diferir de Claudia Gilman (1993:155), quien afirma que "Sus largos editoriales [los de Quijano – EJV] [...] se niegan a la pedagogía." Aunque poco más adelante indica que "Quijano insiste, en sus editoriales, en elaborar una justificación teórica del papel de *Marcha* (concebido en términos de denuncia, esclarecimiento y guía) como un no tradicional de la política."

[17] Una de las líneas de argumentación profética en el Antiguo Testamento, retomada muchas veces en la historia de la expansión europea en el mundo, es la necesidad de volver a la ley de Dios. También nacionalismos "redencionistas", como el irlandés o el polaco, apelaron en los siglos XIX y XX a la vuelta a tradiciones originarias (ligadas a su identidad católica) para salvar al cuerpo social. Una versión laica de los discursos "refundacionales" la está poniendo en práctica el "devolucionismo" escocés. Entre muchos otros véanse Anderson; Mármora.

[18] Aquí utilizado en la edición alemana (Freud, 2001[1975]).

[19] El término aparece repetidamente en textos de distintas épocas de su vida.

[20] Carlos Real de Azúa, *¿Orientales o uruguayos?*, Montevideo 1990 [cit. por G. Caetano – EJV]

[21] Nos referimos a la tradición racionalista en el pensamiento uruguayo, a la que Ardao dedicó numerosos estudios, y cuyo representante para él más importante en el siglo XX fue Carlos Vaz Ferreira (Ardao, 2000).

Perder los amigos, pero no la conducta • 115

[22] La polémica aparece mencionada en los trabajos de distintos autores (véase por ejemplo Rocca, 1997:265-8 o la introducción de Cotelo a la edición de la misma por el parlamento uruguayo, 1997:813-24), pero no conocemos ningún trabajo que haya analizado el tratamiento teórico del tercerismo en ella.

[23] Los siete artículos –con omisión del segundo de Ardao del 28-1-66- fueron publicados por la Cámara de Representantes después del texto de Solari en el tercer volumen del libro inédito de Real de Azúa *Tercera posición, nacionalismo revolucionario y Tercer Mundo* (Montevideo, 1997). Éste forma el sustrato de las posiciones de Real y para entenderlas es necesario conocer el libro. Por razones de espacio no podemos tratarlo aquí como se merece, pero lo tendremos permanentemente en cuenta. Para simplificar el citado, todas las referencias a la polémica se harán del modo siguiente: Real/Ardao.

[24] Dado que Ardao a su vez era director del Instituto de Filosofía en la Facultad de Filosofía y Humanidades de la misma universidad y Real profesor de Teoría Política en la Facultad de Ciencias Económicas (Cotelo, 1997:815 y 818), pueden suponerse conflictos de política universitaria como motivos suplementarios para el enconado debate. El intenso activismo intelectual de la universidad en aquellos años estaba todavía estrechamente interrelacionado con el sistema partidario y de gobierno y las discusiones académicas tenían repercusiones sobre el mismo. Esta circunstancia puede ayudar a entender la furia con que se discutía.

[25] La autoproclamación de Fidel Castro como "marxista-leninista" y su defensa de la alianza estratégica de Cuba con la Unión Soviética en su discurso del 1°-12-61 creó efectivamente un grave problema para todos los tercerismos latinoamericanos.

[26] Nuestro autor menciona aquí la campaña de Ángel Rama en las páginas culturales de *Marcha* en mayo-junio de 1966 contra la instrumentación norteamericana del Congreso por la Libertad de la Cultura. Esta campaña destrozó las imágenes públicas de Emir Rodríguez Monegal y del editor Benito Milla, propietario de la Editorial Alfa, para la que Rama había dirigido una colección, y encrespó el clima de la confrontación política en el país.

[27] Cotelo expone el surgimiento del tercerismo en la FEUU remitiéndolo a la influencia del Centro Ariel (fundado por Carlos Quijano en 1917), el periódico *Jornada* (fundado por Arturo Ardao en los años treinta), la Asociación de Estudiantes de Medicina y la similar de Derecho, más la presencia de los anarquistas en los años cuarenta y cincuenta con su apoyo activo a los sindicatos obreros. Y concluye: "Opuestos tanto al capitalismo como al comunismo, a los Estados Unidos como a la Unión Soviética, los militantes estudiantiles comenzaron a hablar de una tercera posición. La Segunda Declaración de La Habana, diciembre de 1961, en la que Fidel Castro se proclamó marxista-leninista, trastrocó los destinos de los terceristas estudiantiles y poco a poco el tercerismo de la FEUU se fue desintegrando hasta convertirse en una ideología residual" (821).

[28] Entre 1936 y 1942 Real de Azúa militó en grupos profalangistas y defendió activamente al franquismo, hasta que, invitado a España por el Consejo de la

Hispanidad, se desencantó del régimen. En su libro *España de cerca y de lejos* elaboró teóricamente esa desilusión en un estudio que él mismo consideró "el primer estudio latinoamericano sobre la sociedad totalitaria" (cit. por Rocca, 1997:253-6).

[29] En la conferencia panamericana de cancilleres de Río de Janeiro en agosto de 1947 se firmó –también con adhesión del gobierno peronista argentino– el Tratado Interamericano de Asistencia Recíproca (TIAR) que impuso los planes norteamericanos de control militar del continente. Excluida por Estados Unidos del grupo de países abastecedores de materias primas y alimentos a Europa Occidental dentro del Plan Marshall, la participación argentina en las importaciones europeo-occidentales bajó del 19% en 1947 al 4% en 1948 (véase Koenig 453-4). La diplomacia porteña procró entonces romper el cerco de Washington haciéndole concesiones como la mencionada y participando en abril de 1948 en la fundación de la Organización de Estados Americanos (OEA) en la conferencia de Bogotá.

[30] FORJA (Fuerza de Orientación Radical de la Joven Argentina) fue un núcleo intelectual antiimperialista, salido de la Unión Cívica Radical, que a partir de 1935 realizó una intensa agitación y propaganda de honda trascendencia sobre la cultura y la política argentinas. El forjismo fue uno de los antecedentes intelectuales del peronismo y Arturo Jauretche y Raúl Scalabrini Ortiz –dos de sus representantes más brillantes– conquistaron en los años cincuenta y sesenta a numerosos jóvenes de clase media para el nacionalismo popular.

[31] Entre 1936 y 1943 fue falangista, rompiendo con Franco después de su viaje a España en 1943. Documentó su ruptura en su libro "España de cerca y de lejos", aparecido en ese año. Aislado por derecha y por izquierda, tardó algunos años en reubicarse políticamente, en 1950 apoyó la candidatura del blanco Eduardo Blanco Acevedo para el gobierno, en 1958 participó activamente en la campaña del ruralista Benito Nardone quien, junto con el herrerismo del Partido Nacional, dio a los blancos la victoria electoral por primera vez en noventa y cinco años y en 1962 fue activo propulsor –esta vez junto con casi todo el núcleo marchista, excepto Ardao– de la fracasada experiencia de la Unión Popular, una coalición izquierdista acaudillada por el radicalizado Partido Socialista que no obtuvo más del siete por ciento de los votos (Rocca, 1997: 265-8).

[32] Apodo que se daba a Benito Nardone por su retórica antisistema.

[33] Aquí consideramos la integración económica latinoamericana, que Quijano estudiara tan intensamente, como tema derivado del nacionalismo y del antiimperialismo y por eso no lo tratamos especialmente. Del primero, porque compartimos la tesis de G. Caetano sobre la búsqueda de la "viabilidad" del Uruguay en su integración en un espacio geopolítico mayor. Del segundo, porque la finalidad de la integración latinoamericana era para Quijano alcanzar la unidad bolivariana del subcontinente, esto es, sin los Estados Unidos. Por eso repudió las tesis desarrollistas de Raúl Prebisch y apoyó –ya en el exilio mexicano– al Sistema Económico Latinoamericano (SELA), fundado en Caracas en 1975.

³⁴ Se aplica en este estudio el método de análisis de discursos políticos esbozado por Eliseo Verón y Silvia Sigal en su interpretación del discurso peronista.
³⁵ Véanse más abajo las conclusiones a este estudio.
³⁶ Véase al respecto Rocca (1993:109.ss.).
³⁷ Carlos Real de Azúa tuvo allí nuevamente un papel central (Rocca, 1997:267).
³⁸ "Provincia Cisplatina" fue el nombre que Portugal primero, a partir de 1816, y Brasil, después de la independencia en 1822, dieron a la Banda Oriental ocupada hasta el alzamiento de 1825 y la guerra de 1825-28 en la que ésta se separó de Brasil.
³⁹ Cuando Quijano escribió este primer artículo sobre el discurso de Fidel Castro todavía no conocía el texto completo del mismo. Por eso el uso del modo potencial para citar al líder cubano.
⁴⁰ En su versión latina ("Navigare necesse, vivere non necesse") este era el lema del semanario.
⁴¹ "Tercera Posición, Nacionalismo Revolucionario y Tercer Mundo – Una teoría de sus supuestos", inédito hasta su publicación en 1996/97 por la Cámara de Representantes del Uruguay, Montevideo. En su introducción al tercer volumen –en el que editó el libro de Solari y la polémica de 1965/66 entre Ardao y Real- Rubén Cotelo (1997:813) fecha la redacción del manuscrito –anotada puntillosamente por su autor- entre el 1°-9-61 y el 28-2-63.
⁴² "El pueblo protagonista" tituló éste último a su nota sobre el masivo acto de fin de campaña del Frente Amplio (26-11-71).
⁴³ Sobre el carácter religioso de la idea norteamericana de la libertad véase entre muchos otros Krippendorff.

BIBLIOGRAFÍA

Acosta, Yamandú. "La cuestión del sujeto en el pensamiento de Arturo Ardao". *Ensayos en homenaje al Doctor Arturo Ardao*. Manuel Claps, comp. Montevideo: Universidad de la República, 1995. 37-56.

Ardao, Arturo. *Lógica de la razón y lógica de la inteligencia*. Montevideo: Universidad de la República, 2000.

_____ "Nacionalidad y continentalidad en América Latina". *Cuadernos de Marcha* 2a. época (México, marzo-abril, 1981): 7-14.

Arteaga, Juan José *Breve historia contemporánea del Uruguay*. México: F.C.E., 2000.

Benedetti, Mario. "Los intelectuales y la embriaguez del pesimismo". *45 años de escritos críticos (1948-1993)* [1986]. Recopilación y prólogo de Pablo Rocca. Montevideo: Cal y canto, 1993. 46-58.

_____ "Sobre las relaciones entre el hombre de acción y el intelectual". *45 años de escritos críticos (1948-1993)* [1968]. Recopilación y prólogo de Pablo Rocca. Montevideo: Cal y canto, 1993. 37-45.

____ "El pueblo que regresa del éxodo". *Marcha* (1971): 26.

Caetano, Gerardo. "Notas para una revisión histórica sobre la cuestión nacional en el Uruguay". *Revista de Historia* 3 (Neuquén, noviembre, 1992): 59-78.

____ Javier Gallardo y José Rilla. *La izquierda uruguaya–Tradición, innovación y política*. Montevideo: Trilce, 1995.

____ y José Rilla. "Real de Azúa y la historia". *Historia y política en el Uruguay* [1968]. Carlos Real de Azúa. Montevideo: Cal y canto, 1997. 5-49.

Cotelo, Rubén "Introducción – Dramatis personae" a: Real de Azúa, Carlos/Ardao, Arturo, "Polémica", en: Real de Azúa, Carlos 1996-97 [1961-63 y 1965-66]: *Tercera posición, nacionalismo revolucionario y Tercer Mundo – Una teoría de sus supuestos*, vol. III. Montevideo: Cámara de Representantes, 1997. 813-824.

Freud, Sigmund. *Der Mann Moses und die monotheistische Religion* [*Moisés y el origen del monoteísmo*] [Londres, 1975; 1941]. Francfort d.M.: Fischer, 2001.

Gilman, Claudia. "Política y crítica literaria. El semanario Marcha en los años de la revolución mundial". *Río de la Plata* 17-18 (París, 1996-97): 217-27.

____ "Política y cultura: *Marcha* a partir de los años 60". *Nuevo texto crítico* VI/11 (Stanford, primer semestre, 1993): 153-86.

Cuadernos de Marcha 68 (Montevideo, marzo de 1973).

Cuadernos de Marcha 70 (Montevideo, mayo de 1973).

Semanario *Marcha* (Montevideo, 10/4/1959-22/11/1974).

Prego, Omar. "Prólogo", en: Quijano, Carlos, *Cultura, personalidades, mensajes*, recopilación: Omar Prego, Gerardo Caetano, José Rilla, Montevideo: Cámara de Representantes, 1992. 15-28.

Quijano, Carlos. *Cultura, personalidades, mensajes*. Recopilación: Omar Prego, Gerardo Caetano, José Rilla. Montevideo: Cámara de Representantes, 1992.

____ *Los golpes de estado (1973)*. Vol. I/Tomo 2. Montevideo: Cámara de Representantes, 1990.

____ *América Latina: una nación de repúblicas*. Vol. III/Tomo 1. Montevideo: Cámara de Representantes, 1990.

____ *América Latina: una nación de repúblicas*. Vol. V/Tomo 3. Montevideo: Cámara de Representantes, 1990.

Real de Azúa, Carlos 1996-97 [1961-63 y 1965-66]: *Tercera posición, nacionalismo revolucionario y Tercer Mundo–Una teoría de sus supuestos*, 3 vol., vol. III con textos de Aldo Solari (*El tercerismo en el Uruguay*) y Arturo Ardao (la polémica con Real, citada como "Real/Ardao, 1997"), Cámara de Representantes, Montevideo.

Rocca, Pablo. "Carlos Real de Azúa: el pensamiento crítico". "Una literatura en movimiento (poesía, teatro y otros géneros)". *Historia de la literatura uruguaya contemporánea*. Tomo II. Héber Raviolo y Pablo Rocca, dir. Montevideo: Ed. de la Banda Oriental, 1997. 253-71.

_____ "'Marcha', las revistas y las páginas literarias (1939-1964)". "La narrativa del medio siglo. *Historia de la literatura uruguaya contemporánea*. Tomo I. Héber Raviolo y Pablo Rocca, dir. Montevideo: Ed. de la Banda Oriental, 1996. 15-37.

_____ "35 años en Marcha– Escritura y ambiente literario en MARCHA y en el uruguay, 1939-1974". *Nuevo texto crítico* VI/11 (Stanford, primer semestre, 1993): 3-151.

Sierra Nieves, Carmen de. "Intelectuales y universitarios uruguayos frente a la 'Guerra Fría' y a la 'Tercera Posición'". *Ciclos en la historia, la economía y la sociedad* VIII/16. Vol. VIII (2° semestre, Buenos Aires, 1998a) : 125-142.

_____ "'Marcha' y 'Cuadernos Americanos' (Uruguay/México)–Dos críticas culturales ante la polarización internacional y la 'Guerra Fría'". *Ideas, cultura e historia en la creación intelectual latinoamericana siglos XIX y XX*. Hugo Cancino Troncoso y Carmen de Sierra, eds. Quito: Abya-Yala, 1998b): 325-40.

Verón, Eliseo y Silvia Sigal. *Perón o muerte-El discurso político del peronismo*, Buenos Aires: Legasa, 1985.

Vior, Eduardo J. "Visiones de Calibán-Visiones de América". *El Hermes Criollo* 1/1 (Montevideo, octubre, 2001): 5-25.

_____ "Las visiones de 'Nuestra América', las visiones de la 'Otra América' y las nuevas fronteras". *Itinerarios* Vol. 4. Raúl Fornet Betancourt y Raúl Wojcieszak, coord. Varsovia: Universidad de Varsovia, 2001. 161-86.

_____ "Visiones de 'Nuestra América', visiones de la 'Otra América' y las nuevas fronteras". *Cuadernos Latinoamericanos* 12 (Maracaibo, julio, nueva época, 2000): 22-53.

_____ *Bilder und Projekte der Nation in Brasilien und Argentinien [Imágenes y proyectos nacionales en Brasil y Argentina]*. Tesis de doctorado, Universidad de Giessen, microfilmado, 1991.

_____ "Nación y nacionalismo en América Latina". *Concordia* 8. Aachen: [Aquisgrán], 1985. 20-35.

Otra bibliografía utilizada

Anderle, Adam. "El Populismo (1929-48)". *Historia de Iberoamérica.* Tomo III. Manuel Lucena Salmoral, ed. Madrid: Cátedra, 1992.

Anderson, Benedict. *Imagined communities.* London: Blackwell, 1983.

Aparicio, Frances. "Latino and Latina cultures". *A Companion to American Thought.* Richard Wightman Fox y James T. Kloppenberg, eds. Oxford, UK/Cambridge, MA: Blackwell, 1995. 383-6.

Campbell, Neil y Alasdair Kean. *American Cultural Studies.* London: Routledge, 1997.

Carmagnani, Marcelo. "El Nacionalismo". *Historia de Iberoamérica.* Tomo III. Manuel Lucena Salmoral, ed. Madrid: Cátedra, 1992.

Certeau, Michel de. *Ce que parler veut dire.* París: Seuil, 1981.

Fender, Stephen. "The American Difference". *Modern American Culture: An Introduction.* Mick Gidley, ed. London/Nueva York: Longman, 1993. 1-22.

García Canclini, Néstor. "América Latina entre Europa y Estados Unidos: mercado e interculturalidad". *Las relaciones culturales entre América Latina y Estados Unidos después de la Guerra fría.* Ellen Spielmann, ed. Berlín: Wissenschaftlicher Verlag, 2000. 61-78.

Hardt, Michael y Antonio Negri. *Empire.* Cambridge, MA/London: Harvard University Press, 2000.

Koenig, Hans-Joachim. "El intervencionismo norteamericano en Iberoamérica". *Historia de Iberoamérica* Vol. III. Manuel Lucena Salmoral, ed. Madrid: Cátedra, 1992. 405-78.

Krippendorff, Ekkehart. "Zweihundertzweiundsiebzig Wörter" [Doscientas setenta y dos palabras]. *Gettysburg Address* 19[th.] *November 1863.* Francfort d.M.: Lincoln, Abraham, 1994. 13-61.

Lienhard, Martin, (Coord.). "La memoria popular y sus transformaciones". *La memoria popular y sus transformaciones/A memória popular e as suas transformações.* Francfort d.M/Madrid: Vervuert/Iberoamericana, 2000. 13-25.

Mármora, Leopoldo. *Por un concepto socialista de Nación.* México: Siglo XXI, 1984.

Porath, Erik. "Der Apparat". *Psychoanalyse nach 100 Jahren.* André Michels, Peter Müller y Achim Perner, eds. Munich (D)/Basilea (CH): Ernst Reinhardt Verlag, 1997. 134-68.

Rincón, Carlos. "Die neuen Kulturtheorien: Vor-Geschichten und Bestandaufnahme". *Lateinamerika denken.* Birgit Scharlau, ed. Tubinga (D): Gunter Narr Verlag, 1994. 1-35.

Smith, Tony. *America's mission*. Princeton: Princeton University Press, 1994.

Walzer, Michael "What does it mean to be an 'American'?" *The American intellectual tradition, Vol. II: 1865 to the present* [1990]. David A. Hollinger y Charles Capper, eds. Oxford (UK)/New York: Oxford University Press, 1997. 437-49.

Werz, Nikolaus. *Das neuere politische und sozialwissenschaftliche Denken in Lateinamerika [El reciente pensamiento político y social en América Latina]*. Friburgo e.B.: Arnold-Bergstraesser-Institut, 1992.

Zea, Leopoldo. *El pensamiento latinoamericano*. México: Pormaca, 1965.

Arturo Ardao: la inteligencia filosófica y el discernimiento del tercerismo en *Marcha*

Yamandú Acosta
Universidad de la República

El lugar de la inteligencia

Sin renunciar a la razón, sino más bien trascendiéndola, Arturo Ardao es un firme cultor de la inteligencia. Varios de sus libros, incluyendo el último publicado, invocan a la inteligencia como su motivo fundamental. En ellos traza con precisión las diferencias y relaciones entre razón e inteligencia:

> Consideradas razón e inteligencia en el solo ámbito subjetivo de las facultades –empleando aquí con todo el convencionalismo del caso el historiado término facultad– muy lejos están de resultar intercambiables. Una cosa es *la razón*, facultad del sujeto en tanto que *sujeto racional*, mediata aprehensora lógica de la legalidad de los fenómenos; y otra, *la inteligencia*, facultad del sujeto en tanto que *sujeto inteligente*, inmediata aprehensora supralógica de toda la compleja relación viviente -intelectual, pero además activa y afectiva- entre el objeto conocido y el sujeto que lo conoce. (*Espacio*... 34-5)
> Sirviéndose de las visiones directas que por distintas fuentes la inteligencia le aporta, la razón relaciona, identifica y cuantifica; lo hace en un abstracto plano en el que se ha establecido el vacío neumático –tropo léxico a la vez que literalidad etimológica– no solo de las sensaciones sino también del movimiento, incluso el psíquico. Pero la inteligencia reconduce todavía el orden formal así logrado, a la realidad concreta de donde fue abstraído, para darle en lo que de orden tiene, su sentido más profundo: el de la diversidad y la cualidad, antitéticas al mismo tiempo que solidarias de la identidad y la cantidad. (*Lógica* 11)

Notoriamente, la obra filosófico-historiográfica de Ardao constituye un destacado, intenso y extenso capítulo afortunadamente no concluido de *inteligencia uruguaya y latinoamericana*. Así como respecto a esa obra de mayor aliento, la misma valoración corresponde a sus aportes en el terreno del periodismo cultural, y dentro de este, los que cumplió en el semanario *Marcha* desde su fundación en 1939 hasta su clausura por las imposiciones de la dictadura uruguaya en 1974.

UNA *MARCHA*: EL EJE CULTURAL, LO POLÍTICO Y LO LITERARIO

La consideración por parte de Ardao de la tesis de Emir Rodríguez Monegal en su libro *Literatura uruguaya del medio siglo* publicado en 1966 respecto de "la existencia de dos grupos generacionales, y hasta de dos *Marchas*", motiva sus precisiones sobre la identidad periodística de *Marcha*, así como de los criterios para distinguir las generaciones (¿*Dos Marchas*?). En rigor, para Ardao, *Marcha* es una sola y la zona de contacto de sus "dos partes" –la "sección política", "primaria o troncal" y la "sección literaria", "secundaria o complementaria"– está dada "por lo cultural en sentido lato" al acompañar las consideraciones de lo político con análisis de carácter económico, sociológico, histórico, científico y filosófico, y la crítica literaria con la teatral, cinematográfica y musical. El criterio para distinguir las generaciones excede el referente cronológico sin desconocerlo, para fundarse preferentemente en el centro de interés de la crítica: lo político, en una perspectiva político-cultural, concita el interés de la generación "de los fundadores"; mientras que lo literario, en una correspondiente perspectiva literario-cultural, lo hará con la que Rodríguez Monegal bautizó con gran fortuna histórica, más allá del discutible rigor de la denominación, como "generación del 45".

MARCHA: FUNDADOR Y FUNDADORES

Mayores precisiones respecto de las generaciones y del lugar del propio Ardao en el semanario surgen de sus reflexiones que prologan la obra de Carmen de Sierra *Los intelectuales, la cultura y la política en Uruguay en el contexto internacional del siglo XX*, de próxima publicación ("Tesis sobre *Marcha*..."). Sostiene allí Ardao que, en sentido estricto, el "fundador" de *Marcha* es Carlos Quijano nacido en 1900, así como había sido fundador del diario *El Nacional* en 1930 y del semanario *Acción* en 1932, no obstante lo cual puede hablarse con propiedad de un equipo de "fundadores", que incluiría, en primer lugar, a Julio Castro nacido en 1908 y Arturo Ardao nacido en 1912, "partícipes" de la "prédica política a la vez que cultural" del "fundador" con quien habían compartido la militancia periodística ya en *El Nacional*.[1]

Menciona Ardao a otros estrictamente "fundadores", aclarando que en *Marcha* los miembros del equipo de redacción comenzaron a firmar sus artículos recién en la década del sesenta, para destacar luego la singularidad del lugar de Juan Carlos Onetti, nacido en 1909, dentro del grupo de los "fundadores", al no proceder como los anteriores de las líneas ya trazadas desde *El Nacional* y *Acción*. Queda así Ardao ubicado es esa generación de "fundadores", nacidos todos entre 1900 y 1912, que con la excepción de Onetti, participan de una línea político-cultural de pensamiento crítico en la perspectiva de una prédica nacionalista, antiimperialista, demócrata-social, que al momento de la fundación de *Marcha* en 1939 se expresaba periodísticamente de manera articulada durante casi dos lustros.

UN EJERCICIO DE INTELIGENCIA EN EL CAMPO POLÍTICO-CULTURAL: LA CUESTIÓN DEL TERCERISMO

Específico ejercicio de inteligencia aplicada al discernimiento de lo político-cultural, lo constituye el abordaje que Ardao realiza de la cuestión del tercerismo, a propósito del libro de Aldo Solari *El tercerismo en el Uruguay* publicado en 1965. Dedica al asunto una serie de notas en *Marcha*, aparecidas entre el 17 de diciembre de 1965 y el 13 de mayo de 1966, las que proporcionan la base documental fundamental de la exposición que aquí se ensaya.[2] El título elegido para la misma, *Arturo Ardao: la inteligencia filosófica y el discernimiento del tercersimo en Marcha*, apunta a poner en relieve el papel de esa inteligencia en relación a distintos espacios, tomando muy en cuenta la relevante relación entre "Espacio" e "inteligencia", en las columnas del semanario *Marcha*, en el campo político-cultural uruguayo, en el latinoamericano y, por qué no, en el mundial. Pero la relevante relación con el espacio, o con los espacios, no excluye la no menos relevante relación con el otro parámetro de lo real: el tiempo. El objeto más inmediato del esfuerzo analítico de Ardao es, desde el momento mismo de su aparición, un libro publicado en 1965; no obstante, el análisis implica una retrospectiva en la que 1947, de acuerdo a sus señalamientos, aparece como un año decisivo. La referencia a la *inteligencia filosófica* en *Marcha*, determina su localización en el espacio periodístico del propio semanario y por lo tanto en el tiempo que transcurre entre su fundación en 1939 y su clausura en 1974. En cuanto *inteligencia filosófica* objetivada en ese espacio periodístico en la consideración del libro de Solari *El tercerismo en el Uruguay*, y a través de ella del tercerismo como fenómeno mundial, latinoamericano y uruguayo, que es lo que en el análisis que aquí se propone centralmente importa,[3] queda temporalmente encuadrada en el lapso que va de diciembre de 1965 a mayo de 1966.

Se intentará evaluar finalmente, cuál es el lugar que en la filosofía de Arturo Ardao le corresponde al tercerismo, considerando que esta filosofía, más que un sistema filosófico totalizado, es propiamente una *inteligencia filosófica* abierta a lo histórico y ya entrado el siglo XXI, felizmente *en marcha*.

EL TERCERISMO EN EL URUGUAY DE ALDO SOLARI: ¿ESTUDIO O ENSAYO?

Este discernimiento entre el *estudio* y el *ensayo* no parece objetivarse adecuadamente, a juicio de Ardao, en el libro de Solari. Solari, escribe Ardao, presenta su libro como "ensayo", diciendo también que es un "estudio" que si bien hace lugar a "ciertas impresiones personales" propias del ensayo como género literario", ha querido atenerse ante todo "a las fuentes documentales", a fin de mantenerse "en el plano más objetivo posible"(1285, 14).[4] Al problema de la cierta contradicción que surge de la calificación que Solari hace de su propio texto, como *ensayo* y como *estudio*, se agrega en la valoración de Ardao la consideración respecto a la unilateralidad y escasez de fuentes documentales que se reducen prácticamente a notas de *Marcha* relativas al tercerismo, en su mayoría de autoría del propio Ardao,[5] estimadas por él mismo como una muestra ínfima de sus aportes a la cuestión en el lapso de varios años, además de no ser las más representativas. Finalmente, señala Ardao la falta de ecuanimidad para con el tercerismo de *Marcha* que el propio Solari parece no ocultar al confesar en su libro: "Es probable que esta caracterización del tercerismo sea cruel y caricaturesca". La suma de estos elementos motiva el ejercicio de inteligencia a modo de respuesta, constituida por la serie de notas que culminan en mayo de 1966, en el que Ardao manifiesta su disposición de dejar fuera de consideración las "impresiones personales" sobre Solari, para concentrarse en cambio en "los errores científicos en que dichas impresiones se apoyan", con lo cual la legitimidad de lo que en el texto de Solari hay de *ensayo*, y por lo tanto de subjetividad, quedará cuestionada al aportarse argumentos que se pretenden probatorios de la infundada pretensión de objetividad y que el texto presenta en su reivindicada dimensión de *estudio*. Aunque la respuesta de Ardao podría estar legítimamente fundada, según reconoce, en "razones políticas", que no dejan de importarle, antepone a ellas "las intelectuales y docentes". Esta confesión pone en evidencia una ética del conocimiento que fundamenta una ética de la comunicación en el campo cultural, y por la mediación de esta última, una ética de la acción en el campo político que son expresiones parciales y complementarias de una rigurosa ética intelectual.

Siendo la cuestión del tercerismo el centro de interés, no se abordarán los artículos de la serie dedicada al libro de Solari, que bajo el título *Tercerismo y desarrollismo* aparecen en *Marcha* entre el 15 de abril y el 6 de mayo de 1966. En ellos, a nuestro entender, hay un desplazamiento del acento hacia la cuestión del desarrollo y la ideología del desarrollismo, así como a las relaciones de *Marcha* con una y otra, que no tendrían que ver en lo fundamental, como pretende Solari, con su tercerismo, sino según Ardao con sus orientaciones de carácter "medular" desde las cuales integrará ocasionalmente el tercerismo, impulsará desde siempre el desarrollo y se opondrá desde su formulación a la ideología del desarrollismo, promovida por el nuevo Plan Truman de 1949, que introduce la idea de subdesarrollo. El desarrollo, la ideología del desarrollismo, los fundamentos desde y por los cuales *Marcha* promueve aquel y se opone a esta (sin que en esto juegue, según Ardao, algún papel el tercerismo en cuanto tal) son temas que bien merecen una presentación y un análisis especial, que no se ha estimado oportuno desarrollar aquí.

ERRORES CIENTÍFICOS RESPECTO DEL TERCERISMO

Los "errores científicos" que a juicio de Ardao presenta el libro de Solari son de tres tipos: "errores de hecho", "errores de método" y "errores de concepto". Estos presuntos errores aparecerían desde la primera página del prefacio hasta la última página del texto, en una serie de "errores en cadena". Frente a la aseveración de Solari respecto a que el tercerismo había motivado en el Uruguay "ardientes polémicas" desde hacía más de veinte años, o sea desde antes de 1945, Ardao sostiene que en el tiempo indicado por Solari el tercerismo no había aparecido ni en el Uruguay ni en el mundo, por lo cual no podía desatar polémicas, ni "ardientes" ni "frígidas": he aquí, establece Ardao, el error básico de hecho. En cuanto al error de método, frente a la pretensión manifestada por Solari de atenerse a pruebas documentales, a juicio de Ardao, las pruebas han sido escasas, seleccionadas sin criterio y establecidas sin ordenamiento y en definitiva sustituidas por impresiones personales. Finalmente, la identificación por parte de Solari del tercerismo como ideología constituye, según Ardao, su error de concepto.

El error básico de hecho

El análisis de Ardao respecto del que considera el error básico de hecho cometido por Solari, orbita sobre la siguiente tesis que a su juicio ubica objetivamente el fenómeno del tercerismo: "Como fenómeno político contemporáneo configurado por una posición (la llamada tercera) en materia de política internacional, el tercerismo es un fenómeno mundial aparecido en el primer semestre de 1947" (1285, 15). Mientras Solari sostiene que el tercerismo tiene antecedentes "lejanos" y "precisos" en la década del treinta y que se comienza a definir nítidamente en el curso y finalización de la Segunda Guerra Mundial, Ardao afirma enfáticamente que antes del primer semestre de 1947 el tercerismo no tiene antecedentes de ningún tipo, ni "precisos" ni "imprecisos" y que por lo tanto no comenzó a definirse con claridad ni durante, ni una vez finalizada la Segunda Guerra Mundial: "La *tercera posición* –y en consecuencia el *tercerismo*– apareció en todo el mundo *recién* cuando en la política internacional de posguerra quedó el planeta bi-partido en torno a dos grandes centros de poder: Washington y Moscú. Ello no ocurrió hasta 1947" (15). Argumenta Ardao que en la década del treinta, así como durante la Primera Guerra Mundial, no podía hablarse de tercerismo pues las tendencias eran tres, las "democracias occidentales", el "fasci-nazi-nipo-falangismo" y el "comunismo soviético" y los centros de poder muchos más, dado el pluricentrismo de las dos primeras tendencias mencionadas. Y agrega que la fórmula "ni Roma ni Moscú" de circulación en ese tiempo en las democracias occidentales como forma de autoafirmación, se recorta "en el plano estrictamente ideológico" y no en el de "política internacional" que es el que en su argumentación corrresponde al nacimiento y definición del tercerismo en sentido estricto.[6]

Recordar como lo hace Solari la frase de Luis Alberto de Herrera "Allá los rubios del norte y los amarillos del este" significa, según la estimación de Ardao, una "gruesa confusión entre tercerismo y neutralidad y aún neutralismo", ya que la frase de Herrera expresa específicamente una posición de neutralidad.

En el lapso que transcurre entre 1945 y 1947, argumenta Ardao, el mundo se encontraba en una suerte de transición: aunque hubiera dos tendencias (el comunismo y las democracias occidentales mantenían su vigencia) los centros de poder eran tres: Moscú –como lo había sido antes y como lo sería después– centro de poder del comunismo internacional; Londres y Washington centros de poder internacional de las democracias occidentales. Esta, recuerda Ardao, es "la etapa de los tres grandes", no obstante la aspiración francesa de promover a París apara ingresar al Club de los grandes y dar lugar así al "Club de los cuatro grandes". Las fuerzas en juego en el campo político internacional determinan que en marzo de 1947 las dos grandes tendencias internacionales pasen a responder solamente a dos centros de poder internacional, los "Dos Grandes":[7] Washington y Moscú.

La configuración de esta inédita situación, cuya anticipación tocquevilleana de 1835 Ardao se complace en citar, marca las condiciones de posibilidad para la emergencia de un hasta entonces también inédito tercerismo:

> Es entonces y solo entonces, que hace su entrada en la historia el tercerismo. Mientras no se haya entendido esto, de tercerismo nada se habrá entendido. El tercerismo contemporáneo sólo ha sido tal, en cuanto tercera posición en materia de política internacional entre los dos grandes imperios de la Casa Blanca y el Kremlin, surgida en el momento justo –y no antes– en que por primera vez se cumple la genial profecía formulada por Tocqueville en 1835:
> Hay actualmente sobre la tierra dos grandes pueblos que partiendo de puntos diferentes, parecen adelantarse hacia la misma meta: son los rusos y los angloamericanos...Su punto de vista es diferente, sus caminos son distintos; sin embargo, cada uno de ellos parece llamado por un designio secreto de la providencia a sostener un día en sus manos los destinos de la mitad del mundo (Parte final del Tomo I de *La Democracia en América*). (15)

HENRY WALLACE: EL VERDADERO FUNDADOR DEL TERCERISMO

En el proceso que va a desembocar en el comienzo de la bipartición del mundo entre "los dos Gigantes", Ardao destaca la campaña iniciada por Henry Wallace con un discurso en el Madison Square Garden de Nueva York en septiembre de 1946, en contra de la política del Departamento de Estado ostensiblemente orientada a provocar la referida polarización. Como hecho decisivo para la misma, señala Ardao el lanzamiento el 12 de marzo de 1947 por parte de la Casa Blanca de la que sería llamada "Doctrina Truman".

La "Doctrina Truman", al propiciar ayuda económica y bélica a Grecia y a Turquía, suponía la directa intervención norteamericana en la que tradicionalmente había sido zona de fuerte influencia británica, objetivándose de este modo la abdicación de Londres como centro autónomo de poder internacional, puesto en lo sucesivo bajo el protectorado yanqui. Unos meses atrás brillaba todavía por encima del Támesis un destello de política internacional independiente; en pleno gobierno laborista, ese destello se apagaba del todo. Es éste el momento exacto en que uno de los "Tres Grandes" es despedido del Club, desde ahora quedan frente a frente los *Dos Grandes*,[8] cumpliéndose al fin, cabalmente, la profecía de Tocqueville. (15)

En conjunción con ello, la alarma relativa al avance del comunismo en el mundo, implicaba que la Doctrina Truman: "...marcaba el comienzo preciso de lo que se iba a llamar la *Guerra Fría* entre EE.UU. y Rusia" (15).

Ardao menciona algunos aspectos significativos del correlato histórico de la Doctrina Truman, señalando que la misma está asociada a la presencia del General Marshall en el Departamento de Estado lo cual debe leerse a la vez como: "...la ingerencia desde ese momento irreversible del Pentágono en la conducción de la política exterior norteamericana" (15).

Apunta también la aparición del Plan Marshall que sucederá a la Doctrina Truman para promover la recuperación de Europa asolada por la guerra, valorando:

> ...es la eufórica hora del "Imperio Norteamericano" –expresión creada con sentido de crítica por Henry Wallace– al estilo del Romano Antiguo, con el Atlántico por neo-Mediterráneo, desde el doctrinarismo de Walter Lippman, al gigantismo cinematográfico de evocaciones cinematográficas de Cecil B. De Mille. (15)

Henry Wallace queda así presentado por Ardao como la autoconciencia crítica de los EE.UU. en materia de política internacional para el contexto de referencia, desde que "Imperio Norteamericano" es una denominación que él ha acuñado para referirse a su país de manera crítica y no laudatoria en la coyuntura que de alguna manera le tocó protagonizar. También Ardao lo señala, para "sorpresa de los antirerceristas vernáculos y tal vez de muchos terceristas" como "el verdadero fundador del tercerismo":

> Debemos recordar hoy que el primer propulsor del tercerismo en escala mundial, secundado por otras prestigiosas figuras norteamericanas como Norman Thomas, fue el grande e injustamente olvidado Henry Wallace, tal vez el mejor amigo de

Latinoamérica que en cualquier tiempo haya pasado por los altos puestos del gobierno de la Unión. (15)

Como "fundador" o "primer propulsor" del tercersimo, Wallace desarrolla su campaña de resistencia en Europa, en la perspectiva de la creación de un *New Deal* a escala mundial, con la finalidad de posibilitar la recuperación económica de los pueblos europeos arruinados por la guerra y de generar un equilibrio internacional que tornara posible colaborar con la Unión Soviética para mantener la paz. Serían fundacionales las palabras que Wallace expresara en Londres en abril de 1947 al iniciar su gira europea y que Ardao reproduce: "Están los británicos en una situación peculiarmente poderosa para provocar un *New Deal* –les dijo–, porque se encuentran como un puente entre EE.UU. y Rusia y ninguno de los dos puede permitirse ignorar a ustedes" (15). Valora Ardao el significado de las palabras de Wallace en Londres:

> Toda la sustancia del tercerismo –tercera posición de política internacional entre las poderosas dos de la Casa Blanca y el Kremlin, con el objetivo esencial y perentorio de asegurar la paz, en función de una filosofía antiimperialista– se halla tempranamente condensada en esas palabras de Wallace. (15)

Recoge además algunas profecías que Wallace formula en un artículo de una serie que comienza a publicar en EE.UU. a partir de abril de 1947, las cuales, evalúa Ardao, fueron "luego cumplidas todas":

> Una vez que se concedan los préstamos norteamericanos a los gobiernos no democráticos de Grecia y Turquía, todos los gobiernos reaccionarios y los dictadores agitarán el fantasma comunista y pedirán que el gobierno y el pueblo norteamericano corran en su ayuda. Mañana Perón y Chiang Kai Shek pueden ser los que estén de turno. Los dólares americanos serán el primer pedido, después los técnicos y oficiales del ejército, y más tarde los soldados. Esta política es totalmente fútil. Ningún pueblo puede ser comprado. América no puede permitirse gastar billones y billones de dólares para propósitos no productivos. El mundo está hambriento e inseguro, y los pueblos de todas las latitudes demandan cambios. Los préstamos americanos con propósitos militares no los detendrán. Una vez que América se coloque en oposición al cambio, será la nación más odiada del mundo. (15)

En referencia a Wallace, destaca finalmente Ardao el énfasis de su prédica antiimperialista que ostensiblemente comparte: "Nuestro mayor peligro es que se conciba un nuevo Imperio Americano... Una vez que se niega a los pueblos el derecho de comunicarse unos con otros, entonces las Naciones Unidas cesan de existir y la guerra se hace inevitable" (1286, 14).

El tercerismo doctrinario de fuente francesa y el tercerismo en *Marcha*

Destacado el papel fundacional de Wallace en la articulación conceptual y prédica del tercerismo, Ardao se refiere al "tercerismo doctrinario de fuente francesa" y al tercerismo de *Marcha* que se define a partir de esos antecedentes; señalando el relevo en Occidente del Imperio Británico por el Imperio Americano, el inicio de una nueva época en las relaciones entre las Américas en función del Plan Truman para América Latina y fundamentalmente "la conmixtión del poder militar y el poder civil" en el "Imperio del Oeste", tanto como en el "Imperio del Este" que transforma fuertemente el "campo de las relaciones internacionales" en tanto campo de fuerzas y luchas:

> Fue a continuación que empezó a definirse un tercerismo doctrinario de fuente francesa, que tuvo sus primeros y grandes representantes en el radical socialista Jacques Kayser y el líder socialista León Blum. Este tercerismo, sumado al de Wallace, contribuyó decisivamente a definir el nuestro, desde el momento en que la Doctrina Truman, formulada en marzo para Europa, bajo la forma de ayuda a Grecia y Turquía, se prolongó[9] en el *Plan Truman* para la América Latina, proyecto de ley por el cual se autorizaba al gobierno a suministrar armamento y adiestrar a todas las fuerzas del hemisferio americano. Nuevamente, detrás de Truman el Pentágono. No olvidemos la fecha. Sólo dos meses después de Grecia y Turquía, le tocaba el turno a nuestra América. En cierto modo, para buena parte del continente, aquí como allá el Imperio Americano de que hablaba Wallace, aparecía como la rueda de recambio del Imperio Británico; y aquí como allá, toda una nueva era histórica quedaba inaugurada en el campo de las relaciones internacionales, por la conmixtión del poder militar y el poder civil en el Imperio del Oeste, no menos seguramente, que en el Imperio del Este. (14)

En lo que respecta al tercerismo doctrinario francés y su presencia en el tercerismo de *Marcha*, registra Ardao la publicación efectuada el 20 de junio de 1947 del artículo de Jacques Kayser *El tercer bloque*. Entre el "pacifismo" y el "antiimperialismo" que fueron ejes fundamentales del tercerismo, el primero fue el único que nunca estuvo ausente. Pero, aclara Ardao:

> No como mera defensa o afirmación del ideal de la Paz, al modo tradicional, sino como preocupación y ocupación angustiosas por y para impedir la transformación de la *Guerra Fría* entre los Dos Grandes, en simplemente *la Guerra*: más que la Guerra Mundial N° 3, estaba ella destinada a ser el gran incendio del planeta. (14)

Aquí ostensiblemente, en lugar de la operación de la razón que pudiera reivindicar la paz como bien universal en abstracto, se trata de la operación de la inteligencia que le da sentido histórico, al impulsar en el contexto de referencia, la paz como alternativa necesaria, en el sentido de que de su consolidación dependerá la sobrevivencia misma de la humanidad. Esta reivindicación inteligente de la paz constitutiva del tercerismo incluye a todos sus impulsores, notoriamente también al propio Ardao.

En cuanto al ingrediente antiimperialista, analiza Ardao, el mismo será solamente "a segundo grado" en aquellos países que, no obstante su desplazamiento como centros imperiales de primera magnitud, no habían abdicado sin embargo de su condición imperial. Así cabría catalogar a la "conversión" a la "descolonización" de Charles De Gaulle o de aquellos economistas del partido laborista y sector del parlamento que sin declinar "de la tradición imperial británica" apoyaron en Londres frente al sector del propio partido en el gobierno, la prédica antiimperialista de Wallace referida a EE.UU.

Acto seguido transcribe Ardao varios pasajes del artículo de Kayser:

> ...para que se comprenda del todo la génesis mundial del *tercerismo*, al finalizar aquél memorable *primer semestre de 1947*, no suficientemente valorado todavía, que más que nada por la claudicación de Londres –evitable o inevitable– cambió casi de golpe el horizonte universal de la posguerra. (15)

En ese artículo Kayser plantea la alternativa para los estados pequeños y medianos de no escoger entre ninguno de los dos "gigantes", pues hacerlo significaría "acelerar la evolución hacia la guerra". En lugar de ello, afirmaba Kayser:

> ...asociar a todas las potencias llamadas "medias" o "pequeñas", crear un *tercer estado*, quebrar el dilema "yo o tú", introduciendo un

tercer término que, al ser complejo, sería mucho más flexible que los dos primeros, ¿no es lo dicho un programa que podría unir a todas las buenas voluntades y salvar a la humanidad? No se diga, sobre todo que este programa carece de virilidad, que implica una pasividad ante la cual los gigantes no tendrían otra cosa que hacer sino afrontarse. La diplomacia, o mejor, la política del *tercer estado*, del *tercer término*, implica imaginación en los propósitos, tenacidad en la acción, constante voluntad de resistencia al "chantage", y perseverancia en la lucha por la paz. (15)

La propuesta de Kayser que *Marcha* y Ardao hacen suyas, tiene entonces el rango de un "programa" de racionalidad estratégica de carácter político por el cual los estados pequeños y medianos podrían evadir el círculo de hierro de la alternativa particularista excluyente "Washington o Moscú" y crear una efectiva alternativa para toda la humanidad. La apelación a "las buenas voluntades" en su condición de titulares empíricas de la buena voluntad, conecta a dicha racionalidad estratégica con la racionalidad práctica de una ética política que encuentra su fundamento en la voluntad de hacer el bien, identificado en la coyuntura, en los términos del universalismo ético de la salvación de la humanidad, a través de la articulación de una tercera posición que apunta a evitar los eventuales efectos negativos, no intencionales, que podrían derivarse de la totalización y profundización de la polarización entre los dos gigantes. Tal es el concreto sentido histórico de la paz por la que lucha el tercerismo.

Escribe Ardao que en relación al artículo de Kayser, en la siguiente entrega del semanario, el 27 de junio de 1947, cree haber introducido él mismo por primera vez en la prensa nacional la expresión "tercera posición":

> Creemos –no podríamos asegurarlo con absoluta certidumbre– que era la primera vez que en la prensa nacional se introducía, con referencia al problema de la nueva época, la expresión *tercera posición*.
> Ni antes, ni durante, ni inmediatamente después de la Guerra pudimos ser terceristas, por la sencilla razón de que el tercerismo no existía, ni podía haber existido.
> Ahora sí, desde marzo de 1947 en escala mundial, desde mayo de 1947 en escala latinoamericana, el tercerismo, como tercera posición frente a los *Dos Grandes*,[10] se convertía en una consigna concreta para los que no se hallaban enfeudados ni a uno ni a otro de ambos centros de poder. (15)

Relaciones entre antiimperialismo, nacionalismo, ideología demócrata-social y tercerismo en Marcha

Aclarada la génesis histórica del tercerismo, es relevante visualizar con Ardao, que de acuerdo a sus argumentos, no hay ningún tercerismo *avant la lettre* en el que él y la generación de los fundadores de *Marcha* pudieran haber militado antes de marzo de 1947, no obstante lo cual la militancia antiimperialista de orientación ideológico-política socialdemócrata en que se articulaban desde 1928 los posicionaba en la nueva coyuntura en convergencia con el emergente tercerismo, haciendo de su semanario un órgano de su difusión para el Uruguay y la región:

> En lo que respecta a nuestra agrupación política de entonces, la Democracia Social Nacionalista, con ininterrumpida militancia antiimperialista social-demócrata desde su fundación por Quijano en 1928, el enfrentamiento de los dos Imperios la empujaba de antemano al naciente tercerismo. Marcha iba a ser lógicamente su órgano de expresión. (15)[11]

Ardao y *Marcha* no fueron terceristas antes del tercerismo, fueron nacionalistas para decirlo positivamente y antiimperialistas para decirlo negativamente. La "tercera posición", como posición de política internacional en el contexto de la "Guerra Fría" y el "tercerismo" como fundamentación, expresión y difusión de esa posición de pretensión alternativa para los países pequeños y medianos y por su mediación, alternativa para la humanidad, queda encuadrada como racionalidad estratégica atenta a la coyuntura, en la definición antiimperialista "a primer grado" que la precede. Puede evaluarse que si bien la estrategia del "tercerismo" probablemente resignifica al "antiimperialismo" en cuanto al modo de operar, en lo que a Ardao y a *Marcha* se refiere, su "antiimperialismo" militante no es "a segundo grado" como el subsistente en los países imperiales desplazados (al menos en las orientaciones dominantes a las que responden sus gobiernos) sino, como aquí enfatizamos, "a primer grado". Puede también estimarse con plausibilidad que este "antiimperialismo" habría de resignificar al "tercerismo" proporcionándole mayor radicalidad. No se registra en el análisis de Ardao una conciencia explícita de esta posibilidad. En lugar de ello y declinando analizar el proceso del tercerismo en los diferentes espacios de su formulación y difusión, parece registrarlo en principio como una construcción conceptual homogénea en cuanto mera posición de política internacional, no obstante la heterogeneidad de sus manifestaciones empíricas:[12]

> Convencidos estamos de que el tercerismo –de Wallace a Blum, de Kayser a Quijano, de De Gaulle a Nehru, de Einstein a Russell, de Estocolmo a Bandung, de *Cuadernos Americanos* a *Marcha*–, incluyendo en ese intento heterogéneo pero congruente enunciado, el materialmente minúsculo tercerismo uruguayo (puesto que del *Tercerismo en el Uruguay* se trata aquí), ha sido el más poderoso factor de paz en el mundo en los últimos lustros, cualquiera sea lo que el futuro, lejano o próximo, le tenga reservado a la humanidad. Lo ha sido, con todo lo que ha tenido, como desde el principio quiso Kayser que tuviera, de "imaginación en los propósitos, tenacidad en la acción, constante voluntad de resistencia al *chantage* y perseverancia en la lucha por la paz".
>
> De profundo interés sería seguir el proceso del tercerismo mundial, latinoamericano y uruguayo, a lo largo de los años, y sobre todo, establecer su real situación presente, muy distinta de la de la primera hora. Ello escapa a nuestro actual objeto. (15)

Ardao le dedica el artículo de *Marcha* número 1287 correspondiente al 31 de diciembre de 1965, al que ya había caracterizado como "error básico de método" cometido por Aldo Solari en el libro de referencia. Relevante sin lugar a dudas en términos del análisis crítico de dicha obra, no lo es centralmente a los efectos del interés del artículo en curso. En todo caso, resulta oportuno reproducir de allí un texto de Quijano de 1950 que Solari considera en su libro como presunto texto tercerista, en tanto, aclara Ardao, se trata en realidad de un texto antiimperialista. Como ya fuera expresado, en la generación de los fundadores de *Marcha*, con Quijano a la cabeza, el "antiimperialismo" es una suerte de matriz en la cual arraigará, tal vez resignificándose, el "tercerismo". El texto de Quijano, tomado por Solari y reproducido a su vez por Ardao –discernidos en su respectiva significación "antiimperialismo" y "tercerismo"– es relevante para documentar la visión y acción antiimperialista en *Marcha*:

> La médula de nuestra acción es el enfoque antiimperialista de los problemas. Tenemos la conciencia de nuestra pequeñez nacional, medimos las fuerzas entre las cuales por la imposición de la geografía vivimos, creemos que a la lucha de clases en el campo interno, corresponden en el internacional la lucha de esfuerzos entre los poderosos y los débiles. El imperialismo, no es la primera vez que lo decimos, no constituye un hecho que dependa de la buena o mala voluntad de los gobernantes foráneos. Es un hecho económico sustancialmente, y por derivación un hecho político. América Latina es hoy, por imposición de aquella geografía antes aludida y por la

imposición de las formas económicas de supercapitalismo avasallador que domina en otros países, una especie de zona de influencia de uno de los pocos grandes. Continente productor de materias primas, semicolonial, de masas populares atrasadas y sin clarificada conciencia nacional, regido por oligarquías venales, escépticas y corroídas por la ambición simiesca de asemejarse al extranjero, admirado y también envidiado. (1287, 12)

Puede destacarse en la visión de Quijano, que es la de *Marcha* y a cuya configuración aporta singularmente Ardao, la consideración del carácter estructural del imperialismo en tanto análogo de la lucha de clases en el campo internacional y en cuanto a su condición de "hecho económico" determinante de un "hecho político". La pequeña nación, por su lugar en la estructura imperial, puede encontrar en el nacionalismo en tanto antiimperialismo la orientación para su afirmación y subsistencia. La identificación para la pequeña nación y para el conjunto de las naciones latinoamericanas del centro imperial que por razones tanto geográficas como económicas las afecta especialmente, da lugar a un antiimperialismo concreto. La condición semicolonial de América Latina en cuanto productora de materias primas, constituida por masas populares atrasadas "sin clarificada conciencia nacional" y regida por oligarquías estructuralmente corruptas que distorsionan la profundización y consolidación de la identidad nacional por su ambivalente relación con el espejo imperial aparece en principio inerme frente al mismo. La conciencia nacional como sustento subjetivo de la profundización y consolidación de la identidad nacional, se presenta entonces como la perspectiva de afirmación cultural autónoma que permite acotar o transformar la heteronomía de las determinaciones estructurales del imperialismo. Un efecto no intencional del imperialismo es levantar la resistencia del antiimperialismo. La resistencia encuentra fundamento a nivel de la subjetividad en la articulación de la conciencia nacional y del nacionalismo, que desde lo cultural intenta proyectarse a través de lo político en lo social y lo económico, discerniendo las determinaciones de carácter estructural que, desde lo económico, se articulan en lo político, propendiendo a colonizar tanto el campo objetivo como el espacio subjetivo de lo cultural. El tercerismo, al cual Quijano no considera en el pasaje citado, será asumido, elaborado y difundido por *Marcha* a partir de mayo de 1947 de acuerdo a las consideraciones de Ardao antes comentadas, estrictamente en cuanto racionalidad estratégica conveniente a las necesidades del antiimperialismo latinoamericano en el contexto de la polarización Washington-Moscú. El tercerismo no es entonces "la médula" de la acción de Quijano y del grupo político fundador de *Marcha*, sí lo es el antiimperialismo; tiene sin embargo la significación de una actualización coyuntural performativa de aquella orientación medular.

A diferencia de los señalamientos de Ardao respecto del "error básico de método", los que tienen como objeto el "error básico de concepto" interesan centralmente a la presentación de la estricta determinación conceptual de esta posición. Como en la consideración de los errores anteriores por parte de Ardao, se mantendrá focalizada la atención en su discernimiento del tercerismo, dejando en un nivel marginal las afirmaciones de Solari y las respuestas de Ardao en lo que no aportan centralmente a esta comprensión aunque ilustren señaladas diferencias, así como también las observaciones de Carlos Real de Azúa, quien sale a terciar en defensa de Solari a través de diez notas en el periódico *Época*, entre el 4 de enero y el 3 de marzo de 1966. En la medida en que es aludido, Ardao se siente obligado a responder, cobrando cuerpo la polémica que en sus respuestas a Real de Azúa,[13] incluye precisiones sobre el tercerismo, que son las que en definitiva aquí importan.

EL ERROR BÁSICO DE CONCEPTO: EL TERCERISMO NO ES UNA IDEOLOGÍA

Frente a la calificación de Solari del tercerismo como una "ideología", que contradice al afirmar también que es "esencialmente" una posición de política internacional sostenida por "grupos de muy diferente extracción ideológica", Ardao afirma categóricamente:

> El tercerismo no ha sido ni es una ideología, por la sencilla razón de que no es ni ha sido más que una *posición de política internacional*: la llamada *tercera posición* entre las de los *Dos Gigantes*, Washington y Moscú, ecuación de poder internacional sucesora definidamente desde 1947 de la ecuación *Tres Grandes*, que conoció su apogeo en 1945 y empezó a conmoverse en 1946.
> Una posición de política internacional, en sí misma, no es una ideología en ninguno de los diversos sentidos en que la ciencia social maneja ese concepto. Sin ser ella ideología, no puede ser el resultado de ninguna ideología. Ni siquiera éste es el caso del tercerismo. Aunque detrás de cada tercerista pueda haber una ideología determinante de su posición, el tercerismo como tal, lejos de ser una ideología él mismo, *ha sido el resultado de las más diversas y hasta contrapuestas ideologías*.

¿Resultado de qué índole? Resultado *político*, pero sólo en el sentido de la estrategia, convertido muchas veces en resultado *diplomático* cuando el tercerismo ha sido ejercitado por un gobierno, como ha sucedido en forma sistemática u ocasional, de Estocolmo a Belgrado, de París a Nueva Delhi, de Buenos Aires a El Cairo. (1288, 13)

También Real de Azúa, al terciar en defensa de Solari, y en consonancia con sus propias posiciones personales ya muy elaboradas,[14] caracteriza al tercerismo como ideología. Discutiendo la afirmación de Ardao respecto al origen preciso del tercerismo en marzo de 1947, que podría estimarse como una suerte de falsa precisión, producto de extrapolar hacia las "ideas, tendencias, costumbres, actitudes, ideologías" grados de precisión cronológica que solo sería conveniente a una "historia de hechos", Real de Azúa entiende que tal pretensión sería como buscar un origen preciso para el "liberalismo", el "socialismo", el "nacionalismo" o el "humanismo", a los que entiende no es "prudente" extenderles "certificados de nacimiento indiscutibles". Aquello que en la perspectiva de una historia de las ideologías es altamente plausible –en esto puede concedérsele razón a Real de Azúa– no es en cambio aplicable al "tercerismo", en cuanto no es una ideología– y en esto habría de asistirle la razón a Ardao.

Refuerza Ardao su argumento señalando que mientras "liberalismo", "socialismo", "nacionalismo" y "humanismo" se articulan sobre la base de la carga axiológica de ciertos sustantivos como "libertad", "sociedad", "nación" y "humanidad":

> El tercerismo tiene por raíz los términos *tercer* y *tercera*. Meros adjetivos de orden, en el dominio neutro de la cantidad discontinua, accesorios de determinados sustantivos –*camino, actitud, posición,* etc.– cuya misma significación recortan y precisan al darles sentido sólo con referencia a DOS *caminos, actitudes o posiciones*, etc., preexistentes. (13)

El análisis de Ardao en el nivel del lenguaje corriente apunta a evidenciar una suerte de pecado de inconmensurabilidad en que incurriría Real de Azúa al asimilar "tercerismo" con aquellas orientaciones ideológicas, para descalificar la tesis de la precisión de su origen.

Considerar el tercerismo como ideología, error básico de concepto a juicio de Ardao –que Solari comete y en el que Real de Azúa lo acompaña desde importantes, anteriores y por entonces inéditas consideraciones sobre la cuestión– promueve, parafraseando a Ardao, una *enanización* de la ideología y una *gigantización* del tercerismo: "Visto el tercerismo como una ideología, se ha partido de una verdadera caricatura (en deformación enana) del concepto de ideología, pero a la vez de una verdadera caricatura (en deformación gigante) del concepto de tercerismo" (1294, 10).

El sobredimensionamiento del tercerismo como ideología se traduce como confusión en la comprensión de la efectiva diversidad ideológica en función de la cual, desde distintas ideologías (la *demócrata social nacionalista antiimperialista* sustentada formalmente por los fundadores de *Marcha* desde 1928,[15] es notoriamente una de ellas) que se ubican ya sea a la derecha, al centro o a la izquierda, se adopta una coyuntural posición "tercerista" que resulta entonces común a esa diversidad ideológica en la cual pueden encontrarse fuertes polarizaciones.

Agrega Ardao que no siendo el "tercerismo" estrictamente una ideología, sino una posición de política internacional asumida desde distintas ideologías en el marco de la bipolaridad del poder político internacional Washington-Moscú, a partir de marzo de 1947:

> ...por otra parte, fue un término polémico creado e impuesto por los adversarios de derecha (los pro-Washington), para reunir bajo una sola denominación y atacarlos juntos a todos los sostenedores de una tercera posición. Para atacarlos juntos a todos ellos, identificándolos a la vez con sus adversarios de izquierda (los pro-Moscú). Crearon el término tercerismo, precisamente para utilizarlo, conforme a sus fines, como sinónimo de comunismo o por lo menos de pro-comunismo.
> De una actitud de estrategia política (que en el caso de algunos gobiernos –de izquierda y de derecha– fue además diplomática), puramente ocasional, traída por el curso de los acontecimientos internacionales y destinada a ser arrastrada un buen día por ese mismo curso, se ha venido a hacer ahora nada menos que *una ideología*. (10)

Ardao no está registrando aquí la transformación de la posición de política internacional en "efectiva ideología", ni tampoco "el error básico de concepto" en que a su juicio incurren explícitamente Solari y Real de Azúa, sino el uso ideológico de la palabra "tercerismo" por parte de la derecha alineada con Washington, que al vaciarla de su objetivo sentido alternativo entre los polos de poder internacional de los dos Gigantes, apunta a significar que quien no está con Washington está con Moscú y el comunismo y por lo tanto contra Washington y lo que supuestamente representa. Hacer del "tercerismo" una "ideología", es la operación ideológico-estratégica de la derecha para deslegitimar la "tercera posición" a los ojos occidentales, al asimilarla al comunismo, profundizando la bipolaridad al eliminar toda alternativa a la misma, apuntando a hacer de Washington la única opción legítima.

La confusión del tercerismo como ideología está en la base de una serie de confusiones derivadas en las que Solari, según Ardao, incurre lo largo de su libro. Su análisis es obviamente relevante a los efectos del discernimiento del tercerismo en *Marcha*: "Confunde al tercerismo: a) con neutralismo; b) con antiimperialismo; c) con grupo; d) con tercera fuerza, tercer bloque o tercer poder; e) con tercer mundo; f) con nacionalismo" (1288, 13).

TERCERISMO NO ES NEUTRALISMO

Señala Ardao que la frase enunciada por Luis Alberto de Herrera en la década de los cuarenta "Allá los rubios del norte y los amarillos del este", en cuanto refiere al conflicto entre EE.UU. y Japón, no puede en ningún sentido ser señalada como formulación del "tercerismo" ni como anticipación del mismo, en cuanto, insiste: "... el tercerismo, en su verdadero y *único* significado histórico, terció entre Washington y Moscú, y no antes de 1947, por lo que carece de sentido vincularlo con esa frase de Herrera, que corresponde a otro bien claro y diferente contexto de política internacional (1290, 8). La frase de Herrera expresa una posición neutralista en un específico conflicto. Explica además Ardao que en el contexto de la Segunda Guerra Mundial:

> ...los *entonces* neutralistas del Río de la Plata eran simpatizantes del Eje, sin que todos los simpatizantes del Eje, a su vez, fueran neutralistas, por cuanto muchos proclamaban abiertamente su simpatía. Los que, por razones políticas u otras, ocultaban en público esa simpatía, se declaraban neutralistas, a la espera de mejores tiempos en una zona del planeta como ésta, de cobertura militar y diplomática de las Democracias Aliadas. (8)

El análisis de Ardao revela entonces que el "neutralismo" proclamado en el Río de la Plata carecía absolutamente de "neutralidad". Cumplía simplemente la función de un manto protector en una región que respondía al dominio de la orientación en abierto conflicto planetario con la de su preferencia.

Argumenta además Ardao acerca de la no pertinencia de la pretendida relación histórica o conceptual entre "neutralismo" y "tercerismo". El grupo que Solari ha tomado como emblemático representante del "tercerismo", escribe Ardao, el de *Marcha*, lejos de ser "neutralista", ha estado siempre en "la vanguardia antifascista". En otras palabras, reivindicando *Marcha* el "tercerismo" a partir de mayo de 1947 como posición de política internacional conveniente a su ideología demócrata social nacionalista y a su militancia antiimperialista, en cambio no ha suscrito el "neutralismo" eventualmente encubridor de una simpatía fascista, sino que se ha declarado abiertamente "antifascista", militando en el "antifascismo" con el mismo vanguardismo que en el "antiimperialismo":

> Tan no tiene nada que ver ese neutralismo de entonces con el tercerismo que vino después, que el grupo llamado a ser más tarde el más típico de los sectores de éste según el mismo autor del libro –o sea el representado por nuestro semanario– muy lejos estuvo de ser neutralista, como parte que siempre fue de la vanguardia antifascista.
> El 15 de setiembre de 1939, al estallar la Guerra, iniciábamos así un editorial titulado *La Guerra y América*: "Frente a la guerra que comienza, nuestro pueblo se ha definido ya, espontáneamente, como lo hizo cuando Etiopía, cuando España, cuando Checoslovaquia: contra la barbarie fascista, aniquiladora de la libertad de los pueblos en lo interior y en lo exterior. De otro modo, hubiera traicionado su entraña democrática." A continuación denunciábamos el carácter inter-imperialista de la Guerra y la necesidad de que América sacara de ella las necesarias lecciones para preparar su "Segunda Emancipación". Pero decíamos también, muy lejos, repetimos, de cualquier neutralismo: "No queremos significar con esto que tanto dé el triunfo de uno como de otro bando. Mientras exista el fascismo no habrá posibilidades ni de paz ni de justicia en el mundo. Como hecho histórico es una vertiginosa sucesión de crímenes. Como doctrina política es la negación más flagrante de la libertad del espíritu y de la solidaridad de los hombres. Hay que derrotarlo, pues, aniquilarlo, exterminarlo. El triunfo de los aliados –a los cuales nos unen, especialmente por el lado de Francia, profundos vínculos de cultura cuya importancia no podría nunca desestimarse– debe ser en consecuencia, y es, nuestro anhelo". (8)

Establece Ardao que así como el neutralismo a que se hizo referencia no puede ser confundido con el tercerismo emergente a partir de 1947, tampoco este tercerismo puede ser confundido con el neutralismo. Mientras algunos "terceristas" de extrema derecha (exfascistas) o de extrema izquierda (anarquistas, trotzquistas) fueron "neutralizantes", el "tercerismo" de Marcha no lo fue, no obstante reivindicar su libertad para proclamar eventualmente su neutralidad frente a conflictos bélicos puntuales.

Para mayor precisión Ardao aborda el discernimiento de los conceptos "neutralismo", "neutralización " y "neutralidad". Aclara, citando un editorial suyo del 1° de junio de 1951, en el que teniendo a la vista los casos de "neutralización" notorios de Suiza, Bélgica y Luxemburgo y las "tratativas de neutralización" del Uruguay del siglo XIX por entonces recordadas, señalaba que Marcha, promotora de la "tercera posición" no defendía en cambio la "neutralización" como "solución internacional estatutaria para el Uruguay". Reivindicaba en cambio la "neutralidad" como perspectiva posible frente a conflictos concretos. En lo que hace referencia para aquel contexto de discusión, el de 1951, a la posibilidad de una tercera guerra mundial, Ardao concluía:

> Ahora, con respecto a la eventual tercera guerra mundial, ¿somos también neutralistas? Respondemos que ni somos neutralistas ni dejamos de serlo, desde el momento en que esa tercera guerra mundial es una hipótesis o conjetura, que en caso de ocurrir –por ahora bregamos para que no ocurra– habrá que ver cómo ocurre, en qué términos se presenta, qué naciones o bloques de naciones entran en lucha, cómo esta lucha afecta o interesa al destino esencial de la nacionalidad. (8)

TERCERISMO NO ES ANTIIMPERIALISMO

Dejando en el margen la justa observación de Ardao, de que el libro de Solari pretendiendo hacer una crítica a la "ideología tercerista", hace en realidad una "crítica al antiimperialismo" (afirmación que sustenta citando algunos pasajes) lo que importa destacar es que "tercerismo" no puede según su entender, identificarse ni conceptual ni históricamente con "antiimperialismo". Ello vale en general, desde que, como señala Ardao, es ostensiva una crítica antiimperialista en referencia a EE.UU. por parte de "marxistas-leninistas pro-soviéticos" que por definición son "tan ajenos a la tercera posición", como por razones en un sentido definitorio opuestas, también lo son "los pro-yanquis" (1294, 10). Vale también en particular en lo que a Marcha y el grupo de fundadores que Ardao integra se refiere. En efecto, según ya quedara claramente consignado, el "antiimperialismo" es la "médula" de la acción comunicativa de este órgano periodístico, mientras que el "tercerismo" no es más que la estrategia ocasional en política internacional afín a aquella orientación medular, en el contexto ya abundantemente referido.

EL TERCERISMO NO CONSTITUYE UN GRUPO

Atendiendo a la que considera otra confusión de Solari, Ardao sostiene que así como hay distintos grupos que coyunturalmente adhieren al tercerismo, hay también terceristas que no pertenecen a ningún grupo. A su juicio, el tercerismo no constituye pues un grupo ni de primer nivel, ni de segundo nivel entendiendo por tal una articulación de grupos, desde que lo constituyen aleatoriamente tanto grupos como personas que se afilian a él fuera de toda pertenencia grupal previa (1294, 10).

TERCERISMO NO IMPLICA "TERCERA FUERZA", "TERCER BLOQUE" O "TERCER PODER"

Frente a expresiones de Solari, Arturo Ardao sostiene: "El tercerismo uruguayo, en cualquiera de sus manifestaciones, nunca intentó propiciar la organización de una tercera fuerza, tercer bloque, o tercer poder en escala mundial" (1294, 10). Aclara Ardao que la idea de formar un tercer bloque en términos de poder político internacional "equivalente" o "aproximado" al de cualquiera de los dos Gigantes, fue más bien propio de algunas expresiones del tercerismo europeo: "...desde un inicial y fugaz conato franco-inglés (fines del 47 a principios del 48), encabezado por Blum y Attle, hasta los más recientes sueños de *grandeur* de de Gaulle" (10). En cambio, destaca Ardao: "Otras formas de tercerismo europeo, el tercerismo afro-asiático y el tercerismo latinoamericano, sólo participaron en tentativas de agrupamientos regionales" (10). Por tanto, el tercerismo en el Uruguay y el tercerismo de *Marcha* en cuanto expresión paradigmática del mismo, no apuntan en la definición de esta estrategia de política internacional a generar un nuevo foco de poder que por la maximización de su fuerza política fuera capaz de transformar la bipolaridad vigente a escala planetaria en una nueva tripolaridad o minimalístamente, desplegara fuerza suficiente para imponer, en función de la misma, el equilibrio entre los dos Gigantes.

En términos de poder político internacional a lo más que ha apuntado *Marcha*, cabal representante del tercerismo en el Uruguay, ha sido a la creación de la "Unión Latinoamericana", aspiración no proveniente del tercerismo emergente en 1947, sino de la ideología demócrata social nacionalista antiimperialista en torno a la cual se articuló su grupo fundador y fundamental impulsor desde 1928:

> En el plano de la política internacional de poder, a lo más que ha aspirado el tercerismo uruguayo ha sido a constituir la Unión Latinoamericana. Y eso mismo, solo en algunas de sus tendencias, como la representada por esta hoja, sin que, por otra parte, fuera en este caso un aporte de la tercera posición en cuanto tal, sino una constante de la ideología (ahora sí, *ideología*), del grupo demócrata social, definida desde 1928. (10)

La orientación del tercerismo en *Marcha* ni aspiraba ni propiciaba la creación de un grupo de poder:

> Al "crear un tercer poder, si no equivalente por lo menos aproximado al de los otros dos grandes poderes", (como se dice en el libro sin apoyarse en ninguna documentación), no solo no se aspiró en nuestro tercerismo, sino que tampoco, por muchos motivos, se podía y se debía aspirar. Solo se podía y se debía aspirar a que la tercera posición sostenida en el pequeño Uruguay, se integrara en una gran corriente mundial de opinión a favor de la paz, alimentada por los terceristas de todos los continentes. (10)

No ha sido el tercerismo en *Marcha* de orientación beligerante. En tanto no "puede" (constatación fáctica o empírica), no "debe" orientarse a la construcción de un poder internacional a la altura de los ya constituidos, desde que lo que no se "puede", no se "debe". En cambio, sí se "puede" –y por lo tanto se "debe"– desde "el pequeño Uruguay", en cuanto constituye una alternativa para toda la humanidad, propicia a través del ejercicio comprometido de la acción comunicativa, "una gran corriente mundial de opinión a favor de la paz". Frente a la Guerra Fría que amenazaba permanentemente transformarse en guerra sin más con una proyección planetaria de una destructividad presumiblemente inédita en las anteriores conflagraciones mundiales, desde un pequeño país ni se "podía" ni se "debía" alimentar el argumento de la fuerza, en cambio se "debía", porque se "podía", propiciar la mayor fuerza de los argumentos por la paz.

El tercerismo no se confunde con el Tercer Mundo

Argumenta Ardao que en el libro de Solari la confusión entre "tercerismo" y "Tercer Mundo" más que deberse a que los identifique, se explica porque no los distingue adecuadamente, remitiendo el argumento a algunas páginas del libro. Ardao aclara que si bien el tercerismo se da de manera característica en el Tercer Mundo, la tercera posición es también alimentada desde los mundos primero y segundo. E inversamente, no escasean en el Tercer Mundo las orientaciones pro-Washington o pro-Moscú; añadiendo para rematar el discernimiento:

> Los terceristas europeos o los propios terceristas norteamericanos – desde un Russell hasta un Oppenheimer–, en cuanto terceristas, han sido más solidarios que los terceristas del Tercer Mundo, que las caudalosas corrientes nativas "alineadas" tras uno u otro de los Dos Gigantes, que en ese mismo Tercer Mundo circulan y en general dominan. (10)

Tercerismo y nacionalismo

A juicio de Ardao, ni conceptual ni históricamente es el nacionalismo un ingrediente del tercerismo. Basta, de acuerdo a sus consideraciones, constatar la existencia de posiciones terceristas tanto nacionalistas como internacionalistas, aun de tercerismos antinacionalistas. En lo que al tercerismo de *Marcha* se refiere, el mismo arraiga como estrategia coyunturalmente conveniente, a partir de 1947, en el marco de una previa orientación nacionalista en cuanto antiimperialista, formulada conceptualmente y articulada como grupo político desde 1928:

> La tercera posición en política internacional sostenida por el mismo (el semanario *Marcha*) desde el comienzo de la Guerra Fría en 1947, era el circunstancial precipitado estratégico de una ideología democrática-social, nacionalista y antiimperialista, organizada en grupo político muchos años atrás. (1298, 14)

Si bien el centro del análisis es aquí deslindar "tercerismo" de "nacionalismo", lo cual se cumple claramente con la consideración anterior, no es de importancia menor aprovechar la concentrada referencia que con ese motivo efectúa Ardao acerca de la identidad ideológica de *Marcha*, ya suficientemente elaborada y consolidada mucho antes de la recepción, adopción y adaptación del tercerismo, de acuerdo a los requerimientos de aquella matriz ideológica y de la práctica política y periodística con ella consecuentes:

> En 1928, dos décadas antes de que, como consecuencia de la polarización Washington-Moscú, el tercerismo surgiera en el mundo, la Plataforma de Principios fundadora de la Agrupación Nacionalista Demócrata-Social, incluía ya un primer capítulo titulado "Nacionalismo-Antiimperialismo". Era la primera vez que en el pensamiento político uruguayo del siglo XX, el concepto de nacionalismo aparecía ligado con el concepto de antiimperialismo. A este capítulo seguían otros dos: "Democracia política", en el que por primera vez en el país, en un documento de su naturaleza se alertó contra el fascismo ("Así como el imperialismo, el fascismo – y por tal entendemos toda reacción autocrática– es hoy un peligro universal"), y se reclamó la síntesis de los términos sindicalismo y democracia ("Entendemos que es necesario dar intervención en el manejo de la cosa pública a las grandes fuerzas sindicales cuya creación es necesario auspiciar"); y "Democracia Social" en el que también por primera vez en el país en un documento de su naturaleza se empleó la expresión "reforma agraria" ("La reforma más urgente que exige este país es la reforma agraria"). (14)

Interesa destacar la novedad para el Uruguay de 1928 de los planteos de la agrupación política liderada por Quijano e integrada por Ardao que habría de desembocar en 1939 en la fundación de *Marcha*, así como la conciencia histórica de Ardao en cuanto al estricto tenor de esa novedad. Sin desmerecer la significación de los planteamientos registrados, importa aquí destacar el sentido antiimperialista de la definición nacionalista que coloca al nacionalismo de *Marcha* en tensión y oposición explícita con el imperialismo, así como el sentido antifascista de su definición democrática, que lo coloca en análoga relación con el fascismo.

Abundando en el sentido del nacionalismo de la generación fundadora de *Marcha*, que integra hoy como único sobreviviviente, Ardao reproduce pasajes del ya mencionado capítulo "Nacionalismo-Antiimperialismo" del documento fundacional de su agrupación política:

> Entendemos por nacionalismo una política de creación o de vigorización de la nacionalidad, de estudio constante de nuestra realidad, de soluciones, ya lo hemos dicho, basadas en esa realidad. Un grave peligro amenaza a estas Repúblicas del Nuevo Mundo.

> El capitalismo moderno se ha hecho netamente imperialista [...]
> Ningún capitalismo más imperialista en la actualidad que el de los
> Estados Unidos [...] El imperialismo es un fenómeno mundial pero
> empieza por ser para nosotros un fenómeno especialmente
> continental. (15)

Lo que se atribuyó desde prácticamente el comienzo de este estudio a Ardao, podemos hacerlo extensivo al conjunto de los que con él se nuclean en torno a esta declaración de principios: una ética intelectual en función de la cual la política busca sus fundamentos en el riguroso conocimiento de la realidad en la que va a operar. Es una política con dimensión teórica "de estudio" de la propia realidad y con dimensión práctica "de creación o de vigorización de la nacionalidad".

El nacionalismo antiimperialista y antifascista latinoamericano del que *Marcha* y Ardao participan y en buena medida introducen, debe ser claramente distinguido del "nacionalismo de derecha, fascista o pro-fascista" que tuvo cierto empuje en la decada del treinta cuando, recuerda Ardao, se referían a él críticamente como "*nazionalismo*", pero que no por ello llegó a desplazar en significación al nacionalismo antiimperialista y antifascista. Un documento fuerte para este discernimiento lo constituyen los párrafos correspondientes al artículo que el 29 de agosto de 1938, siendo Ardao estudiante, publicó en el periódico *El Pueblo* de Tacuarembó y que reproduce en el ejemplar de *Marcha* que citamos:

> El fascismo se ha proclamado el campeón de la idea nacional, llegando a convertirla en el nervio de su ideología autoritaria. Empieza por ser nacionalista al afirmar el primado de la Nación, ente abstracto, sobre el individuo de carne y hueso; fundamento éste, de la dictadura interna. De ahí se va a la exaltación de la nacionalidad proyectada hacia el exterior con un sentido imperialista y guerrero. La Nación está por encima del individuo, pero también por encima de las demás naciones.
> En otro sentido está el nacionalismo de raíz popular, con carácter de defensa y no de ataque: defensa de la nacionalidad por los pueblos que avasallan las grandes potencias imperialistas. Esta defensa, según el grado en que peligre la nacionalidad, se limita aveces al patrimonio económico, como es el caso nuestro, por ahora; otras veces alcanza a la soberanía política, como es el caso del nacionalismo hindú; otras veces da un paso más y tiene que ir a la salvaguardia de su propia integridad territorial, como es el caso del nacionalismo chino y del auténtico nacionalismo español, el de la

España republicana; otras veces, todavía, es preciso defender hasta la lengua natal y la religión propias como es el caso trágico del nacionalismo de Puerto Rico que preside la figura mártir de Albizú Campos, el nuevo Martí de las Antillas.
Este doble significado del nacionalismo, no es, por cierto, exclusivo de la época actual. Las fuerzas reaccionarias siempre han ocultado bajo el oropel del ideal nacional sus desmanes internos y sus tropelías exteriores. Y a su vez los pueblos oprimidos han tenido en el ideal patriótico de la nacionalidad, una fuente fecunda de energías libertadoras. Tal fue el sentido de la identificación en el siglo pasado, tanto en Europa como en América, de la lucha de las nacionalidades por su independencia, con la lucha del liberalismo contra la autocracia. Y no deja de ser una ironía de la historia, el que las dos naciones europeas en que esa identificación fue más característica, donde el nacionalismo *libertador* y *liberal* fue más acusado -Alemania e Italia- sean aquéllas donde hoy triunfe con más violencia el aberrante nacionalismo *imperialista* y *dictatorial*.
En América, y por tanto en nuestro país, también se manifiestan los dos nacionalismos: el auténtico, del pueblo, y el falso, de las oligarquías dominantes. Con el agregado de que el de éstas, como no puede expandirse hacia fuera, se pone tranquilamente al servicio del extranjero explotador sin dejar por ello de llamarse nacionalismo, tal como el de Franco en España.
Frente a ese nacionalismo de industria de los vendepatrias, es preciso que las fuerzas democráticas antiimperialistas desarrollen con creciente energía una política orientada a la depuración y fortalecimiento de la nacionalidad, en sus valores materiales y morales fecundos. Tanto los del pasado, que es preciso rastrear e interpretar con un moderno sentido militante, como los del presente. (15)

Surge del artículo, publicado casi diez años antes de que apareciera el tercerismo en escena, que su definición ideológica del nacionalismo antiimperialista y antifascista (que se remontaba para el propio Ardao y el grupo fundador de *Marcha*) otros diez años hasta 1928), no puede en absoluto verse conmovida por la ausencia o presencia del tercerismo. Puede en cambio suponerse que el tercerismo no podrá evitar proyectarse con las marcas de esta firme matriz ideológica.

TERCERA POSICIÓN

Señalados los errores de hecho, de método y de concepto, queda en pie la sencilla afirmación según la cual "tercerismo" remite a "Tercera Posición". En uno de los últimos artículos de la serie dedicada al análisis del libro de Solari, Ardao reproduce dos pasajes publicados en *Marcha* en 1951, uno de ellos, oportunamente reproducido también por Solari, es del propio Ardao, publicado en el mes de abril. El otro está tomado del artículo de Álvaro Fernández Suárez, *Lo que es y lo que no es la tercera posición*, publicado el 15 de junio de 1951.

Caracterizaba así Ardao a la Tercera Posición en 1951, precisando en algún sentido la idea que ha recorrido con centralidad el presente artículo: "... *una actitud específicamente de política internacional*, dirigida desde un punto de vista mundial a impedir una nueva conflagración y desde el punto de vista nacional a preservar los destinos autónomos de la nacionalidad" (1299, 12). En cuanto a Álvaro Fernández Suárez, puntualizaba:

> En general el hombre de tercera posición puede profesar y de hecho *profesa cualquier ideología política* o cualquier filosofía. Lo esencial de esta actitud no es la filiación en el seno de un grupo o el pertenecer a una tendencia de derecha o de izquierda, sino sencillamente esto: no aceptar la capitanía de las potencias y fuerzas sociales que encarnan la polarización del mundo actual en dos bandos enemigos. Estar y sentirse libre de enganche. Con esto basta y ya es "tercera posición".
>
> De ahí que militen en la tercera posición hombres *de ideología tan dispar* como Mauriac, católico, y Sartre, jefe de una escuela de existencialismo ateo. Hay terceristas en la derecha, y los hay –aunque en mayor abundancia quizá– en la izquierda. (12)

De la conjunción de los dos textos alcanza ahora con destacar, además de la ya abundantemente señalada especificidad de la tercera posición y el consecuente tercerismo en el plano de la política internacional en la coyuntura de la bipolaridad entre los dos Gigantes, la distinción de dos puntos de vista con dos finalidades diferentes aunque probablemente solidarias o convergentes: el punto de vista "mundial" orientado a impedir una tercera guerra mundial y el punto de vista "nacional" orientado a "preservar los destinos autónomos de la nacionalidad". Esto en lo referido al texto de Ardao. En cuanto al otro, que Ardao hace suyo, interesa destacar el carácter transideológico y transfilosófico de la tercera posición, al mismo tiempo que el sentido de libertad negativa que lo identifica, tanto en el nivel objetivo del "estar" como en el subjetivo del "sentirse".

Tercerismo, ayer y hoy

El título que antecede, corresponde al artículo del 13 de mayo de 1966, con el cual Ardao cierra sus incisivas observaciones críticas al libro de Solari, que nos han dado elementos suficientes para entender su visión del tercerismo, ver el lugar que le ha correspondido en su pensamiento y en su práctica política y periodística, entender en definitiva qué ha sido y qué ha significado el tercerismo en *Marcha*.

Ardao estima que la menor presencia de esa cuestión en la década entonces en curso comparativamente con la década anterior, no debe ser estimada como fracaso de la tercera posición, sino como su triunfo:

> Es un hecho que en la década del 60 se ha hablado y se tiende a hablar de la tercera posición –por partidarios y adversarios– mucho menos que en la década anterior. Ese hecho es un hecho auspicioso: y lo es porque constituye una prueba del éxito histórico de la referida tercera posición. La aparente paradoja de esta afirmación se desvanece desde el momento en que se repara que se habla menos de la tercera posición en la misma medida en que se habla menos de la Guerra Fría.
> La tercera posición surgió, –lo hemos visto abundantemente en las notas anteriores– como una consecuencia directa de la Guerra Fría, desde que fue una forma de definición, ya meramente política, ya diplomática, frente a ella, en cuanto su objetivo esencial fue evitar que pasara de *fría* a *caliente*, es decir, evitar el estallido de la trcera guerra mundial. Para muchos espíritus, para muchos partidos, para muchos gobiernos, y hasta para determinadas zonas o regiones del planeta, resultó esencial –desde muy diversas posiciones ideológicas, geográficas o estratégicas– *no alinearse* tras uno de los *Dos Gigantes* y por lo tanto no incorporarse a ninguno de los *Dos Bloques* en que el mundo tendió a bipartirse. Resultó ello esencial, como gran fórmula de contención espiritual y material de la inconmensurable catástrofe pendiente sobre la civilización humana. (14)

Pasados los momentos más álgidos marcados por 1947 en que tiene lugar la ya recordada ayuda a Grecia y Turquía y 1953 con el Armisticio de Corea, año en el que también tuvo lugar la muerte de Stalin, se percibe un incipiente proceso de "distensión", evalúa Ardao:

> ...en el que la tercera posición hace grandes avances en todo el mundo, hasta culminar en la histórica Conferencia de Bandung de abril de 1955. Esta Conferencia del mundo afro-asiático, que, contrariamente a lo que suele pensarse en relación con otras

Conferencias del Tercer Mundo, tuvo carácter gubernamental, fue el más importante triunfo diplomático del tercerismo ("tercerismo" aquí de tercera posición y no de Tercer Mundo) en escala mundial. (14)

Es en Bandung, continúa escribiendo Ardao, que:

...los gobiernos participantes, entre los que había algunos inclinados a uno y otro bloque, aceptan esta histórica fórmula de la mayoría tercerista orientada por Nehru: "Abstención de toda participación en acuerdos de defensa colectiva interviniendo para servir a los intereses de una gran Potencia". Declaraban además su propósito de "coexistir pacíficamente". Es un episodio decisivo en la historia de la Guerra Fría. Con la primera consagración diplomática de la expresión "Coexistencia pacífica", episodio que cierra definitivamente toda una gran etapa inicial y abre la que se iba a caracterizar por lo que pudo llamarse y se llamó "estrategia de paz". (14)

Distintos episodios de agrietamiento de los dos bloques que entre 1956 y 1965 parecerían invertir al menos relativamente la inicial tendencia "centrípeta" sobre los centros de Washington y Moscú bien visible en 1950, explicarían la menor presencia del tercerismo en la agenda política y en el debate público al promediar los sesenta. Respecto de su naturaleza y significación en *Marcha*, Ardao establece en la serie documental anotada, las siguientes consideraciones finales:

No es una "ideología" –ya lo sabemos– lo que ha pasado así a segundo plano con el tercerismo. Es una simple posición de política internacional. Bienvenido ese pasaje desde que es la obligada consecuencia de una atenuación de la Guerra Fría, y por lo tanto una forma o expresión del logro, así sea parcial, de su fundamental objetivo histórico. Ese su relativo desvanecimiento que se llama "fracaso", no es otra cosa que su triunfo mismo. Convencidos estamos –dijimos al comienzo de estas notas y lo repetimos al finalizarlas– de que el tercerismo ha sido el más poderoso factor de paz en el mundo en los últimos lustros, cualquiera sea lo que el futuro, lejano o próximo, le tenga reservado a la humanidad.
Simple posición de política internacional, las circunstancias internacionales que lo trajeron, lo mantienen ahora latente. Las circunstancias internacionales pueden también en cualquier momento reavivarlo más que nunca o hacerlo desaparecer del todo, desde que otro tipo de antagonismos o de bloques llegue a configurarse.

Para esta hoja -que por sostenerlo ha sido objeto de una impugnación a la que ha obedecido esta respuesta- ha sido y sigue siendo tan sólo una forma accidental de estrategia, en materia internacional definida desde su ángulo ideológico –ese sí sustancial– de nacionalismo latinoamericanista. Muy al margen de tales o cuales ópticas electorales, ese superior nacionalismo latinoamericanista avanza y crece en la historia. (14)

En estos registros finales de Ardao en 1966, respecto de la vigencia y validez del tercerismo en su estricto sentido de estrategia política internacional en el contexto de un mundo que tendió a polarizarse entre Washington y Moscú de un modo inequívoco a partir 1947, se observan afirmaciones de interés que merecen algunas consideraciones.

En primer lugar, cuando en el universo discursivo del campo cultural y especialmente en el político-cultural, que sin dejar de ser un campo de fuerzas es centralmente un campo de luchas, una tesis que tenía visibilidad tiende a desaparecer, no hay que descontar apresuradamente su derrota. Para el caso específico del tercerismo, si su pérdida de centralidad es asociada a la distensión y, por lo tanto al *entibiamiento* de la Guerra Fría, puede estimarse que la misma no es efecto de su fracaso sino de su triunfo. En tanto se ha universalizado en términos significativos como estrategia de política internacional, en tanto se ha convertido en una suerte de sentido común que ha logrado distender la polarización, *entibiando* la Guerra Fría y por lo tanto quitándole base a la eventual perspectiva de la Guerra Caliente al articular de manera creciente el universo de las prácticas estratégicas de política internacional en curso, evidenciándose el objetivo reconocimiento de sus virtudes, ya no requiere ser argumentada y reivindicada en el espacio discursivo.

En segundo lugar, más allá de la tesis de carácter transideológico o no ideológico del tercerismo ya señalada aunque incluyéndola, interesa aquí destacar que no solamente "diversas posiciones ideológicas" convergieron en él, sino también "muchos espíritus", "muchos partidos", "muchos gobiernos", "zonas" y "regiones" del planeta, así como posiciones "geográficas" y "estratégicas". Probablemente no son muchos los principios del carácter que sea, que salvando tantas eventuales diferencias y oposiciones cruzadas correspondientes a diferentes niveles o cortes de la realidad, pueden exhibir, de ser consistentes con ella las afirmaciones de Ardao, el grado de unidad en la diversidad que concitó el tercerismo de manera creciente entre 1947 y 1966.

En tercer lugar, la visualización del tercerismo como "fórmula" frente a la tendencia polarizante del alineamiento en los "Dos Bloques", lo fue de "contención" -expresa Ardao- tanto "espiritual" como "material", poniendo en relieve el papel de lo subjetivo y lo objetivo en la historia; ante "la inconmensurable catástrofe pendiente sobre la civilización humana", mostrando entonces que la "fórmula" no es una forma sin contenido, sino que logra identificar en la coyuntura el bien común de la "civilización humana" por lo que aquella diversidad arriba señalada que la sustentó, en la medida en que lo hacía, había colocado a ese interés común en cuanto condición de posibilidad de todos los intereses en el futuro, como criterio para acotar en el presente los intereses particulares.

En cuarto lugar, siguiendo la "abstención de toda participación en acuerdos de defensa colectiva interviniendo para servir los intereses de una gran potencia" que en la fórmula mayoritaria orientada por Nehru, significaba el no alineamiento bélico en defensa de intereses imperiales.

En quinto lugar, la consagración de la expresión "coexistencia pacífica" en el nivel del universo discursivo que impulsará su universalización y consolidación en el de las prácticas estratégicas de política internacional, en donde fue definida como "estrategia de paz". Podría evaluarse que frente a la amenaza de guerra en el contexto específico, que arrojaría serias interrogantes sobre el futuro de la "civilización humana" en su conjunto, la "estrategia de paz" era la única posible. En la discutible hipótesis de que la política fuera la guerra por otros medios, no podría en cambio sostenerse que la guerra fuera la política por otros medios. La política es el arte de lo posible, mientras que la guerra, específicamente una Tercera Guerra Mundial, significaría la imposibilidad futura de la "civilización humana", convirtiendo a la política que ella desplegaría por otros medios en el arte de lo imposible. Por lo tanto, al menos para la coyuntura considerada, la política como arte de lo posible, coincide en el plano de la política internacional, con la "estrategia de paz".

En sexto lugar, interesa la convicción de Ardao respecto al papel central en la promoción de la paz que ha jugado el tercerismo y el que eventualmente pueda jugar en otro contexto internacional por entonces inédito: "Las circunstancias internacionales pueden también, en cualquier momento, reavivarlo más que nunca o hacerlo desaparecer del todo, desde que otro tipo de antagonismos o de bloques llegue a configurarse".

En séptimo lugar, el carácter "accidental" estratégico del tercerismo para la orientación "sustancial" ideológica del "nacionalismo latinoamericanista" que es el de "esta hoja" (*Marcha*) y notoriamente el de Ardao, quien ha llegado a mostrar que en la perspectiva de la filosofía de la historia, el latinoamericanismo es propiamente un nacionalismo.[16] Retomando aquí las consideraciones de Ardao en su artículo publicado en 1938 en *El Pueblo* de Tacuarembó antes citado, puede entenderse que "ese superior nacionalismo latinoamericanista que avanza y crece en la historia" según sus afirmaciones de 1966, frente al "aberrante nacionalismo" del fascismo que en aquel contexto se había proyectado dictatorialmente intrafronteras y "con un sentido imperialista y guerrero" en el escenario internacional, que en América era "el falso" nacionalismo, el "de las oligarquías dominantes", el "nacionalismo de industria de los vendepatrias", se continúa tratando en el nuevo contexto y con perspectiva de futuro del nacionalismo "auténtico, del pueblo", de un "nacionalismo de raíz popular, con carácter de defensa y no de ataque: defensa de la nacionalidad por los pueblos que avasallan las grandes potencias imperialistas" en el escenario internacional y frente a las "oligarquías dominantes", "vendepatrias" que, en cuanto su nacionalismo "no puede expandirse hacia fuera, se pone tranquilamente al servicio del extranjero explotador sin dejar por ello de llamarse nacionalismo, tal como el de Franco en España".

Este "sustancial" nacionalismo latinoamericanista, democrático y antiimperialista, desde el cual es asumido el "accidental" tercerismo, según el aristotélico juego de categorías utilizado por Ardao, sin dejar de ser según su explícita afirmación, de carácter "ideológico", no debe perderse la perspectiva de estar en presencia, al mismo tiempo, de una opción de la *inteligencia filosófica* puesta en la situación límite en lo que respecta a su función. Así puede leerse en un texto de Ardao que no obstante corresponder a un momento posterior, 1975, y a otro contexto de discusión, el de la función "actual" de la filosofía en América Latina, evidencia la significación filosófica que en el pensamiento y en la práctica político-cultural del autor y por su mediación, en *Marcha*, han tenido el "sustancial" nacionalismo latinoamericanista y el "accidental" tercerismo:

> Genérico si se quiere, un principio de ordenación es posible a partir de la distinción entre un condicionamiento vertical impuesto por la diferenciación de niveles sociales, a escala de estratos y clases, y otro horizontal, determinado por la diferenciación de distancias

culturales, a escala de naciones y regiones. En uno y otro caso, en tanto condicionada, la filosofía recepciona y asume procesos que se remontan desde la infraestructura material bio-económica; y en tanto condicionante, transmite y rige procesos que descienden desde la superestructura intelectual, científico-ideológica. En uno y otro caso también, el entrecruzamiento socialmente más significativo se produce, cualquiera sea la dirección o el sentido de los procesos, en los campos de la educación y la política. En uno y otro caso, en fin, las relaciones de dominio –o de dependencia, según se las mire– entre los sectores o grupos que forman parte de los sistemas o estructuras, se vuelven decisivas en el juego de los condicionamientos. Tanto, que son ellas, en definitiva, las que de modo más directo dan carácter a la función de la filosofía. Explícita o implícitamente, como consecuencia, el propio filosofar resulta tironeado desde los opuestos extremos, para servir, con mayor o menor eficacia, de agente intelectual de dominación o de emancipación.

Es así en uno y otro caso, en el condicionamiento vertical tanto como en el horizontal. Pero en este último, cuando las relaciones de dominio enfeudan unas naciones con otras, unas regiones a otras, el condicionamiento viene a ser, si cabe decirlo, a segundo grado, porque incluye o subsume de antemano el de los niveles sociales. Las conflictualidades propias de uno y otro son inseparables por interdependientes, de donde su paralelismo en la incipiencia, como en el crecimiento y en la agudización. Un momento histórico llega entonces, en las áreas dominadas, de situación límite para la función de la filosofía. En un tipo o forma de la misma, exteriormente dependiente, con conciencia o sin ella, opera en lo interno como filosofía de dominación. A la inversa, toda filosofía de emancipación nacional o regional, obligada a profundizarse, es reconducida a la radicalización social y humana –y por ende a la universalidad– de la emancipación misma. ("Función" 135)

El "sustancial" nacionalismo latinoamericanista que según la estimación de Ardao en 1966 "avanza y crece en la historia" y el "accidental" tercerismo como estrategia entonces triunfante por la distensión de la polarización que la había motivado, pueden ser señalados también como opciones del "propio filosofar" del autor que se orienta a aportar como "agente intelectual" de "emancipación", por el desarrollo de una "filosofía de emancipación nacional o regional" que "obligada a profundizarse, es reconducida a la radicalización social y humana –y por ende a la universalidad– de la emancipación misma". Nacionalismo latinoamericanista y tercerismo en su específica articulación, ahora en su registro pretendidamente filosófico desde un pensar y actuar situados, pueden estimarse como contribuciones históricamente pertinentes a la universalidad de la emancipación social y humana.

NOTAS

[1] Sintetizando la trayectoria pública de Ardao previa a la fundación de *Marcha*, escribe Rubén Cotelo: "Había sido militante estudiantil, fundó el periódico *Jornada* y bibliográficamente se inició con Julio Castro escribiendo en 1938 un libro sobre Basilio Muñoz, el líder de la Revolución de Enero de 1935"(818).

[2] Las notas de referencia en su publicación original en *Marcha*, con prolijas anotaciones y correcciones de puño y letra de Arturo Ardao, las recibí de sus manos, en nueva muestra de su generosidad personal que sobredimensiona su generosidad intelectual, en ocasión de una cordial reunión en su domicilio el 28 de diciembre de 2001. Las mismas, con la excepción de *Tercerismo ayer y hoy*, con la que Ardao cierra la serie de artículos sobre el libro de Solari, han sido publicadas también como apéndice por Carlos Real de Azúa (813-1025), con introducción de Rubén Cotelo, incluyendo también, obviamente, los artículos que Carlos Real de Azúa elaborara en respuesta a las observaciones de Ardao sobre el libro de Solari, publicados en *Época* entre el 4 de enero de 1966 y el 3 de marzo de 1966, así como las contrarrespuestas de Ardao que aparecen en *Marcha* entre el 14 de enero de 1966 y el 18 de marzo de 1966. El referido apéndice contiene también el texto de Solari.

[3] No se trata en el presente análisis de evaluar el libro de Solari ni hacerlo con las evaluaciones que del mismo efectúa Ardao. Lo relevante aquí es que el libro de Solari le da ocasión a Ardao de efectuar distintas precisiones acerca de qué entiende por tercerismo y cómo el mismo se ha relacionado según su visión, que entiende ser la de *Marcha*, con otros fenómenos y procesos del ya concluido siglo XX. Importa centralmente esa intelección del tercerismo. Ello no implica desconocer que está en tensión con las igualmente legítimas intelecciones de Solari y de Carlos Real de Azúa, desde que éste sale a terciar en defensa de Solari. Las tensiones en lo estrictamente conceptual quedan en evidencia en los señalamientos de Ardao, no obstante lo cual las hay de variada naturaleza: filosófica, epistemológica, metodológica, estilística, ideológica, política, existencial, temperamental, especialmente con Real de Azúa, que resultan bastante ostensivas al recorrer tanto su recientemente editado libro (1996) sobre el tercerismo, como especialmente la polémica con Ardao que lo acompaña. No es el objeto de esta aproximación indagar y analizar esas diferencias, ni recrear la alta temperatura de la polémica que en un cruzado fuego periodístico entre las columnas de *Marcha* y las de *Época*, Ardao y Real de Azúa sostuvieron con gran nivel sobre el tercerismo y otros fenómenos entrelazados, expresando e impulsando las tensiones del campo político-cultural uruguayo, a cuya dinamización contribuían centralmente en cuanto intelectuales, al promediar la década de los sesenta.

[4] De aquí en adelante se referirán de este modo (número, página) las citas de los artículos de Arturo Ardao en *Marcha*, consignados en la bibliografía.

[5] Las notas incluidas por Solari en el apéndice documental de su libro que responden a la pluma de Ardao son: *El divorcio entre yancófilos y rusófilos*, Marcha 366, 31 de enero de 1947, p. 5., *"Tercera posición"*, Marcha 423, p. 5, *"La tercera posición"*, Marcha 572, 20 de abril de 1951, p. 5, *"Sobre tercera posición"*, Marcha 575, 11 de mayo de 1951, p. 5, *Puntualizaciones*, Marcha 579, 8 de junio de 1951, p. 5.

[6] Agrega Ardao en anotación manuscrita al margen del texto impreso, que la fórmula "ni Roma ni Moscú", fue la "réplica al personal desafío del propio Mussolini, en 19...: 'Roma o Moscú'". Además de dejar constancia de que supuestamente al no tener precisión de la datación exacta de la consigna de Mussolini, Ardao escribe "19...", seguramente en la perspectiva de obtener información fidedigna al respecto, es interesante reflexionar sobre el sentido estratégico de los operadores lógicos que Mussolini y las democracias occidentales ponen en juego en sus respectivas fórmulas. A través del uso de la conjunción "o", Mussolini apunta a presentar a Roma y con ella al fascismo, como la única alternativa (y además preferible) al comunismo representado por Moscú: el fascismo pretende relativizar y eventualmente legitimar su agresión a la democracia, al presentarse como el único capaz de defenderla de la única agresión esencialmente antidemocrática, la del comunismo. Las democracias occidentales, mediante el uso de "ni...ni...", se salen de la alternativa de hierro que de una u otra manera las niega y apuestan a su autoafirmación más allá de ella.

[7] Anota Ardao en cursiva, al margen "...o mejor todavía Dos Gigantes".

[8] "Convertidos en Gigantes", complementa Ardao al margen, en cursiva.

[9] ..."en mayo", anota Ardao sobre el texto impreso para darle mayor precisión al conjunto de su argumentación sobre los errores "de hecho" que impugna en el libro de Solari.

[10] *"Gigantes"* rectifica Ardao al margen del texto impreso.

[11] De manera más abundante argumenta Ardao en el mismo sentido en el artículo *Sobre el tercerismo en el Uruguay*: "Curioso ha sido así que, enjuiciándose las ideas, tesis o definiciones esenciales sustentadas por esta hoja desde su fundación en 1939, se las haya referido "ideológicamente", al llamado tercerismo que (como simple posición de política internacional) aparece recién en 1947. Olvido, y objetivamente ni sospecha siquiera, de la ideología del grupo demócrata-social, establecida en su plataforma inicial de 1928, uno de los documentos capitales de este siglo en la evolución de las ideas políticas en el Uruguay. Esta ideología fue desenvuelta en la continuidad periodística del diario *El Nacional* (1930-31), el semanario *Acción* (1932-39), y esta hoja (1939 a la fecha), más allá de la existencia orgánica de aquel grupo partidario. En el curso de esa presencia ideológica, la tercera posición advino en cierto momento como un fenómeno político meramente estratégico, de carácter accidental, episódico, pasajero -aunque en su coyuntura histórica haya sido muy importante como tal fenómeno político- con relación a aquella presencia" (1294, 10).

[12] Tal vez sea posible matizar o eventualmente rectificar la estimación realizada que parece sostenerse en el texto citado, si consideramos el siguiente pasaje

correspondiente a un artículo de Ardao de 1951, que aquí reproduce en uno posterior de la serie que hemos tomado como fuente documental: "Por eso mismo y porque no se confunde con la política de ninguna nación y de ningún bloque de naciones, carece de homogeneidad o de unidad, fuera de su esencial razón de ser, que acabamos de indicar. Por eso mismo, no hay propiamente una 'tercera posición', sino 'terceras posiciones', en atención a la diversidad de matices por razones de *situación doctrinaria*, nacional o simplemente política con que aparece profesada" (1299, 12).

[13] Ardao dedica al análisis del "error básico de concepto" los artículos *Sobre el tercerismo en el Uruguay*, correspondientes a los números 1288, 1290, 1294 y 1298. Los titulados *Respuesta a un tercero* (1288, 1290, 1292 y 1295) y *La zona Caribe* (1296) fueron motivados por los dichos de Carlos Real de Azúa en las páginas de *Época*.

[14] El trabajo de Carlos Real de Azúa, recién publicado en 1996, había sido redactado por su autor entre el 1º de septiembre de 1961 y el 28 de febrero de 1963. Así presenta el objeto de su trabajo: "analizar los elementos que tienden a integrar la ideología, la doctrina de este confuso aunque tangible movimiento universal que recibe nombres tan variados como 'tercerismo', 'nacionalismo popular', política 'no comprometida', 'tercer mundo', 'revolución marginal' u otros análogos" (v. 1). El mero comienzo del texto ya muestra el abismo que separa a Real de Azúa y Ardao, en la concepción del tercerismo, visiones que en principio definió cada uno con independencia del otro, pero que a propósito del libro de Solari llegan a confrontarse en ardiente polémica.

[15] Por Ardao seguramente desde 1931, a sus diecinueve años de edad.

[16] Véase *Panamericanismo*.

BIBLIOGRAFÍA

Ardao, Arturo. *Etapas de la inteligencia uruguaya*. Montevideo: Departamento de Publicaciones, Universidad de la República, 1971.

_____ *Espacio e inteligencia*. [1983] Montevideo: Biblioteca de Marcha-FCU, 1993.

_____ "Función actual de la filosofía en Latinoamérica". *La inteligencia latinoamericana*. Montevideo: Universidad de la República, 1987. 131-9.

_____ "Panamericanismo y latinoamericanismo". *América Latina en sus ideas*. Leopoldo Zea, coord. México: UNESCO-Siglo XXI, 1986. 157-71.

_____ *La inteligencia latinoamericana*. Montevideo: Departamento de Publicaciones, Universidad de la República, 1987.

_____ "¿Dos Marchas?". *Cuadernos de Marcha*, Tercera Época XIV/151 (Montevideo, 1999): 14-5.

_____ "Tesis sobre *Marcha* en La Sorbona". *Cuadernos de Marcha*, Tercera Época XIV/151 (Montevideo, 1999): 15-7.

_____ *Lógica de la razón y lógica de la inteligencia*. Montevideo: Biblioteca de *Marcha*-FHCE, 2000.

_____ "Sobre el tercerismo en el Uruguay". *Marcha* 1285 (Montevideo, 17-12-1965): 14-5.

_____ "Sobre el tercerismo en el Uruguay". *Marcha* 1286 (Montevideo, 24-12-1965): 14-5.

_____ "Sobre el tercerismo en el Uruguay". *Marcha* 1287 (Montevideo, 31-12-1965): 12-3.

_____ "Sobre el tercerismo en el Uruguay". *Marcha* 1288 (Montevideo, 14-01-1966): 13 y 24.

_____ "Sobre el tercerismo en el Uruguay". *Marcha* 1290 (Montevideo, 28-01-1966): 8.

_____ "Sobre el tercerismo en el Uruguay". *Marcha* 1294 (Montevideo, 4-03-1966): 10.

_____ "Respuesta a un tercero". *Marcha* 1288 (Montevideo, 14-01-1966): 13 y 24.

_____ "Segunda respuesta a un tercero". *Marcha* 1290 (Montevideo, 28-01-1966): 8.

_____ "Tercera respuesta a un tercero". *Marcha* 1292 (Montevideo, 18-02-1966).

_____ "Cuarta respuesta a un tercero: el impulso sin freno". *Marcha* 1295 (Montevideo, 11-03-1966).

_____ "La zona Caribe". *Marcha* 1296 (Montevideo, 18-03-1966).

_____ "Nacionalismo y tercerismo". *Marcha* 1298 (Montevideo, 1-04-1966): 14 y 18.

_____ "Tercerismo y desarrollismo". *Marcha* 1299 (Montevideo, 15-04-1966): 12.

_____ "Tercerismo y desarrollismo". *Marcha* 1300 (Montevideo, 22-04-1966): 14 y 18.

_____ "Tercerismo y desarrollismo". *Marcha* 1302 (Montevideo, 6-05-1966): 12 y 18.

_____ "Tercerismo ayer y hoy". *Marcha* 1303 (Montevideo, 13-05-1966): 14.

Cotelo, Rubén. "Introducción". *Dramatis Personae*". Carlos Real de Azúa, *Tercera posición, nacionalismo, revolucionismo y tercer mundo*. Vol 3. Montevideo: Cámara de Representantes, 1996-1997. 813-24

Real de Azúa, Carlos. *Tercera posición, nacionalismo revolucionario y tercer mundo. Una teoría de sus supuestos.* (Apéndice con textos de Arturo Ardao y Aldo Solari). 3 vols. Montevideo: Cámara de Representantes, 1996-1997.

Rodríguez Monegal, Emir. *Literatura uruguaya del medio siglo.* Montevideo: Alfa, 1966.

Solari, Aldo. *El tercerismo en el Uruguay.* Montevideo: Alfa, 1965.

2. *Marcha* y América Latina

Arturo Ardao, foto reciente, Montevideo

El latinoamericanismo de Quijano

Arturo Ardao

Si este prólogo* a la sección de los escritos de Quijano sobre América Latina llevara título, tendría que ser *El latinoamericanismo de Quijano*. En su escueto enunciado, ese título expresaría ya un aspecto fundamental de su obra, inscripto en una tradición de la que él y su generación fueron continuadores. Pero más elocuente se vuelve todavía, si se pone la voluntad de sobreentender –descendiendo de lo genérico a lo específico– su alusión al sesgo que él imprimió al latinoamericanismo histórico. En parte generacional, ese sesgo incluyó además elementos personalísimos, por los que asume todo su sentido el que cabe llamar, y hemos llamado, el latinoamericanismo de Quijano.

En cuanto al concepto en sí de "latinoamericanismo", existen diversos malentendidos que importa disipar con carácter previo. Atengámonos por lo pronto a los dos mayores.

En primer lugar, el más difundido, según el cual el latinoamericanismo se remonta a la época de la emancipación, cuando se origina el tradicionalmente llamado "americanismo" (en el sentido convencional de hispanoamericanismo, y supuestamente de latinoamericanismo). En segundo lugar, el por vía directa derivado del anterior, para el cual el latinoamericanismo comprende toda idea de solidaridad y unión de los países americanos ubicados al sur de Estados Unidos.

La verdad es distinta. Respecto a lo primero: en su significado propio, el latinoamericanismo no vino a dar sus primeros pasos, como sentimiento y pensamiento, sino en los lustros iniciales de la segunda mitad del siglo pasado; ni la generación independentista ni la que le siguió tuvieron idea de él. Respecto a lo segundo: surgió y se desarrolló el latinoamericanismo como forma de conciencia y unión de una nacionalidad grande, para resistir la expansión avasalladora de Estados Unidos; hasta entonces, el viejo americanismo, a secas, había sido de liberación, afirmación y defensa frente a España –y en ciertos momentos a otros países europeos, con algunas recurrencias en aquellos mismos lustros– mientras que a partir de entonces, el grande y nuevo peligro a enfrentar en común es el de "la otra América".

De ahí que también entonces –y solo entonces– adviniera al escenario histórico, a modo de unificadora respuesta cultural y política ante la llamada "América Sajona", la concepción de una "América Latina"; se trataba de una correlacionada nomenclatura impuesta por flamantes categorías étnico-culturales del historicismo romántico. De ahí, igualmente, que al consabido "americanismo" de cuño hispanoamericano, expresión de antagonismos transoceánicos (la antinomia clásica Europa-América), sucediera en nuestros países, paso a paso, el "latinoamericanismo", bandera de lucha, por supuesto siempre defensiva, levantada por el Sur frente a los avances agresivos del Norte del hemisferio (la cada vez más dominante antinomia América Sajona-América Latina).

Fundador y apóstol inicial del latinoamericanismo durante largas décadas fue el colombiano José María Torres Caicedo (1830-1889). Literato, político, economista, internacionalista, de principal actuación en París. Después del desmembramiento de México en 1848, que había seguido a la anexión de Texas años atrás, las depredaciones filibusteras de Walker en Centroamérica, a mediados de la década del cincuenta, llevaron a verdaderos extremos la alarma de los países hispanoamericanos. Fue para Torres Caicedo la gran hora del giro latinoamericanista de la campaña de resistencia en que desde 1850, cuando la directa amenaza del Istmo, se hallaba empeñado.

Registremos algunos pocos hitos. En 1856 compone un extenso poema significativamente titulado "Las dos Américas", en el que el nombre América Latina recibe consagración. Lanza en París en 1861 las bases para la creación de una "Liga Latino-Americana", y en 1865, también en París, el libro, tan pionero desde su título mismo, Unión Latinoamericana. En 1879 funda en la misma capital una histórica sociedad llamada "Unión Latinoamericana", de acción durante varios años en varios países. En 1882, en un ensayo contra el panamericanismo en germen, titulado "La América Anglosajona y la América Latina", estampa:

> Congresos para la Unión Latino-Americana, cuantos se quieran: la idea de unión será un hecho histórico; pero esos congresos deben reunirse en territorio latinoamericano, para buscar los medios de preservarse, de unirse y de hacer frente a cuantos en Europa o América tengan la pretensión de subyugarnos. Después de las

teorías del 'Destino Manifiesto' proclamadas con más energía en 1881, el Congreso de las dos Américas en Washington sería un error político y diplomático de los latinoamericanos.

Poco antes de morir, en un discurso de 1886, estas palabras testamentarias, similares encontramos a las que en los últimos años de Martí, Rodó, Ingenieros, Quijano: "Para mí, colombiano, que amo con entusiasmo mi noble patria, existe una patria más grande: la América Latina".[1]

El año 1889, en que Torres Caicedo muere, cerró la etapa fundacional del latinoamericanismo. En parte por la misma muerte del fundador, que tan plenamente la había protagonizado; pero sobre todo por ser el año de la instauración oficial –y triunfal– del panamericanismo, concreción diplomática del conjunto de tendencias que el gran colombiano había combatido toda su vida. Con precisión convencional, dicha etapa puede así enmarcarse entre 1856 y 1889. Si bien la idea de la latinidad de nuestros países se había ido ambientando en los años anteriores, fue a partir de 1856 que el nombre América Latina y sus derivados –por lo tanto el latinoamericanismo– entraron en escena. Y ciertamente, durante el tercio de siglo de aquella etapa, el latinoamericanismo, por encima de indiferencias e incomprensiones, había hecho progresos llamados a ser definitivos.

En 1875 escribía Torres Caicedo: "Hay América anglosajona, dinamarquesa, holandesa, etcétera; la hay española, francesa, portuguesa; y a este grupo, ¿qué denominación científica aplicarle sino el de latina?... Hoy vemos que nuestra práctica se ha generalizado; tanto mejor" (*Mis ideas* ... 151). Para aquella fecha, si no en la forma sistemática en que lo venía haciendo el colombiano, la denominación América Latina había sido ya acogida –limitándonos aquí a algunos nombres mayores– por Francisco Bilbao, Justo Arosemena, Juan Montalvo, Eugenio María de Hostos; y hasta, cosa olvidada en la propia península, por un español como Emilio Castelar. Después de 1875, sin pasar por alto a Cecilio Acosta en su estudio de 1879 sobre Torres Caicedo, resulta memorable la escritura latinoamericanista de Martí. Decía en 1883: "Todo nuestro anhelo está en poner alma a alma y mano a mano los pueblos de nuestra América Latina" (*Nuestra América* 312).[2]

A la Conferencia (Pan) Americana de Washington en 1889-1890, que tanto intentó impedir Torres Caicedo, y de la que Martí –veintitrés años menor en edad– fue lúcido testigo y cronista, a la vez que juez severísimo, siguió una década de general abatimiento del latinoamericanismo, hasta entonces en lento pero incesante ascenso. Brilló en esos años, prácticamente aislada, la gran acción de Martí, hasta el sacrificio de Dos Ríos, en 1895. La declinación del espíritu latinoamericanista pareció entonces inevitable aspecto del ocaso del siglo, a la hora en que en nuestros propios países, como en todo el mundo occidental, cundía la exaltación sajonizante. Pero se trataría de un breve paréntesis.

En 1898 tiene lugar la guerra hispano-norteamericana, de consabidas consecuencias para todo el mundo hispánico, aparte de las que lo fueron en particular para España en Europa, para Cuba y Puerto Rico en nuestra América. Por un lado, ese episodio –pronto seguido en 1903 por el desmembramiento panameño de Colombia– dio alas al panamericanismo naciente: en la cuarta Conferencia, realizada en Buenos Aires en 1910, la oscura Oficina comercial creada en la primera de Washington en la órbita de la Casa Blanca, pasó a denominarse "Unión Panamericana". Era la más expresiva objetivación de la derrota histórica –en términos de época– de la "Unión Latinoamericana" postulada por Torres Caicedo en 1861, 1865 y 1879. Pero por otro lado, el mismo episodio de 1898 vino a dar por resultado, a modo de reacción por contragolpe, un general tanto como vigoroso renacimiento del latinoamericanismo.

Curioso destino. El desenlace de 1848 de la guerra entre Estados Unidos y México, había dado por primera vez dimensión continental, aunque todavía precaria, a la conciencia del peligro norteamericano; y esa conciencia ofreció las condiciones en que rápidamente el latinoamericanismo, en su sentido propio, surgió. Medio siglo exacto después, el desenlace de 1898 de la guerra entre Estados Unidos y España, hizo revivir de súbito en las que llamara Martí "nuestras tierras latinas", el desconcertado latinoamericanismo de las postrimerías de la centuria. A la etapa fundacional, con su epílogo en la década del noventa, iba a seguir otra de expansión como el latinoamericanismo no había conocido hasta entonces, etapa de ahondamiento cultural, por una parte, de activa combatividad política, por otra.

Esa segunda etapa resultó ser una segunda forma histórica de latinoamericanismo. Siempre por convención –no excluyente de otras periodizaciones según ocasionales puntos de vista– se le pueden asignar, como a la primera, fechas puntuales de comienzo y término. Ambas, referidas a episodios de singular significado: la aparición de *Ariel* de Rodó, en 1900, mensaje latinoamericanista directamente motivado por los acontecimientos de 1898; la fundación por José Ingenieros –al modo del olvidado Torres Caicedo– de una Sociedad pro 'Unión Latinoamericana', en 1925. Por primera vez en la historia del latinoamericanismo, el Río de la Plata pasaba a tomar, en una y otra capital, posiciones de iniciativa.

Al señalar el carácter de resistencia a la específica ofensiva de Estados Unidos que desde su inicio el latinoamericanismo tuvo –a diferencia del viejo "americanismo" hispanoamericano cuya herencia unionista recogió y aprovechó– a designio, hemos evitado hasta ahora vincular el término imperialismo a su etapa primera.

Ese término, en cuanto tal, hizo su aparición en el léxico económico-político moderno hacia 1890, precisamente cuando dicha etapa se cerraba. Consabido es que se lo creó para denominar la enérgica expansividad asumida por el capital financiero monopolista de las grandes potencias industriales; instauraban ellas por su intermedio nuevas modalidades de vasallaje, no necesariamente político y militar. Este fue a aquella hora, y sigue siendo, el sentido estricto, o fuerte, del término imperialismo. Ello no ha impedido que se le adicionara, por retroactividad historiográfica, un alcance más amplio, abarcador de toda clase de hegemonía internacional, no solo en la modernidad, sino también en tiempos anteriores, incluso los antiguos.

De ahí que sea legítimo hablar –aunque por razones de método hasta ahora no lo hubiéramos hecho– de la condición antiimperialista que desde sus orígenes, a mediados del siglo pasado, ostentó siempre el latinoamericanismo. Antiimperialista en ese sentido lato lo fue desde los primeros escritos de Torres Caicedo, con todo lo que tuvieron de resistencia al avasallamiento, tanto territorial como étnico-cultural, de Estados Unidos. Empero, es en su segunda etapa en la que se abre después de la guerra hispano-norteamericana, cuando el renovado latinoamericanismo, si bien no de golpe, comienza a asumir el carácter de antiimperialismo en su significado propio, es decir, conforme al contemporáneo vocabulario de cuño económico puesto en circulación.

No habían faltado notables anticipaciones, como el insistente reclamo de Torres Caicedo de 1861 a 1879 de la "Creación de un *Zollverein* (latino) americano más liberal que el alemán", reclamo acompañado de la afirmación, en el último de esos años, de que para su Unión, América Latina "no ha menester de otra cosa que su unificación económica" (Ardao, *Génesis* 188, 205, 207). O como la histórica denuncia de Martí de los móviles económicos de la Conferencia (Pan)-Americana de Washington de 1889-90 (*Nuestra América* 250-9).

Ahora destaca Rodó en *Ariel* "la influencia política de una plutocracia representada por los todopoderosos aliados de los *trusts*, monopolizadores de la producción y dueños de la vida económica", a la que inspira "la predestinación de un magisterio romano", es decir, imperial. Expresiones más tarde reforzadas por la referencia literal al peligro del "imperialismo americano" (*Obras completas* 239-40 y 1222). Pasando por escritos y campañas latinoamericanistas de hombres como Roque Sáenz Peña y Manuel Ugarte, José Vasconcelos, Alfredo Palacios, nada más revelador de la madurez alcanzada al final del período que el discurso "Por la Unión Latinoamericana" que en homenaje a Vasconcelos pronunció Ingenieros en Buenos Aires, en 1922. Sin dejar de pormenorizar los sucesivos atropellos militares norteamericanos en el Caribe, México y Centroamérica en las dos primeras décadas del siglo, especial atención prestó a la naturaleza del sistema económico que estaba detrás: "Creemos que nuestras nacionalidades están frente a un dilema de hierro. O entregarse sumisas y alabar la Unión Panamericana... o prepararse en común a defender su independencia, echando las bases de una Unión Latino Americana", tarea no fácil por los "muy grandes intereses creados a la sombra de poderosos sindicatos financieros". Más incisivamente denunciaba en el mismo pasaje "la ambición del capitalismo imperialista" (222). Prefiguraba aquel discurso -verdadero ensayo- el programa de la ya mencionada'. "Unión Latinoamericana" que el mismo Ingenieros fundó en marzo de 1925, donde tanto como al "panamericanismo" condenaba al "imperialismo" ("Programa" 224-5).

Un entero cuarto de siglo quedó encerrrado entre las fechas de la que hemos considerado segunda etapa del latinoamericanismo. Por coincidencia relacionada con nuestro tema, la inicial de ellas, 1900, es la del nacimiento de Quijano; la terminal, 1925, la de la apertura por su generación de lo que fuera uno de los principales conductores de una tercera también gran etapa, que vino a ser, a la vez, una tercera forma histórica de latinoamericanismo. No se comprendería bien su advenimiento sin tener presente que fue en el marco de la segunda, después de todo, que aquella generación se reconoció y se ensayó como tal, para la milicia latinoamericanista y antiimperialista, desde su muy primera juventud.

Profundizar esa circunstancia nos llevaría a internarnos en uno de los fundamentales aspectos del idealismo latinoamericano del 900, de decisiva influencia cultural y política en las mocedades de entonces; en el caso de Quijano, exteriorizada desde 1917 en el Centro "Ariel" y su revista del mismo nombre, de cuyas respectivas fundaciones fuera figura capital. Sería registrar, una vez más, el reconocido magisterio continental de Rodó e Ingenieros (dos nombres cuyo enlace en la iniciación del propio Quijano fue en toda su generación, aquí también por coincidencia, el personalmente más estrecho).

Baste apuntar que antes de que el primer cuarto del siglo concluyera, la rápida propagación del movimiento de Reforma Universitaria desde la Córdoba de 1918 había infundido un espíritu nuevo al relacionamiento juvenil inaugurado en Montevideo en 1908, por el primer Congreso de Estudiantes Latinoamericanos, que Rodó alentara. Cada vez más se ponía énfasis en la nota antiimperialista inseparable de la latinoamericanista. Bajo el título de "La revolución universitaria se extiende por toda la América Latina", dirigiéndose a la juventud reformista, acusaba Ingenieros en 1924 a los tiranuelos que "han puesto sus pueblos a los pies del imperialismo capitalista norteamericano" (115).

Fue, sin embargo, en el año de gracia de 1925, cuando "la nueva generación" –como gustó llamarla Quijano– directo producto de la reforma cordobesa, logró concentrar en un escenario predestinado, un selecto grupo de su vanguardia más combativa. Superando la fatalidad de la dispersión geográfica, cursantes de posgrado en París, oriundos desde México al Río de la Plata, se congregaron ese año, por iniciativa del mismo Quijano en la "Asociación General de Estudiantes Latinoamericanos", la histórica AGELA. Recibió ocasional colaboración de personalidades de la generación mayor de paso por París, como Vasconcelos, Ugarte, Ingenieros; acompañando a este último viajó Quijano desde allí a México y Estados Unidos, en 1925, poco antes de morir, ese mismo año, el maestro argentino. Pero recibió además, el estímulo de la llamada "Agrupación (Groupement) de Universidades y Grandes Escuelas de Francia para las relaciones con la América Latina", fundada en 1908; anfitriona desde el principio de tantos de nuestros próceres modernistas, editaba entonces la *Revue de l'Amérique Latine*, órgano que no dejó de hacerse eco de la acción parisina de los jóvenes latinoamericanos.[3]

No sin profundas raíces –como ha podido verse– en ideas, movimientos y hombres del período anterior, marcó la fundación de la AGELA el comienzo de la que hemos considerado tercera gran etapa del latinoamericanismo. Estaba destinada ésta, en efecto, a partir de aquella institución estudiantil, a darle durante largas décadas, organicidad y pugnacidad de proyección continental, al par que carácter sistemático y metodología científica, en el plano económico, a lo que el latinoamericanismo tenía congénitamente de antiimperialismo.

En un retrospecto sobre las actividades cumplidas desde 1925, escribía Quijano poco después, entre otras cosas:

> La Asociación General de Estudiantes Latinoamericanos ha sido la primera institución latinoamericana antiimperialista creada en París... No ha habido atentado contra nuestros países, desde que la Asociación está fundada, que no nos haya encontrado alertas y dispuestos a condenarlo sin piedad y a señalarlo a la opinión pública europea. ("La Asociación")

En cuanto al fondo conceptual, había dicho, a otro nivel, en el mismo inaugural 1925, en un discurso de solidaridad con México: "Hemos creado para defendernos, el latinoamericanismo. Pero ¿qué es el latinoamericanismo?" Después de reducir la totalidad de sus manifestaciones anteriores genéricas ideas de comunidad, a la "simple comprobación de los elementos que nos son comunes", con el reproche de haberse quedado en "los hechos visibles al ojo menos educado", postulaba: "Hay que hacer del latinoamericanismo una doctrina, un sistema y una doctrina económica, una forma o aplicación de una doctrina económica que nos permita estudiar y resolver con espíritu científico, los problemas particulares y los que son generales al continente". En otros términos:

> El imperialismo yanqui es una cuestión económica, un sistema económico; el latinoamericanismo debe serlo también; pero un sistema opuesto al yanqui... En el pueblo está nuestra salud y es un deber colaborar a su redención. Ese es el único patriotismo verdadero patriotismo continental que rebasa los límites de la patria chica... Orientación económica anticapitalista; patriotismo continental, he ahí nuestras palabras de orden. ("¿Existe...?")

En esas formulaciones juveniles quedó condensado el más íntimo núcleo del que iba a ser hasta el final de su larga vida el latinoamericanismo de Quijano; un latinoamericanismo de fundamento ante todo económico y de sentido social, esencialmente antiimperialista y anticapitalista, bandera de una patria continental erigida sobre el conjunto de las patrias chicas.

Más todavía que en el estricto texto de dichas formulaciones, circulaba en el contexto a que pertenecen un fondo de injusticia respecto al latinoamericanismo de las etapas anteriores abarcado en su totalidad. En particular, por la idea de carencia en el mismo de todo contenido económico. Desde la lejana y reiterada propuesta de un *Zollverein*

(Unión Aduanera) de la América Latina y de su "unificación económica" por Torres Caicedo, hasta los embates de Ingenieros contra el imperialismo económico-financiero de Estados Unidos, pasando por tantas otras expresiones afines, no había sido así.

Por otra parte, parece obligado observar el desvío respecto a clásicos aportes culturales del latinoamericanismo, persistente luego, si bien de manera tácita. De importante significación ya en el pasado siglo, esos aspectos culturales se tradujeron desde principios del actual, a partir de la fecunda matriz del viejo "americanismo literario", en tan declarados como vigorosos "latinoamericanismos" en los campos de la literatura, las artes plásticas, la música, la filosofía, y hasta la teología; con universal reconocimiento, poderosamente han contribuido ellos –en tanto que "latinoamericanistas", no meramente latinoamericanos– a la consolidación espiritual en nuestros pueblos de una gran forma de integración latinoamericana.

Explicables, sin embargo, resultan dichas limitaciones, en razón de una doble exigencia generacional: por un lado, la implantación de una verdadera metodología científica en el análisis de los fenómenos económicos del imperialismo, para mejor defenderse; por otro, la reacción contra los abusos retóricos del latinoamericanismo modernista epigonal. Ambas notas marcaron el perfil de la nueva gran etapa del latinoamericanismo instaurado por la juventud organizada entonces en París, y Quijano quedó para el resto de su existencia como su intérprete no superado.

En 1928, al cabo de cuatro años de estudiosa ausencia europea, regresó a su país, a su América Latina. Antes de hacerlo, publicó en la capital francesa, a principios del mismo año, su angular libro *Nicaragua. Ensayo sobre el imperialismo de los Estados Unidos*, de rigurosa especialización económico-financiera. De vuelta en Montevideo, estableció también en el mismo año, en una programática declaración política, la definición doctrinaria de su latinoamericanismo, tal como había cuajado desde 1925. Rumbo definitivo de su acción ulterior, entre otras cosas dijo allí:

> Un grave peligro amenaza a estas repúblicas del Nuevo Mundo. El capitalismo moderno se ha hecho netamente imperialista. No es el suyo un imperialismo idéntico al antiguo, conquistador de tierras simplemente, sino un imperialismo económico que deja a los pueblos más débiles una apariencia de libertad y de gobierno propio, y los va vaciando de sus riquezas para provecho de una oligarquía de grandes financieros internacionales.

Y más adelante:

> Ningún capitalismo más imperialista en la actualidad que el de los Estados Unidos. Es además, por razones geográficas, el único que verdaderamente hoy hace peligrar la independencia de estos pueblos de *América Latina*. Más que peligrar: una gran parte de nuestro continente está en sus manos... El imperialismo es un fenómeno mundial; pero empieza por ser para nosotros, un fenómenos especialmente continental. En la batalla que contra él debemos librar tenemos que solidarizarnos con todos los pueblos de la tierra que sufren idéntico mal, y en primer término *unirnos a aquellos que deban combatir al mismo enemigo dentro de nuestra misma tierra*. ("Declaración", énfasis mío)

Las últimas palabras de la transcripción que antecede, expresaban la necesidad de la unión de la América Latina. O de la Unión Latinoamericana, para decirlo con la divisa literal de Torres Caicedo en la década del sesenta del siglo pasado y de Ingenieros en la del veinte del actual. Por esa unión luchó Quijano hasta sus últimos días; pero no fue sin inflexiones y alternativas en el correr de las turbulentas décadas que le tocó vivir.

Imposible entrar aquí en el detalle de las mismas. En parte porque sus ideas en esta materia se hallan íntimamente entrelazadas con otras áreas de su pensamiento; pero sobre todo por la inmensa prodigación de su pluma. Hemos de atenernos, pues, al que hasta ahora nos ha servido de hilo conductor en la consideración de sus escritos sobre América Latina: su latinoamericanismo, en lo que tuvo de doctrina más genérica.

Y eso mismo, limitándonos aquí a solo dos aspectos principales. Por un lado, la significación atribuida por él a los acuerdos económicos regionales, como obligados pasos en la marcha hacia la unión continental. Por otro, la importancia creciente que fue asignando al factor político como metódicamente prioritario respecto al económico, sin dejar de ser éste el fundamento último de cualquier forma de unión o integración.

Mucho antes de que acuerdos regionales se fueran ensayando en diversas partes de nuestra América, se convirtió Quijano en su fervoroso partidario. Lo llevó ello a sistematizar dispersas ideas anticipadas por otros economistas sureños, cuyo reconocimiento más de una vez hizo. Gran parte tuvo en ese giro la temprana convicción de que era la fórmula por excelencia indicada para nuestro propio país, el Uruguay, sin posibilidad de desarrollo al margen de un amplio entendimiento económico platense. Convicción emocionalmente fortificada, necesario es decirlo, por personalizarla en Artigas, de quien durante toda su vida fuera devotísimo; fundador éste de la nacionalidad oriental, había sido proclamado, además, "Protector de los Pueblos Libres" del Río de la Plata, su patria mayor, parte a su vez de su otra patria todavía mayor, "América", en el sentido entonces de Hispanoamérica.

Tal fórmula, en sí misma pasible de modalidades muy variadas, la concebía Quijano como la única realista entonces, aplicable sin demora en distintas regiones del continente. Lo que llegó a ser su impaciencia por ella, lo condujo, en cierto momento, a considerar "utópica" y hasta "retórica" –por mucho tiempo– a la unión latinoamericana. Con algunos giros inesperados, escribió en el crítico 1940, un mes después de la caída de Francia:

> Tres son las políticas que se nos ofrecen en América: el panamericanismo, el latinoamericanismo, los acuerdos regionales. Con más o menos exactitud, hasta se podría personalizarlas: Monroe, Bolívar, Artigas.
> Por supuesto, que estas tres políticas no tienen por qué ser siempre excluyentes. Practicando una de ellas, se puede intentar otra. De esas tres políticas, una –el panamericansimo– es, quiérase o no, el vasallaje. Otra, la segunda, es hoy una utopía sólo capaz de inflar las bombas de estruendo de cierta oratoria inofensiva. La única viable y realista es la última.

Puntualizaba en el mismo artículo:

> La unión latinoamericana, hemos dicho, es hoy por hoy, una utopía. No nos parece necesario demostrarlo. Para estar unidos, hay que estar por lo menos en contacto. Países hay en el continente con los cuales no tenemos vinculación alguna. De los cuales, poco o nada sabemos. Ni comercio de ideas, ni comercio *tour court*, que en esta materia suele ser más importante que lo primero. Fórmula ambiciosa, y tal vez del porvenir, de un porvenir que hoy aparece muy remoto, en la actualidad es solamente un recurso retórico.
> ("Panamericanismo")

Nada más similar, en actitud y argumentación –salvadas todas las diferencias de personajes, de circunstancias, de épocas– a la crisis espiritual de Bolívar cuando su *Carta de Jamaica*, en 1815. Después de haber abogado hasta muy poco antes, como tantos próceres del primer lustro de la revolución, por un inmediato congreso continental, súbitamente lo remite a un lejanísimo futuro, a "alguna época dichosa de nuestra regeneración", circunscribiéndose allí a la sola unión regional concretada en la Gran Colombia desde 1819.[4] Pero ya en 1823 acuñaba la fórmula feliz de la continental "nación de repúblicas", y en 1824 convocaba al Congreso de Panamá instalado en 1826.

Frustraciones aparte, sin abandonar nunca la que llamó política de "regionalismo económico", también Quijano volvió a sentir como en sus primeros tiempos, no tan "retórico" al unionismo latinoamericano; y por lo tanto, a la "Unión Latinoamericana", llegando a concebirla igualmente, con expresa cita de Bolívar, como una no tan remota "nación de repúblicas". En un estudio pormenorizado, podría seguirse paso a paso la marcha de su pensamiento en la materia. Compelidos aquí a lo esencial, digamos que al cabo de dos décadas su dominante estado de espíritu es otro.

Después de haber saludado –no sin constantes observaciones críticas– acuerdos regionales diversos, o proyectos de ellos, en el Plata como en otras áreas, a fines de los años cincuenta –avanzada la posguerra y los procesos que le fueron propios– han acontecido ya dos hechos fundamentales con los que debe encararse: en Europa, los primeros pasos del Mercado Común; en América, la iniciativa que cuajaría muy pronto como Asociación Latinoamericana de Libre Comercio, ALALC. Dos separados y muy diferentes embriones de continentalismo económico, pero no por azar más o menos coetáneos.

Reactualizarían ellos con un sentido nuevo, cauteloso pero sostenido, la tradicional visión latinoamericanista de Quijano. La preocupación por el realismo no varía, pero el porvenir latinoamericano, en tanto que continental, vuelve a su horizonte doctrinario, sustanciándose poco a poco de elementos político-sociales, si bien viejos en él, en principio, ahora renovados y enriquecidos.

Respecto al intento latinoamericano, objeto de una primera Conferencia en Montevideo, en editorial que formaba parte de una serie despiadadamente crítica, decía en setiembre de 1959:

> Creemos que la iniciativa, generosa, plausible y necesaria, en términos generales, no está todavía a punto... De todos modos, si se considera que la Conferencia actual es sólo un punto de partida, una etapa inicial en el largo y difícil viaje y no un punto de llegada, algo se habrá hecho. ("Debe y haber ...")

Era un primer paso en esta fase de su evolución personal. Empero, la pugna entre acuerdo regional y entendimiento continental –sin caer en falsa oposición– seguía siendo en él, por razones de oportunidad histórica, todavía muy fuerte. Al cerrar la mencionada serie, escribía:

> Hemos dicho que mercado común europeo y mercado común latinoamericano, no parten de los mismos presupuestos... El proyectado mercado común es aquí, a diferencia de lo que ocurre en Europa, anterior a la existencia de todo mercado... Puesto que no existen relaciones ínter-regionales, creemos las posibilidades para que ellas aparezcan. El propósito es plausible... [pero] todo nos lleva a pensar que el Mercado Común Latinoamericano es, hoy por hoy, sólo una utopía... La zona de libre comercio limitada a la región [del cono] sur, ¿no significa una aproximación mayor a la realidad? ¿Un enfoque más ajustado? ¿lo es ella –empresa al parecer más modesta– una etapa necesaria y previa en el camino de la unidad? ("La realidad ...")

Tres años después, en 1962, un paso más firme desde el regionalismo al continentalismo.

Se ha producido la consolidación y progreso del Mercado Común Europeo (instituido por el Tratado de Roma de 25 de marzo de 1957), hecho que expresamente destaca, y la ALALC ha sido creada (por el Tratado de Montevideo de 18 de febrero de 1960). Recuerda él mismo su serie sobre el proyecto de esta última en 1959, para reiterar, en lo esencial, sus reservas sobre su alcance. Pero subraya, con más energía cada vez, el carácter necesario de la integración continental, por varias razones entre las que recalca dos. Una: "El mundo marcha hacia grandes concentraciones..."; otra: Al vecino poderoso solo tenemos la posibilidad de hacerle frente unidos". Y piensa ahora, definitivamente, que no es para el futuro que se debe dejar la realización del entonces llamado mercado común latinoamericano:

> Se dirá entonces, que debemos dejar para el futuro la realización del mercado común, un futuro que se iniciará cuando el proceso de socialización de cada país esté cumplido. ¿Por qué? No creemos, repetimos, que el mercado común tenga viabilidad y cumpla sus reales funciones, sino cuando la transformación sustancial de nuestras economías se haya realizado; pero, nada impide que al mismo tiempo se persigan los dos objetivos: la socialización en lo interno, el mercado – común en el ámbito regional o continental. Uno y otro proceso, una y otra batalla, pueden y deben complementarse, estar indisolublemente unidos... Y así esta América empezará a ser nuestra. ("Esta América ...")

Año 1962. El "remotismo' -si neologismo semejante se nos permite- de 1940, quedaba por fin atrás. Si bien siempre con las reservas realistas resultantes de las diversidades regionales, y con mayor razón nacionales, cada vez más perentoria para él será la exigencia de impulsar la unión continental latinoamericana. Así escribe en noviembre de 1965:

> Para escapar a la sujeción y ser lo que debe ser, América Latina tiene que unirse y, en principio, cuanto contribuya a esa unión debe ser bien recibido... El drama de América Latina es uno. Algunos países de esa nuestra América, digamos sin ambages Uruguay, tienen además, otro. Toda América Latina, desunida, poco contará. Uruguay aislado, nada significa y dentro de una organización común, puede verse expuesto a perder lo poco que le es propio. No habrá pensamos, América una sin patrias diversas... Como latinoamericanos, nuestro deber es impulsar la unión. Como orientales, nuestro deber es mantener la individualidad... Con rumbo único; fortificar nuestras patrias, confederarias y lograr nuestra liberación. ("ALALC")

Conforme a la perentoriedad asumida ahora por su latinoamericanismo, de ahí en adelante se va corriendo a primer plano, de manera creciente, su aspecto político. Un año más tarde, en octubre de 1966, asentaba: "El problema de la integración de América Latina... es, claro, un problema económico; pero es, en primer término, un problema político" ("La nostalgia..."). Al mes siguiente agregaba en la misma dirección:

> La integración es un acto político. En el principio es la política. No se trata de discutir los métodos o las técnicas. Ante todo se trata de fijar los objetivos y de procurar su logro y de saber cual integración se propone. No toda integración es buena. Ni buena ni viable. La integración de los desarrollistas no es la nuestra.

Los reiterados fundamentos que desde aquella década diera a semejante priorización del costado político del unionismo latinoamericano, pueden resumirse en estas palabras del mismo artículo: "América, nuestra América, realizará su integración al margen de las formas capitalistas y en lucha con ellas. Y tendrá que crear, sobre bases socialistas, sus propias estructuras. La integración será antimperialista, y si no, no será ("La verdadera integración").

Broche de esa conceptuación final de su latinoamericanismo, prefigurada desde siempre, fue ya en la etapa del exilio, el artículo que publicara en México a mediados de 1976, significativamente titulado: "Una nación de repúblicas. El SELA, punto de partida". Recordaba al comienzo las palabras de Bolívar en mensaje a O'Higgins: "...todavía nos falta poner el fundamento del pacto social que debe formar en este mundo una nación de repúblicas", para añadir de corrido: "Ora nostalgia, ora utopía, ora convicción, la patria grande ha tenido una conmovedora tenacidad. Nadie ha podido borrarla de nuestra América. Ha sido nuestro perdido bien y nuestra tierra prometida".

En observación crítica que no dejaba de alcanzar, implícitamente a sus propias formulaciones de cierto período, ahora con más énfasis volvía a impugnar la condición solo económica del proceso integracionista concebido hasta entonces: "Etapa necesaria puede ser, pero de ninguna manera suficiente. La unidad de América Latina ... debe ser una empresa esencialmente política, la más vasta aventura de nuestro continente". Y para cerrar: "Este año, por suerte, se ha puesto en marcha el SELA. Punto de llegada y punto de partida... Puede que esa organización flexible nos permita marchar hacia adelante. Un nuevo capítulo del largo y entrañable proceso se abre. Y nunca hay que pecar contra la esperanza".

El latinoamericanismo de Quijano no se agota en sus ideas y sus campañas en torno a la unión o integración de la América Latina. Con la preocupación de establecer el orden y el sentido de sus grandes etapas –en obligada forma esquemática, por lo demás– a ese gran asunto nos hemos ajustado por entender que constituye su más doctrinaria espina dorsal.

Pero el registro cabal de su latinoamericanismo tendría que abarcar todavía otros decisivos aspectos: la orientación latinoamericanista de toda la prensa que dirigiera desde 1930 hasta 1984, con prolongada irradiación continental en el caso del semanario *Marcha*; sus escritos sobre países del continente considerados en particular, así como sobre personalidades del mismo, del pasado y del presente; la consagración de numerosos *Cuadernos de Marcha*, en Montevideo y en México, a dichos países y personalidades, considerados también en particular; la edición de libros latinoamericanistas en la *Biblioteca de Marcha*, igualmente en Montevideo y en México; su personal participación en actos, encuentros e instituciones latinoamericanistas, fundador a veces de algunas de éstas.

Más allá de los condicionamientos resultantes de su voluntaria circunscripción a lo económico y político, o político-social; más allá de sus matizaciones, giros y coyunturas: más allá, aún, de tales o cuales tesis, controvertidas y controvertibles, tanto más a la luz de la perspectiva histórica, ese singular latinoamericanismo del Maestro uruguayo no tiene par, como pensamiento y como milicia –en el definido campo de su elección y actuación– en la América Latina del siglo XX.

Montevideo, octubre de 1989.

NOTAS

* Este ensayo de Arturo Ardao fue redactado como Prólogo a la sección de escritos de Carlos Quijano sobre América Latina, publicados por la Cámara de Representantes con el título *América Latina. Una nación de repúblicas*. Figura en el volumen III de esa serie. Además, se publicó en octubre de 1989 en *Cuadernos de Marcha*.

[1] Sobre José María Torres Caicedo y su latinoamericanismo, nos remitimos a *Génesis de la idea y nombre de América Latina*, que incluye en Apéndice textos del propio Torres Caicedo; y a *Nuestra América Latina*.

[2] Véase Martí, *Nuestra América* (314). En varias oportunidades acudió a la denominación "América Latina". La expresión "Nuestra América" vuelta tan carismática en su pluma –expresión de trayectoria tradicional desde la Colonia a los próceres de la Independencia, y desde éstos al propio Torres Caicedo– fue de abundante empleo en su discurso *Madre América* de 1889, así como en su ensayo *Nuestra América* de 1891. Resulta obvio que no era para él sino una sobre-entendida abreviación familiar para los países meridionales, de la cabal "Nuestra América Latina". (Por supuesto, con toda legitimidad también los norteamericanos han dicho antes y dicen ahora "Nuestra América", refiriéndose a la suya).

[3] Sobre el papel de dicha agrupación y su revista, puede verse "Una forma histórica de latinoamericanismo", en *Filosofía de lengua española*, páginas 113 y siguientes.

[4] Decía Bolívar en su *Carta de Jamaica*: "Es una idea grandiosa pretender formar de todo el Nuevo Mundo (referido sólo a Hispanoamérica), una sola nación...; *mas no es posible, porque climas remotos, situaciones diversas, intereses opuestos, caracteres desemejantes, dividen a la América*. ¡Qué bello sería que el Istmo de Panamá fuese para nosotros lo que el de Corinto para los griegos! Ojalá que algún día tengamos la fortuna de instalar allí un augusto congreso... Esta especie de corporación podrá tener lugar en alguna época dichosa de nuestra regeneración; *otra esperanza es infundada*, semejante a la del abate St. Pierre, quien concibió el laudable delirio de reunir un congreso europeo para decidir de la suerte y de los intereses de aquellas naciones" (énfasis mío).

BIBLIOGRAFÍA

Ardao, Arturo. "Prólogo". *América Latina. Una nación de repúblicas.* Cuadernos de Marcha. Montevideo, octubre de 1989.
_____ *Nuestra América Latina.* Montevideo: Ediciones de la Banda Oriental, 1986.
_____ *Génesis de la idea y el nombre de América Latina.* Caracas: Centro de Estudios Latinoamericanos Rómulo Gallegos, 1980.
_____ *Filosofía de lengua española, ensayos.* Montevideo: Alfa, 1963.
Ingenieros, José. "Por la Unión Latinoamericana". *Hispanoamérica en lucha por su independencia.* México: Cuadernos Americanos, 1962.
_____ "Programa de la Unión Latinoamericana". *Hispanoamérica en lucha por su independencia.* México: Cuadernos Americanos, 1962.
_____ "La revolución universitaria se extiende por toda la América Latina". Gabriel del Mazo. *La Reforma Universitaria.* La Plata: Centro Estudiantes de Ingeniería, 1941.
Martí, José. *Nuestra América.* Caracas: Ayacucho, 1977.
Quijano, Carlos. *América Latina. Una nación de Repúblicas.* Montevideo: Cámara de Representantes, 1989.
_____ *Nicaragua: ensayo sobre el imperialismo de los Estados Unidos.* Montevideo: Sandino, 1960.
_____ "Una nación de repúblicas. El SELA, punto de partida". *Excélsior* (México, 31 de mayo de 1976). Y en *América Latina. Una nación de repúblicas.* Montevideo: Cámara de Representantes, 1989. 263-70.
_____ "La nostalgia de la patria grande". *Marcha* (Montevideo, 28 de octubre de 1966): 6. Y en *América Latina. Una nación de repúblicas.* Montevideo: Cámara de Representantes, 1989. 209-16.
_____ "La verdadera integración". *Marcha* (Montevideo, 18 de noviembre de 1966): 7. Y en *América Latina. Una nación de repúblicas.* Montevideo: Cámara de Representantes, 1989. 217-25.
_____ "ALALC y la unidad latinoamericana". *Marcha* (Montevideo, 5 de noviembre de 1965): 7. Y en *América Latina. Una nación de repúblicas.* Montevideo: Cámara de Representantes, 1989. 191-8.
_____ "Esta América que no es nuestra". *Marcha* (Montevideo, 6 de abril de 1962): 5. Y en *América Latina. Una nación de repúblicas.* Montevideo: Cámara de Representantes, 1989. 153-61.
_____ "Debe y Haber de la Zona de Libre Comercio". *Marcha* (Montevideo, 18 de setiembre de 1959): 4. Y en *América Latina. Una nación de repúblicas.* Montevideo: Cámara de Representantes, 1989. 115-23.

_____ "La realidad y la utopía". *March*a (Montevideo, 16 de octubre de 1959): 4. Y en *América Latina. Una nación de repúblicas.* Montevideo: Cámara de Representantes, 1989. 133-9.

_____ "Panamericanismo, no; acuerdos regionales, sí". Semanario *Marc*ha (Montevideo, 26 de julio de 1940): 5. Y en *América Latina. Una nación de repúblicas.* Montevideo: Cámara de Representantes, 1989. 59-64.

_____ " Declaración fundadora de la Agrupación Nacionalista Demócrata Social". Semanario *Acción* 48 (Montevideo, 15 de julio de 1933). Y en *América Latina. Una nación de repúblicas.* Montevideo: Cámara de Representantes, 1989. 53-4.

_____ "La Asociación General de Estudiantes Latinoamericanos en París. Su obra y su programa". *El País* (Montevideo, 4 de mayo de 1927): 3

_____ "¿Existe un imperialismo yanqui?". *El País* (Montevideo, 13 de agosto de 1925): 3. Y en *América Latina. Una nación de repúblicas.* Montevideo: Cámara de Representantes, 1989. 11-9.

Rodó, José Enrique. *Obras Completas.* Madrid: Aguilar, 1967.

Torres Caicedo, José María. *Mis ideas y mis principios.* Paris: Imprenta Nueva (Asociación Obrera), 1875.

_____ "Las dos Américas". *Religión, patria y amor; colección de versos escritos.* Paris: T. Ducessois, 1860.

Marcha y el despertar de la conciencia latinoamericana: análisis del ideario americanista del semanario en sus primeros veinte años de existencia

Hiber Conteris

El 26 de junio de 1959, al festejar con una diferencia de apenas tres días[1] el vigésimo aniversario de su aparición, el semanario *Marcha* resolvió dedicar una sección completa de esa edición al análisis de la situación latinoamericana. La sección se inicia con un artículo de Vicente Sáenz titulado "Latinoamérica en el despertar de los pueblos"; se continúa con la reproducción de un artículo del economista Seymour E. Harris, profesor de la Universidad de Harvard (a quien *Marcha* califica como un "economista liberal", "rooseveltiano", en el mejor sentido de la palabra) a propósito del "Desarrollo económico de América Latina"; Josué de Castro, el médico y geógrafo brasileño que alcanzó una discutible notoriedad con su libro "Geografía del hambre" contribuye con un artículo sobre el hambre y el subdesarrollo en el continente ("El binomio 'alimentación-población'"); tal vez el trabajo medular de la sección, donde bajo el entrañable título "América Latina, nuestra tierra" se efectúa una minuciosa puesta al día de la situación continental, es el escrito por Julio Castro, un nombre que hasta su trágica desaparición bajo la dictadura militar uruguaya (1973-1984) estuvo indisolublemente vinculado al equipo de *Marcha*. También José Figueres, ex presidente de Costa Rica, colabora en ese número con una carta que titula "En el cumpleaños de *Marcha*", y en el número siguiente del semanario, el 3 de julio de 1959, Arturo Ardao dedica un enjundioso ensayo a analizar el pensamiento latinoamericano a lo largo de los veinte años que se celebran con ese aniversario: "América descubre su pensamiento original en estas dos décadas".

No es casual que el nombre de Arturo Ardao cierre esta sección especial del número aniversario de *Marcha*, aun cuando su artículo se haya publicado una semana después. Ensayista, pensador y filósofo, historiador de las ideas americanas, Ardao fue llamado a integrar la redacción de *Marcha* por su amigo Carlos Quijano, director del semanario, desde su primer número, y fue responsable de la sección permanente que se publicó durante varios años bajo el título "Cara y

Cruz de América". En la edición inaugural de esa columna, Arturo Ardao escribió un editorial que desde entonces fue considerado la perfecta síntesis del ideario americanista de *Marcha*. Decía allí:

> La realidad más chocante y decisiva del continente es la sujeción al imperialismo económico de las grandes potencias: fuente primera de sus dolencias políticas, sociales y culturales.
> La tarea más urgente de sus pueblos es, en consecuencia, sacudir semejante yugo. Pero no lo lograrán mediante exóticas ideologías, tan extranjeras a su espíritu como lo son a su economía las empresas capitalistas que los explotan.
> Han de lograrse mediante la acción de sus impulsos emancipadores más entrañables al margen de "mundialismos" ideológicos importados de la Europa obesa, decadente y balcanizada, y al margen, también, hemos de decirlo, de ciertos continentalismos ingenuos ya pasados de hora y de moda.
> Han de lograrlo buscando –y encontrando– la clave de cada pedazo de tierra fecunda y sufrida, para hacer de lo continental una síntesis respetuosa de la íntima originalidad de todos sus componentes.

("Americanismo")

Marcha hace su aparición en el escenario periodístico uruguayo, no hace falta recordarlo, en los inicios de la Segunda Guerra Mundial, y es natural que la primera y más rotunda definición de su posición ideológica sea un firme rechazo del fascismo europeo. El semanario se define como una "trinchera antifascista", y advierte en ese primer número sobre el peligro que amenaza a Latinoamérica en vista de las pretensiones de hegemonía mundial y los planes de conquista del nazismo. Pero tal como se desprende del editorial de Ardao, el ideario americanista de *Marcha* se establece entre dos parámetros ideológicos que suponen, por un lado, una crítica del "imperialismo económico de las grandes potencias", y por el otro, propugna la búsqueda de una auténtica ideología latinoamericanista, "al margen de mundialismos ideológicos importados de la Europa obesa, decadente y balcanizada" y de "ciertos continentalismos ingenuos ya pasados de hora y de moda". Aunque esta última frase apela al sobreentendido de sus lectores políticamente más alertas, no es un secreto para nadie que haya frecuentado los entretelones de la redacción de *Marcha* y sobre todo para quienes conocieran la personalidad de su director y fundador, Carlos Quijano, que lo que se afirma con esas veladas alusiones a "mundialismos ideológicos" y "continentalismos ingenuos" es una firme vocación nacionalista basada, fundamentalmente, en la extracción política del propio Doctor Quijano, quien por ese entonces se definía como un militante independiente del Partido Blanco o Nacional, uno de los dos grandes partidos políticos tradicionales uruguayos.[2] En realidad, habrían de pasar muchos años antes de que el grupo directivo de *Marcha* (cuando el semanario se había constituido ya en un órgano de enorme influencia política e ideológica y un catalizador de las inquietudes políticas de toda una generación) se resolviera entrar en diálogo y militar activamente junto a una coalición de grupos y partidos de izquierda, incluidos el Partido Comunista y el Partido Socialista uruguayos, coalición que fuera el antecedente directo de lo que hoy constituye el Frente Amplio, la fuerza política mayoritaria del país. Ese itinerario de lento y hasta cierto punto resistido reconocimiento de la intención nacionalista de dos fuerzas políticas con innegables orígenes históricos extra nacionales, se fue pautando a través del proceso de radicalización ideológica que experimentó el continente a partir del triunfo de la revolución cubana, y fundamentalmente a través del diálogo que el propio Quijano mantuvo con Ernesto Guevara, el "Che", gracias al cual *Marcha* tuvo la primicia de dar a conocer en sus páginas uno de los textos fundamentales que surgieron de esa revolución, "El socialismo y el hombre en Cuba", cuyo autor fuera el propio "Che".

Para comprender en todo su significado la importancia de la prédica antiimperialista y nacionalista de *Marcha*, es preciso volver a situarse en la confusión de esos años de intensa polarización ideológica y en el desconcierto de las múltiples voces que intentaban definir o predecir el destino de Latinoamérica. La tarea esclarecedora comienza, en cierto modo, con la elección del nombre que se hará habitual en las páginas de *Marcha* para designar al continente: América Latina. No es aventurado atribuir al propio Arturo Ardao la imposición de esta denominación. Recuérdese que son los años en que el APRA peruano, el partido de Haya de la Torre, propugnaba la idea de una "Indoamérica", inspirada en parte en la teoría de la raza cósmica del mexicano José Vasconcelos; es también el período en que desde Estados Unidos se fomenta la idea del panamericanismo, en el que *Marcha* no ve sino una máscara que apenas disimula las pretensiones de hegemonía norteamericana declaradas en la doctrina Monroe e incluso en la política de "buena vecindad" de Roosevelt, y avalada en los hechos con la realización de la Conferencia de Panamá y la creación de una Unión Panamericana bajo la presencia dominante de Estados Unidos. Un editorial del Doctor Quijano, del 16 de febrero de 1940, declara enfáticamente:

El panamericanismo –lo hemos dicho ya tantas veces que se nos perdonará decirlo una vez más– no es sino y no puede ser otra cosa que la sujeción de los países de Latino América, débiles y desunidos, a la gran potencia capitalista del Norte. No es más, en suma, que la forma diplomática, burdamente diplomática, por otra parte, del imperialismo, palabra que suele horrorizar y a veces hace sonreir a ciertos pudibundos: pero que no por eso deja de ser la expresión cabal de un fenómeno que escapa a la voluntad de ciertos hombres [...] La Unión Panamericana, agente propulsor del panamericanismo, es simplemente una dependencia del Secretario de Estado de los Estados Unidos. ("Estados Unidos")[3]

Frente a esa nomenclatura ideológicamente equívoca, *Marcha* se resuelve por el concepto América Latina, cuyo origen se puede rastrear en un escrito del francés Michel Chevalier del año 1836, pero que es plenamente asumida por los países latinoamericanos y queda definitivamente establecida en la década de los cincuenta. Sobre este punto, dice Arturo Ardao:

> La idea y el nombre de América Latina, pasan por un proceso de génesis que recorre las mismas tres etapas que el de la idea y el nombre de América. En el caso de América el punto de partida lo constituyó el Descubrimiento; en el de América Latina, la Independencia, desde su época de gestación al final de la colonia. En una primera etapa, aun después de esa Independencia no existen ni la idea ni el nombre de América Latina; en una Segunda, hace su aparición la idea, pero sin la compañía del nombre, en el carácter sustantivo que llegaría a asumir; en una tercera, aparece el nombre con que la idea cuaja históricamente. (*América Latina y la latinidad* 27-8)

La prédica de *Marcha* contribuyó significativamente a difundir no solo las expresiones "América Latina" y "Latinoamérica" en una o dos generaciones todavía vacilantes en cuanto a la designación desde el punto de vista geopolítico y cultural de su continente, sino, y esto es lo más importante, a otorgarle un contenido ideológico preciso a esa designación. Porque al decidirse por la sustantivación de América Latina, Ardao y con él el equipo de *Marcha*, reinvindican la interpretación que en su momento, hacia 1875, propusiera el colombiano José María Torres Caicedo. Dice Ardao:

> Se estaba en vísperas de una sacudida profunda de la conciencia continental por la expansión alarmante de los Estados Unidos. Hacia

el primer tercio del siglo XIX, dicha expansión apenas comenzaba con la aventura de Texas. A principios de la segunda mitad, cumplida la guerra de México y completado el desmembramiento de éste, las expediciones filibusteras de Walker patentizaban que el objetivo próximo era el Istmo. ¿Y después del Istmo qué? Es entonces cuando aquella sacudida conceptual a la vez que emocional tiene lugar, precipitando la dramática necesidad de levantar frente a la otra América, una imagen unificante, tanto como incitante, de la América propia. A la hora de la intensa especulación étnica desencadenada por el historicismo romántico, el avance yanqui era atribuido cada vez más universalmente a la energía propia de la raza sajona. Pues bien; frente a la América de raza *sajona*, la América de raza *latina*, o sea una América *latina* pronto convertida en *América Latina*. (*América Latina y la latinidad* 54)

Si la prédica en favor del desarrollo de una conciencia nacional que se extienda a toda América Latina y por consiguiente la obstinada denuncia del imperialismo económico inglés y norteamericano, tanto como el alerta ante las ambiciones de dominación mundial del fascismo europeo constituyen tres de los elementos más destacados de la posición ideológica de *Marcha* definida desde sus propios comienzos, no es menos importante la posición que asume el semanario en favor de los gobiernos democráticos y la consistente denuncia de las empresas dictatoriales y totalitarias de toda índole existentes en el continente. Ya en el primer número de *Marcha*, la sección "Cara y Cruz de América" comenta las llamadas "elecciones" presidenciales del 30 de abril de ese mismo año (1939) en Paraguay, en las cuales resultara ganador el único candidato presentado, General Estigarribia. El artículo explica:

> El lamentable desconocimiento mutuo que existe entre los países de América ha hecho que la referida elección haya parecido para muchos en el Uruguay como un triunfo de la opinión popular. Nada, sin embargo, más lejos de la realidad, de la dolorosa realidad, política y social, del país hermano. La elección del General Estigarribia significa el triunfo personal de un personaje repudiado por el pueblo guaraní, al par que la consolidación, por la violencia, de un régimen oligárquico que viene esquilmando al Paraguay desde un tercio de siglo atrás, en estrecha complicidad con los intereses imperialistas. ("Estigarribia")[4]

Como bien se recordará, en la década de los treinta, como secuela de la crisis financiera que desde Estados Unidos se extendió a todo el continente, se creó el caldo de cultivo propicio para el florecimiento de gobiernos autocráticos y dictatoriales a lo largo y ancho de Latinoamérica. *Marcha* arremete sistemáticamente, con prédica indeclinable, contra todos ellos. La dictadura de Getulio Vargas, en el Brasil, es permanente foco de la crítica del semanario. Se lee nuevamente la sección "Cara y Cruz de América" del número 10:

> El señor Vargas ya no consigue engañar al pueblo al prometerle prosperidad, paz y progreso, al asegurarle que los nacional-libertadores son traidores a la patria, ya que ese pueblo conoce ahora la verdadera situación del Brasil, sabe del descalabro de sus finanzas, de su economía, de la desorganización de sus transportes, del atraso de su instrucción, y también sabe que los nacional-libertadores son hombres honrados que no se dejaron sobornar por el señor Vargas, y capaces de dar la última gota de su sangre por la independencia y la integridad del Brasil. (Cavalcanti)

Críticas similares, si bien circunscriptas en cada caso al análisis de la situación nacional del país en cuestión, se reiteran casi en cada número en la sección "Cara y Cruz de América" e incluso en notas de fondo del semanario. En relación con Perú, se dice:

> La ficción de una pseudo-democracia que carece de Poder Legislativo e interfiere al judicial al par que busca el apoyo financiero del Japón y se entrega a la protección técnica, en muchos aspectos, de la Italia fascista, se ha revelado en toda su desnudez, precisamente a raíz de la reciente Conferencia Panamericana. (Sánchez)[5]

Una nota aparecida en el número 5 del 21 de julio de 1939 se refiere a la oposición parlamentaria contra el gobierno del General Eleazar López Contreras, presidente de Venezuela entre 1935 y 1941. En relación con Bolivia, se comenta la muerte (accidental o provocada) del General Germán Busch, quien tras el golpe de estado del 24 de abril de 1939 expropió las plantas petrolíferas de la Standard Oil y entró en negociaciones con el eje fascista Roma-Berlín. Dice la nota:

> Busch, influenciado por Dionisio Foianini y su cuñado japonés cometió la torpeza de [...] deportar a todos los dirigentes políticos a la isla de Coatl [...] Esta medida produjo en el pueblo boliviano gran descontento, el cual fue explotado hábilmente por los agentes del imperialismo yanqui, quienes al suicidarse Busch (o al "liquidarlo") impusieron a Quintanilla, otro de los militares lacayos de Wall Street. (López).[6]

En relación con Argentina, *Marcha* publica una carta del Coronel Roberto Bosch en que se proclama el "espíritu y cuerpo del radicalismo" contra el conservadurismo del actual gobierno.[7] Una nota del colombiano Carlos García Prada incita a sus compatriotas a "defender virilmente los rasgos espirituales que heredamos de nuestros abuelos y defenderlos según los dictados de la razón y de la verdad" en alusión al gobierno de Eduardo Santos (1938-1942). La situación y los intereses imperialistas en Cuba son objeto de una larga nota escrita por Julio Castro bajo el sugerente título "Cuba bajo el dominio de Batista". Finalmente, el propio Julio Castro, en el artículo ya mencionado aparecido en el número del vigésimo aniversario, "América Latina, Nuestra Tierra", pasa lista a la situación de la mayoría de los países latinoamericanos, señalando las dictaduras de Leónidas Trujillo en la República Dominicana, del General Maximiliano Hernández y Martínez en El Salvador, Carlos Alberto de Arroyo del Río en Ecuador, de Jorge Ubico en Guatemala, de Stenio Vicent en Haití, de Tiburcio Carías en Honduras, de Anastasio Somoza en Nicaragua, de Enrique Jiménez en Panamá.

En suma, al analizar el problema de los gobiernos totalitarios en el continente, la posición de *Marcha* se sintetiza en el epígrafe de un sustancioso artículo escrito por Mario Real de Azúa bajo el título "El camino de la liberación". Esta es la advertencia que se lee en el mismo, y que *Marcha* hace suya en su infatigable crítica de los totalitarismos y en favor de la libertad y la democracia: "El problema de los pueblos de Latinoamérica: dictaduras y 'democracias' al servicio del imperialismo". El uso de las comillas al hacer referencia a las supuestas democracias del continente, adquiere, en el contexto de la doctrina nacionalista y antiimperialista de *Marcha*, una precisa significación. *Marcha* parece no darse por satisfecha con las democracias formales y el posible respeto al orden constitucional, si éstos no se instrumentan mediante una política que propugne el desarrollo económico y social y se encamine hacia la total independencia económica y la realización del ideal de justicia social entre los pueblos. El artículo del economista norteamericano Seymour E. Harris publicado en el número del vigésimo aniversario sintetiza, hasta cierto punto, la posición del semanario en este tema. Dice Harris allí:

> En esta generación, ningún tema de la economía ha reclamado tanta atención como el del desarrollo económico. Lo que se quiere principalmente es aumentar el ingreso per cápita de los países subdesarrollados y acelerar el proceso. Con la mejora de las

comunicaciones, los países menos afortunados en la utilización de los recursos económicos están cada vez más impacientes por progresar y alcanzar un standard de vida similar al de los países más ricos. También desean que ese proceso no cause mayores injusticias en la distribución del ingreso. (Harris)

La coherencia de la posición de *Marcha* en relación con el desarrollo económico y la justicia social se manifiesta en el constante apoyo que el semanario ofrece a los gobiernos y partidos políticos que considera "progresistas" y la crítica consiguiente de aquellos que actúan en beneficio de las oligarquías o son indiferentes a las necesidades de la población. Así, en vísperas de las elecciones presidenciales mexicanas, al finalizar el período de gobierno de Lázaro Cárdenas, entre los dos candidatos por el PRM (Partido de la Revolución Mexicana), el General Ávila Camacho y el General Juan Andrés Almazán, *Marcha* se inclina decididamente por el primero, integrante del gobierno de Cárdenas que ha prometido continuar la obra de su predecesor. De Almazán, en cambio, dice: "...actual gobernador de Monterrey [...] representa la negación de sus antecedentes revolucionarios -la derecha del movimiento. General enriquecido por la Revolución, puede ser, si triunfa, un factor de paralización de ésta" ("La revolución").[8]

De manera similar, *Marcha* se solidariza con el gobierno chileno de Aguirre Cerda, representante del Frente Popular, y brinda sus páginas a los portavoces del movimiento. En un reportaje al doctor Quiroga Arenas, abogado y político chileno y representante de su país en el Congreso de Jurisconsultos, se le pregunta: "¿Cuáles son los problemas de orden social, político o económico que debe resolver el gobierno de Aguirre Cerda?" De la extensa respuesta del entrevistado, vale la pena destacar estos puntos:

...legislación sobre empresas imperialistas para defender el patrimonio nacional; revisión del sistema tributario disminuyendo los impuestos indirectos; mejor inversión de los fondos públicos; reforma agraria -apoyo efectivo a los propietarios medianos y pequeños-; colonización a base de empleados, parceleros y trabajadores; mejora de la moneda y disminución de derechos aduaneros, sin perjudicar a la industria nacional; gratuidad total de la enseñanza; protección del Estado a escolares indigentes; perfeccionamiento de la legislación social; higienización de la vivienda y construcción de habitaciones para empleados y obreros; participación directa de la clase trabajadora en la dirección de los organismos de previsión; defensa de la pax Americana. ("Haremos").[9]

Estos no son los únicos ejemplos. *Marcha* se constituye en firme baluarte de la Revolución Boliviana de 1952 desde que ésta se consuma, y en sus páginas aparecerán reiteradamente los nombres de Víctor Paz Estenssoro y René Zavaleta Mercado, entre otros dirigentes del Movimiento Nacional Revolucionario (MNR), el partido gobernante. Cuando se producen los golpes de estado del Gral. Alfredo Ovando (1969) y luego el del Gral. Hugo Banzer (1971), *Marcha* dedica dos de sus "Cuadernos" a la situación boliviana.[10] En el número 1561 del semanario, del 17 de setiembre de 1971, se anuncia la aparición (postergada) de este último "Cuaderno" en los siguientes términos:

> La próxima semana aparece el No. 51 de los *Cuadernos de Marcha*. Está dedicado –en la línea constante de atención a los problemas latinoamericanos y de apoyo a las luchas de liberación de nuestros pueblos– a las dramáticas horas que acaba de vivir Bolivia, al cabo de las cuales cayó el gobierno del general Juan José Torres.

Con idéntica determinación *Marcha* apoya a "las fuerzas sociales del Perú" y el partido que las representa, el APRA de Haya de la Torre ("Las fuerzas sociales del Perú" 10). Ante el triunfo de la revolución de Fidel Castro en 1959, el semanario, que venía cubriendo desde sus páginas las diferentes instancias del proceso revolucionario, manifiesta su total identificación con el mismo, aunque luego mantendrá un apoyo discrecional cuando Fidel Castro se declara marxista-leninista y compromete la protección de la Unión Soviética ante la amenaza de una intervención directa de los Estados Unidos. Aun así, la política de la dirección de *Marcha* en relación con el proceso cubano consistió en no hacer explícitas sus críticas y mantener una actitud expectante. Por otra parte, cuatro de los *Cuadernos de Marcha* están dedicados, directa o indirectamente, a la revolución cubana. El *Cuaderno* número 3, de julio de 1967, lleva por título simplemente "Cuba", e incluye, entre otros, el artículo de Regis Debray "El Castrismo: la larga marcha de América Latina"; el *Cuaderno* número 7, de noviembre de 1967, está dedicado enteramente al "Che" Guevara, y se reproduce allí su trabajo "El socialismo y el hombre en Cuba"; el *Cuaderno* número 49, de mayo de 1971, se publica bajo el título "Cuba. Nueva política cultural: el caso Padilla", con artículos, entre otros, de Julio Cortázar, Mario Benedetti y Ángel Rama, y en donde se incluye el discurso de Fidel Castro del 1º de Mayo de 1971; y finalmente el número 72 de los *Cuadernos*, de julio de 1973 (a un mes de producido el golpe militar uruguayo), está dedicado a recordar la historia de la revolución cubana "A veinte años del Moncada", con dos artículos de Gregorio Selser y el famoso discurso de Fidel Castro "La historia me absolverá".[11]

Es necesario y también importante señalar aquí que el concepto de "revolución" que aparece en las páginas de *Marcha*, inspirado directamente en las convicciones políticas de su director, Carlos Quijano, fue empleado siempre en un sentido restringido. *Marcha*, consistentemente, otorgó a la idea de "revolución" un contenido eminentemente social y político, vinculándolo al desarrollo económico, a la lucha de los pueblos latinoamericanos por obtener su total independencia, libres de toda sujeción a los intereses imperialistas vinieran de donde viniesen, y a la búsqueda de la justicia social a través de las reformas del Estado y de las estructuras político-económico-financieras concomitantes. Aun en el período de mayor agitación social y política, cuando el Uruguay se desbarrancaba inevitablemente hacia el caos, mientras el Estado apelaba a todos sus instrumentos represivos y la confrontación entre el movimiento armado revolucionario, representado fundamentalmente por el Movimiento Nacional de Liberación (MLN-Tupamaros), y las fuerzas de seguridad (Policía y Ejército) alcanzaban sus niveles más álgidos, la posición del semanario y de su director, expresada en numerosos editoriales, fue de rechazo total al uso de la violencia mientras no se hubieran agotado los canales democráticos para iniciar el proceso de transformación deseado. Con una lucidez que tal vez no le fuera reconocida en su momento por la generación que él llamaba "impaciente" y en otras ocasiones "catastrófica" (en el sentido de querer recurrir a la "catástrofe" para producir el cambio revolucionario), el doctor Quijano advirtió sobre las consecuencias de ese enfrentamiento, el inútil derramamiento de sangre, el golpe militar que sobrevino en junio de 1973, los largos años de represión, cancelación de los derechos individuales y de las libertades políticas, y el consiguiente entronizamiento de la dictadura que se instaló en el país hasta fines de 1984.

A pesar del cambio en las circunstancias políticas que siguió al golpe de 1973, *Marcha* continuó su prédica indeclinable en favor de la libertad, la justicia económica y social, la liberación de los pueblos latinoamericanos de toda forma de sometimiento a un poder extranjero, y el impostergable retorno a las condiciones democráticas del país. Como es sabido, el semanario fue censurado constantemente y varias de sus ediciones canceladas, hasta su cierre definitivo a mediados de 1974. Encarcelado durante algunos meses, el Doctor Quijano debió exiliarse del país y terminó su fecunda vida en medio de ese exilio, en México, el país que lo acogió. Le sobreviven, si no *Marcha*, un aprendizaje del ejercicio periodístico que se puede detectar en otros semanarios uruguayos, un rigor intelectual y un ideario de valores americanistas que constituyeron desde el inicio la prédica de *Marcha* y se han convertido ya en herencia perdurable.

Notas

[1] El primer número de *Marcha* aparece el 23 de junio de 1939.

[2] Al regreso de su estancia en París, en junio de 1928, Carlos Quijano funda con un grupo de amigos la "Agrupación Nacionalista Demócrata Social", se postula a las elecciones parlamentarias de ese mismo año y se obtienen dos bancas de diputado. Las mismas se pierden en las elecciones de 1931, y el fracaso se repite en los años 1946 y 1950, con lo que la agrupación política se disuelve.

[3] Como curiosidad, es interesante reproducir esta definición del panamericanismo que "Marcha" publicó en su sección "Cara y Cruz de América", firmado por el supuestamente inglés Hubert Herring: "El panamericanismo es un término comercial, facturado en los Estados Unidos, que significa: 'compren nuestros productos'. Como proposición inversa quiere decir: 'no los compren de Inglaterra'. El panamericanismo proclama que aquéllos que viven en este hemisferio deben amarse los unos a los otros, y deben también comprarse ollas y sartenes los unos a los otros. Es un término libremente nacido en las comidas que se ofrecen en honor de visitantes argentinos y peruanos que van a EE.UU. bajo el padrinazgo de los empresarios de venta de las compañías de cable, intereses navieros y fabricantes de automóviles: las veintiún banderas de las libres y más o menos soberanas repúblicas de América, plegadas juntas sobre las mesas de los oradores, y muchos discursos en que los nombres de Simón Bolívar y Jorge Washington son graciosamente emparejados a fin de mantener el ardoroso artículo de fe Panamericano en el alma de algunos centenares de neoyorquinos que tienen mercancías para vender en la América Latina" ("El panamericanismo").

[4] Es concebible atribuir a Arturo Ardao, responsable de la sección "Cara y Cruz de América", las opiniones de este artículo.

[5] El texto está firmado por el prestigioso intelectual peruano Luis Alberto Sánchez, y se refiere al gobierno del General Oscar Raimundo Benavides, presidente del país entre 1933 y 1939. Por otra parte, en el número 5 del semanario se publica un documento inédito que el jefe del Partido Aprista Peruano, Víctor Raúl Haya de la Torre interpone ante la Corte Suprema de su país, burlando la censura oficial (véase "Una apelación").

[6] Carlos Quintanilla fue presidente de Bolivia entre 1939 y 1940.

[7] Roberto Bosch habla en nombre de su partido refiriéndose al "conservadorismo" del presidente Roberto Mario Ortiz (1938-1942): "el agente que ha obrado en favor de tanta desventura como vergüenza nacionales, a

espaldas de la auténtica soberanía popular y en brazos de las oligarquías nativas". Del Teniente Coronel Roberto Bosch dice *Marcha* en un breve comentario del número 1: "cuando el motín del 6 de setiembre Roberto Bosch no dirigió su espada contra las instituciones ni se inclinó ante el hecho consumado. Rebelado contra la dictadura se trasladó a nuestro país para organizar contra ella un movimiento revolucionario".

[8] En una entrevista a Guillermo Ibarra, maestro y sindicalista mexicano, *Marcha* había preguntado: "¿Cuáles son los puntos más importantes de la política del gobierno de Cárdenas?", a lo que respondió Ibarra: "Son tres: la reforma agraria, la legislación del trabajo, y la reforma de la educación pública".

[9] La presidencia de Pedro Aguirre Cerda se extendió de 1938 a 1941.

[10] El *Cuaderno* 30, de octubre de 1969, lleva por título "Bolivia ¿La Segunda revolución nacional?"; el número 51, de julio de 1971, "Bolivia – El retorno del fascismo".

[11] Para un análisis completo del contenido de los *Cuadernos de Marcha* y los temas preferenciales que abordó esa publicación, véase el bien documentado libro de Peirano Basso. Debo declarar que el enfoque y título de mi artículo ya habían sido definidos cuando llegó a mis manos el libro de Luisa Peirano Basso, de modo que la coincidencia radica en un idéntico reconocimiento de la misión que *Marcha* cumplió de manera ejemplar a través de su existencia.

BIBLIOGRAFÍA

Arbaiza, Genaro. "Las fuerzas sociales del Perú". *Marcha* 8 (Montevideo, 11-08-1939): 10.

Ardao, Arturo. *América Latina y la latinidad*. México: UNAM, 1993.

_____ "Americanismo". *Marcha* 1 (Montevideo, 23-06-1939): 12.

_____ "El panamericanismo". *Marcha* 9 (Montevideo, 18-08-1939): 10.

_____ "Estigarribia". *Marcha* 1 (Montevideo, 23-06-1939): 12.

_____ "Una apelación de V.R. Haya de la Torre". *Marcha* 5 (Montevideo, 21-07-1939): 10.

_____ "Coronel Bosch". *Marcha* 1 (Montevideo, 23-06-1939): 12.

_____ "Haremos de Chile una gran democracia". *Marcha* 7 (Montevideo, 4-08-1939): 8.

Bosch, Roberto. "Espíritu y cuerpo del radicalismo". *Marcha* 3 (Montevideo, 7-07-1939): 10.

Castro, Julio. "Cuba bajo el dominio de Batista". *Marcha* 58 (Montevideo, 19-07-1940): 16.

Cavalcanti, A. "La dictadura de Vargas". *Marcha* 9 (Montevideo, 18-08-1939): 10.

García Prada, Carlos. "Colombia". *Marcha* 3 (Montevideo, 7-07-1939): 10.

Harris, Seymour. "Desarrollo económico de Latinoamérica". *Marcha* 965 (Montevideo, 16-06-1959): 7D-8D.
Haya de la Torre, Víctor Raúl. "Una apelación". *Marcha* 5 (Montevideo, 21-07-1939): 10.
López, José Luis. "El imperialismo en Bolivia". *Marcha* 30 (Montevideo, 12-01-1940): 8.
Peirano Basso, Luisa. Marcha *de Montevideo y la formación de la conciencia latinoamericana a través de sus* Cuadernos. Buenos Aires: Javier Vergara, 2001.
Quijano, Carlos. "Estados Unidos y Sudamérica". *Marcha* 35 (Montevideo, 16-02-1940): 5.
_____ "La revolución mejicana se encuentra en una disyuntiva". *Marcha* 54 (Montevideo, 5-07-1940): 16.
_____ "Méjico y su revolución". *Marcha* 10 (Montevideo, 25-08-1939): 8.
Real de Azúa, Mario F. "El camino de liberación". *Marcha* 58 (Montevideo, 19-07-1940): 10.
Sánchez, Luis Alberto. "El panorama politico peruano". *Marcha* 1 (Montevideo, 23-06-1939): 12.

Carlos Quijano y sus editoriales de los sesenta en *Marcha*: un recorrido necesario

Mirian Pino
Universidad Nacional de Córdoba-CONICET

A Mercedes Quijano
In memoriam

El 30 de diciembre de 1969 aparece en el semanario *Marcha* una editorial de Carlos Quijano titulado "1970: La década de América Latina".[1] En él postulaba, luego de una argumentación condenatoria a los políticos "tibios y sibilinos", que el destino de Uruguay debía realizarse en el marco de la patria de todas las patrias: América Latina y en un tiempo no muy lejano. Sus reflexiones de la década del ochenta en los *Cuadernos de Marcha*, escritos en el exilio mexicano, constituyen una sucesión de denuncias acerca de las dictaduras y el imperialismo norteamericano. Las mismas constituyen una línea continua de su posición descolonizadora, iniciada desde la década del veinte.

Al observar sus clases de economía política en la cátedra que tuvo a cargo en la UNAM,[2] se advierte un discurso obsesivo que apunta una y otra vez al poder del capitalismo en tanto rostro económico del sistema imperialista. A propósito de esto, Arturo Ardao y Gerardo Caetano consignan los diferentes horizontes teóricos de su pensamiento, que se inicia en el arielismo rodoniano y la influencia de Carlos Vaz Ferreira. Su estadía en la Europa de los veinte le revelará el París de los años locos, pero también la fuerza de la ciencia económica, perfil que constituiría un sueño que se debía realizar también con urgencia. Quijano observaba en aquella década que la existencia de un conjunto de países ligados por lazos comunes de dependencia debía perfeccionar las herramientas de la economía al servicio de su liberación. Consciente de nuestra modernidad desigual, en Europa participó de diferentes grupos que afianzaron la unidad latinoamericana como es el caso de AGELA (Asociación General de Estudiantes Latinoamericanos).

El director del semanario miraba el futuro desde 1969 con una mezcla de esperanza y temor. La imagen del camino incierto aparece en numerosos editoriales, desde la figura del navegante en el veinte hasta la presencia del logo de *Marcha*, cuyo enunciado traducido reza "Navegar es necesario, vivir no", que trae y hace suya una frase célebre atribuida al general Pompeyo.[3] Asimismo, el discurso de la navegación se hace visible en Rodó; en *El mirador de Próspero* (1909), expresa: "Somos los neo-idealistas, o procuramos ser, como el nauta que yendo, desplegadas las velas, tiene confiado el timón a brazos firmes, y muy a mano la carta de marear, y a su gente muy disciplinada y sobre aviso contra los engaños de la onda".

Quijano, utopista

Carlos Quijano funda en su barco marchista y en su palabra viejos sueños arielistas; un fervor utópico lo alienta a marchar hacia la década del setenta –etapa, según confiesa, de "increíbles mutaciones" ("1970")– que en el horizonte del viejo navegante debía ser "socialista". No es casual el uso reiterado en sus escritos de los verbos "creer" y "hacer", y el sustantivo "aventura" que se combinan para la formulación de su ideario.

Así, los editoriales sesentistas de Quijano evidencian cierto carácter utópico; si bien no podría validar la presencia, en estado puro, del género utopía, es posible afirmar que su discurso de esta etapa posee ciertas ideas encaminadas hacia ella. Afirma Fernando Aínsa:

> Gracias al adjetivo utópico, la utopía pasó a ser "un estado de espíritu, "sinónimo de actitud mental rebelde, de oposición o de resistencia al orden existente por la proposición de un orden que fuera radicalmente diferente. Esta visión alternativa de la realidad no necesita darse en una obra coherente y sistemática fácilmente catalogable dentro del género utópico. Para estar frente a un pensamiento utópico basta rastrear el cuestionamiento o la simple esperanza de un mundo mejor. Se puede afirmar así que un escritor puede ser utopista sin haber escrito ninguna utopía. Basta que el utopismo, la intención utópica, subyazca en el texto. (21)

Pero el editorial citado, en el que avizora un futuro teñido de amenazas, lejos está de aquellos primeros de la década del sesenta, que coinciden con el fervor revolucionario cubano iniciado en 1959.[4] Por lo menos las columnas de los primeros cinco años poseen un marcado carácter utópico, y una confianza en que la soñada unidad latinoamericana, en el futuro, podría realizarse. Este matiz corresponde en parte al tono general de la época, pero tiene también un evidente clivaje en su formación rodoniana, por un lado; y en su itinerario europeo de los veinte, por otro. Dicho legado constituye el canal a través del cual lossesenta, encuentran a Quijano en la elaboración de un conjunto de ideas eje que configuró los caminos a seguir por *Marcha*. Pero el aludido carácter utópico no se desliga de su dimensión ideológica, asentada en lo político y en lo económico. En todo caso, se trata de una utopía situada en los enclaves de un espacio y tiempo americanos, hecha de tradición actuante y de las nuevas emergencias políticas. En el editorial de 1974 "Patria chica y patria grande" (*Escritos políticos I* 26-8), meses antes del golpe de Estado que lo condujo a la cárcel y luego al exilio, Quijano escribe: "La unión no es una concepción teórica. Una bachilleresca utopía. Es una exigencia vital. Unirse o perecer", con lo cual insiste en las condiciones reales y necesarias de su preocupación latinoamericanista.

La propuesta de nuestro autor ocupó un lugar determinado en el discurso social sesentista ya que la prensa gráfica fue el medio a través del cual formuló su ideario. Desde allí, atacó a todo discurso periodístico complaciente con la política conservadora de los partidos tradicionales,[5] que incidían de manera directa en los medios de prensa. En este sentido, *Marcha*, desde su fundación en 1939, fue un órgano contracultural y abierto al continente. Carlos Real de Azúa señala la importancia que luego de la década del treinta, adquiere la ensayística de diagnóstico de la realidad nacional, entre la que aparecen los textos de Carlos Quijano:

> Y tampoco existe paralelo en el impacto social de este tipo de literatura, desaventajada regularmente entre la falta de crítica y de debate en los medios en que circula y el silencio receloso, frontal de la constelación de poder y su portavoz ideológico (de algún modo hay que llamarlo) que es la llamada "prensa grande". ("El Uruguay")

Es interesante observar en sus textos una oscilación entre dos tiempos: el pasado como ámbito sobre el cual hay que reflexionar y evaluar, y un presente analizable en y desde la situación pasada. Sirva como ejemplo el editorial que escribe en 1960 desde París "Mensaje de Navidad" (Quijano, *Cultura* 314), en donde la imagen de la sombra de lo que fue es asimilable a la de un pasado que es necesario recuperar: "Y hoy, yo, criatura del tiempo, me siento terriblemente desvalido y no puedo eludir el diálogo con mi sombra".

Como ya consigné, el maestro del periodismo que se consolida a partir de 1930 –cuando funda el periódico *El Nacional*[6]– no puede ser entendido sin la influencia del idealismo del novecientos, de Rodó y Vaz Ferreira, con sus dos postulados de base: realismo –idealismo, cuya tensión se evidencia en su discurso. Infiero que de su faz idealista proviene el carácter utópico de su legado, si hacemos derivar el término "idealismo" de "ideal". Arturo Ardao define esta categoría como "el llamamiento a la transformación de la realidad, natural o humana, para mejorarla y elevarla" (25). Desde esta perspectiva es posible advertir, como lo señalan Caetano y Rilla, una revisión, por parte de Quijano, del legado de Rodó; pero que no implica una negación a modo de tábula rasa de su maestro.

El itinerario europeo sentará las bases para la conciencia de una realidad objetiva que se ofrece por demás compleja en occidente; indudablemente, su primer acercamiento a la obra de Marx, sus estudios de economía en Europa, junto con las condiciones históricas del momento, debieron operar como catalizadores de una toma de conciencia sociohistórica. Arturo Ardao ejemplifica los textos-homenajes al maestro, entre los cuales se cuenta el editorial "Atados al mástil" (1964); incluso, en 1947 publica el editorial "Retorno a Rodó", donde reconoce –más allá de la limitada visión libresca de Europa y su desconocimiento de la realidad americana– su legado (*Cultura* 88-9).

Cierto es que las tres matrices del pensamiento quijanista (antiimperialismo, nacionalismo y socialismo latinoamericanista) se entienden dentro del avance del fascismo de la década del treinta y las dictaduras militaristas; pero no menos cierto es que Quijano adensará su postura en la década del sesenta, cuando a más revoluciones sociales, observa un mayor avance imperialista (ya advertido en 1928, en su obra *Nicaragua un ensayo sobre el imperialismo* [*Obra selecta*, v. IV], uno de los documentos clave en torno a esta cuestión para América Latina).

Se impone en sus escritos un sentido misional que implica hasta la posibilidad de hablar de un "léxico de Quijano", una respiración propia en sus análisis. Considero que es en "Rebeldes con causa" (1961), "Cara al desafío" (1961), y "Atados al mástil" (1964), entre otros, donde, desde un discurso doxológico marcado por una imperante necesidad pedagógica, se hace visible la necesidad de la unión de todas las patrias y apuesta al socialismo como instancia política y económica la excluyente.

Es importante destacar que mientras desde el semanario nuestro autor propiciaba la unidad continental y adhería a los diversos levantamientos revolucionarios, cuyo eje lo constituyó la revolución cubana del '59, desde el gobierno se declaraba a Ernesto Guevara, quien había visitado Uruguay en 1961, persona no grata. Esta política gubernamental, aislacionista con respecto a Cuba, tendría su máxima expresión en la reunión de cancilleres de Punta del Este, en 1962, cuando la isla es expulsada de la Organización de Estados Americanos, estrategia propiciada por los EE.UU. como medio para frenar la influencia de Cuba sobre la región. Este conjunto de acciones políticas, que el Partido Blanco –desde el gobierno– legitimó, ya habían sido propiciadas por John Kennedy a través de la creación de la Alianza para el Progreso (ALPRO), organismo que nucleaba a los países latinoamericanos bajo el poder de EE.UU. Destaco las notas escritas al respecto por Ángel Rama y Eduardo Galeano, "El acusador y el acusado" y "Para comerte mejor, América Latina", respectivamente.

QUIJANO Y EL PÚBLICO

Quijano modeló desde sus editoriales un determinado público, el marchista,[7] un lector de clase media, en su mayoría universitario o con aspiraciones educativas de nivel superior. La acusación de semanario "elitista" a la que alude Hugo Alfaro,[8] puede considerarse desde otro ángulo, relacionable con una intención educativa destinada a las capas medias, finalidad que no constituía un proyecto en otros periódicos de la época. En este sentido, en 1960 Quijano expresa una feroz crítica a la prensa de su país, condenándola por su carácter partidista y carente de toda innovación; los editoriales "Prensa y cambios" y "Publicidad y prensa", ambos de ese año, constituyen un análisis socioeconómico de esta práctica.

Es sabido que su "socialismo" posee un matiz marcadamente nacional y al mismo tiempo religador, y con una impronta alternativa aún más marginal que cualquier partido de izquierda.[9] Es decir que esta perspectiva se articula con la denominada "tercera posición", común en la década posterior a la Guerra Fría; pero su perspectiva no cristalizó en ningún partido político hegemónico. El editorial "Rebeldes con causa" evidencia el conocimiento de Quijano no solo de la política nacional e internacional, sino también de los modos de escribirla. Así, toda doxología que se exima de un análisis profundo de la realidad se ofrece, para nuestro autor, como vacua: "Algunos de los ensayos referidos, huelen a charla de café, por la liviandad del estilo, la indigencia de las citas, la demostración aplastante que ofrecen de la ausencia de toda cultura histórica, económica, y, por supuesto, política" (*Cultura* 318). Su malestar se centraba en la carencia no solo de una política, sino también de una cultura política, es decir, de una conciencia de una tradición reverberante en el presente, que los partidos políticos suelen fosilizar:

> Por la política, el hombre se acerca a su pueblo y se instala en su tiempo. Se enrola y compromete en una milicia. Pero "hacer política", no significa en todos los casos o no significa sólo –volvemos sobre lo dicho– acción partidaria o minúscula agitación electoral. Darle preeminencia a estos tipos de actividad, es tomar uno de los medios y no el más esclarecido, por el fin. Así, como se sabe, ocurre entre nosotros. Se confunde política, con fichero y maniobra. (321)

No en vano la obsesión que continuamente lo asalta es la creación de los mitos necesarios en una sociedad. Este anclaje constituyó uno de los puntos capitales en la creación del semanario y las diferentes perspectivas que adquiriría la columna cultural. En esta dirección, el estilo quijanista de evidenciar la queja se asemeja al descontento de Periquito el Aguador en la década del cuarenta, cuando señalaba las falencias de una presunta literatura nacional, y luego, a la imperiosa necesidad de Ángel Rama en la construcción de una literatura y una cultura latinoamericana.[10]

Omar Prego Gadea expresa:

> Con Quijano, entienden Caetano y Rilla, surge en el Uruguay un nuevo tipo de intelectual, "agrio, criticón, orgullosamente desvinculado del amparo oficial y sin mayor mecenazgo que el de sus pares". Tono éste (o impronta) que marcaría a fuego a los jóvenes congregados en torno a *Marcha* a partir de los años cuarentea, quienes trasladarían a sus áreas propias (literatura, plástica, teatro, música) esa visión corrosiva. (Quijano, *Cultura* 24)

De acuerdo con Prego Gadea, sostengo también que nuestro autor trajo nuevos aires a la ciudad letrada uruguaya al revolucionar con sus propuestas una imagen de un Uruguay autosuficiente y exitista, actitud que constituyó el común denominador de la generación a la que nuestro autor pertenecía, conocida como Generación del '45, o Generación Crítica.[11] De este modo, la producción de Quijano forma parte de un concierto de textos que –ya desde una perspectiva científica ya desde un discurso de tipo periodístico– se caracterizó por reflexionar en torno a los problemas de la nacionalidad desde una totalidad. Afirma Real de Azúa:

la presencia implícita de la categoría de "totalidad" es una de las características decididamente novedosas de la ensayística nacional de estos años. Y quien dice "totalidad" dice "radicalidad" pues la variedad de aspectos hemos de asirla en su parte naciente y más angosta. Y como quien dice radicalidad dice preocupación y hasta angustia de que ninguna solución, ningún remedio, ninguna salida están al alcance de la mano y haya que indagarlo y removerlo todo para encontrarlas. ("El Uruguay" 565)

Las tres matrices antes citadas, que constituyen un conjunto residual de los años veinte, se articulan con nuevos acontecimientos políticos en los sesenta, como los levantamientos revolucionarios que nuestro autor se encargará de comentar y problematizar en diversos escritos. De 1961 datan "El crimen y la hipocresía" y "La revolución de la creciente esperanza", en los que expone su posición frente a la política intervencionista de EE.UU. en Cuba, más precisamente, en lo que respecta a la Invasión a la Bahía de Cochinos. En esta última Quijano expresa: "América no es, ni será en el previsible tiempo que se acerca, comunista, y lo será menos si somos capaces de organizar una democracia social. Depende de nosotros y depende de que Estados Unidos no reincida en querer impedirlo" (*Escritos políticos II* 46). Es posible señalar aquí dos instancias relevantes: por un lado, la importancia del enunciado "democracia social" – articulable con el "socialismo real"– para la consecución latinoamericanista; por otro lado, la importancia del colectivo de identificación[12] en "nosotros", que adquiere una doble dimensión: un "yo" que se colectiviza en un "nosotros" en tanto lo articula a *Marcha* y, en una dimensión aún más amplia, América Latina.

El ideario latinoamericanista, que emerge fuertemente en las décadas del veinte y del treinta, será un hito vertebrador de su discurso. En 1965 en el editorial "Murieron por nosotros" regresa nuevamente a sus ideas eje: parte del caso particular de Santo Domingo, se separa de la teoría de los dos demonios (el Bien y el Mal, EE.UU.-Moscú), y postula una doctrina desde América Latina. Es común en estos editoriales el tono condenatorio de Carlos Quijano, muchas veces basado en una fuerte interdiscursividad de carácter religioso; tal es el caso del citado editorial del '65, en la que expresa "No ganaremos el cielo con oraciones. Lo ganaremos con actos" (*Escritos políticos II* 47).

El léxico de Quijano

Verdadero subversivo de la palabra, Quijano solía desmantelar ciertos lugares comunes del discurso religioso llevándolos hasta sus últimas consecuencias semánticas y recuperando así su naturaleza revolucionaria original, olvidada con el transcurso de los siglos. Pero además, es posible señalar una dimensión semiótica en el uso del ya citado colectivo de identificación, a través del cual funge un dispositivo en donde la voz de Quijano evidencia un sujeto cultural,[13] que se construye en y por el discurso. En numerosas ocasiones, éste deviene paradójico. En el editorial "Mensaje de Navidad" se visualizan una serie de enunciados en donde fusiona semas fuertemente religiosos con un marcado sesgo político: "redención", "San Pedro", "iglesia", "mártires", "castigo", etc.; puede advertirse aquí cómo dicho discurso se politiza para condenar mejor al imperialismo. Incluso es posible preguntarnos si estos matices discursivos de carácter mesiánico no constituirían resabios de un letrado que provenía de un hogar católico, o bien "restos" del espiritualismo de raigambre católica-rodoniana
  Otro caso paradigmático es "Atados al mástil" (*Cultura* 231-8), donde se advierte con claridad la presencia de un sujeto de enunciación que evalúa las posibilidades futuras del continente hacia una propuesta marxista. Por otra parte, es en este documento donde se visualiza la presencia de un contradestinatario al que se descalifica. Altamente persuasivo, el editorial intenta mostrar cómo el equipo marchista observa la situación política al tiempo que "hemos oído el llamado de lo que vendrá". A los semas bélicos como "cadáveres" y "guerra", les suceden otros de naturaleza semántica diferente como "Evangelio", "patria", "socialismo", "humanismo", "lucha de clases", que construyen un sistema argumentativo tendiente no solo a una defensa del socialismo, sino también a refutar al adversario. El imperialismo-capitalismo es el antagonista al que se busca descalificar y condenar; su contradiscurso, que supone una fuerte presencia del enunciador en el enunciado, aunque se parapete tras el colectivo, está teñido de un matiz emocional, afectivo que se expande en los textos mostrando una verdadera polifonía discursiva.
  Marc Angenot, desde la teoría del discurso social, postula la existencia de un discurso entimemático, categoría que implica la expansión del discurso doxológico hacia otra especie: el discurso agónico (*Le parole* 6), cercano en numerosas ocasiones al sermón y a la arenga política. Los editoriales de nuestro autor pertenecen a esta clasemática, en la cual coagula la presencia de ideologemas.[14] En este

sentido, es posible visualizar la fuerte presencia del "latinoamericanismo" en las editoriales de Quijano, que se construye en el entrecruzamiento de un pasado presentizado y formas culturales que nacen en la época, entre las que podemos señalar la creciente popularización de la cultura, el auge de la alfabetización, formatos innovadores en la prensa gráfica, etc. Asimismo, es preciso acotar que si bien la unidad continental fue una preocupación fundamental desde la ilustración, solo con el auge de la modernidad latinoamericana fragua su carácter utópico a modo de nudo gordiano, como un intento por plasmar una respuesta frente al imperialismo.

El léxico de Quijano y sus claves valorativas

Ese "léxico quijanista" evidencia ciertas claves valorativas de las que surge su visión utópica: Tercer Mundo versus Imperialismo; Socialismo versus Capitalismo; Países Subdesarrollados versus Países Desarrolados, díadas canalizadas a través de una compleja red de lexías de orígen religioso complementadas con el discurso marxista "nacionalizado". La tensión discursiva, producto de esta amalgama, expresa su voluntad de autoconstituirse y construir a *Marcha* como sujetos elegidos para cumplir una misión trascendente; expresa Quijano en "Mensaje de Navidad":

> Cuando esta nota se publique ya Navidad habrá pasado, pero de todas maneras he querido escribirla, para despedirme de París, que ahora, en la fría, húmeda, alta noche, duerme, y desafiar al destino que me espera y a cuyo encuentro marcho, por misteriosa intuición, alegre el corazón y los dientes apretados, dispuesto a echarme a los hombros la carga que yo mismo me he buscado. (*Cultura* 314)

Aunque es interesante observar la sucesión de imágenes oníricas en sus columnas, relacionadas a la perspectiva utópica, su latinoamericanismo conjuga una propuesta continental con un minucioso conocimiento de la realidad circundante y una confianza en el futuro, al menos en los escritos de los primeros cinco años. Cerca ya de la década del setenta y antes de las dictaduras, Quijano observa con cierto temor que los proyectos continentalistas están a punto de resquebrajarse. En efecto, infiero que su discurso pretende promover cambios inmediatos, de allí el fuerte matiz de arenga en los editoriales de la época, como medio para enfrentar un tiempo de incertidumbres. Incluso se advierte en algunos editoriales (como "Atados al mástil") el tono de manifiesto que adquiere su discurso: el uso reiterado de formas anafóricas como el adverbio de negación "no", el uso de verbos infinitivos ("abrir", "plantear", "optar"), que junto a la presencia sostenida, a lo largo de toda la argumentación, del colectivo de identificación "nos"-"nosotros", le otorgan a su escrito un matiz simultáneo de explicación, sentencia y propuesta.

Asimismo, nuestro autor fue duramente criticado desde los partidos políticos tradicionales y desde la prensa complaciente por su continuo disconformismo; este aspecto es particularmente revelador porque es posible articularlo con una de las característica de todo utopista: el descontento con el presente desde donde ejerce la crítica social. Asegura Fernando Aínsa:

> En la medida que la utopía nace de un sentimiento de rebelión frente a un estado de cosas que se considera insatisfactorio, rebeldía que se acompaña de una observación lúcida sobre la sociedad en que se vive, algunos autores consideran que la miseria ha sido el gran auxiliar del utopista. La miseria es la materia desde la que trabaja el rebelde, la sustancia que nutre sus pensamientos. (53).

La posición de Quijano se inscribiría en una propuesta transcultural con el fin de adoptar un socialismo diferencial al europeo, ya que el lugar desde donde se enuncian las soluciones es el del subdesarrollo.

Lo dicho en los editoriales, por ese "yo" que sutilmente se desliza hacia un "nosotros", es susceptible de ser considerado desde dos ángulos: por un lado, como un sujeto cultural que se dice y se hace en el discurso, por otro, como una propuesta colectiva, del "plural" equipo estable, de una visión mancomunada de la cultura uruguaya y latinoamericana. Numerosos son los ejemplos en donde la palabra quijanista, altamente politizada, resuena en la columna cultural de Ángel Rama.

Así, es importante considerar los editoriales desde un doble horizonte teórico: por un lado, las profundas reflexiones de Carlos Real de Azúa[15] y de Arturo Ardao; por otro, la zona de clivaje que rescata Angenot desde la teoría del discurso social, en torno a los géneros doxológicos, entre los que se cuenta el editorial. En efecto, el discurso social de los sesenta está atravesado por el latinoamericanismo, principalmente desde la óptica de una orientación de la izquierda continental, que lo rescata como reacción al neopanamericanismo. En consecuencia, se puede visualizar una estereofonía colectiva en la década del sesenta que vehiculiza la unidad latinoamericana, es decir, un "parloteo" instalado en el discurso social, ya sea para atacarla o defenderla. La voz de Quijano asumió su defensa, muchas veces de modo beligerante como se ha podido constatar.

Los editoriales marchistas – algunos de ellos recopilados como ensayos por Carlos Real de Azúa[16]– le brindaron la posibilidad de expresar una política de la economía social, cuyo eje debía partir de la unidad de los pueblos para enfrentar al imperialismo. Sus largas columnas, que fueron recordadas por Onetti y Rama, lo mostraban en toda su faz de maestro no sólo de la economía, sino también de cómo ejercitar periodismo de "ideas". A través de sus extensas explicaciones, en numerosas ocasiones saturadas de números, demostraba el error de producir más abogados que técnicos agropecuarios en un país de extensos campos y cría de ganado. De esta manera, las columnas revelaban entre líneas qué se estudiaba, pero además quiénes estudiaban en el Uruguay sesentista. Me refiero a los editoriales "Una democratización frustrada", "El hijo del zapatero", "Tiempo y hombres perdidos", "Medio rural, clase obrera y universidad", entre otros.[17]

Sacudir al Uruguay de su exitismo y de su "burocracia siesta" suponía la creación de una política de ideas, un saber que se legitimaba en el conocimiento certero de la realidad nacional e internacional. Esta característica explica en parte el formato de sus editoriales: su dimensión gráfica, con dilatadas argumentaciones encaminadas no sólo a demostrar la importancia de una fundamentación económica como base para el socialismo, sino también a moldear la opinión de un público al que había que formar o persuadir. De modo tal, que no hay, ni en los escritos de los sesenta ni en otra etapa de su obra, una dimensión utópica que corresponda al terreno de un sueño o programa individual. Para ello, continuamente apela a tres tipos de destinatarios: a los que se debe convencer, a los que urge atacar y a los que es imperativo seguir formando (Verón 15-24).

La dimensión social de su utopía es la contracara del imperialismo, que emerge como contradestinatario al que condena, pero también, como categoría epistemológica. Abundan en sus escritos citas de autoridad; Quijano hacía notar su formación, no era un letrado humilde, pero ese solazarse en la erudición también puede entenderse si pensamos en el valor que le confería a la palabra escrita, y en su carácter combativo.

Conclusión

Cabe preguntarnos si Quijano era un moderno. Sí, lo fue en todo el sentido del término. Un sujeto que confiaba en las revoluciones sociales, en los fundamentos de una ciencia económica alternativa como instrumento de liberación, en una cultura cosmopolita, en su deseo de autoconstituirse desde su semanario en la voz contracultural para el cambio. Consciente del carácter diferencial de nuestra modernidad, se separa del pensamiento europeo en el que se había formado y del que igualmente extraería las bases para nuestras propias teorizaciones, principalmente en el campo de la política y la economía. Pero fundamentalmente porque creyó y confió que el conjunto de naciones, divididas por límites arbitrarios, debía unirse y desmantelar el neopanamericanismo.

Carlos Quijano fue el rostro visible de un sueño colectivo. Su exilio y su muerte en tierras mexicanas, la constatación irrefrenable de que la realidad en política y economía tiene otro rostro, más real y menos irrevocable que el sueño marchista. El "nosotros" y el "yo", que campean en los editoriales, presuponen la estrecha comunión entre la palabra política y la coherencia de un accionar en la sociedad. El temor de Quijano y la urgencia de su discurso, que constantemente nos interpelan, siguen señalando :"navegar es necesario, vivir no", aunque desde América Latina y a inicios de un nuevo milenio, navegar signifique el tránsito inusitado en el inmenso océano de la globalización.

Notas

[1] Los subtítulos de los editoriales que figuran en esta recopilación pertenecen al compilador Carlos Vargas Quijano.

[2] Algunas de ellas fueron reproducidas en *Escritos políticos I* parte interior de la portada y contratapa.

[3] Este enunciado ha tenido un amplio campo de difusión, ha circulado como cita poética, refrán, etc. y ha migrado por una multiplicidad de textos. Su origen se encuentra en una frase célebre atribuida al general Pompeyo y retomada por Plutarco en su obra *Vida de Pompeyo*. Esta metáfora marítima alude a las acciones posibles de realizar aunque tengamos que poner en juego nuestra vida. Realizo esta acotación porque en *Escritos* aparece atribuido al poeta turco Nazim Hikmet. La pequeña nota que hace referencia a la muerte de Quijano, y cuya firma es de Adolfo Gilly, reproduce la aprecida en *Unomásuno*, el 11 de junio de 1984.

[4] En los años inmediatamente posteriores a la revolución cubana, el equipo marchista manifestó una serie de adhesiones al proceso revolucionario y al

gobierno castrista, desde los editoriales de Quijano hasta los escritos de Rama y Galeano. Al detonar el caso Padilla, en la década del setenta, *Marcha* adoptaría un acentuado tono cuestionador. De modo tal que su relación con Cuba debe ser analizada pormenorizadamente.

[5] En las elecciones de 1958 el Partido Colorado es derrotado por el Partido Blanco, luego de noventa y tres años de gobierno. Sin embargo, la nueva fuerza de gobierno no trajo cambios en la política uruguaya. Por otra parte, hacia las elecciones de 1962 la izquierda ya había alcanzado cierto estatuto social que no fue suficiente para demostrar que la política uruguaya seguía debatiéndose entre las dos fuerzas hegemónicas tradicionales. Las elecciones de 1966 produjeron una nueva rotación en el poder ya que el Partido Colorado , con la fórmula Gestido- Pacheco, resultó triunfante, por lo cual la política se debatió en una estructura bipartidista y conservadora. Véase Nahum y otros.

[6] Quijano en su juventud ya había participado en *El Ateneo de la Juventud* y fundado una revista cuyo título, *Ariel*, constituyó un homenaje a su maestro. Véase Caetano y Rilla.

[7] Me pregunto si el público marchista de los sesenta puede ser identificable con la franja etaria que conocemos como "generación perdida", luego de los golpes de estado setentistas.

[8] El texto de Alfaro, uno de los hombres más cercanos a Quijano y partícipe activo de *Marcha*, reconstruye la infrahistoria del semanario y brinda datos muy importantes a la hora de entender su legado.

[9] Caetano y Rilla se extienden en este aspecto al desarrollar su posición beligerante con los partidos de la izquierda uruguaya cuando Quijano regresa de Europa.

[10] Sirva como ejemplo la proverbial "Piedra en el charco" de 1939, de Periquito el Aguador: o célebres columnas de Ángel Rama como "Construcción de una literatura" (*Marcha* 1041), de 1960 y "Nuestra América" (*Marcha* 1090), de 1961, entre otras.

[11] Denominaciones que corresponden a Emir Rodríguez Monegal y Ángel Rama, respectivamente. En esta generación participaron, desde diferentes disciplinas, Carlos Martínez Moreno, Carlos Real de Azúa, Alberto Methol Ferré y Roberto Ares Pons, entre otros.

[12] Eliseo Verón define al colectivo de identificación como "el fundamento de la relación entre el enunciador y el protodestinatario" (12).

[13] Edmond Cros define al sujeto cultural como "1- una instancia ocupada por el Yo; 2- la emergencia y el funcionamiento de una subjetividad; 3-un sujeto colectivo;
4-un proceso de sumisión ideológica" (9-24).

[14] Desde Mijaíl Bajtín y Julia Kristeva hasta Frederic Jameson, las migraciones de la noción de ideologema cuentan con numerosos aportes. He preferido situarme en la resemantización realizada por Angenot, quien afirma: "Llamaremos *ideologema* a toda máxima, subyacente a un enunciado, cuyo sujeto lógico circunscribe un campo de pertinencia particular (ya sea el valor moral, lo judío, la misión de Francia o el instinto maternal). Esos sujetos, desprovistos de realidad sustancial, sólo son seres ideológicos determinados

y definidos únicamente por el conjunto de máximas isotópicas donde el sistema ideológico les permite ubicarse. Su estatuto opinable se identifica con la confirmación de una representación social que permiten producir" (*Le parole* 79).

[15] Me refiero a la introducción teórica realizada por Carlos Real de Azúa a su *Antología* (v. I, 11-59), excelente muestra del conocimiento de la cultura occidental de quien fuera uno de los más importantes colaboradores del semanario.

[16] Carlos Real de Azúa incluye algunos editoriales de Quijano en su recopilación. Los he cotejado con sus versiones originales y no he percibido modificación alguna. Esta operación traslada un género periodístico que al formato libro; supone otro tipo de público, más académico y acostumbrado a un tipo de lectura más científica. En este sentido, es posible advertir que los editoriales quijanistas poseen un amplio campo de recepción. Asimismo, es preciso aclarar que los escritos de esta década, con respecto a otros anteriores, poseen un tono menos académico, y altamente emocional.

[17] Todos de 1961.

BIBLIOGRAFÍA

Alfaro, Hugo. *Navegar es necesario. Quijano y el semanario* Marcha. Montevideo: Ed. De La Banda Oriental, 1985.

Aínsa, Fernando. *La reconstrucción de la utopía*. Buenos Aires: Ed. Del Sol, 1999.

Angenot, Marc. *Intertextualidad, interdiscursivad, discurso social*. Traducido por la cátedra de Teoría y Crítica Literaria. Universidad Nacional de Rosario, 1998.

_____ *Le parole pamphletáire*. París: Payot, 1982. Traducido por Liliana Tozzi para el Centro de Estudios Avanzados de la Universidad Nacional de Córdoba, 2002.

Ardao, Arturo. Prólogo a la *Obra Selecta de Carlos Quijano*. v. I. Montevideo: Ed. Cámara de Representantes, 1989. xvii-xlv.

Armas, Marcelo de y Adolfo Garcés. *Uruguay y su conciencia crítica*. Montevideo: Trilce, 1997.

Caetano, Gerardo y José Pedro Rilla. *El joven Quijano (1900-1933). Izquierda nacional y conciencia crítica*. Montevideo: Ed. de la Banda Oriental, 1986.

Cros, Edmond. *El sujeto cultural. Sociocrítica y Psicoanálisis*. Buenos Aires: Corregidor, 1997.

Galeano, Eduardo. "Para conocerte mejor, América Latina". *Marcha* 1070 (Montevideo, 1961).

Machín, Horacio. "Ángel Rama y 'La lección intelectual de *Marcha*'". *Ángel Rama y los estudios latinoamericanos*. Mabel Moraña, ed. Pittsburgh: IILI, 1997. 71-94.

Maggi, Carlos. *El Uruguay de la tabla rasa*. Montevideo: Nuevo Siglo, 1992.

Nahum, Benjamín y otros. *Crisis política y recuperación económica, 1930-1958*. Montevideo: Ed. de la Banda Oriental, 1988.

____ *El fin del Uruguay liberal: 1959-1973*. Montevideo: Ed. de la Banda Oriental, 1990.

Pizarro, Ana (org.). *América Latina: palavra, literatura e cultura*. São Paulo: UNICAMP, 1993-1995. 3v.

____ *De ostras y caníbales: reflexiones sobre la cultura latinoamericana*. Santiago: Universidad de Santiago, 1994.

Quijano, Carlos. *Los golpes de estado (1933 y 1942)*. Montevideo: Cámara de Representantes, 1989.

____ *América Latina. Una nación de Repúblicas. Nicaragua*. Vol. IV. Tomo 2. Montevideo: Cámara de Representantes, 1989.

____ *Cultura, personalidades, mensajes*. Omar Prego, Gerardo Caetano y José P. Rilla, eds. Montevideo: Cámara de Representantes, 1992.

Rama, Ángel. *La conciencia crítica* en Enciclopedia Uruguaya N° 56. S/D.

____ "El acusador y el acusado". *Marcha* 1070 (Montevideo, 1961).

Real de Azúa, Carlos. *Antología del ensayo uruguayo contemporáneo*. Montevideo: Universidad de la República, 1964. 2v.

____ "El Uruguay como reflexión (I)". *Capítulo Oriental* 36 (Montevideo, 1969).

Rocca, Pablo. *35 años en* Marcha: *crítica y literatura en* Marcha *y en el Uruguay, 1939-1974*. Montevido: Intendencia Municipal de Montevideo, 1992.

Verón, Eliseo. "La palabra adversativa". *El discurso político. Lenguajes y acontecimientos*. Buenos Aires: Edicial, 1987.

De *Marcha* a *Cuadernos de Marcha*. Un proceso ideológico inscripto en el tiempo histórico

María Angélica Petit

A Mercedes Quijano
A Carlos Vargas Quijano
in memoriam

Nunca hemos hablado ni callado –así creemos– por temor o interés. *Les jeux sont faits*. No desaprovechemos esta libertad que el tiempo ha conquistado para nosotros.
Carlos Quijano. Montevideo

Las voces del silencio, entre ellas la nuestra, volverán a hacerse oír. Con nosotros o sin nosotros.
Carlos Quijano. "A Julio Castro" México, 1976

I

PERFIL DE LA SAGA
1939-2001

Se trata de lanzar al espacio profundo de la memoria para rastrear en ella y simultáneamente al abierto espacio digital, el hilo ejecutor que ligue y relacione una labor editorial extendida en el tiempo histórico, densa, dinámica, urgida, testigo del *devenir uruguayo-latinoamericano-mundo*.

Se trata de "pensar históricamente", como propone Pierre Vilar.

De *re-des-construir*, seleccionar, juzgar una labor editorial inserta en un tiempo histórico que se inicia en junio de 1939 para extenderse hasta agosto del 2001.

Sesenta y tres años cabales de intenso periodismo, amor a la verdad, a la investigación, la información certera: la responsabilidad de escribir y hacerse oír para, en cierta medida, guiar.

PLURIDISCIPLINARIEDAD Y TRANSDISCIPLINARIEDAD

Marcha y Cuadernos de Marcha en sus tres épocas, así como la revista Ideas. Historia de las Ideas/Mentalidades/Sensibilidad, fueron intrínsecamente pluridisciplinarias y concomitantemente transdisciplinarias. En primer lugar por la temática abordada, pero también porque estas cualidades fueron bagaje cultural de muchos de sus agentes, incluido el propio Quijano.

"Debe entenderse por sociología (en el sentido aceptado de esta palabra, empleada con tan diversos significados): una ciencia que pretende *entender, interpretándola*, la acción social para de esta manera *explicarla causalmente* en su desarrollo y efectos", afirma Max Weber (905). Desde temprano se hizo consigna el instrumento cognitivo y metodológico que en 1979 explicaría Noé Jitrik al estudiar la génesis y factores de los conflictos y la crisis argentina: razonar sobre los "efectos" de la conjunción de acontecimientos y protagonistas en el ámbito de la cultura considerada como "campo de producción de ideología".

LENGUAJE Y PODER SIMBÓLICO

La teoría neo-kantiana que confiere al lenguaje y en general a las representaciones una eficacia simbólica en la construcción de la realidad, está plenamente justificada, afirma Pierre Bourdieu (65 y siguientes). Desde 1939 al 2001, durante los sesenta y tres años que informan las colecciones del semanario Marcha y las tres sucesivas series de Cuadernos –cada una de ellas cerrada– así como en la revista Ideas. Historia de las Ideas/Mentalidades/Sensibilidad, se supo adoptar y adaptar el instrumental lingüístico a las condiciones sociales de producción y de utilización. Se logró armonizar el *opus operatum* al *modus operandi*. Diversas plumas, distintos autores, estilos diferentes influidos necesariamente por la natural evolución de la lengua a través del tiempo, ejercieron una benéfica acción y ejemplificación de su manejo a sus lectores. Estas colecciones integran los fondos documentales de importantes bibliotecas dentro y fuera de fronteras. Algunas, pocas, almacenaron Marcha en *micro-films*. Una extensa red internacional de universidades, en los cinco continentes, puede comunicar los textos de las tres etapas de Cuadernos de Marcha y la revista *Ideas.* Actualmente editoriales de Quijano y textos críticos sobre su pensamiento son vertidos a una página *web* (emprendimiento de Teresa Quijano).[1] La investigación sobre la evolución del lenguaje y el estilo, está por hacerse. La que corresponde al contenido del *corpus* en su rica pluridisciplinariedad, recién comienza.[2]

La *historia total* que practicó y enseñó Braudel (y quienes nos hemos inscripto en esa fecunda escuela) es *pluri* -y- *transdisciplinaria.* En el equipo de *Marcha* y las publicaciones que a través del tiempo sembró, los críticos literarios fueron sociólogos e historiadores, los historiadores politólogos y los economistas, sociólogos. Sus ilustradores y caricaturistas realizaron la síntesis necesaria.

La saga de *Marcha* no pretendió cuestionar ni imponer un sistema de valores o un código moral, pero sin temor al desagrado de la sociedad –sino que con frecuencia arrostrando buena parte de ella– expresó y defendió juicios de valor y alentó un sistema de valores respecto a los cuales incitó a la reflexión e incluso a la acción toda vez que la *praxis* histórico-social lo requirió. Aspiró amalgamar lenguaje, verdad, la lógica de la razón y la lógica de la inteligencia –fecunda distinción de Ardao[3]– y el progreso social.

La estrategia política se sustentó sobre los principios-paradigmas de antiimperialismo, latinoamericanismo, democracia, república, adhesión indeclinable al *ser y la identidad nacional,* respeto a la vigencia de la estructura político-institucional interna e internacional, intransigente defensa de los derechos humanos, equidad y justicia social.

El *poder de nombrar* no se ejerce sólo por la palabra. La caricatura tiene una eficacia simbólica contagiosa, que ocupa un lugar privilegiado en el arte de comunicar. El chiste, el agravio o el insulto elusivo o entrelineado de la página de humor es un agente ideológico significativo (Véase Milner y Ruwet).

La enunciación de la verdad oculta e incluso negada del discurso de humor ejerce una violencia simbólica bien graduada que incita al *redescubrimiento* al lector cómplice, el destinatario activo y conscientizado. El trazo escandalizante del caricaturista puede dar nombre a algo negado o prohibido o algo que tal vez de otra forma no podría ser conceptualizado. La caricatura y el chiste trasmiten de manera fulminante el mensaje. La caricatura concilia el placer subjetivo que despierta la imagen visual con la exigencia de la razón; la percepción anticipa y estimula la reflexión. Tanto el discurso de humor como el del dibujante poseen la virtud de eludir con eficacia la censura política y dictatorial. *Marcha* utilizó al máximo la estrategia.

Desde *Jess* y *Peloduro* (Julio E. Suárez, antes en *El Nacional* luego en *Acción* y con su firma desde el N°1 de *Marcha*), Jorge Centurión, Menchi (Hermenegildo Sábat), *Roberto* (el refugiado español Roberto Gómez), Nerses Ounanian, Yenia Duvnova, Carlos Pieri, *Blankito* (Luis Blanco), *Pancho* (Francisco Graells), *Miyo* (Carlos Millot), hasta los artistas plásticos de *Cuadernos de Marcha* Tercera época y la revista *Ideas: Ombú* (Fermín Hontou, también ilustrador de los *Cuadernos* de México), Pablo Casacuberta, Pilar González, *Miyo*, Ulises Beisso (h), Ohanes Ounanian y Justino Serralta desde París. Carlos Vargas, en la síntesis gráfica que operó al armar –en el vértigo del cierre en la Redacción de la calle Piedras– tantas tapas de *Cuadernos* e *Ideas*.

La alquimia de los humoristas aliviando la tensión condensó y trasmitió el mensaje cáustico y eficaz. El discurso del humorista implica el intercambio *intersubjetivo* de representaciones mentales, la sugerente mediación entre la razón y el placer (Changeux 67-71). Aristas de *Periquito el Aguador* y brulotes de *Groucho Marx* (Onetti), Julio Castro en "Siete días", *El Hachero* (Julio César Puppo), *Marius* (Alfredo Mario Ferreiro), *El Ugier Urgido* (Alberto Echepare, en sus crónicas parlamentarias), *Maneco* (Manuel Flores Mora), *Juceca* (Julio César Castro), *Cuque* en "El agujero en la pared" (Jorge Esclavo), *Verdoux* (Mauricio Müller), *Damocles* en "Mejor es meneallo" (Mario Benedetti), *Al Kaloïde* (Daniel Waksman Schinca), Alfredo de la Peña, *Mónica* (Elina Berro, solitaria en el género), *Bembolio* (Omar Prego Gadea), Carlos Nuñez, *Dic* (César Di Candia), *Gut* (Carlos María Gutiérrez), *Juan Teluque* (Mauricio Rosencof), *Pangloss* (Julio Rossiello). En la sección "La mar en coche", sin firma, como también Carlos Martínez Moreno, Hugo Alfaro y Homero Alsina Thevenet, muchos de ellos.

Para rellenar un hueco en la página editorial, ya en el Taller, Quijano solía ordenar "un suelto gracioso a una" (columna) de tantas y tantas líneas, que solían improvisar en simultáneo y componer *in situ* como "chistoso primero y chistoso segundo", Martínez Moreno y Omar Prego.

Más eficaz aun que el insulto elusivo y la mofa caricatural, es el insulto directo, instrumento que, cuando fue menester, supo manejar con maestría Quijano en la página política de *Marcha*. El título apocalíptico que emite una amonestación histórica, como el ideado por Quijano exiliado en México para expresar el repudio al agravio inferido a la ciudadanía, a la Constitución y a la República por el titular del Poder Ejecutivo y responsabilizarlo por su participación en el *proceso-dictatorial-cívico-militar*, tiene ejemplarizante valor cívico, en el legítimo sentido de la palabra, tanto como modélico a nivel semántico y literario. "El despido de Bordaberry. Requiem para nadie" tituló Quijano cuando el 11 de junio de 1976 Juan María Bordaberry fue destituido de su cargo por las Fuerzas Armadas que él mismo había asociado al poder de gobernar al margen y en contradicción de la Constitución.[4]

BINOMIO AXIOLÓGICO Y POLÍTICO:
INDEPENDENCIA Y PLURALIDAD

Cabe considerar que el individuo es por esencia *sujeto axiológico* y *sujeto gnoseológico*.[5] Al menos ésta ha sido una consigna política y axiológica que, consciente a la vez que espontáneamente, se ha vivido en la redacción de la *saga* periodística iniciada en 1939 en *Marcha*. Basten las siguientes ejemplificaciones.

En una entrevista que en 1993 me concedió Noé Jitrik en Buenos Aires, la filosofía de Juan Carlos Onetti expresada tanto en sus textos no ficcionales como en su narrativa, fue calificada por mí como filosofía *pre-existencialista* y, sin discrepar, como *filosofía del desecho* por Jitrik (Petit, "Con Noé Jitrik"). Onetti era el secretario de redacción y cofundador del semanario. Nada más lejos de Quijano que el participar de aquella filosofía. La novela *La vida breve*, aplaudida por Emir Rodríguez Monegal, fue, en el mismo espacio literario, duramente calificada por Alsina Thevenet. ("Pecado de juventud", le oímos excusarse tiempo después). El desencuentro ideológico entre Arturo Ardao y Carlos Real de Azúa; la encrespada polémica Real de Azúa-Solari – Ardao (Real fue tildado de "camisa parda"); la histórica polémica en torno al "caso Padilla" y la revolución cubana, iniciada por Oscar Collazos y Julio Cortázar y proseguida por Vargas Llosa; la disparidad ideológico-literaria existente entre Emir Rodríguez Monegal y Ángel Rama, (y con matices entre aquel y Quijano) que años después, Emir juzgó, fundamentaron "la lucha por el poder" –incluso laboral– en la página literaria y desde ella en el dominio de las capillas que inexorablemente cohabitan en el mundillo de las letras. Larga sería la lista de ofuscadas discrepancias, acalorados y esclarecedores debates de toda índole que dieron cuerpo a la *generación del 45*. *La generación de Marcha*, en abusiva calificación de Ángel Rama, que relega a las revistas *Número* (Idea Vilariño, Benedetti, Rodríguez Monegal, todos ellos de *Marcha*) y *Nexo*, ésta volcada hacia la cultura del interior del país, "entrañavivista", con perfil estético y éticoreligioso (católica) propio. *Marcha*, auscultando la realidad –y la cultura– nacional en su conjunto, estuvo atenta al ritmo de la evolución de la expresión del pensamiento, la creación artística en todas sus manifestaciones, la ciencia y la tecnología, en el escenario universal.

En los *Cuadernos* de México, la polémica en torno a la ejemplar novela *El color que el infierno me escondiera* motivó el doloroso alejamiento de Carlos Martínez Moreno.[6] En la etapa del regreso de *Cuadernos* a Montevideo, varias secciones albergan explícitas discrepancias. Sin llegar a esos extremos, fue prerrogativa tácita de los sucesivos directores, en las sucesivas etapas de la *saga*, la que, ante mi más absoluto asombro – aún no me había iniciado en esas lides– años atrás hiciera exclamar a Martínez Moreno en plena antesala de uno de los festivales de cine del semanario organizados por Alfaro: "Voy a fundar un diario frente al local de *Marcha* para publicar las notas que el doctor Quijano me tira al canasto". No obstante, el respeto a la independencia de criterio fue en todo momento una virtud de la *saga*.

II

AGENTES DE COMUNICACIÓN Y EXPRESIÓN CULTURAL: LA SAGA *MARCHA-CUADERNOS DE MARCHA*, LAS EDITORIALES Y LA REVISTA *IDEAS*

Los instrumentos materiales que aseguraron el éxito de la tarea que se fue autoconstruyendo a través del tiempo, fueron el semanario *Marcha* fundado por Carlos Quijano el 23 de junio de 1939, luego de las fructíferas experiencias del juvenil "Centro de Estudiantes Ariel", fundado el 23 de junio de 1917, año de la muerte de Rodó, la revista *Ariel*, el diario *El Nacional* (2 de agosto de 1930-1931)[7] del semanario *Acción* (marzo de 1932- abril de 1939) y los *Cuadernos de Acción*, desde donde combatió el golpe de estado que conculcó la progresista Constitución de 1917, dando paso a la llamada "dictablanda" impuesta por Gabriel Terra el 31 de marzo de 1933 luego de 28 años de paz civil, despropósito histórico que luego mereciera, como el atentatorio eje Roma- Berlín, el estridente anatema de la recién fundada *Marcha*. Julio Castro, desde el inicio Subdirector del semanario, tejió con ironía y humor una dramática y desconocida historia socio-cultural de la realidad uruguaya, la situación de la infancia y de la escuela rural, así como de la dura verdad política y socio-cultural latinoamericana.[8] Arturo Ardao (1912) que a los 19 años escribió el primer editorial de *Acción* y luego el de *Marcha*, compartirá todas las vicisitudes del semanario y de los *Cuadernos*; la revista *Ideas* inclusive. Juan Carlos Onetti (1909-1994), Secretario de Redacción, puso la piedra fundacional de la página literaria: primero sin firma en *"artes, letras & cía"*, y en "De aquí y de allá", con el seudónimo "Uno" (*Marcha*, Año I, No 1, 23 de junio 1939) y de inmediato como *Periquito el Aguador* en "La piedra en el charco".[9]

La apelación a colaboradores en el exterior fue otro eficaz instrumento manejado por Quijano y sus sucesores. La Biblioteca de Marcha Editores, en Montevideo, Ediciones Marcha y el Centro de Estudios Uruguay – América Latina (CEUAL) en México, se sumaron al arte de comunicar, investigar, informar, polemizar. De pensar y hacer pensar.

En 1957 Quijano intentó ampliar el campo de acción por medio de un diario de masas y asumió la dirección de un *La tribuna popular* –de vieja data– que pasó a denominarse *Tribuna*. Llevó consigo de *Marcha* para los puestos claves a Carlos Martínez Moreno, Julio Castro y Omar Prego, el primero de los cuales, que debía asumir la subdirección, desertó muy pronto. Se editaron números especiales para los que convocó a notorios investigadores, que en cierta forma implicaron un anticipo de *Cuadernos*. Dificultades de administración de una empresa que era ajena frustraron la experiencia.

POR QUÉ LOS *CUADERNOS DE MARCHA*

Publicación paralela al semanario, respondió a la necesidad de crear un espacio complementario que permitiera desarrollar en profundidad temáticas clarificadoras, muchas veces urgentes, para recibir las cuales los lectores de *Marcha* estaban maduros y que los tiempos hacían indispensable. Se trata de *Cuadernos* monográficos, en su conjunto de alcance pluridisciplinario, coordinados por diversas personalidades vinculas a *Marcha*. Al comienzo de aparición bimensual, luego mensual, fueron impresos en Talleres Gráficos "33" Sociedad Anónima, la imprenta de Quijano –linotipo y estrepitosa rotativa Marinoni del siglo XIX en papel de diario, sin ilustraciones, alcanzaban aproximadamente 112 páginas.

Geográficamente, el semanario y los *Cuadernos* editados en Montevideo tuvieron por sede sucesivos edificios de la "Ciudad Vieja", el casco urbano de San Felipe y Santiago de Montevideo. Era el área preferida por Quijano, donde también tenía su estudio de abogado. En el local definitivo, el actual, en la calle Piedras 524, en los altos de los Talleres, luego del cierre definitivo de *Marcha* acompañado por

Alfaro y un puñado de fieles cumplió la vela de armas antes de partir, perseguido, al exilio.

III

HISTORIA DE LAS IDEAS:
UNA CONSTANTE A TRAVÉS DEL TIEMPO

Antes que en Uruguay existiera conciencia de la existencia de la disciplina como tal, el semanario *Marcha* comienza a publicar textos (muchos de ellos de Ardao) que implican una investigación sobre Historia de las Ideas, tarea que proseguirán los *Cuadernos de Marcha* en las tres sucesivas épocas y la revista *Ideas* (serie sobre la Generación española de 1898), así como la editorial de Montevideo y la del exilio mexicano. Los textos publicados, pertenecientes al género ensayo, confieren a la Historia de las Ideas de Uruguay y de América Latina innegable legitimidad historiográfica.

Si consideramos la Historia de las Ideas en tanto disciplina, en Uruguay Arturo Ardao fue el pionero. En 1949 asumió en la naciente Facultad de Humanidades y Ciencias, Universidad de la República, la Cátedra de "Historia de las Ideas en América", y en 1954, en el recién inaugurado Instituto de Profesores "Artigas" (I.P.A.). La Cátedra pasó a denominarse – con cierta ambigüedad ontológica– "Historia de las Ideas en América y del Pensamiento Nacional" a propuesta del historiador Juan E. Pivel Devoto, cuando se hizo cargo de ella para sustituir a Ardao, quien pasaría a ocupar el Decanato en la Facultad de Humanidades y Ciencias. En 1986, cuando por concurso de méritos me correspondió hacerme cargo de esta cátedra, el programa vigente (con preferente selección de las Ideas políticas y constreñido desarrollo temporal) era el redactado por Pivel Devoto. En el ámbito del Río de la Plata la historiografía de las Ideas Filosóficas ha rastreado a partir de la Escolástica, en la época colonial. El pensamiento escolástico germinó en las universidades de Charcas y Córdoba, en el Real Colegio de San Carlos, en Buenos Aires, el Convento de San Bernardino, en Montevideo y en las Misiones jesuíticas del Paraguay. En la etapa independentista, ideas políticas, político-institucionales, económicas y sociales fueron expresadas y defendidas por doctrinarios o ideólogos de la revolución, como Mariano Moreno o José Artigas. En el período de la organización nacional son ilustrativas las ideas vertidas en las asambleas constituyentes del Estado Oriental (en 1829) y de las Provincias Unidas del Río de la Plata. Más adelante, las ideas filosóficas y de ciencia política *avant la lettre* de los argentinos Alberdi, Gutiérrez, Echeverría, Levene, Alberini, Canal Feijóo, Ingenieros, hasta llegar a figuras como Alejandro Korn o Francisco Romero, José Luis Romero y Arturo Andrés Roig. En Uruguay, concomitantemente a la presencia de la generación argentina de 1827 y después, cabe recordar los escritos de Andrés Lamas, de los integrantes de la fecunda *generación principista* de la década de 1870 (José Pedro Ramírez, Director de *El siglo* y legislador; Carlos María Ramírez, fundador del Partido Radical y de *La bandera radical*; Agustín de Vedia y Francisco Lavandeira, fundador de *La democracia*; José Pedro Varela, Director de *Idea* y reformador e impulsor de la enseñanza primaria, pública, obligatoria, y en proceso de laicización. Son una cantera de Historia de las Ideas las polémicas dentro y fuera del Ateneo. Los escritos de algunos representantes del clero, como Mariano Soler en el campo de la Historia de Ideas Religiosas. Otro *corpus* de investigación es el pensamiento filosófico de la Universidad y las polémicas entre espiritualistas y positivistas al finalizar el siglo XIX. En el siglo XX uruguayo resplandecen las figuras de José Enrique Rodó, Carlos Vaz Ferreira (*Lógica viva*), sus alumnos Carlos Benvenuto y Luis E. Gil Salguero, Antonio María Grompone, Arístides Delle Piane, José Pedro Massera (Filosofía de la Experiencia); Carlos Reyles, Pedro Figari, Santín Carlos Rossi, Emilio Frugoni, Pedro Ceruti Crosa, (Filosofía de la Materia), ambas corrientes marcadas por el ciencismo positivista de fines del siglo XIX; Fernando Beltramo, neohegeliano de la escuela italiana de Croce y Gentile del primer tercio del siglo XX, y Emilio Oribe (*Teoría del Nous*) –vinculado a los presocráticos, Parmédides y Anaxágoras–, ambos representantes de la Filosofía de la Idea, tendencia espiritualista, racionalista e idealista. Un idealismo fundamentalmente ético, de significación axiológica más que gnoseológica. Prosiguen Antonio Castro, Dardo Regules (*Filosofía de la Iglesia*); Alberto Zum Felde (*El problema de la cultura americana*), Juan Llambías de Azevedo, (*Eidética y aporética del Derecho*), Alejandro Arias, F. Kurt Lange (*Filosofía de la Cultura*). Al promediar el siglo XX y algunos de ellos penetrando en el siglo XXI, mencionamos la figura señera de Arturo Ardao, filósofo (*Espacio e inteligencia* y *Lógica de la Razón y Lógica de la Inteligencia*) e Historiador de las Ideas; Aníbal del Campo ("La gnoseología de Hartmann", "*Sobre la filosofía de Heidegger*"); Manuel Arturo Claps, Mario H. Otero; los jesuitas Juan Luis. Segundo (*teología de la sospecha*) y Luis Pérez Aguirre (*teología de la liberación, La Iglesia increíble* y *Para leer la Encíclica en clave de Sur*); Mario A. Silva García (*Plenitud y degradación a propósito del bergsonismo*), Mario Sambarino (*El concepto del individualismo*), más recientes Daniel

Gil (*El yo herido*), Saúl Paciuk, entre otros, van marcando etapas que recoge, de una u otra forma la *saga* (*Actualizaciones en Ardao*). En la investigación de Historia de las Ideas en la actualidad existe una nutrida generación surgida de la Cátedra y el Instituto de Historia de las Ideas (que integro) de la Facultad de Derecho y Ciencias Sociales, fundada en el filo de los años sesenta-setenta, presidida largo tiempo por Julio Barreiro y luego por Raquel García Bouzas. Integran esta generación emergente en el horizonte filosófico –presente en *Cuadernos*– Yamandú Acosta, Agustín Courtoisie, Jorge Liberati, entre otros. Genéricamente la intelectualidad uruguaya ha participado –en menor proporción controvertido e incluso abjurado– en la *saga*.

El semanario *Marcha*, con Arturo Ardao (en el espectro político y filosófico), Juan Carlos Onetti, Francisco Espínola, Joaquín Torres García, Dionisio Trillo Pays (recordando a los de la primera hora); Guillermo Chifflet, Carlos Martínez Moreno, Carlos Real de Azúa, Manuel Arturo Claps, Aldo Solari, Rodolfo Tálice, Fernando Mañé, Mario H. Otero, Eugenio Petit Muñoz, Pivel Devoto, Oscar Bruschera, Alfredo Castellanos, José Pedro Barrán, Guillermo Vázquez Franco, Augusto Torres García, P. Mañé, H. Borrat, J. C. Somma, Carlos María Gutiérrez, Manuel Flores Mora, Roque Faraone, Carlos Núñez, Guillermo González, Guillermo Waksman, Juan Arturo Grompone; Emir Rodríguez Monegal, Idea Vilariño, Mario Benedetti, Clara Silva, Mario Vargas Llosa (corresponsal en París), Julio Cortázar, Mario Arregui, Julio Da Rosa, José Pedro Díaz, Omar Prego Gadea, Wáshington Benavídez, Hiber Conteris, Ángel Rama, Mercedes Rein, Ida Vitale, Hugo Achugar, Cristina Peri-Rossi, Eduardo Galeano, Rubén Cotelo, Graciela Mántaras, Martha Traba, Jorge Ruffinelli, Gerardo Fernández, Heber Raviolo, entre otros, reactivó, enriqueció y divulgó el acervo de la Historia de las Ideas, la investigación literaria, las Ciencias Humanas y las Ciencias Sociales en su globalidad. La crítica de cine (con Alsina Thevenet y Hugo Alfaro), la de arte o la de teatro; ideas literarias y textos significativos, las propuestas de reforma de la enseñanza en sus tres niveles, son otras "series para armar" el perfil cultural uruguayo. El pensamiento económico y político de Quijano es tópico aleccionador que rebasa las disciplinas.[10]

A partir del *corpus* integrado por las sucesivas colecciones de la *saga* se pueden estructurar valiosas series de Historia de las Ideas en sus distintas vertientes, tanto de Uruguay como de América Latina. Ideas Filosóficas y Políticas; Historia del Uruguay desde su etapa fundacional; Historia del tiempo presente del Uruguay, el proceso dictatorial y la fundación del Frente Amplio; Historia de América latina y su relación con EE.UU.; Ideas económicas, hechos marcantes de la realidad histórica contemporánea en el escenario universal; investigación y textos literarios.[11]

La serie de *historia de las ideas filosóficas*, las ideas rectoras, afirma Ardao, pone la piedra fundacional. Coordinado por Ángel Rama, el No 1, mayo 1967, de *Cuadernos de Marcha* –al cumplirse cincuenta años de su nacimiento– lleva por título "Rodó": Quijano vuelve así a sus orígenes ideológicos. Contiene los ensayos de la plana mayor de los intelectuales de la época: los uruguayos R. Ibáñez, Ardao, Claps, Real de Azúa, Petit Muñoz (co-fundador del Centro "Ariel") y el mexicano Leopoldo Zea (Rama). Coincidiendo con el centenario del nacimiento, en junio de 1971, coordinado por Ardao, se publica "Centenario de Rodó".[12] En la misma línea –Ardao coordinador–, otros dos *Cuadernos* conmemorando el centenario de su nacimiento, se dedicaron a Carlos Vaz Ferreira.[13] Se editaron *Cuadernos* sobre el pensamiento de Marx y sobre el marxismo.

La *historia de las ideas y los hechos políticos de Uruguay*, comprende entre otros los números dedicados a "Frugoni" (fundador del Partido socialista uruguayo y el diario *El sol* en 1906), "Batlle" (José Batlle y Ordóñez, Presidente de la República 1903- 1907 y 1911- 1915, miembro del Consejo Nacional de Administración –rama colegiada del Poder Ejecutivo durante la vigencia de la Constitución de 1917–, fundador del diario *El día* –a vintén– y propulsor de un modelo democratizador a nivel económico, social y cultural, el "Frente Amplio" (documentos fundacionales); la crisis político-institucional de febrero de 1973 (*Cuaderno* 68).

La serie de *historia de las ideas y los hechos políticos en América Latina*: incluye "El peronismo (1943-1955)", "Peronismo. El exilio", "Cuba", "Che Guevara, el teórico y el combatiente", "Cuba: Nueva política cultural. El caso Padilla", "A veinte años del Moncada", "Perú. Petróleo y reforma agraria", "Otro mayo argentino" (estallido estudiantil de 1968), "Allende. Compañero Presidente", así como hechos marcantes de la realidad internacional: por ejemplo, "Vietnam", "África", "El poder negro", "España", "Israel", "Palestina", "Checoslovaquia", son algunos de los títulos.

Enriquece la disciplina la serie dedicada a la *historia del pensamiento religioso*, varias entregas que se componen en el fragor político-ideológico de los años sesenta-setenta en que se construye la teología de la liberación. Período representado en el Uruguay por la presencia del Centro Latinoamericano de Economía Humana (CLAEH) fundado bajo la égida del jesuita Lebret y la esclarecedora y tenaz acción del arquitecto y sociólogo Juan Pablo Terra, fundador –para adecuarse a la hora del cambio e impartirle una actualizada dimensión política y evangélica (véase Terra)– del partido político "Demócrata-Cristiano", desgajado de la "Unión Cívica", partido creado en 1912 y luego animado básicamente por el doctor Dardo Regules.

En la estructuración que estamos proponiendo cabe distinguir la *serie político-institucional* dedicada al Uruguay. Piedra fundacional de ésta es "Orientales y argentinos" (*Cuadernos* 20), edición ejemplar de un tema todavía en discusión. La investigación histórica, como la historia misma, se construye y reconstruye paralelamente a la historia viva de los pueblos, el renovado actor histórico. Prosiguen temas relativos a la gesta caudillista y revolucionaria del siglo XIX. Otros títulos son: "El Río de la Plata", investigación plural sobre la jurisdicción marítima y el estatuto jurídico de la cuenca, incluida la del río Uruguay, la jurisdicción tan discutida de la isla Martín García, los conflictos fronterizos binacionales en su proyección histórica y en ese instante, los convenios vigentes. La serie literaria de aquellos *Cuadernos* luce títulos del panteón nacional y del rioplatense e incluso del panteón literario ibérico. Los documentos fundacionales del Frente Amplio y reportajes a sus principales figuras aportan elementos de reflexión y análisis aún no del todo clarificados por la historiografía (*Cuadernos* 46). Las figuras de alto prestigio nacional como Juan Pablo Terra (presidente del Partido Demócrata Cristiano) y Zelmar Michelini (fundador de la Lista 99 surgida del Batllismo "quincista" de Luis Batlle Berres, sub lema del Partido Colorado), al incorporar otros partidos políticos y sectores de opinión ciudadana a la izquierda tradicional marxista leninista (P.C.U. y parte del P.S.U. entre otros), fueron determinantes en la fundación efectiva del Frente Amplio. Hecho que la historiografía uruguaya más recibida suele no recordar. Los documentos, las declaraciones y las discrepancias ideológicas y estratégicas que registran los *Cuadernos* del exilio, componen un tópico a elucidar, de particular significación si el tiempo vital (historia virtual) hubiera permitido a Quijano regresar del exilio.

Estrategia para denunciar la tortura y eludir la censura

La publicación de discursos parlamentarios y de los editoriales de otros órganos de prensa clausurados, fueron claves. La táctica de publicar los discursos parlamentarios de los senadores Zelmar Michelini y Juan Pablo Terra denunciando reiterada, puntual y valientemente la tortura infligida a los presos políticos uruguayos detenidos en establecimientos policiales y militares, incluyendo locales clandestinos en Montevideo y el interior del país y aún en el Paraguay, brindó la posibilidad de eludir la censura que amordazaba a la prensa y mantener a la opinión pública informada sobre tales desmanes.[14] Poniendo en peligro el cierre de la propia *Marcha* que a toda costa quiso evitar, Quijano publicó editoriales que provocaron el cierre de otros órganos de prensa opositores al régimen. "El principio de comunicación de la verdad no es menos importante que la misma verdad" (Baumgarten 75). Otra estrategia de protesta y denuncia fue el silencio estridente de la hoja en blanco y la contra-afirmación, la negación que afirma: "No es dictadura", denunció Quijano (tal como en *Acción* en 1933). Tapas como "Contribución del gobierno uruguayo a la celebración del año internacional de la educación: 95 liceos clausurados; 80.000 estudiantes en la calle; 1.000 profesores cesantes (*Marcha* XXXII/1.509, 4/9/1970), son piezas de una antología que espera el análisis semiológico-ideológico-historiográfico.

También la precisión del juicio en la concisión de la frase. Tomamos al azar el editorial del 2 de marzo de 1973 que refiere al acuerdo entre Presidente y militares: "[...] Tan oculto como el acuerdo Boiso Lanza. Es el acuerdo del secreto. El pueblo no sabe, aunque tiene derecho a saber. Y el parlamento vaca y, discreto, calla y tolera. La carreta que conduce el lastre rueda en el silencio. Para vivir, ya dijimos, el señor Bordaberry perdió las razones de vivir". A poco de dos meses sería el golpe de Estado.

Estrategia de salvataje: ediciones clandestinas

Durante la dictadura de Gabriel Terra (1933- 1942) cuando se produjo el cierre del semanario *Acción*, de manera casi paralela se editan las hojas *Combate* y *Asamblea*. Cuarenta años después, cuando la *dictadura-cívico-militar* amparada por Juan María Bordaberry y la tríada sucesivamente designada por el COSENA[15] que integraron los abogados Aparicio Méndez y Alberto Demichelli y el general Gregorio Alvarez, se publicó la hoja titulada *Chasque*.

En ese momento presos políticos de la "cárcel de Libertad" eludían la censura y la requisa nocturna escribiendo sus poemas, teatro y narrativa en hojillas de liar cigarrillos: la denuncia, el testimonio y la creación artística y literaria saltan por encima del *poder que incomunica*. La biblioteca del penal –recientemente recuperada– fue refugio, aula y fermentario de vocaciones silenciadas. (A esta biblioteca se acaba de donar la colección –que nos fuera solicitada por sus usuarios– de los *Cuadernos de Marcha*. Tercera época).

La desaparición de los *Cuadernos* dirigidos por Quijano en Montevideo fue determinada, hemos visto, por el enrarecimiento político-ideológico de la *pre-dictadura* (período que podemos situar entre 1968 y el 27 de junio de 1973) y sellada luego del golpe de Estado con el cierre definitivo del semanario *Marcha* y el exilio del propio Quijano, primero a Buenos Aires –con la esperanza de editar allí el semanario– y luego definitivamente a México. El último número de esta etapa, *Cuadernos de Marcha* 78, titulado: "El asesinato de Matteotti (1924-Junio-1974)", casi en su totalidad, fue requisado por las Fuerzas Conjuntas (de los ministerios del Interior y de Defensa).

De pareja magnitud de la misión cumplida por la serie editada por Quijano en Montevideo, es la realizada por los *Cuadernos* de la segunda y la tercera épocas. Las tres series editadas en el lapso de los treinta y cuatro años que corren desde1967 al 2001, totalizan 299 ejemplares (78 de la primera época, 35 de la segunda, 173 de la tercera, más los 6 números de la revista *Ideas* y la serie de 7 números extraordinarios de *Cuadernos de Marcha* Tercera época) que incluye las antologías de narrativa inédita *Cuadernos de Marcha cuentan* (1 y 2). A partir de la fundación de *Marcha* en 1939 (hasta el número 1.676 del 24/11/1974) la *saga* ha brindado sesenta y dos años de existencia a la comunidad latinoamericana.

Antes de partir de su tierra había estado preso junto a Onetti, Mercedes Rein, Alfaro y Julio Castro a causa de la publicación en *Marcha* del cuento "El guardaespaldas" de Nelson Marra, autor que permaneció en la cárcel durante cuatro años.

IV

Desde y a través de *Marcha*.
Carlos Quijano: una ideología rectora

En el rastreo de las fuentes del pensamiento y el accionar de Quijano, por la importancia que tiene en el inicio de su proceso formativo (y su apego al pensamiento francés), importa recordar la etapa vivida en París como estudiante (becario de la Universidad de la República). Allí cursó estudios de economía en la Sorbona, compartió la ideología y la militancia latinoamericanista de sus compañeros de la AGELA, conoció y reporteó a Unamuno (a quién, como a Ortega, evocará) y viajó con el presidente Calles a México.

En el contexto de formación y paralela divulgación de ideas y principios pedagógico-políticos, son ilustrativas la serie de charlas de Quijano en el local del semanario *Acción*, y años más tarde, el curso pluridisciplinario estructurado por las conferencias brindadas por Quijano y, como Ardao, por sucesivos disertantes, en 1963 y 1964 en la redacción de *Marcha*.[16] Quijano expuso los fundamentos teóricos (el pensamiento de Marx, en particular) y el proceso histórico que permitirían situar la problemática latinoamericana en el contexto del área dependiente y subdesarrollada del Tercer Mundo. Durante dos años consecutivos abordó la historia económica del Uruguay en el siglo XIX y en el siglo XX, por medio de conferencias dictadas en el filo de la década del setenta en la Facultad de Ciencias Económicas, Universidad de la República, a las que, como a las ofrecidas en *Marcha*, asistí. Al iniciar en 1963 el ciclo en el atestado local de *Marcha*, sin mengua de su apego a la enseñanza pública, Quijano fundamentó *el derecho a la libertad de enseñanza*, que él libre y conscientemente estaba ejerciendo, en época en que se debatía apasionada e ideologizadamente el tema.

En México Quijano fundó CEUAL, nuevo ámbito de investigación, discusión y análisis. Un espacio abierto a los exiliados uruguayos y a militantes y científicos sociales mexicanos.

La pluma de Quijano en la revista *Proceso* desde su llegada a ciudad de México significó la permanencia política e ideológica en el escenario latinoamericano que él y la opinión pública necesitaban. La Facultad de Ciencias Políticas de la Universidad Autónoma de México (UNAM) fue complemento pedagógico y fermental, al tiempo que posibilitó la auto-subsistencia en el inicio de una imprevisible aventura existencial. Quijano había previsto partir munido del bagaje necesario: un nutrido contingente de ediciones de *Marcha*; el desarrollo y explicitación de su pensamiento económico durante décadas (ver Martínez Moreno, *La justicia militar* y Prego, *Reportaje*).

Para un perfil filosófico de Carlos Quijano

Para construir un perfil de las ideas filosóficas de Carlos Quijano, cabe transcribir estas afirmaciones de alcance filosófico y político formuladas en 1924 y 1925:

> Repudio del positivismo y la orientación filosófica idealista, y además el socialismo exento de todo dogmatismo sectario, nacionalismo anti-armamentista, liberalismo democrático. Por

> último: hispano americanismo como postulado básico en materia internacional, o como instrumento eficaz de redención social, difusión de la cultura, he aquí los elementos comunes, principios y medios del movimiento. Puede que todavía alrededor de las tres ideas nucleares (nacionalismo, liberalismo y socialismo), no se hayan podido consolidar mucho los conceptos; pero lo que es evidente [...] es que una renovación ideológica de trascendencia se está produciendo y que la nueva generación, colocada por mandato del tiempo en las izquierdas, está buscando superar el contenido, ya envejecido entre moldes rígidos, del marxismo y dotar, lo que es más importante, a América de una ideología nueva, que no sufra la deprimente y extraña tutela europea. El tiempo dirá si estos jóvenes, que han conocido prisiones y destierros y que traen a la lucha, tal vez, fervor análogo y pureza semejante a los que movieron a los revolucionarios de la emancipación, con cuyo espíritu buscan a través de los años restablecer la unidad trunca, conocen o no, más profundamente que los que se dicen prácticos, la realidad continental ("La ventana abierta").
>
> Dentro de 10 o 15 años, esta nueva generación en cuyo nombre hablo, estará en el poder; es preciso que empiece por no olvidar, desde hoy, que debe aprovechar para la realización plena de sus ideales de todos los esfuerzos coincidentes o paralelos ("El Dr. Carlos Quijano").

La sistematicidad e independencia en el análisis histórico-crítico del contexto global, el latinoamericano, y una intransferible y vital concepción del *ser* y la *identidad nacional* y su correlación con la apreciación equilibrada de la circunstancia inmediata y factible diseñan el *ethos filosófico* y la ontología crítica de Quijano. Determinan su *praxis*, su pensamiento y su palabra escrita. Su palabra en la cátedra mexicana y el foro latinoamericano durante el exilio.

Quijano fue un intelectual agnóstico-teísta (si esta escueta formulación, en apariencia contradictoria, es válida). La lectura de sus agendas-diario personal del inicio de la década del setenta en adelante, me permiten este juicio de valor. Hablamos de un teísmo alejado del dogmático y militante ateísmo de fines del siglo XIX así como de todo dogmatismo deísta; de un teísmo que en ningún momento implica o tiene carácter cognoscitivo ni afecta el espíritu ni el conocimiento científico. No avizora proposiciones empíricas verificables ni alguna intuición que revele una verdad acerca de ninguna circunstancia de hecho. Se sitúa en el dominio sicológico del sentimiento y el del lenguaje; no en el de la verdad y la lógica de la razón abstracta, cuantitativa y deductiva.[17]

"El filosofar [...] sólo permanece verídico mientras tome conciencia de su origen propio, independiente e insustituible" (130), afirma Jaspers.[18] "Si el filosofar es la constante autoeducación del hombre como individuo [...] si la fe filosófica tiene el actuar interior por eje existencial –el *ser ahí* individual– las ideas del esclarecimiento filosófico están al servicio de la posibilidad de consumar esta fe" (Jaspers 142-3). Situada ante la vigorosa personalidad de Quijano, considero la *validez del sentir* más que del pensar, en la experiencia del ser y la insondable y permanente construcción y reconstrucción de la propia historicidad.

Vuelvo a Jaspers: "La verdad no es de una sola especie, ni es una ni única", depende de "si la comunicación va de un *ser-ahí* a otro *ser-ahí*, o a la conciencia absoluta": de si ésta se efectúa en el vínculo de "la razón y el fundamento en que ésta estriba: la existencia" (73). "La historicidad sólo es verdadera si al hacerse cargo y, con esto, al dotar de alma al propio *ser-ahí*, se ha logrado precisamente la máxima amplitud y apertura para la trascendencia". En consecuencia, y llegamos al núcleo de la cuestión, "la verdad de lo no-racional no es posible sin la razón realizada hasta sus límites" (114-5).

Interpretando a Ardao, no se trata del dominio de la lógica de la razón sino -tal vez- del de la lógica de la inteligencia; la lógica del movimiento y el matiz, de tonalidad afectiva, sobrevuela la razón, y es propio de ella la meditación, la creación filosófica y la comprensión sicológica (*La lógica...* 112-3).

Del liberalismo político al socialismo.
¿Cuál fue el marxismo de Quijano?

La filosofía política de Quijano de inspiración filosófica rodoniana y vazferreiriana, de impronta idealista y humanista, luego sería influida por el pensamiento de Marx del cual se manifestó explícitamente admirador. Liberal, a nivel político, formuló luego una expresa postura socialista.

Inicialmente su ideología político-partidaria fue compatible con la del Partido Nacional, –uno de los dos partidos tradicionales– del cual, luego de haber inscripto la "Agrupación Nacionalista Demócrata Social" como un sublema, y de haber actuado como diputado en representación de él durante tres años (1929-31), e intervenido sin éxito en las elecciones de 1946 (como "Partido Demócrata" por trabas cursadas por el Nacionalismo Independiente y por el Partido Socialista en la Corte Electoral), se fue alejando paulatinamente para "cortar amarras" al proclamarse marxista y socialista en el histórico editorial "A rienda corta", posición que nunca abandonó. Había afirmado entonces

> ¿Por qué no pensar que nuestra tarea, la tarea que se nos ha asignado sobre la tierra, es otra: esta que cumplimos semana a semana en *Marcha*? Una modesta tarea de docencia, iluminada y jubilosa, para la que no existen contratiempos ni barreras capaces de torcerla ¿Por qué –más allá todavía– ha de creerse, como en alguna ocasión lo hemos dicho, que la acción política –en su esencial sentido– ha de reducirse a la acción partidaria y electoral? [...] Algunos se han extrañado y al parecer horrorizado frente a la perspectiva de que podamos votar con otros partidos. El socialismo para ser precisos. Esta es otra historia, que contaremos algún día. Pero digamos desde ya que no comprendemos ni el horror ni la extrañeza. Muchos puntos de contacto tenemos con el socialismo, nunca los hemos negado y para quien nos haya leído, en todos estos años, las comunes aspiraciones que siempre existieron no pueden ser desconocidas. Repetimos: nuestra experiencia electoral dentro del nacionalismo está terminada. No intervendremos en las elecciones del 58. Como siempre, la vida comienza mañana. Un mañana que, claro, se extiende más allá de nuestra propia vida.

Con la claridad meridiana con que siempre ha expresado su pensamiento, agrega:

> Más aún, y esto asimismo va a título personal, si alguna formación tenemos, ella no es otra que la marxista. A lo largo de nuestra vida Marx nos ha ayudado a pensar. Nutrió en la época de las primeras y dilatadas lecturas, nuestra mocedad. [...] Volvemos siempre a él para refutarlo, para contradecirlo, para negarlo; pero también para confirmarlo y confirmarnos. [...] No se atribuya a cuanto queda dicho, más alcance del que fluye directamente de las palabras. No hay nada de misterioso. No hay acuerdos ni repartos. Todo es simple y claro.

No significa una adhesión expresa o una afiliación al Partido Socialista uruguayo. Ni entonces, ni más tarde, cuando en 1971 se creó el Frente Amplio, buscó en la participación política un instrumento que le permitiera actuar personalmente. Para ello le eran suficientes las páginas de *Marcha*, fueron éstas el instrumento de acción que prefirió siempre, como lo fueran las de *Cuadernos de Marcha*, en su segunda época, la del exilio mexicano.

Tal vez por eso Carlos Quijano, quien en 1971 integró el Consejo Directivo del Frente Amplio, no aceptó su presidencia, ni la candidatura a la Presidencia de la República, pero sí que dentro del Frente se integrara el Grupo de Independientes, el grupo de *Marcha* que con su nombre Julio Castro encabezara, Lista 77, que incluyó los nombres de Rosario Quijano y Ulises Beisso.

¿Cuál es el socialismo que postula?

Se trata de un socialismo esencialmente humanista que parte de una concepción del individuo como ser integral, que afirma los valores del espíritu y la cultura. Es un humanismo que compadece la lógica de las ideas y las doctrinas con la lógica de los acontecimientos de la historia humana en su contingencia puntual y concreta, que no reconoce fronteras y tiene alcance universal, y que paralelamente, privilegia la contingencia del mundo subdesarrollado, la de América Latina y de Uruguay como centro de preocupación y radicación de su acción.

Es un socialismo que parte de una concepción macroeconómica y geo-económica contextualizada a partir del área dependiente y subdesarrollada y que por tanto tiene como punto de partida el antiimperialismo. Y como corolario, el latinoamericanismo.

Por último, concertada en esta espiral, una concepción del ser nacional integrado en el área, de raíz artiguista pero con precisa, actualizada y dinámica proyección latinoamericana.

América latina será socialista o no será [...] Socialismo e integración he ahí el objetivo estratégico de la heroica empresa que les compete a ustedes los jóvenes realizar. La táctica o tácticas las indicarán el terreno o el espacio. Elegirlas es tarea de los conductores políticos en cada circunstancia. A los pueblos les corresponde impedir que los conductores a pretexto de modificar las tácticas tuerzan la estrategia o cambien el objetivo. Y la política es obra de jóvenes y no de viejos. Estos como decía González Prado a la tumba, mientras para los jóvenes la obra. (Informe de Carlos Quijano en la clausura de los cursos de otoño en la Facultad de Ciencias Políticas, de la UNAM, 9 de marzo de 1976)

V

UNA VENTANA ABIERTA EN MÉXICO:
CUADERNOS DE MARCHA SEGUNDA ÉPOCA

Uruguay
ENCIERRO,
DESTIERRO O
ENTIERRO

El gran exiliado:
un áspero y anticipado combate

Luego de atravesar la frontera de Uruguay a Brasil por el Paso de los Libres, como tantos compatriotas perseguidos políticos, en el siglo XIX, su ropa empapada, sin un céntimo encima, Quijano llega a Buenos Aires por corta estadía para luego radicarse en México (Quijano, "Apenas un episodio"). En mayo-junio de 1979, tapa terracota y letras negras, director: Carlos Quijano, aparecen los *Cuadernos de Marcha* en ciudad de México. Todos lo esperábamos, o lo intuíamos: lo necesitábamos.

Obra de un cuerpo de redacción disperso en el área confusa, desmañada e incógnita del exilio, convocado por el *patriarca de América Latina* –como lo ha definido García Márquez (Prego, "García Márquez ..." 91-5)– dieciséis uruguayos, incluida la última *Piedra en el charco*, fechada en Madrid el 25 de abril de 1979, firmada ahora sin seudónimo alguno por Juan Carlos Onetti. El había tirado la primera piedra al iniciar, sin saberlo, la página literaria de *Marcha* desde su cargo de secretario de redacción, en junio de 1939. Su pluma se hizo presente en México en ese número de renacimiento, y producida la muerte de Quijano, a los 84 años, en junio de 1984, con el obituario que publicó la revista *Proceso*.[19]

Con *Uruguay, encierro, destierro o entierro* se inicia la gran tarea de intercomunicar el exilio y a éste con el país. Acompañado por Samuel Lichtensztejn, Carlos Martínez Moreno,[20] Nelson Minello, José Manuel Quijano, Raúl Trajtemberg y Guillermo Waksman, en el Consejo Editorial, a los ochenta años Quijano regresa a los orígenes de *Marcha* y retoma el camino que le permita –nos permita– avizorar la meta. "Servir a nuestro pago y a nuestra América", y en esa instancia crítica "afrontar el problema Uruguay en toda su dimensión": (*Los caminos*).[21]

Panamericanismo no:
América Latina, una nación de repúblicas

La partición de aguas entre la América sajona y la América Latina ya había sido proclamada por Bolívar. También por Martí y Rubén Darío. Teóricos y tratados internacionales se habían empeñado en desestructurar y contradecir este principio (el plan de Bolívar solo ligaba la América hispana. A su lado Santander cursó invitación a EE.UU., que acudió como observador, en oportunidad del Congreso de Panamá). Para Quijano el proyecto era sistemáticamente preciso: América Latina debía ser una nación de repúblicas.

"Proa al Uruguay del futuro", se preguntaba Quijano en el editorial de *Marcha* del 20 de agosto de 1965:

> ¿Cuál es el rumbo? ¿Cuál el objetivo? ¿Cuál la estrategia?
> ¿Qué destino tiene o debe esforzarse en cumplir en los años próximos este país de dos millones y medio de habitantes? ¿Ha de dar preferencia a la explotación ganadera? ¿Cabe intentar un desarrollo industrial? ¿Debe Uruguay convertirse en un centro financiero, en una plaza de trasiego y refugio de capitales tal como ocurre en otros países de escasa potencialidad? ¿Es concebible una política económica que contemple y coordine todas esas posibilidades?
> Aislado y solo, ¿es el Uruguay un país viable? ¿Qué nos reserva el ALCA? ¿Qué podemos esperar de la propuesta de integración económica? ¿Cómo manejarnos y sobrevivir en un mundo trastornado, dislocado, por la nueva revolución industrial y en una zona donde día a día se acentúa la penetración del imperialismo más poderoso de la historia, entre dos grandes países que a lo largo de la historia se han disputado siempre, abierta o sordamente, el dominio de nuestras tierras o nuestras aguas?

En el oscuro y agónico presente de las dictaduras del Cono Sur, desde México, Quijano responde a estos interrogantes y diseña la posible reestructuración de la integración de Uruguay en el plano latinoamericano y, desde él, en el escenario global.

Argentina, Brasil, Paraguay, Guatemala, Perú, Nicaragua y Cuba fueron tema central de sucesivos *Cuadernos*. Auspiciados por la pluridisciplinaridad y por la militancia política e intelectual, cohabitaron en los *Cuadernos* de México (con muchas omisiones) Ardao, Achugar, Helena Araújo, Benedetti, Borrat, Cortázar, Dorfman, Dussel, Fell, Galeano, García Márquez, Luis E. González, E. Guinsberg, N. Jitrik, Lehenard, Maggiolo, Martínez Moreno, L.Mercier, E. Millán,

María Beatriz Nascimiento, E. Nepomuceno, Onetti, Perera San Martín, Peri-Rossi, M. A. Petit, Nélida Piñón, J. C. Plá, Prego Gadea, Á. Rama, D. Ribero, Roa Bastos, Ruffinelli, O. Terán en el amplio espectro de la cultura. En política y economía: C. Abalo, F.H. Cardoso, J. Barreiro, Nora Berreta, Bresser Pereyra, U. Cerroni, F. Fajnzylber, E. Faletto, R. Balbín, Brizola, A. Frondizi, C. Furtado, González Casanova, A. Illia, J. Irisity, A. Lanusse, J. Lanzaro, S. Lichtensztein, Lula, Portantiero, J. M. Quijano, G. Selser, F. Urioste, C. Villagran, Rodolfo Walsh (*Carta a mis amigos*, 28 de diciembre de 1976), D. Waksman o Zavaleta Mercado.

Bajo la dirección de Quijano se publicaron en México veintisiete números, durante cinco años consecutivos. Luego de su muerte (en tres números dobles, seleccionados en Ciudad de México, por Mercedes y José Manuel Quijano y Carlos Vargas –por entonces con diecinueve años– autor de la "Introducción", se publica una antología de editoriales de Quijano publicados en el semanario *Marcha*.[22] En "Los años del exilio", el propio *maître à penser* latinoamericano narra su peripecia.[23]

La serie de agendas-diario personal de su padre que generosamente en 1986, en Montevideo, en la sala de redacción de la calle Piedras, Mercedes Quijano puso en mis manos a efectos de investigación y testimonio, descubre la dinámica de la estructuración existencial del *sujeto exiliado*. La reafirmación de sus convicciones éticas y políticas y la premisa, estrategia necesaria para continuar la lucha, de no permitirse la nostalgia. Su compromiso unidimensional con la historicidad del ser nacional en instancia de urgencia y con la historicidad de sí mismo, no le posibilitaron la etapa de angustia existencial ante la alternativa de *ser-yo-y- ser-otro* inherente, para algunos, a la situación de exilio (Petit, "Situación").

Dinámico e incansable, a la refundación de *Cuadernos* y de la editorial, a la creación de CEUAL y a su tarea docente en la UNAM, Quijano sumó la de investigación y recopilación –con el concurso de cuatro alumnos– del derecho positivo mexicano en materia económica, dando lugar –obra jamás alcanzada– a la publicación de una decena de volúmenes sobre el particular. Paralelamente amplió la tribuna con notas en *Proceso*, conferencias en espacio internacional e integración de jurados de concursos de narrativa y de ensayo.

La historicidad del sí mismo y la convicción de la validez de sentir la vigencia del *ser-yo* conjugada al *ser-otro*, dinamizó el hacer del pensador uruguayo-latinoamericano.

Consustanció la unidad de "la patria chica" –"el paisito"– con y en "la patria grande": la del ser nacional en el ser latinoamericano. El exilio vivenció la unidad en la diferencia. La *praxis* histórica reveló el *ser- ahí-* latinoamericano y *marcó* –nos marcó– *el camino de la liberación.*

VI

UNA NUEVA GENERACIÓN EN EL TIMÓN: CUADERNOS DE MARCHA TERCERA ÉPOCA

Corresponde a los primeros seis números, de Homenaje a Carlos Quijano, la original experiencia de constituir una edición binacional, al editarse casi paralelamente en México y en Uruguay.

Carlos Vargas Quijano (1963-2001) redactó en ciudad de México el editorial del primer número de esta serie de homenaje a su abuelo. Mercedes Quijano (1936-2001) y José Manuel Quijano (1944) hicieron la selección de editoriales que se publicaron en seis entregas consecutivas. En Montevideo, la primera "tirada" de 18.000 ejemplares se agotó en el día. La segunda, lanzada a la calle la misma semana, volvió a agotarse. Un dato de interés para politólogos y sociólogos. Era el mes de junio de 1985. El penoso proceso de democratización recién había comenzado. Por otro lado, el semanario había alcanzado la mayor tirada –35.000 ejemplares, unos 120.000 lectores dice Alfaro– en el período de efervescencia política de los años sesenta e inicios de los setenta. En la etapa de confusión, represión y temor que cubría al país, próximo al cierre definitivo en noviembre de 1974, la tirada había disminuido y se calcula en 13.000 ejemplares. El público uruguayo había aprendido a leer y a juzgar. Sí, *Marcha* había sido "un cenáculo intelectual y literario", una escuela de periodismo, pero no sólo eso.

A partir del número 8, junio 1986, los *Cuadernos* de la Tercera época, como lo habían sido los de México, fueron pluridisciplinarios. Si *Marcha* significó "Toda la semana en un día", ellos brindaron en un día el análisis crítico de lo esencial del panorama político, económico y cultural de un mes, abriendo además una perspectiva en el tiempo histórico.

Nueva etapa histórica, renovada orientación política

El editorial de José Manuel Quijano del citado número 8 del mes de junio 1986 (junio es el mes de *Marcha*, había reiterado Carlos Quijano), marcó la orientación política de nuestro mensuario. Una concepción política renovada e inscripta en el tiempo histórico mundial y latinoamericano, una visión de futuro constructiva y esperanzada.

Otros editoriales con su firma, o rubricados conjuntamente con Rodrigo Arocena o sólo por éste, lo confirman. "Los regresados" (como en la redacción oralmente adjetivó Rodrigo), quienes habían vivido una experiencia política y educacional lejos del país, como exiliados pero atentos a la evolución que se operaba en la correlación de fuerzas mundial (en el plano político, económico y financiero) tanto como a los planteos doctrinarios, miraban el Uruguay y la región desde otra perspectiva. "Una misma generación no hace dos veces la revolución", fueron palabras de Rodrigo Arocena. El tiempo histórico y la experiencia vital no lo permiten. J. M. Quijano se expresó con claridad y esa posición será, sin variantes significativas, la de los *Cuadernos* de la tercera época, en sus dieciseis años de existencia (por encima de la alternancia de personas en su dirección y de la renovada integración del equipo de colaboradores). Decía el economista José Manuel Quijano, por entonces codirector con la socióloga Mercedes Quijano (pronto acompañados por el licenciado en filosofía por la UNAM y por la Facultad de Humanidades y Ciencias, Carlos Vargas Quijano como secretario de redacción), en el "Prólogo" de junio de 1986 (fecha que también indica el regreso de los hermanos Quijano a Montevideo y de su asunción *in situ* de la tarea periodística).

> Los siete números anteriores de *Cuadernos de Marcha* estuvieron dedicados a homenajear a Carlos Quijano y Julio Castro quienes durante cincuenta años y desde las páginas del semanario *Marcha*, reflexionaron limpia y generosamente sobre el país.
> El número ocho de *Cuadernos*, que está ahora en manos de los lectores, se ocupa de temas de actualidad. Así continuará *Cuadernos*, una vez al mes, convocando uruguayos y extranjeros a que expresen en sus páginas sus opiniones sobre los temas de interés para el país.
> Ningún dogmatismo pautará la acción de *Cuadernos de Marcha*. Salidos de una dictadura nuestro propósito es alentar la necesaria ebullición de las ideas más que la imposición de verdades a priori.
> Es posible –como se ha dicho en alguna oportunidad– que el país esté sobrediagnosticado. Pero es un hecho evidente, al mismo tiempo, que si conocemos las razones de nuestro estancamiento cultural, no hemos perfilado aún los caminos certeros para superarlo.
> Durante los siete números anteriores contamos con el generoso apoyo de los miembros del Consejo Editorial. Queremos dejar constancia de nuestro agradecimiento a Adolfo Aguirre González, Hugo Alfaro, Arturo Ardao, Mario Benedetti, Oscar Bruschera, Hebe Castro, Julio Cendán, Guillermo Chiflet, Eduardo Galeano, Omar Prego, Teresa Quijano y Héctor Rodríguez.

No sería justo, sin embargo, que nuestros amigos del Consejo Editorial se sintieran comprometidos con la labor actual de *Cuadernos de Marcha*. Si bien esperamos tener en nuestras tareas futuras, muchas más coincidencias que discrepancias, además de contarlos con frecuencia entre nuestros colaboradores, nos ha parecido una medida de prudencia desligarlos de todo compromiso con lo que se exponga en estas páginas de *Cuadernos de Marcha*.

Queremos que *Cuadernos de Marcha* sea una tribuna abierta para quienes piensen el país, un espacio necesario para quienes se propongan discutir ideas admitidas, un ámbito de reflexión sereno y riguroso en la prosecución de soluciones a los problemas nacionales.

Esperamos que el lector encuentre válido nuestro empeño.

En páginas siguientes "El nexo entre el pasado y el futuro", extenso análisis económico-financiero completa su inteligente y fundada concepción política. (Conferencia dictada el 15/10/1985 en el salón de actos Carlos Quijano de la Facultad de Ciencias Económicas y Administración).

Aquella declaración, la de su *generación*, fijó una doctrina, una conducta a seguir, y la invitación a pensar en forma independiente, creativa y responsable. Una propuesta para *repensar el país* de manera crítica, sin ataduras ideológicas ni alienantes compromisos partidarios nacionales ni internacionales: de ninguna manera en actitud nihilista ni apolítica. Fueron estos principios normas vividas por quienes actuaron en calidad de codirectores y editores y (me aventuro a decir) por quienes integramos el Consejo Editorial así como por los colaboradores: equipo abierto, siempre renovado en el tiempo.

La declaración de principios del Director de *Cuadernos*, que responde al estilo conciso y claro, así como al espíritu optimista y constructivo y la ética de José Manuel Quijano, conllevó la renovación de la plana dirigente que había sido distinguida por Carlos Quijano en los *Cuadernos* de México. Se produjeron lamentables alejamientos de algunos de los implicados. Sin duda la situación de exilio en que permanecían algunos de ellos –realidad circunstancial de espacio y tiempo, inexorable dialéctica del exilio y el desexilio–, no facilitó el diálogo.

Cuadernos propugnó por una actitud mental y moral que incluye la tolerancia y el disenso, el espíritu crítico en oposición al pensamiento dogmático tanto como a la postura demagógica. Se propuso amalgamar la ideología en tanto fuente de ideales y valores, principiosguía, con impronta realista, y la responsabilidad de que esas propuestas y principios pudieran acarrear a la colectividad.

Inflexión y coincidencia

La "Introducción" al número "Carlos Quijano. Escritos políticos II" sintetiza la postura de la generación que por fuerza pero con convicción, asume el relevo.

Como toda selección la nuestra es parcial. Intenta reunir las reflexiones de Quijano sobre las grandes contradicciones que debe afrontar América Latina: nacionalismo político e inviabilidad económica, antiimperialismo y balcanización, antiautoritarismo y planificación económica, tercermundismo y bipartición mundial. Integración, socialismo, democracia, no alineación, son algunas de las respuestas y metas interdependientes para lograr verdaderas condiciones de existencia.

¿Y entonces Cuba? Causa a defender pero desacralizada y controvertible. ¿Y Argentina? Ejemplo de devastadoras miopías políticas y de declinación nacional, creadoras de asimetrías regionales que alargan los caminos de la liberación.

Y siempre el antiimperialismo, principal enemigo, forjador de los anti-intereses latinoamericanos, corruptor de los oferentes, represor de los independientes e invasor de los recalcitrantes.

Siempre con Carlos Quijano como director-fundador, el consejo editorial de *Cuadernos* tercera época (tomo nota de la nómina del número 172) luego del fallecimiento de Juan Carlos Onetti (mayo de 1994) estuvo integrado por Hugo Achugar, Arturo Ardao, Rodrigo Arocena, Hebert Gatto, María Esther Gilio, Alberto Methol Ferré, Carlos Monsiváis (México), Antonio Muñoz Molina (España), María Angélica Petit, Omar Prego, María Teresa Quijano, Rosario Quijano, Augusto Roa Bastos (Paraguay), Eusebio Rodríguez Gigena, Judith Sutz, Carmen Tornaría, Ricardo Urioste, Leopoldo Zea (México).

La discusión y el análisis sobre el socialismo real y sobre el futuro y la renovación de la izquierda en el escenario mundial y el uruguayo fue un tema insistente, la defensa sin tregua de los derechos humanos conculcados por la dictadura cívico militar uruguaya, la oposición a la Ley de caducidad de la potestad punitiva del Estado, y la campaña por el voto en contra de ésta, cuando su derogación fue plebiscitada, también.

La orientación política relativa al Uruguay, fue de absoluta independencia partidaria, incluso en el período en que José Manuel

Quijano aceptara el pedido del Dr. Hugo Batalla de acompañarlo, como vicepresidente, en la fórmula presidencial del Partido "Por el gobierno del pueblo". Los *Cuadernos* que dirigía no sólo no tomaron posición, sino que en ellos no se dedicó el más mínimo espacio a apoyar a este Partido durante la campaña electoral.

El debate político, temática sólo orientada por los directivos J. M. Quijano, Mercedes Quijano y Carlos Vargas, concitó los análisis del propio J.M. Quijano, de R. Arocena, Heber Gatto, Alberto Methol Ferré, Martín Posadas, Enrique Rubio, Laguardia, R. Urioste, Luis Sabini (ensayistas asiduos), politólogos, historiadores y políticos de diferentes orientaciones y personalidades reporteadas en forma crítica y sagaz por Carlos Vargas, lúcido inspirador del pensamiento de *Cuadernos*: *Política viva*, cuya serie constituye una interesante fuente de investigación. Un *Forum* de científicos sociales y periodistas uruguayos, auspiciado por FESUR, coordinado por Lil Bettina Chouhy, se reunió mensualmente (durante cierto período) en torno a un invitado significativo para discutir la agenda política del país en el mediano y largo plazo.

La investigación, el análisis y la información económica estuvieron a cargo de J. M. Quijano. Invitados por él acudieron otros economistas del Uruguay y el extranjero. El MERCOSUR fue preocupación constante, como también el ALCA, el NAFTA, el discutido "5 más uno" (MERCOSUR y Chile, más EE.UU.), la relación económica y financiera de nuestra región con otros bloques, como la Comunidad Económica Europea y los centros financieros centrales radicados en Washington (FMI, BID y Banco Mundial). El proceso histórico de "La unidad latinoamericana", serie de notas de Ardao y el análisis de la situación actual y la proyección de futuro, por Methol Ferré y L. Zea son sólo algunos abordajes sobre la región en la presente etapa de globalización.

En la investigación y esclarecimiento jurídico y el planteamiento ético, de los hechos acaecidos durante el *proceso-dictatorial-cívico-militar* se reiteraron los aportes de María del Huerto Amarillo, Ardao, R. Arocena, J.Barreiro, Cassinelli Muñoz, A. de los Campos, A. Errandonea, N. García Otero, H. Gatto, D. Gil, L.E. González, Javier Moreira, C. Pareja, L. Pérez Aguirre, A. Pérez Pérez, J. Martín Posadas, M. A. Petit, O. Prego, J. M. Quijano, C. Vargas o M. Viñar; en lenguaje poético: M. Benedetti, "Zapping de siglos" (*Ideas* 4), Amanda Berenguer, "Preguntas", de "Entrada a la palabra", *La Dama de Elche*, y de la argentina Elena Callejas, "Catie" –la Hermana Alice Dumont, de *Cómo un pájaro en llamas* (*Cuadernos* 121).

Ciencia y tecnológica concitó aportes de Judith Sutz, R. Arocena y Agustín Courtoisie. Máximo Halty y Magela Prego en acuerdo con el CID y FESUR, publicaron una serie de investigaciones sobre "Innovación y Desarrollo".

La serie Historia de las Ideas filosóficas, rica en aportes de Arturo Ardao, incluye los nombres de L. Zea, el argentino Hugo Biagini, el español Luis Jiménez Moreno, A. Courtoisie, Y. Acosta, J. Libereti.

Ensayos sobre la Universidad de la República constituyen otro valioso *corpus*. Se dio a conocer la propuesta de reforma que se conoció como "el proyecto de los cuatro decanos". Se suman aportes de C. Zubillaga (representante de la opinión de la principista ortodoxa universitaria), Mario Wschebor, Conrado Petit Rücker, Juan Grompone, R. Arocena, Miguel Gamés, Melusa Stein, entre otros. Los *dossier-aniversario* sobre el pensamiento y la personalidad de Carlos Quijano, también corresponde sean reeditados.

En la página literaria con el ensayo "Una o varias literaturas. Voces del exilio" de Prego Gadea[24] -por entonces encargado de la página por J. M. Quijano- se inició una polémica que se extendió a otros medios de prensa. Se editaron conferencias y ponencia presentadas en Uruguay -muchas en la Facultad de Humanidades- y en el extranjero. Omar Prego, Hugo Achugar, Agustín Courtoisie, Roger Mirza, Mariella Nigro, José Pedro Diaz, Sylvia Lago, Noé Jitrik, Alfredo Alzugart, Mericy Caétano, Suleika Ibáñez, N. Baccino, Taco Larreta, Martha L. Canfield, Mario Trajtemberg, Enrique Fierro, Rafael Courtoisie, Hugo Burel, Ana Solari, son nombres recurrentes.

La sección *Libros*, con el propósito de estimular y facilitar la lectura a un público de estudiantes y no limitarse a una élite de especialistas, implicó la convocatoria de un equipo abierto de colaboradores que me propuse fuera pluridisciplinario en su composición y metodológicamente objetivo en el análisis crítico, que sin escatimar un fundamentado juicio de valor enseñara a leer y comprender el texto en sí mismo. La sección debía nutrirse de análisis críticos tanto como de breves e informativas reseñas.

De igual manera que lo está el proceso político y económico uruguayo inscripto en el espacio *América Latina-mundo* -en la verdad del día a día- la historia intelectual del Uruguay surge de las páginas de *Marcha* y *Cuadernos de Marcha*.

Fraternizando con el equipo móvil, renovado, intergeneracional y pluridisciplinario al cual corresponde hoy agradecer su colaboración, *Cuadernos* pudo interrogar, para responder, al *ser nacional* y su puesta en obra. El tiempo histórico fue concebido y vivido desde *el ahora*.

Hemos aprendido que no sabremos sino preguntando, auscultando la realidad para –en términos de Heidegger– hallar lo esencial "en el tiempo justo", es decir en "el justo instante" y valiéndonos de "la justa perseverancia" (184-6).

El número póstumo de *Homenaje a Mercedes Quijano y Carlos Vargas*, fallecidos en trágico accidente de carretera el 16 de junio del año 2001 significó la desaparición de los *Cuadernos de Marcha*, tanto como la muerte de Quijano en México, el 10 de junio de 1984, la de *Marcha*, cuya refundación, a su regreso a Montevideo, él planeaba.

José Manuel Quijano fundamenta las razones en la edición, que a su solicitud, –que tanto nos honra– Omar Prego y yo realizáramos. Tarea que cumplimos de acuerdo a sus propias indicaciones y con el concurso tecnológico de Carlos Quijano Bonino y la aplicación de Adriana Allende. Con el título "Historia virtual o el vértigo de la mariposa" la editorial Ideas publicará una antología de las notas y reportajes de Carlos Vargas Quijano, que se presentará en acto de homenaje en el aniversario de su muerte.

VII

UN PLAN PARA EL PRESENTE.
LA REVISTA IDEAS. HISTORIA DE LAS IDEAS/MENTALIDADES/SENSIBILIDAD Y LA EDITORIAL IDEAS

Concebida esta revista (proyecto y coordinación de María Angélica Petit) como una publicación especial de *Cuadernos*, desde 1989 al 2000 se editaron seis números: la serie de "Homenaje a la Generación española de 1898" en su aniversario (*Ideas* 1 a 4) y dos de la serie "Mujer y Literatura" (Premio Capital de la Intendencia Municipal de Montevideo).[25] Para propiciar el trabajo en las dos series, *Ideas* organizó "un taller a distancia". Se publicaron ensayos de A. Ardao, J. Arbeleche, M. Benedetti, A. Beretta Curi, L. Bravo, C. González Constanzo, A. Courtoisie, R. Courtoisie, M. Gaétano, S. Guerra, S. Ibañez, M. A. Petit, A.M. Pomi, A. M. Rodríguez Villamil, T. Stefanovics, Idea Vilariño y el español E. Pascual Mezquita. De Joaquín María de Arístegui y Petit, embajador de España, de Arturo Ardao y Carlos Vargas el texto de sus conferencias en el Homenaje a Unamuno brindado por *Ideas* en la Universidad de la República.

El perfil de la serie "Mujer y Literatura" se diseñó por medio de los prólogos de quien suscribe y los reportajes a Luisa Valenzuela y Rosa Montero. Aparte el valor estético intrínseco del texto, la producción literaria de la mujer a través del tiempo implica un testimonio epocal, una cosmovisión, puede ser una denuncia de violencia de género e incluso un desafío político. El *corpus* narrativo y poético publicado reunió textos inéditos de escritoras de lengua española, y con la escritora brasilera Nélida Piñon, de lengua portuguesa.[26] En versión bilingüe se construyó un poemario de Sylvia Plath. Se dio oportunidad a escritoras inéditas en cuanto tales, se brindaron poemarios inéditos de Amanda Berenguer, Teresa Porzecanski y Mercedes Rein; opiniones críticas sobre la poética de Olga Orozco (S. Guerra), y a modo de *dossier*, sobre Berenguer (M. A. Petit), Valenzuela (M. Campobello) y Porzecanski (T. Stefanovics). Se incluyeron juicios inéditos de Onetti.

Luego de una etapa de silencio reaparecerá la revista *Ideas*, con carácter de publicación independiente, y ampliará su espacio comunicativo por medio de la editorial Ideas. Todos quienes han colaborado en *Ideas* quedan invitados a participar. Otros escritores se incorporarán a esta tarea: en las circunstancias actuales, un verdadero desafío.

La mítica sede de la calle Piedras, en este lapso de silencio más de una vez asaltada, será paulatinamente reconstruida. Alojará el Museo *Marcha/Cuadernos de Marcha*. También a la revista *Ideas* y su editorial. Conjuntamente, talleres de artistas plásticos. El patio de techo de claraboya –distintivo de la "Ciudad Vieja"– será un espacio de intercambio cultural, presentaciones de libros y de exposición de obras pictóricas y fotográficas.

La red internacional de bibliotecas y centros de documentación de universidades desde hace años abonadas a *Cuadernos de Marcha* y a *Ideas*, está nuevamente convocada. Lo mismo los particulares. Las insistentes cartas de unos y otros que no cesan de llegar a la redacción de Piedras 524 han alentado este nuevo y arriesgado proyecto: nos han indicado que no será solo nuestro. Se trata de una tarea plural que en algún aspecto y con perfil propio, significará pervivir en el tiempo una *saga* iniciada hace más de medio siglo. "La vida comienza mañana" fue norma que nos enseñó a vivir Carlos Quijano.

NOTAS

[1] *Cuadernos de Marcha*-tercera época tuvo una página *web*. Actualmente editoriales de Carlos Quijano y textos críticos sobre su pensamiento se pueden consultar en internet: Proyecto en curso de la Dra. Teresa Quijano facilitado por la utilización de la página web del Parlamento de la República Oriental del Uruguay. www.parlamento.gub.uy/Quijano

[2] A título de ejemplo: he fichado treinta y cinco textos críticos, correspondientes a veintitrés autores, sobre la obra de Juan Carlos Onetti dados a conocer en *Cuadernos de Marcha* segunda y tercera épocas, que serán publicados, en coedición, por la editorial Ideas.
[3] Véase Ardao *La lógica... y Logique...*, "Prologue", María Angélica Petit. Obra presentada en el acto de Homenaje a Arturo Ardao y Arturo Andrés Roig, al otorgarse a ambos filósofos el título de "Visitante Ilustre de la Ciudad de Buenos Aires", en la "Jornada internacional sobre reforma universitaria, democracia e integración", el 14 de junio del año 2000, y posteriormente en La Maison d'Amérique Latine, en París, por M.A. Petit y S. Douailler.
[4] Véase Quijano, "El despido..." y "Los muertos..." (denuncia de los asesinatos del senador destituido Zelmar Michlini y el presidente de la Cámara de Diputados, destituido, Héctor Gutiérrez Ruiz). Afirma Quijano: "Los servicios de represión e inteligencia, entre ellos y con la CIA y demás organizaciones paralelas, mantienen una cooperación que llega a la colusión". Notas recogidas en: "Carlos Quijano. Los años del exilio", "A las muchas víctimas". Esta colusión y los hechos descriptos, en los archivos militares –la CIA incluida– y en los expedientes del Poder Judicial de los respectivos países del Cono Sur, se denomina "Plan Cóndor". Plan y correlativas responsabilidades penales actualmente indagadas en ambas márgenes del Río de la Plata; en Uruguay, por la "Comisión para la Paz" convocada al inicio de su mandato por el Presidente de la República Jorge Batlle.
[5] Ardao, Arturo: Espacio e inteligencia. "En la relación cognoscitiva, el hombre, siempre sujeto *gnoseológico*, puede ser, además, *objeto gnoseológico*. Del mismo modo, en la relación valorativa, el hombre, siempre *sujeto axiológico*, puede ser, además *objeto axiológico*" (136).
[6] *Cuadernos de Marcha*-Segunda época, México, Año II, No 12, marzo-abril 1981: "Carta de Martínez Moreno" (107-110), réplica a "Cómo se deforma la historia" de Ruben Svirsky (101-106).
[7] Acompañaron a Quijano en la fundación de *El Nacional*, Arturo Ardao, Julio Castro, Arturo Despouy, Enrique Amorim, Julio Suárez y Eduardo Couture.
[8] Maestro, Inspector de escuelas rurales, desde 1945 animador de las Misiones Pedagógicas, subdirector de CEFRAL (México), alfabetizador de UNESCO en diversos países latinoamericanos, publicó el informe sobre "La alfabetización en el desarrollo económico del Perú" (1960), fue Consejero Técnico Principal del Proyecto Experimental de Alfabetización del Ecuador, coopero en el informe "Aprender a ser" (1971). Ver sus obras en la bibliografía. También la antología "*Julio Castro. La reforma educativa. La constitución del Frente Amplio. La patria latinoamericana. La política y el humor*" en: *Cuadernos de Marcha*, Tercera época. Montevideo, Año I, No 7, dic. 1985. Prólogo de Miguel Soler Roca: "Un desaparecido que está con nosotros", fragmento de la conferencia dictada por Soler en el acto de homenaje a Julio Castro realizado en el Paraninfo de la Universidad de la República Oriental del Uruguay (pp. 3-8). A partir de este No 7 (en retiro de tapa, luego en retiro de contratapa) y hasta el plebiscito que ratificó la ley de "Caducidad de la potestad punitiva del

Estado" relativa a los actos de violencia cumplidos por militares y policías durante el período dictatorial, una permanencia en *Cuadernos de Marcha* informó y denunció el secuestro y la desaparición de Julio Castro el 1° de agosto de 1977, así como su prisión y la muerte en la tortura en el local del Servicio de Inteligencia del Ejército (SIDE), en la calle Millán 4269.

[9] Petit, María Angélica, "Prólogo" a: Onetti, Juan Carlos: *Periquito el Aguador y otros textos. 1939 - 1984*, pp. III- X.

[10] Ver en Alfaro, Hugo. *Navegar es necesario, Quijano y el semanario "Marcha"*, EBO un invalorable y entrañable testimonio, que amplía la nómina de colaboradores e indica las etapas en que éstos actuaron. Ver también su obra anterior, *El mundo tal cual es* y la posterior, *Desde la vereda del sol*.

[11] Una clasificación temática de los contenidos de *Marcha* se encontrará en otras páginas de esta publicación.

[12] *Cuadernos de Marcha* 50, Montevideo, junio 1971, luego de la "Introducción" (sin firma, de Arturo Ardao, bajo el sub-título "El Homenaje de la Universidad", publica ensayos de Óscar Maggiolo, Arturo Ardao, Eugenio Petit Muñoz, Rodolfo V. Tálice, Hugo D. Barbagelata, y luego, "Del Calibán de Renán al Calibán de Rodó", de Ardao, así como textos de Roberto Ibáñez, Washington Lockart, Luis E. Gil Salguero y S.P.Mamontov.

[13] "Centenario de Vaz Ferreira", N° 63/ Montevideo/ julio 1972. Contiene una: "Introducción", y ensayos de Alain Guy, Arturo Andrés Roig, Antonio M. Grompone, Mario A. Silva García, Enrique Pouchet, y una "Cronobiografía" que incorpora 46 fichas. El N° 64 Montevideo/agosto 1972, integra textos de André M.R. Robinel, Norberto Rodríguez Bustamante, Manuel Arturo Claps, Diógenes de Giorgi, Arturo Ardao, y Nietzsche.

[14] Ver Michelini, Zelmar. *Uruguay vencerá. Discursos, entrevista y artículos de Zelmar Michelini*. Selección y prólogo de Mario Jaunarena. Incluye: "Después del crimen", Buenos Aires 4 de mayo de 1976: carta de Wilson Ferreira Aldunate al presidente argentino. Teniente general Jorge Rafael Videla, fechada el 4 de mayo de 1976, y, el texto de Carlos Quijano, "La represión no tiene fronteras", publicado en *Excelsior*,. De Mario Benedetti, "Zelmar", mayo 1976, poema, pp.310-315. Ver también, Michelini, Zelmar. *Artículos periodísticos y ensayos*. Homenaje de la Cámara de Senadores, Publicación de la intervenciones parlamentarias, de los discursos, artículos periodísticos, ensayos, etc., por Resolución del Cuerpo del 13 de agosto de 1986. Tomos I, II, III y IV. República Oriental del Uruguay, Cámara de Senadores, Secretaría. Montevideo, octubre de 1990-mayo de 1992.

[15] El Consejo de Seguridad Nacional (COSENA) surgió de la crisis política e institucional de febrero de 1973, que comprende los "Comunicados 4 y 7" emitidos por las Fuerzas Armadas (sector "peruanista" al estilo de Fernando Alvarado). Presidido por Bordaberry, secretario el General Gregorio Álvarez, implicó la institucionalización de los militares en el gobierno y propicia, ante una posible y desaparada "salida peruanista", la neutralización de las fuerzas de oposición. Quijano en *Marcha*, casi sólo en el abanico de la izquierda, se opuso a esta claudicación política y a esta degradación institucional.

[16] Lerin, François y Torres, Cristina: *Historia política de la dictadura uruguaya. 1973-1980*. Desarrollo de: "Les transformations Institutionnelles (1973-1977), y "La politique économique du gouvernement uruguayen (1973-1977), en: *Uruguay*, La Documentation francaise, París, 1978. *Problemes d'amerique latine*, XLIX, Notes et études documentaires No 4 485- 4 486, noviembre 1978, pp.9-57, y pp. 59- 84). Contiene: "L'émigration massive des travallieurs uruguayens de 1960 a 1975 (en particulier vers l'Argentine)", por Gerónimo de Sierra (pp. 85-106, y "Étapes d'un processus économique: de l'expansion à la crise (1900-1973)", por María Angélica Petit de Prego (107-136).
[17] Ver paralelamente Ayer y Ardao, *Lógica...*, en sus respectivos conceptos fundamentales.
[18] Cabe recordar la gradual acepción de ateísmo, agnosticismo, teísmo, deísmo. Una cita de Borges -que por azar desde un amarillento ejemplar de *Marcha* salta a mis manos-, en su peculiar álgebra humorístico-filosófica, puede ser oportuna: "Yo diría que la idea de Dios, de un ser sabio, todopoderoso y que además nos quiere, es una de las más atractivas creaciones de la literatura fantástica. Preferiría con todo que la idea de Dios perteneciera a la literatura realista" (Peralta).
[19] "Quijano era Marcha", revista *Proceso*, México, No 308, 18 de junio de 1984. En: Onetti, Juan Carlos, *Periquito el Aguador y otros textos, 1939-1984*. Recopilación y prólogo: María Angélica Petit, 187-192. El libro recopila los textos no ficcionales publicados por Onetti en el semanario *MARCHA*.
[20] La activa participación de Martínez Moreno, abogado, especializado en derecho penal, en el semanario *Marcha* y en los *Cuadernos* de México, ha dado lugar a la constitución de un *corpus*, de innegable valor cívico y jurídico en relación a la defensa de los derechos humanos conculcados. Ver: *Dr. Carlos Martínez Moreno (Uruguay 1917-México 1977), Homenaje de la Cámara de Senadores*. Montevideo, 1994. (VII tomos).
[21] Editorial dedicado a Julio Castro. Ver también "Derrotas que serán efímeras", necrológica a ser leída en el acto de homenaje a Julio Castro el 7/11/1983, en la UNAM, enviada a Margo Ganz: "Querida compañera: No iré al acto. El golpe ha sido para mí demasiado duro".
[22] "Carlos Quijano. Los años del exilio", *Cuadernos de Marcha*-Segunda época; 46 Aniversario de la fundación de *MARCHA*; 1er. Aniversario de la muerte de Carlos Quijano en el exilio". "Introducción", s/f , por Carlos Vargas Quijano -con 17 años- en pp. 3- 4. En la contratapa: ilustración, sin firma, de Yenia Duvnova. *Cuadernos de Marcha*-Tercera época, Montevideo Año I, N°1 junio 1985.
[23] Quijano, Carlos "Apenas un episodio", integra el capítulo I: "Nuestra modesta peripecia", en "Los años del exilio", *Cuadernos de Marcha*-Segunda época, México, abril-mayo 1985, y *Cuadernos de Marcha*-Tercera época, Año I, No 1, Montevideo, junio 1885. En esta edición bi-nacional, la numeración de la serie mexicana no guarda correspondencia numérica con la de Montevideo. La serie de México incluye los números dobles 28-29 (*Escritos políticos* I, setiembre 1984); 30-31(*Escritos políticos II*, diciembre 1984-enero 1985) ; 32-33

(*Los años del exilio*, abril-mayo 1985; 34-35.1985). La serie montevideana consta de seis números: Año I, No I junio 1985; Año I, No 2, julio 1985; Año I, No III, agosto 1985,Año I, No IV, noviembre 1985, Año I, No V, octubre 1985, y Año I,No VI, noviembre 1985. La serie montevideana estuvo a cargo de María Angélica Petit, designada a estos efectos por Mercedes Quijano, quien interrumpiendo por breve tiempo su actividad docente en la universidad mexicana viajó a Montevideo para editar el primer número. Los materiales, prontos para imprimir, llegaban por vía aérea. Bajo el título Carlos Quijano, la serie es una antología de editoriales de su autoría publicados en *Marcha*, en México en los *Cuadernos de Marcha*-Segunda época, y sus artículos en la revista *Proceso*. Incluye correspondencia intercambiada por Quijano durante el exilio.

[24] *Polémica no una sino varias literaturas*: Intervinieron en ella los siguientes escritores. Prego Gadea, "Las voces del exilio. No una sino varias literaturas". "¿Hacia una cultura de la degradación?"; "Viaje al país de la represión". Del mismo autor, "Disparen contra la literatura". Intervinieron desde diferentes medios, Hugo Achugar, Castro Vega, Escanlar.

[25] Textos de la Decana, escribana Teresa. Gnazzo, A. Ardao ("Generación del 98 Generación del 900", filosofía comparada hispana y uruguaya); del Embajador de España Don Joaquín María de Arístegui y Petit; y "Soy inocente" de Carlos Vargas Quijano, y el "Prólogo" que recoge lo expuesto como integrante del panel por María Angélica Petit, coordinadora de Ideas, in: No 2, julio-agosto 1998, *dossier* "Homenaje a Unamuno" pp. 72-9 y 3-4, respectivamente.

[26] La revista *Ideas* dio a conocer poemas de las latinoamericanas Bottale, Diana Belessi, Renée Ferrer, Helena Garzón, Silvia Guera, Elva Macías, María Negroni. Cuentística, casi todo inédita, de las argentinas Sonia Catela, Antonia Beatriz Taleti, Noemí Ulla y Luisa Valenzuela; de las paraguayas Chiquita Barreto y Renée Ferrer, así como de las escritoras uruguayas inéditas Marta Saavedra, Mercedes Marín y Ana María Pomi.(No 5, dic. 1999-enero 2000, "Prólogo" de M. A. Petit, 3-6). En el No 6 (abril-mayo 2002), editorial "Pluralidad de voces, vigencia y convocatoria" (pp. 2-4) se publicó un texto de la escritora brasileña Nélida Piñon (el sólo cuento édito de esta entrega) e inéditos de las argentinas Graciela Aleta de Sylas, Graciela Gliemmo, Liliana Herr, Alicia KozameViviana O'Connell, y las uruguayas Marta L. Canfield (ensayista inédita en tanto narradora) y Mercedes Martín. En el espacio "Literatura y política", cuentos que refieren a la *historia del tiempo presente* de las escritoras argentinas María C. T. de Bottale, Alicia Kozameh y Laura Quinana Prelis. La poesía inédita comprendió: los poemarios de Amanda Berenguer "De gatos y pájaros" y "Las plantas y el audio", que reuní bajo el título "Dos aventuras domésticas", y el poemario "Judía", reivindicación identitaria de Teresa Porzecanski. De Sylvia Prath, escritora que ejemplifica la encrucijada cultural y existencial judeo-cristiana y euro-nordamericana, construí el *corpus*: "Poemario bilingüe landscape with rooks de Sylvia Plath", que integra fragmentos de: *Doom of exiles*; *Conversation among the ruins*; Winter;

Daddy; Laddy Lazarus. (traducciones al español originales, por los uruguayos Mónica Vázquez, José Alessandri y Diego Speyer. Completan este número de Ideas los ensayos "El espacio poético de Amanda Berenguer" (M.A.Petit) y "La literatura como provocación: *Cuentos completos y uno más* de Luisa Valenzuela" (Martha Campobello). Colaboraron con originales los artistas plásticos uruguayos Justino Serralta (desde París), Ohanes Ounanian y Fermín Hontou.

Bibliografía

Alfaro, Hugo. *Navegar es necesario, Quijano y el semanario Marcha.* Montevideo: EBO, 1984.

Ardao, Arturo. *La lógica de la razón y la lógica de la inteligencia.* Montevideo: Biblioteca de Marcha/Facultad de Humanidades y Ciencias de la Educación/Universidadde la República, 2000.

_____ *Logique de la raison et logique de l'inteligence.* Maurice Audibert, trad. "Prologue", María Angélica Petit. París: L'Harmattan, 2002.

_____ *Espacio e inteligencia.* Caracas: Equinoccio, 1983; edición ampliada: Biblioteca de Marcha/EBO, 1993.

_____ *La filosofía en el Uruguay en el siglo xx.* México, Buenos Aires: Fondo de Cultura Económica, 1956.

Ayer, Alfred Jules. *Lenguaje,verdad y lógica.* Barcelona: Martínez Roca Ed., 1971.

Baumgarten, Eduard. *Benjamin Franklin, der Lehrmeister der amerikanischen Revolution.* Frankfurt am Main: V. Klostermann, 1936.

Bourdieu, Pierre. *¿Qué significa hablar? Economía de los intercambios lingüísticos.* Madrid: Akal, 1985.

Carlos Quijano: Político, periodista y maestro de generaciones. Página web de homenaje al fundador de *Marcha*: http://www.parlamento.gub.uy/Quijano/

Castro, Julio. "La alfabetización en el desarrollo económico del Perú". Lima: S.E., 1960.

_____ *El analfabetismo.* Montevideo: Imprenta Nacional, 1940.

_____ *El banco fijo y la mesa colectiva: vieja y nueva educación.* Montevideo: Talleres Gráficos, 1944.

_____ *Coordinación entre Primaria y Secundaria.* Montevideo: Talleres Gráficos, 1949.

Changeux, Jean Pierre. "La representación de las representaciones mentales". *La razón y el placer.* Barcelona: Tosquets, 1997.

Dr. *Carlos Martínez Moreno (Uruguay 1917-México 1977), Homenaje de la Cámara de Senadores* (VII tomos). Montevideo: Cámara de Senadores, 1994.

"El Dr. Carlos Quijano en la Sorbona". Sin Autor. *El País* (Montevideo, 10 y 11-08-1925): 3.

Heidegger, Martín. *Introducción a la metafísica*. Ángela Akermann Pilári, trad. Barcelona: Gedisa, 2002.

Jaspers, Karl y Haraldo Kahnemann. *Razón y existencia: cinco lecciones*. Buenos Aires: Nova, 1959.

Jitrik, Noé. "La producción cultural" y "Las desventuras de la crítica". *Cuadernos de Marcha*. Segunda época I/2 (México, julio-agosto 1979): 39-48.

"La ventana abierta. La nueva generación". Sin autor. *El País* (Montevideo, 11-02-1924): 3.

Lerin, François y Cristina Torres. *Historia política de la dictadura uruguaya. 1973-1980*. Montevideo: Ediciones del Nuevo Mundo, 1987.

_____ "Les transformations Institutionnelles (1973-1977)", y "La politique économique du gouvernement uruguayen (1973-1977)". *Uruguay, la documentation francaise*. París, 1978.

_____ "Problemes d'Amerique Latine", XLIX, *Notes et études documentaires* 4 (París, noviembre 1978) 485-6; 9-57 y 59- 84.

Martínez Moreno, Carlos. *La Justicia Militar en el Uruguay*. Montevideo: Librosur Nuevo Mundo, 1986.

_____ "Carta de Martínez Moreno". *Cuadernos de Marcha*-segunda época II/12 (México, marzo-abril 1981): 107-10.

_____ *El color que el infierno me escondiera*. México: Nueva Imagen, 1981.

Michelini, Zelmar. *Uruguay vencerá. Discursos, entrevista y artículos de Zelmar Michelini*. Barcelona: Laia-Paperback, 1978.

Milner, Jean Claude. *Arguments lingüitiques*. Paris: Name, 1973.

Onetti, Juan Carlos. *Periquito el Aguador y otros textos. 1939-1984*. Montevideo: *Cuadernos de Marcha*/Intendencia Municipal de Montevideo, 1994-1995.

_____*La vida breve*. Buenos Aires: Sudamericana, 1968.

Peralta, Carlos. "Media hora con Borges. La electricidad de las palabras". *Marcha* (Montevideo, 30-08-1963): 9.

Petit, María Angélica, "Con Noé Jitrik". *Cuadernos de Marcha*-tercera época VIII/83 (Montevideo, mayo 1993): 66-9.

_____ "Prólogo" a Juan Carlos Onetti. *Periquito el Aguador y otros textos. 1939-1984*. Montevideo: *Cuadernos de Marcha*-Intendencia Municipal de Montevideo, 1994-1995. III-X.

_____ "Situación de exilio: una arista del genocidio. Ser yo y ser otro". *Los Derechos Humanos y la Vida Histórica*. Actas del II Encuentro sobre Genocidio, Centro Armenio, Nélida Boulgourdjian-Toufeksian, Juan Carlos Toufeksian, Carlos Alemian, eds. Buenos Aires, 2002. 119-35.

_____ "Prólogo". *Ideas* 5 (Montevideo, diciembre 1999-enero 2000): 3-6

Prego, Omar. *Reportaje a un Golpe de Estado*. Suplemento del diario *La República*. Montevideo, 1988.

_____ "García Márquez o la memoria de la realidad". *Cuadernos de Marcha*-segunda época II/13 (México, mayo-junio de 1981): 91-5.

_____ "Las voces del exilio. No una sino varias literaturas". *Cuadernos de Marcha*-tercera época 8 (Montevideo, abril 1987): 67-72.

_____ "¿Hacia una cultura de la degradación?". *Cuadernos de Marcha*-tercera época III/29 (Montevideo, marzo 1988): 68-72.

_____ "Viaje al país de la represión". *Cuadernos de Marcha*-tercera época IV/32 (Montevideo, junio 1988): 14-6.

_____ "Disparen contra la literatura". *La República*, Sección literatura (Montevideo, 3 de mayo de 1988).

Quijano, Carlos. "Apenas un episodio". *Los años del exilio, Cuadernos de Marcha*, segunda época V/32-33. (México, abril-mayo 1985), y tercera época I/1 (Montevideo, junio 1985): 14-5.

_____ "Los caminos de la liberación". *Cuadernos de Marcha*, segunda época (México, 1983): 3-13.

_____ "Derrotas que serán efímeras". *Cuadernos de Marcha*, segunda época (México, 1983): 3.

_____ "Proa al Uruguay del futuro". *Marcha* (Montevideo, 20 de agosto de 1965).

_____ "A rienda corta". *Marcha* (Montevideo, 22 de agosto de 1958).

_____ "Escritos políticos II".

_____ "El despido de Bordaberry. Requiem para nadie". *Proceso* (México, 14 de junio 1876).

_____ "Los muertos de Buenos Aires. La represión no tiene fronteras". *Cuadernos de Marcha*, segunda época V/32-33 (México, abril-mayo 1985): 21-78

_____ "Carlos Quijano. Los años del exilio". *Cuadernos de Marcha*, segunda época v/32-33 (México, abril-mayo 1985): 21-78 y *Cuadernos de Marcha*, tercera época I/1 (Montevideo, junio 1985): 21-75.

_____ "La represión no tiene fronteras". *Excelsior* (México, mayo 1976): 291-310.

Rama, Ángel (coord.). "Rodó". *Cuadernos de Marcha* Año I, N° 1 (Montevideo, mayo 1967).

Ruwet, Nicolas. *Grammaire des insultes et autres études*. Paris: ed. Le Seuil, 1982.

Serie de poemas en la revista *Ideas* 5 y 6 (diciembre 1999-enero 2000 y abril-mayo 2002, respectivamente). Con Prólogo de María Angélica Petit (3-6) y editorial "Pluralidad de voces, vigencia y convocatoria" en *Ideas* 6 (Montevideo, abril-mayo 2002): 2-4.

Svirsky, Ruben. "Cómo se deforma la historia". *Cuadernos de Marcha*, segunda época II/12 (México, marzo-abril 1981): 101-6.

Terra, Juan Pablo. *Mística, desarrollo y revolución*. Montevideo: Ed. del Nuevo Mundo, 1969.

_____ *La conversión de un gigante*. Montevideo: Ed. de la Banda Oriental, 1990.

_____ *Situación de la infancia en América Latina y el Caribe*. Santiago de Chile: Unicef, 1972.

_____ *Los niños pobres en el Uruguay actual: condiciones de vida, desnutrición y retraso psicomotor*. Montevideo: CLAEH, 1989.

_____ *Crecimiento en condiciones de riesgo*. Montevideo: CLAEH/Unicef, 1989.

_____ *Población en riesgo social: infancia y políticas públicas en el Uruguay*. Montevideo: CLAEH, 1990.

Weber, Max. *Ensayo de sociología contemporánea. Clase, Estamento y Partido*. Barcelona: Planeta Agostini, 1985.

La primera época de los *Cuadernos de Marcha*

Luisa Peirano Basso
Universidad de Montevideo

El semanario *Marcha* (1939-1974) marca un hito en la historia del periodismo uruguayo. Durante treinta y cinco años, la activa e incisiva tarea periodística de su director Carlos Quijano contribuye a crear en Uruguay y en la región una nueva conciencia cultural. Salvando las distancias de tiempo, calidad y lugar, se podría afirmar que *Marcha* llega a tener un impacto similar al que tuvo la Enciclopedia del siglo XVIII en la cultura y en la sociedad europeas de su época, y conforma una nueva mentalidad que cuestiona los fundamentos tradicionales que condicionan la comunidad uruguaya y latinoamericana en el siglo XX.

Marcha constituye el primer mojón del *proyecto cultural* que Carlos Quijano desarrolla graduada, articulada y efectivamente, y cuyas diferentes líneas comunicativas se complementan y cubren espacios de público destinatario muy coherentes. En la segunda mitad de la década del sesenta, el semanario se abre a la creación de los *Cuadernos de Marcha* donde se incluye un tipo de material y un cultivo de género comunicativo inviable en las páginas periodísticas. La trilogía de Quijano se completa pocos años más tarde con la fundación de la *Biblioteca de Marcha*, en cuyos libros se rescata material de honda raigambre regional e hispanoamericana y de fundamentación ideológica, histórica y política.

Los *Cuadernos de Marcha* ven la luz en una década colmada de entusiasmos y de caldeadas polémicas, de renovaciones y de cambios, de confrontaciones en Uruguay y en el resto del mundo. Se publican con rigurosa frecuencia mensual desde mayo de 1967 hasta junio de 1974, y cesan con el número 78. Durante los años de exilio de Quijano –desde 1977 hasta 1984– se reeditan en México; y desde 1985 –en su tercera época– se publican en Montevideo a instancias de Mercedes Quijano y de su hijo Carlos Vargas. Dejarán de aparecer después de la trágica muerte de ambos acaecida en junio de 2001. Por su magnitud, cada una de las épocas de la revista requeriría un estudio particular;

pero en el presente trabajo nos centraremos en la creación, repercusión y contenidos y de la primera época de los *Cuadernos*.

1. Génesis y propósitos de los *Cuadernos de Marcha*

Los *Cuadernos de Marcha* tienen su antecedente inmediato en los *Cuadernos de Acción* (Peirano Basso 93). Heredan de ellos la periodicidad mensual y el interés por complementar de forma intensiva y sistematizada la obra de doctrina política del semanario. Desde el principio muestran una marcada vocación latinoamericanista y los guía el propósito de contribuir "al planteo y esclarecimiento de los problemas y al examen y difusión de las ideas de nuestro tiempo. Los temas nacionales, o vinculados a Latino América y al Tercer Mundo, tienen atención preferente" (1351, 5-05-67: 9).[1]

En el origen de los *Cuadernos* aparece también una razón de orden práctico. Puesto que los ensayos extensos exceden el espacio acotado de las páginas periodísticas, se los desplaza a los *Cuadernos*, ámbito más apropiado para un amplio género ensayístico. Así se expresa en el periódico:

> Hay ciertos tipos de trabajos que no caben en *Marcha*. Es un problema de extensión; el semanario gobierna trabajosamente el aluvión de material que le llega de viernes a viernes; y en la necesaria, a veces difícil opción, quedan fuera artículos valiosos que es lamentable no publicar. Pero también hay un problema de naturaleza. El periodismo tiene unas leyes; la ensayística, otras. El ensayo que se publicara en *Marcha* correría riesgos de diluirse o devenir tedioso; a la inversa, la crónica que apareciera en *Cuadernos* podría tener un vicio insanable de superficialidad, de ligereza. Y ello, no obstante las bondades del ensayo como tal, de la crónica como tal. (1385, 29-12-67: 2ª sección, 9)

De esta manera la presencia del ensayo no traba la agilidad y variedad exigidas por el periódico.

Durante sus ocho años de vida, los *Cuadernos de Marcha* mantienen el mismo formato: miden 19 centímetros de ancho por 26,5 de alto y sus páginas oscilan entre 64 y 128. El texto se imprime en papel periódico a dos columnas y los grandes títulos en tinta negra resaltan sobre las vivas tapas monocromáticas. En el borde superior izquierdo de la revista figura el emblemático logotipo del semanario: una nave con la frase *Navigare necesse, vivere non necesse*.[2] En la contratapa se presenta a Carlos Quijano como director y a Hugo Alfaro como administrador.

2. UN AUTÉNTICO ÉXITO EDITORIAL

La experiencia exitosa de los *Cuadernos de Marcha* constituye desde los comienzos un fenómeno no previsible. En *Marcha* abundan referencias que reflejan el éxito de la iniciativa:

> La irrupción de *Cuadernos de Marcha* en Montevideo fue triunfal. No puede decirse con medias palabras. Esperábamos –por el tema, por la calidad de los trabajos– una acogida favorable. Pero los hechos nos desbordaron. A las diez de la mañana del lunes, día en que apareció el N° 1, se había agotado totalmente el tiraje. Y detrás de esa demanda masiva, quedó el tendal de los muchos compradores frustrados. No es aventurado –aunque parezca presuntuoso– asegurar que *Cuadernos de Marcha* es el primer libro que se agota antes de ponerse a la venta, tal la sensación que ahora tenemos de que todo el tiraje estaba "encargado". Un éxito editorial sin precedentes en el país. (1353, 19-05-67: 9)

A fines de 1967, el semanario evalúa los resultados obtenidos y puntualiza: "la respuesta del público fue terminante y, con excusas por el adjetivo, insólita. Tiradas de alrededor de 15 mil ejemplares de *Cuadernos* se agotaron enseguida, y ahora hay una venta firme, estabilizada, que el canillita[3] conoce mejor que nadie al pedir cierto número de ejemplares que colocará sin falta a lo largo del mes" (1385, 29-12-67: 2ª sección, 9). Los *Cuadernos de Marcha* se leen en el interior del país y más allá de sus fronteras:

> Es ilustrativa la imagen del canillita que sube al *trolley* y vende, no los diarios del día sino los *Cuadernos* del mes. No lo es menos el texto de dos telegramas que llegaron en estos días a nuestra mesa de trabajo. Dice uno: "No olviden mandar *Cuadernos*. Gómez", de Librería Claridad, de Treinta y Tres, texto preventivo, previsor, innecesario. Y el otro: 'Manden urgente 100 *Cuadernos* del *Che*', firmado por Sophie de Magariños, desde París. La comarca y el mundo nos estimulan, nos obligan. ¿Podríamos pedir más? (1385, 29-12-67: 2ª sección, 9)

Los temas de candente actualidad que allí se tratan despiertan un notorio interés por su lectura.

Los *Cuadernos de Marcha* se dirigen principalmente a un público instruido cuyas preferencias sabe detectar la Dirección del periódico:

> Algunos núcleos, en particular los docentes de la enseñanza media, prestan especial atención a los títulos que, de alguna manera, pueden vincularse con los cursos de que son responsables [...]. Los estudiantes, sobre todo los más jóvenes, demuestran mayor apego por los volúmenes consagrados al Tercer Mundo. La investigación de documentos históricos les resulta "poco comprometida" y exigen, de toda publicación, una mayor agudeza en su vocación transformadora. Dos jóvenes médicos –uno de ellos radicado en un pequeño pueblo fronterizo– hacen un razonamiento similar. Distinguen entre los *Cuadernos* que obligan a una lectura inmediata (los dedicados a: Cuba, Vietnam, Poder Negro) y otros que, como los dedicados al Río de la Plata y Martín García, tienen para ellos un valor documental. Por el contrario, un profesor de Derecho manifiesta gran interés por estos documentos porque, para él, éstos son los títulos con mayor seriedad científica de los 23 publicados hasta ahora (1448, 16-05-69: 9)

El perfil de lector eminentemente intelectual de *Cuadernos* explica también el tipo de publicidad que figura en ellos: las novedades de la editorial Arca, dirigida por Ángel Rama, quien se aleja definitivamente de la dirección de las páginas literarias de *Marcha* en 1968; la *Enciclopedia Uruguaya* editada por Arca conjuntamente con Editores Unidos; algunos libros de la editorial Alfa;[4] las colecciones "Los hombres de la historia" y "Nuestra Tierra" del Centro Editor de América Latina y la *Biblioteca de Marcha*.

3. Contenidos de los Cuadernos de Marcha

3.1. *El pensamiento político*

Los *Cuadernos de Marcha* abordan un amplio espectro de temas: las corrientes de pensamiento universal y nacional; la política mundial, americana y uruguaya; la historia del Uruguay y de la Región del Plata; la situación de la Iglesia en Latinoamérica en la década del sesenta y la literatura rioplatense. La elección que hace *Cuadernos* de los temas referidos al pensamiento filosófico se ajusta a una postura asumida previamente por *Marcha*. Es conocida la trayectoria de Quijano en su intento por lograr la unificación latinoamericana, y en este sentido se constituye en heredero de pensadores como José Ingenieros (1877-

1925) y José Carlos Matiátegui (1895-1930), para quienes la unidad latinoamericana solo se puede lograr mediante la interpretación marxista de la historia, ya que Latinoamérica "no encontraría nunca su unidad en el orden burgués". El carácter práctico y reformador de la existencia -acusado claramente en el materialismo histórico de Marx- se constituye en uno de los instrumentos que vale la pena ensayar para lograr los efectos deseados; no es para Quijano el único método utilizado, pero sin duda alguna es muy importante, pues más que interpretar el mundo, trata de transformarlo.

En lo referente al pensamiento universal, tres *Cuadernos* se dedican al estudio de Marx y de Lenin. En ellos colaboran algunos autores extranjeros como Louis Althusser, Jean Ives Calvez, Benedetto Croce y Robert Paris; y entre los profesores uruguayos se encuentran Jesús Bentancourt Díaz, Jesús Caño Guiral y Mario H. Otero. En el campo del pensamiento nacional, los *Cuadernos* se dedican a dos pensadores uruguayos que viven el pasaje del siglo XIX al XX: José Enrique Rodó y Carlos Vaz Ferreira. Es una elección paradigmática la de José Enrique Rodó, cuyo mensaje puede articularse como un útil instrumento intelectual contra el imperialismo. Los *Cuadernos* lo proponen de alguna manera, en su tiempo y hora, como fuente de revitalización reflexiva de la conciencia americana, con intención de desarrollarla y vigorizarla frente a los embates advenientes o ya instalados de la corriente norteamericana.

3.2. *La política mundial*

En la década del sesenta y la primera mitad del setenta, la política mundial está condicionada por la confrontación ideológica y adopta cierto tono de distensión entre las grandes potencias. La Unión Soviética y Estados Unidos reconocen mutuamente sus áreas de influencia y el muro de Berlín -construido en 1961- se alza como símbolo de una frontera infranqueable. Los *Cuadernos de Marcha* dedican sustanciosos y polémicos números monográficos a los conflictos internacionales más significativos de la época, y su lectura completa el mapa de la realidad mundial.

El número 15 se ocupa de la revuelta estudiantil de Mayo del 68 en París. Con muy escasa perspectiva disponible sobre los hechos, aporta un caudal valioso y de primera mano de protagonistas y testigos. Entre otros, colaboran el escritor mexicano Carlos Fuentes y el filósofo existencialista Jean Paul Sartre -constituido en prototipo del intelectual comprometido-. El *Cuaderno* recoge palabras de Rudi Dutschke -

dirigente de la S. D. S., la organización de izquierda de los estudiantes-
y algunos artículos del catedrático de sociología Raymond Aron, que
enjuicia la actitud adoptada por el gobierno francés. Herbert Marcuse
y André Malraux analizan los sucesos desde su posición marxista. El
número de enero de 1971 está dedicado a España y al ocaso del régimen
franquista, y en el *Cuaderno* 78 se recogen documentos y testimonios
del asesinato del diputado socialista Giacomo Matteotti durante la
Italia de Mussolini. El *Cuaderno* 16 aborda la invasión de las fuerzas
de la Unión Soviética a Checoslovaquia en agosto de 1968. Recoge
testimonios de los sucesos que anteceden a la invasión y comentarios
sobre los sucesos acaecidos; entre otros, los pronunciamientos de la
Federación Sindical y de los partidos comunistas francés y chino. El
número 28 está dedicado al África, escenario de recientes movimientos
independentistas. Recoge algunas ponencias y reportajes de
representantes de países miembros de la Organización de Unidad
Africana, reunidos en un simposio sobre cultura africana celebrado
en Argel en julio de 1969. Según el semanario, el *Cuaderno* 2 incluye
una documentación completa

> en parte inédita y en parte por primera vez traducida al español
> sobre Vietnam. Comprende los informes presentados al Tribunal
> [creado por Bertrand Russell] para juzgar los crímenes de guerra,
> por testigos oculares de los sucesos o por los investigadores que,
> designados por el mismo Tribunal, viajaron a Vietnam y allí
> residieron durante algún tiempo: Tsetsure Tsurushima, John
> Takman y Axel Höijer. Los estudios, cuya traducción se hizo
> especialmente para *Cuadernos de Marcha*, pertenecen a Bertrand
> Russell, Jean Paul Sartre y Ralph Schoenman entre otros. (1357, 16-
> 06-67: 8)

El *Cuaderno* 12 aborda los conflictos raciales en Estados Unidos,
donde el pacifismo de Martín Luther King es desbordado por el
radicalismo de otras organizaciones negras, como la dirigida por
Malcolm X, quien termina asesinado por sus antiguos correligionarios
en 1965. Incluye estudios sociológicos, entrevistas y declaraciones de
los actores: Eugene D. Genovese, Harold W. Cruse y James Weinstein
(1399, 26-04-68: 9).

La Dirección de *Marcha* manda corresponsales a los puntos de
conflictos internacionales para recabar información exclusiva de
primera mano. Leopoldo Müller es enviado a Israel para recoger las
soluciones que postulan algunos representantes de la izquierda israelí
al conflicto de Medio Oriente. Poco después, el *Cuaderno* 42, refleja el

punto de vista palestino del conflicto. En la introducción al *Cuaderno* se señala que ha sido excluida "la derecha con todas sus fracciones" y que se trata de dar la palabra a todos aquellos que se dicen, creen y quieren que se les crea gente de izquierda, para que "expongan sus razones, los derechos que les asisten y expliquen sus posiciones y cómo se llegará a una solución sin lesionar los derechos judíos" (*CM* 42: 3-4).[5]

3.3. *La política americana*

Al enunciar su propósito de defender la nacionalidad y de contribuir al combate antiimperialista de los cercanos y "de los extraños y lejanos de los que poco sabemos excepto que padecen, como nosotros, la exacción de los poderosos, o del poderoso" (1385, 29-12-67: 2ª sección, 9), los *Cuadernos de Marcha*, dan un paso más en su pronunciamiento político. Y en estas coordenadas abordan los conflictos internacionales, apuntando principalmente a aquellos lugares del globo donde hay conflictos con Estados Unidos. *Marcha* dedica varios *Cuadernos* al devenir político de Latinoamérica: las relaciones con Estados Unidos, la Revolución Cubana, el triunfo y caída de Allende en Chile, la revolución militar en Perú, el Peronismo en Argentina, el militarismo en Brasil y el movimiento revolucionario en Bolivia.

El *Cuaderno* 3 "intenta mostrar el real significado de la Revolución Cubana a la luz de los análisis y comentarios hechos por quienes gozan de la mayor autoridad para opinar sobre una extraordinaria empresa que a todos nos toca y en la cual todos estamos envueltos" (1362, 22-07-67: 6). El *Cuaderno* titulado "Cuba - Nueva política cultural. El caso Padilla" recogerá posiciones a favor y en contra de la detención del escritor Heberto Padilla luego de la publicación del libro *Fuera de juego*. Se reafirma la adhesión a la Revolución y se cuestionan las consecuencias que tuvo el Caso Padilla en la opinión pública internacional.

El *Cuaderno* 72 analiza el asalto al Cuartel Moncada –preludio de la Revolución Cubana– veinte años después. Se transcribe una extensa interpelación contra Batista hecha por Fidel Castro y se incluye una cronología de los hechos sucedidos en Cuba desde 1933 hasta 1973. La muerte del argentino Ernesto Che Guevara el 9 de octubre de 1967 dará ocasión para publicar en el *Cuaderno* 7 una antología de los escritos y discursos más importantes de quien encarna mejor que ningún otro personaje del siglo XX el mito del revolucionario romántico.

El *Cuaderno* 33 está dedicado a la gira de Nelson A. Rockefeller por América Latina, enviado por el presidente Richard Nixon. Transcribe documentos antiguos que reflejarían la intención de Estados Unidos de expandirse hacia el sur; e incluye el Informe Rockefeller completo y una crítica de James Petras, Profesor Adjunto de Ciencia, Política y Administración Pública en el MIT. El número 34 muestra varios editoriales publicados en *Marcha* en 1961 con ocasión de la reunión en Punta del Este, en la que se fijaron las metas y procedimientos de la Alianza para el Progreso.

A Brasil se dedican dos *Cuadernos*. El número 37 se ocupa del golpe de Estado del 30 de marzo de 1964, contra el presidente João Goulart. Así lo expresa el semanario:

> nos limitamos a enfocar algunos aspectos de la realidad brasileña en ese período, los que consideramos más importantes: el origen y la evolución del militarismo brasileño; el golpe continuado o la contrarrevolución permanente; la teoría y la praxis de la entrega de la economía nativa a los monopolios extranjeros; la tesis del "satélite privilegiado" o del subimperialismo brasileño; la política económico-financiera del gobierno castrense y sus consecuencias sociales y la trascripción de documentos auténticos sobre las torturas, esa práctica que en los últimos años es parte de lo cotidiano en la vida brasileña. (1498, 18-06-70: 7)

El segundo *Cuaderno* sobre Brasil contiene un artículo que acusa a la Iglesia Católica brasileña de ser cómplice del golpe de Estado por advertir de los peligros del comunismo, y se inclina a favor del sector progresista del clero brasileño, encabezado por monseñor Hélder Câmara, arzobispo de Olinda y Recife. En el *Cuaderno* 44, se transcriben noticias sobre el trato de los prisioneros políticos en Brasil en 1968 y 1969.

Marcha dedica el *Cuaderno* 26 al golpe de Estado del general Juan Velasco en Perú e incluye todos los "documentos esenciales relacionados con el proceso que se cumple en ese país desde el llamado Manifiesto Revolucionario del 3 de octubre de 1968, hasta la reciente ley de Reforma Agraria" (1454, 17-07-69: 6). Se dedican después tres números a la Argentina: el número 27 se centra en los movimientos estudiantiles de Córdoba y Rosario en 1969 bajo el régimen del general Onganía; los *Cuadernos* 70 y 71 se ocupan de las etapas principales del Peronismo. El *Cuaderno* 40 tratará de la victoria electoral de Allende en Chile, y los números 74 y 75 son un homenaje a Allende, luego de su muerte acaecida el 11 de septiembre de 1973.

Pocos meses después del golpe de Estado del general Alfredo Ovando el 26 de septiembre de 1969, *Marcha* anuncia la salida de un número dedicado a Bolivia (1470, 14-11-69: 10). En la introducción, Rogelio García Lupo, coordinador de la edición, se manifiesta a favor del golpe de Estado y de la nacionalización de la compañía petrolera *Gulf Oil Co*. El *Cuaderno* 51 aparecerá con ocasión del golpe de Estado del general Hugo Banzer, el 22 de agosto de 1971: "Está dedicado –en la línea constante de atención a los problemas latinoamericanos y de apoyo a las luchas de liberación de nuestros pueblos– a las dramáticas horas que acaba de vivir Bolivia, al cabo de las cuales cayó el gobierno del general Juan José Torres" que atribuye "al enemigo imperturbable, los Estados Unidos" que, aliado con el "barrientismo" militar, con su protegido Víctor Paz Estensoro y con la "Falange Boliviana", logra exitosamente su cometido. García Lupo reconoce sin embargo algunos errores cometidos por el gobierno boliviano.

3.4. *La política uruguaya*

De acuerdo con los propósitos fijados por la Dirección de *Marcha*, los *Cuadernos de Marcha* apuestan por la indagación del "ser nacional uruguayo" para la "defensa de la nacionalidad y del ser nacional latinoamericano". Por ese motivo, los rasgos sobresalientes del pasado y presente de la política uruguaya ocupan muchas de sus páginas y hoy, con la perspectiva que dan los años, constituyen valiosos documentos que facilitan el estudio de historia del Uruguay. *Marcha* dedica dos *Cuadernos* al líder del Partido Colorado José Batlle y Ordóñez y a su obra periodística desplegada desde el diario *El Día*. En el aniversario de la muerte de Emilio Frugoni, se destinan dos números al fundador del Partido Socialista del Uruguay. El primero contiene datos biográficos y bibliográficos suyos; el segundo *Cuaderno* transcribe conferencias, artículos y discursos pronunciados en el parlamento desde 1911 hasta 1935.

A partir del año 1971, aparecen tres *Cuadernos de Marcha* referidos al Frente Amplio. El primer número reproduce los documentos fundamentales del proceso constructivo del nuevo partido. El *Cuaderno* 47 recoge principalmente opiniones de algunos integrantes del Frente Amplio, como Oscar H. Bruschera –redactor de *Marcha*–, Hugo Villar, Juan Pablo Terra, Rodney Arismendi y el escritor Mario Benedetti. En septiembre de 1971 sale un tercer *Cuaderno* titulado "Frente Amplio: respuesta al despotismo", con trabajos inéditos de Julio

Castro –redactor permanente de *Marcha*–, Héctor Rodríguez, Carlos Martínez Moreno y Alberto Couriel.

Los conflictos en la enseñanza se desarrollan en el número 48 de *Cuadernos de Marcha*, donde se recoges disposiciones y resoluciones de los Consejos de Enseñanza y de las Asambleas de Profesores. Al promulgarse una nueva ley de enseñanza, el *Cuaderno* 67 selecciona varios artículos que impugnan la nueva norma.

Como en el resto del continente latinoamericano, la situación política del Uruguay de fines de la década del sesenta se radicaliza progresivamente hasta el advenimiento del golpe de Estado de 1973. A este tema *Marcha* dedica tres *Cuadernos* titulados "Siete días que conmovieron a Uruguay", "La Era Militar" y "El fin del principio".

3.5. La historia del Uruguay y de la Región del Plata

De acuerdo a los objetivos propuestos, los *Cuadernos de Marcha* buscan promover el conocimiento del pasado histórico uruguayo y se publican varios números que, si bien no siguen un orden cronológico, dan un completo panorama de la evolución histórica del Uruguay y de la Región del Plata en los siglos XIX y XX. De esta manera, lo que al principio aparenta ser una interesante pero inconexa acumulación de temas, revela en su desarrollo una clara y definida intención totalizadora.

En cuanto al nacimiento del Estado uruguayo, el *Cuaderno* 4 se dedica a la controvertida cuestión de la independencia por la mediación británica y su viabilidad como país. El *Cuaderno* titulado "Guerra y revolución en la cuenca del Plata" estudia el período que va de 1863 a principios de 1868, cuando son asesinados los presidentes Bernardo Berro y Venancio Flores. El semanario resalta la analogía de los hechos pasados con los actuales:

> Intervención, revolución, son palabras de uso corriente; pero también lo eran ayer. Las corrientes históricas continúan y aunque otros sean los actores y distintas las circunstancias, los problemas subsisten. Un siglo ha pasado desde los sucesos que ahora *Cuadernos de Marcha* analiza; pero la lección de ese acontecer se desprende, no ha perdido vigencia y hasta puede que haya adquirido mayor significación. (1372, 29-09-67: 7)

En el número dedicado al caudillo Leandro Gómez, muerto en la guerra contra Brasil, *Marcha* denuncia toda forma de imperialismo:

La lucha sigue, igual o peor. Estas páginas pueden servir de estímulo y de esperanza para quienes en trances menos cruentos pero no menos graves que los vividos por Leandro Gómez y los "Defensores de Paysandú" continúan el desigual combate contra los enemigos, de fuera y de dentro, de nuestra soberanía nacional. (*CM* 61: 1)

El número monográfico sobre la Guerra del Paraguay brindará una nueva ocasión para denunciar una guerra en la que, en nombre de la "civilización", Brasil, Argentina y Uruguay, después de cinco años de combates, derribaron al régimen pero asolaron a Paraguay. El semanario añade:

Esta lúgubre historia no ha perdido actualidad. Cien años son pocos. Los cuatro países están ahí con sus intereses vitales. Solo ha cambiado el imperio. A Inglaterra la ha sustituido, y desde hace tiempo, Estados Unidos. Adentrarnos en la guerra de Paraguay ayuda a conocernos, a conocer nuestra tierra, a buscar la clave de su destino. (1489, 17-04-70: 6)

Con ocasión del número titulado "Política de Brasil en Uruguay, la misión Saraiva" dice el semanario que

es necesario ahondar para conocer cabalmente las finalidades de la secular política brasileña en el Río de la Plata y la colaboración que a ella prestó el mitrismo, heredero y representante de la oligarquía porteña que cincuenta años antes había traicionado a Artigas y entregado la tierra oriental a la voracidad del imperio. (1607, 24-08-72: 8)

El proceso político que sobreviene en Uruguay en la segunda mitad del siglo XIX, se caracteriza por la transición del régimen dictatorial al civismo en la presidencia del general Lorenzo Batlle (1868-1872) y la instalación fallida del legalismo Principista bajo la presidencia de José Ellauri (1872-1875). Los *Cuadernos* 57 y 58, versan sobre esta etapa histórica que antecede a la dictadura del general Lorenzo Latorre. Tres números se dedican al período conocido como el "Militarismo". El volumen 23 contiene trabajos originales de Carlos Real de Azúa, Guillermo Vázquez Franco, Roque Faraone, Carlos Panizza Pons y Nelson Martínez Díaz. El *Cuaderno* 59 se titula "Latorre - La Revolución tricolor y el militarismo" y relata la deposición del presidente Ellauri y la designación del gobierno provisorio de Pedro Varela. Asimismo, cuenta la deportación de quince "Principistas" a La Habana un mes después. La introducción al *Cuaderno* 60, titulado "Latorre - De la dictadura al destierro", señala la intención de aportar "algunos elementos más al estudio de un tiempo y un hombre, mal conocidos, no obstante la importancia que tuvieron en la marcha del país" (*CM* 60: 3).

Marcha edita el *Cuaderno* 54 en el octogésimo quinto aniversario de la Revolución del Quebracho. Un mes más tarde, el número 55 se ocupará de la Revolución del 97, encabezada también por caudillos blancos. El número 76 se destina al golpe de Estado de Gabriel Terra del 31 de marzo de 1933, y

> se limita a mostrar, a través de documentos básicos, la marcha de esas veinticuatro horas en la vida del Uruguay. Entre dichos documentos damos uno, hoy poco conocido y además prácticamente inencontrable: la versión íntegra de esa última sesión de la Asamblea General. Es una radiografía muy completa del Uruguay político de hace cuarenta años. (*CM* 76: 1)

En febrero de 1972, *Marcha* anuncia la salida del número 56, que "reproduce textualmente el libro que en el año 1937 escribieron Arturo Ardao y Julio Castro, sobre Basilio Muñoz" (1582, 25-02-72: 9). El libro estudia los antecedentes familiares de Basilio Muñoz, su actuación en las revoluciones Tricolor, del Quebracho, del 97, de 1904, y finalmente en la frustrada Revolución de Enero contra la dictadura de Terra. En el prefacio, los autores declaran su propósito:

> De ahí la intención militante que anima a las páginas que van a leerse: hacer conocer toda la curva de su vida ejemplar, como un aporte efectivo al movimiento emancipador del pueblo uruguayo, al margen en absoluto –lo testimoniará su lectura– de preocupaciones partidistas. Trabajo de principiantes, éste, escrito con impaciencia juvenil en medio de la lucha, no aspira a otro mérito que ese. (*CM* 56: 6)

A principios de 1969, *Marcha* anuncia una serie de *Cuadernos* sobre la independencia y los problemas limítrofes entre Uruguay y Argentina. El primero de la serie es el *Cuaderno* 18 y se titula "La Patria Oriental - Un debate histórico", dedicado a la polémica histórica en torno a la fecha de la celebración de la Independencia nacional, que muestra dos corrientes históricas. Como complemento, el número siguiente titulado "Orientales y Argentinos", recoge un debate en el Senado y un informe que redacta Justino Jiménez de Aréchaga en septiembre de 1923, en defensa del 18 de julio de 1830 como fecha aniversario de la independencia nacional, oponiéndose a la tesis de Pablo Blanco Acevedo a favor del 25 de agosto de 1825. El semanario señala finalmente:

> Los materiales que contienen ambos *Cuadernos* muestran, con amplitud, –creemos– el enfrentamiento de las dos posiciones en el gran debate planteado y esperamos que ayuden en la búsqueda de la verdad histórica. Esperamos, sobre todo que ayuden a acercarnos a las raíces y a marchar hacia ese Uruguay del futuro que debe ser el centro de nuestras preocupaciones comunes hoy. (1429, 13-12-68: 6)

Estas dos posiciones han dado lugar a dos corrientes historiográficas muy definidas.

La constante denuncia al imperialismo se manifiesta también con ocasión del número 20 sobre el Río de la Plata, que contiene documentos del siglo XIX y de principios del siglo XX relacionados con el tema. La introducción señala:

> Como todos los de la misma índole, el problema del Río de la Plata no es un problema exclusivamente jurídico. Lo es también político. A través del tiempo las características del enfrentamiento siguen siendo las mismas; pero algunas fuerzas han dejado de tener gravitación, otras han ocupado su lugar y nuevas dificultades han surgido. En 1908, Inglaterra y Brasil tenían intereses específicos en el Río de la Plata. En 1969 Inglaterra ha desaparecido del escenario y en cambio Estados Unidos ejerce sobre toda América Latina y más y más sobre esta región del Plata una influencia absorbente y dominadora. (*CM* 20: 4)

Los *Cuadernos* 21 y 77 abordan el tema de la soberanía de la isla Martín García: recogen documentos y analizan los tratados de límites entre Argentina y Uruguay.

A través de los textos elegidos expresamente para *Cuadernos*, *Marcha* aporta mucho más que una mera historia del Uruguay y de la región. Apoyándose en documentos y en artículos escritos especialmente para *Cuadernos*, presenta una nueva versión de la historia "no oficial". Con cuidadoso espíritu didáctico expone una y otra vez las causas y consecuencias de los acontecimientos históricos: la independencia nacional, las luchas entre los partidos y la defensa de la soberanía frente a los posibles intentos de anexión. Como si intuyera los acontecimientos que se han de producir, *Marcha* hace especial hincapié en la narración de las revoluciones y los levantamientos de los caudillos, y la consiguiente instauración de regímenes políticos militares. En los últimos *Cuadernos*, la oposición de *Marcha* al régimen político instituido se hace más explícita y radical.

3.6. La Iglesia latinoamericana en los años sesenta

Durante las sesiones del Concilio Vaticano II, inaugurado en Roma en 1962, se produce un acercamiento entre los obispos latinoamericanos –un 22% del total de 2.500 participantes–, y el Consejo Episcopal Latinoamericano (CELAM) empieza a tomar conciencia de su relevancia continental. Durante los años que transcurren desde el Concilio hasta la Conferencia General del Episcopado Latinoamericano en Medellín en 1968, el socialismo ejerce una creciente tentación utópica sobre importantes sectores del mundo católico y muchos se incorporan al discurso y a la lucha marxista revolucionaria. La teoría "foquista" del Che Guevara arrastra a miles de jóvenes católicos que creen en la eficacia de la orientación revolucionaria; y antes que a ellos, a cientos de sacerdotes e intelectuales católicos, que se dejan cautivar por las distintas variantes del marxismo y comienzan a elaborar los fundamentos de la Teología de la liberación. Dos meses después de la ceremonia de clausura del Concilio Vaticano II muere el ex sacerdote colombiano Camilo Torres, comprometido con la lucha guerrillera y marxista. A él se dedica el *Cuaderno 9*, titulado "De Camilo Torres a Hélder Câmara". Bajo la orientación de Héctor Borrat, abogado y redactor permanente de *Marcha*, se publica el número 8 –"Iglesia Hoy"–, que recoge encíclicas de Juan XXIII y de Pablo VI, una Carta Pastoral del arzobispo de Montevideo, monseñor Carlos Partelli y un artículo del teólogo jesuita Juan Luis Segundo.

El *Cuaderno 17* contiene documentos sobre la Iglesia en América Latina: los aprobados por Medellín y los que a éstos sirvieron de base o antecedente. El prólogo, a cargo de Héctor Borrat, introduce la segunda Conferencia General del Episcopado Latinoamericano, celebrada en Medellín, en agosto y septiembre de 1969, cuya apertura estuvo a cargo del Papa Pablo VI en su breve viaje a Colombia en 1968. Borrat señala que, a pesar del rechazo explícito del Romano Pontífice a la "revolución", la conferencia se centra en el papel de la Iglesia en la transformación de América Latina. Más adelante, en el *Cuaderno 24*, Héctor Borrat analiza las contradicciones desatadas en ámbitos eclesiásticos después de la Conferencia de Medellín. El

Cuaderno 52 incluye varios documentos en torno a la Iglesia y el Socialismo. Finalmente, en el *Cuaderno* 29, titulado "Protestantes en América Latina", se recogen artículos referidos a la tarea ecuménica entre las diferentes Iglesias protestantes separadas.

3.7. *Literatura y sociedad*

En el conjunto de los *Cuadernos*, pocas entregas están destinadas exclusivamente a lo literario, aunque son realmente significativas: la novela *La tierra purpúrea* de Guillermo Enrique Hudson, el poema *Martín Fierro* de José Hernández, estudios sobre el gaucho y la literatura gauchesca, un número monográfico dedicado al poeta Antonio Machado, una recopilación de poemas y estudios sobre la lírica de Emilio Frugoni y finalmente las crónicas de Montevideo Antiguo y las memorias del "Licenciado Peralta".

Hablar de la importancia de ofrecer al lector uruguayo una novela como *La tierra purpúrea* cuya funcionalidad para los lectores uruguayos va mucho más allá de un simple entretenimiento, pone en el plano de la imaginación creativa, escenas y situaciones de lo que puede llamarse historia intestina socio política del Uruguay, con lo cual se incorpora una nueva vía de toma de conciencia sobre la realidad nacional. En este caso, es doblemente valioso porque, además de tratarse de una lograda obra estética, su autor dispone de una perspectiva peculiar y no comprometida. *Marcha* presenta en el *Cuaderno* 10 el libro en su versión completa "y en una muy cuidada traducción". Señala que "el lector oriental aprenderá a conocer mejor y a querer más a su tierra después de leer el libro de Hudson y el lector extranjero estará más capacitado para penetrar y comprender las secretas raíces de nuestro Uruguay" (1392, 23-02-68: 8).

Con ocasión del centenario de la publicación del *Martín Fierro*, editado en 1872 por la imprenta La Pampa, *Cuadernos* dedica el número 65 al legendario poema épico de José Hernández y el número 66 a una serie de artículos de escritores y críticos sobre el mismo.

En su tarea de "estudiar los grandes asuntos de la vida nacional, en particular el proceso de formación de la nacionalidad y su tenaz lucha por la soberanía y la autonomía cultural", *Marcha* dedica un *Cuaderno* al gaucho y "a la formidable aportación literaria que legara a los nuevos hombres que forman los países del Plata" (1376, 27-10-67: 6). El número reúne una serie de trabajos inéditos de especialistas.

Con ocasión del trigésimo aniversario de la muerte de Antonio Machado, *Cuadernos* le dedica un número monográfico. En la introducción, Manuel García Puertas resalta el doble motivo en la edición del ejemplar: "reiterar el juicio y la exégesis de su poesía para las nuevas generaciones", y señalar la actualidad de la obra de Machado y el acopio de enseñanzas "cuando nuestra patria sufre la crisis más honda, cuando tan profundamente nos duele la afrenta inferida a nuestras más entrañables convicciones de dignidad humana y de progreso social" (CM 25: 6-7). Con Machado, los *Cuadernos* rescatan a un poeta cuyas ideas políticas trascienden los valores estéticos y la mera reflexión filosófica.

La atención brindada al género costumbrista responde adecuadamente a las preocupaciones de la Dirección de *Marcha* por estimular la indagación de lo nacional. Una vez más se recurre a una vía de acceso o de estímulo de dicha conciencia, no propiamente discursiva o ensayística. Los cuadros de costumbre muestran en su fijación fotográfica, escenas y situaciones, tipos populares y sociales que revelan modalidades, constantes a través del tiempo en la sociedad uruguaya o, en cambio, la sustitución de unos por otros, que la dinámica del tiempo impone en la historia cultural. En el *Cuaderno* 11 se encuentran las "Crónicas de un Montevideo lejano", memorias que el doctor Domingo González, el "Licenciado Peralta", nacido en 1837 escribe a sus ochenta años. Abarca los recuerdos de la Guerra Grande, de la inauguración del teatro Solís y de la violenta situación política de mediados de siglo, así como también numerosas páginas costumbristas. Dentro de este género costumbrista, se edita "Montevideo entre dos siglos (1890-1914)" que estudia

> una época clave de la formación cultural y artística de nuestro país: el fin del siglo pasado y el comienzo del actual. La *belle époque*, sus mitos cultivados, la atención prodigada a los hábitos de la cultura francesa y también la transformación profunda que se realiza en lo nacional, aparecen en el amplio registro de la plástica, la literatura, la música, la cuestión social, la vida teatral, la arquitectura y el urbanismo. (1441, 21-03-69: 9)

Marcha se adelanta a la tendencia frecuente en nuestros días de acentuar el manejo y uso de los autores costumbristas convirtiéndolos en fuentes concurrentes de estudios historiográficos.

4. Principales colaboradores de los *Cuadernos de Marcha*

La gran variedad de colaboradores nacionales y extranjeros que publican artículos en los *Cuadernos* constituye una muestra más del espíritu enciclopedista que caracteriza a la dirección de *Marcha*. Las numerosas colaboraciones de sus redactores y de sus corresponsales en el extranjero confirman además una unidad de criterio entre el semanario y los *Cuadernos*. Entre los principales colaboradores se destaca el doctor Arturo Ardao, quien ha señalado su desempeño en el semanario de la siguiente manera: "Mi actuación en *Marcha* fue siempre (del primero al último número), ante todo en la sección política, compartida con otros redactores; en primer lugar, por supuesto, con el doctor Quijano. Pero con frecuente dedicación, además, a diversos temas culturales, en especial educacionales" (Peirano Basso 336). Ardao tiene a su cargo los *Cuadernos* sobre Rodó y Vaz Ferreira y publica un estudio sobre el poeta Antonio Machado. Su libro sobre la vida del caudillo Basilio Muñoz, escrito conjuntamente con Julio Castro, un artículo sobre la independencia uruguaya y un estudio sobre la Ley de Enseñanza de 1973, muestran su interés por la historia y la política contemporáneas. También se destaca Héctor Borrat (véase Peirano Basso 345), redactor permanente de la sección de información internacional de *Marcha*, y encargado de los *Cuadernos* referidos a la Iglesia. Los artículos de Oscar H. Bruschera y Julio Castro, encargados permanentes de la sección de economía de *Marcha*, versan sobre la historia del Uruguay, la política nacional y la creación del Frente Amplio.

Varios especialistas uruguayos escriben en el semanario y en los *Cuadernos de Marcha*: el eminente historiador Juan E. Pivel Devoto, el ensayista e investigador Lauro Ayestarán, la poetisa Esther de Cáceres, el ensayista Arturo Sergio Visca y el catedrático de Derecho Constitucional, Héctor Gros Espiell, entre otros. Asimismo, se reeditan en los *Cuadernos* varios clásicos uruguayos: Eduardo Acevedo Díaz, Javier de Viana Viana, Yamandú Rodríguez, Francisco Espínola y Gustavo Gallinal.

Según una práctica frecuente en los *Cuadernos*, se transcriben textos de autores extranjeros que ilustran y fundamentan los propósitos iniciales del semanario. En lo referente a la exégesis marxista, *Cuadernos* recoge los textos clásicos de Marx y Lenin, y artículos de Louis Althusser, Benedetto Croce, del escritor ruso Máximo Gorki y Joseph Schumpeter. Los *Cuadernos* también rescatan páginas de conocidos escritores argentinos como Leopoldo Lugones, Ricardo Rojas, Ezequiel Martínez Estrada, y el propio José Hernández, autor del *Martín Fierro*. Existen además innumerables colaboraciones de personas vinculadas a los acontecimientos de los años sesenta cuya actuación no se extiende más allá del momento.

Los *Cuadernos de Marcha* nacen en una década signada por controversias ideológicas y conflictos en el Uruguay y en el mundo. Según el modelo ensayado anteriormente por *Acción* –precursor de *Marcha*–, quieren completar la labor del semanario en su relectura de los acontecimientos nacionales e internacionales desde una marcada posición latinoamericanista y antiimperialista. Sin embargo, mientras el semanario *Marcha* gana un prestigio creciente que lo convierte en referente obligado de ciertos ámbitos académicos, culturales y políticos más allá de las fronteras del Uruguay, los *Cuadernos de Marcha* son poco conocidos fuera del Uruguay y no existen casi estudios específicos sobre ellos. La reciente publicación de mi trabajo en Buenos Aires ha querido llenar este vacío y hacer una primera aproximación a un tema de gran trascendencia para la historia de la cultura uruguaya. Queda aún pendiente un avance sobre la recepción de los *Cuadernos de Marcha* para completar un libro que abre camino a investigaciones futuras.

NOTAS

[1] Las referencias al semanario *Marcha* indican número, fecha y página.
[2] "Navegar es necesario, vivir no lo es". Frase atribuida a Plutarco, en *Vida de Pompeyo*.
[3] Término utilizado para designar a los niños o jóvenes que distribuyen los periódicos en Uruguay.
[4] Del español Benito Milla, quien contribuye a dar un fuerte impulso a la industria editorial en el Uruguay.
[5] En adelante, los *Cuadernos de Marcha* se citarán de la siguiente manera: CM, número y páginas.

BIBLIOGRAFÍA

Alfaro, Hugo. *Navegar es necesario. Quijano y el semanario* Marcha. Montevideo: Ediciones de la Banda Oriental, 1984.
Cotelo, Rubén. "*Marcha* y la Generación del '45". *La cultura de un siglo: América Latina en sus revistas.* Saúl Sosnowski, ed. Madrid: Alianza, 1999.
Peirano Basso, Luisa. Marcha *de Montevideo y la formación de la conciencia latinoamericana a través de sus* Cuadernos. Buenos Aires: Vergara, 2001.
Raviolo, Heber y Pablo Rocca (dirs.). *Historia de la literatura uruguaya contemporánea*. 2 tomos. Montevideo: Ediciones de la Banda Oriental, 1996 y 1997.
Rivera, Jorge B. *El periodismo cultural*. Buenos Aires: Paidós, 1995.

Rocca, Pablo. *35 años en* Marcha *(crítica y literatura en* Marcha *y en el Uruguay, 1939-1974)*. Montevideo: División Cultura de la Intendencia Municipal de Montevideo, 1992.

Rodríguez Monegal, Emir. *Literatura uruguaya del medio siglo*. Montevideo: Alfa, 1966.

3. Estudios literarios y campo cultural

Sellos del Correo de Uruguay en homenaje a Carlos Quijano y a su creación periodística, al cumplirse 60 años de la aparición de **Marcha**.

Batallas de la pluma y la palabra

Claudia Gilman

DE LA PERIFERIA AL CENTRO

Entre sus muchas singularidades (continuidad, seriedad extrema, espectro amplísimo de intereses, profesionalismo, independencia, etc.) una –imprevista– adviene al semanario *Marcha* de la mano de la historia. Si durante sus primeros veinte años la prédica y razón de ser de la revista requieren del esfuerzo y la perseverancia del profeta solitario, llegarán los tiempos, a comienzos de los años sesenta, en que ese mensaje deje la marginalidad, se agigante y ocupe el centro de una escena que no estaba vacía: el lugar ocupado precisamente por *Marcha*.

La montaña va hacia Mahoma: el semanario uruguayo encuentra su gloria de precursor gracias a su obstinación latinoamericanista y antiimperialista y se topa de lleno con su destino, es decir, con su época. El profeta se reúne con una impresionante grey. Tal vez hayan escuchado sus reiterados sermones. Lo cierto es que el mundo de las ideas parece haber hallado un latido que rima con el ritmo que durante veinte años y con tenacidad implacable fue la música de *Marcha* y de su director, Carlos Quijano.

Suele ser fácil explicar cómo un fenómeno es hijo de los tiempos. Es menos usual que la historia acceda a mostrar a sus padres y a crear pioneros con tanta autoridad como la que es preciso reconocerle a *Marcha*.

Ese destino que saca de la periferia y vuelve centrales y hegemónicos unos discursos y valores es realmente avaro en realizaciones. *Marcha* es uno de esos casos. Veinte años de espera en los que, contra toda expectativa, el elusivo Godot se hace presente en donde se lo aguardaba. Puede decirse que *Marcha* comienza entonces a cosechar sus frutos, y dispone también algunas modificaciones que a la luz de la conformación de un espacio común de convicciones sobre la dirección de la transformación social, son imperiosas.

Por eso es profundamente emblemático el encuentro ocurrido en París, en 1960, entre Carlos Quijano y Roberto Fernández Retamar, futuro director de la cubana *Casa de las Américas*. El ya sexagenario director de *Marcha* pasaba algo así como una antorcha olímpica al joven profesor cubano que muy pronto habría de convertirse en uno de los voceros principales de la familia intelectual.

Rememorando ese encuentro, Retamar alude a la importancia de Quijano y su revista subrayando que ellos fueron los destinatarios de la carta del Che conocida como "El socialismo y el hombre en Cuba" (Sarusky: 140). Que Ernesto Che Guevara, ya héroe de la Revolución Cubana, enviara a una redacción montevideana uno de sus textos más célebres (y visto en el tiempo, ambiguos) no se explica sólo en el marco de la historia reciente de Cuba. Que "El socialismo y el hombre en Cuba" fuera una carta personal dirigida a Quijano es emblema del reconocimiento del rol de *Marcha* como pionera indiscutible de la difusión y esclarecimiento de las posiciones que en los sesenta y setenta se tornarían hegemónicas.

Con su aparición en la década del cuarenta *Marcha* precede y propulsa los temas de debate entre los intelectuales latinoamericanos. En cierto modo, establece incluso los términos de esas discusiones. En ese sentido, funciona para los más nuevos intelectuales como un *objet trouvé*, con una tradición propia que por efecto de la coyuntura viene a integrarse a un discurso de modernización cultural y social, del cual el propio semanario ha sido vehículo.

Como producto de la decisión de intervenir en la política desde la formación de la opinión y no desde las estructuras partidarias, el semanario se anticipa también a las nuevas agrupaciones radicalizadas que plantearán la necesidad de renovar el pensamiento de la izquierda por fuera de la partidocracia en el marco de una crisis de la política. Crisis que puede compararse a la actual, excepto por el hecho de que esta última, a diferencia de la de los sesenta y setenta, no postula con claridad ningún rumbo mientras que para aquella otra, el futuro y su forma precisa parecía recortarse nítidamente del presente.

Esa nueva centralidad del socialismo, la unión latinoamericana y la independencia respecto del imperio ayudan a entender hasta qué punto la legitimidad de *Marcha* le permite imponer una agenda en la que ningún tópico nace de la improvisación, en la que las posiciones finamente elaboradas a lo largo de dos décadas se sustentan sobre análisis minuciosos de todos los detalles, los datos, las cifras, los pro y los contra, las posibilidades, los obstáculos.

Como efecto de su nuevo espacio, el semanario realiza su propio cambio de piel. Abandona su escaso fervor juvenil e incorpora un grupo de periodistas jóvenes que impulsarán una nueva visión o interpretación de la realidad social y política, subrayando aun más el descrédito creciente del legalismo democrático, la actividad parlamentaria y profesional de los políticos tradicionales.

El nuevo lema de *Marcha*, "Navigare necesse, vivere non necesse" (que metaforiza los nuevos valores en los que están inmersos quienes se sienten convocados a actuar, incluso heroicamente, fuera de los límites de una moral individual), aparecido en el fragor de mediados de los sesenta revincula a los antiguos integrantes del *staff* con los más nuevos, como Alfredo Zitarrosa, Carlos María Gutiérrez, Carlos Núñez, Híber Conteris, María Ester Gilio y Eduardo Galeano. Las nuevas presencias tienden a reelaborar los planteos tradicionales del semanario en discursos políticos más radicalizados que bordean los mismos objetos ya definidos por *Marcha* (nacionalismo, antiimperialismo, tercermundismo, independencia económica, integración latinoamericana, etc.) añadiendo una nueva versión y una nueva adhesión al fenómeno de los movimientos de liberación nacional. En el sistema de redes interno de *Marcha*, los nuevos colaboradores se mantienen leales a la autoridad de Quijano, cuya opinión intentan además, matizar –pero se hace evidente la existencia de una distancia ideológica y metodológica respecto de las opiniones y perspectivas en el análisis de las prácticas políticas.

La presencia de discursos antagónicos con la línea oficial del semanario marca un momento muy importante en el que *Marcha* se abre en busca de un equilibrio –complejo– de posiciones, el cual intenta lograrse a través del manejo de la contradicción interna, no asumiendo explícitamente el debate. Fisuras negadas, permiten un ámbito de seducción multiplicada frente a lectores que adhieren a una u otra perspectiva, en el escenario de una sola publicación.

En *Marcha* puede leerse al menos una doble mirada o imagen de la sociedad: junto a la evidente defensa del ideal democrático (a cargo, generalmente de Quijano), la necesidad de la violencia comienza a hacerse cada vez más y más visible, antes que en los diagnósticos de la realidad y en las soluciones propuestas; su visibilidad está como exacerbada por el incremento de la coerción estatal, que asume descarnadamente las formas de la represión.

La invasión norteamericana a la República Dominicana, en 1965, concitó fervorosos repudios y una masa de información puntillosa y pormenorizada. Quijano escribe entonces un editorial suficientemente ambiguo en el que, por primera y tal vez última vez, alcanza a expresar su confianza en las formas violentas de acceso al poder (su posición varía notablemente frente a la presencia de la guerrilla en su propio país): "No hay salida por las vías a las cuales por pereza o por cobardía o por comodidad estamos habituados. No todos somos asesinos. Pero todos somos prisioneros." En el editorial "Contra cualquier malón", Quijano afirma que es impensable la revolución por la violencia y sostiene que desatar la fuerza es desatar la reacción. Sin embargo, dos números (dos viernes) más tarde une a una afirmación un interrogante "América está en las vísperas gloriosas de su segunda gran revolución. ¿Se cumplirá ésta por la violencia? ¿Qué sabemos? ("Atados").

En gran medida la adhesión a los movimientos de liberación nacional y a la lucha armada como método y praxis política privilegiados debe insertarse en el más restringido debate que recorre los ambientes intelectuales y que hace centro en la redefinición del rol social y político de los intelectuales, de su pacto con el conjunto de la sociedad, de la legitimidad de sus colocaciones institucionales y de la postulación de tareas colectivas ya no específicas. La asunción del mandato revolucionario es el mejor ejemplo y la respuesta concreta a esta cuestión.

La lúcida coherencia de Quijano será sobrepasada en el interior del semanario y naturalmente, también fuera de él, por idearios de acción política regidos por la urgencia antes que por las propuestas de acción sometidas al examen minucioso del director de la publicación. Su esfuerzo por definir los contenidos de la idea de revolución va en ocasiones a contrapelo del buen sentido de las nuevas filas progresistas. Con heterodoxia que pocos se permitían, advierte Quijano:

> La frase que dice que el deber de todo revolucionario es hacer la revolución dice poco o nada. No se para una locomotora en marcha cruzándosele en el camino. Convocar a la revolución cuando no están dadas las condiciones mínimas lleva a inútiles sacrificios y puede retardar la victoria. Es necesario que se den las condiciones mínimas, objetivas y subjetivas, ésas que suele ridiculizar y aun despreciar un revolucionarismo generoso y fulgurante pero irremediablemente romántico y superado.

En otro editorial Quijano abjura de la emoción, "mezcla diabólica y detonante", como guía de la praxis política. Subraya una vez más, inscribiéndose dentro de la advertencia gramsciana sobre los peligros de la "estadolatría", la no equivalencia semántica entre revolución y toma del poder: "Lo que importa es la diferencia inicial: no convertir la violencia en condición ineludible y previa de la revolución" ("Violencia..."). Es verdad que aun aquellos que, como Quijano, desconfiaban de la "confusión entre medios y fines" expresan en sus momentos de duda y desesperación la necesidad de soluciones drásticas.

En la sección de información "Incidentes y perspectivas", Quijano solía condenar cualquier acción de los tupamaros que culminara con una muerte o un secuestro. En el número 1466, publicó un suelto sin firma titulado "Rehenes y atentados", en el que reproducía una carta de Kropotkin a Lenin por considerar su vigencia ante la coyuntura. La carta sostenía que la violencia no era ni justa ni útil y condenaba el terrorismo y el atentado personal. Los lectores mostraron su descontento en el correo destinado a recoger sus opiniones. Híber Conteris se lamenta: "Me produce dolor no ver a *Marcha* en esta hora tan dura y difícil para todos, solidarizarse con aquellos que decidieron comenzar una forma de lucha que más tarde o más pronto tendrá que librarse no sólo aquí sino en el resto de América Latina".

La figura del intelectual en la que se arropa Quijano, solitario en esa estampa, es la del Profeta. Leer hoy sus editoriales de entonces, más pertinentes y perspicaces respecto de ciertas cuestiones que las reflexiones corrientes sobre la actualidad, es imprescindible, aunque se corra el riesgo de considerar a su autor como una especie de Nostradamus y hacerlo así centro de un culto irracional. Tan inquietante es la precisión de sus pronósticos.

Algo más tarde *Marcha* regresará al partidismo en un esfuerzo por refundar la política. La actividad proselitista realizada por y a través del semanario a favor del Frente Amplio con vistas a las elecciones de 1971 marca uno de sus virajes fundamentales con consecuencias tanto formales como sustanciales. *Marcha*, como revista de campaña, pierde en cierta forma su perfil propio y prácticamente convoca a todo su *staff* a la tarea de conversión, en un medio político partidario. Se produce algo así como la vuelta del proyecto inicial de Quijano, cuando fundó y dirigió la revista *Acción*. De la enunciación impugnadora se pasa a un discurso editorial adhesivo y entusiasta:

> En Montevideo se reunieron el sábado pasado miles y miles de jóvenes, entre las dos grandes plazas, a todo lo largo y ancho de la avenida, para testimoniar su adhesión al Frente Amplio. [...] Fue una fiesta y un acto de fe. [...] Como en todos sus actos, el Frente dio una prueba de madurez y de poderío. Ningún otro partido ha hecho

ni podrá hacer nada igual. Espectáculo tan singular y confortador tuvo su reverso, allí en los bastiones del odio que la reacción ha levantado en algunos puntos de nuestra tierra y donde el fanatismo más cerril, más irracional, tiene su refugio [...] Nos acercamos a la meta. Ahora más que nunca, frente al desborde y a las sucias pasiones de los enemigos, se imponen la serenidad, la firmeza y la vigilancia. ("Hacia" 7)

Luego de la derrota del Frente en las urnas y en medio de una crisis sin precedentes, *Marcha* realiza un llamamiento a la ciudadanía y solicita una urgente consulta popular para modificar la situación. Al mismo tiempo, se incrementa notablemente toda la información sobre la actividad parlamentaria y el semanario se torna también tribuna de los políticos progresistas del Partido Nacional, enfrentados al gobierno de Pacheco Areco.

Pese a todo Quijano es uno de los pocos que, deseándolo, se aparta de los muchos que ven como inminente el futuro revolucionario. Ese que muchos imaginaban ineluctable e incuestionable y que no llegó a ser. En su lugar, la flecha del tiempo transportó otros hechos; casi los contrarios.

Régis Debray, un protagonista de primera línea del período, calificó de "comunidad espectral" a los sectores de izquierda y consideró que su imaginación histórica era errada, ideológica y/o ciega, argumentando contrafácticamente que la equivocación se define por el hecho de que no se dé la razón (40-2, 120-5). De manera que esa comunidad de izquierda, tan potente en su producción de discursos y tan convincente respecto de los cambios que anunciaba, y ese período, en que grandes masas se movilizaron como pocas veces antes, fue resultado de una ilusión sin fundamento.

Estos son los hechos. En 1971, el general boliviano Hugo Banzer derrocó a su colega Juan José Torres, cuyo gobierno nacional populista fue apoyado por buena parte de la izquierda. Entre 1971 y 1974 Banzer fue consolidando un régimen represivo de corte singularmente parecido al de otros dictadores latinoamericanos. En 1973, un verdadero año negro para América Latina, el derrocamiento del gobierno socialista de Salvador Allende, en Chile clausuró una de las experiencias que habían dado sentido a las expectativas de transformación. En Uruguay, el presidente electo Juan María Bordaberry, que había llegado al poder en 1971 derrotando en las elecciones al Frente Amplio de izquierdas, había limitado los derechos civiles en un proceso que se profundizó cuando en 1976 fue impuesto

Aparicio Méndez como gobernante *de facto*. En agosto de 1975, el general peruano Francisco Morales Bermúdez dio un golpe de Esado con el que derrocó al también general Juan Velasco Alvarado, que había sido apoyado por importantes intelectuales de izquierda y aún ex militantes guerrilleros y bajo cuyo gobierno se había realizado una reforma agraria en perjuicio de los latifundistas. En marzo de 1976, un nuevo régimen militar se imponía en la Argentina, inaugurando una represión que alcanzó niveles nunca conocidos anteriormente en ese país.

La divergencia entre lo esperado y lo ocurrido obliga a preguntarse si la sucesión de dictaduras militares cuyo poder se basó casi exclusivamente en la represión no fue una respuesta imbuida de la misma convicción de que la revolución estaba por llegar y de que por lo tanto era necesario combatirla. A diferencia de Debray, carezco de fundamentos para formular una respuesta a esa pregunta que, sin embargo, me parece obligatorio formular.

La frustración por lo que no fue no debe impedirnos analizar muchos de los éxitos de esos discursos. Como tribuna legitimada por una autoridad que no provenía solamente del aire de los tiempos, *Marcha* fue un soporte particularmente apto para hacer posibles esos éxitos.

Cuando la palabra es acción y voz de mando

Hay una señal contundente que indica que la comunidad de la que hablaba Debray estuvo lejos de ser espectral: los éxitos de las campañas que desde la cultura se hicieron no solo por los libros sino además, por el triunfo de los valores y las causas del pensamiento de izquierda. La palabra escrita que anuncia el evangelio de los nuevos tiempos en que el mundo cambiará hacia el lado de la justicia y la emancipación de los pueblos y las clases oprimidas revela, en la época de los sesenta y setenta, la singularidad de su no singularidad, es decir, su vocación de extenderse como un lenguaje que desea ser apropiado por muchos. Esa palabra se caracteriza, por lo tanto, por su reiteración de revista en revista, su repique y expansión, por su transporte mediante las redes de publicaciones político-culturales que funcionan como nodos de un mismo servidor que une Montevideo, México, La Habana, Quito, Santiago de Chile, Caracas, Lima, Buenos Aires en una línea de texto provista por diferentes "nombres" despreocupados por la originalidad o la primicia: *Marcha, Siempre!, Casa de las Américas,*

Unión, La bufanda del sol, Mapocho, Papeles, Amaru, Macedonio, Los libros, La rosa blindada, Nuevos Aires, entre muchísimas otras.

La cantidad de revistas surgidas por entonces (de corta o larga vida, según los avatares de la política y las posibilidades de financiamiento) no es un dato menor. En tanto las revistas surgían incesantemente, la actividad de "puesta al día" y actualización del estado de la producción literaria continental fue una de sus preocupaciones constantes. A través de *dossiers* dedicados a autores y a países del continente, que enfatizaban su carácter de "nuevo" ("nuevos" escritores venezolanos, colombianos, uruguayos, argentinos, salvadoreños, cubanos, etc.), de reseñas bibliográficas escritas casi simultáneamente al momento de la aparición de las obras, de entrevistas y menciones, y de la creación de premios literarios, los mecanismos de consagración buscaron una renovación del canon latinoamericano entre los autores del momento.

En las revistas puede rastrearse el proceso constante de reevaluación de la producción existente y el intento por construir una tradición partiendo de criterios estéticamente modernos, que acercaban el horizonte del modernismo y las vanguardias y rechazaban los telurismos, folklorismos y nativismos requeridos para América Latina por una suerte de división internacional del trabajo artístico que entonces se impugnó.

El mapa de la época que las revistas permiten constituir también se caracteriza por su propia vocación cartográfica: en esos años, los discursos de las revistas inventaron sistemáticamente un objeto, al hablar de él: Latinoamérica, la Patria Grande y su literatura.

En las revistas confluyeron por un lado, la recuperación del horizonte del modernismo estético; por otro, un espacio de consagración alternativo a las instituciones tradicionales e instancias oficiales; y finalmente, la construcción de un lugar de enunciación y práctica para el intelectual comprometido. En cierto modo, un lugar que le provee un objeto, un espacio simbólico, un contexto o un destino. Ese objeto o destino se denominó Latinoamérica.

Marcha, la pionera, afirmó a través de veinticinco años esta voluntad de creación sostenida sin pausa por Carlos Quijano y refrendada luego por Ángel Rama en sus aspectos culturales. Si, desde el punto de vista histórico, la Revolución cubana condensó esta aspiración en el país que se denominó "primer territorio libre de América", desde el punto de vista de las revistas fue el legendario semanario uruguayo uno de los primeros en reconocer este objeto y constituirlo en lema de una lucha. Ya en su primer número de 1939

Marcha había proclamado su vocación latinoamericanista en las intervenciones de su director, Carlos Quijano, quien definía la identidad en términos antiimperialistas y terceristas: "La realidad más chocante y decisiva del continente es la sujeción al imperialismo económico de las grandes potencias".

En su última entrega de 1961, *Marcha* organizó la sección cultural del número alrededor de la consigna "Panorama latinoamericano". "Nuestra América", el título de presentación del suplemento literario dirigido por Rama, no puede ser más explícito; se recuperaba así una tradición y una historia para este objeto: "La siesta subtropical parece haber terminado. Nuevas fuerzas la están agitando. Latinoamérica entra en escena. Las transformaciones sociales, políticas o económicas que acechan, inminentes a Nuestra América son simultáneas con las que corresponden al orden de la cultura". A esta larga insistencia de *Marcha* se le sumaron revistas de larga o breve existencia, como aquellas que en cada ciudad del continente ratificaron explícitamente su creencia en la pertenencia a una unidad mayor llamada América Latina.

Sería árido constatar, revista por revista, la aparición persistente de un artículo o un nombre, pero vale la pena rastrear algo del sistema de relaciones y ecos que se estableció por entonces. En especial un sistema de préstamos que perduró a lo largo de años.[1] Una de las colaboraciones más fructíferas se dio entre *Casa de las Américas* y *Marcha*, incluyendo también a *La cultura en México* (suplemento cultural del semanario *Siempre!*) y las revistas argentinas *El escarabajo de oro*, su continuación *El grillo de papel* y *La rosa blindada* e incluso otras posteriores que republicaron viejos materiales, lo que daba cuenta de que pasados los años, podían seguir teniendo actualidad los temas y prestigio los autores, como la revista argentina *Nuevos Aires*. Se diría que en muchos casos estaban en juego textos, autores y problemas cruciales y que la repetición de nombres, artículos y temas, contrariamente a la lógica de la exclusividad que rige generalmente la búsqueda de identidad de cada publicación, se inspiró en la necesidad de no permitir que ningún lector latinoamericano desconociera el programa común de la intelectualidad progresista del continente.

La agenda cultural que se estableció por entonces tuvo éxitos sin precedentes. Uno de sus promotores más destacados fue Ángel Rama, quien desde las páginas de *Marcha* logró establecer las bases del debate cultural como lo demuestran sus resultados en dos empresas totalmente heterogéneas: la consagración de Gabriel García Márquez y el triunfo de la coalición intelectual latinoamericana progresista contra la revista *Mundo Nuevo*. Como miembro del comité de colaboración de Casa de las Américas, Rama –a su paso por La Habana como jurado del premio literario de la institución–, organizó toda la entrega 26 de la revista *Casa de las Américas*, dedicada a la nueva novela latinoamericana. Esta intervención revela su influencia y autoridad como crítico y le garantizará además la posibilidad de ser escuchado en sus exitosas campañas. González Echevarría afirma que la crítica de los sesenta estuvo muy retrasada respecto del empuje modernizador de la literatura que le fue contemporánea. Se refiere a las herramientas teóricas con las que analizaron los textos, sin duda muy diferentes de las que nos permiten realizar las sofisticadas lecturas que practicamos en la actualidad. Tiene toda la razón González Echevarría. Hacia 1968 comenzó a ingresar lentamente la ciencia literaria a América Latina y a convivir en extraña armonía con textos en los que se aprendía la técnica narrativa de Rulfo y otros en los que prescribía el abandono de la literatura para dedicarse de lleno a hacer la revolución.

En ese momento hubo muchos escritores experimentales que, como González Echevarría, subestimaban a los críticos que, anclados en Sartre, debían quemarse las pestañas para leer con suficiente velocidad a los formalistas rusos, Barthes, Foucault, Levi Strauss y demás nuevos sabios que convertían en tontos a los que hasta hacía un rato eran como el emperador desnudo apenas antes de que el niño de la fábula constatara su desnudez. Sin ironías, convengamos que lo importante de la crítica de ese entonces no fue cómo leyó sino cómo dio a leer, cómo invitó a la lectura y con cuánto éxito. Y no lo hizo en un cerrado círculo de especialistas sino en un espacio en el que el especialista y el lego disfrutaban de leer y hablar sobre libros. No se ha dicho gran cosa en homenaje a uno de los mejores críticos de ese período lo que nos priva de buscar sus artículos con la humildad del alumno: el francés Lucien Mercier, colaborador de la sección literaria de *Marcha*, formuló las mejores lecturas que yo conozca sobre el *nouveau roman*, Sartre, Proust, Céline y muchos otros autores.

La práctica de la lectura está en franco retroceso pese al escaso consuelo que nos proveen quienes miden la cantidad de libros publicados y encuentran que en Internet hay letras. Sucede que la literatura ha dejado de ser el capital cultural de la nueva burguesía, entre muchos otros fenómenos que sobredeterminan (para usar un lenguaje anacrónico) el fenómeno, en el que ciertamente los críticos actuales no tienen ninguna responsabilidad. Sólo se podría alegar que en un contexto semejante, empeorado por el hecho de que la lectura se está convirtiendo en una suerte de protocolo profesional como el que diferencia a quien sabe prescribir un medicamento, redactar demandas judiciales o pilotear un avión. ¿Habrá algo de la zorra y las uvas en el juicio sobre esa crítica tan pobremente ilustrada? Acaso debamos sentir una sana nostalgia que nos anime a revivir un pasado no tan lejano en que los críticos, el público y los libros vivían en un mismo mundo que los primeros se ocuparon con éxito de no contaminar.

No hace falta un minucioso estudio empírico para comprender el carácter apodíctico de lo dicho. Los libros que más se vendían eran aquellos que esos críticos recomendaban, exactamente al revés de lo que ocurre ahora. Tal vez haya una relación inversamente proporcional entre la mucha sabiduría y la mucha influencia. O tal vez se deba ver allí el efecto de una producción de diferencia cuya bulimia aterroriza. Como ejemplo del éxito de la crítica en promover la lectura tomemos la autoridad crítica de Rama como uno de los que contribuyeron a hacer conocido a García Márquez. *Cien años de soledad* es una novela merecedora de todos los elogios y sigue siendo un hito de la literatura universal. Lo que interesa destacar aquí, sin embargo, es hasta qué punto su impresionante éxito se debió a uno de los fenómenos de consagración horizontal más importantes de que se tenga noticia en América Latina. Si ninguna otra novela del período alcanzó tanta gloria, ese fenómeno puede explicarse también desde el punto de vista del campo intelectual, que comenzó a plantearse una nueva agenda y nuevas preocupaciones poco tiempo después de la aparición de esa novela. Como constataba posteriormente Rama, uno de los más importantes promotores del primer *best seller* latinoamericano, ninguna obra o autor aparecido en los setenta había conseguido imponerse en el mercado consumidor internacional ("El boom" 97).

Hay todo un mito sobre el inesperado suceso de la novela de García Márquez, cuyos primeros ocho mil ejemplares (de la primera tirada de Sudamericana) se agotaron en pocos días y que, en noviembre de 1967 (cinco meses después de su salida a la venta), seguía al tope de los más vendidos. Según la leyenda, Paco Porrúa, entonces director literario de la editorial, había recibido el manuscrito terminado en abril de 1967, con una nota del escritor colombiano en la que le pedía que lo leyera y que lo olvidara si le desagradaba. ¿Podía Paco Porrúa o algún otro lector estar mal dispuesto a esa lectura? Probablemente no: hasta se puede establecer la crónica de un éxito anunciado. Hacia 1964 Rama se encontró en México con un García Márquez que se sentía desafortunado autor de una obra sin difusión continental. En ese encuentro, el colombiano y el uruguayo acordaron realizar una campaña para dar a conocer esa obra en el sur del continente. Rama realizó en Arca la tercera edición de *La hojarasca*, que "estaba destinada a ser sostenida empecinadamente por la crítica" ("La imaginación" 47). Y sin duda, sostenida también por el propio Rama en su doble función de editor y crítico de *Marcha*. En 1964, escribía que la obra de García Márquez era "casi enteramente desconocida en estas latitudes", pese a que se trababa de "uno de los narradores de primera fila de la actual generación de latinoamericanos" ("García Márquez, gran americano"). Continuaría elogiando al escritor colombiano en sucesivas notas. Además de resaltar en los títulos de los artículos su americanidad, una adjetivación que hasta entonces no era concedida con frecuencia a los nuevos escritores, Rama lo presentaba como el principal renovador de la narrativa americana, el inventor de una nueva expresión artística *del continente* ("García Márquez: la violencia").

Cien años de soledad fue conocida en borradores por muchos de los más influyentes escritores y críticos del momento y fragmentos de la novela se publicaron como anticipo en las principales revistas latinoamericanas, lo que no era una práctica corriente. *Amaru* lo hizo ("Subida al cielo en cuerpo y alma de la bella Remedios Buendía") junto a una crítica donde se afirmaba: "la fama ya ilumina a este notable joven escritor e *intuye* en él a uno de los grandes novelistas latinoamericanos surgidos en los últimos diez años" (Oviedo). También *Mundo Nuevo*, publicó un fragmento con el título "El insomnio en Macondo" y lo mismo hizo *Marcha* en mayo ("Diluvio en Macondo"), refiriéndose a la novela como el libro más esperado de todos los anunciados para ese año. La misma impresión transmitía *Primera Plana*, que también publicó un fragmento ese mes ("La muerte de Buendía") y ponía la cara de su autor en la portada junto a la leyenda "la novela de América".

En agosto de ese año Miguel Otero Silva presentó a García Márquez, que asistía entonces al XIII Congreso de Literatura Hispanoamericana, en Caracas, como el autor de un prodigio (cuyo original había sido "mostrado a todo el mundo") que lo situaría "definitivamente en primerísimo plano dentro de la novelística latinoamericana" ("Los novelistas" 77).

De modo que la novela *mostrada a todo el mundo y aprobada por todo el mundo* tenía casi garantizada su consagración. *Cien años de soledad* fue leída como el modelo absoluto de ficción latinoamericana, como lo refrenda el título de uno de los varios comentarios que le dedicó *Siempre!*: "*Cien años de soledad*. La gran novela de América, ya inesperada, todavía oportuna" (Batís) o la crítica que le hiciera Rama, para quien la novela poseía "la alegría enterita del contar novelero cargado de peripecias y personajes insólitos" y que corregía "de modo severo y repentino" el rumbo de la novela moderna transitando "un camino que si tiene ilustres antepasados es muy audaz respecto a sus contemporáneos y respecto a sí mismo" ("Introducción"). No hubo posteriormente ningún otro autor ni obra por la que la crítica y las amistades personales entre escritores lograran hacer tanto. Indudablemente la insistencia de Rama en presentar a García Márquez desde tan temprano como la promesa latinoamericana en la que se convertiría fue un factor de primer orden en la avasallante carrera literaria del colombiano.

La comunidad intelectual se caracterizó por anudar una fuerte trama de relaciones personales entre escritores y críticos del continente, trama lo suficientemente poderosa como para producir efectos tanto sobre las modalidades de la crítica profesional como sobre las alianzas y divergencias e incluso consagraciones literarias. Y Rama fue, durante buena parte del período, en su calidad de director de las páginas literarias de *Marcha*, una pieza vital de esa comunidad.

Otra batalla emprendida usando como herramientas la pluma y la palabra fue la guerra contra *Mundo Nuevo*. De manera militante Ángel Rama se hizo cargo de convertir el semanario *Marcha* en el principal fiscal contra lo que denominó las "fachadas culturales" (más concretamente, la participación de los EE.UU. como patrocinador de actividades culturales en los países de América Latina). Como recordaría luego Retamar: "Fue Ángel [...] quien nos alertó primero a Cintio y a mí durante el congreso genovés, y luego sólo a mí por carta, sobre el proyecto de una revista que tendría a Emir a su frente, y, con patrocinio de la CIA al cabo reconocido por la prensa anglonorteamericana" (Sarusky 144-5). Rama llevó la voz cantante en la polémica contra *Mundo Nuevo* e hizo de la sección cultural de *Marcha* tribuna consagrada íntegramente a esa campaña.[2]

El tema provocó una polémica que duró al menos dos años y que prácticamente decidió el fracaso de la revista *Mundo Nuevo* y la salida anticipada de su director, el también uruguayo Emir Rodríguez Monegal, que curiosamente precediera a Rama en la dirección de las páginas literarias de *Marcha*.

El epistolario con que se inició la difícil existencia de *Mundo Nuevo* rubricó tanto la autoridad intelectual de Rama como la existencia de una poderosa comunidad intelectual antiimperialista y la importancia del *nihil obstat* cubano. Monegal envió copias a distintos medios de la carta que escribió a Retamar acerca de los propósitos de *Mundo Nuevo* y pidió que fueran publicadas con la aclaración de que la embajada cubana en París aún no le había dado la visa para ir a Cuba (y obtener apoyo imprescindible para cualquier proyecto al que se pudiera sumar la familia latinoamericana). En su carta Monegal declaraba que *Mundo Nuevo* no estaba dispuesta a exhumar la retórica de la guerra fría, que no contestaría groserías con groserías, que no aceptaría el papel de enemigo de Cuba que le estaban diseñando.

La dinámica de la red de revistas solidarias funcionó a la perfección: *Marcha*, *Siempre!*, *La Rosa Blindada* y *Bohemia*, entre otras, publicaron el intercambio epistolar entre Retamar y Monegal, aclarando su apoyo a la posición cubana de rechazo absoluto a *Mundo Nuevo*. Ambrosio Fornet anunció la presencia de *Mundo Nuevo* con una alusión a las palabras del Manifiesto Comunista: "un nuevo engendro literario recorre América Latina". Para los cubanos y sus aliados, el propósito de tal engendro era trabajar por la "neutralidad" de la cultura y estimular una gradual despolitización del intelectual latinoamericano, sedar a los intelectuales. Como tributo a la época, *Mundo Nuevo* formulaba sus objetivos, según Fornet, en un lenguaje "izquierdizante". También como tributo a la época, Fornet atribuye a *Mundo Nuevo* el deseo de parecer pagada por el oro de Moscú, para ocultar su dudoso financiamiento por parte de fundaciones norteamericanas vinculadas a la CIA.

La posición de Fornet fue rubricada por la primera declaración del comité de redacción de *Casa de las Américas*, en la cual se advertía contra la ofensiva cultural norteamericana tendiente a neutralizar, dividir y ganar a los intelectuales. La lista de los planes norteamericanos incluía el Camelot, el financiamiento de investigaciones sociológicas en el continente, la contratación de estudios académicos a través de universidades y fundaciones, la adquisición de editoriales y revistas y las actividades del Instituto Latinoamericano de Relaciones Internacionales (ILARI).

Los miembros del ILARI (en su primera -y última- declaración, según indicaba el acápite que la precedía en la sección "Sextante" de *Mundo Nuevo*, véase "Declaración del ILARI"), se defendían apelando a la objetividad como guía de su búsqueda de conocimientos y a la necesidad del intercambio cultural, mientras acusaba a sus contrincantes y críticos de "oligarcas de la cultura", o "frenéticos de la pureza", equivalente de "los inquisidores de derecha e izquierda".

Una nueva declaración de la *Casa de las Américas*, fechada en La Habana, el 5 de octubre de 1967, subrayaba la importancia del papel de los intelectuales en la revolución y por lo tanto, justificaba el interés norteamericano por cooptarlos:

> Al pretender neutralizar a los intelectuales, alejándolos de las impostergables tareas políticas del continente, el imperialismo aspira a sofocar el desarrollo de cuadros intelectuales que serán mañana los Che o Fidel [...] Alto diálogo, coexistencia pacífica son los refinados instrumentos del capitalismo [...] Hace unos años pudo ser el burdo anticomunismo del Congreso por la Libertad de la Cultura y su revista *Cuadernos*; hoy el tono melifluo y coexistencial del Ilari y la revista *Mundo Nuevo*... ("La intervención de los Estados Unidos en la vida latinoamericana")

A esa altura de las cosas, el escándalo por la financiación de *Mundo Nuevo* (y el resto de las revistas ligadas al Congreso por la Libertad de la Cultura), apoyado por las incesantes denuncias de Rama, ya complicaba a los integrantes de la revista parisiense. Emir Rodríguez Monegal insistía, sin embargo, en continuar la empresa de *Mundo Nuevo*, alegando la absoluta libertad que había tenido para difundir libremente su pensamiento y el de sus colaboradores. Sin embargo, hubo algunos escritores y críticos que consideraron aceptable la propuesta de *Mundo Nuevo*, especialmente por los vientos de modernidad estética que pretendía desatar.

Pese a las palabras de Monegal, *Mundo Nuevo* no miraba con simpatía a Cuba, en lo cual sí podía verse el cordón umbilical que la asociaba a *Cuadernos*. Y como ella, compartía la misma proclividad a denunciar públicamente cualquier asomo de comunismo. Cuba fue sin duda la sombra negra de *Mundo Nuevo*. Pero no lo fue menos Ángel Rama, sin cuya participación y vigilancia la historia tal vez habría podido ser diferente.

Es necesario reconocer el margen de autonomía que Rama asumió, con los inevitables riesgos implicados en un período en que los alineamientos fueron particularmente radicales. Su oposición a *Mundo Nuevo*, visceral e insistente, no le impidió escribir, en la dura contemporaneidad de los acontecimientos, la más lúcida explicación realizada hasta el presente sobre el caso Padilla ("Una nueva política"). Su opinión se funda en un análisis pormenorizado de las políticas culturales cubanas y sus modificaciones, subrayando causas e historizando problemas. Tal conocimiento -sin duda resultado de la investigación- revela la huella de la escuela intelectual de Quijano: el pensamiento independiente y la justificación de toda afirmación. Es verdad que al escribir ese artículo Rama no se encontraba ya en el Uruguay ni estaba a cargo del suplemento literario de *Marcha*. Pero su ausencia es ilusoria ante el lector de su texto. Rama está allí más presente que nunca en el semanario.

Hacia fines de la década del sesenta, Ángel Rama se aleja temporariamente de *Marcha* por razones de salud y luego, radicado fuera del Uruguay, es sucedido, como responsable de la sección literaria, por Jorge Ruffinelli.

En la economía interna del semanario, la literatura, que hasta entonces había sido concebida como la cúspide del sistema cultural (por primera vez, en 1970, las páginas sobre literatura no encabezan el suplemento de fin de año) y la crítica de artes en general van perdiendo espacio y el que conservan adquiere un matiz cada vez más declaradamente político. El proceso que sigue el semanario en lo literario transita por el progresivo abandono de la pedagogía cultural (en ese sentido, se desecha el gesto de retener, del archivo del pasado, los nombres del canon) y la latinoamericanización cada vez más pronunciada de la información literaria (por esa razón la presencia – antes importante– de los autores europeos se torna menos que discreta). Esto se verifica en el trayecto que va de la encuesta que propone la revista en 1960 a los escritores uruguayos para tratar de definir el objeto "literatura nacional", a la formulación del mismo conjunto de preguntas en 1969, pero referido ahora a la literatura latinoamericana. Curiosamente, en esta última encuesta, el ciclo de la literatura latinoamericana en cuanto a su impacto internacional, aparece, en cierta forma, concluido. Consagrados ya definitivamente algunos nombres, el porvenir general de las letras latinoamericanas parece dudoso (fundamentalmente en cuanto a sus posibilidades de proyección). Se realiza así, mediante el discurso y los objetos que selecciona, una consolidación de "lo propio" como aquello perteneciente al ámbito de lo latinoamericano. Cubierto con las voces de los ya conocidos, cuyas discusiones y textos se publican, el espacio destinado a la literatura intenta dar cabida también a los nuevos escritores uruguayos y latinoamericanos surgidos después del *boom* editorial, al tiempo que se sostiene el prestigio de los maestros renovadores de la literatura latinoamericana (básicamente Arguedas, Rulfo y Carpentier).

Pero el aliento literario del semanario es más que nada un desaliento. Una extensísima encuesta que a lo largo de varios números registra las opiniones de treinta y cinco escritores uruguayos, en 1972, parece tratar de demostrar que se ha llegado al final de un ciclo: la conclusión del semanario al analizar el resultado de la encuesta no es solamente que el auge de la literatura latinoamericana está cediendo –después de todo, eso mismo estaba sugerido en las preguntas, en la medida en que se intentaba definir el Parnaso latinoamericano, los maestros y los epígonos– sino, también que el libro es una especie en extinción entre los propios escritores, que confiesan su atraso en materia de lecturas e incluso lamentan la falta de recursos para procurarse novedades editoriales. Una conclusión que el análisis del análisis de la encuesta debería permitir es que el semanario *Marcha* opera una lectura menos ideologizada que la de los escritores que ha interrogado, quienes en el rubro de los escritores latinoamericanos de los que hay que abjurar, incluyen por lo general, a aquellos cuyas actitudes políticas no son lo suficientemente radicalizadas. Resuenan aquí como en muchos sitios las palabras del Che cuando sostenía que el pecado de los intelectuales era no ser suficientemente revolucionarios. El criterio de selección, manifestado por los autores consultados en algunos casos extraliterario, no es cuestionado por el semanario. Sí se lamenta de que hayan quedado fuera de las preferencias "los que han puesto en la primera fila internacional a la literatura latinoamericana".

Ante la necesidad de redefinir el rol de los intelectuales los tópicos principales de la sección literaria discurren más en torno a esta cuestión que a la producción y crítica de las obras mismas. A la biografía literaria redactada por el colaborador, sucede el reportaje. La hegemonía del género "entrevista" es característica del estilo de cobertura literaria. La historia y la política son la lente y tema principal de las lecturas y es básicamente política también la perspectiva que guía la selección de lo que se comenta y lo que se omite. Prueba de ello es la alteración de un hábito: todos los años, *Marcha* dedicaba artículos a la entrega del Nobel de literatura. En 1966, ante la probabilidad de que le fuera otorgado a un latinoamericano, el semanario pide el premio para una lista de escritores –Borges, Neruda– entre los que se cuenta Asturias. Cuando el Nobel de 1967 le es otorgado al guatemalteco, por ese entonces funcionario del desprestigiado gobierno de Montenegro, no aparece ni un sólo comentario sobre la cuestión.

La progresiva erosión que la realidad ejecuta sobre las posibilidades de hacer crítica literaria o de consignar información cultural se traduce, además, en la convergencia de muchos de los colaboradores del semanario hacia la escritura política (no es solamente el pasaje de Mario Benedetti de las páginas literarias a una columna estrictamente política de reflexión y propaganda del Frente Amplio, sino también la forma en que la reflexión sobre las políticas públicas se derrama sobre las "páginas de atrás" del semanario.) El balance literario del año 1971 tiene como tema excluyente la situación nacional en un contexto de censura, represión y crisis. En el artículo titulado "El Estado contra la cultura", varios intelectuales uruguayos comparten la idea de que el dato cultural concluyente del año ha sido la formación del Frente Amplio.

Colofón

La paradoja más singular que cierra el período de los años sesenta y setenta en América Latina impugna la palabra a favor de la acción, apremiada por la búsqueda de una eficacia política que, a diferencia de lo que parece ocurrir con esa clase de acción que es la palabra, puede medirse y palparse. La paradoja confunde por igual a letrados astutos y a funcionarios que además de juzgar juegan a decir y pensar solamente "sí", "no", "blanco" o "negro". Porque tal paradoja se disuelve si consideramos que durante un tiempo breve pero intenso, la pasión por la palabra y la literatura y la convicción de que mejoraba la existencia, la inteligencia y la moral humanas hizo que una gigantesca masa de textos consistieran en alegatos a favor de la lectura. Es posible que la lectura no mejorara las cualidades del hombre pero el hombre leyó y leyó y los escritores del continente escribieron y escribieron y sus obras no solo fueron muy buenas sino que se liberaron de la idea de que izquierda y modernidad no combinaban y contaron con la aprobación de sus lectores domésticos y de los del mundo en proceso de globalización.

Y no menos importante disolución de la paradoja, no podemos olvidar que el poder ha desmentido con fuerza a quienes consideraron innecesaria y superflua la palabra. Esa palabra aparentemente inútil dio miedo a los gobernantes que la censuraron y silenciaron a sus autores, a veces con la muerte.

Si para los escritores e intelectuales el objeto literatura ha mostrado su insuficiencia para actuar según los mandatos ideológicos, si lo que se hace visible es que el puente para transitar por ella el camino de la política está definitivamente clausurado, lo que deviene la mayor paradoja es que, desde el corazón del poder dictatorial, la fuerza de lo simbólico parece una amenaza perpetua, al punto que para conjurarla no se vacila en amordazar e incluso aniquilar al que pronuncia o escribe esas palabras, a los mediadores que la difunden.

Es a causa de la literatura –y no de la firme oposición al gobierno planteada desde las páginas estrictamente "políticas"– que *Marcha* obtiene su certificado de defunción y sus responsables la cárcel y el exilio. El 8 de febrero de 1974, el semanario publicó el cuento ganador de su concurso literario –"El guardaespaldas" de Nelson Marra–, en el que fueron jurados Jorge Ruffinelli, Juan Carlos Onetti y Mercedes Rein. *Marcha* salía cada viernes. El sábado que siguió a la publicación del cuento, Marra, Quijano y Alfaro estaban encapuchados en el Departamento de Seguridad. Por ese cuento, el autor pasó cinco años de cárcel en Punta Carretas. La justicia civil y la militar absolvieron a Alfaro, a Onetti, a Julio Castro y a Quijano (no así a Marra), pero Bordaberry dispuso su internación en el Cilindro –un estadio deportivo convertido en presidio– amparándose en el régimen de las "Medidas de Seguridad".

Marcha vuelve a salir tres meses más tarde, cuando los detenidos recuperan la libertad: en un editorial Quijano relata su experiencia en prisión (1974). En junio, el régimen vuelve a clausurar el semanario, por veinte entregas. Reaparece en noviembre, solamente por tres semanas. El 22 de noviembre de 1974, la grande y longeva publicación, única en América Latina, dejaba de existir.

NOTAS

[1] Las revistas subrayaron circuitos que estaban ya presentes en los libros y arraigados en el conocimiento personal: Carlos Fuentes dedicó a Wright Mills *La muerte de Artemio Cruz, Cambio de piel* a Cortázar y Aurora Bernárdez, a García Márquez su relato "Fortuna lo que ha querido" en la Revista de la Universidad de México. García Márquez sin duda agradeció los muchos favores recibidos por medio de las menciones a colegas y personajes de sus colegas que pueden leerse en *Cien años de soledad*. Benedetti dedicó su poema "Habanera" a Retamar; Donoso, *El lugar sin límites* a Rita y Carlos Fuentes; René Depestre sus "Memorias del geolibertinaje"– capítulo de *Autobiografía en el Caribe*– a Debray, David Viñas a Vargas Llosa, a Walsh y a del Peral sus *Hombres de a caballo*; Gregorio Selser a Carlos Fuentes su libro sobre la Alianza para el Progreso como desagravio a uno de los primeros promotores del "partido cubano" a quien por entonces se le negó visado para entrar en los EE.UU.

[2] Véase (1966) "El mecenazgo de la C.I.A", *Marcha*, N° 1302, 6 de mayo; "El amo y el servidor. (Cultura y C.I.A)", *Marcha* N° 1304, 20 de mayo; "Los intelectuales en la época desarrollista", *Marcha* N° 1305, 27 de mayo; "Las fachadas culturales (Cultura y C.I.A)", *Marcha* N° 1306, 3 de junio y (1967), "Más vale tarde que nunca", *Marcha* N° 1345, 22 de marzo: El título de la nota lo puso Rama pero el contenido era la carta en la que se anunciaba la

suspensión de actividades del Centro Uruguayo de Promoción cultural, capitaneado por Benito Milla y auspiciado por el ILARI. Rama escribía un recuadro donde declaraba: "un imperio no sólo incorpora las zonas marginales a su estructura económica sino también las actividades intelectuales" ("El tigre en el flotante camalote"). Vargas Llosa colaboró enviando reportes sobre las denuncias de financiamiento de las publicaciones ligadas al Congreso, enviando artículos sobre el escándalo a *Marcha* y *Casa de las Américas*. Véase "Epitafio para un imperio cultural" (sobre las renuncias de los directores de *Encounter*, Frank Kermode y Stephen Spender), *Marcha*. 27 de mayo de 1967 —reproducido fragmentariamente en la sección "Al pie de la letra", *Casa de las Américas* N° 44, septiembre-octubre 1967. En su número del 2 de junio de 1967, *Marcha* hizo una extensa cronología de la polémica y de los artículos publicados hasta el momento.

BIBLIOGRAFÍA

Batis, Huberto. "*Cien años de soledad*. La gran novela de América, ya inesperada, todavía oportuna". *Siempre!* (México, 23-08-1967).
Debray, Régis. *Loués soient nos seigneurs. Une éducation politique.* París: Gallimard, 1996.
"Declaración del ILARI". *Mundo Nuevo* 13 (Montevideo, 1967): 78-9.
Fornet, Ambrosio. "New World en español". *Casa de las Américas* 40 (La Habana, 1967): 106-15.
García Márquez, Gabriel. "Subida al cielo en cuerpo y alma de la bella Remedios Buendía". *Amaru* 1 (Lima, 1967): 24-9.
_____ "El insomnio de Macondo". *Mundo Nuevo* 9 (Montevideo, 1967): 9-17.
_____ "Diluvio en Macondo". *Marcha* 1351 (Montevideo, 05-05-1967): 29-30.
González Echevarría, Roberto. *The Voice of the Masters. Writing and Authority in Modern Latin American Literature.* Austin: University of Texas Press, 1985.
"Hacia el futuro". *Marcha* 1569 (Montevideo, 12-11-1971): 7-8.
"Los novelistas y sus críticos (En el XIII Congreso Interamericano de Literatura)". *Papeles* 5 (Caracas, 1967-8): 71-103.
Oviedo, José Miguel. "García Márquez, la infinita violencia colombiana". *Amaru* 1 (Lima, 1967): 87-9.
Quijano, Carlos. "Contra cualquier malón". *Marcha* 1209 (Montevideo, 13-06-1964).
_____ "Atados al mástil". *Marcha* 1211 (Montevideo, 20-06-1964).
_____ "Tres meses después". *Marcha* (Montevideo, 24-05-1974).
_____ "Violencia o diálogo". *Marcha* 1414 (Montevideo, 1968).

_____ "Rehenes y atados". *Marcha* 1466 (Montevideo, 1969).
Rama, Ángel. "El boom en perspectiva". *Más allá del boom: literatura y mercado*. Buenos Aires: Folios, 1984.
_____ "La imaginación de las formas". *La riesgosa navegación del escritor exiliado*. Montevideo: Arca, 1995. 25-45.
_____ "García Márquez, gran americano". *Marcha* 1193 (Montevideo, 7-02-1964).
_____ "García Márquez: la violencia americana". *Marcha* 1201 (Montevideo, 17-04-1964).
_____ "Introducción a *Cien años de soledad*". *Marcha* 1368 (Montevideo, 2-09-1967).
_____ "Una nueva política cultural en Cuba". *Cuadernos de Marcha* 49 (Montevideo, 1971).
Sarusky, Jaime. "Roberto Fernández Retamar: desde el 200, con amor, en un leopardo". *Casa de las Américas* 200 (La Habana, 1995): 136-47.

América Latina como alteridad: memorias de un campo identitario*

Haydée Ribeiro Coelho
Universidade Federal de Minas Gerais

Considerar a América Latina como alteridad presupone situar en los años sesenta parte de una historia que es larga, complicada, marcada por una encrucijada de acontecimientos y transformaciones, como mostró Tulio Halperin Donghi en su libro *Historia contemporánea de América Latina* (518-740). Ese momento histórico, fundamental para comprender hoy varias cuestiones en los más diversos ámbitos, también fue registrado por *Marcha*,[1] semanario uruguayo que, además de acoger varias voces de ese y de otros tiempos, instituye una red comunicativa que trascendió Uruguay y América Latina, tornándose intercontinental por el modo como abordó la cultura bajo las más variadas formas.

Cuando se enfoca esa publicación, el crítico se ve delante de una copiosa bibliografía. Todo parece haber sido dicho. La movilidad de la mirada y el flujo del tiempo impulsan al lector, sin embargo, a rever conceptos, establecer asociaciones entre diversos textos, gestados también en diferentes tiempos, a la luz de posiciones críticas del final del siglo xx.

Según Hugo Achugar,

> Todo proyecto de nación, todo proyecto cultural, toda obra simbólica (artística o no) funciona hacia atrás pero también hacia adelante. Toda reflexión, toda producción simbólica, toda narración es, en definitiva, una respuesta al tiempo que se vive pero también una propuesta hacia el tiempo que se avecina. (*La balsa* 33)

Esa afirmación se extiende al semanario uruguayo que orientó "su amplitud ideológica dentro de los preceptos que sin variantes sostuvo desde la fundación: nacionalismo latinoamericano, tercera posición, antiimperialismo, socialismo con notas liberadas, antimilitarismo, jerarquización de lo cultural" (Rocca, "*Marcha* ..." 7). En los años sesenta, dando continuidad a su orientación, *Marcha* reflexiona críticamente sobre los cambios ocurridos en la vida político-cultural de América Latina: la polarización entre Rusia y los Estados Unidos, la Revolución Cubana de 1959, la política económica estadounidense para América Latina, asentada en la "transformación con propósitos de conservación" y en la "seguridad nacional, versión militarizada de la seguridad y desarrollo" (*Historia contemporánea* 530).

Por la variedad de textos de *Marcha* es posible seguir la historia cultural de una época, norteada por una concepción de cultura y por el cuestionamiento del papel del intelectual que estuvo ligado, históricamente, a la transformación social.[2] Esos aspectos están íntimamente relacionados a la discusión sobre autonomía, el desarrollo y la integración de América Latina. Esta perspectiva contextualiza uno de los seminarios dirigidos por Darcy Ribeiro durante su exilio en Uruguay.

EL PAPEL DEL INTELECTUAL Y EL DESARROLLO

Ángel Rama escribió en *Marcha* innumerables artículos dedicados al papel del intelectual en el contexto de la discusión sobre el desarrollo. También participó en el seminario sobre política cultural autónoma para América Latina, realizado en la Universidad de la República. En el artículo "Por una cultura militante", el crítico constata el deterioro de la cultura nacional en el contexto latinoamericano y, que relaciona con la liquidación del Estado liberal por "una acción conjugada de las oligarquías locales, el ejército, y la intromisión activa de Estados Unidos respondiendo a las imposiciones de su política mundial de guerra" ("Por una cultura" 2). Evidenciando su visión de la cultura, afirma que

> no es el ornamento divertido de una sociedad sino que es, en el correcto sentido antropológico, la articulación interna de esa sociedad, su expresión válida, el conjunto de sus valores intelectuales y artísticos, sus modos y sus ideales de vida; y los escritores o los plásticos no son los bufones de una sociedad sino sus intérpretes, sus subrepticios pedagogos, los realizadores de las líneas orientadoras de su progreso. (2)

Guiado por esa concepción, hace varias críticas a la postura política adoptada por el gobierno en relación con la cultura. Aunque muchos de sus comentarios se basan en cuestiones situadas en el ámbito nacional, amplía esa perspectiva para América Latina. En el contexto de sus observaciones sobre el control del saber ejercido por Estados

Unidos sobre América Latina, trata de la llamada "neutralización" ideológica, relacionada a una cierta idea de desarrollo que exige que los estudiantes no hagan política, que los trabajadores trabajen en las fábricas y los funcionarios en sus oficinas. En oposición a la "neutralización ideológica", Ángel Rama habla de la necesidad de una perspectiva militante, capaz de "recuperar con lucidez y coraje el contorno real en que el hombre está situado, y que cree en su acción positiva y transformadora, en todos los órdenes de la vida: social, moral, religiosa, artística" (3). En un texto publicado fuera de *Marcha*, se detiene en el desarrollo como nueva etapa de América Latina, cuyo proceso fundamentado en la concepción democrática de la vida, responde a tres factores: el alto nivel alcanzado por las sociedades industriales, la masificación en el mundo y la imposición de un nuevo tipo de sociedad. Teniendo en vista la especificidad del desarrollo en los países latinoamericanos, sistematiza cuestiones que suscitan una reflexión crítica. Así, por ejemplo, "la incorporación de los sistemas técnico-industriales, clave del éxito desarrollista, no puede hacerse sin la transformación entera de la sociedad, a la que se le exige reestructurarse de acuerdo con los modelos propuestos" ("El desarrollismo ..." 57).

En ese cuadro conflictivo, el intelectual ejerce un papel de gran importancia. Rama se reporta al "Congreso por la libertad" (Milán, 1955), en que se habla sobre el fin de las ideologías, en "Los intelectuales en la época desarrollista". Aquí retoma la discusión sobre la neutralización, que correspondería a un "apaciguamiento ideológico" y que se hace presente en el contexto del desarrollismo. El intelectual o el técnico, como pieza importante de ese proceso, puede ser llevado a la despolitización –tornándose una nueva especie de "técnico" o científico– a la sumisión a los centros de poder y a la adopción de una línea de conducta que compromete no solamente lo social sino también las ideas.

La discusión sobre el papel del intelectual y sobre el desarrollo se vincula también a una perspectiva de integración de América Latina que, a partir de 1959, fue pensada desde Cuba. *Marcha* no solamente acompañó ese momento sino que también registró una historia en construcción.

La integración latinoamericana

El 12 de marzo de 1965, el semanario publica un largo texto, enviado desde Argelia por Ernesto Che Guevara. Abordando la importancia de la educación como motor de la sociedad, explicita una serie de mecanismos definidos como instituciones revolucionarias. A pesar de la carencia de esas instituciones, señalaba que "ahora las masas hacen la historia como el conjunto consciente de individuos que luchan por una misma causa" (15). Afirma también que el hombre alcanza su plena condición humana cuando produce sin la necesidad física de venderse como mercadería. Esa reflexión impulsa otras, la del hombre nuevo y el desarrollo técnico. Presentando la transformación del hombre nuevo que estaba ocurriendo después de la revolución cubana, y que se proyectaba en el futuro, afirma:

> El hombre del siglo XXI es el que debemos crear, aunque todavía es una aspiración subjetiva y no sistematizada. Precisamente, éste es uno de los puntos fundamentales de nuestro estudio y de nuestro trabajo y en la medida en que logremos éxitos concretos sobre una base teórica o, viceversa, extraigamos conclusiones teóricas de carácter amplio sobre la base de nuestra investigación concreta, habremos hecho un aporte valioso al marxismo-leninismo, a la causa de la humanidad. (20)

El intelectual, desde la perspectiva del líder cubano, debía asumir una posición revolucionaria, entonando "el canto del hombre nuevo con la auténtica voz del pueblo". En ese contexto, Cuba representaba la vanguardia de América porque indicaba a las masas el camino hacia la libertad plena.

Varios son los eventos que *Marcha* registra reafirmando el papel de Cuba en la integración de América Latina. El 11 de febrero de 1966, Luis Pedro Bonavita, respecto de la "Primera Conferencia Tricontinental de La Habana", comentaba que el objetivo del encuentro era abordar temas políticos, económicos, sociales y culturales, relativos a los diferentes grados de desarrollo de los varios países participantes. De ese evento surgieron el Informe del Comité Internacional preparatorio de la Conferencia, el Informe sobre los antecedentes y objetivos del movimiento de solidaridad de los pueblos de África, Asia y América Latina y la Resolución de Política General. Mientras Luis Pedro Bonavita escribía en *Marcha* la crónica de la Tricontinental, Carlos Núñez, también periodista del semanario, realizaba una encuesta, solicitando a algunos participantes del evento una opinión sobre el papel de los intelectuales en la liberación nacional.

Mario Vargas Llosa hablaba de una tensión que situaba al intelectual entre una concepción política y la vocación de escritor:

América Latina como alteridad • 303

Si ambas coinciden, perfecto, pero si divergen se plantea la tensión, se produce el desgarramiento. No debemos, empero, rehuir ese desgarramiento; debemos, por el contrario, asumirlo plenamente, y de ese mismo desgarramiento hacer literatura, hacer creación. Es una opción difícil, complicada, torturada si se quiere, pero imprescindible. (citado en Núñez 20)

Según Alberto Moravia,

el arte es una actividad autónoma. Así, un escritor podrá ser un escritor político, un escritor comprometido, de acuerdo a lo que sienta pero eso sólo depende de su sentimiento de la realidad. Su realidad puede ser política, pero puede también ser una realidad natural, una realidad sensual, una realidad poética. (citado en Núñez 20)

Para Lisandro Otero no hay lugar para contemplaciones. Conforme su perspectiva, "en las etapas de grandes crisis no hay mucho lugar para las contemplaciones desde una altura. O se es o no se es. Y cuando se es no se puede ser de una manera diferente. Simplemente hay que hacer lo que hacen todos" (citado en Núñez 21).

El 20 de marzo de 1964, Ángel Rama, quien había participado como jurado en el V Concurso Latinoamericano de Literatura, escribe, con entusiasmo, sobre el trabajo de difusión cultural realizado por *Casa de las Américas*. La unidad se revelaba en el "magma narrativo donde sin embargo hay nítidas diferencias regionales, no solo en los temas, sino también en el tratamiento técnico de los materiales" ("Cultura" 29).

En "Mala conciencia para intelectuales", Carlos María Gutiérrez comenta el "Congreso Cultural de La Habana", realizado el 4 de enero de 1968. El evento trató los siguientes temas: cultura e independencia nacional; la formación integral del hombre; la responsabilidad del intelectual en relación con los problemas del mundo desarrollado, cultura y medios de comunicación de masas y problemas de creación artística y del trabajo científico y técnico, situando al intelectual contemporáneo frente a la Revolución.

Desde la perspectiva de los escritores latinoamericanos, en relación con el proceso revolucionario, Carlos María Gutiérrez hace referencia a las posiciones de Julio Cortázar y Mario Benedetti. El escritor argentino decía:

Yo creo, y lo digo después de haber pesado largamente todos los elementos que entran en juego [...] que escribir para una revolución, que escribir dentro de una revolución, que escribir revolucionariamente no significa, como creen muchos, escribir obligadamente acerca de la revolución misma [...] Si ese escritor, responsable y lúcido, decide escribir literatura fantástica, o psicológica, o vuelta hacia el pasado, su acto es un acto de libertad dentro de la revolución y por eso es también un acto revolucionario. (citado en Gutiérrez 19)

Mostrando una perspectiva semejante a la anterior, Carlos María Gutiérrez transcribe la posición de Mario Benedetti:

La indocilidad del intelectual cabe perfectamente dentro de la revolución; más aún, la enriquece, la hace más viva, más sensible, más creadora. El intelectual verdaderamente revolucionario nunca podrá convertirse en un simple amanuense del hombre de acción; y si se convierte, estará en realidad traicionando la revolución, ya que su misión natural dentro de la misma es ser algo así como su conciencia vigilante, su imaginativo intérprete, su crítico proveedor. (citado en Gutiérrez 19)

El 11 de junio de 1965, Ángel Rama comentaba el seminario "La formación de las élites en América Latina", realizado en Montevideo en el Instituto de Sociología de la Facultad de Derecho, promovido por el Instituto de Asuntos Internacionales de la Universidad de California y por el "Congreso por la libertad de la cultura", denunciando el control del saber ejercido por Estados Unidos sobre América Latina, especialmente a partir de 1959. Criticaba también la manera en que la ciencia era vista de forma aséptica, acarreando la separación entre la "técnica" y la "política".

En "El amo y el servidor", Ángel Rama evidenciaba que uno de los trazos definidores de América Latina era la imitación mecánica tanto de los problemas como de las soluciones europeas. Refiriéndose a una de sus perspectivas críticas, abordaba las condiciones del diálogo en América Latina, constatando que esa interlocución solamente era posible en "una legítima independencia y un cuerpo de ideas, interés y voluntades bien estructurado. Además de esos dos principios, se agrega otro: una coincidencia de intereses que no afecte sin embargo al mantenimiento de las discrepancias esenciales y las oposiciones" (31).

Analizando el cuadro político del momento, en que le era imposible al intelectual latinoamericano mantener una posición de neutralidad, Ángel Rama cita un fragmento de un texto de Darcy Ribeiro, presentado en el seminario sobre la formación de las élites en América Latina. El antropólogo brasileño llamaba la atención por el hecho de que, en el mundo polarizado (en ese caso, Estados Unidos y Rusia), el investigador podía ser desviado de la tarea del desarrollo nacional y puesto al servicio de la competencia científica mundial. concordando con Ribeiro, a propósito de la ética del investigador latinoamericano, el crítico uruguayo se detiene en la necesidad de la vinculación de los intelectuales nacionales en todos aquellos trabajos "que implican la intervención de los organismos oficiales a un plan de prioridades nacionales muy estricto y muy cuidadosamente planeado" (31).

El papel del intelectual, el desarrollo y la autonomía en el contexto de América Latina, temas abordados en los varios artículos de *Marcha*, constituyen aspectos estudiados en el seminario que Darcy Ribeiro coordina en la Universidad de la República del Uruguay sobre la política cultural autónoma para América Latina.

DARCY RIBEIRO EN *MARCHA*

Después del golpe militar de 1964, Uruguay recibe varios exiliados de Brasil, entre ellos Darcy Ribeiro, antropólogo y educador. Su presencia inaugural en *Marcha* se registra en una entrevista que concede a Ángel Rama, sobre la nueva generación brasileña ("Una generación" 4).

La participación del antropólogo y educador en el semanario uruguayo, sin embargo, no se limita a la entrevista concedida al crítico uruguayo. En *Marcha* aparecen cinco textos de Darcy Ribeiro que forman una serie cuyo título es "Universidad latinoamericana y desarrollo social". Los artículos tratan del desafío de la universidad latinoamericana en el contexto del desarrollo y de la necesidad de "revitalización de la universidad para el ejercicio de sus funciones, en relación con sus aspiraciones nacionales de progreso económico y social" (Ribeiro, "Universidad latinoamericana ..." 19).

Los textos del autor brasileño integran los libros *La universidad necesaria*, editado en Brasil y *La universidad latinoamericana*, publicado en Montevideo. Se relacionan también con algunos de los seminarios que Darcy Ribeiro coordina en la Universidad de la República, tales como el de "Política Cultural Autónoma para América Latina" y el de

"Estructuras Universitarias" de los cuales Ángel Rama también participa. En ese sentido, *Marcha* estaría presentando en gestación textos de Darcy Ribeiro, que van a ser publicados *a posteriori*. Estas observaciones sitúan el seminario a ser comentado.

Política Cultural Autónoma para América Latina: lecciones de un seminario

La conferencia del seminario está dividida en seis puntos. Los cuatro primeros componen el capítulo inicial de *La universidad necesaria*. El cuarto ítem del libro presenta un título modificado (de "Colonización cultural" pasó a "Neocolonización"). "La universidad tradicional" y "Tentativas de renovación" aparecen solamente en la publicación realizada por la Universidad de la República.

De acuerdo con Darcy Ribeiro, las crisis que las universidades latinoamericanas enfrentan se presentan bajo múltiples formas: coyuntural, política, estructural, intelectual e ideológica. Las tensiones, resultantes de esas crisis, son suscitadas por dos políticas básicas. La primera consiste en la "modernización reflejada" y, la segunda, en el desarrollo autónomo. En el primer caso, el aumento de innovaciones tecnológicas tornaría eficaz a la universidad latinoamericana en comparación con otras más avanzadas. La segunda exige "el máximo de lucidez y de intencionalidad, tanto con respecto a la sociedad nacional como con relación a la universidad" (*Seminario* 2).

La política autonomista está dirigida a una nación autónoma, afectando a toda la sociedad. Se relaciona con el concepto de "aceleración evolutiva" que ocurre en sociedades nacionales que aspiran al desarrollo autónomo. Requiere también una conciencia crítica contra el atraso que no es natural, pero que resulta de condiciones histórico-culturales.

Enfocando el control del patronato y del patriciado, que dejan al pueblo fuera del proyecto de la universidad, convirtiéndolo en "proletariado externo", Darcy Ribeiro muestra la necesidad de lucha contra las universidades obsoletas y las sociedades atrasadas. Así, el proyecto de la universidad latinoamericana se piensa desde la nación y la autonomía universitaria no se desvincula de la comunidad científica internacional. Incluso, según el antropólogo,

> las naciones latinoamericanas, en virtud de su subdesarrollo, deben llenar otros requisitos mínimos, tales como el relevamiento de sus recursos naturales, la promoción de investigaciones sobre la

realidad social, el estudio de su inserción en el contexto mundial, a fin de determinar los factores responsables de su atraso y las perspectivas de desarrollo independiente que se les abren. (*Seminrio* 32)

Las áreas del programa de posgrado deben ser supranacionales siempre que sea posible. Sin embargo, los núcleos universitarios nacionales no pueden convertirse en apéndices de centros universitarios extranjeros.

Washington Buño, Rafael Laguardia y Ángel Rama en el seminario presentan el texto "Proposiciones sobre política cultural autónoma de América Latina", donde toman como punto de partida una reflexión sobre el expansionismo americano que propicia "una dependencia mimética" y provoca "un desarrollo irregular que puede llegar hasta la deformación monstruosa de la economía latinoamericana, de los campos de investigación, de la información y de las manifestaciones del arte" (Rama l).

Destruyendo las culturas nacionales y remodelando las sociedades latinoamericanas, el expansionismo torna vulnerable el principio de la identidad nacional o regional, impidiéndole al hombre "reconocerse a sí mismo como integrante de una comunidad dueña de un pasado, de una problemática y de una voluntad de futuro" (Rama 2).

El enfoque de la vida intelectual latinoamericana y de los centros universitarios demanda la discusión sobre la autonomía cultural de América Latina que no significa "un sistema independiente y escindido de la comunidad universal", sino la obtención de los niveles de desarrollo científico, literario y artístico en un plano equivalente a los legados norteamericano, soviético y europeo; la utilización de los recursos intelectuales al servicio de las sociedades latinoamericanas y la originalidad creativa de América Latina, de las líneas rectoras de su pensamiento.

Ya en aquel momento los autores constatan la fuga de intelectuales hacia Estados Unidos, resultante de muchas causas: el no reconocimiento de la importancia del trabajo de los investigadores; la falta de oportunidades creativas para el investigador que prefiere *salir a ambientes más propicios*; la falta de solidaridad del intelectual con la sociedad que lo formó y, finalmente, la acción represiva del Estado.

Al situar más específicamente la discusión de la autonomía y del desarrollo en el ámbito de las creaciones literarias o artísticas, los autores constatan que no hay un paralelismo entre éstas y el desarrollo económico. La pintura y la escultura de pueblos técnicamente muy primitivos y la notable eclosión de la narrativa hispanoamericana confirman ese enfoque. Considerando que el intelectual y el artista son vistos como "intérpretes espontáneos de sus sociedades, son generadores de ideales, imágenes nacionales, sentimientos sociales, visiones finalistas del mundo, son propiciadores de la identidad nacional" (Rama 7) y como el agente creador está muy distante del público (debido al analfabetismo en gran escala, el bajo nivel educativo, la carencia de una política de difusión eficaz y dinámica), cabe a las universidades llamar a "los creadores y concederles una parte grande dentro de su estructura aunque ello acarree alteraciones de la rígida organización profesionalista que le conocemos" (Rama 8). Los autores reivindican una autonomía cultural que posibilite una relación de intercomunicación entre autor y público, apoyada en la aprehensión de la *tradición secular latinoamericana*, en la invención de nuevas imágenes nacionales o regionales, posibilitando "visiones arquetípicas válidas para que todos los hombres generen ideales formativos de tipo superior" (Rama 3).

Aunque se pueda discutir hoy, bajo otra perspectiva, el sentido de términos como "visiones arquetípicas" y "ideales formativos de tipo superior", no se puede ignorar que una política cultural, pensada a contramano del imperialismo americano, en el contexto de los años sesenta, es bastante comprensible.

Las lecciones de *Marcha* y del seminario diseminan un saber, construyendo un campo identitario importante para subsidiar la noción de cultura y globalización al inicio del siglo XXI. Revisitar la memoria de un campo identitario no significa simplemente focalizar el pasado, viéndolo de manera inmóvil. Constituye, al contrario, una forma de evidenciar redes cuyos hilos se enredan a nuestro presente, marcado por otras búsquedas identitarias a partir de otros tiempos y otros espacios.

Traducción: Graciela Ravetti y Laura Carpi

NOTAS

* Ese texto constituye parte de mi proyecto de Pos-Doctorado, titulado *La gestación de la memoria, de la literatura y de la crítica en el exilio*, desarrollado en la Facultad de Humanidades y Ciencias de la Educación, Universidad de la República del Uruguay, bajo la supervisión del profesor Dr. Hugo Achugar, entre marzo y julio de 2002. El proyecto tuvo el apoyo de la CAPES (Coordinación de Personal de Nivel Superior), Brasil. En los años sesenta y setenta, se reflexionaba sobre la América Latina y su desarollo político-económico sobre la base de sus diferencias con Europa y Estados Unidos. En ese caso, el campo identitario remite a las especificidades latinoamericanas como las configuraciones histórico-culturales, la estructura del poder y la estratificación social (Ribeiro, *O processo* y *As Américas*). El campo identitario basado en "un cuerpo de ideas, interés y voluntades bien estructurado" (Rama, "El amo" 2-3) construye un *locus* propio de enunciación, posibilitando la identificación "del lugar desde donde se habla en aquello que se habla". (Achugar, "Repensando").

[1] Según Ángel Rama, *Marcha* "confirió una importancia mayor a las secciones de literatura, artes, cine, teatro, ideas, historia, etc. las que fueron atendidas en su doble aspecto, informativo y crítico, proporcionando un material indispensable a las clases educadas del país, por lo mismo especialmente a los universitarios, al punto de convertir al semanario en una especie de diario extraoficial de la Universidad" (230). En relación con las cuestiones abordadas en mi artículo, resalto las que se refieren más específicamente al ámbito político-económico y cultural. En ese caso, me refiero a la contribución de *Marcha* para la crítica cultural y teoría literaria latino-americanas (Siglos XX y XXI) y para la comprensión de la heterogeneidad latinoamericana. El semanario posibilita también una reflexión sobre los exilios latinoamericanos y las nuevas identidades culturales en el contexto contemporáneo.

[2] En ese caso, me refiero especialmente al contexto uruguayo. En texto fechado en 1953, Roberto Ares Pons enfoca la cuestión de la intelectualidad desde la perspectiva de la "intelligentsia" uruguaya. Parte de la concepción de inteligencia como "aquella parte de una nación que aspira a pensar con independencia", abordando la geración del 900. La confronta con la de los treinta y cuarenta, para situar la actividad artística e intelectual de los últimos años. En el ámbito del análisis de la generación de *Marcha* (1939-1969), realizada por Ángel Rama, el crítico afirma que esa generación estuvo "Contra el intento de la celebración que, de la sociedad a la literatura, transformaba todo en una rosa perfecta, opuso el análisis desintegrador que ve las espinas, el marchitarse del color, la caducidad de las formas, así como lo grotesco del arrebato celebrante". ("La generación crítica"). Hugo Achugar basándose en el enfoque del imaginario analiza cómo Uruguay se vio en el siglo XIX a través de una mirada utópica y como se dio la deconstrucción de esa utopía. (*La balsa* 11-27).

[3] A propósito de esa entrevista, hice un comentario más detallado en el trabajo que presenté en Montevideo, durante el VIII Congreso Internacional del CELCIRP, con el título "Cultura e literatura: o exílio brasileiro no Uruguai, anos 60".

Bibliografía

Achugar, Hugo. *La balsa de la medusa. Ensayos sobre identidad, cultura y fin de siglo en Uruguay*. Montevideo: Trilce, 1992.

_____ "Repensando la heterogeneidad latinoamericana (a propósito de lugares, paisajes y territorios)". *Revista Iberoamericana* 62/176-177 (Pittsburgh, julio-diciembre 1996): 697-717.

Ares Pons, Roberto. "La 'intelligentsia' uruguaya". *Nexo* 2 (Montevideo, setiembre-octubre de 1955): 5-29.

Bonavita, Luis Pedro. "Crónica de la Tricontinental". *Marcha* 1292 (Montevideo, 11 de febrero de 1966): 19 y 24.

Guevarra, Ernesto (Che). "El socialismo y el hombre en Cuba". *Marcha* 1246 (Montevideo, 12 de marzo de 1965): 14-5 y 20.

Gutiérrez, Carlos María. "Mala conciencia para intelectuales: Congreso Cultural". *Marcha* 1386 (Montevideo, 12 de enero de 1968): 19 y 24.

Halperin Donghi, Tulio. *Historia contemporánea de América Latina*. Madrid: Alianza, 2000.

Núñez, Carlos. "El papel de los intelectuales en la liberación nacional. Una encuesta desde Cuba (II)". *Marcha* 1291 (Montevideo, 4 de febrero de 1966): 20-1.

Rama, Ángel. "Cultura latinoamericana. Casa de las Américas". *Marcha* 1198 (Montevideo, 20 de marzo de 1964): 29.

_____ "Una generación brasileña". *Marcha* 107 (Montevideo, 29 de mayo de 1964): 31.

_____ "Las condiciones del diálogo. ¿Formación o adestramiento?" *Marcha* 1258 (Montevideo, 11 de junio de 1965): 29-30.

_____ "Por una cultura militante". *Marcha* 1287 (Montevideo, 31 de diciembre de 1965): 2-3.

_____ "El amo y el servidor". *Marcha* 1304 (Montevideo, 20 de mayo de 1966): 31.

_____ "El desarrollismo, nueva etapa de América Latina. Ideas para una América nueva". *Política* VI/61 (Caracas, mayo de 1967): 45-59.

_____ "La generación crítica (1939-1969)". *Uruguay hoy*. Luis Benvenuto. Buenos Aires: Siglo XXI, 1971. 325-402.

_____ *La crítica de la cultura en América Latina*. Caracas: Ayacucho, 1985.

_____ Washington Buño y Rafael Laguardia. "Proposiciones sobre política cultural autónoma de América Latina". *Hacia una política cultural autónoma para América Latina*. Sergio Bagú y otros. Montevideo: Universidad de la República, 1969. 1-10.

América Latina como alteridad • 311

Ribeiro, Darcy. "Universidad latinoamericana y desarrollo social. Un diálogo difícil e indispensable". *Marcha* 1264 (Montevideo, 23 de julio de 1965): 19-20.
_____ "Universidad latinoamericana y desarrollo social (II). Las condiciones internas". *Marcha* 1265 (Montevideo, 30 de julio de 1965): 15.
_____ "Universidad latinoamericana y desarrollo social (III). La necesidad de una verdadera autonomía cultural". *Marcha* 1266 (Montevideo, 6 de agosto de 1965): 12-3 y 15.
_____ "Universidad latinoamericana y desarrollo social (IV). Catedrático, beneficiario y víctima". *Marcha* 1267 (Montevideo, 13 de agosto de 1965): 12.
_____ "Universidad latinoamericana y desarrollo social (V). Agitación estudiantil, función positiva". *Marcha* 1269 (Montevideo, 27 de agosto de 1965): 15.
_____ *Política de desarrollo autónomo de la Universidad Latinoamericana. Hacia una política cultural autónoma para AMérica Latina.* Sergio Bagú y otros. Montevideo: Universidad de la República, 1969): 1-34.
_____ *O processo civilizatório; etapas da evolução sócio-cultural.* Rio de Janeiro: Civilização Brasileira, 1968.
_____ *La universidad latinoamericana.* Montevideo: Universidad de la República, 1968.
_____ *As Américas e a civilização; processos de formação e causas do desenvolvimento desigual dos povos americanos.* Rio de Janeiro: Civilização Brasileira, 1970.
_____ *A universidade necessária.* 3 ed. Rio de Janeiro: Paz e Terra, 1978.
Rocca, Pablo. *35 años en Marcha.* "Crítica y Literatura en *Marcha* y en el Uruguay (1939-1974)". Montevideo: Intendencia Municipal de Montevideo, 1992.
_____ "*Marcha*, las revistas y las páginas literarias (1939-1964)". *Historia de la literatura uruguaya contemporánea.* Tomo I. Montevideo: Ed. de la Banda Oriental, 1997.

La idea de América Latina y de su historia literaria. Las visiones de Emir Rodríguez Monegal y de Ángel Rama en *Marcha*

Pablo Rocca
Universidad de la República

I

Dos singularidades internas pueden detectarse en las páginas literarias de *Marcha* (1939-1974), sin las cuales sería insuficiente toda aproximación al trabajo en este semanario y a cualquier productividad derivada de él. Primero, "Literarias" fue la zona que gozó de mayor privilegio en la sección cultural y, aun más, fiel a una firme tradición uruguaya adscripta claramente a las líneas de la cultura francesa, la literatura fue el campo discursivo que hegemonizó la cultura y hasta orientó la valoración general de la misma, en referencia concreta a su factura pasada y presente, la del país y de donde fuera. Segundo, dos grandes ciclos dominaron esas páginas literarias en la mayor parte de su historia: el que –con algunos huecos– dirigió Emir Rodríguez Monegal (1945-1959) y el que sin pausas encabezó Ángel Rama (1959-1968).[1] Tanto uno como otro director no se limitaron a las responsabilidades convencionales de esa tarea, esto es, asunción personal y distribución de la labor, fijación de pautas valorativas y selección –y por lo tanto descarte– de materiales críticos o "ficcionales" a publicar. En rigor, entrega tras entrega, los artículos y notas tanto de uno como de otro se extendieron por sus páginas, obturando toda otra participación constante, bloqueando la posibilidad de la formación de opiniones orgánicas que pudieran insinuar un desafío a sus líneas, ideas y propuestas. Podría pensarse, en todo caso, que ni Carlos Real de Azúa ni Mario Benedetti ni Carlos Martínez Moreno –por sólo citar a tres colaboradores asiduos y de amplios saberes– podían llegar a adquirir ese febril ritmo de trabajo que caracterizó, dentro y fuera de Uruguay, a los dos críticos rivales, quienes se convirtieron, a fuerza de la voluntad de serlo, en verdaderos "caudillos culturales" de una sociedad pequeña pero hiperintegrada a niveles de sus anchas capas medias urbanas y con altísimos estándares de alfabetización y, si se quiere, de gran dinamismo cultural desde mediados de la década del cincuenta hasta la abrupta clausura de la convivencia democrática, ocurrida en junio de 1973. Podría pensarse, mejor, que tanto Rodríguez Monegal como Ángel Rama, parecieron representar las aspiraciones generales de un conjunto bastante articulado del campo intelectual uruguayo que, a su debido tiempo, vio en cada uno de ellos a sus mejores intérpretes de esos deseos, de su visión de la cultura.

Acerca de la excéntrica posición de Uruguay respecto de su situación en América y de los generales problemas americanos se ha insistido, desde múltiples visiones, que podrían ir desde el orgullo de ser "diferentes" por cercanía con lo europeo –entendido como sinónimo de superioridad– hasta la percepción de esa carencia común: indígenas exterminados en forma simultánea al surgimiento del Estado nacional, relativos estándares de mestización, estabilidad democrática, bajos índices de conflictividad. Haciendo equilibrio entre estos dos extremos hay en *Marcha*, desde el principio, una idea latinoamericanista que va adquiriendo perfiles cada vez más definidos, según el curso de los procesos políticos –entre los cuales un hito fundamental será la Revolución Cubana (1959)–, y que se defiende, sobre todo, desde los editoriales de su director, Carlos Quijano. El rechazo del capitalismo monopólico de Estados Unidos –y, si se quiere, la crítica al sistema en sí–, el combate del panamericanismo –aun desde los tiempos del diario *El Nacional* (1930-1931) y del semanario *Acción* (1932-1939)– atizó el antiimperialismo y, simultáneamente, la resistencia al modelo soviético y la repulsa de los fascismos. Todo desembocó en un latinoamericanismo inserto en la "tercera posición", conciencia o idea de resistencia a la América sajona y la consiguiente reunión de los países de América Latina que, como demostró Arturo Ardao, fue la nota del pensamiento político rector del semanario, pero no en cuanto "americanismo, a secas, [que] había sido de liberación, afirmación y defensa frente a España" ("Prólogo" XVIII).[2] La querella entre "latinos" y "anglosajones" que se definió en la Europa del siglo XIX, adquirió en el Nuevo Mundo una modalidad más duradera de lucha y encontró en el territorio de la escritura un campo fértil para su reproducción (Litvak). En *Marcha*, América Latina fue apreciada como una sociedad de repúblicas (una "nación de repúblicas") que solo pueden sobrevivir unidas y vigilantes ante el avance estadounidense. Y aunque en un editorial de 1940 Quijano declarase que esa unión "es hoy por hoy, una utopía" (61), hacia 1965 esa utopía[3] se transformó en una deontología, en programa de inevitable realización, en único salvataje posible ante las manifiestas imposibilidades nacionales sometidas a la presión y el arbitrio estadounidenses. Para ese entonces, en una sociedad uruguaya (y latinoamericana) que se polarizaba, no podía tener lugar quien considerase a estos afanes una "abstracción". En 1966, y aun antes, Rodríguez Monegal se colocó en la otra orilla de esa idea que se adueñaba del semanario:

> Tampoco realizó nunca *Marcha* un análisis a fondo de ese Tercerismo que constituye hasta cierto punto su única razón de ser en el concierto no sólo nacional sino hispanoamericano. Aquí es donde se advierte mejor el pecado de abstracción en que suelen incurrir algunos de sus colaboradores [...] La única nota permanente del Tercerismo de *Marcha* (que revela un espectro ideológico vastísimo) es el antiyanquismo, una de las piedras de toque de la prédica de Quijano. [...] Sin embargo, por noble que sea el antiyanquismo de *Marcha* (que no conviene confundir, insisto, con el de las derechas o el de los comunistas) soporta la paradójica situación de ser más un movimiento de adhesión continental a la América hispánica, y sobre todo a la zona del Caribe y de México que a los países de la cuenca del Plata en que está inscripto realmente nuestro país. Los grandes intereses económicos en esta cuenca son los británicos (sic), la gran colonización cultural lleva aquí la marca anglo-francesa. (*Literatura uruguaya* 26-7)

Ángel Rama, nacido en 1926 y en buena medida formado en la lectura del semanario –como declaró en una página testimonial–,⁴ construirá desde 1959 una visión latinoamericana que se enlazará a la última idea reseñada, firmemente política y, hasta 1967, muy vinculada al modelo cubano, proceso que lo inserta sin matizaciones en la tradición interpretativa "didáctico-política de la historia", el que penetra el discurso intelectual latinoamericano desde comienzos del siglo XIX (Gutiérrez Girardot 30). Un texto de fines de 1961 ejemplifica mejor que ninguno esa opción por su carácter apodíctico:

> ¿Qué pasa en América Latina, en nuestra América? La siesta subtropical parece haber terminado, conjuntamente con esa vaga sensación de que todo podía relegarse a un mañana distante. Nuevas fuerzas, poderosas ideas y esperanzas, la están agitando, la obligan a tomar conciencia de sí y a asumir un destino al que se rehusaba. Latinoamérica entra en escena: es decir, se niega a continuar en su estado semicolonial, sometida al provecho extranjero y a la retórica huera, y quiere ser independiente, auténtica, justa, parte al fin de un nuevo mundo mejor.
> Hace muchos años que ese ideal alienta en los mejores americanos y el sólo nombre de Martí puede representarlos a todos. Pero es

ahora que la apatía general, [...] que el engaño sistemático de los interesados [...] comienza a resquebrajarse; hay pueblos que descubren con sorpresa que su libre acceso a la cultura era un legítimo derecho; que les correspondía ser depositarios de una civilización. Las transformaciones sociales, políticas o económicas que ya acechan, inminentes, a nuestra América, son simultáneas con las que corresponden al orden de la cultura. [...] Los sentidos restrictos, ahogantes, del nacionalismo cultural, deberán ser superados, porque para nosotros ésta no es la hora de tal o cual país, sino la hora de América Latina como un gran complejo cultural, original, dentro de las estructuras mayores de la civilización universal. [...] Reconocemos en el artista –el novelista, el poeta, el pintor– un sutil don para registrar en su tarea concreta de creador la orientación más profunda del fenómeno civilizador. Interrogar honestamente sus obras, observar los encadenamientos de las distintas aportaciones en lugares remotos de esta misma tierra americana, nos permitirá –creemos– registrar este ardiente deseo de transformación y saber cuál es su tónica y dirección. Es tarea complicada que reclamará tiempo y variadas colaboraciones, pero es la tarea más importante a la que debemos responder hoy día, porque creemos, con Martí, que no es esta época para encerrarse bajo el campanario de la aldea. ("Nuestra América")

Rodríguez Monegal, nacido en 1920, participó en el semanario desde muy joven, y llegará a una cierta idea americanista más por su contacto con el pensamiento de José Enrique Rodó –quien a su vez había sido el primer gran maestro de Quijano–, que por el contagio con una ideología como la que se pregona en *Marcha*, o por el acercamiento a un fenómeno político determinado. Más bien al contrario, Monegal se esforzó siempre y muy particularmente en los años sesenta cuando se potenciaba la noción de "segunda independencia", por deslindarse de una política socialista –por deslindarse de la "política", lisa y llana, como lo puede probar la cita antes transcrita– y por conservar una mirada que integrase lo particular latinoamericano en lo universal. O, dicho en otros términos: más allá de cualquier notificación nacional lo que verdaderamente importa es lo esencial estético. Inspirado, en el punto, en sus maestros más directos, tomó de Borges, sobre todo el de "El escritor argentino y la tradición" el axioma de que "nuestra tradición es toda la cultura occidental [...] debemos pensar que nuestro patrimonio es el universo" (222-3), o pudo extraer la misma convicción de Pedro Henríquez Ureña, quien prefigura la anterior sentencia borgiana en el primero de los *Seis ensayos en busca de nuestra expresión*, cuando trata de atenuar la polémica entre los "criollistas" y los "europeizantes" en América:

No solo sería ilusorio el aislamiento [...] sino que tenemos derecho a tomar de Europa todo lo que nos plazca: *tenemos derecho a todos los beneficios de la cultura occidental*. Y en literatura [...] recordemos que Europa está presente, cuando menos, en el arrastre histórico del idioma. (*Selección* 115, énfasis mío)

Antes aun, esta certeza es manejada por Rodó. El joven Rodríguez Monegal la descubre en una carta del escritor uruguayo a Rufino Blanco Fombona, que estaba inédita en 1950 cuando la cita con simpatía en su panorama sobre "La generación del 900". Después de acusar de "belicoso" e "intolerante" el americanismo de su corresponsal, Rodó agrega: "yo procuro conciliar con el amor de nuestra América, el de las viejas naciones a las que miro con sentimiento filial" (Rodríguez Monegal, *La generación...* 50).[5] Sea como fuere, no puede olvidarse que la tarea de la crítica cultural en *Marcha* circuló de modo simultáneo en todos los frentes pero, siempre y por encima de toda otra urgencia, con un alto grado de intervención en la literatura del presente, por lo cual el problema de la cultura nacional funcionó como un subtexto o como una imagen fantasmática que se proyectó sobre cualquier reflexión.

En la etapa Rodríguez Monegal se privilegió una línea que no había sido ajena en la tradición cultural uruguaya, pero que el crítico absorbió visiblemente del ejemplo de la revista *Sur*: lo que podría llamarse una "política de traducción de la novedad metropolitana", dentro de la cual no solo se incluiría la traslación de textos notables de otras lenguas –sobre todo del inglés y del francés–, sino también la reseña, la nota panorámica extensa. Así, la columna "Letras inglesas" que Rodríguez Monegal inauguró el 6 de abril de 1945 y que mantuvo de manera bastante regular a lo largo de varios años, constituye un ejemplo transparente de esta línea, a la que habría que unir la "atención más respetuosa" que le mereció la labor crítica de Rodó, capaz de interesarse por lo americano y por lo cosmopolita (*José Enrique Rodó...* 42.) Como ha notado Beatriz Sarlo, la anglofilia de la revista dirigida por Victoria Ocampo, tan atacada por el pensamiento nacionalista –tanto conservador como revolucionario–, que cifraba en esa práctica una marca de extranjería o de extranjerización, desde otro ángulo podría apreciarse como una labor democratizadora, en el sentido que extiende la cultura desde la "élite políglota" hacia los sectores que no pueden leer en esas lenguas ("Victoria Ocampo" 186). De hecho, esa "actitud de importación" de *Sur* en Argentina ("La perspectiva" 262) manifiesta la fuerte nota cosmopolita que no solo nadie discutiría sino que, además, se introduce en el tejido de la literatura americana desde la constitución de los Estados nacionales como variable clave de la problematización de las fronteras de la lengua americana. En la época monegaliana se produjo, de hecho, una doble acción importadora: directamente de los originales europeos y norteamericanos[6] y, en segundo grado, de la tarea que en este campo ejerció el grupo *Sur*, en especial Borges, de quien Rodríguez Monegal toma desde la prosa afilada y transparente hasta el gusto por la vanguardia narrativa anglosajona, y a quien reseña, examina, defiende y republica sin pausas (Rocca, *El Uruguay*). Esa doble acción importadora tenía un efecto paradójico sobre la literatura uruguaya y latinoamericana, que era leída con menos abundancia y devoción. Servía como cartabón o como brújula casi infalible para la nueva producción autóctona; se utilizaba como paradigma de lo nuevo y de una concepción del valor absoluto universal que validaba o inhabilitaba los intentos locales. En este sentido, Borges se le aparece a Rodríguez Monegal como el ejemplo de una literatura que, aun partiendo de las inferencias nacionales, es capaz de adquirir la proporción magna de una textualidad que puede sortear el mero rótulo del americanismo, para tocar una esencia inamovible que, de resultas, solo permite hacer crítica "pura y aséptica", ajena a los contextos y las ideologías. Ese idealismo crítico permitió, no obstante sus límites e ingenuidades,[7] defender la obra borgiana más allá de las actitudes particulares del ciudadano Borges y de las latencias conservadoras de su visión del mundo y de la comarca. Este era uno los aspectos más irritantes para los críticos argentinos que emergieron hacia 1950, sobre todo en la revista *Contorno* y, en Uruguay, también para Rama (Rocca, *El Uruguay* 171-6). Una segunda labor será la de la revisión, vigilancia e interpretación de la literatura nacional y americana (apartamiento de casos despreciados, selección de nuevos valores, publicación de estos últimos). Esto supuso, desde luego, incorporar un concepto de historia y un concepto de literatura. Rodríguez Monegal siempre se filió a la distinción entre "alta" y "baja" culturas, siempre asumió la literatura como "bellas letras", lo mismo que el primer Rama, quien solo hacia el final de los sesenta empezó a percibir otras posibilidades menos ortodoxas. Desde luego, estas posiciones estuvieron sujetas a matizaciones, en la medida en que su labor autodidáctica se fue construyendo al tiempo que se leían tumultuosamente diversos tipos de textos, tanto críticos y teóricos

La idea de América Latina y de su historia literaria • 319

como ficcionales. Esto supuso, al fin, una reflexión sobre el lugar desde el que se hacía crítica. Si en el ciclo de Ángel Rama la "política de traducción" se desvaneció, en cambio adquirió mucho mayor vigor la literatura latinoamericana. Era la hora de la alianza entre nacionalismo y socialismo.

II

Dos (o tres) textos programáticos clave servirán para contrastar los proyectos críticos en los cuales la cuestión americana, pasada y presente, ocupa un lugar central. El primero, de 1952, aparece a consecuencia de numerosos reclamos de lectores del semanario y previsibles tensiones internas, cuando Rodríguez Monegal decide, a siete años cumplidos de ejercer la jefatura de la página literaria, redactar lo que denomina "Un programa a posteriori". Significativamente se posiciona ante la dicotomía nacionalismo/cosmopolitismo. Para Rodríguez Monegal "las obras literarias deben ser comentadas, ante todo, por su valor literario", con prescindencia de la nacionalidad del autor o de las sugerencias externas a esas obras. Es posible verificar, en consecuencia, "valores literarios" y "valores extraliterarios"; entre los segundos residiría todo contenido ideológico, toda adherencia a la realidad, que siempre será subsidiaria de los valores estéticos fundamentales a los que la crítica debe atender. Más fuerza aún adquiere el axioma: "la única verdadera forma de interesarse por la literatura es interesarse por la que se está creando ahora. Porque la Literatura (así, con mayúscula) es lo vivo". No obstante lo anterior, el punto de vista del crítico se define como "hispánico". Conviene detenerse en este último punto:

> [...] el punto de vista del cronista (y de sus lectores) es hispánico. Lo que no significa, por cierto, que se subordine a lo que en España creen o creyeron acertado, sino que presupone enfocar la literatura de habla española como una unidad. [...]
> Y sin acudir al ejemplo español, o hispanoamericano, aquí mismo en nuestras letras nacionales cuál ha sido la enseñanza (la verdadera, la profunda) que nos ha dejado la generación del 900 sino esta perspectiva occidental, ese alzar la mira de la aldea hacia un horizonte cultural amplio.
> Por el idioma nuestra literatura aparece inscripta en el tronco hispánico, pero por la cultura pertenece a un mundo más vasto que es el de la cultura occidental, un mundo que también integran las letras anglosajonas (a las que sólo por ignorancia se puede calificar de bárbaras). No es posible renunciar a esa doble raíz.

Tampoco es posible juzgar a la literatura nacional desde el campanario lugareño. Hay que juzgarla como lo que es (o pretende ser): literatura. ("Nacionalismo y literatura..." 14-5)

Este "punto de vista hispánico", como se ve, prescinde totalmente de la ideología latinoamericanista que, en el semanario se desarrolla con firmeza desde 1940,[8] al punto que llega a ironizar, al comienzo de sus notas, sobre los reclamos de poner "la página al servicio del antiimperialismo". Y eso porque ni la cultura literaria tiene nada que ver con la "política" ni tiene mayor cosa que ofrecer a la formación de un espíritu nacional y es, en sustancia, indiferente a estas formaciones. Solo se rinde ante el "gusto" o el goce estético puro, aunque paradójicamente, por una doble pertenencia histórica y lingüística, se inscribe en el marco de Occidente, es decir que responde a una tradición y por lo tanto el universo vuelve a convertirse en finito. En esta propuesta de lectura intrínseca no hay una negación explícita de la historia. Al contrario, se la recobra por el lado de la unidad lingüística hispánica –punto de vista que se homologa al de Menéndez y Pelayo– y en consecuencia se acerca mucho más a las modalidades conservadoras de la historia literaria americana que a los de la liberal.[9] En puridad, para Monegal el problema central consiste en la inmadurez de la cultura hispanoamericana, certeza que lo hace refractario a cualquier definición de "originalidad" de su carácter:

> Quizá algún día sea lugar común afirmar que una de las más vivas utopías de esta América hispánica en el siglo XX consistió en proclamar la originalidad de su cultura. [...] Hoy parece ineludible para todo el que piense desde nuestra América –como la nombró para siempre Martí– afirmar su realidad cultural. Ello no significa, es claro, sostener que la cultura hispanoamericana es un hecho acabado; ni significa, tampoco, defender ciegamente *una autonomía que no existe ni puede existir*. Significa, eso sí, advertir que es posible postular ya la unidad de una cultura que en siglo y medio de existencia independiente *ha logrado expresiones propias de indudable jerarquía*. ("Pedro Henríquez Ureña y la cultura" 145, énfasis mío)

Arriba, entonces, a una clara toma de partido por la "calidad" de una literatura que es mejor que exista antes que cualquier otra consideración, política, cultural o la que fuere. Paralelamente concluye que la crítica en América tiene dos direcciones: primero, afirmación de la nueva literatura útil que se edifica con un discurso ensayístico y de crítica "militante"; segundo, cuando se trata de apreciar el conjunto, defensa del "rigor" -precisión factual, consulta directa de fuentes y documentos, opinión inteligente- que importa la anulación de la "tendencia digresiva y fláccida del ensayismo americano" que "había pervertido a fondo" su literatura con fórmulas ampulosas y oratorias ("Pedro Henríquez Ureña, maestro de América" 14). Quizá esa búsqueda de "lo mejor" explicaría, en principio, su escasez en la reflexión historiográfica puesto que sólo tendría sentido escoger aquellas páginas relevantes entre las "caóticas y hojarasqueras letras hispanoamericanas",[10] capaces de competir en pie de igualdad con cualquier obra óptima de cualquier parte del planeta. Al resto convenía depositarlo en una especie de gran cementerio de papel, ya que sería tarea inútil ocupar tiempo en textualidades incapaces de adquirir suficiente *jerarquía* estética. Aun más: esta perspectiva puede explicar la ausencia de un proyecto historiográfico de Rodríguez Monegal sobre la literatura latinoamericana, vacío medianamente compensado con algún panorama ("La narrativa hispanoamericana..."[11]); porque, según queda claro de su práctica y de sus opiniones habituales, la labor a seguir corresponde a la antología, al florilegio, en su sentido literal de "escoger las mejores flores", las mejores producciones, según ilustra su larga devoción y sus muchos trabajos sobre Horacio Quiroga, Rodó, Andrés Bello, Borges y Pablo Neruda. Si hubiera hecho Historia, no hubiera tenido más remedio que "aceptar e incluir escritores menores, escritores malogrados, escritores ocasionales" ("La literatura hispanoamericana" 198.) De ahí que podría decirse que hay una enseñanza de Henríquez Ureña, que Monegal sigue siempre, y que Rama continúa en zigzag, en forma heterodoxa, hasta que termina por apartarse lo suficiente como para formular otro proyecto, en el que gravita más lo social o lo cultural que los "valores literarios" en sí:

> Dejar en la sombra populosa a los mediocres; dejar en la penumbra a aquellos cuya obra pudo haber sido magna, pero quedó a medio hacer [...] Con sacrificios y hasta injusticias sumas es como se constituyen las constelaciones de clásicos en todas las literaturas.
> (Henríquez Ureña, "Caminos" 47)

Vista de este modo, carece de todo interés la discusión en cuanto a que en la etapa Rodríguez Monegal se desatendió la literatura latinoamericana, recuperada en la que dominó su sucesor "dentro de la estructura general de la cultura, lo que fatalmente llevó a un asentamiento en lo histórico y a operar métodos sociológicos que permitieran elaborar la totalidad" (*La generación crítica* 88-9.) Esto es en buena medida así, sobre todo desde la estadística, pero no parece lo central. Se trata de grados de relevancia política (crítica, cultural, ideológica). Para Rodríguez Monegal el sur viene a ser, en el mejor de los casos, un complemento de la cultura del norte, puesto que la autonomía de América hispana "no existe ni puede existir". Para Rama, como en el mapa dibujado por Torres García, el sur puede volverse Norte justamente a causa de las posibilidades autonómicas de una literatura que se reintegra en la dinámica general y en contacto con la "serie social".[12] Sea como sea, hasta que la América literaria que tanto ansiaron Bello, Juan María Gutiérrez o Torres Caicedo en la primera mitad del siglo XIX cierre su contorno en los años sesenta del siglo XX, con los aportes de una orgánica visión política, en el semanario nadie o casi nadie –ni siquiera Quijano, quien había sido profesor de literatura, quien era atento lector– pudo pensar otra política seria que la exaltación de una modernidad cultural que venía de Europa. Esa actitud respondía, directamente, al proyecto de refundación de la crítica en Uruguay, que se inicia con Onetti en las mencionadas notas de 1939 a 1941, y que tiene sus cimientos en la clase media montevideana, educada en la veneración de la "alta cultura" de cuño francés y que, por lo tanto, no podía imaginar otra práctica cultural. Dicho de otro modo: a los sectores "cultos" les importaba más el último libro de Sartre o –gracias a la obra difusora de Rodríguez Monegal– el último relato de Faulkner, que una narración cualquiera de Ciro Alegría o de Jorge Icaza. Eso, desde luego, dejó de ser así hacia 1965 y no solo por el refinamiento o la mejor "calidad" de la literatura que se empezó a hacer y conocer en América Latina.[13]

Para Monegal el pasado sólo será "útil" –idea eliotiana a la que tantas veces recurriera– en cuanto sea capaz de reactualizarse, ya que solo importa la literatura del presente. A esa convicción firme llegó, principalmente, por obra de Borges –por la obra crítica de Borges– pero también por Alfonso Reyes, a quien en 1948 enalteció como el ideal del crítico americano, porque leyó los clásicos y los nuevos de diversas lenguas (Goethe, Shakespeare, Michaux, etc.) y lo viejo y lo actual de España y de América, a los que interpretó desde los referentes "universales". Y si Henríquez Ureña supo combinar "el escrupuloso conocimiento del detalle [con] el escrupuloso conocimiento del conjunto" ("Pedro Henríquez Ureña y la cultura" 148):

> En este Reyes, que ahora propongo a la atención del lector, cohabitan las siguientes especies que algunos distraídos juzgarán inconciliables: un crítico sutil y original, un erudito infatigable, un

devorador de libros, un estilista. Porque este Reyes [...] lee todo, tiene todo fichado, juzga todo con lucidez y autoridad, escribe con gracia incomparable. Es (parece ser) el crítico perfecto. [...] No sé de ejemplo más provechoso para la juventud americana de hoy que el examen de la obra crítica de Reyes. ("Alfonso Reyes...")[14]

Esta política crítica puede correlacionarse con uno de los primeros artículos que, por esos tiempos, publicó Ángel Rama en una revista editada por los estudiantes de la novel Facultad de Humanidades y Ciencias. Es una pieza que viene a cerrar la polémica sobre nueva literatura uruguaya y que se titula, acudiendo a una cita del *Eclesiastés* (I,4), "Generación va y generación viene". Para el joven Rama las generaciones han cumplido un papel importante en la historia de la cultura. Mostrando familiaridad con las teorías recientes (Ortega y Gasset, Petersen) y con la crítica a estos aportes (Ernest R. Curtius[15]), piensa que es inútil discutir si los jóvenes constituyen una generación. Primero hay que hacer obra, y ese tipo de discusiones solo son buenas "para las tertulias de las 'universidades populares', pero lamentables como síntoma de nuestro rigor crítico". La cultura uruguaya presenta, en su balance, los siguientes rasgos:

> Venimos de la gran vena cultural occidental, pero por nuestra libre actitud hemos recibido influencias prodigiosamente variadas. Estamos a lo que depare el poderío francés y el imperio norteamericano crece, nuestra cultura se tiñe de cuanta ñoñez produce Estados Unidos.

Las propuestas de cambio que deberán afrontar los jóvenes, persiguen cuatro objetivos:

> 1) "Estructurar, pues, esa gran tradición, modificando así el ordenamiento del pasado"; 2) "Cumplir función similar con nuestros cien años de vida literaria"; 3) "Revisar y ordenar valorativamente la literatura nacional, [...] y no sólo en los géneros de ficción, sino también en nuestra desvalida crítica"; 4) "Y como complemento indispensable, las seguridades de publicación mediante las revistas que vuelven a renacer, las editoriales cuya ausencia es una vergüenza para el país, las páginas culturales que todo diario debiera poseer" ("Generación va...")

Se trata de un ceñido prospecto que, muy temprano, muestra algunas líneas que desarrollaría en las décadas siguientes, principalmente esa vocación prematura por historizar para ordenar, un poco a la manera de Croce: conocer el pasado para mejor hacer el presente. Con esto no se aleja mucho de las insistentes propuestas de Rodríguez Monegal, aunque este pusiera más énfasis en el criterio antológico que en la globalidad. Hay, con todo, un cuestionamiento directo a la sajonización de las letras hispanoamericanas que acaudilla, desde *Marcha*, su inminente rival. A su vez, son notables las coincidencias con Rodríguez Monegal en todos y cada uno de los puntos fundamentales de la propuesta. Para empezar, la más fuerte radica en la común aceptación del destino "occidental" o europeo del país; al mismo tiempo, es ilustrativa la ausencia de una inserción del Uruguay en América, ni siquiera en su comarca. Este vacío se llenará, como se dijo, desde 1960, no solo por una mayor afluencia de la producción literaria americana sino por la rotación de los factores políticos y la mayor intercomunicación continental derivada, seguramente, de la política cultural cubana después del triunfo revolucionario del 59. También, cabe señalarlo, por el crecimiento cuantitativo de la bibliografía crítica e historiográfica sobre la literatura hispanoamericana y la circulación de estos libros que encontraron, hacia fines de los cincuenta, dos polos de producción (Buenos Aires y México) con amplia capacidad distributiva en el resto de los países hispanoamericanos y una concentración de estos materiales en algunos sellos (Fondo de Cultura Económica de México; Losada y Emecé, de Buenos Aires). Antes de evaluar este aspecto central del proceso, habría que mirar más de cerca aquellos años de formación en los que, los dos, se sentían muy a gusto en la "gran tradición occidental".

Si, como ha advertido Carlos Rincón, la literatura latinoamericana es un corpus heterogéneo que "acoge no menos de tres grandes sistemas: los de las literaturas 'cultas', 'populares' e 'indígenas', por cierto que internamente escindidos y plurales" (10-11), en los años cuarenta y cincuenta, tanto Rodríguez Monegal como Rama, *apenas* están interesados en la variante "culta". Solo hacia fines de los cincuenta Rama comenzará a preocuparse por el sistema "popular" en sus trabajos sobre la poesía gauchesca, ya que en su *primer* artículo observó que "el *Martín Fierro* es pura y simplemente una obra literaria, a la que se debe acceder por intermedio de los métodos propios de las letras (sic)", con lo cual indicaba una preferencia de lectura estilística e invalidaba la significación social y política del poema de José Hernández así como las posibilidades de comunicación con la lengua popular y las fuentes de la cultura ágrafa ("Sobre la composición" 34).[16] Rodríguez Monegal se rehusa a leer la serie "popular" que, para el caso rioplatense, era inevitablemente la gauchesca. Apenas puede detectarse algún apunte peregrino en el que reconoce al género una posición marginal en el concierto de las bellas letras:

> Con Hidalgo tal vez no sea del todo justo el ilustre polígrafo español. Al decir que "los diálogos de Hidalgo y los de sus imitadores, no tenían un fin poético propiamente dicho", don Marcelino dice (literalmente) la verdad. Pero se deja por decir que a pesar de esto, los motivos poéticos asoman claramente en su poesía, sobre todo en los diálogos que escribe ya en Buenos Aires. Hay allí apuntaciones de ambiente y detalles de fina psicología que van más allá de ese fin puramente político que los mueve. Y hasta la misma composición en lenguaje más o menos gauchesco implica una sensibilidad poética especial. ("Menéndez y Pelayo y nuestra poesía" 22)[17]

El confluyente desdén por la gauchesca, dígase de paso, tenía que ver en los dos ejemplos críticos, con el combate común al omnipresente "criollismo" rioplatense y, en términos latinoamericanos, el similar rechazo al regionalismo, fenómenos narrativos y poéticos apreciados como una continuidad degradada de la gauchesca o, en la segunda tipología, del realismo rural decimonónico, que asfixiaban la producción de una literatura moderna en América. No estuvieron solos en esa tarea. Esta venía prestigiada por una agresiva serie de artículos de Juan Carlos Onetti en la primera época del semanario,[18] y otros críticos de *Marcha*, sobre todo Mario Benedetti y Martínez Moreno, se prodigaron en la misma línea de ataque hasta fines de la década del cincuenta.[19]

En cambio, nada en aquellos años de *Marcha* evidencia siquiera una mínima atención por las literaturas indígenas. Una reseña extensa de Rodríguez Monegal sobre la edición del *Popol Vuh*, preparada por Adrián Recinos (1947), a través de quien obtiene toda la información, prueba el estado de su desconocimiento del tema. En las conclusiones, cuando el crítico uruguayo se anima a emitir opinión, subraya que el texto maya-quiché es un "documento fundamental para todos los historiadores y sociólogos americanos. Pero su interés no se agota ahí. Sus valores literarios [...] lo ubican entre los principales libros de las literaturas primitivas" ("El *Popol Vuh*..." 15, énfasis mío). En Rama ese interés será algo mayor y menos eurocéntrico que en el de su contendor, pero se manifestará tardíamente, cuando incorpore la preocupación por la literatura indígena *en virtud del sistema culto*, a través del trabajo realizado por José María Arguedas, que el crítico denominará "transculturador" (*Transculturación*). Hubo en este común "olvido" de la heterogeneidad, otra coincidencia básica, diríase estructural, que puede tener una misma raíz: el pensamiento de Pedro Henríquez Ureña –que, a su vez, sintetiza el de Bello, el de Montalvo y el de Rodó– a quien los dos admiraron siempre, en relación con la creencia de que el castellano es la lengua de la literatura hispanoamericana. Esta opción es compartida por Rodríguez Monegal en los artículos que publica hacia el medio siglo sobre el intelectual dominicano (ver Rodríguez Monegal en *Marcha*),[20] pero más por su producción crítica concreta en la que, en ocasiones, llega a censurar a algunos escritores por desviarse de la norma estándar, negando así la posibilidad de una sintaxis y de una lengua literaria propiamente americana. Un ejemplo de esta practica lo prueba su lectura de *Nadie encendía las lámparas*, de Felisberto Hernández, a quien reprocha que en uno de sus cuentos debió usar "hierbas" en lugar de "pastitos", vocablo popular y rioplatense pero nada académico.[21] Esa misma resistencia se anima cuando le quita entidad a la gran reacción hispanoamericana contra el intento centralizador de Guillermo de Torre en *La Gaceta Literaria* de Madrid, quien en 1927 propuso que el "meridiano intelectual de hispanoamérica" pasaba por Madrid (Schwartz, Alemany.) Pero esta le parece a Rodríguez Monegal "otra polémica inútil", que solo sirvió para hacer brillar el astro de Borges en el cielo de la nueva literatura rioplatense apenas cautivada por una moda pasajera, la vanguardia, que solo perdurará en las obras maduras de unos pocos, sobre todo en la del argentino ("Otra polémica"). No muy lejos estuvo el joven Rama, quien en su ejemplar de la primera edición de *Seis ensayos en busca de nuestra expresión*,[22] subrayó con cuidado los pasajes en los que Henríquez Ureña fustiga los intentos americanos de crear una lengua que rompa el dominio del castellano.[23] No está claro en qué fecha pudo leer "El descontento y la promesa". Como sea, hay un pasaje que marcó con ahínco y que bien pudo suscribir Rodríguez Monegal: "Todo aislamiento es ilusorio. La historia de la organización espiritual de nuestra América, después de la emancipación política, nos dirá que nuestros propios orientadores fueron, en momento oportuno, europeizantes" (*Seis problemas...* 28).

Un repique de estas lecturas puede identificarse en un apartado de un ensayo juvenil titulado "Espíritu de la lengua", en el que defiende la unidad del castellano: "No creo que pueda entenderse una literatura sino como una lengua, un habla que se organiza en estructuras estéticas, reconociendo a esa lengua, con frase orteguiana, un espíritu animador". Esa lengua funciona para poetas mestizos, como Darío y Vallejo, en quienes es posible "hallar la exacta consolidación artística que en primer y último término pertenece a esa lengua" ("Temas tradicionales" 141). Se había publicado un texto del propio Henríquez Ureña que pudo auxiliar a Rama en la ruptura de esa ideología homogeneizante. Se trata de la segunda parte de "Caminos de nuestra historia literaria", aparecido en *Valoraciones*, de La Plata (1925), en el que, junto a la enfática apelación nacionalista continental de encontrar la "originalidad" americana, se habla de la necesidad de conocer "nuestro pasado indígena anterior a la conquista", de encontrar el "tesoro indígena". Porque "ignoramos cuánto sea lo que tenemos de indios: no sabemos todavía pensar sino en términos de civilización europea" ("Caminos de nuestra historia..." 55). Pero Rama no llegó a conocerlo en aquellos años de formación, si bien más tarde lo va a reunir en libro por primera vez (*La utopía de América*).[24]

Cada solución está datada, y solo adquiere un perfil verosímil en el concreto movimiento temporal, en la medida que depende del descubrimiento de un corpus o del engarce con lecturas nuevas. Como sea, está claro que hacia 1950 los dos críticos comenzaron a pensar la historia literaria americana y a dedicar algunas notas, acaso marginales, siempre inescindibles de la práctica crítica activa en el marco de las frecuencias mencionadas. En ese sentido "La construcción de una literatura", de fines de 1960, es otra pieza ejemplar de ese cruce de lealtades simultáneas: al plan cultural, a la hora que se vive, al público del periódico que presiona y que exige, y al que el crítico pretende formar, a la literatura que se examina y hasta se ansía dirigir. Rama pone al mismo nivel el paradigma del éxito de la revolución cubana y su contracara, la crisis social y económica del capitalismo periférico –de tardía pero cruda mostración en Uruguay, que parecía ajeno a los males latinoamericanos– con, por otro lado, el renacimiento cultural amparado en una conciencia crítica, en la que se venía trabajando desde el frente más "literario" que social a partir de mediados de la década del cuarenta. Ligado a esta doble manifestación, está el creciente consumo de un nuevo "capital simbólico" –para decirlo con un sintagma de Bourdieu (326-8)– y el entusiasmo de ese mismo público en la acción política. Esto exige no la obra aislada, estéticamente "superior", sino la interrelación del conjunto, el funcionamiento adecuado del "sistema literario", idea que toma de Antonio Candido,[25] que lo fuerza hacia la noción de homogeneidad latinoamericana en un cruce que entiende perfecto entre cambio político, campo creativo y determinaciones nacional-continentales:

> No basta que haya obras literarias, buenas y exitosas, para que exista una literatura. Para alcanzar tal denominación, las distintas obras

literarias y los movimientos deben responder a una estructura interior armónica, con continuidad creadora, con afán de futuro, con vida real que responda a una necesidad de la sociedad en que funcionan. Desde luego no hablamos de una sociedad equiparándola a patria; el panorama americano muestra varias modulaciones literarias que responden a regiones que superan fronteras, y todo el fenómeno de la literatura americana se sostiene sobre el afán de la intercomunicación y *hasta de la homogeneización creadora*. ("La construcción..." 24, énfasis mío)

Una lectura de esta clase, permeada por el marxismo y la sociología de la literatura que lo deslumbraban por aquellos años (Lukács, Hauser, Edmund Wilson, Escarpit) lo llevará a buscar un territorio en el que pudiera funcionar el "sistema": la gauchesca, en la que ubica un público leal y permanente. Procurará, así, conjuntos más o menos estables en el curso de la literatura uruguaya, para la que traza esta cartografía que luego extenderá a América Latina. Esta mirada comporta la historización del método y la subsiguiente condena de la "objetividad" crítica de la que hacía gala Rodríguez Monegal:

> La crítica, como la creación literaria misma, junto a ella, está fatalmente arraigada en la historia [...] No aspirar a una pretendida objetividad, que en el mejor de los casos podrá abrir la puerta de una crítica estilística cuyo rigor seudo-científico sólo prueba que se está trabajando sobre un cadáver y no sobre un cuerpo vivo. ("La construcción..." 25)

De todos modos, al margen de la apropiación del concepto definido por Candido, en ese artículo del 60 no hubo bibliografía crítica hispanoamericana que le fuera útil a ese propósito. Pudo encontrar en Mariátegui ideas aprovechables pero quizá en ese entonces no lo había leído. En rigor, los textos del intelectual peruano empezaron a hacerse visibles en el Río de la Plata a mediados de los sesenta con la distribución de las Ediciones Amauta que en varios tomitos divulgaron las obras completas del autor. Visto a la distancia, sin embargo, pudo dialogar con la propuesta de Mariátegui sobre las tres etapas de la literatura peruana (colonial, cosmopolita y nacional) que, eventualmente, se yuxtaponen o superponen (*Siete ensayos* 152-9). Este criterio que sin dificultades funciona en cualquier literatura americana solo a comienzos de la década del setenta será conocido y capitalizado por Rama quien, además, se sentirá cómodo en una genealogía, dentro de un sector de la crítica de los veinte:

generación donde comienzan a acentuarse los conflictos y las rupturas del frente global a causa de la pugna de los intereses sociales en un período crítico, habrá de descubrir, junto a los rudimentos de una teoría marxista de las artes [...] importantes paneles literarios del pasado que habían sido desatendidos (el teatro popular, por ejemplo), las literaturas folklóricas o marginales, la narrativa política y social, etc. Este grupo de críticos que encabeza el peruano José Carlos Mariátegui (1895-1930) y donde pueden incluirse, entre otros, el cubano Juan Marinello (1898), el peruano Luis Alberto Sánchez (1900), el chileno Ricardo Latcham (1903-1965), heredan la perspectiva culturalista que [...] en las elaboraciones más acuciosas fijan felices equivalencias entre la producción literaria y la estructura social ("Introducción" 11)

Solo entonces podrá reflexionar sobre el pasaje de la historia nacional a la historia latinoamericana. Pero a esa altura, la etapa de *Marcha* había quedado atrás, aunque sus labores en ella y las enseñanzas adquiridas pesarían hasta el final.[26]

III

Si se parte de esa suerte de "poéticas" de la crítica analizadas en la sección anterior, hay, por encima de las ostensibles diferencias, otro punto básico en común: la moderada puesta en crisis de las taxonomías circulantes en las historias literarias hispanoamericanas. Antes que nada, Brasil es un objeto de difícil clasificación: Rodríguez Monegal, hasta fines de la década del cincuenta, lo integra, a la fuerza, en la corriente de la hispanidad americana.[27] En Rama, el polifacético universo de la América portuguesa es un susurro, alguna referencia suelta, una aspiración que solo incorporará en el panorama en sus estudios de madurez, los que reuniera en el libro *La novela en América Latina* (1982). Es, sobre todo, un diálogo crítico con Antonio Candido.

Cuando comenzaron a escribir, disponían de pocas historias nacionales, en general revisiones de una sola forma discursiva –en particular la narrativa–, de algunas antologías, la mayor parte de ellas elaboradas con criterios de autoexaltación generacional, y de unas pocas historias generales. Para advertir el estado de la cuestión, nada mejor que el breve pero severo artículo de John Crow aparecido en la *Revista Iberoamericana* en 1940, quien después de comentar una a una las historias literarias hispanoamericanas, concluye señalando la "misma falta de unidad y comprensión interamericana evidentes en sus respectivas unidades políticas. Es decir, son grandes nacionalistas y pobrísimos iberoamericanistas [...] Más, carecen lamentablemente de la precisión y perspectiva históricas" ("Historia de la historiografía..." 556.) La publicación, en 1945, de *Las corrientes literarias en la América hispánica*, de Henríquez Ureña, ayudaría a los críticos uruguayos mucho más que semejantes trabajos precedentes de Luis Alberto Sánchez (*Historia de la literatura americana*),[28] para adquirir un panorama más claro del movimiento literario del subcontinente y, siempre en la doble admisión de lo "cosmopolita" y lo "criollo", atendiendo a lo estético y a los movimientos de la vida política, con los que vincular esas corrientes a la "búsqueda de nuestra expresión" (*Las corrientes literarias*... 8.) Una búsqueda, no una apología de rasgos nacionales, que Rodríguez Monegal desdeñó en la labor historiográfica de Ricardo Rojas -también muy influido en el punto por Borges- porque para él "la cultura y la patria eran bienes demasiado preciosos [que había que] rescatarlos y glorificarlos", y además carecía de la "disciplina, del método, y hasta del sentido común necesarios para componer una Historia" ("Un hombre").[29]

La discusión sobre las corrientes y las escuelas en buena medida explica la atención prestada por Rodríguez Monegal a la obra de Menéndez y Pelayo -a quien, antes, tanto atendiera Rodó-, hacia fines de los cincuentas. Desde su examen pudo asomarse al problema de la originalidad literaria americana y sus proyecciones sobre un presente que tanto lo urgía. Para Menéndez y Pelayo -como para su contemporáneo uruguayo Francisco Bauzá- el romanticismo hispanoamericano es "extranjero" a su esencia en razón de ser ahispánico. Monegal, que venera la erudición del español, siente incomodidad ante esa dirección hispanófila. En 1957 trata de probar que el romanticismo entra en América hispana antes de noviembre 1830 -cuando Esteban Echeverría lo introduce en el Río de la Plata, por vía de la fuente francesa-, por medio del conocimiento de la literatura inglesa que poseen José María Heredia y, sobre todo, Andrés Bello. Su hipotésis es que la multiplicidad de lenguas, sobre todo el inglés, enriquece toda literatura, especialmente la americana, a la que concluye por dar un timbre distintivo. Esto va en favor de la reivindicación de lo anglosajón en la literatura contemporánea, lo cual aplicaba ardorosamente en la comentada defensa de Borges ("Nueva luz").

La crítica al romanticismo del "ilustre polígrafo", será compartida por Rodríguez Monegal. Porque había aprendido de la historiografía literaria de la época -Federico de Onís, Henríquez Ureña, etc.-, que el modernismo fue el primer movimiento estético auténtico, capaz de "influir" –palabra clave– en la península. En esa dirección, Monegal no se aparta un ápice del positivismo crítico. Su fe en el progreso continuo lo induce a pensar que el neoclasicismo y el romanticismo son etapas menores y subsidiarias de Europa en las que solo se hallará alguna traza, válida en cuanto primeras capas formativas, de la singularidad futura:

> [...] si bien [Menéndez y Pelayo] reconocía los signos de este romanticismo naciente y los indicaba con precisión, en sus juicios tendía a desvalorizarlos, a mostrarlos como errores y desvíos, sin reconocer que ellos apuntaban a un desarrollo futuro. O sea que en vez de presentarlos como antecedentes de una corriente que habría de irse enriqueciendo con el tiempo, hasta crear la primera poesía verdaderamente americana, los mostraba únicamente como anomalías de una posición estética ya madura. ("Menéndez y Pelayo y el romanticismo americano" 21)

Pocos meses después, en su largo artículo "Menéndez y Pelayo y nuestra poesía", insistirá en que la carencia fundamental de la *Antología de la poesía hispanoamericana* consiste en no haber percibido en el romanticismo su potencial "liberador de las energías poéticas de América", que en él se concentraba "todo lo que apuntaba al futuro, a la poesía verdaderamente americana", es decir, el modernismo. Pero la observación que mejor puede manejarse para entender la aceptación pasiva, por un lado, de las corrientes y escuelas literarias en América y, por otra parte, la rebelión ante la rígida estimación nacional del trabajo historiográfico, obedece a la acusación de "limitación geográfica" de la *Antología*:

> En vez de la secuencia cronológica, [opta por] la secuencia espacial. [...] De este modo se pierde algo que en literatura es importantísimo: el sincronismo literario, las vinculaciones entre escritores y escuelas del mismo tiempo, la continuidad no ya en el espacio (que puede ser secundaria) sino en el tiempo que es esencial. La identidad de movimientos y escuelas literarias que se produce en América desde los orígenes se encuentra así destruida. ("Menéndez y Pelayo y nuestra poesía" 23)

Un aspecto fundamental, y que tempranamente lo distanciará de Rama, es la admisión del sistema del crítico español que incluye lo americano dentro de la corriente espiritual castellana. A tal punto que Rodríguez Monegal se niega a aceptar la acusación de imperialista que le asigna Miguel Artigas en *La vida y la obra de Menéndez Pelayo* (Zaragoza, 1939). Para el uruguayo no hay tal cosa, sino "fraternidad" en el diálogo entre España y América. Otra vez, ignora toda lectura ideológica o, mejor, traslada su visión a la de Menéndez y Pelayo. Lo mismo hará con Francisco Bauzá, cuando al examinar la reedición oficial de *Estudios literarios* (1953) en verdad encuentra lo que quería hallar. Toda la interpretación de Bauzá tiende a justificar la nacionalidad uruguaya en momentos en que el Estado es muy débil y la producción cultural de su territorio escasísima. Al igual que Menéndez y Pelayo, Bauzá entiende que el romanticismo es una especie de virus que corrompe la lengua castellana a través del francés; un virus político y cultural que desnacionaliza los temas y problemas locales apelando a vagos ideales. Personifica esa vertiente en Juan Carlos Gómez, quien propuso la anexión de Uruguay a Argentina a la vez que se convirtió en el jefe de grupo romántico, al que Bauzá llama "desvarío" ante el que hay que "reaccionar [...] fundando una literatura nuestra" (*Estudios literarios* 205). A Rodríguez Monegal se le escapa por completo ese nacionalismo conservador e hispanófilo, quizá porque lo único que le importa es el rescate de la opinión acrimoniosa, la "exigencia" refractaria al elogio, la violencia en el decir, la propensión a "destruir construyendo", de la que él había hablado en el artículo de 1952 ("Nacionalismo y literatura..."):

> No hay tinte de nacionalismo en el escrutinio de Bauzá (sic). No se busca la estéril exaltación del producto nacional ni (menos) se practica el elogio indiscriminado a lo autóctono. Su valoración crítica sin ser negativa es exigente y en su misma exigencia radica su mayor virtud. Porque la exigencia es prueba de amor, de pasión, de compromiso hondo. Alejando del patrioterismo pero alejado también del olímpico desdén hacia todo lo nacional, Bauzá anticipa la única postura posible para todo crítico de nuestra literatura: la de la inquisición lúcida, la de la exigencia, la del amor. ("Francisco Bauzá" 14)

Desde esta compartida visión sobre la preexistencia de un nacionalismo estatal que, por lo tanto, funda una literatura nacional inamovible, Bauzá se le aparece como precursor de Rodó, en cuanto el primero aprecia en lo campesino la fuente de la nacionalidad en que debe cimentarse una literatura, mientras el segundo "ve otros caminos": estima que en el campo hay un tema válido para la expresión de la nacionalidad y, a su vez, que en la ciudad hay un venero a ser explotado hasta entonces descuidado en la literatura del país. Y tanto uno como otro defienden la lectura de las obras y concentran sus esbozos ensayísticos de naturaleza historiográfica (en Rodó su panorama "Juan María Gutiérrez y su época"; en Bauzá, sobre todo, "Los poetas de la revolución") no en lo extrínseco, sino en las "personalidades". Para Monegal este es el mejor método de hacer Historia literaria, como lo dejó claro en su largo comentario del libro de Anderson Imbert ("La literatura hispanoamericana" 209.) De esa forma cierra su genealogía local, así es posible que siga adelante con mayor empeño, en el que "la tradición literaria es en parte generadora del proyecto nacional y no su simple reflejo" (Cornejo-Polar 18).

Hacer crítica en Uruguay e intentar hacer historiografía literaria, contaba con un obstáculo mayor: Alberto Zum Felde. Si bien se había retirado de la "crítica militante" en 1929, su *Proceso intelectual del Uruguay* (1930), fue durante décadas el único trabajo panorámico ambicioso en un país que carecía de enfoques históricos parciales, de diccionarios o de enciclopedias literarias. Zum Felde se funda en un paradigma de nacionalidad "abierta" y "cosmopolita" en sintonía con la ideología ecuménica del batllismo; en su obra incide el método de Sainte-Beuve (biografía como determinante o factor a tomar en cuenta, estructura del texto fundada en el estudio de autor-obra), en el de Taine y la sociología positivista y, en consecuencia, organiza sus notas en acuerdo con la exégesis particular y las contribuciones del "medio" (la tertulia, el cenáculo periodístico, la institución cultural, el café). Zum Felde incorpora el recorte generacional para leer dos sectores fundamentales de la cultura uruguaya: los jóvenes que se reúnen en torno al Ateneo de Montevideo hacia 1870, los escritores que maduran hacia 1900. Pero lo hace sin explicitar sus criterios ni su concepto de generación. Tres lustros después de haber salido su ensayo de historia literaria, la bibliografía sobre el método generacional había crecido mucho. Rodríguez Monegal encontró en ese camino la posibilidad para cumplir con dos fines: obtener un método más "científico" para el recorte historiográfico y atacar el *Proceso intelectual del Uruguay* por un flanco teóricamente débil. El texto no apareció en *Marcha* sino en *Número*, la revista que codirigía con un equipo intelectual plenamente integrado al semanario y que oficiaba de complemento indispensable para su sección literaria. Desde el arranque, postula, simultáneamente, la "cientificidad" de su propuesta y el rebajamiento de Zum Felde:

> No obedece a un capricho de la moda literaria la aplicación del concepto de generaciones al grupo de escritores uruguayos del 900. Antes que la publicación sucesiva de textos capitales actualizara el

tema, se había referido la expresión –*y sin sospechar sus proyecciones metodológicas*– a la literatura del período en el *Proceso intelectual del Uruguay* de Alberto Zum Felde. Es cierto que allí no se desentrañaba (quizá ni se intuía) la problemática del concepto. Pero no es menos cierto que se discernían empíricamente, y de manera discontinua, algunas generaciones de la historia literaria del país, al tiempo que se dibujaba el mundo histórico-cultural en que se desarrollaron. Este trabajo pretende precisar el examen de Zum Felde, recurriendo con tal fin a las conclusiones aportadas por la reflexión metodológica más reciente, así como a la información que facilitan las investigaciones realizadas en los últimos años.[30] ("La generación..." 37, énfasis mío)

También, y como siempre, ese estudio concluye con una toma de partido en la lucha en el campo literario uruguayo, ya que la valoración del Novecientos, como si fuera una especie de edad de oro de las letras uruguayas, solo comienza con él y su "generación", puesto que "la generación que debió enfrentarla y que la sucedió, no sostuvo una actitud iconoclasta. Prolongó, dentro de lo posible, con ejemplar docilidad, su enseñanza poética e intelectual" ("La generación..." 61).

Ángel Rama demoró más tiempo en medir fuerzas con Zum Felde, y su estrategia de aproximación y de lucha fue diferente a la de su predecesor. A principios de los años sesenta, cuando no vacilaba en afirmar que Anderson Imbert había llegado a cumplir la "gran ambición de todo crítico en América" al escribir una historia literaria ("Enrique Anderson Imbert..." 30), Zum Felde había alcanzado algunas metas que el nuevo jefe de "Literarias" igualmente podía envidiar: la publicación de dos panoramas hispanoamericanos, uno sobre el ensayo (1954),[31] otro sobre la narrativa (1959). En marzo del 59 Rama estimó justa la distinción tributada a Zum Felde, el "Gran premio nacional de literatura", porque se trataba del

> primer sistematizador de nuestra cultura, superando el intento de [Carlos] Roxlo; treinta años después su libro sigue siendo único y no ha sido sustituido. No quiere decir ello que no puedan y no deban ser revisadas sus conclusiones críticas y más que nada su estructuración ideológica e histórica de nuestra cultura. ("Letras nacionales: Dos premios..." 29)

Sin embargo, cuando el 3 de julio próximo redacta su primer panorama sobre la vida literaria uruguaya de los últimos veinte años, ni siquiera lo menciona. Pocos meses después, cuando aparece el volumen sobre narrativa hispanoamericana, partiendo del reconocimiento, pasará en limpio sus objeciones centrales con ese trabajo y con el método general de Zum Felde: naturaleza ensayística, opinadora, que le da fuerza personal a su escritura al tiempo que hace "confusa" su perspectiva; cierta miopía que lo lleva a ver con cuidado lo cercano (Borges, Onetti, Mallea) y borroso lo que está al norte del subcontinente; periodización "*antigua*" y aun arbitraria (incluyendo un "inexplicable" último período superrealista); desfiguración del "elemento social en beneficio de una impostación espiritualista del arte"; imprecisión y falta de rigor ("La novela y la crítica...") En 1965, leyendo un fallido estudio de Sarah Bollo, agregará algunos elementos. Indicará que al pensar la literatura uruguaya como "proceso" y no como "historia" canceló un "tratamiento orgánico" para "los grandes problemas estructurales de nuestra cultura literaria", y aunque a veces su atención crítica fuera "excelente", no se molestó por vigilar la información ("Literatura uruguaya: Un caos..." 14). Con una pizca mayor de agresividad, insistirá en estas críticas en 1972, dentro de un vasto trazado de la cultura uruguaya (1939-1969), donde habla de la debilidad de su instrumental "de análisis histórico cultural", de la radical naturaleza subjetiva y tanteadora de sus juicios, para encerrarlo, por último, en el círculo de "la habitual improvisación talentosa que en estas orillas a veces no se distinguía demasiado del 'macaneo libre'" (*La generación crítica* 136, 207).[32]

En suma, para 1960 Rama no podía admitir ninguna periodización cifrada o confiada sólo a las corrientes o escuelas ni, menos, a la jerarquización individual, que abrazaba Rodríguez Monegal.[33] Como lo había planteado en "La construcción de una literatura", era menester integrar el discurso crítico-historiográfico a un cuadro mayor que involucrara el análisis del arte en la "estructura general de la sociedad", una de las virtudes que celebró en la investigación de Adolfo Prieto sobre *La literatura autobiográfica argentina* ("La renovada crítica literaria..." 31). Con estudios como este buscó, asimismo, una alianza comarcal que asignara más densidad a un proyecto fundado en la analogía de las dos series (literaria y social) y en la sucesión de sus manifestaciones en el tiempo histórico concreto que tenía, por lo menos hasta su etapa de radicación en *Marcha*, el firme horizonte de la utopía latinoamericana.

Montevideo, diciembre de 2002

Notas

[1] "Literarias" de *Marcha* al comienzo no fue más que un conjunto de artículos provocativos firmados, con su nombre o con seudónimo, por Juan Carlos Onetti. A mediados de 1941, cuando Onetti se trasladó a Buenos Aires, ocupó su lugar el escritor Dionisio Trillo Pays y, hacia 1943, el crítico de cine Danilo Trelles. A fines de ese año aparece el primer artículo de Rodríguez Monegal, quien lentamente avanza hasta convertirse en el jefe de la página. Durante su largo mandato, que se extendió hasta 1959, diversos enfrentamientos con el doctor Quijano lo llevaron a alejarse por algún tiempo, así como en otros momentos, haciendo uso de distintas becas, debió ausentarse de Montevideo. En esas ocasiones, sea por uno u otro motivo, dirigieron la sección Mario Benedetti (parte de 1949), Ángel Rama y Manuel Flores Mora (parte de 1949 y de 1950), Carlos Ramela (1956) y, nuevamente, Mario Benedetti (1958). Alejado Rama, asumió la dirección Jorge Ruffinelli hasta 1973, sustituido, solo por algunos números hasta que llegó la clausura definitiva del semanario, por Mercedes Rein, a quien subrogó Heber Raviolo. Acerca de la historia de la página literaria y su contexto véase Rocca, *35 años* y "Marcha".

[2] Respecto de la evolución del concepto de América en su literatura véanse los libros de Arturo Ardao.

[3] Esa idea de la utopía americana puede encontrarse a lo largo de mucho tiempo y de múltiples artículos de Quijano. Por ejemplo, en "América: espacio y tiempo", publicado el 9 de octubre de 1959, insiste: "América Latina, nuestra América, tiene la nostalgia de su pasada unidad y la intuición de una vaga unidad presente. Latino América es un mito, un mito que puede ser fecundo y útil y que en ocasiones, a través del siglo turbulento y confuso que nuestros países llevan de independencia formal, fue salvador" (*América Latina* 126.)

[4] "Mi relación con el semanario uruguayo Marcha es tan larga como toda su existencia y esta tan larga como una vida humana completa. [...] cuando apareció su primer número, que la impertinente curiosidad de mis 13 años me llevó a comprar, y desde entonces no cesó, generándome esa afición de los viernes que acabó contagiando a miles de uruguayos y latinoamericanos en los años de esplendor de *Marcha*, en la década del sesenta" ("La lección..." 53.)

[5] Esta carta será citada en la edición de *Obras completas*, de José Enrique Rodó, preparada por Rodríguez Monegal en 1957 y reeditada en 1967 (*Obras completas* 1354.)

[6] Ejemplo ilustrativo es lo que ocurre entre el 6 de marzo (274) y el 28 de diciembre (314) de 1945, año en que –como se dijo– Rodríguez Monegal asume la dirección de "Literarias". Entre una treintena de colaboraciones "literarias" (textos ficcionales, reseñas, notas e informaciones) la página publica *siete* traducciones. Cinco de ellas fueron efectuadas en su totalidad, o en parte, por el propio jefe de sección: "William Faulkner. 'Una rosa para Emily'" (274: 6 de mayo): 15-6, traducida por H. Galnovet –seudónimo de Rodríguez Monegal y Homero Alsina Thevenet, según nos informara este último en 1997–; "André Gide. Fragmento de '*Los monederos falsos*'" (281: 11 de mayo):

La idea de América Latina y de su historia literaria • 337

15; "William Faulkner. Prólogo a 'Santuario'" (282: 18 de mayo): 16; "Ernest Hemingway: "Los matones" (285: 8 de junio): 15-6; "William Faulkner. 'Setiembre ardido' (296: 24 de agosto): 15-6 –traducción tomada de *Sur*, 59, agosto de 1939; "Marcel Proust. 'Intermitencias'" (fragmento de *Sodome et Gomorre*, tomo II de *A la recherche*...) (311: 7 de diciembre): 15; "Jean Paul Sartre. 'El muro' (314: 28 de diciembre, (314): 15-8. En el último caso no indica traductor, pero es muy probable que este sea Rodríguez Monegal. En los años subsiguientes esta pasión traductora se adelgazó un poco, pero nunca desapareció mientras que el crítico tuvo a su cargo la sección.

[7] A modo de conclusión, en sus apuntes polémicos sobre la generación argentina de 1950 que llama "parricida", Rodríguez Monegal observa que "la nueva generación argentina no está dispuesta a ejercer la crítica literaria como una actividad pura y aséptica. A los nuevos no les interesa el valor literario por sí mismo: les interesa en relación con el mundo del que surge y en el que ellos están insertos. De ahí que sus análisis omitan por lo general lo literario esencial, e incursionen por las zonas adyacentes de la política, de la metafísica y hasta de la mística (sic)" (*El juicio* 106).

[8] Falta de sintonía que llevaría a Quijano a celebrar la aparición de ese acuerdo con la incorporación de Rama a la sección, según este afirma en su evocación autorreferencial de la experiencia ("La lección" 54).

[9] Beatriz González Stephan ha señalado que dos móviles básicos "controlan los axiomas del modelo liberal de la historia literaria: a) la preocupación por determinar la *originalidad* y definir el carácter particular de la literatura nacional a partir de la ideología del *mestizaje*; y b) consecuentemente, matizar o diluir los elementos de filiación hispánica para afirmar una distancia cualitativa frente a la metrópoli española. Sin llegar a un rotundo antihispanismo, no respalda como un valor auténtico de la nacionalidad literaria la conservación de la tradición española sobre todo colonial" (219).

[10] De esta forma las define en 1955, con su habitual ironía, en la elogiosa reseña de la *Historia de la literatura hispanoamericana*, de Enrique Anderson Imbert ("La literatura hispanoamericana en breviario" 194.)

[11] Tanto Rodríguez Monegal como Rama hicieron, básicamente, crítica literaria y no historia literaria. De todos modos, en los años sesenta Monegal trazará algunos estudios panorámicos, en algunos casos, como el que motiva esta nota, ya prefigurados tímidamente en *Marcha*. Se trata de la introducción a *Narradores de esta América*, cuya primera edición apareció en Montevideo hacia 1962 –el volumen no lleva pie de imprenta; de *Literatura uruguaya del medio siglo* (1966) y de *El boom en perspectiva* (1972). Como se ve, los panoramas abarcan el siglo xx y privilegian, sobre todo, los años inmediatamente anteriores a cada publicación.

[12] El propio Rodríguez Monegal sale en defensa, en su artículo del 52, de la cantidad de reseñas y notas dedicadas a las letras latinoamericanas. Rama insiste en esa autorrecuperación de lo latinoamericano en varios artículos (ver Rama en *Marcha*).

[13] En el balance "Veinte años de literatura nacional", Rodríguez Monegal se jacta de que "a partir de 1939 hubo un cambio profundo en los supuestos culturales de nuestro país. No desapareció (no podía desaparecer) el vínculo profundo que nos une a España y a Francia. Pero cada nuevo día el papel que asumían Inglaterra y los Estados Unidos en nuestra mitología era más decisivo" (31). La idea es retomada en *Literatura uruguaya del medio siglo*.

[14] Un pasaje intermedio de esta reseña aclarará mejor cómo concebía Rodríguez Monegal la tarea crítica: "[Reyes] no teme –como algunos entristecidos candidatos a la genialidad– las áreas subalternas o anónimas de la erudición: fichaje de documentos, copia de manuscritos, cotejo de variantes, corrección de pruebas. Tampoco teme perder su originalidad estudiando con esmero a otros críticos, reseñando servicialmente su labor, citando las ajenas opiniones. No teme, en fin, que los ociosos, los irresponsables, lo acusen de impersonal, de meramente descriptivo, al emplear todos los materiales de la crítica (incluso la impresión subjetiva) para la composición, la creación, de una unidad superior: el juicio válido por la personalidad que lo suscribe, es claro; pero válido, también, por la calidad del trabajo, por la intensidad del estudio, por la suma de experiencias que lo informa" ("Alfonso Reyes").

[15] La cita de Curtius a que acude es la siguiente: "El concepto de generación es el último refugio de la insignificancia y de la impotencia espiritual. Cuando se carece de finalidad, de genio, de voluntad y de íntima necesidad, siempre cabe invocar que se pertenece a un cierto año. De esta suerte se salva uno en el anónimo azar del calendario" ("Generación va..." 52.) Vuelve a repetir la misma cita en "Testimonio".

[16] No en vano, cuando Rama junta en volumen sus numerosos trabajos sobre gauchesca en *Los gauchipolíticos rioplatenses* (1976, libro que reeditó, ampliado, en 1982), no recoge su texto juvenil ni hace alusión a él.

[17] Ese rechazo de Rodríguez Monegal por la poesía en "lengua bárbara" le viene no solo de las referidas convicciones, sino también de las visiones de Menéndez y Pelayo y, aun más, de Rodó, quien no se cansa de disminuir o de censurar a la gauchesca, incluido el *Martín Fierro*. Véase *Obras Completas* 706, 731, 825-826. Una lectura del problema en Rodó en Rocca *Enseñanza* 60-6.

[18] Véase Onetti, la recopilación más completa de estos artículos.

[19] En 1955, el mismo año de la aparición de *Pedro Páramo*, Mario Benedetti publicó un largo artículo en *Marcha* –hasta donde sabemos el primero que se escribió sobre Rulfo en el Río de la Plata–, al que tituló "Juan Rulfo y las posibilidades del criollismo". Sintomáticamente, una docena de años más tarde, reunido en el libro *Letras del continente mestizo*, el artículo pasó a llamarse "Juan Rulfo y su purgatorio a ras de suelo". Las razones para esa relevante operación de cambio paratextual son claras: en 1967 el "criollismo" estaba liquidado, doce años antes era visto como una amenaza para la literatura urbana.

[20] Ninguno de ellos figura en la bibliografía crítica, por demás generosa y bastante detallada, que hicieron Ángel Rama y Rafael Gutiérrez Girardot para la Biblioteca Ayacucho (*La utopía de América* 569-571.)

[21] Se trata de uno solo de los ejemplos con los que denota la escritura y la lengua de Felisberto Hernández en su libro de cuentos *Nadie encendía las lámparas*, en una reseña del libro publicada en *Clinamen*, Montevideo, N° 5, mayo-junio 1948, pp. 50-51, a vuelta de página del artículo de Rama "Generación va, generación viene".

[22] El ejemplar está depositado en la Biblioteca de la Facultad de Humanidades y Ciencias de la Educación, Universidad de la República, Montevideo, como se puede corroborar en el *Catálogo de la Biblioteca de Ángel Rama*.

[23] "Existió hasta años atrás –grave temor de unos y esperanza loca de otros – la idea de que íbamos embarcados en la aleatoria tentativa de crear idiomas criollos. La nube se ha disipado bajo la presión unificadora de las relaciones constantes entre los pueblos hispánicos. [...] Observemos, de paso, que el habla gauchesca del Río de la Plata, substancia principal de aquella disipada nube, no lleva en sí diversidad suficiente para erigirla siquiera en dialecto como el de León o el de Aragón: su leve matiz la aleja demasiado poco de Castilla, y el Martín Fierro y el Fausto no son ramas que disten del tronco lingüístico más que las coplas murcianas o andaluzas. *No hemos renunciado a escribir en español, y nuestro problema de la expresión original y propia comienza ahí*. Cada idioma es una cristalización de modos de pensar y de sentir, y cuanto en él se escribe se baña en el color de su cristal. *Nuestra expresión necesitará doble vigor para imponer su tonalidad sobre el rojo y el gualda*". (*Seis ensayos...* 20-1. Lo que se encuentra en cursiva, subrayado en el ejemplar del libro de Henríquez Ureña que perteneció a Rama.)

[24] Y no solo para el caso de incorporar las literaturas indígenas en la serie latinoamericana, cosa que aceptó ya en los años setenta. Pero no, por cierto, para estudiarlas por sí mismas fuera de esa serie, en lo que no se mostró nada entusiasmado en la última de sus intervenciones públicas: "Algunas sugerencias de trabajo para una aventura intelectual de integración".

[25] Acerca de la productividad del manejo de la idea de "sistema literario" véase las contribuciones de Gonzalo Aguilar y de Pablo Rocca en Antelo. Cabe señalar, no obstante no haya aquí espacio para desarrollarlo, que el concepto de "transculturación" cuestiona la idea de "sistema" que con bastante rigidez había aplicado Rama a la literatura latinoamericana, concepto más apropiado para concebir América Latina como un todo homogéneo y una esencia.

[26] Podría decirse que la síntesis intermedia de la concepción crítico-historiográfica de Rama sobre la historia de la literatura latinoamericana, aparece en la "Introducción" a *Los gauchipolíticos rioplatenses*, a solo dos años de la clausura de *Marcha* y a poco más de su alejamiento activo de la crítica en ese medio. Esta propuesta, como se verá, mucho debe al esbozo de 1960, pero a diferencia de lo que ocurría por esa fecha, ya había incorporado elementos de la lingüística y de la antropología cultural y estructural, que le permitían concebir su proyecto con otros elementos que superaban los recursos de la sociología del público y del conocimiento: "[se produjo] una doble lectura de tipo intertextual a la que ha ido aproximándose la crítica: la

de los textos literarios y la del discurso que se fragua en las invenciones de las diversas culturas testimoniando la tarea colectiva de los hombres, a la cual se agrega una tercera lectura de tipo crítico sobre las estrechas conexiones que muestran ambos procesos. Relaciones que ya no podrán establecerse entre la literatura vista como un bloque homogéneo de obras y estilos, por una parte, y la sociedad latinoamericana concebida como un todo indistinto por la otra, tal como la practicó habitualmente la crítica de las citadas generaciones, sino como conexiones entre precisos y determinados sectores de esa sociedad (clases, capas o grupos que no sólo se percibirán como asociaciones económicas o sociopolíticas sino como portadores y creadores de subculturas específicas) y también precisos y determinados estilos o movimientos artísticos que operan de manera particular y restricta dentro del conglomerado social. [...] De tal modo que la visión de la literatura, respetada su autonomía y su campo textual propio, construye sobre otro plano (el verbal y artístico, el simbólico según el concepto de Cassirer, distinto por lo tanto del concreto, social y económico de los hombres) un complejo y dinámico combate en que se manifiestan -se enfrentan, se sustituyen- diversas concepciones culturales representadas por diversas concepciones estéticas" ("Introducción" 13-4).

[27] En el panorama de 1952 "La narrativa hispanoamericana. Tendencias actuales", Rodríguez Monegal incluye a Jorge Amado, José Lins do Rego y Mário de Andrade. Hasta donde sabemos, es la primera vez que un crítico hispanoamericano señala la importancia radical de *Macunaíma* en los años treinta, como un intento de superación del canon realista regional, en el contorno de la narrativa de América Latina: "Una forma más compleja de la superación de algunas limitaciones regionalistas ha sido intentada por Mário de Andrade, poeta modernista brasileño, en su *Macunaima* (1932). En esta peculiar novela reelabora Andrade con gracia incesante elementos folklóricos que provienen de todas las zonas de su vasto y caótico país. El experimento es único. No ha tenido y quizá no pueda tener continuación por señalar una posición extrema, una hazaña que sólo la cultura y la sensibilidad de Mário de Andrade hizo posible" (26).

[28] Exaltando la labor historiográfica de Anderson Imbert, Rodríguez Monegal comenta que ni se le acercan las "Historias (1937/1950) de un Luis Alberto Sánchez, caprichoso en sus juicios, deshonesto en la mención calificada de obras que desconoce, incoherente en sus omisiones" ("La literatura" 208).

[29] Afirmaciones como las que siguen, bases del proyecto historiográfico de Rojas, eran las que Rodríguez Monegal más podía rechazar en cualquiera, en cualquier lugar: "Para ascender a ese grado de coherencia colectiva que convierte a un pueblo en protagonista de la historia –es decir, en creador de una cultura– los argentinos necesitamos volver a unirnos en la solidaridad que confieren la tradición, el trabajo y el ideal" (Rojas 698).

[30] Las fuentes empleadas son: *El tema de nuestro tiempo*, J. Ortega y Gasset. Madrid, Calpe, 1923; *Las generaciones en la historia*, Pedro Laín Entralgo. Madrid, Instituto de Estudios Políticos, 1945; *El problema de las generaciones en la historia del arte de Europa*, Wilhelm Pinder. Buenos Aires, Losada, 1946;

"Las generaciones literarias", Julius Petersen, en *La ciencia literaria*. México, FCE, 1946; *El método histórico de las generaciones*, Julián Marías. Madrid, Revista de Occidente, 1949. (Sobre este libro comenta Rodríguez Monegal: "Por su rigor, por su sabiduría filosófica, es la última la mejor. Con ella tiene una gran deuda este trabajo". Al año siguiente, en 1951, reseñará nuevos aportes teóricos sobre las generaciones ("Sobre las generaciones literarias".)

[31] El *Índice* del ensayo fue duramente revisado por Carlos Real de Azúa en una serie de artículos de *Marcha*, entre marzo y noviembre de 1955, incluyendo una respuesta de Zum Felde.

[32] Con un poco más de clemencia, en la evaluación final de su carrera, fechada en enero de 1982, Rama defenderá la vieja obsesión personal por los panoramas, el impulso moderno por la "edificación de una literatura" en América Latina, reconociendo que esto no "era novedad en un país que había contado con el magisterio de Zum Felde, aunque quienes preferentemente los practicamos estábamos ya muy lejos de sus esquemas interpretativos" ("Prólogo" a *La novela...* 14).

[33] El caso extremo de estos defectos, según Rama, es la historia literaria de Sarah Bollo (*Literatura uruguaya*) que, además, se encuentra efectivamente acribillada de errores de información y de opiniones antojadizas ("Literatura uruguaya: Un caos...").

BIBLIOGRAFÍA

Alemany Bay, Carmen. *La polémica del meridiano intelectual de Hispanoamérica (1927). Estudio y textos*. Alicante: Universidad de Alicante, 1998.

Anderson Imbert, Enrique. *Historia de la literatura hispanoamericana*. México: FCE, 1954.

Antelo, Raúl (Ed.). *Antonio Candido y los estudios latinoamericanos*. Pittsburgh: IILI, 2001.

Ardao, Arturo. *Génesis de la idea y el nombre de América Latina*. Caracas: CELARG, 1980.

_____ *Nuestra América Latina*. Montevideo: Ed. de la Banda Oriental, 1986.

_____ *La inteligencia latinoamericana*. Montevideo: Universidad de la República, 1987.

_____ "Prólogo". *América Latina. Una nación de repúblicas*. Montevideo: Cámara de Representantes, 1989. XVII-XLI.

_____ *Romania y América Latina*. Montevideo: Biblioteca de Marcha/ Universidad de la República, 1991.

Bauzá, Francisco. *Estudios literarios*. [1885] (Prólogo de Arturo Sergio Visca.) Montevideo: Biblioteca "Artigas", Colección de Clásicos Uruguayos, 1953.

Borges, Jorge Luis. "El escritor argentino y la tradición". *Prosa completa*. [1949] Barcelona: Bruguera, 1980. 215-23.

Bourdieu, Pierre. *Las reglas del arte. Génesis y estructura del campo literario*. [1992] Madrid: Anagrama, 1997.

Candido, Antonio. *Formação da literatura brasileira (Momentos decisivos.)* [1959] Belo Horizonte-Rio de Janeiro: Ed. Itatiaia Ltda, 1993.

Catálogo de Biblioteca de Ángel Rama. Montevideo: Universidad de la República/ Facultad de Humanidades y Ciencias de la Educación, 2002. (Presentación de Adolfo Elizaincín.)

Cornejo-Polar, Antonio. *La formación de la tradición literaria en el Perú*. Lima: Cep, 1989.

Crow, John. "Historiografía de la literatura iberoamericana". *Revista Iberoamericana* LXVIII/200 (Pittsburgh, julio-setiembre 2002): 549-56. [Originalmente en II/4, 1940].

Gutiérrez Girardot, Rafael. *El intelectual y la historia*. Caracas: La Nave Va, 2001.

González Stephan, Beatriz. *La historiografía literaria del liberalismo hispano-americano del siglo XIX*. La Habana: Casa de las Américas, 1987.

Henríquez Ureña, Pedro. *Seis ensayos en busca de nuestra expresión*. Buenos Aires-Madrid: Babel, 1928.

____ *Las corrientes literarias en la América Hispánica*. [1949] México: FCE, 1949.

____ *Plenitud de América. Ensayos escogidos*. Buenos Aires, Peña, del Giudice eds. 1952. (Selección y nota preliminar de Javier Fernández.)

____ *Selección de ensayos*. La Habana: Casa de las Américas, 1965. (Antología y prólogo de José Rodríguez Feo.)

____ "Caminos de nuestra historia literaria". *La utopía de América*. Selección y cronología de Ángel Rama y Rafael Gutiérrez Girardot. Prólogo de Rafael Gutiérrez Girardot. Caracas: Biblioteca Ayacucho, 1978. 45-56.

____ *La utopía de América*. Selección y cronología de Ángel Rama y Rafael Gutiérrez Girardot. Prólogo de Rafael Gutiérrez Girardot. Caracas: Ayacucho, 1978.

Litvak, Lily. *Latinos y anglosajones: orígenes de una polémica*. Barcelona: Puvill, 1980.

Mariátegui, José Carlos. *Siete ensayos de interpretación de la realidad peruana*. [1928] Prólogo de Aníbal Quijano. Notas y cronología de Elizabeth Garrels. Caracas: Biblioteca Ayacucho, 1979.

Menéndez y Pelayo, Marcelino. *Historia de la poesía hispanoamericana.* Madrid: Consejo Superior de Investigaciones Científicas, 1958. 2 v.

Onetti, Juan Carlos. *Cuentos secretos. Periquito el Aguador y otras máscaras.* Recopilación y prólogo de Omar Prego. Montevideo: Biblioteca de Marcha, 1986.

Oreggioni, Alberto (director.) *Diccionario de Literatura Uruguaya.* Tomo III. Montevideo: Arca, 1991.

Picón Salas, Mariano. *De la conquista a la independencia.* [1944] México: FCE, 1969.

Quijano, Carlos. *América Latina, una nación de repúblicas.* Montevideo: Cámara de Representantes, 1989.

_____ "Panamericanismo, no; acuerdos regionales, sí". *América Latina. Una nación de Repúblicas.* Vol. III. Montevideo: Cámara de Representantes, 1989. 59-64. (Originalmente en *Marcha,* Montevideo, 26 de julio de 1940.)

Rincón, Carlos. "Historia de la historiografía y de la crítica literarias latinoamericanas. Historia de la conciencia histórica". *Revista de Crítica Literaria Latinoamericana* 24 (Lima, 1986): 7-19.

Rocca, Pablo. *35 años en Marcha (Crítica y Literatura en Marcha y en el Uruguay, 1939-1974).* Montevideo: División Cultura de la I.M.M., 1992. [2ª ed., ampliada y corregida en *Nuevo Texto Crítico* 11 (Stanford, 1993): 3-152.]

_____ "Marcha, las revistas y las páginas literarias (1939-1964)". *Historia de la literatura uruguaya contemporánea.* Tomo I. *Los narradores del medio siglo.* Montevideo: Ediciones de la Banda Oriental, 1996. 13-37. (Plan y Dirección de Heber Raviolo y Pablo Rocca.)

_____ (dirección técnica.) *Nuevo Diccionario de Literatura Uruguaya.* Alberto Oreggioni, ed. Montevideo: Ed. de la Banda Oriental, 2001, 2 vols.

_____ (editor.) *El Uruguay de Borges. Borges y los uruguayos.* Montevideo: Universidad de la República/Facultad de Humanidades y Ciencias de la Educación/Linardi y Risso, 2002.

_____ *Enseñanza y teoría de la literatura en José Enrique Rodó.* Montevideo: Ed. de la Banda Oriental, 2001.

Rodó, José Enrique. *Obras completas.* Introducción, prólogos y bibliografía de Emir Rodríguez Monegal. (2ª ed.) Madrid: Aguilar, 1967.

Rojas, Ricardo. *Historia de la literatura argentina. Los Coloniales, segunda parte.* [1918.] Buenos Aires: Losada, 1948.

Sánchez, Luis Alberto. *Historia de la literatura americana*. Santiago de Chile: Ercilla, 1937.

Sarlo, Beatriz. "La perspectiva americana en los primeros años de *Sur*". *Ensayos argentinos. De Sarmiento a la vanguardia*, Carlos Altamirano y Beatriz Sarlo. Buenos Aires: Ariel, 1997. 261-8.

―――― "Victoria Ocampo o el amor de la cita". *La máquina cultural*. Buenos Aires: Ariel, 1998. 93-194.

Schwartz, Jorge. *Las vanguardias literarias en América Latina*. [1991] México: FCE, 2002.

Zum Felde, Alberto. *Proceso intelectual del Uruguay y crítica de su literatura*. Montevideo: Imprenta Nacional Colorada, 1930, 3 v.

―――― *Índice crítico de la literatura hispanoamericana. La ensayística*. México: Guarania, 1954.

―――― *Índice crítico de la literatura hispanoamericana. La narrativa*. México: Guarania, 1959.

FUENTES

Rama, Ángel. "Sobre la composición del gaucho Martín Fierro". *Clinamen* 2 (Montevideo, mayo-junio 1947): 31-44.

―――― "Generación va y generación viene". *Clinamen* 5 (Montevideo, mayo-junio 1948): 52-3.

―――― "Temas tradicionales". *Entregas de La Licorne* 5-6 (Montevideo, setiembre 1955): 135-144.

―――― "Letras nacionales: Dos premios (Juana de Ibarbourou y Alberto Zum Felde). *Marcha* 950 (Montevideo, 6/III/1959): 29.

―――― "Testimonio, confesión y enjuiciamiento de veinte años de historia literaria y de nueva literatura uruguaya". *Marcha* 966 (Montevideo, 3/VII/1959): 16-30 (2ª sección.)

―――― "La novela y la crítica en América". *Marcha* 1005 (Montevideo, 22/IV/1960): 21-2.

―――― "La construcción de una literatura". *Marcha* 1041 (Montevideo, 30/XII/1960): 24-6 (2ª sección.) [Reproducido en *Antonio Candido y los estudios culturales*. Raúl Antelo (ed.) Pittsburgh: IILI, 2001. 21-34.]

―――― "Enrique Anderson Imbert: crítica interna". *Marcha* 1089 (Montevideo, 22/XII/1961): 30.

―――― "Nuestra América". *Marcha* 1090 (Montevideo, 29/XII/1961): 1 (2ª sección.)

―――― *Los gauchipolíticos rioplatenses*. Buenos Aires: CEDAL, 1982.

La idea de América Latina y de su historia literaria • 345

_____ "Juan Rulfo y las posibilidades del criollismo". *Marcha* 788 (Montevideo, 4/XI/1955): 20-1 y 23.
_____ *Letras del continente mestizo.* Montevideo: Arca.
_____ "La renovada crítica literaria aplicada a la cultura argentina". *Marcha* 1167 (Montevideo, 2/VIII/1963): 31. [Reseña de *La literatura autobiográfica argentina*, de Adolfo Prieto, 1962.]
_____ "La cultura uruguaya en *Marcha*". *Sur* 293 (Buenos Aires, 1965): 92-101.
_____ "Literatura uruguaya: un caos (rencoroso) con 158 años". *Marcha* 1269 (Montevideo, 27/VIII/1965): 14-5 (2ª sección.) [Reseña de *Literatura uruguaya*, de Sarah Bollo, 1965.]
_____ *La generación crítica. Panoramas, 1939-1969.* Montevideo: Arca, 1972.
_____ "Introducción". *Los gauchipolíticos rioplatenses. Literatura y sociedad.* Buenos Aires: Calicanto, 1976. 7-36.
_____ "La lección intelectual de *Marcha*". *Cuadernos de Marcha* 19 (México, mayo-junio 1982): 53-8.
_____ *Transculturación narrativa en América Latina.* México: Siglo XXI, 1982.
_____ "Prólogo". *La novela latinoamericana. Panoramas, 1920-1980.* Veracruz: Universidad Veracruzana/Fundación Ángel Rama, 1986. 9-19.
_____ "La generación del medio siglo". *La novela latinoamericana. Panoramas, 1920-1980.* Veracruz: Universidad Veracruzana/ Fundación Ángel Rama, 1986. 26-98. [Primera versión in *Marcha* 1217 (Montevideo, 7/VIII/1964) (2ª sección.)]
_____ "Algunas sugerencias de trabajo para una aventura intelectual de integración". *La literatura latinoamericana como proceso.* Ana Pizarro, coord. Buenos Aires: CEDAL, 1985. 85-97 (versión desgrabada por Ana Pizarro).

Rodríguez Monegal, Emir. "El *Popol Vuh* en la Biblioteca Americana". *Marcha* 394 (Montevideo, 29/VIII/1947): 14-5. [Reseña de la edición del *Popol Vuh* de Adrián Recinos. México: FCE, 1947].
_____ "Pedro Henríquez Ureña. *Historia de la Cultura en la América Hispánica*: Una síntesis luminosa". *Marcha* 402 (Montevideo, 24/X/1947): 15.
_____ "Alfonso Reyes, crítico y erudito". *Marcha* 439 (Montevideo, 30/VII/1948): 14. [Reseña de *Grata compañía* y *Entre libros*.]
_____ "Pedro Henríquez Ureña y la cultura hispano-americana". *Número* 2 (Montevideo, mayo-junio 1949): 145-51.

_____ "La generación del 900". *Número* 6-7-8 (Montevideo, enero-junio 1950): 37-61.

_____ *José Enrique Rodó en el Novecientos*. Montevideo: Ed. Número, 1950. [Recoge varios artículos aparecidos en *Cuadernos Americanos*, México; *Número*, Montevideo y *Marcha*, Montevideo, entre 1948 y 1950.]

_____ "Sobre las generaciones literarias". *Marcha* 595 (Montevideo, 29/IX/1951): 14-5.

_____ "La narrativa hispanoamericana. Tendencias actuales". *Marcha* 628 (Montevideo, 27/VI/1952): 25-6 (2° sección.)

_____ "Nacionalismo y literatura (Un programa a posteriori)". *Marcha* 629 (Montevideo, 4/VII/1952): 14-5.

_____ "Un simposio sobre la novela iberoamericana (Arturo Torres Rioseco. *La novela iberoamericana*)". *Marcha* 662 (Montevideo, 13/ III/1953): 14.

_____ "Pedro Henríquez Ureña, maestro de América". *Marcha* 665 (Montevideo, 10/IV/1953): 15. [Reseña de *Plenitud de América*, 1952].

_____ "Francisco Bauzá, crítico de la literatura uruguaya". *Marcha* 723 (Montevideo, 11/VI/1954): 14-5. [Reseña de *Estudios literarios*, 1885].

_____ "La literatura hispanoamericana en breviario". *Número* 27 (Montevideo, diciembre 1955): 194-209. [Reseña de *Historia de a literatura hispanoamericana*, de Enrique Anderson Imbert. México, FCE, 1954].

_____ *El juicio de los parricidas. La nueva generación argentina y sus maestros*. Buenos Aires: Deucalión, 1956. [Reúne y refunde artículos publicados en *Marcha*, Montevideo, desde fines de 1955 a mediados de 1956].

_____ "Menéndez y Pelayo y el romanticismo americano". *Marcha* 839 (Montevideo, 24/XI/1956): 21-3.

_____ "Un hombre dedicado: Ricardo Rojas en la Literatura". *Marcha* 873 (Montevideo, 2/VIII/1957): 9.

_____ "Menéndez y Pelayo y nuestra poesía". *Marcha* 876 (Montevideo, 23/VIII/1957): 21-3.

_____ "Nueva luz sobre el romanticismo hispanoamericano: Heredia y Bello como precursores". *Marcha* 887 (Montevideo, 8/XI/1957): 21.

_____ "Otra polémica inútil: El meridiano intelectual de hispanoamérica". *Marcha* 905 (Montevideo, 28/III/1958): 3.

_____ "Veinte años de literatura nacional". *La obra crítica de Emir Rodríguez Monegal.* Tomo I: *Las letras del Uruguay (Del Novecientos a la generación del 45.* Montevideo: Ed. de la Plaza, 1994. (Recopilación, ordenación y notas de Pablo Rocca y Homero Alsina Thevenet. Prólogo y Bibliografía de Pablo Rocca.) [Originalmente en *Marcha* 966 (Montevideo, 3/VII/1959): 30-31 (2ª sección.)]

_____ *Literatura uruguaya del medio siglo.* Montevideo: Alfa, 1966.

_____ *Narradores de esta América.* Montevideo: Alfa, 1962.

_____ *El boom en perspectiva.* Caracas: Monte Ávila, 1972.

La censura contra *Marcha*:
un caso ejemplar

Jorge Ruffinelli
Stanford University

1. "El Caso Onetti"

"El Caso Onetti", tal como fue conocido desde 1974, debió llamarse "El Caso Marra", ya que el autor del cuento que llevó a ambos (y a otros más) a la cárcel y posteriormente al exilio, fue este escritor. Pero no nos adelantemos, revisemos el infausto caso que, como tantos otros hechos en la cultura uruguaya, ha sido entregado al olvido más que a la crónica o al análisis de los procesos autoritarios de la dictadura uruguaya (1973-1984). En su tiempo, la dictadura uruguaya quiso hacer de él, un caso "ejemplar".

En su última novela publicada en el Río de la Plata (*La muerte y la niña*, 1973), Juan Carlos Onetti llevó a la exasperación sus temas y pareció clausurar su mundo literario en los téminos más radicales. *La muerte y la niña* es la novela de la ambigüedad absoluta, donde todo se disuelve en el enigma, por más cristalina que sea su escritura. Es su relato más radical porque más radical es su escepticismo sobre la posibilidad de encontrar respuestas. Ya no solo las ventanas (que sirven para mirar al exterior, o hacia adentro) siguen siendo oscuras: ahora son negras. Y la pregunta que nunca se formula está constantemente planteada: ¿quién es el padre?, ¿dónde está nuestro origen? Es la novela de la paternidad extraviada, y no solo en el caso de esa "niña" cuyo presunto padre niega, al final, serlo, sino que es el caso de todos los personajes (cuyo "padre" es Brausen) y de Brausen (cuyo "padre" es Onetti), y en última instancia del propio autor. Nunca antes Onetti había planteado tal inasibilidad de la experiencia, tanto absurdo encarnado en lo que llamamos vida.

Y lo curioso es que ese absurdo se vierte en formas bastante transparentes de la alusión política, como ocurría en sus primeras novelas (de *El pozo* a *Para esta noche*), acaso porque en los setenta, como en la década del cuarenta, el país perdió su origen y su sentido. Después de varios años en que Uruguay fue sacudido por la insurrección armada y la represión, un relato de Onetti hace alusión a ello:

> Había gente joven, respetable, que se dejaba matar en los bosques escasos por la sed, insectos ignorados, fiebres que parecían bajar del trópico lejano, de las selvas verdaderas de Amazonas y Orinoco, resueltas y certeras. A veces, para humillación mayor, terminaban muertos por las metralletas de los del Cuerpo de Pundonorosos que, supuestamente, cumplían órdenes de Juan María Brausen.

Es un ejemplo, sin duda, de ironía histórica, porque Onetti no sospechaba que otro Juan María, destinado por el momento a dirigir los destinos de su país, pronto lo sometería a la humillación de la cárcel y del sanatorio mental por un motivo tan absurdo como los motivos que orientan los destinos de los demás personajes en su literatura. La historia contingente pero real, absurda pero verdadera, terminó por suceder, y la vida copió al arte. El Cuerpo de Pundonorosos apareció en el panorama de la cultura uruguaya.

En enero de 1973 Onetti firmó un acta de fallo como jurado literario. Algunos meses antes, el semanario *Marcha* había convocado a un concurso de cuentos (y a otro de ensayos) y, efectivamente, trescientos cincuenta y dos originales fueron leídos por Onetti, Mercedes Rein y Jorge Ruffinelli (autor de estas líneas). El primer premio discernido fue para un joven narrador, Nelson Marra, autor entonces de tres libros: *Los patios negros*, *Naturaleza muerta* y *Vietnam se divierte*. Su cuento se tituló "El guardaespaldas", había sido presentado como todos los otros bajo seudónimo ("Mr. Curtis") y con un lenguaje de inusual tersura y violencia (menor violencia, sin embargo, que la empleada por James Joyce, Henry Miller, D. H. Lawrence, o el Marqués de Sade en sus libros respectivos, o que la violencia sin valor artístico del cine pornográfico exhibido públicamente en las salas de Montevideo) narraba la agonía de un delincuente-legal, uno de esos desdichados especímenes que abundan en América Latina. Entrevistado por *Marcha* sobre los propósitos del relato, Marra dijo haber querido componer "un personaje eminentemente antiheroico, presumiblemente rioplatense, lamentablemente latinoamericano, sospechosamente universal". Y agregó:

> Para aportarle una dimensión más o menos verosímil, lo tomé en su instancia límite —la muerte— y recompuse su infancia, sus instintos, sus hábitos, su imposibilidad de aferrarse a una vida que ya no le pertenecía. Y también rescatar lo incidental de su mundo y

su lenguaje —y ahí está lo literario—, fragmentarlo y recomponerlo en una estructura que resulta bastante compleja porque lo literario me llevó a otro terreno, a otro lenguaje: el cinematográfico. (*Marcha*, 24-05-1974: 4)

Aunque el extenso cuento iba a publicarse en forma de libro, con los demás mencionados por el jurado, según las bases del concurso, el 8 de febrero el cuento apareció en el semanario *Marcha* y el escándalo estalló en las jerarquías policiales. Mejor dicho, el poder político encontró la mejor excusa para clausurar un medio de prensa opositor —uno de los últimos que quedaba— y usó a la policía y al ejército (Fuerzas Conjuntas) para ejecutar su voluntad. Desde junio del mismo año, el país vivía el golpe de Estado del presidente Juan María Bordaberry apoyado por el ejército. (Posteriormente el presidente fue depuesto y los militares asumieron el poder de manera directa). El semanario *Marcha* fue clausurado, se detuvo al autor del cuento, Nelson Marra, a Juan Carlos Onetti, Mercedes Rein, al famoso economista Carlos Quijano, director de *Marcha*, y a Hugo Alfaro, redactor responsable del semanario, mientras que, por motivos totalmente ajenos al episodio, el tercer jurado (Ruffinelli) radicaba entonces en México. La Justicia Militar libró una "orden de captura" contra él y lo consideró "prófugo" durante más de diez años.

¿El motivo aparente de todo esto? El Poder creyó reconocer en "El guardaespaldas" el retrato de un comisario muerto algunos años antes por un comando guerrillero del Movimiento de Liberación Nacional Tupamaros. Héctor Morán Charquero, en efecto, murió acribillado como el personaje de Marra, sin que esta circunstancia, ni otras, supusieran una identificación con el hombre real, o un propósito de ofensa a su memoria. (Como tantos otros jefes policiales, Morán Charquero fue un personaje siniestro en la vida real). La policía consideró el cuento "soez y pornográfico", señalaron los cables y el Círculo Policial declaró: "El mal llamado 'cuento' es producto de una mente enfermiza y vengativa. Iguales consideraciones caben a los integrantes del jurado que juzgaron tal escrito y a los responsables de la publicación que le dieron cabida en su seno" (*El diario* 15-02-1974). La Justicia Militar procesó al joven Marra por "asistencia a la asociación", un delito tipificado comunmente para sentenciar a los Tupamaros. Liberados por el juez, los demás acusados sin embargo no fueron puestos en libertad. El Ejecutivo los distribuyó en una comisaría (a Mercedes Rein), en el ex-Cilindro Municipal (a Quijano y Alfaro) y en el hospital para enfermos mentales Hospital Echepare (a Onetti).

Obviamente, la *intelligentsia* mundial reclamó ante la dictadura uruguaya aquella prisión injustificada. Sin embargo, durante el mismo período el escritor ruso Alexander Solzhenitsin fue detenido brevemente en la Unión Soviética y luego marchó al exilio. Su "caso" fue explotado mundialmente por grupos de intereses anti-comunistas y, como era esperable en esas circunstancias, desplazó al que comenzó a llamarse el "Caso Onetti", como si el mundo no pudiera manejar simultáneamente dos situaciones como las referidas. Situaciones que a su vez tenían diferencias abismales, porque mientras Solzhenitsin sufría la humillación de ser detenido, Nelson Marra era torturado.

¿Contribuyó acaso Onetti, involuntariamente, a este episodio, aparte de padecerlo? El acta del fallo, publicada en *Marcha*, incluía una frase que le pertenecía sólo a él: "El jurado Juan C. Onetti hace constar que el cuento ganador, aun cuando es inequívocamente el mejor, contiene pasajes de violencia sexual desagradables e inútiles desde el punto de vista literario". Aunque una aclaración tal es insólita en un fallo, los lectores no tenían que ir muy lejos para encontrar una explicación: la propia obra narrativa de Onetti se exime de emplear términos "fuertes" o crudos o referencias explícitas a la sexualidad, menos aún describe o alude a actos sexuales pese a que gran parte de ella ocurre en prostíbulos y su personaje central, Juntacadáveres o Larsen, es un proxeneta. Esto plantea un problema interesante desde "el punto de vista literario" porque demuestra, por un lado, la facultad huidiza y resbaladiza del lenguaje narrativo, y por otra parte la conocida pudibundez literaria uruguaya.

La clausura de *Marcha*, la tortura y cuatro años de prisión para Marra, las condiciones inhumanas con que se trató a los detenidos (entre otras condiciones, con el "encapuchamiento"), no tenía nada que ver con la crítica literaria, así como José María Bordaberry, dictador real, no podía ser confundido con José María Brausen, personaje ficticio. Nadie tuvo nunca la menor duda de que los criterios moralistas de pronto despertados en el gobierno, o la ofensa experimentada en los círculos policiales porque "reconocieran" en un personaje "homosexual" a un Jefe policial, servían como fachada para la voluntad absolutista. Clausurar *Marcha* por motivos políticos resultaba inconveniente, encontrar una razón "moral" era ideal. Así es como una dictadura y sus brazos represivos de pronto se transformaron en cruzados de la Moral uruguaya.

El episodio merecía ser cómico si no hubiese sido trágico por las consecuencias individuales en los detenidos, o sociales respecto al silenciamiento de un órgano de prensa. Porque, vestidos de Cruzados, el presidente-dictador y sus funcionarios pretendieron incluso llevar la campaña a terrenos internacionales. Incómodos por el alud de cables de protesta que recibía el gobierno, así como por las denuncias a la represión por los medios periodístico internacionales, la gota que colmó el vaso debió ser el artículo "Leading Writer Held in Uruguay". Dos semanas más tarde, el *New York Times* volvía a martillar con un artículo firmado por Jonathan Kandell: "Uruguay, in Decline, Awaits Full Military Take-Over". En este artículo se señalaba precisamente:

> The country's best writers are in jail — including Juan Carlos Onetti, widely considered among the continent's leading novelists. He incurred the wrath of the armed forces by sitting on a literary jury that awarded first prize to a short story subsequently declared pornographic and subversive by the authorities. [He was recently transferred from jail to a psychiatric clinic].

Las "estrategias" de la prensa uruguaya para tratar el tema de la clausura de *Marcha* y la detención de los escritores y periodistas mencionados fueron viles. No solo esa prensa faltó a su obligación de reclamarle al gobierno la liberación de los detenidos, o de difundir las protestas del periodismo mundial (lo cual podría explicarse por enmarcarse en un "régimen de fuerza") sino que pareció encontrar solaz en la situación, y en sus secciones amarillistas o policiales conjuntaron hechos diferentes con la clara voluntad de identificarlos. Así, *El País*, en la página seis de su edición del 12 de febrero de 1974, encabezó la sección con estos dos titulares: "Fue detenido un maniaco sexual en la zona del Prado/Publicación Pornográfica: Cinco detenidos. Un Profesor de Secundaria es el Autor de un Cuento Anegado en Procacidades". Las dos "noticias" no tenían relación alguna entre sí. A su vez, *El Diario*, en su edición del 6 de marzo de 1974, dio tres noticias (una era sobre el traslado de los detenidos de *Marcha* ante el juez civil) bajo el título general: "Otro punguista [ladrón] cayó con las manos en la billetera".

Sin embargo, la situación comenzó a inquietar a la dictadura cuando los ojos del "imperio" comenzaron a atender este caso, y los artículos referidos aparecieron en el *New York Times*. La reacción uruguaya fue insólita y sin precedentes. A través de la Cancillería, el Ejecutivo "emplazó" al periódico norteamericano a publicar el cuento condenado. La noticia, registrada (s/f) por el diario argentino *La Opinión* subraya los visos de ridiculez de la actitud gubernamental:

Insólito emplazamiento uruguayo al *New York Times*/Bordaberry rechaza las críticas que provocó en EEUU la clausura del semanario *Marcha*.

El gobierno del presidente Juan María Bordaberry emplazó ayer al diario norteamericano *New York Times* a publicar el cuento que provocó la reciente clausura del semanario *Marcha* y la prisión de varios intelectuales, medidas que fueron duramente criticadas por el periódico estadounidense. La cancillería uruguaya ordenó al embajador en Estados Unidos, doctor Héctor Luisi, que requiriera públicamente al diario la edición completa del relato "a fin de que el público norteamericano juzgue las razones que abonaron las medidas adoptadas en Uruguay".

En reciente edición, el *New York Times* calificó de arbitraria la decisión del presidente Bordaberry de prohibir la difusión del cuento *El guardaespaldas* y encarcelar a su autor Nelson Marra junto con Juan Carlos Onetti, Mercedes Rein, Carlos Quijano y Hugo Alfaro, todos vinculados al semanario *Marcha*. Esta publicación, por otra parte, fue clausurada por el término de diez ediciones.

El guardaespaldas fue premiado en el certamen que todos los años organiza el semanario *Marcha* y su protagonista principal es un policía que muere a manos de los guerrilleros tupamaros. El lenguaje es crudo y el personaje cae bajo las balas tal como en la vida real sucedió hace cuatro años con el oficial Héctor Morán Charquero. Las autoridades uruguayas, además de acusar al relato de ser agraviante para la institución policial, lo tildaron de pornográfico. Nelson Marra fue procesado mientras continúan a disposición de la justicia militar los demás detenidos. A la vez se libró orden de captura contra Jorge Ruffinelli quien junto con Onetti y Rein integró el jurado de *Marcha*. Esta medida no pudo ser concretada por encontrarse Ruffinelli fuera del Uruguay.

La detención de Juan Carlos Onetti causó estupor en todo el mundo ya que es una de las figuras más prestigiadas de la literatura latinoamericana contemporánea. El autor de *La vida breve* y *El astillero* tiene 66 años de edad y su salud es precaria. Igualmente, numerosas voces de protesta se levantaron por la clausura de *Marcha*, semanario que es considerado como un verdadero baluarte de la prensa latinoamericana. En sus páginas colaboraron intelectuales del calibre de Sartre, Marcuse, Vargas Llosa, Cortázar, Bertrand Russell y muchos más.

Según trascendidos, en un aparte de la reunión entre representantes de América Latina y de la Comunidad Europea celebrada recientemente en Punta del Este, al ser interpelado por numerosos corresponsales sobre el futuro de *Marcha* y de su director Carlos Quijano, el canciller uruguayo Juan Carlos Blanco les respondió: *"Lean el cuento y lo sabrán. Me parece difícil que salga de la prisión, pero eso le pasó a Quijano porque a su edad no debería estar haciendo esas cosas"*. Al retirarse de la reunión el canciller Blanco, que tiene 35 años de edad, un corresponsal acotó que *"quien en realidad no tiene edad para hacer las cosas que hace es el joven ministro uruguayo"*.

La clausura de *Marcha* fue levantada luego de las diez semanas de castigo, pero ya estaba condenada. La carátula de su edición 1672 (24 de mayo de 1974) contiene estas cinco palabras: "Tres meses y medio después". En su editorial Quijano dedicó dos nutridas páginas a comentar la clausura del periódico y el encarcelamiento de las víctimas, incluyendo completa la "Vista Fiscal y Resolución Judicial", que exoneraba a *Marcha* y a los periodistas de "ilícito penal alguno". Fue un fiasco para el gobierno pero éste, de todos modos, había ya sentenciado a Nelson Marra con el concurso de la "justicia" militar. Al salir de la cárcel, cuatro cuatro años después, Marra decidió, como tantos otros miles de uruguayos — por su propia seguridad— irse del país al exilio.

Una vez libre y de regreso a su mesa de trabajo, Quijano se convenció a sí mismo de que aún había espacios para luchar dentro del país. Poco tiempo más tarde *Marcha* sería clausurada de manera definitiva,[1] y el propio Quijano y su familia se marcharían al exilio en México. La farsa "moralista" dejaría caer su careta y mostraría su verdadera intención: clausurar una de las últimas voces de independencia crítica que existía en el Uruguay. Todavía a fines de mayo de 1974, la escritura inconfundible de Quijano intentaba darnos una vez más la lección de optimismo por encima de las contrariedades, la lección de lucha por encima de derrotas pasajeras.

...Y éste es el relato de nuestra modesta peripecia y de nuestra exigua penitencia, en este mundo convulsionado y en este desorientado país. Nada significa frente al dolor y la angustia de tantos y tantos que han sufrido y sufren. Apenas un episodio. Estamos de nuevo frente a nuestra mesa de trabajo para hacer lo que debemos hacer. Es sencillo y no hay que alzar la voz. No estamos muertos, ni cansados. O como decía Quevedo, con cuya deslumbrante lectura nos deleitamos en el Cilindro, gracias al incomparable Alfaro: "Antes muerto estaré que arrepentido". Todo oficio tiene sus gajes, molestias y perjuicios. Ejercerlos es exponerse. Es la ley: vivir es arriesgar. Y todavía vivimos. Aunque, según tenemos oído, Santo Tomás decía que el mayor pecado es la imprudencia.
Algo, no obstante, traspasa los límites de la experiencia cumplida. La trasciende.

Y es la jubilosa fraternidad, que tanto nos ensennó, de los camaradas del Cilindro. Los compañeros. Con ellos compartimos el pan, como la palabra enseña. Y la esperanza. La callada e inalterable certeza de tiempos mejores para esta tierra entrañablemente nuestra. La prisión hermana y aunque parezca incongruente, ayuda a liberarse. Todos pensaban más en los otros que en ellos mismos.

Y es también la conmovedora solidaridad de cuantos, muchos —al punto de sorprendernos— nos tendieron su mano o nos hicieron llegar su palabra. Aquí o desde lejos. Ahora, más que nunca, no nos está permitido ni desertar, ni defraudar, ni traicionar.

MARCHA está atada a su destino.

2. Las vidas después de "El guardaespaldas": Nelson Marra y Jorge Ruffinelli se encuentran en Madrid

A fines de los ochenta, Nelson Marra y yo nos reencontramos en Madrid. Era la primera vez que nos veíamos desde 1974. Para el segundo encuentro, unos días después, nos propusimos intercambiar nuestras respectivas versiones de aquella experiencia, que tan importante había sido para silenciar la crítica y la oposición a la dictadura. También consideramos que un diálogo cruzado podía ser interesante y hasta útil para el eventual debate que los uruguayos aún nos debíamos en torno al período siniestro de la dictadura militar. Los análisis y crónicas sobre aquella época, si no desconocen enteramente, al menos no valoran la "ejemplaridad" que pretendió y logró la represión, y que fue, entre otras cosas, el punto de origen del silencio que solo empezó a romperse en los ochenta y no con la literatura sino con la canción popular. Este diálogo permaneció inédito hasta hoy. El debate aludido jamás tuvo lugar.

Jorge Ruffinelli: Uno dialoga con la gente, a lo largo del tiempo, en la vida cotidiana tanto como en los sueños. Mientras viví en México me soñé muchas veces caminando "clandestinamente" por calles de Montevideo, llegaba a un sitio y empezaba a conversar con los amigos que habían quedado allá. Entonces despertaba. Después de aquel episodio que cambió tanto nuestras vidas, no en sueños sino en la vigilia hablé con tres protagonistas y víctimas: Carlos Quijano, Juan Carlos Onetti y Mercedes Rein. Hasta hoy, casi veinte años más tarde, tú y yo no nos habíamos visto, y esta es la primera vez que conversamos sobre esta historia que nos une. Ahora bien, el planteo es éste: tú y yo nos conocíamos desde antes del año 1973, pero no creo que fuéramos *amigos* sino conocidos.

Nelson Marra: Claro. Y yo además era un colaborador de *Marcha*.
JR: En el año 1974 sucedió lo que sabemos, lo que hemos sufrido de diferentes maneras. Yo fui quien sufrió menos ya que estaba fuera del país y evité la represión y la cárcel, aunque no así el exilio. Todos los nombrados fuimos víctimas.
NM: Yo diría todo el grupo de *Marcha*, ¿no?
JR: Nosotros nos conocíamos antes de 1973, pero debido al concurso de cuentos, del cual yo era miembro del Jurado junto con Onetti y Rein, y al cual tú presentaste un cuento, como los demás, bajo seudónimo, volvimos a coincidir. Por ahí encontré una vez la lista de los cuentos, con los seudónimos respectivos, pero ahora no recuerdo el tuyo.
NM: El seudónimo era "Mister Curtis." Y te explico por qué. Yo soy muy aficionado a los caballos de carreras: junto con el fútbol, es uno de los deportes que me gustan más. Había un caballo que me gustaba mucho y se llamaba así. Utilicé como seudónimo el nombre del caballo. Eso para el anecdotario.
JR: Cuando decidimos premiar tu cuento "El guardaespaldas" fue porque lo consideramos el mejor. Como debe y suele suceder en los concursos, ¿no?: el *mejor* cuento obtiene el premio. Y se iba a publicar como estaba previsto y las bases indicaban, en un libro, junto con los otros cuentos que obtuvieron el segundo y tercer premios y las menciones.
NM: Yo creo que era el tercer o cuarto concurso que hacía *Marcha*.
JR: Sí.
NM: O sea ya había una...
JR: ...había una tradición en ese sentido. También teníamos un concurso de ensayo, en esa época.
NM: Sí, es cierto.
JR: Desde junio de 1973 vivíamos en plena dictadura.
NM: El episodio este fue en febrero de 1974.
JR: Claro, pero el concurso falló en los últimos meses de 1973.
NM: Noviembre o diciembre, algo así.
JR: Esto lo recuerdo, porque yo en diciembre partí a México, donde me habían invitado. E hice un poco como esos personajes de Horacio Quiroga, que se fueron a Misiones por unos meses y se quedaron años. Yo me fui a México por un año, y me quedé doce.
Nuestras vidas se cruzaron en las circunstancias que estamos recordando, a fines del 73 y luego en el 74, cuando se da a conocer el resultado del concurso, y por un azar se publica tu cuento no en libro

sino en el periódico *Marcha*. Todo esto tú sabes que a mí me interesa recalcarlo, porque quedaron muchos mitos, por ahí, flotando.

NM: Sí, es cierto, eso también me interesa recalcarlo.

JR: En 1975 yo le aclaré varias cosas a Quijano, cuando nos vimos en un café en Buenos Aires.

NM: Y yo hice una cantidad de indagaciones en torno al tema. A ver, qué te dijo Quijano. Yo hablé algo con él sobre este tema.

JR: La idea de Quijano, en el año 75, cuando lo volví a ver en Buenos Aires, era que yo había dejado ese cuento para que se publicara en el semanario. Él le daba importancia a eso porque parecía un acto de irresponsabilidad de mi parte no haberle avisado sobre las connotaciones políticas del cuento. Yo le recordé a Quijano que no, que los originales de tu cuento los había dejado junto con los otros, para que apareciera en libro, en la editorial "Biblioteca de *Marcha*", y que su yerno Ulises Beisso, quien administraba la editorial (yo también trabajé en la editorial), tenía todos aquellos materiales. De qué manera se llegó a publicar en el semanario y no en libro, lo sabés. Aquella semana fatídica el semanario consiguió más anuncios publicitarios, lo cual les permitía (y hasta exigía) ampliar las páginas, pero no podían hacerlo con dos o tres, el mínimo eran ocho. No tenían material y recordaron que estaba tu cuento. Beisso les dio los originales.

NM: Te entiendo. Y Quijano no lo leyó, me parece.

JR: Nadie lo leyó. En todo caso, la "irresponsabilidad" fue general. Tiempo después Quijano citaría a Santo Tomás: "El mayor pecado es la imprudencia".

NM: Eso fue una de las cosas más increíbles.

JR: Parece que el único que tuvo dudas fuiste tú. Me lo dijo Alfaro.

NM: Sí. Ahora te quiero contar lo que me pasó a mí.

JR: Déjame terminar esto y luego pasamos a tus recuerdos.

NM: Sí, porque se interponen las historias.

JR: Entonces, en el 75 Quijano lo entendió. Era importante saber que no había sido una circunstancia planificada, de decir: "Voy a dejar este cuento para que se publique tal o cual semana". Por otro lado, yo estaba en México y se supone que otra persona estaría encargándose de la sección literaria.

NM: Sí, fue la ampliación de las páginas lo que dio lugar a que hubiera que meter más cosas, dio pie al hecho.

JR: Después se añadió otra historia, otro mito, diríamos, que también me lo contó Quijano. Me dice: "Es que Onetti le dijo a usted que me comunicara a mí, que el cuento era *peligroso*". No sé si usó esa u otra palabra por el estilo. Es decir, una advertencia. Yo le dije: "No es verdad. Lo que señaló Onetti fue su prevención sobre el lenguaje *crudo* del cuento, lo cual quedó asentado en el acta que se publicó." Es cierto que Onetti estaba preocupado en hacerle llegar a Quijano esa prevención sobre el lenguaje, porque Quijano ejercía censura cuando en un poema o en un cuento existía alguna referencia sexual. Era conocido el puritanismo de *Marcha* en cuanto al lenguaje. Puritanismo que Onetti compartía con Quijano. Onetti me dijo algo al respecto, no sobre algún riesgo político, sino a la previsible reacción de Quijano cuando leyera el cuento. Ninguno de nosotros *vio*, diríamos, la supuesta *peligrosidad* política del asunto.

NM: Claro.

JR: Ninguno la vio, y yo no sé si la hubieran visto con anticipación en el caso de haberlo leído. Porque *a posteriori* todos somos genios, todos la tenemos clara. *A posteriori* todos decimos: "Pero cómo fuimos a publicar ese cuento". Yo lo habría publicado en libro, entre otras cosas por la extensión: eran treinta y algo de páginas. Y el libro no habría sufrido las consecuencias de la censura. Para los militares *Marcha* era lo "peligroso", no tu cuento. Se aferraron a tu cuento para clausurar *Marcha*. Qué curioso: nunca adujeron causas políticas, sino "obscenidad". *Marcha* llegaba a una cantidad grande de gente, y era uno de los últimos periódicos...

NM: ...que todavía se podían leer. Y que decía cosas. Ahora yo te cuento. Siguiendo el hilo de tu tema, también me intereso por saber. Pero primero te cuento los hechos como ocurrieron, y luego, las indagaciones sobre lo que había detrás de aquello. Yo recuerdo que a fin del año 73 tú ya no estabas en Uruguay. Fui a *Marcha* a hablar con Alfaro. Simplemente para preguntar cuándo salía el cuento, cuándo lo publicaban en libro o en el periódico. Lo primero que hizo Alfaro fue darme un abrazo, felicitarme porque hacía mucho tiempo que no nos veíamos, "Te felicito por el cuento, tal y cual." Y entonces le pregunté. Me contesta: "Mira, no lo tenemos previsto todavía". Creo que había problemas económicos en *Marcha*. "No tenemos previsto cuándo sacarlo, cuándo publicarlo en *Marcha*, y mucho menos en libro, va a demorar un poquito más, pero quédate tranquilo que va a salir sin ningún problema, tanto en el medio periodístico como en el libro. Y dentro de un mes, una cosa así, te vamos a pagar". No me acuerdo qué cantidad de dinero era el premio. Y entonces me acuerdo que me despedí, y le dije: "Una cosa que te quiero decir, Hugo, y es importante, es que el cuento es fuerte." Yo había escrito el cuento mucho tiempo antes del concurso, y lo había perdido de vista, pero recordaba que era fuerte. Entonces le dije, "Yo lo que te quiero decir, Hugo, es que antes de publicarlo en el periódico, por favor me llames".

Esto, naturalmente, porque uno era el escritor. "El guardaespaldas", que Alfaro tampoco había leído, tiene ciertas connotaciones políticas, y cuando lo escribí podía ser publicado, pero no sabía lo que pasaría en ese momento.

Le digo: "Tengo un poquito de miedo y quisiera verlo". "No, no hay problema, yo te aviso". Y así pasó.

No me acuerdo, sinceramente no me acuerdo de todas las circunstancias, no sé si es un bloqueo, pero en determinado momento me entero de que el cuento iba a salir la siguiente semana. No me acuerdo de cómo me enteré, pero sí que en ese momento estaba dando clases, era profesor en el Liceo Larrañaga. Y cuando lo supe me quedé bastante preocupado. Era febrero, no había casi nadie, tú no estabas, entonces llamé a una persona a quien casi no conocía, Gerardo Fernández, secretario de redacción de *Marcha*. Y le dije: "Me han comentado que esta semana se va a publicar el cuento". Y me dice Gerardo: "Sí, lo vamos a publicar". "Por favor, Gerardo, yo hablé con Alfaro." Y él me explicó entonces lo de la ampliación de páginas, que ocurre esto y lo otro, y: "Tengo la orden de publicarlo." Le digo: "Pero, ¿vos leíste el cuento.?" Me contesta: "No, no, yo no lo leí, pero yo lo tengo que publicar". Le estoy hablando desde un teléfono público del bar La Teja. Le digo: "Mira, yo hablé con Alfaro." Me dice: "Alfaro no está". Le aclaro: "A Alfaro le dije especialmente que no se publicara porque era un cuento..." Gerardo me contesta: "Bueno, vení a hacer las correcciones." Le digo: "No es un problema de hacer las correcciones". Creo que era un martes o un miércoles, y el periódico salía el viernes. Lo último que le digo es que lea el cuento, porque una vez leído lo va a levantar. Yo no fui a corregir ese día. Y así quedó todo.

Y bueno, ese viernes me entero cuando compro *Marcha*, que el cuento había salido. Me pasó un poco lo que tú decías, que ya salido el cuento no tuve conciencia de la gravedad que podía tener, y pasaron las horas de la mañana, y me dije: "Me voy el fin de semana a Solimar". Me fui a Solimar, pasé el día y la noche tranquilo. "A lo sumo, lo que podrá haber aquí es que de repente cierren *Marcha* por una semana, me llamen a mí a declarar, y arreglo todo".

Y en la madrugada apareció la policía.

JR: Esa es la versión que conozco, sí. Luego yo, de todo este tema, con quien más he hablado ha sido con Quijano, primero en Buenos Aires, y después, alguna vez más a lo largo de los años de México, cuando Quijano me propuso que escribiera para "Cuadernos de *Marcha*" en su edición mexicana, y lo visité algunas veces en su departamento en el sur de Ciudad de México. De todos modos, yo no le encontraba mayor explicación a las circunstancias, y lo atribuía a una acumulación de errores, de azares, de casualidades. Y la consecuencia inmediata de la publicación fue terrible.

NM: Sí, fue terrible. Creo que estuvieron todos ellos presos, Mercedes, Quijano y Onetti, entre cinco o seis meses. Y yo en principio creí que iba a suceder lo mismo conmigo, pero me llevaron al juez militar, y ahí vino un procesamiento. Me dieron una figura rarísima, que se llamaba *Asistencia en Asociación Subversiva*, porque consideraban que con la lectura de ese cuento yo estaba estimulando la subversión, es decir, buscaron la manera de darle un sentido punitivo fuerte a la cosa, y no suficiente con eso, me llevaron al juez de lo civil para determinar si había *pornografía*, y ahí tanto el fiscal como el juez, en una época tan dura como aquélla, se portaron muy bien, y valoraron que no había pornografía, y se opusieron a las apreciaciones del fiscal y los jueces militares. De todas maneras lo civil no contaba para nada, y lo que los militares querían era, por un lado, un castigo ejemplarizante contra mí, y por otro lado, un buen pretexto para darle el palo definitivo a *Marcha*, pues desde hacía tiempo buscaban dárselo.

Ya sabemos lo que ha sido en Argentina, en Chile, y en definitiva fui un privilegiado, porque en última instancia no fueron más de cinco, seis días de tortura, y lo que ellos buscaban era comprometer a *Marcha*, y que yo firmara una declaración de que *Marcha* era como una especie de cantón. No se trataba de denunciar a nadie en particular sino a *Marcha* como concepto. Con mi negativa, a partir de ese momento yo me podía mirar al espejo todas las mañanas con tranquilidad, porque había actuado honestamente, y creo que de alguna manera, no digo que le "salvé" la vida a mucha gente, pero ayudé a gente que no tenía ningún compromiso con los Tupamaros, a que no cayeran en aquello. Porque eso era lo que les interesaba, en definitiva; el cuento era un pretexto para llegar a eso.

Y otra de las anécdotas que vale la pena contar es que en los interrogatorios —naturalmente yo estaba encapuchado, o sea, no veía a quién me interrogaba—, siempre había dos o tres personas, sin duda comisarios, por el nivel de lenguaje y por lo que decían. Uno en especial era un individuo de mucha cultura, lo cual me hizo pensar que había gente que veíamos por la calle sin saberlo, y que estaba comprometida con la policía, ¿no?

JR: Y que indudablemente no eran militares.

NM: No, probablemente eran civiles, porque incluso yo recuerdo que hablamos de Ingmar Bergman, y hablamos, me acuerdo, de *La Naranja Mecánica*, una película basada en una novela de Anthony Burgess, que se estaba exhibiendo en aquel momento, y el individuo, estando yo encapuchado, hablaba como podríamos estar conversando ahora tú y yo. Tenía un nivel que seguramente no era propio de un policía ni de un militar, era un civil que estaba apoyando la represión y que —a veces esto indigna—, no daba su cara. Y hasta no me extrañaría que fuera profesor de literatura. Yo lo comenté con mucha gente y surgieron nombres, pero acusar sin pruebas me parece infame.

Y después vinieron los cuatro años de cárcel, y eso sí que me pareció mentira, porque realmente siempre esperaba que fueran seis meses, un año. La justicia militar es deliberadamente lenta, y fue prolongando aquello que se hacía kafkiano. Además las noticias que yo tenía del exterior eran muy pocas. Y no sabía si se estaba haciendo algo por mí. Por la que era mi mujer en aquel momento, me enteré que se movían, tanto en México como en Francia, en Venezuela, en Italia, pero no me llegaba absolutamente nada. Y así pasaron los cuatro años, que fueron mucho más que eso, pero tampoco quiero hablar de ello.

JR: No sé si leíste los libros de Mauricio Rosencof y Eleuterio Fernández Huidobro, *Memorias del calabozo*. Si lo hiciste, ¿podrías comparar con las de ellos las condiciones de tu encarcelamiento?

NM: Las mías se puede decir que fueron condiciones "de lujo", porque yo estaba en [la cárcel de] Punta Carretas, que era el penal "privilegiado", si se puede llamar a cualquier penal *privilegiado*. No era el de "Libertad", con su aislamiento, la distancia, la incomunicación. Si bien es cierto que Punta Carretas era "privilegiado", yo también sufría aislamiento. La comunicación era muy difícil, y como te dije, no se sabía lo que pasaba afuera, ni hasta cuándo podía durar todo aquello, o si el gobierno militar iba a consolidarse, o un día alguien iba a entrar y pegarte un tiro. Porque ahí no iban a estar preguntando por qué causa estaba cada uno. Todos los que estaban ahí estábamos en la misma bolsa.

JR: ¿Tenías comunicación con otros detenidos?

NM: Sí, además las celdas se compartían. Al principio éramos dos, tres, llegamos a ser hasta cinco en una celda, cuando aquello se empezó a abarrotar. Te llevaban preso por una pintada en la pared y te metían dos años.

Al final, cuando yo me decía, "Pero qué injusticia, estar preso por este cuento", sin embargo casi se me hacía normal porque veía de repente que a un chico de dieciocho años, por pintar, qué sé yo, "Viva la no sé" —el sindicato tal o cual—, lo metían a la cárcel por dos años. Era tremendo. Creo que Uruguay fue el país que tuvo menos muertos y más presos. A mucha gente la llevaban a "Libertad", pero yo por suerte siempre me quedé, y fueron cuatro años, de alguna manera terribles, que aproveché en lo que pude para leer, escribir poemas. Lo que se podía hacer en el escritorio era muy poco, porque todo lo censuraban. Fue una etapa muy dura, y lo que a veces me dolió —ya casi ni me duele pero a veces lo recuerdo—, es que el tema no tuvo la resonancia que podía haber tenido. Cuando, ya viviendo en Europa, veía yo reclamar a Goytisolo, a Semprún, a todos estos, por la libertad de Valladares en Cuba, me preguntaba: ¿Qué obra hizo Valladares, y por qué razón está preso? Yo no había estado preso por poner una bomba en una escuela, ni en un edificio, yo estaba preso por escribir un cuento y tenía tres o cuatro libros publicados, realmente era un escritor detenido por motivos políticos relacionados con la literatura, y evidentemente no se hizo el escándalo que pudo haberse hecho si yo hubiera sido un escritor de derecha en cárceles cubanas. Esas fueron cosas que me dolieron. Luego, ya viendo el exilio, y las dificultades que existen, me empecé a dar cuenta de que la gente tampoco se puede pasar pensando en uno.

JR: Sí, pero no se trata sólo de las "dificultades" del exilio. Estoy de acuerdo contigo en cuanto a la diferencia de reacciones. Yo estaba en México en esa época, y visité a Octavio Paz para pedirle su apoyo, y Paz me comentó que él no firmaría por Onetti, o por ti, hasta que Carlos Monsiváis no firmara reclamando por la libertad de Solzhenitsin. Y es que coincidió el "caso Solzhenitsin" con el de ustedes. El de Solzhenitsin era un "caso" grande porque tenía detrás el aparato de propaganda anti-comunista norteamericano, y la mala conciencia de los intelectuales occidentales. Solzhenitsin luego acabó millonario en una granja en Estados Unidos, y suerte por él. Quiero decir que el ruido benefició a Solzhenitsin, en última instancia, y le dio una fama internacional que su propia obra literaria nunca le hubiera conseguido.

NM: Era un escritor bastante mediocre. Un escritor del siglo XIX. Un realista que no corresponde a este siglo, católico además.

JR: Pero coincidió. Y eso obnubiló, por un lado, a mucha gente, debido a todos esos otros intereses extra literarios. O extra "derechos humanos". En el caso de Solzhenitsin se trataba de una expulsión. En el caso de ustedes era la cárcel, la tortura. Era mucho peor. Y siempre recuerdo aquella reacción de Paz, que tenía mucho más que ver con polémicas internas entre intelectuales mexicanos que con escritores detenidos, torturados o expulsados.

Finalmente algo se publicó en *Plural*, la revista de Paz, en defensa de ustedes, pero nunca, como tú bien señalas, hubo el ruido que finalmente pudo haber por Valladares, donde incluso se mintió a sabiendas. Indigna pensar que se decía que, por la tortura sufrida en cárceles cubanas, Valladares estaba paralítico y andaba en silla de ruedas. Cuando lo van a buscar al aeropuerto y sale caminando, se descubre que eran mentiras, propaganda.

NM: Hubo gente, tengo entendido, que, a pesar de sus posiciones ideológicas, firmaron y se movieron por mí, como por ejemplo Mario Vargas Llosa y Emir Rodríguez Monegal. Me comentó Georgina, la hija de Emir, que su padre se había movido. No sé, yo estaba muy incomunicado.

JR: El nombre de Vargas Llosa me recuerda otra historia para el anecdotario. En 1975 participé en un simposio en Cali, y estando allá organizaron de improviso una conferencia mía sobre lo que estaba sucediendo en Uruguay. Yo llevaba un editorial de dos páginas, escrito por Carlos Quijano sobre el "caso" desde el punto de vista jurídico, y reproducía buena parte de la actuación judicial. Entonces mi conferencia fue muy detallada sobre el caso de ustedes, y entre el público, escuchando, estaba Mario Vargas Llosa. Terminada la conferencia él participó, hizo comentarios.

NM: Eso en Colombia.

JR: Eso en Cali, Colombia. Lo que quiero decirte es que había un interés palpitante, luego me hicieron entrevistas en los periódicos locales y todo era sobre esta situación, no para preguntarme de literatura, sino sobre esta situación.

NM: Una de las cosas bonitas que me ocurrieron cuando salí y empecé a recopilar cosas que se habían escrito sobre el tema, se relaciona con Cuba. Yo me exilié en Suecia, y lo primero que recibí fue una invitación de Casa de las Américas, y entonces, cuando llegué a Cuba, no me acuerdo ahora el nombre de la chica rubia, muy simpática, que fue luego embajadora en Brasil.

JR: Trinidad Pérez.

NM: Trinidad me comentó, así, a nivel personal, que en Casa de la Américas habían hecho el compromiso de que cuando saliera en libertad me iban a invitar de inmediato. En su biblioteca pude encontrar muchos materiales. Y también en Europa, y en México. Y vi ediciones clandestinas del cuento, estupendas. Vi una de Venezuela, otra de México, otra en inglés, pues se tradujo en Estados Unidos o en Canadá.

Vi también algo que salió en Italia. Entonces realmente me emocioné, fue como una especie de *revival*, de *flashback*, de volver atrás, y aquella incomunicación, aquel decirme "Nadie se acuerda de mí", advertí que no era cierto, que se había acordado mucha gente.

De "El guardaespaldas" tengo muchísimas ediciones clandestinas. A veces compuestas pobremente desde el punto de vista tipográfico, pero lo bonito era que aquello había sido como una especie de bandera de lucha.

No sé si ahora querés entrar un poco en el presente, en el Uruguay.

JR: Un aspecto más: ¿cómo pasaste de la cárcel a Suecia? ¿Cuál fue la dinámica?

NM: De la cárcel a Suecia pasé como casi todos los que nos fuimos, y ahora sí se puede decir, porque no creo que se vuelva a repetir, por lo menos esta historia. Al salir de la cárcel, no me interesaba irme del Uruguay pero a la vez vi que era absolutamente imposible realizarme como nada. Mi nombre estaba prohibido, y no solo el mío: el de Hugo Alfaro estaba prohibido. Me acuerdo que un día nos encontramos Alfaro y yo, y tomamos café en un bar en la esquina de Julio Herrera y 18 de Julio, y entonces me dijo: "Yo escribo críticas de cine para leerlas yo mismo, para no perder el *training*". Estaba absolutamente prohibido. Fíjate que su caso no era tan grave como el mío. O sea que yo, escribir, en lo absoluto, yo dar clases, en lo absoluto, yo moverme en el medio intelectual —aparte de que el medio intelectual no existía— en lo absoluto. Tampoco había un ambiente, y el que había era chato, mediocrón, todavía no había surgido lo que después se genera —según dicen—, con una nueva cultura, la canción de protesta y toda esta historia de los nuevos. Y me sentía perdido. Y luego otra cosa, y es que vi que al principio, durante el primer mes luego de salir de la cárcel, eran todas fiestas y reuniones, pero luego la vida continúa, cada cual en su mundo. Aparte, la gente tenía miedo. Recuerdo gente que se ha portado maravillosamente, y que no tenía ningún problema en salir a la calle conmigo, pero también recuerdo a algunos, cuyos nombres no voy a referir, que tenían miedo de ser vistos conmigo, y me evitaban, y aunque lo intentaban hacer de una manera elegante, no dejaba de ser una forma de marginarme. Y yo entiendo el miedo, porque creo que todos los seres humanos tenemos miedo en diversas circunstancias, y entonces, lógicamente, lo único que podía hacer era irme.

Por otra parte, yo estaba obligado a "firmar" en la Jefatura y en la presidencia, la típica rutina policial y militar de las dictaduras. Y me puse a analizar mi situación. Me conecté con la embajada sueca a través de un amigo que se portó estupendamente bien, y me arreglaron ellos todos los papeles. Pasaron un fax a su embajada en Río de Janeiro, y a la ACNUR, que era una oficina de las Naciones Unidas, y entonces me dejaron toda la infraestructura lista para salir. Yo sabía que el que tenía que jugárselas era yo, pero todo el mundo salía y no pasaba nada grave, en general, por lo menos que yo supiera. Y así fue que, planificadamente, en cosa de un mes, "firmé" en la Jefatura de Policía una mañana y esa misma noche me tomé un autobús y me fui directamente a Río de Janeiro, por tierra. Me bajé en Rivera, crucé la frontera caminando, y luego tomé un autobús, allí en la frontera con Livramento, fuimos hasta São Paulo, y luego Río, y ya en Río fui a la oficina de ACNUR y a la embajada sueca. Estuve diez días, después volé a Suecia. Esa fue la mano que me estaba echando el gobierno de Suecia, que fue muy solidario con los perjudicados —por llamarlos de alguna manera—, o los afectados, por la dictadura.

Y entonces ahí paso una estancia en Suecia, ya casi de remanso, de reposo, en principio, porque uno sentía afortunadamente la pérdida de la cárcel, pero también, con menos fortuna, la pérdida del país. Se amalgamaban dos sentimientos. En Suecia hice muy buenos amigos, también publiqué con la editorial [uruguaya y exiliada] "Comunidad del Sur", una versión en sueco y una versión en castellano, del cuento "El guardaespaldas" y varios cuentos más, que en eso, también hay que decirlo, la solidaridad se portó muy bien. Esa es la historia, muy resumida.

JR: Suecia, a la vez, representaba un tipo de cultura, llamémosla "nórdica", muy diferente a la nuestra. Demasiado.

NM: Sobre todo a mí me afectaba mucho el clima. Y también, claro, el ambiente cultural, a pesar de que te daban muchas facilidades. Por ejemplo pude dar clases de historia del teatro, para un grupo de argentinos y chilenos, pagado por el gobierno sueco. O sea que cobraba por eso, preparaba guiones para la radio —que ellos traducían al sueco—, hablé de literatura uruguaya, di conferencias. En ese sentido, te diría que, paradójicamente, a pesar del tema de la lengua, en comparación con España, que tiene nuestra misma lengua y muchos otros vínculos, los suecos se portaron infinitamente mejor. Ya te digo: conferencias, charlas, traducciones, guiones para radio, clases de teatro, todo ello en un marco que no era el mío, evidentemente, pero de todos modos podía haber seguido viviendo ahí.

JR: Y ahora, en España, te estás encontrando.

NM: A mí me pasó un poco al revés tuyo, yo creo que tú al principio eras periodista y ahora eres profesor, yo al principio era profesor y ahora soy periodista. En Uruguay no ejercí nunca el periodismo regularmente, sino que era un colaborador de revistas y semanarios, y lo que tengo que agradecerle a España es haberme dado la oportunidad de trabajar en la prensa y haber aprendido. Siento que a nivel periodístico he aprendido y por eso tengo gratitud y me siento cómodo. Por otra parte las dificultades para publicar libros son grandes, no solamente para mí sino para los latinoamericanos, sobre todo después de que se produce el ingreso de España a la Comunidad Europea y cambia su mentalidad, y hay toda una publicidad hacia el eurocentrismo, que es lo que está viviendo España en este momento. Ahí hay una necesidad de crear una generación de autores españoles, y por otra parte hay una especie de, si no desdén, enfriamiento de las relaciones con los escritores latinoamericanos.

Creo que además los escritores latinoamericanos aquí tuvieron su cuarto de hora, porque se lo merecían, y aportaron mucho, pero en España están cansados de ese tema y prefieren crear su propia cultura. Su propia escritura, quiero decir. Y que esa escritura se emparente más con la escritura europea que con la latinoamericana. A veces leo novelas españolas que no me gustan absolutamente nada, pues parecen traducciones del alemán. Las entendería si fueran escritas por un alemán, pero no las entiendo escritas por un español, porque son falsas. Y eso es la literatura de aquí. Además, el Ministerio de Cultura da ayudas económicas a las editoriales siempre y cuando seas español. Me acuerdo de la ultima tentativa que hice de publicar. El editor me dijo: "¿Tú te has nacionalizado español?". "No", le contesto. "Qué pena", dice. Hay una marginación en ese sentido.

JR: Me gustaría volver un poco atrás. En los primeros seis meses estuvieron detenidos todos. ¿Había alguna comunicación entre tú y Carlos Quijano, Juan Carlos Onetti, Mercedes Rein?

NM: No, porque yo inmediatamente pasé a la cárcel, y ellos estuvieron en el Cilindro. Creo que Onetti estuvo recluido en un hospital siquiátrico por un tiempo, y luego fue al Cilindro. De modo que Alfaro, y todos ellos, estuvieron en el Cilindro, incomunicados, y yo ya estaba procesado. Perdí la comunicación después de que salimos del juzgado militar, y desde entonces ya no los vi nunca más. Bueno, a Onetti lo vi luego aquí en Madrid, y a Quijano lo vi en México.

JR: Aquí introduzco un nuevo tema, que es parte de la mitología que se produjo en torno al hecho. Un cierto tiempo después, pero antes de que Carlos Martínez Moreno se fuera a radicar a México, también exiliado, me envió una carta y me explicaba algo así: "Mire, nunca lo vaya a tomar a mal, pero usted estaba afuera, entonces los abogados tratamos de utilizar esa circunstancia, y dado que no podían hacerle nada a usted, le cargaríamos parte de la culpa para aliviársela a los demás." No sé si él fue abogado defensor de uno de ustedes en particular, hablaba en términos de abogado.

NM: Creo que fue el abogado defensor de Quijano o de Onetti. O de ambos. Pero trabajaban juntos con un equipo –es decir el mío. No, creo que el abogado de Onetti era otro. Martínez Moreno era creo que de Alfaro y de Quijano y de *Marcha*, Onetti tenía otro y yo tenía una abogada joven, y ellos trabajaban comunicándose, se coordinaban.

JR: No sé hasta qué punto, pero de acuerdo a lo que me explicaba Martínez Moreno, el recurso era hacer de mí una especie de "autor intelectual" del cuento, de ti un "ghost writer", y añadir que yo había "presionado" a Onetti para que votara en favor de tu cuento. Hasta había "testigos" en ese sentido: la mujer de un escritor que tú conoces sirvió a ese propósito.

NM: ¿Pero era a nivel judicial, con testigos?

JR: Sí. Y lo que ayudaba a crear esa historia era que el jurado del concurso de cuentos nunca se reunió para dictaminar. Onetti estaba de veraneo en Las Toscas, y Mercedes Rein estaba recién operada en Montevideo. Yo los visité a ambos, pero nunca coincidimos los tres. Esa irregularidad es cierta, de modo que existía un espacio "gris" útil para crear esa versión fantasiosa. Según esa versión, yo te había dado el tema a escribir, y que te había "asegurado" que ganarías el premio.

NM: Eso todo creado por Martínez Moreno.

JR: No. Martínez Moreno me decía que era una estrategia de los abogados.

NM: Pero todo eso te lo dijo él.

JR: Sí.

NM: Que la estrategia de los abogados se montaba a esas tres ficciones.

JR: Claro, para beneficiarte a ti, a Onetti, a Quijano, a Mercedes, a Alfaro. Lo cual estaba bien, hubiera contado con mi bendición de habérseme consultado antes. Me habría satisfecho funcionar como un colchón amortiguante en esa situación tan dramática, y hasta engañar a los militares. Yo estaba en México, en un clima de incertidumbre, y el día en que fui a renovar mi pasaporte, me dijeron que el consulado debía esperar indicaciones de la Cancillería. Esas indicaciones llegaron unas semanas después, sin explicaciones de ninguna clase: "A Fulano y Mengano, renovarle el pasaporte; a Ruffinelli, no". Punto. ¿A quién ibas a reclamarle?

NM: Yo, eso, así como me lo contás, con esos datos que te contó Martínez Moreno, la verdad es que no lo sabía. Oí luego cosas que ahora te voy decir.

Primero te quería aclarar un punto. El expediente era uno solo, que se llamaba "Quijano y otros", por lo cual, si bien eran tres abogados distintos, ellos actuaban coordinadamente. El expediente se desprende cuando ellos quedan liberados, seis meses después, y yo soy procesado. O al revés: yo soy procesado y ellos liberados. Yo tuve la *suerte* —no, la *obligación*— de leer toda la defensa de mi abogada, que luego tuvo que ampliar ante la justicia militar, y en ningún momento, por lo menos en mi caso, muestra ninguna vinculación contigo de nada de esa índole. Ahora, luego sí, saliendo al extranjero oí, en distintos sitios, que la gente —y gente que no tiene nada que ver con la literatura, ni con la cultura, pero conocía el episodio— comentaba: "Pero al final el caso tuyo fue una presión de Ruffinelli a Onetti". Bueno, yo eso no lo puedo saber, ni creo que Onetti se dejara presionar. Y también me comentaron algo como que... "Ah, pero tú tienes un *acuerdo*." Ahí directamente los mandaba al diablo, porque me parecía hasta una tomadura de pelo.

Quiero decir que posiblemente sea cierto que lo hayan manejado como táctica, y luego salió de los juzgados. ¿Te das cuenta de lo que te quiero decir? Y eso se fue corriendo, y entre ese mar de confusiones, todos los gatos son pardos.

Por otra parte, había exabruptos —lo que tú dices de la falta de inteligencia policial o militar. Hay dos anécdotas, que son dos pequeñas joyas. Una, del principio, que tal vez conoces, y otra del final. La del principio aparece en el prólogo del libro que se publicó en Suecia, y es cuando yo voy al juzgado, ya pasada la tortura, y el juez —un pobre desgraciado, un viejo que no tenía idea de nada—, después de hacer las preguntas típicas y de decirme, "¿Usted tiene hijos?", y yo contestarle: "No. Tengo sobrinos", añade: "¿Y usted dejaría leer a sus sobrinos ese cuento?"

A esos niveles era la justicia. Y entonces se quiere poner en Sherlock Holmes, y pregunta: "¿A usted quién le inspiró el cuento?" Yo le digo que de alguna manera Mario Vargas Llosa me inspiró con su *Conversación en la catedral*. En ese momento el Juez se pone de pie y le dice a su escribiente: "Requiérame inmediatamente a ese Vargas Llosa." Me imagino que conocías ese episodio.

La otra historia es de cuando salgo de Punta Carretas y nos llevan a Jefatura dos o tres días, de "congelador" y de reconocimiento. Un día nos llevan a veinte ó veinticinco de los que habíamos salido, y nos meten en una sala de espejos —de esos en que te pueden ver ellos desde el otro lado, pero tú no los ves a ellos. Lo hacían para instruir a los policías sobre quienes éramos. Entonces íbamos pasando, "Fulanito, miembro de tal o cual cosa". Y yo me preguntaba: "¿Qué dirá de mí?" Cuando paso, dicen: "Nelson Marra, miembro de la Juventud Comunista".

Fíjate: yo nunca había estado afiliado ni a la Juventud Comunista ni al Partido Comunista, pero ellos me atribuían que yo había caído preso por ser miembro de la Juventud Comunista. Hasta qué punto un mar de confusiones puede seguirse armando.

Ojalá dijeran eso ahora de nosotros. Sobre todo, por lo de la "juventud". Yo quedé alucinado. Y luego había también las aspirantes a sicoanalistas, que en noches de reposo y con mucha ternura, me decían: "Ese fue un acto autodestructivo tuyo. Tú lo que querías era pagar una culpa". Así que eso podemos meterlo también en el anecdotario. A lo mejor fue un acto autodestructivo mío. En fin, yo creo que habré oído muchas más interpretaciones, pero todas bastante descabelladas.

JR: Creo que coincidimos en interpretar que el episodio entero, la clausura de *Marcha*, el encarcelamiento de ustedes, fue o sirvió —tal vez ellos no lo tenían en la cabeza, pero luego les sirvió— como amedrentamiento dirigido a los intelectuales y políticos uruguayos. Fue un *detente*. Un tapabocas poderoso.

NM: A todo lo que iba quedando.

JR: Claro. Un acto ejemplar, ellos buscaban un acto ejemplar. Y qué mejor que ejemplarizar con el más respetado de los periodistas, Carlos Quijano; con el escritor más prestigioso, Onetti; con un novelista, poeta y ensayista joven, tú; con una mujer escritora y traductora muy respetada, Mercedes Rein.

NM: Lo de Brecht: Ahora le toca a los intelectuales.

JR: Hasta ese momento todavía existía un margen para la crítica. De ahí que *Marcha* haya sufrido tantas clausuras parciales. Pero después de este episodio ya no se pudo hablar más. Fue el silencio absoluto.

Lo singular después, cuando comienza a restaurarse la democracia, viene el plebiscito y un nuevo gobierno civil, con amnistía, y el regreso de los exiliados, tampoco habrá ya el espacio para el debate. Este episodio queda enterrado en los anales del olvido uruguayo.

NM: Coincido totalmente contigo. Y en estos últimos tiempos he pensado mucho en por qué ese silenciamiento sobre un hecho que fue importante. Y no fue "importante" por "mi" prisión —porque presos ha habido muchos y en peores condiciones— sino por todo lo que se connotaba: el semanario *Marcha*, Quijano, Onetti. Fue muy grande como para ser olvidado. Y yo me pregunto por qué. Una de mis lecturas es que ese silencio está vinculado con el puritanismo uruguayo. Del cuento yo escuché críticas de gente de izquierda, del Partido Comunista, en la cárcel, en Suecia, en México, en España, en Uruguay. Me decían "No es lo mejor que has escrito", o que era un cuento "pro-Tupa" —y recordás que había diferencias profundas entre Comunistas y Tupamaros. Era casi lo mismo que me podía decir un militar —claro que no con la misma carga, ni con la intención de torturarme—, pero la misma pacatería de ese señor que me preguntaba si me sonrojaría si mi sobrina leyera el cuento. Con esa misma mentalidad provinciana o parroquial. Y, en general, más allá de las pugnas políticas, existía la pacatería y la doble moral uruguaya, conocida desde siempre.

Otra causa ya no me toca a mí solamente, y es que se creó una especie de muro entre los escritores que quedaron dentro y los que quedamos fuera. Una suerte de resentimiento. Claro que todas las cosas generales tienen sus grandes excepciones, extraordinarias excepciones, pero creo que existe un resentimiento contra quienes nos fuimos. Tú, si volvías, era para que te llevaran directamente al penal de Libertad. Yo, si me quedaba, era para destruirme o para que me volvieran a meter adentro. Y como sabés, muchos nos fuimos, incluyendo a Quijano y a Onetti. Se creó un resentimiento, y yo creo que en este momento, por lo que tengo entendido, hasta el propio Mario Benedetti es cuestionado, hasta el propio Eduardo Galeano es cuestionado, y eso que ellos viven allí, o viven mucho tiempo más allí, de lo que vivimos nosotros.

Habría otra interpretación más para ese silencio, que está vinculada con el tema del olvido. Hay una necesidad de olvidar. Eso mismo pasó en España con el franquismo, y posiblemente pase también en América Latina. No conozco a fondo el problema en el Uruguay, pero creo que se trata de olvidar ese tipo de cosas. Es raro, por otra parte, que esto suceda en un país tan pródigo en libros de ensayo, y como dices tú, de politólogos y sociólogos, y tal y cual. No deja de ser extraño.

Apunto esas explicaciones, y podrá haber otras, y quizás ninguna sea la acertada, pero tal vez formen un conjunto. No sé qué opinas tú de este tema.

JR: Todo lo que dijiste es posible, verosímil, y has tocado aspectos interesantes, porque van también más allá de ti y de mí. Van a los exiliados que hemos estado fuera, y que luego regresamos, sea por un tiempo limitado o a residir, y hay una cierta invisibilidad y un absoluto desinterés por las experiencias asumidas afuera. Creo que una de las pocas escritoras que no ha sufrido la invisibilidad es Cristina Peri Rosi.

NM: ¿En qué sentido?

JR: En que está publicando libros y se leen en el país. Viajó varias veces a Montevideo, dio conferencias, tuvo mucho público, etc.

NM: Pasa que ella se fue antes de la guerra, digamos.

JR: Tampoco se ha analizado en Uruguay el silencio cultural interno durante la dictadura. La época en que se pudo hacer algún tipo de "resistencia" y la época en que no hubo ninguna posibilidad de resistencia —los años del terror. En cuanto a la resistencia, existe por ahí la hipótesis de que el "silencio" fue una forma de expresarla. No escribir, no hablar. O buscar lenguajes y estilos nuevos, como en las muy buenas novelas de Mercedes Rein que hablan de la dictadura sin hablar de la dictadura. O en la poesía, como lo ha estudiado Mabel Moraña. Sin embargo nadie quiere tocar este tema en Uruguay. Y parecería que tampoco a los que estábamos afuera les corresponde hacerlo, o al menos tirar las primeras cartas.

NM: De todas maneras —y lo digo un poco como mérito, como algo admirable de los intelectuales que quedaron en Uruguay—, no hubo evidentes "colaboradores", como en Argentina o en Chile. Aunque tampoco pueden dejar de aludirse un par de excepciones, cuyos nombres nos abstendremos de decir.

JR: Claro. Al menos, públicamente, nadie de importancia salió a ponerle el hombro a los militares desde posiciones oficiales, y menos aun estuvo directamente comprometido en el hecho, me parece.

NM: Digamos, en la represión de la cultura.

JR: Muchos escritores, profesionales, intelectuales se marcharon, primero a Argentina y, en plena dictadura, a otros países. Se clausura *Marcha*, y cuando se restaura la democracia se funda *Brecha* como una "continuación". Pero no lo es. Existe la sensación equivocada de que no ha pasado nada entremedio, o bien que hay que olvidar lo que pasó. En literatura hubo un renacimiento testimonial, relacionado con quienes padecieron cárcel (Rosencoff a la cabeza, con varios libros), pero es insólito que ni siquiera hay un buen documental sobre la guerrilla Tupamara, así como los argentinos lo hicieron con Montoneros. No es que falte talento, sino que sobra desidia.

NM: Y ahora habría sido la oportunidad de hablar libremente, de conversar el pasado como lo estamos haciendo nosotros.

JR: Tal vez falte tiempo y perspectiva, y vendrá otra generación que investigue y explique. Siempre tuvimos una tradición de jóvenes historiadores destacados. Hay que seguir regando las macetas. Y mientras tanto, te preguntaría: ¿volverías a vivir en Uruguay?

NM: Sí. Tengo ganas de volver. A pesar de todo lo que dije. O tal vez por todo lo que dije. Sí, porque todo depende del plan de vida que quieras hacer. El plan de mi vida de regreso no sería para vivir *del* Uruguay, sino vivir *en* Uruguay, aclaro esto porque es importante. No volver como competidor, que es una de las cosas que provocan el resentimiento. No bien anuncias la idea de quedarte, en seguida te ven como un competidor. Quiero vivir en Uruguay porque creo que es mi hábitat, mi lugar preferido, el lugar donde me siento cómodo. Por otra parte, dentro de las desdichas que he padecido, tenía también el privilegio de haber viajado mucho, cosa que yo no hubiera hecho tal vez si no me hubiera pasado lo que me pasó. Y conocer otros mundos, otras culturas, otros ambientes. Además, necesito descansar un poco, y Uruguay es un lugar de descanso ideal. Miraría un poquito como el personaje de Julio Cortázar en el cuento del axólotl, todo ese mundo detrás de una especie de vitrina, y no lo digo con petulancia alguna, ni con ningún sentido torremarfilista. Me gustaría volver como un observador y a la vez viviendo como todos, pero evitando que me contaminen ciertas cosas.

JR: Comparto lo que has dicho. Y creo que también incurrimos en contradicciones. Lo que me confirma la idea de que ya no es posible "volver a casa".

NM: ¿Te parece?

JR: En el sentido de que los que volveríamos ya no seríamos los mismos, no solo porque el tiempo ha pasado, o porque uno ha visto más mundo —esa sería la petulancia que mencionabas— sino porque Uruguay ya no es el mismo. Las veces en que he regresado, y ante todo al comienzo, yo trataba de recuperar los olores de Montevideo (tan diferentes a los de México; o a los de Nueva York), es decir que estaba en un proceso de retroceso a la infancia, sostenido por Proust, pero como diría Thomas Wolfe, no volveríamos a casa sino a otro país.

NM: Lo que pasa es que entonces tenemos que llegar a la conclusión de que ya no hay casa. Blas Braidot, estando en México después de viajar a Cuba, me comentaba: "Lo he pasado fenomenal en Cuba, pero ahora vuelvo a México, y me siento realmente como volviendo a casa." Y yo no lo podía decir. Entonces vivía en Suecia y ahora vivo en España. Y siento que si ahora me voy de viaje a París o a China o a Rusia, como en realidad lo he hecho, cuando vuelvo a España no me siento "volviendo a casa". Y tal vez al Uruguay no me sienta "volviendo a casa". O sea que se da un poco lo del "ladrillo" de Mario Benedetti ¿no?, *La casa y el ladrillo*: la casa somos nosotros mismos, porque lo que tú dices es verdad. A lo mejor estoy montando una serie de fantasías del retorno, pero al menos con esas fantasías vivo. Tal vez forman parte de mi presente.

De todos modos, creo que el tema sensorial que mencionabas, de los olores, de las luces, del sonido, del habla, en fin, de ciertas cosas de las que uno no se puede desprender, todas ellas están presentes. Ahora el tema de cómo vivir, de la parte económica, eso es un problema personal, pero partiendo de la base de que eso estuviera superado, sin afectar la renta uruguaya —por ejemplo, ser jubilado en lo laboral y seguir creando en lo intelectual—, puede ser hasta una vida bonita. Yo me la quiero imaginar así, todos los días pienso que tiene que ser mi vida bonita. Porque, si no, llevaría un contencioso con la vida presente demasiado extremo.

Te cuento una anécdota que es muy ilustrativa de lo que te decía con respecto al tema del miedo al pasado, o mejor dicho te voy a contar dos anécdotas. Una tiene quie ver con Onetti y otra con Mercedes Rein.

Fíjate, los dos fueron jurados en aquel concurso. Yo llegué a España en el año 1981, y mi mujer era bastante amiga de Onetti. Un día fui a visitarlo y estuve hablando con él, fui dos o tres veces, y cuando viajé a México él me encargó un libro de Carlos Martínez Moreno. Yo lo veía bien conmigo, muy cariñoso, muy cálido, y sin embargo había una extraña distancia que, viniendo de Onetti, no me sorprendía, porque era "normal" en él. Pero un día me ocurrió esta anécdota. Resulta que yo estaba en una revista, en la cual —de esto hace muchos años—, "condicionaban" mi asentamiento en ella a que consiguiera una entrevista con Onetti. Me dije que era una idea estupenda. Lo llamé y me atendió él —quien normalmente nunca atendía el teléfono—, le expliqué el tema, y entonces me contestó con monosílabos, y al principio no me contestaba, y luego creí que incluso se había cortado la comunicación, y después empezó otra vez con monosílabos, y que "no sabía". Le digo: "Juan Carlos, fíjate que esto es una cosa muy importante para mí". "Sí, te entiendo, entiendo lo duro que es el trabajo, aquí, que esto y lo otro". Y antes de responder con un sí, me dice: "Llamame mañana".

Lo llamo al otro día y hablo con Dolly, su mujer, y le explico. Me dice: "Mira, Juan Carlos está en la cama, dice que lo disculpes, que no sé qué, que en fin, va a hacer lo posible, quedate tranquilo, hoy es jueves, llámalo el lunes". Le digo, "Mira que me están poniendo un poco de prisa, aquí". Dolly me contesta: "Dice que lo llames el sábado". Entonces lo llamo el sábado y vuelve a atender Onetti. Ya más seguro de sí mismo, me dice: "Mira, no te voy a dar la entrevista". "Pero Juan Carlos, estás loco. Tampoco te voy a molestar tanto, nos conocemos". "No", me dice Onetti, "a mí me preocupa por lo de tu trabajo, siento que te estoy haciendo daño, pero es que..." —y así acabó la conversación— "...yo te veo y se me aparece la esquina de San José y Yí" [la Central de Policía]. Yo me quedé sin palabras. Le digo, "Bueno, si es así no te voy a insistir".

Después de ese episodio no lo vi nunca más. Me quedé con rabia con él, porque en aquel momento se trataba de un trabajo, es decir que había una cosa humana y a la vez económica importante, y su actitud me pareció respetable pero, a la vez, que no engranaba con la situación.

Lo de Mercedes fue mucho menos importante, pero en la misma dirección y más breve. Estando en Uruguay en el 87, fui con unos amigos al Teatro Circular a ver una obra, y estábamos ahí en la sala saludando a conocidos, y de repente la distingo a ella. Mercedes estaba de espaldas, me acerqué y le toqué el hombro, se dio vuelta y entonces hizo un gesto de horror, así se le agrandaron los ojos, como si hubiera visto a Drácula. "Mercedes, no es para tanto", le digo. "No, pero es que no te imaginaba aquí". Entonces me abrazó muy fuerte y me volvió a mirar con menos horror, pero siempre con horror, y le digo: "¿Cómo estás?" "Bien". Se quedó como ahogada, así que le turbé seguramente la función, y muchos días más. Eso creo que es sintomático, y que te puede servir como instrumento para un "sicoanálisis sociológico" de lo que pasó.

Con Mercedes no hubo problema, fue solo la sorpresa. Sobre todo lo de Onetti me dolió mucho, porque él me veía a mí como la representación de una esquina, con esas imágenes tan literarias, tan de sus novelas, yo era la esquina de San José y Yí. También yo podría decir que él era la esquina de San José y Yí para mí. ¿Te das cuenta? Todos éramos San José y Yí. Eso me hizo sentir en aquel momento como culpable. ¿Te das cuenta de lo que te quiero decir? Yo culpable de Onetti, yo culpable de Ruffinelli, yo culpable de Quijano y yo culpable de Alfaro. Y de todos los trabajadores de la imprenta de *Marcha*. Porque esa fue una forma de hacerme sentir culpable. O sea que él no hubiera estado en San José y Yí si no hubiera existido yo, bueno, yo tampoco hubiera estado en San José y Yí si él no hubiera votado por el cuento. Te lo digo con el respeto profundo que siempre sentí por él y por su obra.

También lo atribuyo a su estructura mental, todo en él es diferente a los otros casos que te citaba. Por ejemplo, la recepción de Quijano fue totalmente distinta. Fue la recepción de un hombre maduro, un político, un periodista, un viejo noble y profundo, y fue cálida y cariñosa, y ahí no había trauma alguno. Incluso me dijo: "Algún día nos reuniremos todos, y entre todos aclararemos la verdad". Yo creo que en homenaje a Quijano tendríamos que llevar adelante un poco todo esto. Aunque la verdad se la van a quedar otros. Nosotros vamos a dar las pistas.

JR: Probablemente la verdad está tan a flor de piel que no la vemos. No hay ni por qué buscarla, sino entenderla, simplemente.

Nota

[1] El último número de *Marcha* apareció el 22 de noviembre de 1974. A lo largo de 20 años se publicaron 1676 ediciones. (Peirano Basso 47-8).

Bibliografía

El País. (Montevideo, 12-02-1974).
El Diario (Montevideo, 15-02-1974).
"Insólito emplazamiento uruguayo al *New York Times*". *La Opinión*. (Buenos Aires, 8-03-1974).
Kandel, Jonathan. "Uruguay, in Decline, Awaits Full Military Take-Over". *The New York Times* (New York, 13-03-1974).
"Leading Writer Held in Uruguay". *The New York Times* (New York, 26-02-1974): 7.
Marra, Nelson. *Los patios negros*. Montevideo: Aquí Poesía, 1964.
_____ *Vietnam se divierte; cuentos*. Montevideo: Alfa, 1970.
_____ *Naturaleza muerta; poesía*. Montevideo: Alfa, 1967.
_____ *El guardaespaldas*. Esplugas de Llobregat, Barcelona: Plaza & Janés, 1985.
Onetti, Juan Carlos. *La muerte y la niña*. Buenos Aires: Corregidor, 1973.
_____ *El pozo*. Montevideo: Arca, 1965.
_____ *Para esta noche*. Montevideo: Arca, 1967.
Peirano Basso, Luisa. *Marcha de Montevideo*. Buenos Aires: Javier Vergara Editor, 2001.
Quijano, Carlos. "Tres meses después". *Marcha* (Montevideo, 24-05-1974): 4.

4. Otras cartografías

La larga *Marcha* hacia los estudios culturales latinoamericanos

Abril Trigo
The Ohio State University

A la memoria de Carlos Vargas

Poco se ha reflexionado hasta ahora, o poco se ha querido reflexionar, sobre los orígenes -discutiblemente- "autóctonos" y los derroteros seguidos en forma paralela e independiente por los estudios culturales latinoamericanos en relación con sus homónimos británico y estadounidense. Seducidos por las modas teóricas o el *glamour* del *jet set* académico algunos, obnubilados por las fobias y la impotencia otros, hemos aceptado de manera tácita el nunca explícitamente formulado y menos aun debatido lugar común de que los estudios culturales latinoamericanos son un apéndice, un sucedáneo o una traducción de unos supuestos *cultural studies* universales y en inglés. La aceptación, no siempre deliberada, de este lugar común ha generado debates bizantinos y extravíos diversos, arrastrados por la bizarra confusión del nombre con la cosa.

Todo esto se hubiera evitado, quizás, si se reflexionaba con mayor atención, y no en forma circunstancial, acerca de la labor de críticos y pensadores, movimientos culturales y corrientes de pensamiento, instituciones, editoriales y publicaciones que surgieran en América Latina contemporáneamente -y en muchos casos anticipándose y hasta en forma brillante- a la del equipo de Birmingham. Me refiero, claro está, a intelectuales como Darcy Ribeiro, Aimé Césaire, Roberto Fernández Retamar, David Viñas, Carlos Monsiváis, o Paulo Freire, por mencionar algunos, que desde diversas disciplinas y de la manera más indisciplinada, dieron continuidad y renovaron, en el fervoroso entusiasmo de los años sesenta, una espléndida ensayística cultural. Me refiero también a esa floración de ideas, teorías y prácticas culturales que irrumpen en aquellos años desde diversos campos, pero siempre marcadas por las pujantes ciencias políticas y sociales, buscando dar respuesta a los graves problemas que aquejaban a las sociedad latinoamericana. La crítica de la dependencia, la crítica al colonialismo interno, la teología y la filosofía de la liberación, la pedagogía del oprimido, las prácticas teatrales de creación colectiva y teatro en la calle, los experimentos del nuevo cine y la nueva canción, sin mencionar la tan mentada y controvertida literatura del *boom*, revolucionaron literalmente la producción, el consumo y el concepto de cultura en toda América Latina. A ello debemos sumar la labor de centros de investigación y promoción cultural como Casa de las Américas, el Institute for the Studies of Ideologies and Literatures en la Universidad de Minnesota, el Centro Rómulo Gallegos, o FLACSO; editoriales como EUDEBA, la Oveja Negra o el Fondo de Cultura Económica, y publicaciones periódicas como las colecciones en fascículo del Centro Editor de América Latina (CEDAL), la *Revista Casa de las Américas* y el semanario *Marcha*.

Una amiga argentina me comentaba, hace ya muchos años: "ustedes los uruguayos no tienen una gran narrativa, con excepción de los grandes, pero lo que sí tienen es una gran cantidad de críticos buenos". No importa lo que haya de cierto en dicho comentario, que coincide no obstante con los atributos más destacados de la real o mitológica "generación crítica" de que hablaran Ángel Rama, Mario Benedetti y Emir Rodríguez Monegal, entre otros, sino que apunta una modalidad cultural, una forma de ser y de hacer cultura que fuera captada con sutileza por críticos de cine, precisamente, como Homero Alsina Thevenet y Arturo Despouey, como una cultura de consumidores, exigentes y cosmopolitas, que se materializaba como en ninguna otra parte en las páginas de *Marcha*. Pues en efecto, leer *Marcha* significaba no tanto participar de una comunidad de lectores identificada con una posición política concreta, como con una actitud crítica en lo político, inquisitiva en lo económico, receptiva en lo cultural; una actitud de disensión permanentemente desdeñada por sectores más activamente involucrados en las luchas partidarias y sindicales, que desaprobaban en los "marchistas" su supuesta ambigüedad ideológica y su actitud distante y hasta algo petulante de intelectuales pequeño-burgueses. Críticas todas que guardan un aire de familia con las que han sido formuladas –en distintas circunstancias y refiriéndose a cuestiones teórico-metodológicas pertinentes a un acotado campo discursivo, científico y académico– a los estudios culturales mismos, entre las cuales vale recordar las referidas a su culturalismo, su despolitización, su academicismo, sus rémoras cientificistas y neo-positivistas o su indefinición ideológica, todo lo cual le llevaría a servir, deliberada o inadvertidamente, a la globalización económica y cultural promovida por las corporaciones transnacionales, las fundaciones vinculadas a ellas y los circuitos universitarios hegemonizados por el primer mundo. Pero no es mi propósito en estas páginas rebatir ni discutir estas objeciones, sino formular la hipótesis de que la génesis y la constitución de los estudios culturales latinoamericanos –cuyo nombre es puramente circunstancial– debe buscarse no en fuentes e influencias externas –cuya presencia a lo largo de la historia es por cierto ineludible–, sino en la praxis cultural y la acumulación de capital crítico-teórico realizada por generaciones de latinoamericanos. Concretamente, y en lo que a este ensayo se refiere, quisiera argumentar que es posible encontrar en las páginas de *Marcha*, desde aquel lejano primer número de 1939, la constitución, zigzagueante pero segura, de al menos una línea de los que vendrían a ser luego conocidos como los estudios culturales latinoamericanos. No faltará quien piense, y con razón, que hay algo de justificación personal en esta hipótesis, de demostración *a posteriori* de la emergencia de un campo de investigación que se constituye como tal bajo las coordenadas de la globalización y zarandeado por las marejadas del posmodernismo y su secuela, el poscolonialismo. Puede ser. Pero no debemos olvidar que la globalización no comienza en los noventa; que la globalización actual, liderada por el capital financiero transnacional y patrocinada tecnológicamente por la revolución informática, arranca, bajo otras vestiduras, en la inmediata posguerra, y que esa globalización ("palabra bárbara para referir a fenómenos bárbaros", según dijera Quijano [CM 2 1985 24]) se hace sentir simultáneamente, aunque por distintos caminos y con efectos distintos, tanto en Birmingham como en Montevideo. No lo olvidemos: de Montevideo salen, en 1963, Los Shakers, la mímica más exacta del *rock* producido en Liverpool por los discípulos más aventajados de bluseros y roqueros afronorteamericanos.

En las páginas que siguen intentaré exponer algunas líneas medulares de la práctica intelectual de *Marcha*, que guardan una notable coincidencia con algunas características consideradas clave de los estudios culturales, y que adquieren particular relevancia a partir de un punto de inflexión localizable alrededor de los años 1958-1960.

INDEPENDENCIA CRÍTICA

A lo largo de décadas, y dirigida por la brújula más ética que ideológica y más estratégica que táctica de Carlos Quijano, *Marcha* predicó y practicó una intransigente y muchas veces arrogante independencia crítica que fue postura vital, un modo desafiante de vivir la turbulenta modernidad latinoamericana desde un rincón de la periferia. Esa independencia crítica, que atraviesa desde la página editorial hasta la contratapa humorística, pasando por internacionales, las notas literarias, la crítica teatral y cinematográfica, las revisiones historiográficas y las cartas de los lectores, adquiere carácter paradigmático en la razonada y despiadada crítica de la cultura uruguaya –no sólo de la política y de la economía– realizada por Quijano desde sus editoriales, muchos de ellos piezas ensayísticas de primera. Su lapidario "Un Uruguay está muerto", repetido varias veces a lo largo de los años, resuena todavía con su dolor y su esperanza, y valga la cita:

> A lo largo de estos veinticinco años nos ha tocado ser los espectadores impotentes, en lucha contra todos y contra todo, del trágico descaecimiento del país. Un trágico descaecimiento por doquier y del cual no son los únicos responsables los políticos mediocres, tartufescos, superados por los hechos, que Dios y el destino nos han brindado. Del cual también es responsable el país entero. Un país sin memoria, sin convicciones, sin columna vertebral, que dejó matar a Brum y no reaccionó frente a su sacrificio; un país que tolera, acompaña y estimula a quienes hoy le prometen pan y luego, como en la canción infantil, no le dan; un país que le tiene miedo a la verdad y luego admite que aquellos mismos que la ignoraron, la ocultaron, o la negaron, la utilicen y la prostituyan. Un país escéptico, cínico, ventajero y miope. Sin conciencia de su destino y sin capacidad de sacrificio, de fervor y de amor, para cumplir ese su destino. ["Contra cualquier malón", 12/6/64, CM 6 1985 69]

Detrás de la elegía emerge una desgarrada crítica a una sociedad conformada por y conforme con un país y un imaginario que se hundían sin remedio, un toque de alerta, un llamado a la acción, duela lo que duela: "Fijado el rumbo, como lo está, empecemos por mirar a la realidad de frente y por soportar la verdad, que es, como decía Gramsci, siempre revolucionaria" ["Fin y principio", 30/12/71, CM 2 1985 109]. Pues esta labor crítica, plasmación criolla, machaconamente repetida, de una filosofía de la sospecha, que compendia y articula el escepticismo de la razón con el optimismo de la voluntad, junto al sabor amargo de la frustración o de la duda, nos enseña que, "Como siempre, la vida comienza mañana" ["A rienda corta", 22/8/58, CM

La larga *Marcha* hacia los estudios culturales latinoamericanos • 385

6 1985 11], que "La larga marcha continúa o, en verdad, recién se inicia" ["¿Y después?", 27/9/68, *CM* 2 1985 65], o como escribiera tres días después del golpe de estado del 73 y a un paso del exilio, "La batalla no ha terminado: apenas empieza" ["La soledad de las armas", 30/6/ 73, *CM* 2 1985 135].

Desde la emblemática nave y la máxima "Navigare necesse vivere non necesse" que rubrica su logotipo, el semanario practicó una gozosa y terca filosofía del vivir y del pensar a contrapelo de los poderes establecidos y a contramano del sentido común, que aunque nunca haya sido teorizada, anticipa por un lado los rasgos más políticos de la "lectura a contrapelo" deconstructivista y poscolonial y, por otro, el carácter indisciplinado y transdisciplinario, anti-institucional y marginal de los estudios culturales en sus orígenes. Otra vez, valga la cita de Quijano:

> Nuestro eminente colaborador, el Padre Segundo, escribía hace poco en *Marcha* que nuestros lectores "están más de acuerdo en lo que no quieren que en lo que quieren".
> Puede que el sentido que le damos a la frase no se ajuste a la cabal intención de quien la escribió. Muy contentos estaríamos, si la observación fuera exacta. Porque no hemos querido crear ni un partido, ni una secta, ni una escuela. No tenemos discípulos, ni aspiramos a tenerlos. No tenemos partidarios, ni ambicionamos tenerlos. No poseemos ni nos envanecemos de poseer verdades absolutas, simples, tajantes. Odiamos los dogmas y las fórmulas estereotipadas. Acaso el único aporte positivo de *Marcha* a la evolución del país, ha sido ese [...] Plantear los problemas y tratar de buscarles solución sin preconceptos, sin espíritu de sistema o de clan. ["Atados al mástil", 26/6/64, *CM* 5 1985 7]

HETERODOXIA

La trayectoria intelectual de *Marcha* recorre, en buena medida, la evolución ideológica de Quijano, pero también la transformación sociocultural, económica y política del país y del mundo. El militante nacionalista blanco de izquierda de los cuarenta se convierte en el antiimperialista y tercerista de los cincuenta, en el socialista de los sesenta y en el frenteamplista de los setenta. Siempre al sesgo, siempre de frente, la nave de *Marcha* arremetía contra todo y daba espacio a todos en el libre ejercicio de la expresión de las ideas. De ahí el eclecticismo que recorre sus páginas, donde nada contaban los modelos y la adaptación de fórmulas, pues lo que realmente importaba era la posibilidad de imaginar y de crear con audacia a partir de la experiencia. Un rápido inventario de los autores publicados en distintos momentos del semanario confirmaría este eclecticismo del que hablo, que manifiesta, más que ambigüedad ideológica, amplitud política y experimentación teórica, siempre guiadas por la polémica, infinitas polémicas acerca de la economía y la política, la estrategia y la táctica, los fines y los medios, la sociedad y la cultura. Particularmente relevante para mi hipótesis resulta la larga y sinuosa polémica con otros sectores de la izquierda nacional, principalmente con el marxismo ortodoxo de línea pro-soviética, y la proyección del antiimperialismo tercerista, de tan amplias repercusiones en la América Latina de los sesenta. Escribía a poco de terminada la guerra: "El comunismo hace lo que hace, porque pretendiendo ser un partido nacional, no es, en realidad, más que el representante obsecuente y dogmático de una gran potencia extranjera" ["Vuelve 'el peligro comunista'", *Marcha* 11/5/45]. A la durísima denuncia del Partido Comunista, por seguir supeditando la estrategia revolucionaria y antiimperialista a los intereses geopolíticos soviéticos y su política de frente popular responde el eco, casi treinta años más tarde y ya en el marco integrador del Frente Amplio, de la reprobación al aliado que se quiere equivocado:

> Muchas cosas se han hundido en nuestro Uruguay presente; pero de todas una duele más: aquellos que tenían la obligación de responder eludieron el reto, y perdieron el tiempo en recámaras, idas y venidas, diálogos y consignas, para probar que lo negro era blanco o por lo menos, tolerablemente gris, mientras, súbitamente, por una especie de revelación divina, descubrían que poder militar y oligarquía, eran distintas y opuestos, como si aquel fuera un clavel del aire sin raíces en la tierra. ["La lucha es una sola", 6/4/73, *CM* 2 1985 131]

Si no es posible encontrar en *Marcha* una teoría político-cultural latinoamericana *per se*, es indudable que aró el surco que podría conducirnos a dicha producción teórica. En tal sentido, la revolución cubana, que *Marcha* apoyó desde el comienzo –críticamente– claro del mismo modo que celebró tantos otros movimientos revolucionarios y denunció intervenciones imperiales en América Latina, constituye un punto de inflexión. Pero la conversión de Fidel Castro al marxismo-leninismo provocó un deslinde teórico-filosófico por parte de Quijano que, no obstante, nunca afectó el apoyo estratégico brindado a la revolución por el semanario y la mayoría de sus colaboradores. La crítica de Quijano se dirige a "los catecúmenos" que "toman de Marx lo eterno y formal y definitivamente caduco, y olvidan o dejan a un lado lo todavía vivo y sustancial". Aclara que "sin haber leído a Marx no se puede entender al mundo contemporáneo" ni América Latina, pero insiste en que "la gran tarea, la heroica, difícil, oscura tarea, aquí en nuestras tierras, es crear una 'teoría' que se ajuste a nuestra realidad", pues "limitarse a trasplantar y repetir lo que otros dijeron, o imaginaron, es ingenuidad de catecúmenos, puerilidad de pensamiento, colonialismo intelectual, en fin". Obsérvese que no es el marxismo lo criticado, sino su adopción acrítica y formal, descuidando la praxis imprescindible para una producción teórica "latinoamericana" en América Latina:

> Nadie puede pensar por nosotros. Es deber al que no podemos renunciar. Tenemos que cumplirlo nosotros, nosotros mismos. Y cumplirlo en las peores condiciones, en las condiciones menos propicias para la meditación y el estudio. Hundidos en el barro pegajoso de un continente caótico [...] Nuestra 'teoría', nuestras 'teorías', no se incubarán en los laboratorios. Surgirán, si es que han de surgir, en la larga y agotadora marcha, entre el ataque y la defensa, en la guerrilla sin pausa y sin piedad, sin limpieza, de los días, de todas las horas. ["Las declaraciones de Fidel Castro", 8/12/61, CM 3 1985 56-7]

Independencia crítica y heterodoxia no significan, de modo alguno, prescindencia política o ambigüedad ideológica; mantener una posición crítica respecto a las políticas partidarias concretas no implica negación de lo político ni de la importancia de los partidos. Tan es así que *Marcha*, con sus permanentes e históricos desmarques, su crítica a rajatabla y su acogimiento de voces disímiles de la izquierda independiente, jugó un papel precursor en la unidad de la izquierda y la formación del Frente Amplio. Escribía Quijano a Emilio Frugoni ya en la crítica coyuntura de 1958 acerca de la necesidad de "intentar sobre la base de las organizaciones constituidas [...] la creación de un frente nacional, de las llamadas izquierdas" ["Noviembre es un punto de partida",17/10/58, CM 6 1985 18]. Pero por donde pasa verdaderamente el compromiso político de *Marcha*, dando cabida a posiciones políticas muchas veces disímiles, es por el antiimperialismo, el latinoamericanismo y el tercerismo.

Antiimperialismo y latinoamericanismo

Nacida como trinchera antifascista al estallido de la Segunda Guerra Mundial, *Marcha* se va desplazando a posiciones antiimperialistas que llegarán a materializar un tipo muy definido de latinoamericanismo que deja atrás el espiritualismo arielista, para situarse en una concepción geopolítica e historicista que se adelanta al revisionismo histórico y la crítica de la dependencia de los años sesenta. Escribía Carlos Real de Azúa hacia 1959 analizando la ambigüedad de sentimientos en América Latina frente a la victoria aliada, deseada, pero con aprensiones:

> la conciencia dividida que importaba esa actitud es para nosotros la asunción plena, de nuestra condición de "pueblos marginales". Es un tocar tierra con nuestro efectivo destino. Y los pueblos marginales, las naciones marginales, los continentes marginales, por serlo, no pueden, sin traición, abrazar las mismas causas, o, con más precisión, abrazarlas de la misma manera, que los pueblos centrales, los pueblos protagonistas de la historia. ["Política internacional e ideologías en el Uruguay", *Marcha* 3/7/59]

Análisis sutilísimo, que mete el escalpelo en esa misma ambigüedad que, según teóricos poscoloniales, constituye el núcleo de la condición colonial, pero para formular una posición anticolonialista y antiimperialista categórica. El texto resuena, hoy, con dolorosa actualidad.

Pero el latinoamericanismo va a formularse en términos más programáticos en la defensa de políticas de integración regional, en las cuales la memoria de la Patria Grande opera como mítico referente de la utopía, pues lo verdaderamente importante es que ningún país latinoamericano, y menos aún los pequeños, como Uruguay, tienen viabilidad como naciones independientes en un mundo crecientemente globalizado: "El país vive en situación de emergencia desde hace muchos años. Así, a partir de los orígenes [...] el Uruguay sólo podrá ser dentro de una integración subregional o regional o latinoamericana y que histórica, geográfica, política y económicamente, sólo queda un camino: el que vio y trazó Artigas" [Quijano, "La emergencia de lejos y de cerca", *Marcha* 21/4/67]. Aquí coinciden la mirada histórica –la historia nacional, la historia continental y la historia de la modernidad capitalista–, con la perspicacia geopolítica –centro y periferia, colonialismo y neocolonialismo–, la crítica de la economía política –desarrollo y dependencia–, y una memoria de larga duración:

América Latina, nuestra América, tiene la nostalgia de su pasada unidad y la intuición de una vaga unidad presente. Latino América es un mito, un mito que puede ser fecundo y útil y que en ocasiones, a través del siglo turbulento y confuso que nuestros países llevan de independencia formal, fue salvador. [Quijano, "América espacio y tiempo", 9/10/59, CM 4 1985 69]

Dicho de otra manera, América Latina no es otra cosa que un mito, un imaginema, un constructo de la imaginación al servicio de un proyecto anticolonialista y antiimperialista que irrumpe con violencia en la década de los sesenta. Una dínamo ideológica, una utopía, nada más. Lo cual explica que todos aquellos que han criticado el "latinoamericanismo" desde algunas tiendas de los estudios culturales latinoamericanos, han sabido eludir cuidadosamente toda referencia a este latinoamericanismo que poco tiene de fundamentalismos ni de esencias, y sí mucho de praxis histórico-cultural.

Del tercerismo al socialismo

Una vez concluida la Segunda Guerra Mundial con el triunfo aliado y la configuración de un nuevo *status quo* que conduce a la Guerra Fría, la original posición antifascista del semanario cede lugar al tercerismo, no-alineamiento estratégico de los movimientos anticolonialistas y los países ahora denominados "subdesarrollados" o del "tercer mundo", que buscan preservar su autonomía y evitar ser subsumidos en el juego bipolar de las dos superpotencias. Ese es el marco, primordialmente estratégico y pragmático, en que se maneja Quijano, por ejemplo cuando responde al mismísimo Carlos Vaz Ferreira, quien criticara a la tercera posición por expresar desencanto y descreimiento, constituyendo así un paralizante término medio, sumamente riesgoso en el concierto mundial de la época.

> La tercera posición –escribe Quijano– es eminentemente democrática, más aún, entiende representar en nuestra América la verdadera posición que habla y actúa en nombre de la democracia [...] Concebimos la tercera posición como una actitud específicamente de política internacional, dirigida desde un punto de vista mundial a impedir una tercera conflagración y desde un punto de vista nacional a preservar los destinos autónomos de la nacionalidad.
> ["Oyendo a Vaz Ferreira", *Marcha* 25/5/51]

Tanto la argumentación de Quijano como la de Vaz Ferreira parten de premisas y sostienen valores rigurosamente modernos; sin embargo, es imposible no reparar en la notable semejanza que guardan las críticas de Vaz Ferreira con muchas de las formuladas, décadas más tarde, al "desencanto" posmoderno. Sin saberlo, porque no podían saberlo, Vaz Ferreira y Quijano estaban ya debatiendo, aunque dentro de un marco epistemológico rigurosamente moderno, como no podía ser de otra manera, los perceptibles signos de la globalización, que aún distaba mucho de ser así llamada.

Arturo Ardao escribiría unos años más tarde:

> El tercerismo no es una ideología, pues se trata de un movimiento internacional predominantemente nacionalista, antiimperialista y anticolonialista nacido hacia 1947, que se opone al chantaje nuclear y reacciona a una draconiana lógica del tercero excluido, ofreciendo una temprana resistencia global al proceso de globalización y articulando una visión comprensiva de la globalidad desde la periferia. ["Segunda respuesta a un tercero", *Marcha* 28/1/66]

Es precisamente esta concepción estructural y sistémica de la globalidad y la asunción lúcida y consciente de la condición subdesarrollada y periférica, en franco desacuerdo con los lugares comunes del imaginario de la Suiza de América, lo que hace posible una crítica de la globalización en cierne y de la modernidad occidental que se adelanta bastante a los diversos pos- de décadas más tarde: "Creo que una conciencia madura de la caducidad de lo moderno", escribía Carlos Real de Azúa en 1954, "significaría ante todo el habitual repudio del centralismo soviético y del capitalismo norteamericano, pero por razones mucho más profundas y espirituales que las corrientes" ["Blancos y colorados", *Marcha* 22/1/54]. Casi trágica resulta la actualidad de las reflexiones de Quijano a propósito del desembarco de *marines* en Santo Domingo en 1965:

> Todo cuanto se oponga a Estados Unidos es diabólico y comunista [...] Toda la historia sería la sinuosa trayectoria de la lucha entre el Bien y el Mal, entre Dios y el Diablo [...] La historia ha desembocado en ese combate sin equívocos. Estados Unidos es el Bien; sus antagonistas el Mal. Todo aquel que no está con Estados Unidos está con el Mal. Hay que optar sin vacilaciones. La "neutralidad" es un crimen. El resto del mundo, los intereses específicos, los modos de vida, las tradiciones, las costumbres, la organización, los sueños, las virtudes, los defectos de todos los demás, países y tierras, no

cuentan. O el "american way of life", Biblia en mano y dólares en bolsa, o el comunismo. Europa no existe, África no existe, América Latina no existe, Asia no existe. ["Murieron por nosotros", 7/5/65, CM 3 1985 48]

Esta impecable disección del terrorismo ideológico moderno, revestido de la teleología más burda y la teología más gazmoña pero afianzado siempre a fin de cuentas a punta de bayoneta, llevaría a toda o casi toda esta "generación crítica" marchista a recorrer un proceso intelectual cuya lógica, política y cultural, aún no ha sido desmentida:

> Por el nacionalismo, pensamos alguna vez, se va al antiimperialismo, por el antiimperialismo al socialismo. Por la patria chica, pensamos entrañablemente ahora, a la patria grande. Por el socialismo a la integración. Sin la revolución liberadora y antiimperialista no habrá para nosotros patria. Ni chica ni grande. [Quijano, "Morir oriental", *Marcha* 9/2/68]

El giro "cultural"

Dos acontecimientos políticos, uno nacional y otro internacional, promueven entre 1958 y 1959, una radicalización política del semanario acorde a las tensas circunstancias del país y del mundo, que alimentan, por sinuosos caminos, una politización de lo cultural que transforma, de rebote, la concepción misma de lo literario. Las elecciones nacionales de 1958, en las cuales el Partido Nacional llega finalmente al gobierno mediante una alianza con un movimiento rural populista de derecha, luego de noventa años de hegemonía colorada, llevan a la definitiva ruptura de Quijano con los partidos tradicionales y un modelo de país petrificado en el cada vez más imaginario "la Suiza de América", franqueándole las puertas hacia una nueva formación de izquierdas [véase: "A rienda corta", *Marcha* 22/8/58]. En 1959, la revolución cubana inaugura un rico y convulso período en toda América Latina, cuyas profundas repercusiones obligan a constantes reacomodos y revisiones diversas entre las fuerzas de izquierda, a los cuales *Marcha* no podía ser inmune. La profundización de la crisis nacional –crisis política, económica, social y cultural– adquirió entonces nuevo sentido y dimensiones inesperadas en el marco de la agitación socio-política continental: mientras la crisis de "la Suiza de América" "latinoamericanizaba" al país, *Marcha* adquiría prestigio y dimensión latinoamericana. La necesidad de indagar, cuestionar y explicar una crisis nacional que era también crisis de imaginario y de proyectos, coincidió con la urgencia en tomar posiciones y actuar políticamente. El género del ensayo periodístico, que por naturaleza apunta a la reflexión de largo aliento y a la urgencia periodística, y la tradicional interdisciplinariedad de su enfoque, facilitó la transición de que hablo. Cotejar el espacio o el número de artículos dedicados al tratamiento de la temática económica o política, internacional o nacional, cultural o literaria, o cualesquier otros, en distintas etapas en la vida del semanario, nos permitiría quizás comprobar el giro del que hablo. Bástenos, de momento, la rudimentaria estadística que he podido elaborar (Cuadro 1) a partir de la información suministrada por el *Índice de Marcha* publicado por Javier Ubillos (Cuadro 2), que cubre exactamente los seis últimos años del semanario, de 1967 a 1973.

CUADRO 1

ÁREAS TEMÁTICAS	NÚMERO DE ARTÍCULOS	PORCENTAJE SOBRE TOTAL	PORCENTAJES CONSOLIDADOS
ECONOMÍA	542	10,1	10
POLÍTICA	2612	48,7	49
Uruguay	1181	22	
Internacionales	1431	26,7	
SOCIALES	389	7,2	7
Iglesias	168	3,1	
Sindicales	221	4,1	
CULTURA	1818	33,8	34
Artes	1456	27,1	
Ciencias	106	2	
Deportes	23	0,4	
Enseñanza	157	2,9	
Historia	76	1,4	

Vale la pena observar que si la temática política es ampliamente predominante en esos años, los asuntos internacionales –y entre ellos los latinoamericanos– tienen mayor peso que la política nacional. Asimismo, lo cultural tiene un peso neto de 34% sobre el total, que resultaría mayor si incluyéramos en esta categoría muchos artículos clasificados bajo los rubros "Política" y "Sociales", cuyos límites resultan, en el mejor de los casos, borrosos. Los artículos estrictamente literarios, incluidos en "Cultura", llegan apenas a setenta y cinco, lo cual representa tan solo un 4,1% del total de artículos publicados sobre temática cultural.

Si a esta rápida panorámica estadística sumamos el papel jugado por los *Cuadernos de Marcha*, publicación mensual de la cual aparecen en su primera época, entre 1967 y 1973, un total de setenta y ocho números, el panorama quedará completo. *Cuadernos de Marcha* permitía profundizar, recopilando ensayos y documentos, sobre temas claves, ya fueran políticos, históricos, literarios, culturales, religiosos y eclesiásticos, o todo ello junto. En esos seis años se publican cuadernos cubriendo desde Rodó al *Martín Fierro*, desde Chile a Vietnam, desde las encíclicas papales del siglo XX hasta la expansión protestante en América Latina, desde el peronismo hasta la doctrina de la seguridad nacional.

Y aquí es donde entra el giro de lo literario a lo cultural a que me refiero, porque esta "latinoamericanización" de *Marcha* no proviene, en sentido estricto, de una transformación en su línea política o ideológica: el latinoamericanismo y el antiimperialismo fueron, como ya hemos visto, constantes desde los comienzos del semanario, que en todo caso se radicalizan en la efervescencia de los sesenta. Lo que sí es perceptible es un mayor tratamiento de los temas latinoamericanos y del tercer mundo, que pasan a sustituir el espacio dedicado anteriormente a asuntos europeos. Desplazamiento que resulta evidente en la sección "Literarias" –dirigida por Emir Rodríguez Monegal desde 1945 y por Ángel Rama desde 1958– en cuyas páginas se descubriría o promovería a casi todos los autores del *boom*, al tiempo que avanzaba una fuerte revisión del canon de la literatura nacional; se haría la crítica *literaria* de los textos del *boom* y la crítica *cultural* del fenómeno del *boom*; se desplegarían varias polémicas sobre políticas culturales, estrategias editoriales y la politización de la cultura, como la que Rama llevó adelante contra el mismo Rodríguez Monegal y su aventura de *Mundo Nuevo* [véase Mudrovcic]; se abrirían las páginas de *Marcha* a escritores latinoamericanos y se contribuiría a que el semanario conquistara un espacio de prestigio a lo largo y ancho de América Latina.

Como ya he escrito en otra parte [2000], la enemistad entre Rodríguez Monegal y Rama no puede ser entendida tan solo como una lucha por el poder entre dos intelectuales brillantes y ambiciosos, sino como manifestación emblemática de un profundo quiebre crítico-metodológico, además de ideológico y político, en línea con los acontecimientos socio-históricos. Como dijera Carlos Real de Azúa, ya por motivos personales, profesionales o ideológicos, Rodríguez Monegal fue el escritor uruguayo que tuviera mayor cantidad de enemigos [véase Rocca 12]. Rodríguez Monegal había estado a cargo de "Literarias" desde 1945, cuando en 1958, por diferencias ideológicas con Quijano y su equipo, fue reemplazado por Rama, quien entonces reformuló la sección como "Culturales", redefiniendo por completo el enfoque, la tónica y los énfasis de una importante sección del semanario. No se trata de que la sección comenzara a dedicar más espacio a otras prácticas culturales, como el cine y la plástica, por ejemplo, sino de un cambio de enfoque que es también un cambio de estilo y un cambio de política: los modelos literarios y culturales dejan de ser europeos y norteamericanos para ser latinoamericanos y del tercer mundo; la crítica pasa de un refinado formalismo estilístico a una socio-crítica bastante ecléctica. Como el mismo Rama sintetiza el período, a Rodríguez Monegal, quien practicaba una muy erudita y elegante variedad de *new criticism*, correspondió actualizar e internacionalizar la literatura uruguaya, introduciendo los modernistas de lengua inglesa, por ejemplo, y diseminando a Borges y la estética de la revista *Sur*, "todo dentro de una muy específica y restricta apreciación de la literatura que lo emparentó al 'literato puro'", dice Rama, y continúa:

> Muy otra fue mi circunstancia: a mí me correspondió reinsertar la literatura dentro de la estructura general de la cultura, lo que fatalmente llevó a un asentamiento en lo histórico y a operar métodos sociológicos que permitieran elaborar la totalidad, reconvertir el crítico al proceso evolutivo de las letras comprometiéndolo en las demandas de una sociedad y situar el interés sobre los escritores de la comunidad latinoamericana, en sustitución de la preocupación por las letras europeas. Fue también la lección del tiempo porque la revolución cubana, la apertura del nuevo marxismo, el desarrollo de las ciencias de la cultura, las urgencias de la hora, marcaban nuevos derroteros, como fácilmente se lo puede comprobar en la evolución de críticos como Carlos Real de Azúa o Mario Benedetti, donde esa inflexión es evidente. (88-9)

A lo cual agrega más adelante, definiendo de esta manera en términos inconfundibles lo que en verdad era un verdadero cambio de paradigmas:

> Comienza a reducirse la consideración del hecho estético como entidad pura e independiente, pasible de un tratamiento casi abstracto en el plano de los absolutos artísticos –lo que a veces propendía a enajenarlo del contexto real instalándolo en la urdimbre de una nueva retórica– para recolocarlo en el marco de una sociedad

a la cual expresa en una determinada coyuntura histórica, la que a su vez constituye parte central en su proceso genético [...] La crítica comenzó a hacerse histórica, sociológica e ideológica, manejando explicaciones que correlacionaban la obra con el contorno y escudriñaban los asientos concretos de los fenómenos culturales. (207-8)

Dicho de otra manera, la crítica de Rodríguez Monegal ejemplificaría lo que Hernán Vidal ha llamado "desviaciones tecnocráticas" de los cincuenta, mientras Rama, por el contrario, representaría la emergencia en los sesenta de una lectura comprensiva y social de la literatura, según la cual "el crítico literario debía abandonar su identidad de técnico dedicado al análisis de ciertos textos privilegiados para adoptar la identidad de quien produce cultura desde una posición política conscientemente asumida". A partir de este giro, concluye Vidal, "la crítica literaria se aproximó a la antropología simbólica, la sociología y las ciencias políticas" (115). Este giro sacudiría el quehacer crítico y creativo hasta los cimientos: desde el estatuto del texto literario hasta la conformación y vigencia del canon, desde la relación entre el arte y la literatura hasta los límites de estas respecto a lo popular, desde las tecnologías de la crítica literaria y cultural hasta el papel político del intelectual, principalmente en tiempos de crisis. Todas ellas cuestiones que también preocupaban por entonces a los estudios culturales de Birmingham y que vendrían a ser, con los años, problemas centrales de los estudios culturales latinoamericanos.

CUADRO 2
MARCHA
ÍNDICE TEMÁTICO DE ARTÍCULOS FIRMADOS
1360 - 1649, Julio 1967-Junio 1973

ÁREAS TEMÁTICAS	TEMAS	SUB-TEMAS	SUB-TOTALES	TOTALES	%
ARTES				1456	27,1
	CINE		501		
	DANZA		64		
	LITERATURA		75	1,4	
	MÚSICA		308		
	PLÁSTICA		123		
	PRENSA		77		
	TEATRO		308		
CIENCIAS			106	106	2
DEPORTES			23	23	0,4
ECONOMÍA				542	10,1
		MUNDIAL	25		
		AMÉRICAS	10		

ÁREAS TEMÁTICAS	TEMAS	SUB-TEMAS		SUB-TOTALES	TOTALES	%
		ALALC		15		
		ARGENTINA		8		
		CHILE		8		
		CUBA		9		
		EEUU		2		
		URUGUAY			447	
			GENERAL	72		
			BANCA	23		
			COMERCIO EXTERIOR	14		
			DEUDA EXTERNA	25		
			ILÍCITOS	52		
			ÍNDICE DE PRECIOS	18		
			MONEDA	19		
			PRESUPUESTO	22		
			RURALES	220		
			TURISMO	4		
		EUROPA		18		
ENSEÑANZA					157	2,9
		AMÉRICAS		7		
		URUGUAY		150		
HISTORIA					76	1,4
		MUNDIAL		4		
		AMÉRICAS			65	
			ARGENTINA	2		
			EEUU	2		
			PARAGUAY	4		
			URUGUAY	57		
		EUROPA			7	
			ALEMANIA	3		
			ESPAÑA	2		
			FRANCIA	1		
			URSS	1		
IGLESIAS					168	3,1
		MUNDIAL		45		
		AMÉRICAS		23		
			ARGENTINA	7		
			BOLIVIA	2		
			BRASIL	14		
			CHILE	9		
			COLOMBIA	1		
			CUBA	2		
			PARAGUAY	14		
			PERÚ	2		
			URUGUAY	48		
		EUROPA			1	
			ESPAÑA	1		
POLÍTICA					2612	48,7
		MUNDIAL		25		
		ÁFRICA		4		
			ARGELIA	3		
			BIAFRIA	6		
			MARRUECOS	2		
			SUDÁFRICA	2		
			UGANDA	1		
		AMÉRICAS		75		
			ARGENTINA	294		
			BOLIVIA	104		
			BRASIL	105		
			CANADÁ	16		
			CHILE	91		
			COLOMBIA	8		
			COSTA RICA	1		

ÁREAS TEMÁTICAS	TEMAS	SUB-TEMAS		SUB-TOTALES	TOTALES	%
		CUBA		31		
		ECUADOR		12		
		EEUU		158		
		GUATEMALA		15		
		HAITÍ		6		
		HONDURAS		3		
		MÉXICO		15		
		NICARAGUA		2		
		PANAMÁ		5		
		PARAGUAY		7		
		PERÚ		54		
		PUERTO RICO		4		
		SAN SALVADOR		3		
		SANTO DOMINGO		9		
		URUGUAY			1181	
			LEYES	26		
			PARTIDOS	371		
			PLANIFICACIÓN	25		
			PROBLEMAS SOCIALES	160		
			PROTESTA REPRESIÓN	429		
			RELACIONES EXTERIORES		47	
			SERVICIOS PÚBLICOS	106		
			SUCESOS	17		
		VENEZUELA		26		
	ASIA			2		
		CHINA		45		
		FILIPINAS		1		
		INDIA PAQUISTÁN		8		
		INDOCHINA		79		
		JAPÓN		3		
	MEDIO ORIENTE			60		
	AUSTRALIA			1		
	EUROPA			2		
		ALEMANIA		14		
		CHECO-ESLOVAQUIA		24		
		ESPAÑA		21		
		FRANCIA		27		
		GRECIA		6		
		INGLATERRA		7		
		IRLANDA		4		
		ITALIA		14		
		POLONIA		3		
		PORTUGAL		1		
		RUMANIA		1		
		SUECIA		1		
		URSS		20		
SINDICALES					221	4,1
	MUNDIAL			1		
	AMÉRICAS			3		
		EEUU		2		
		URUGUAY			215	
			GENERAL	132		
			BANCOS	20		
			ESTATALES	4		
			FRIGORIFICOS	9		
			METALURGIA	4		
			PAPEL	1		
			PRENSA	6		
			RURALES	16		
			SALUD	4		
			TEXTILES	19		
TOTALES					5361	(100)

BIBLIOGRAFÍA

Ardao, Arturo. "Segunda respuesta a un tercero". *Marcha* 1290 (Montevideo, 28-01-1966): 8.
Mudrovcic, María Eugenia. *Mundo Nuevo: cultura y guerra fría en la década del 60*. Rosario: Beatriz Viterbo, 1997.
Quijano, Carlos. "Escritos políticos I". *Cuadernos de Marcha* 1/2 (Montevideo, 1985).
____ "Escritos políticos II". *Cuadernos de Marcha* 1/3 (Montevideo, 1985).
____ "Los grandes problemas nacionales". *Cuadernos de Marcha* 1/4 (Montevideo, 1985).
____ "Miremos los hechos de frente". *Cuadernos de Marcha* 1/5 (Montevideo, 1985).
____ "El país y su gente". *Cuadernos de Marcha* 1/6 (Montevideo, 1985).
____ "Vuelve el peligro comunista". *Marcha* 11/5/45 (Montevideo, 1945).
____ "Oyendo a Vaz Ferreira". *Marcha* 25/5/51 (Montevideo, 1951).
____ "Morir oriental". *Marcha* 9/2/68 (Montevideo, 1968).
____ "A rienda corta". *Marcha* 22/8/58 (Montevideo, 1958).
Rama, Ángel. *La generación crítica. 1939-1969*. Montevideo: Arca, 1972.
Real de Azúa, Carlos. "Política internacional e ideologías en el Uruguay". *Marcha* 3/7/59 (Montevideo, 1959)
____ "Blancos y colorados". *Marcha* 22/1/54 (Montevideo, 1954)
Rocca, Pablo. "La carrera de Emir Rodríguez Monegal (1921-1985)". *La obra crítica de Emir Rodríguez Monegal*. Homero Alsina Thevenet y Pablo Rocca. Montevideo: Ediciones de la Plaza, 1994.
Trigo, Abril. "Why do I do Cultural Studies?" *Journal of Latin American Cultural Studies* 9/1 (London, 2000): 73-93.
Ubillos, Javier. *Marcha. Índice del periodo Julio 1967 a Junio 1973*. Montevideo: Petttirossi Hnos., 1973.
Vidal, Hernán. "The Concept of Colonial and Postcolonial Discourse: A Perspective from Literary Criticism". *Latin American Research Review* 28/3 (Austin, 1993): 113-9.

Marcha: de un cine club a la C3M*

Lucía Jacob

Desde su primer número y a lo largo de su existencia, *Marcha* dedica una especial importancia al hecho cinematográfico. En los primeros años la sección sobre cine está a cargo de Arturo Despouey, Homero Alsina Thevenet y Wilson Ferreira Aldunate. Posteriormente se incorporarían Hugo Alfaro, Mario Benedetti, Hugo Rocha, Mauricio Müller, Mario Trajtemberg y alguien que se escudaba detrás del chaplinesco seudónimo *Calvero* y que resultó ser Emir Rodríguez Monegal (Rocca).

En la década del sesenta la crítica cinematográfica fue ejercida primordialmente por Alfaro, Müller, Lucien Mercier y José Wainer, quien ocuparía la jefatura de la página hasta la clausura definitiva del semanario en 1974. Quizás, en sus treinta y cinco años de vida, el rigor crítico haya sido uno de los pocos puntos en común de generaciones y estilos tan diversos y eclécticos. Sus análisis contribuyeron en buena medida a construir un perfil sumamente particular del semanario y, por extensión, de lo que luego se denominó como la *cultura cinematográfica uruguaya*. Fueron, sin lugar a dudas, distintos modos de apreciar el hecho cinematográfico, de analizarlo y de transmitirlo a sus lectores y espectadores.

A mediados de los sesenta, los acontecimientos políticos de América Latina, la profunda crisis estructural del Uruguay y el creciente compromiso de la mayor parte de la intelectualidad uruguaya con la revolución cubana tienen un efecto removedor en las posiciones sustentadas por *Marcha* frente al hecho cinematográfico. La "Suiza de América" descubre el espejismo y empieza a interrogarse, a buscar explicaciones, a mirarse y mirar el continente mestizo. Los críticos de *Marcha* –en particular Wainer y Alfaro acompañados por el distribuidor Walter Achugar– se involucran *desde adentro* en esta nueva situación y acompañan ese cuestionamiento generalizado desde la perspectiva del hecho cinematográfico. Ya no alcanza con analizar las películas en cartel sino que se brega por la necesidad de difundir ese otro cine que no llega a los circuitos comerciales; ya no sirve solazarse con la *cultura cinematográfica uruguaya* si no se tiene un cine nacional; ya no es tiempo para permanecer impasibles. El resultado de ese movimiento inédito en Uruguay se tradujo en la formación de la Cinemateca del Tercer Mundo.

Este trabajo pretende reconstruir la historia de la Cinemateca del Tercer Mundo (C3M) a través de los testimonios de tres de sus integrantes (Mario Handler, Mario Jacob, José Wainer), de consultas realizadas en la colección del semanario *Marcha* y de documentación de la época proveniente de diversas fuentes.

Es difícil entender la significación de la C3M observándola desde una perspectiva actual ya que la misma no puede ser analizada independientemente del contexto político, social y económico de un período muy particular de la historia uruguaya. Nació en una época en que el cambio social era posible, en la que la lucha contra el imperialismo era mucho más que un eslogan y en la que el socialismo –a la luz del ejemplo de Cuba- no parecía una utopía. Eran tiempos de lucha, de agitación social y de "ganas de hacer".

La creación de la C3M fue un proceso que se gestó a partir de 1967 con los festivales de cine que organizaba *Marcha* y en los que se exhibía un cine crítico, revelador de opresiones y de luchas por la liberación. Dos años después, la creación del *Cine Club de Marcha* consolidaría categóricamente este nuevo modo de entender el hecho cinematográfico.

Y en noviembre de 1969, con el padrinazgo del legendario documentalista holandés Joris Ivens, nace la C3M. Una institución cuyos objetivos fundacionales fueron la producción de cine en Uruguay y la difusión de películas latinoamericanas y tercermundistas, marginadas totalmente de los circuitos de exhibición comercial, y marcadas fuertemente por el compromiso político. "Por un cine nacional que refleje la realidad del país para ayudar a transformarla" proclamaba la institución en sus inicios, desde un folleto dominado por el logotipo de un hombre que empuñaba una cámara como fusil.

En su corta pero fructífera existencia, la C3M (1969-1974) produjo una serie de títulos que enriquecieron la escasa filmografía uruguaya, valiosos tanto desde el punto de vista conceptual como formal. Sus integrantes encontraron un lenguaje adecuado para comunicarse con el espectador, llegaron a la cabeza y al corazón de la gente, y lo más importante, la experiencia trascendió las fronteras del país y alcanzó a tener una peculiaridad fermental cuyos resultados se verían muchas décadas después (Rocca).

La C3M subsistió hasta que la situación política se hizo insostenible. Cuando se instauró la dictadura y la represión fue cotidiana, la difusión y producción de un cine de esas características se vio paulatinamente amenazada y perseguida. El local de la C3M fue allanado varias veces, la exhibición de algunas de sus películas prohibidas, el equipamiento "requisado", algunos de sus integrantes encarcelados y otros se vieron obligados a emigrar.

Los festivales de Marcha

Para hablar de la Cinemateca del Tercer Mundo es necesario remontarse a los festivales cinematográficos realizados por *Marcha*. El semanario impuso el destaque de películas en "una especie de recuadro de honor que se publicaba todas las semanas en las páginas de cine en la parte superior derecha, en general en las páginas impares, que es el lugar más visible de la página periodística".[1] En ese recuadro se realzaban las películas que según los colaboradores de la sección tenían una relevancia especial. Al final del año se elegía la mejor película, los fragmentos más destacados y se publicaban las fichas técnicas de las "galardonadas".

En 1957 -y a la manera de la revista *Cine-Radio Actualidad* que ya lo había hecho treinta años atrás- surge la iniciativa de organizar los Festivales Cinematográficos de *Marcha*. Estos se realizaban en dos de los cines de mayor capacidad (Censa, casi 2.000 localidades, o Plaza, con 1.400 butacas) y consistían en la exhibición de fragmentos de las películas que los críticos de *Marcha* consideraban las "mejores" del año. "Era un acontecimiento muy divertido. Los colaboradores subían al escenario, presentaban a los distribuidores y les entregaban algún tipo de distinción, no sé si era una estatuilla o algo por el estilo" (ver nota 1).

El público agotaba las localidades de estos festivales ya que tenía la oportunidad de conocer el rostro de los rigurosos críticos de *Marcha*, de entrar en contacto con ellos, de comentar las obras y de recibir la contestación de todo tipo de preguntas.

> Era en verdad un espectáculo excitante, novelero en el sentido más benigno del término. Y larguísimo. Empezaba a las nueve de la noche y en alguna ocasión terminó pasadas las dos... Incluso una empresa de transporte publicaba en la *Marcha* de la víspera un recuadrito anunciando los horarios de sus servicios especiales, destinados a cubrir la salida del público. Se agotaban las entradas y

los que quedaban sin entradas pedían otra función... Resultaba insólito y halagador. (Alfaro 60)

Estos festivales de *Cine de Calidad* se mantuvieron durante buena parte de la década del sesenta pero lentamente fueron cambiando su impronta, hasta producirse un punto de inflexión que en 1969 llevaría a la fundación de la C3M.

La eclosión del cine latinoamericano

En la década del sesenta surge en América Latina un movimiento cinematográfico singular que percibe al cine ya no como un hecho únicamente artístico o "comercial", sino como un instrumento capaz de cambiar las estructuras políticas, económicas y sociales –estructuras de dominación digitadas por el imperialismo norteamericano en sociedad con las burguesías locales. "El arte no solo es explayarse estéticamente, artísticamente, dar forma; debe estar determinado por la moral, por el sentido de la responsabilidad. El arte debe dejar vivas las tendencias revolucionarias que tiene cada nueva generación" (Ivens).

La Revolución Cubana despierta las conciencias de intelectuales y trabajadores de América Latina. El cambio es viable. Para unos a través de la revolución; para otros a partir de un proceso gradual. Y para muchos intelectuales cada libro, cada obra de teatro, cada película se transforma en un fusil.

> Para la Revolución Cubana el cine deja de ser una de las "bellas artes", un producto para consumidores pasivos, y asume su condición de vehículo cultural, de medio de difusión masivo integrándose al proceso de la construcción de una nueva sociedad. (Mario Jacob)

El gobierno revolucionario comprendió inmediatamente que el cine podía llegar a ser vehículo y medio de expresión de una sociedad en permanente transformación. Por eso, en el mismo año 1959 se promulga la ley que crea el Instituto Cubano del Arte e Industria Cinematográficos (ICAIC), organismo que centraliza y regula todos los aspectos referentes a la producción, realización, distribución y exhibición del cine.

Para el ICAIC era indispensable la realización de un cine que sirviera para registrar la realidad, que cumpliera una misión pedagógica, que difundiera y popularizara ideas. Sin descartar la ficción, sin excluir al largometraje, la urgencia privilegia al documental y en particular a un noticiero que adquiriría relevancia internacional: su inmediatez, la economía de recursos que exigía, la obligatoriedad de estrenar semanalmente convirtieron al ICAIC en un referente al que se observaba con atención desde todos aquellos países que tenían acceso a su producción. Santiago Álvarez surge como una de las figuras paradigmáticas del nuevo cine cubano: *Muerte al invasor* (1961), *Ciclón* (1963), *Now* (1965), *Hanoi, Martes 13* (1967), *Golpeando en la selva* (1967), *Laos, la guerra olvidada* (1967), *79 primaveras* (1969) y *LBJ* (1968) para citar algunos títulos de aquella época y que son una parte de su caudalosa filmografía.

Esta concepción del hecho cinematográfico influye marcadamente en otros países de América Latina. En algunos, la lucha es al interior de las industrias constituidas; en otros, es la búsqueda de un cine marginal de carácter político subversivo, y en el caso de Uruguay, es la lucha por *hacer* un cine propio que mostrara la realidad sin maquillaje para después transformarla.

Entre 1962 y 1963 surge en Brasil el "Cinema Novo". Este movimiento replanteó las bases del cine brasileño. Las películas de Glauber Rocha, Nelson Pereira Dos Santos, Ruy Guerra, Carlos Diegues, Gustavo Dahl constituyen la formulación de una perspectiva fílmica muy original.

> América latina es una colonia. La diferencia entre el colonialismo de ayer y de hoy reside sólo en la forma más refinada de los colonizadores actuales. El problema de América Latina es siempre una cuestión de cambio en el colonizador, nuestra Liberación es siempre en función de una nueva dominación... Podemos definir nuestra cultura como una cultura de hambre. Ahí reside la originalidad del 'Cinema Novo'... Nuestra originalidad es nuestra hambre, nuestra miseria, sentida pero no comprendida... y la más auténtica manifestación del hambre es la violencia... La estética de la violencia antes de ser primitiva es revolucionaria. Es cuando el colonizador se da cuenta de la existencia del colonizado.... (Rocha)

En Argentina, el *Grupo Cine-Liberación* –liderado por Fernando Solanas y Octavio Getino– teorizaron sobre el "Tercer Cine"[2] y la realización de la emblemática *La hora de los Hornos* (1968) cuestiona con furia la institucionalidad imperante integrándose a una tendencia de cine popular, antiimperialista, descolonizador y revelador de la realidad. "Las perspectivas del cine en cualquier país no pueden ser de ningún modo analizadas separadamente de aquella perspectiva que condiciona y determina la situación misma del cine: la perspectiva histórica y política en la cual ese cine se desenvuelve" (*Grupo Cine-liberación*).

En Chile, *Tres Tristes Tigres* (1968) de Raúl Ruiz, *Valparaíso mi amor* (1969) de Aldo Francia y especialmente *El Chacal de Nahueltoro* (1969) de Miguel Littín anuncian un nuevo cine. Para este último

> el cine debe ser la balanza fundamental para crear una cultura auténticamente nacional, entendiéndola como una cultura lúcida, revolucionaria, crítica... Es claro que no hay ningún film[e] que haga la revolución, la revolución sería muy fácil hacerla de esa manera, sería bastante sencilla, pero sin duda que el cine puede desempeñar un papel importante en la creación de una conciencia revolucionaria, crítica... (Littín 592)

Los cineastas chilenos se auto imponen la responsabilidad de generar una cultura propia de tal modo de neutralizar a la dominante. "Cineastas chilenos, es el momento de emprender junto con nuestro pueblo, la gran tarea de Liberación Nacional y de la construcción del socialismo. Es el momento de comenzar a rescatar nuestros propios valores como identidad cultural y política..." (Littín)

En Bolivia, Jorge Sanjinés intenta lograr una identidad nacional a través de sus filmes *Revolución* (1963), *Aysa* (1965), *Ukamau* (1966) y particularmente *Yawar Mallku* (1969).

> Nuestro país está cansado de no tener rostro, lo que queremos es darle un rostro y un cuerpo, por lo menos cultural, pero sabemos que no es suficiente, y hay que remodelar, subvertir otras cosas, otras estructuras más importantes... Lo que queremos hacer es un cine de observación, de combate y de testimonio... Lo que queremos es que cada uno de nuestros film[e]s esté situado dentro de su contexto político, social y económico. (Sanjinés 592)

En Uruguay, al igual que en otros países latinoamericanos, surge a fines de la década del sesenta la necesidad de expresarse a través del cine. A pesar de la inexistencia de una tradición previa, a pesar de las carencias técnicas de todo tipo, a pesar de la estrechez del mercado; dificultades todas, que indicaban que hacer un cine uruguayo estaba condenado a ser una utopía. En medio de una aguda crisis política y económica, un grupo de entusiastas liderados por Mario Handler se enfrentan y retan a ese panorama poco alentador. Son estudiantes universitarios, periodistas, empleados en distintos oficios que carecen de toda formación curricular.

Lo que intentamos hacer fue un cine eminentemente político que ayudara a comprender la realidad para después transformarla... y que transformara al espectador de un ente pasivo a un receptor de su realidad consciente y activo. Fueron años de compromiso y pasión que fundamentalmente se inscribía en lo que podíamos llamar cine de agitación. (*Por un cine latinoamericano* 111)

El cine, que había sido ajeno a los procesos históricos, inauguraba ahora un período de cambios. Cambios profundos, radicales. "Era un poco el aire de la época, el tiempo estaba para eso" (ver nota 1). Arte y política se unieron para cambiar la realidad. El cine era el arte del siglo XX, la izquierda era el movimiento del siglo; era bastante lógico que en algún momento se fusionaran para luchar por un mismo ideal.

Hay una aceleración de la Historia de la cual son testimonio los movimientos de Liberación de los pueblos en lucha contra el imperialismo y su aliado el colonialismo. La consolidación de estos movimientos no se traduce únicamente en la lucha armada, sino también en el terreno de la toma de conciencia política... El cine sigue a la vanguardia de esta toma de conciencia: como medio de expresión brinda los testimonios más lúcidos y más eficaces, como medio de información llega a público cada vez más numeroso y se afirma como el instrumento esencial en la lucha contra la ignorancia y la mentira. (Martín)

INFLUENCIA DE LA *NOUVELLE VAGUE*

En esa eclosión del nuevo Cine Latinoamericano la *Nouvelle Vague* tuvo un papel muy importante.

La *Nouvelle Vague* fue un movimiento que se rebeló contra el anquilosado cine francés y contra el cine norteamericano, superproducciones millonarias, superficiales, poco creíbles, cine realizado en los grandes estudios, demostrando que se podían hacer películas sin decorados, saliendo a filmar en escenarios naturales, utilizando fundamentalmente el sonido directo, buscando la espontaneidad de los actores, y –lo más importante de todo– cuestionando el lenguaje cinematográfico, experimentando y transgrediendo las reglas establecidas. "Pero específicamente demostró al mundo que para hacer un cine expresivo, personal, innovador no se necesitaba de las estructuras industriales que imperaban en ese momento tanto en Estados Unidos. como en Europa, particularmente en Francia".[3]

"Cuando los jóvenes de aquella época conocen las primeras obras de la *Nouvelle Vague* reciben el impacto y de algún modo (consciente o inconscientemente) asimilan la lección: es posible hacer un cine nuevo" (ver nota 3). Esta fue la lección que la *Nouvelle Vague* dio a los cineastas latinoamericanos. Estos jóvenes entendieron que el mejor cine es el que refleja a cada país y que teniendo algo que expresar y sabiendo cómo hacerlo, se podían lograr buenas obras sin necesidad de estudios ni de grandes presupuestos.

Hay que recordar que la *Nouvelle Vague* es una reacción al cine que los críticos franceses denominaban 'Tradition de la Qualité', es decir, películas que estaban bien escritas, prolijamente realizadas, muy bien actuadas, pero que desde cierto punto de vista se parecían todas, con muy poca relevancia en lo que se refería a lograr una comunicación real con el espectador y nulas expresivamente. La *Nouvelle Vague* es un grito contra la retórica del cine francés de la época. (véase nota 3)

Alexandre Astruc difundía a los cuatro vientos que "el cine se podía hacer con la misma libertad que un escritor tiene para utilizar su estilográfica".

URUGUAY, 1967

Son varios los acontecimientos que llevan a que en 1967 se produzca un giro radical en la programación de los festivales de *Marcha*, siendo desplazado un cine cuya calidad concitaba generalmente la unanimidad de la crítica uruguaya por un cine más enraizado en la problemática social y política de América Latina.

Un año antes, el festival estrena *Carlos, cine-retrato de un caminante en Montevideo*, película uruguaya realizada por Mario Handler en 1965.

Carlos es un personaje y una historia nuestros, del todo uruguayos, casi del todo montevideanos. El escenario vale, negativamente, por lo que no es: no es el cinturón dorado de las playas ni los bien maquillados barrios residenciales. Pero más vale positivamente por lo que es: la breve franja de la costanera en que la ciudad vieja parece que se fuera rodando hacia el río por el empedrado de las calles medio pueblerinas. Baldíos, casas bajas, poblados conventillos... una especie de deseo de dar la espalda a la ciudad oficial... (Alfaro)

El personaje está integrado al paisaje montevideano y Handler no tuvo que recrearlo: simplemente lo comprendió, lo respetó, se encariñó con él y durante diez meses lo acompañó con la cámara en sus vicisitudes para sobrevivir en la ciudad. Carlos es una víctima más de la sociedad llevada a una situación límite. No tiene a nadie, no tiene nada. Se tiene a sí mismo –si es que se tiene–, él solito y su alma, como el país en el que vive. "Cazurro, decididor, anárquico y festejable, el personaje empero no es él solo; es también la realidad avergonzante del país que lo empuja, como a montones de pordioseros, contra el basural" (Alfaro).

La película es una historia sin argumento –o mejor dicho sin argumento convencional– pero con mucha historia detrás, y está realizada con gran sensibilidad por Handler, con una inmensa ternura por el personaje y además, con un sacrificio personal enorme: cientos de horas de trabajo, una cámara inadecuada para el tipo de documental que el autor se proponía, montaje realizado sin moviola o como dice el propio Handler, "a mano, gillette y mano".[4]

Carlos estuvo guardada un año sin poder ser exhibida en el país. Los integrantes de Marcha que ya la conocían –había escrito esporádicamente en la sección de cine– presentaron la película en 1966 en el festival:

> Mario, que tenía una capacidad de polemizar y de pelearse bastante desarrollada, a esa altura ya se había peleado con todo el mundo, salvo los muy amigos. Y bueno, él era muy amigo nuestro, había estado vinculado a Marcha... Un poco por gravitación natural fuimos llegando a que el lugar donde se podía exhibir la película era el Festival de Marcha. (ver nota 1)

> Cuando el festival se transformó en algo más grande, con la intervención de Walter Achugar, quién trajo importantes películas y trozos, exhibieron Carlos, ante mucho público, cine Plaza, éxito para Marcha y para mí. (ver nota 4)

La exhibición de Carlos fue un punto de inflexión en la tradición de los festivales. En primer lugar, hacía muchos años que no se exhibía una película uruguaya y al decir de Wainer "había que barrer con muchas telarañas". En segundo lugar, porque la película contenía una fuerte dosis de crítica social, y por último, fue realizada en 16mm. y los cines solamente estaban equipados con proyectores de 35mm.

Otro hecho importante que cambió el estilo de los festivales fue el estreno –también en 1966– de *Morir en Madrid* (*Mourir à Madrid*, Francia,

1963, de Frédéric Rossif). Walter Achugar –otro de los fundadores de la C3M– era distribuidor cinematográfico, había adquirido los derechos de la película y se puso en contacto con los responsables del festival para que la exhibieran. "A Achugar le vino muy bien exhibir la película en el Festival de *Marcha* ya que a esa altura no se hacía solamente una función anual para mostrar las películas más destacadas de la cartelera comercial, sino que empezó a generar iniciativas propias" (ver nota 1).

La obra constituyó un extraordinario esfuerzo de recopilación y ordenamiento de materiales documentales de las más diversas fuentes sobre la guerra civil española y causó un impacto muy importante, porque se empezó a vislumbrar que el cine podía adquirir una dimensión insospechada para entender el pasado reciente. "Solamente se hablaba de películas de izquierda, censuradas, prohibidas, perseguidas, pero era la primera vez que se veía sobre la pantalla un mensaje abiertamente crítico sobre un episodio histórico que había marcado el siglo" (ver nota 1).

En un país donde los titulares de los diarios eran bastante apocalípticos ("¿El desafío de la miseria?", "Historia de una devaluación", "El país va hacia la dictadura", "Elecciones, Dictadura o Revolución", "Similitudes trágicas con 1933"), era urgente, necesario y fundamentalmente, una cuestión moral, exhibir un cine que no fuera el de "la fábrica de los sueños".

> Era el cine que nos gustaba mostrar. El otro, producido por los grandes centros cinematográficos de las más poderosas naciones, tenía más que suficientes bocas de salida, y *Marcha* no tenía por qué ser una más. En cambio, el cine más o menos marginal, sin acceso a los canales regulares de distribución, esperaba turno sin esperanza o era redondamente ignorado". (Alfaro, *Navegar*)

En marzo de 1967 ocurre otro acontecimiento importante: el Festival de Cine Latinoamericano de Viña del Mar. El objetivo del encuentro era exhibir todo el material producido y reunir a los realizadores de América Latina. Al mismo asistió una delegación uruguaya integrada entre otros por José Wainer (como jurado) y Mario Handler. Ahí empezaron a descubrirse diferentes afinidades, un interés común de vincular la actividad cinematográfica con la situación política, social y económica de cada país. "Se formó una especie de comunidad latinoamericana donde los cineastas empezaron a compartir experiencias, capacidades, empezaron a viajar, a conocerse, a conocer las distintas realidades" (véase nota 1).

En este festival se aprobaron una serie de resoluciones que fueron decisivas para el cambio producido en la programación del Festival de Cine de *Marcha* y para la futura creación de la C3M.

EL FESTIVAL SE RADICALIZA

El 25 de junio de 1967 se produce un giro radical en la programación del Festival.

> ¿Qué sentido tenía el que nosotros, público de un país corroído hasta el tuétano por el subdesarrollo, nos extasiáramos por los lujosos productos de la sociedad de la abundancia y del consumo? El que se tratara, en el mejor de los casos, de la angustia existencial (Bergman, Antonioni) no les quitaba a sus películas el carácter de artículo suntuario, vistas desde este lado de la raya que divide a las naciones en ricas y proletarias. Estos creadores también reniegan, como los nuestros, de un sistema que los desconoce y los aliena, pero hay alguna diferencia entre hacerlo desde la saciedad o desde el infraconsumo. (Alfaro, *Marcha*)

El festival tiene ahora un sello peculiar, se transforma en un ciclo e incluye importantes títulos (hasta ese momento inéditos en el país) tanto de la cinematografía latinoamericana como de la mundial, identificados todos por una radical visión del mundo.

> En realidad no es mucho lo que la gente de cine puede hacer. Pero ese poco hay que hacerlo. Por lo pronto quitarse con peine fino las ilusiones del pasado: yo te recito la filmografía de Robert Aldrich, tu me recitas, etc., etc., y creer que eso es cultura y que sirve para algo, para alguien. No es cultura pero ya lo creo que sirve para algo: para adormecernos, y para alguien: para los que quieren que no despertemos. O la cultura cinematográfica se pone sin más al servicio del pueblo o se convierte en alcahueta del régimen y en aliada del enemigo. Lavarse las manos, es justamente ensuciarse. (Alfaro, "Presentación" 7)

Hasta ese momento no se había realizado, en el mundo, una muestra como esa, con tanto material "maldito" reunido.

Su temática era acuciante, dramática y directa; y su estética era austera, la estética de la pobreza. Optamos por ella, sin desdeñar al viejo Festival ni arrepentirnos de lo hecho. La nueva programación venía así a corregir su contenido, en la línea tercermundista de que estaba imbuido el semanario. Las luchas de Liberación de los pueblos sojuzgados, la Guerra en Vietnam, la inconmensurable pobreza de los países pobres, en Latinoamérica, África y Asia que nuestros lectores conocían bien por las notas de los corresponsales, encontraban en la elocuencia persuasiva de las imágenes un aliado decisivo y esclarecedor. (Alfaro, *Navegar*)

Abrieron el ciclo las películas que se enumeran a continuación: *Mayoría absoluta, Dios y el diablo en la tierra del sol, Elecciones, El cielo y la tierra, Come Back Africa* y *Now*. El nuevo festival fue un éxito multitudinario. Las entradas se agotaron y no solo tuvo que repetirse, sino que las funciones eran en continuado: tres exhibiciones los días hábiles y cuatro los fines de semana y feriados. El festival debió extenderse durante casi dos meses.

Un año después, el 28 de julio de 1968, se realiza el XI Festival en el cine Plaza con un nuevo estreno uruguayo –*Me gustan los estudiantes*– y con una afluencia mayor de espectadores que el año anterior. La programación incluye entre otras a *Vidas secas, Laos, la guerra olvidada* y *Paralelo 17*.

> Agotadas desde el lunes las localidades para la primera función del XI Festival Cinematográfico de *Marcha*, el martes empezaron a venderse aceleradamente las de la segunda, y ya puede descontarse otra sala colmada. El hecho es elocuente: cuatro mil quinientas personas verán el Festival en dos domingos sucesivos. Un Festival sin *vedettes*, sin los halagos adormecedores de las superproducciones, sustentado por la certeza de que ser espectador del cine-denuncia es comprometerse, asumir una mínima responsabilidad como hombre de este tiempo. (*Marcha* 17-01-1969)

El festival renueva en varias oportunidades su programación con otras películas (entre otras *La batalla de Argel* pero las funciones siempre culminan con *Me gustan los estudiantes*, la *vedette* del Festival.

En enero de 1969 el Festival vuelve a renovar la programación. "En otras épocas, cercanas, hubiera sido impensable una función cinematográfica en pleno enero, con documentos sobre atrocidades de guerra, persecución racial y luchas de Liberación..." (*Marcha* 26-01-1969). "Lo que hace apenas un año y medio nos parecía un cine excepcional y minoritario, se va haciendo ahora una producción más fuerte, más frecuente y, sobre todo, más osada y consciente de sus posibilidades y de sus metas" (*Marcha* 17-01-1969).

Aunque seguía denominándose festival, los programas se renovaban constantemente respetando siempre una coherencia en la programación ofrecida. Sin lugar a dudas se vislumbraba ya el comienzo del Cine Club de *Marcha*.

UN DEPARTAMENTO DE CINE, UN CINE CLUB

En septiembre de 1968 se constituye el Departamento de Cine de *Marcha*. El proceso fue el siguiente: "del Festival 'artístico' al 'combativo'... del Festival 'exhibidor', al que *produce* además de exhibir" (*Marcha* 20-09-1968). La iniciativa tuvo como objetivo primordial la realización de un informativo mensual –a cargo de Mario Handler– que abordara los temas más importantes del país. Para consolidarse, desde las páginas de *Marcha* se llamó a todos aquellos que quisieran colaborar, generando una expectativa infrecuente en una época en que la participación en la realización de un cortometraje era una aspiración que los avatares económicos del país alejaban cada vez más.

En mayo de 1969 el Departamento de Cine forma el Cine Club de *Marcha*. Sus objetivos: la difusión del cine que combatía la dependencia y defendía la libertad y por otro lado, la formación de un equipo que realizara el cine que las circunstancias requerían. "Un cine caliente y verdadero, imagen del país real. Un cine a la medida del medio que lo produce: crítico, pobre y comprometido" (Alfaro).

El Cine Club debutó el 14 de mayo con el estreno mundial de la primera parte de *La hora de los hornos* y contó con la presencia de Fernando Solanas, que participó en el debate, contestando las preguntas del público. Para Solanas fue una experiencia novedosa ya que por primera vez pudo ver una sala repleta aplaudiendo su obra.[5]

La programación del Cine Club se inscribe en una línea de valores similares a los que habían caracterizado al festival. El objetivo es el mismo: ayudar a despertar la conciencia crítica frente al sistema y el fortalecimiento de un repertorio de ideas e ideales comunes. Las funciones se realizaban en el desaparecido teatro Odeón, una vez por semana, dos funciones seguidas. Después de la última función, se generaba una discusión sobre las películas exhibidas, alguien ofrecía un micrófono a todo aquel que quisiera participar y un especialista contestaba las preguntas de los espectadores. "Así pues: del espectador pasivo, mero consumidor, al activo, creador potencial; he ahí el reto que el cine club recoge" (*Marcha* 11-04-1969).

El Cine Club aspiraba a realizar los noticieros anunciados cuando se creó el Departamento de Cine. Los mismos se financiarían con el dinero aportado por los socios, que no eran muchos, porque el Odeón tenía solamente mil quinientas localidades.

Nos proponemos hacer una edición mensual de 5 a 8 minutos, con notas factuales y notas elaboradas, centrales, que pretendan ilustrar con veracidad y profundidad la vida de este pueblo, pensadas siempre con visión histórica, no sólo actual. Así iremos formando un archivo que al cabo de un año tendrá más de una hora elaborada del Frigorífico Nacional, Primero de Mayo para empezar; luego, luchas populares, personajes, vida cotidiana, en fin, lo que ocurra de importante desde el punto de vista político, nacional o popular. (Handler).

Y para que todos pudieran participar en este proyecto, Handler dictaba clases prácticas y teóricas en un salón de *Marcha*. "La joven señora llegó a *Marcha*, preguntó dónde podía asociarse al cine club, se asoció, y después quiso saber cuando empezaban las clases para aprender a filmar. –Tengo un bebé de tres meses dijo, pero con el otro brazo puedo calzar una cámara" (*Marcha* 25-04-1969).

Se propuso impulsar el cine nacional como obra colectiva. Los fondos recaudados por las cuotas sociales se destinaban al noticiero (20%), otro tanto para la adquisición de equipamiento y el resto para construir una estructura de creación cinematográfica. "No queremos ser los más cultos y sensibles, pero por lo menos se terminó para nosotros la venta o la entrega de nuestra mente y nuestros ojos: queremos ser creativos, eficientes en nuestra acción sobre la sociedad" (*Marcha* 18-04-1969).

En los cinco meses y medio de vida que tuvo el Cine Club se realizaron dos registros (*El sepelio de Arturo Recalde* y *El cierre de Extra*) y dos trabajos más elaborados: *El sepelio de Líber Arce* (que luego con la C3M será el punto de partida para realizar el documental *Líber Arce, liberarse*) y *Uruguay 1969: El problema de la Carne*.

También en este período salió la revista *Cine del Tercer Mundo*[6] cuya razón de ser era la de servir como elemento de coordinación, promoción y confrontación de experiencias para los cineastas del Tercer Mundo.

Y puesto que todas las armas son buenas si apuntan hacia la Liberación, esta revista-boletín, papel diario 2ª, sin ilustraciones, composición corrida, tapas de modesta cartulina subdesarrollada a

Marcha: de un cine club a la C3M • 413

dos tintas, es también una señal fraterna y combativa: el brazo en alto empuñando un cámara, emblema del CINE DEL TERCER MUNDO. (Alfaro, 10)

Aquí ya se pre anuncia la formación de la Cinemateca del Tercer Mundo.

Festivales: Mérida (1968) y Viña del Mar (1969)

Al igual que el Festival de Viña del Mar de 1967, estos dos festivales (el de Mérida realizado en 1968 y el de Viña del Mar en 1969) tuvieron una enorme trascendencia ya que nuevamente posibilitaron el conocimiento de los avances efectuados por el nuevo cine latinoamericano y reunieron a una gran cantidad de cineastas: exhibiciones, debates, coincidencias, declaraciones.

El jurado del Festival de Mérida subrayó que "lo importante de esta muestra radica en la novedad y el compromiso que pone en evidencia el dinamismo político y social de la realidad latinoamericana y la voluntad de transformación revolucionaria de sus estructuras".

El Festival de Viña del Mar de 1969 proclamaba un doble propósito: por un lado "afirmar la preeminencia del cine como medio de descubrimiento de las diversas culturas nacionales"; por otro lado "confirmar la unidad de objetivos de un continente que en el terreno del cine está convencido de que progresa hacia una liberación cercana" (Marcha 16-01-1970).

Estos festivales fueron decisivos en la creación de la C3M porque sus futuros integrantes encontraron un ámbito continental común, donde el cine no solo era posible sino urgente.

La cinemateca del Tercer Mundo

Una serie de circunstancias que los fundadores del Cine Club de Marcha consideraban como un obstáculo para desarrollar adecuadamente las metas fijadas, tiene un desenlace el sábado 8 de noviembre de 1969 con la inauguración de la C3M en una función con características similares a la de los festivales: una gran sala repleta, entradas agotadas, éxito total y el padrinazgo de una figura emblemática del cine documental mundial: Joris Ivens. "Su visita en nuestro país es el oportuno símbolo de una nueva raza que necesita del cine como el cine de ella: la de los combatientes" (Marcha 31-10-1969).

Ninguna como la presencia de Joris Ivens para definir el alcance y el significado de una empresa como la Cinemateca del Tercer Mundo. El ejemplo de Joris Ivens es hoy la fuente obligada del cine del Tercer Mundo, o del cine, simplemente a secas. (*Marcha* 7-11-1969)

Extracto del acta bautismal de la C3M por Hugo Alfaro

La naturaleza hermética del Cine Club probó en los hechos ser ineficiente, cuando no negativa y arcaica. Contrariando quizás hasta la misma razón de ser de la institución -al menos en sus planes de promover una toma de conciencia- se limitó al acceso sólo a los socios, es decir, a los privilegiados que podían pagar mes a mes la tarjeta. Una consecuencia resultó inevitable: el sector del público al que nos interesaba llegar (obreros, estudiantes, simples ciudadanos de clase media, que habían apoyado masivamente los festivales de *Marcha*) quedó prácticamente radiado del cine club. Planeábamos completar las funciones del Odeón con otras en el Plaza, abiertas a todo público. Pero, digámoslo también con franqueza, carecimos de la organización necesaria, trabados en parte por el aparato administrativo del que un cine club no puede prescindir. Se organizó, es cierto, exhibiciones en centros estudiantiles y sindicales, desde la Federación Autónoma de la Carne al Paraninfo de la Universidad, y en esa tarea, el Departamento de Cine pudo reconocerse a sí mismo plenamente; pero las fuentes de mayor ingreso no fueron bastante "trabajadas" y la labor de producción amenazaba resentirse... Un cine que pretende despertar, golpear, exhortar, contagiar a su público, un cine vivo y vivificante, combativo y fraternal a la vez, no puede, no debe quedar confinado en cenáculos. ¿Iría a ocurrir que la tradición elitista, señoritil, del cineclubismo al uso fuera a colarse en nuestra propia casa? Amenazaba colarse, por muy alejados de ese espíritu que estuvieran los fundadores y quienes acompañaron la iniciativa. Pero el grano era bueno; es bueno; arrojemos la cáscara a tiempo". (*Marcha* 31-10-1969)

Con el mismo logotipo diseñado por Paco Laurenzo para el Cine Club (un hombre que empuñaba una cámara como fusil), la C3M continuó el rol jugado por el Cine Club: la difusión de las películas de carácter crítico y militante y la producción de un cine nacional comprometido con la realidad que vivía el país. "De común acuerdo, como una especie de divorcio por mutuo consentimiento se creó la C3M siempre pensando un poco en las estructuras que ya estaban dadas en el ambiente" (ver nota 1).

Marcha: de un cine club a la C3M • 415

La C3M surge en momentos en que un modelo de país liberal y tolerante estaba en crisis. El autoritarismo se iba instalando en el poder, acompañado de una escalada de violencia que culminaría con el golpe de Estado de 1973.

Sin embargo esa sociedad permitía aún el cuestionamiento "desde su interior" a través de distintas manifestaciones culturales. El teatro, el canto de protesta, el cine concitaban el interés de un público crecientemente politizado. Pero, no eran fenómenos masivos. Los cinco mil o diez mil espectadores que asistían a las funciones de la C3M no iban, en definitiva, a derribar el sistema. Por eso no tenían problemas para alquilar las salas de los grandes circuitos y algunos teatros.

A medida que la represión se acentúa, la C3M intensifica la difusión de su catálogo de películas en centros barriales, sindicatos, fábricas ocupadas, parroquias, tanto en Montevideo como en el interior del país.

De este modo se empezó a llegar a un público que habitualmente no tenía posibilidades de concurrir a las grandes salas. "En aquella época, con alguna petulancia, pensaba y a veces lo decía, que éramos más importantes para la cultura política que el teatro independiente, la vaca sagrada de la cultura uruguaya" (ver nota 4).

Cada centro barrial se convirtió en una sala de exhibición.

Al final esas funciones "chicas" nos dieron un público que superó ampliamente cualquiera de nuestros mayores "éxitos" en salas céntricas. De la mera presentación de las funciones se pasó a un diálogo directo con los militantes de base; lo que había quedado sin explicación se complementaba con una charla; lo que era resistido por el espectador era discutido mano a mano, y ese intercambio nos ayudó a todos y en primer término a nosotros mismos. (ver nota 3)

El accionar de la C3M ya no era tan "inofensivo" y la institución iba a sufrir las consecuencias del autoritarismo que se iba instalando paulatinamente en las distintas esferas de un gobierno de apariencia democrática.

UN CINE POLÍTICO

Todas las producciones nacionales realizadas en el período comprendido entre 1966 y 1971 tuvieron rasgos de un cine crítico, militante y combativo. Era un cine cuyo único cometido era llegar directamente al espectador para que lo empujara a actuar rápidamente.

Los cineastas no se preocupaban tanto de la forma, sino que lo que realmente importaba era el contenido.

> No somos "artistas puros", "cineastas puros", sino militantes que vemos la producción de cine como un proceso que culmina con la difusión apremiada... Y el medio que nos interesa es ese en el que estamos: gremios, centros estudiantiles, comités de base. Discutiendo nuestros productos con esa gente tenemos la mejor guía para definir nuestro lenguaje, que queremos que sea, -en términos cinematográficos- el mismo del pueblo, la manera como el uruguayo típico se expresara en cine, si pudiera hacerlo.[7]

De igual manera el *cine de combate* producido durante ese período adquirió su propia estética, una estética de la pobreza, en algunos casos desprolija, pero con la mejor calidad posible y siempre respetando el principio fundamental: reflejar el país y llegar directamente a la gente. Como dice Handler "Entonces, el cineasta empieza a convertirse en un político" (Handler, *Historia* 599).

En 1967 Mario Handler y Ugo Ulive realizaron *Elecciones,*[8] un documental sobre la campaña electoral de 1966. Aquí se fusionan perfectamente la sensibilidad de Handler y el humor de Ulive. La obra se centra por un lado en un caudillo del Partido Nacional ("Nano" Pérez) afincado en el interior del país y por el otro, en una candidata a diputada del Partido Colorado (Amanda Huerta de Font) por Montevideo. Los realizadores optan por una narración en paralelo (Interior-Montevideo) y elaboran un perdurable testimonio, crítico y ácido a la vez, sobre el bipartidismo de la política uruguaya. Canciones burlescas, absurdos discursos de ambos partidos, militantes "blancos" y "colorados" y unos rostros impresionantes que nos miran desde la pantalla -y que son enfatizados por agresivos emplazamientos de cámara que la hacen más crítica todavía- son los rasgos más destacables de esta historia.

> La intención de la película no es sólo de acusación, sino también de autocrítica; no se trata de decir "ustedes son así" sino, "así somos" admitiendo la cuota de comodidad culposa, de responsabilidad colectiva, contraída no solo por los dirigentes, sino por todos los participantes del sistema. (Benedetti)

En 1968 Handler realiza para el Cine Club de *Marcha Me gustan los estudiantes*. Las imágenes habían sido filmadas por Handler en plena agitación estudiantil y la consiguiente represión policial. La película es un corto de seis minutos que registra la represión contra los estudiantes que salieron a las calles a protestar ante la presencia del presidente norteamericano Lyndon B. Johnson en la Conferencia de Presidentes de Punta del Este de 1967.

> Las imágenes de incidentes callejeros que Mario Handler conservó en *Me gustan los estudiantes* son las tomas póstumas de una cámara que por haberlas registrado tuvo un fin heroico, consecuente con el fin que su dueño le había dado. En éste género de cine es tan importante el film[e] como su historia, los personajes como su autor, el film[e] que es su propia historia, el autor que es un personaje. Handler arriesgó en la demanda algo más que una cámara filmadora: este material no se puede captar como observador, sino, necesariamente como partícipe de la acción. (Wainer)

En los enfrentamientos con la policía la cámara de Handler fue destrozada a sablazos y el realizador se vió obligado a alquilar otra -barata, de inferior calidad- para filmar la Conferencia de Presidentes. Gracias a este hecho fortuito, la lucha estudiantil y la reunión en Punta del Este quedaron claramente diferenciadas por la calidad de la imagen. El realizador subraya estos dos niveles apelando a la cálida voz de Daniel Viglietti que canta la canción de Violeta Parra y que acompaña únicamente la lucha estudiantil, dejando en silencio a los Jefes de Estado.

El estreno fue realizado por el festival de *Marcha* en el cine Plaza en las funciones matinales de los domingos. "Como no le tenía fe encargué una sola copia, tanta poca fe teníamos, que Wainer atrás y Achugar adelante, en la sala, decían ¡'Es así'! para justificar los silencios que yo había puesto intencionalmente en el montaje y que podían caer como un subdesarrollo uruguayo" (Wainer).

Fue un éxito. Se armó un revuelo impresionante. El público salió a la plaza a reventar bancos, indignados. Después, pusieron los bancos en la mitad de la calle y se improvisó una manifestación. La respuesta fue exactamente la que se quería provocar. "*La Nación* de Buenos Aires informó que una película había convocado a la acción directa" (Wainer).

En 1969 Handler realiza *Uruguay 1969: El problema de la carne*, un documental que testimonia una huelga realizada por los obreros de la industria frigorífica, en protesta por una rebaja en los salarios consistente en dos kilos de carne diarios. El realizador narra la huelga, insertando el problema en el marco de la crisis que vivía el país en ese momento.

Ese mismo año Handler junto a Mario Jacob y Marcos Banchero realizan *Líber Arce, Liberarse,*[9] quizás la obra más crítica, militante y movilizadora de la cinematografía uruguaya. En homenaje a Líber Arce, el primer mártir estudiantil, los realizadores dan un pantallazo –por medio de titulares blancos con fondo negro– del panorama del país. Los títulos intercalados ("Uruguay, ex Suiza de América", "Un país para 500 familias", "80.000 desocupados", "De 29 bancos 20 están dominados por el capital imperialista", "País en crisis", "Subdesarrollado", "Explotado", "Dominado por el imperialismo norteamericano", "Sólo se gobierna con medidas de seguridad", "con represión", "Para enfrentar esta situación los estudiantes salen a la calle en 1968", "Ese año la ex-Suiza de América tiene su primer mártir por la Libertad") ofician como hilo conductor de este cortometraje de diez minutos. Cada uno de ellos tiene una imagen como contrapunto, imágenes significativas, dolorosas y violentas. Los realizadores toman como pretexto el asesinato de Líber Arce para mostrar la muerte de un país: la ex-Suiza de América ha dejado de existir, o quizás nunca existió. De la época de las "vacas gordas", ya nada queda. Y doloridos hacen –no un minuto de silencio– sino más, muchos más, diez veces más, ya que lo que se está llorando es la muerte de todo un país. Es por eso que la película carece de sonido. Pero, a pesar de todo, todavía tienen fuerza para seguir peleando, y todavía tienen fe en que las cosas cambien –si no la tuvieran no se hubieran dedicado a intervenir en la lucha por medio del cine. Ya hacia el final, una pequeña luz de esperanza se asoma de las tinieblas, y una voz llama al pueblo para seguir peleando, no una voz cualquiera, sino la del Che Guevara:

> Bienvenida sea, siempre que ese, nuestro grito de guerra, haya llegado hasta un oído receptor y otra mano se tienda, para empuñar nuestras armas y otros hombres se apresten a entonar los mismos cantos con tableteos de ametralladora y nuevos gritos de guerra y de victoria.

Y una última frase llama al pueblo directamente a la acción: "Líber Arce y su sangre no correrán en vano".

En 1971 el primer acto público del recientemente creado Frente Amplio pretexta la realización de *La bandera que levantamos* por Mario Jacob y Eduardo Terra. El documental esquiva el peligro de caer en el registro periodístico y se transforma en una punzante interpretación del país, que toma como "guion" el discurso de Seregni e ilustra los grandes temas con materiales de archivo.

Para los realizadores, lo primordial era, en un principio, registrar el acto del 26 de marzo.

La intención fue muy simple y muy inocente al mismo tiempo: registrar un acto que se suponía que podía ser importante. En febrero se había formado el FA y para el 26 de marzo se había convocado al primer acto público en la explanada. Se olfateaba que iba a ser muy grande. Hoy sabemos que fue muy importante y por suerte se filmó. Después utilizamos materiales de nuestro archivo y otros que se filmaron a posteriori. Ahí tenés una cosa que era superpuntual, sin mayores pretensiones. Era registrar algo importante para la sociedad uruguaya, en un momento en que la televisión censuraba todo tipo de actividad de la izquierda. Por lo tanto, sí teníamos una preocupación por registrar el acto inaugural del Frente para que se viera en el resto del país, o inclusive acá en Montevideo. (véase nota 3)

Pero, "...cuando terminó el acto, todos habíamos sido sobrepasados por lo que se había vivido. Ya estaba naciendo nuestra película y sabíamos que no sería un noticiero, sino una tentativa de analizar de la realidad de nuestro país".[10]

La bandera que levantamos fue intensamente difundida en los llamados "comités de base" del Frente Amplio (en el "circuito incómodo" como decían los integrantes de la C3M a este tipo de exhibiciones) y posteriormente se exhibió en la sala del Teatro El Galpón en un doble programa con otro documental, *Fidel*.

En 1974, Walter Tournier, Alfredo Echániz y Gabriel Peluffo realizan la última producción de la C3M: *En la selva hay mucho por hacer*, un dibujo animado basado en un cuento que un preso político (Mauricio Gatti) escribió para su pequeña hija. La historia es simple y cuenta como unos animales se organizan para burlar al guardián del zoológico. Gatti crea esta fábula para evitar que la censura impidiera que la carta llegara a la destinataria.

EL FINAL

Cuando se forma la C3M, Uruguay atravesaba por un período difícil, de represión y violencia. Eran los años del "Pachecato"[11] en que el país se gobernaba con medidas extraordinarias que erosionaban la división de poderes. Los Tupamaros habían irrumpido en el escenario urbano y la crisis económica afectaba a amplios sectores de la población. En 1971 se funda el Frente Amplio y la guerrilla establece una tregua para no entorpecer las elecciones. La C3M se involucra con esa nueva fuerza a través de la difusión cinematográfica en los comités políticos, fábricas y sindicatos y realiza *La bandera que levantamos* con la finalidad de reflejar ese particular momento de la historia del país y para que sirviera como vehículo de interrelación con el militante. Ese año la exhibición en los circuitos grandes decrece ya que la campaña electoral estuvo teñida de violencia y los propietarios de las salas ya no estaban tan afines a alquilarlas para difundir materiales que comenzaron a ser tildados de "peligrosos".

En 1972, cuando asume Juan María Bordaberry recrudecen las acciones guerrilleras y la represión policial se intensifica. Este proceso culmina el 27 de junio de 1973 con un golpe de estado que instaura una dictadura que se prolongaría hasta 1985. Se persigue a los militantes políticos y sindicales, se liquida todo tipo de oposición y de resabio "democrático", se interviene militarmente la enseñanza superior, se establece una férrea censura de prensa, se clausuran los sindicatos. Es el reino de la arbitrariedad, de la venganza, del oscurantismo: la cárcel es el premio para cualquier acto de inconformismo o intento de rebelión.

Sin embargo ya en 1971 se había desatado la represión contra la C3M. En septiembre la policía efectúa el primer allanamiento con requisa de algún material –como por ejemplo, por absurdo que parezca, un afiche publicitando el estreno de *Fidel*.

Un mes después vuelven y se llevan presos a siete de sus integrantes y confiscan los equipos de filmación y proyección, documentos y películas. Al otro día se liberan a los detenidos y se devuelven los equipos requisados. No las películas:

> Títulos que fueron reuniéndose pacientemente a lo largo de cuatro años de actividad indoblegable (*Ollas populares, TVenezuela, Compañero presidente, Hanoi, martes 13, 79 primaveras*, un fragmento de *La hora de los hornos* y *Me gustan los estudiantes*), que han singularizado a la institución en el plano internacional y que, en el caso de la producción propia nos han dado por fin la producción de un cine nacional del cual carecíamos. (*Marcha* 15-10-1979)

En febrero del 72, una exhibición en un pueblo del interior (José Batlle y Ordóñez) debió ser suspendida porque el envío de películas fue interceptado por la policía que incautó –entre otras– *Líber Arce, liberarse* y *La bandera que levantamos*. Meses después el gobierno termina prohibiendo la exhibición de esas películas en todo el territorio uruguayo.

El 26 de mayo son detenidos Walter Achugar y Eduardo Terra. El hecho provoca una reacción mundial y cineastas de primer nivel (Roberto Rossellini, Pier Paolo Pasolini, Michelangelo Antonioni, Luchino Visconti, Bernardo Bertolucci, Costa Gavras, Chris Marker, Jean-Luc Godard, entre otros) reclaman al gobierno uruguayo por su liberación. Una mesa de montaje de segunda mano que había sido adquirida con fondos recaudados por "las campañas de equipamiento" también fue incautada[12] y el mismo destino tuvieron los varios proyectores de 16mm. que eran utilizados para realizar la difusión. Sin recursos económicos para seguir produciendo, sin equipos para proyectar, con buena parte de su catálogo de títulos incautados o prohibidos y con una acción que se había convertido en peligrosa, la C3M ya no tenía razón de ser. "No valía la pena filmar clandestinamente, era más rendidor hacer otra lucha" (ver nota 4). Los circuitos de exhibición dejan de funcionar al replegarse las fuerzas populares ante una ola de violencia represiva nunca antes conocida en el país.

En noviembre de 1972 Handler emigra a Venezuela. Mario Jacob y Alejandro Legaspi a Perú en 1974. Eduardo Terra sigue preso; Marcos Banchero y Walter Achugar se exilian primero en Argentina y luego en Venezuela y Walter Tournier cruza a Buenos Aires y en 1975 llega a Perú.

La C3M existió en un momento histórico muy particular del Uruguay donde había una gran agitación, una gran efervescencia política, y una gran movilización. Eso no dura eternamente. Cuando eso empieza a ser reprimido, cuando el ámbito que le había dado nacimiento empieza a acotarse cada vez más, ya no tenía sentido. (ver nota 4)

UN EJEMPLO A SEGUIR

La C3M fue un período muy importante del cine uruguayo. Fueron momentos en que con "muy poco" se hizo "mucho". El Uruguay logró estar a la altura del resto de los países latinoamericanos –de acuerdo a sus posibilidades económicas–, elaboró un lenguaje propio y –quizás lo más importante– estableció canales de difusión propios, que aunque alternativos, fueron sumamente eficaces. Quizás, desde una perspectiva actual donde la presencia de videograbadores domésticos es tan habitual, cueste imaginar el esfuerzo que significaba trasladar proyectores, pantallas, películas y organizar funciones y debates en todos aquellos lugares que así lo requirieran.

Aún hoy, treinta años después, aquellos filmes resultan removedores y actuales. Aunque de aquel período histórico ya no queda nada, las películas están y son un testimonio invalorable para conocer una parte de nuestro pasado reciente.

NOTAS

* Este trabajo está basado en *La C3M: Una experiencia singular*, Lucía Jacob Montevideo, monografía inédita realizada como trabajo para la Licenciatura en Comunicación Audiovisual - Universidad ORT, 1998. La presente introducción fue revisada por Mario Jacob.

[1] Entrevista realizada a José Wainer por la autora en 1998. Wainer (1938) fue –además de crítico cinematográfico de *Marcha*-, activo integrante de su cine club y uno de los fundadores de la Cinemateca del Tercer Mundo.

[2] El *Grupo Cine-Liberación* consideraba "Primer Cine" al de las transnacionales, "Segundo Cine" al de autor según las concepciones desarrolladas en Europa a partir de los teóricos de la revista *Cahiers du Cinéma* y "Tercer Cine" al de los cineastas revolucionarios.

[3] Entrevista realizada a Mario Jacob por la autora en 1998.

[4] Entrevista realizada a Mario Handler por la autora en 1998.

[5] En Buenos Aires la película estuvo prohibida durante años.

[6] Revista impresa después del "Tercer encuentro de Cine Iberoamericano".

[7] Entrevista a Mario Jacob y Eduardo Terra, *La Idea* (Montevideo, sin fecha, 1971).

[8] *Elecciones* es anterior a la existencia de la C3M, pero es un título importante en la filmografía de Handler.

[9] El documental obtuvo el Premio "Joris Ivens" en el Festival de Leipzig, República Democrática de Alemania, 1969.

[10] Entrevista a Mario Jacob y Eduardo Terra, *La Idea* (Montevideo, sin fecha, 1971).

[11] Por Jorge Pacheco Areco, quién accedió a la presidencia del país el 6 de diciembre de 1967 ante el fallecimiento del general Oscar Gestido, electo como presidente constitucional un año antes.

[12] Por increíble que parezca, después de adquirir la moviola -a fines del año 1971- la C3M no pudo producir más nada.

BIBLIOGRAFÍA

Alfaro, Hugo. *Navegar es necesario*. Montevideo: Ed. de la Banda Oriental, 1984.

―――― *Situación del cine en el Uruguay*. Barcelona: Ponencia publicada en *XI Congreso Internacional de Cine y Televisión–III Encuentro de Cine Iberoamericano*. Folleto mimeografiado, sin numeración de páginas, 1969.

Marcha: de un cine club a la C3M • 423

_____ Artículo en *Marcha* (Montevideo: 27 de diciembre de 1968).
_____ "Presentación". *Cine del Tercer Mundo* 1 (Montevideo, 1969): 7.
Álvarez, Santiago y Fidel Castro. *Muerte al invasor. Reportaje especial sobre la agresion imperialista al Pueblo de Cuba presenta Actualidades Cubana e internacionales* (Filme). La Habana: Instituto Cubano de Arte e Industria Cinematográfica, 1961.
_____ y Lena Horne. *Now*. La Habana: S.I. S.N., 1965.
_____ *Hanoi, martes 13, diciembre*. New York: Third World Newsreel, 1967.
_____ *Lena Horne y José Martí. Clasicos del cine cubano*. La Habana: ICAIC, 1998 reedición.
Artículos sin firma en *Marcha*. Montevideo: 26 de julio de 1968, 24 de enero de 1969, 17 de enero de 1969, 20 de setiembre de 1968, 11 de abril de 1969, 25 de abril de 1969, 18 de abril de 1969, 16 de enero de 1970, 31 de octubre de 1969, 7 de noviembre de 1969, 31 de octubre de 1969, 15 de octubre de 1971.
Benedetti, Mario. Artículo en *Marcha* (Montevideo, 18-08-1967).
Come Back Africa. Lionel Rogosin (dir.) Estados Unidos, 1956.
Dios y el diablo en la tierra del sol (Deus e o Diablo na terra do Sol. Glauber Rocha (dir.) Brasil, 1964.
El chacal de Nahueltoro. Miguel Littín (dir.) Santiago de Chile, Arco Home, 1969.
El cielo y la tierra (Le ciel, la terre). Joris Ivens (dir.) Francia-Vietnam, 1965.
El cierre de Extra. Producción de Cine Club. Montevideo, 1969.
El sepelio de Arturo Recalde. Producción de Cine Club. Montevideo, 1969.
En la selva hay mucho por hacer. Walter Tournier, Alfredo Echaniz y Gabriel Peluffo. Montevideo: Producciones C3M, 1974.
"Entrevista a Mario Jacob y Eduardo Terra". *La Idea* (Montevideo: sin fecha, 1971).
Fidel. Saul Landau (dir.), documental. Estados Unidos, 1969.
"Grupo Cine-Líberación". *Marcha* (Montevideo, 30 de diciembre de 1970).
Handler, Mario. Artículo en *Marcha* (Montevideo, 18-04-1969).
_____ *Historia del cine mundial*. Georges Sadoul, ed. México: Siglo XXI, 1972.
_____ *Carlos, cine-retrato de un caminante en Montevideo* (Filme), 1965.
_____ *Elecciones* (Filme), 1967.
_____ *Me gustan los estudiantes* (Filme), 1967.
_____ *Uruguay 1969: El problema de la Carne*. (Filme). Producción de Cine Club. Montevideo, 1969.
_____ y Mario Jacob. *Líber Arce, liberarse*. Producción de Cine Club. Montevideo, 1969.

Ivens, Joris. Artículo en *Marcha*. (Montevideo, 11-09-1970).
Jacob, Lucía. *La C3M: una experiencia singular*. Montevideo: monografía inédita, 1998.
Jacob, Mario. "La Revolución llega al cine". *Nuevo Film* 4 (Montevideo, 1996).
_____ y Eduardo Terra. *La bandera que levantamos* (Filme). Montevideo, 1971.
La batalla de Argel (La battaglia di Algeri). Gillo Pontecorvo (dir.) Italia, 1965.
La hora de los hornos. Fernando Solanas (dir.). Berkeley: Tricontinental Film Center, 1968.
Littín, Miguel. *Historia del cine mundial*. Georges Sadoul, ed. México: Siglo XXI, 1972.
_____ Artículo en *Marcha* (Montevideo, 30-12-1970).
Martin, Marcel. Artículos en *Marcha* (Montevideo, 29-06-1968).
Mayoría absoluta (Maioria absoluta). León Hirszman (dir.) Brasil, 1965.
Morir en Madrid (Mourir à Madrid). Frédéric Rosbif. Francia, 1963.
Paralelo 17 (17th Paralell). Joris Ivens (dir.) Francia-Vietnam, 1968.
Por un cine latinoamericano. Memorias del Encuentro de Cineastas Latinoamericanos en Solidaridad con el Pueblo y los Cineastas de Chile. Caracas, septiembre de 1974. Caracas: Fondo Editorial Salvador de la Plaza, 1974. Colección *Cine Rocinante*, 1977.
Volumen II (Informe Uruguay en el V Encuentro de Cineastas Latinoamericanos de Mérida, Venezuela).
Rocca, Pablo. *35 años en* Marcha. Montevideo: Dirección de Cultura-Intendencia Municipal de Montevideo, 1992.
Rocha, Glauber. Artículos, *Marcha* (Montevideo, 14-10-1967).
Sanjinés, Jorge. *Historia del cine mundial*. Georges Sadoul, ed. México: Siglo XXI, 1972.
_____ *Revolución* (Filme). Bolivia, 1963.
_____ *Aysa* (Filme). Bolivia, 1965.
_____ *Ukamau* (Filme). Bolivia, 1966.
_____ *Yawar Mallku* (Filme). Bolivia, 1969.
Tres tristes tigres. Raúl Ruiz (dir.) Santiago de Chile, 1968.
Valparaíso mi amor. Aldo Francia (dir.) Santiago de Chile, 1969.
Vidas secas. Nelson Pereira dos Santos (dir.) Brasil, 1963.
Wainer, José. "Cine nacional: posibilidad y urgencia". *Marcha* (Montevideo, 2-08-1968).

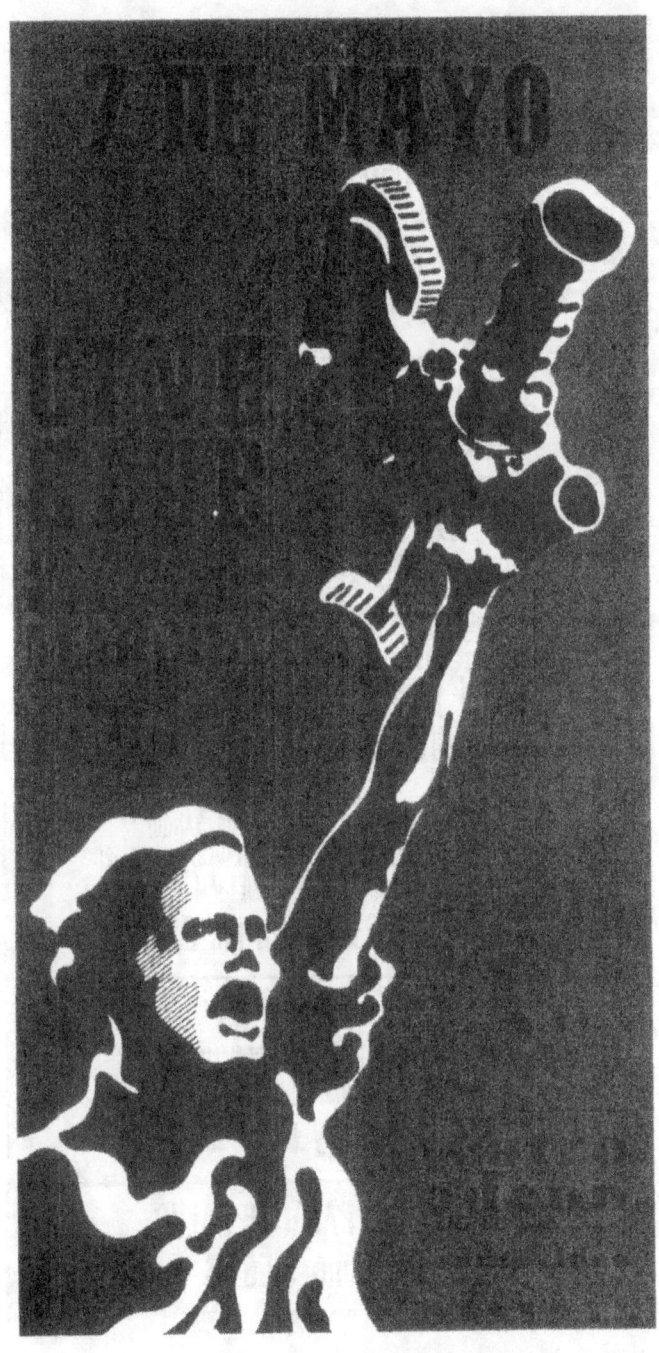

CINEMATECA DEL TERCER MUNDO

HOY viernes 30 y domingo 2
a miércoles 5
Ultimas funciones, continuado

★ **VIDAS SECAS**
DE NELSON PEREIRA DOS SANTOS
(a las 19.10 y a las 22.30)

★ **LA HORA DE LOS HORNOS**
DE FERNANDO SOLANAS
(a las 20.45)

Desde el jueves 6, estreno, continuado:
★ **¿QUIEN NOS MANDO LLAMAR?**
(WHO INVITED U.S.?)
FILM SOBRE EL IMPERIALISMO YANQUI
DESDE LAS INTERVENCIONES EN LA DECADA DEL 20
A LA GUERRA DE VIETNAM
(a las 21.20 y a las 23)

★ **100 AÑOS**
LA RESPUESTA AL IMPERIALISMO
CORTO CUBANO DE ANIMACION
(a las 20.45 y a las 22.25)

TEATRO PALACIO SALVO
Teléfono 9 56 46

"MARCHA" 31 de mayo de 1969

"MARCHA" 25 de abril de 1969

EL CINE CLUB EN MARCHA

LA joven señora llegó a MARCHA, preguntó dónde podía asociarse al cine club, se asoció, y después quiso saber cuándo empezaban las clases para aprender a filmar.

—Tengo un bebé de 3 meses, dijo, pero con el otro brazo puedo calzar una cámara.

El ejemplo, extremo, es revelador de la reacción que siguió, sobre todo entre los jóvenes, al anuncio de que empezaba la inscripción para asociarse al Cine Club del Departamento de Cine de Marcha. Prestaremos atención preferente a los problemas del Noticiero, a las clases teóricas y prácticas de aprendizaje (a cargo de Mario Handler) y a todo lo que promueva el cine nacional. La verdad es que nos hemos pasado (todos: críticos, cineclubistas y hasta realizadores potenciales) consumiendo maniáticamente el cine —bueno y malo— que otros producen; ahora sentimos que ha llegado el momento de hacer un cine propio. No es que no haya en el pasado películas nacionales, incluso muy valiosas. Sino que se trata de esfuerzos individuales, acaso meritorios pero aislados, a partir de cada uno de los cuales siempre fue preciso volver a fojas cero. Lo que se propone el Cine Club de Marcha (lo dijo elocuentemente Handler en esta página el viernes pasado) es impulsar el cine nacional como obra colectiva. Por eso aquél llama a colaborar a los que sientan la misma necesidad. No para que necesariamente cada asociado porte una Super 8 como quien lleva una birome; sino para que entre todos hagamos posible que los más capaces puedan portarla. Si hemos de juzgar por la reacción de estos primeros días,

es seguro que la iniciativa tendrá andamiento.

Reiteramos ahora los puntos básicos:

—no hay franquicias ni cuota de admisión; la cuota mensual es de $ 350.

—la tarjeta es transferible; si un miércoles el asociado no puede asistir, que vaya un amigo (o aun un adversario; puede ser buen proselitismo.)

—las funciones son los miércoles en el Teatro Odeón (dos vueltas: a las 20 y las 22 horas.)

—cada programa culminará en un debate, al término de la segunda vuelta, con un especialista que lo presidirá y asistencia libre para todo socio (incluso el anotado para la vuelta de las 20.)

—la programación va a orientarse hacia el cine de compromiso y de combate, latinoamericano o del Tercer Mundo. Pero también al cine de concientización, cualquiera sea su procedencia (y hasta Hollywood lo ha hecho), o el cine "maldito", o el desconocido, o el olvidado, con tal de que provoque en el espectador algo más que una digestión placentera.

—ofreceremos por lo menos un preestreno mensual, seleccionado entre lo más importante que ofrezcan las carteleras montevideanas.

—los socios del Cine Club de Marcha tendrán un descuento del 50 % en el precio de las entradas al Festival, el que continuará exhibiéndose en el Plaza.

—recibirán gratuitamente la revista latinoamericana "Cine y Revolución", a editarse en Montevideo, con colaboraciones de todo el continente.

—se exhibirá en el Odeón una entrega mensual del Noticiero del Departamento de Cine de Marcha, sobre los grandes temas del país.

—los asociados podrán asistir a los cursos sobre realización cinematográfica que se dictarán en el local de MARCHA.

—nuestro Cine Club se inaugura el miércoles 7 de mayo, probablemente con un estreno sensacional.

—por inscripciones e informes en MARCHA, Rincón 577, de 15 a 20 horas; sábados de 10 a 12. El domingo 27 habrá equipos de voluntarios atendiendo en el foyer del cine Plaza, de 9 y 30 a 12 y 30 horas.

"MARCHA" 24 de setiembre de 1971

allanamiento

- El sábado al mediodía, los soldados ingresaron al local de la Cinemateca del Tercer Mundo, donde sólo había un integrante, y sin la correspondiente orden de allanamiento, pero con argumentos mejores, máuseres y MI, comenzaron a buscar por todos lados pruebas de delitos que no especificaron, donde sólo había películas, libros y algunos equipos de proyección. Mientras tanto, afuera, un gran contingente de soldados asustaba al barrio con su presencia.

Interrogaron al compañero presente, llevándolo hacia preguntas indiscretas, como por ejemplo qué era determinado aparato en el cuarto de baño; resultó ser una ampliadora fotográfica. Algunos retratos de Seregni, Fidel y otros motivaron preguntas, ante lo cual les fue ofrecido y aceptado un cartel de propaganda de "Fidel".

Lamentablemente, se llevaron a la Región Militar nº 1 un catálogo de películas y todo el repertorio de funciones programadas dentro del Frente Amplio para las próximas semanas, con lo que varias de éstas no se podrán hacer.

INCAUTAN 3 PELICULAS

La Mesa Ejecutiva del Frente Amplio decidió ayer impugnar jurídicamente el decreto del Poder Ejecutivo publicado en el Diario Oficial del 28 de febrero por el cual se procede a incautar tres películas cinematográficas.

Según el mencionado decreto los filmes fueron incautados por las Fuerzas Conjuntas el día 31 de enero a las 21 y 50 horas en la planta emisora de Radio Lavalleja. Las tres películas son: "La Rosca", "Líber Arce. Liberarse" y "La Bandera" Sobre esta última se dice en el decreto que es de "propaganda de la agrupación política denominada Frente Amplio" y a continuación en el considerando se relaciona a dichos films como "constituyendo apología a la violencia como instrumento de acción política"

Aquí se deben hacer algunas precisiones. Se destaca en el mencionado decreto intento de vincular al Frente Amplio con los Tupamaros. Por otro lado una de las mencionadas películas "La Bandera" que está referida al acto realizado 26 de marzo pasado no un material oficial del Frente, sino un filme hecho por una empresa particular que, si bien se ha exhibido en varios comités de Base del FRENTE Amplio no recibió ningún tipo de aprobación por parte de las autoridades de la Coalición.

- Incautación de Películas

ahora el decreto aprobado en las postrimerías del gobierno anterior, fue dispuesta la incautación de las películas cinematográficas tituladas "La Rosca" y "Líber Arce. Liberarse", así como de otras filmadas para propagar finalidades del llamado "Frente Amplio", que se consideraron atentatorias de nuestro régimen constitucional. El secuestro y destrucción de ese material se fundó en que su contenido constituye una clara apología de la violencia, como instrumento de acción política.

"MARCHA" 15 de octubre de 1971

ATENTADO A LA C3M
CONTRA EL CINE NACIONAL

EL gobierno parece dispuesto a desmentir —sus obras hablan por él— ese obstinado desapego que por las cuestiones de la cultura le atribuyen sus detractores. Por el contrario, todo indica que ése es ahora el centro de sus desvelos. Unas horas antes del allanamiento del edificio central de la universidad, grupos de hombres armados irrumpieron por dos veces —el jueves, una, el viernes, la otra— en el local de la Cinemateca del Tercer Mundo para prender a siete de sus integrantes y llevarse equipos de filmación y proyección, documentos y, sobre todo, películas. Para pasearlos de un extremo al otro del departamento de Montevideo, encerrarlos en las celdas de un cuartel (el cuerpo de caballería, dependiente de la Región Militar nº 1, según el funcionario encargado de atender el despacho del Departamento 6 de Información e Inteligencia), interrogarlos sobre su filiación política y dejarlos, por fin, en la jefatura, los captores necesitaron casi día y medio. El sábado, las personas habían recuperado la libertad y los bienes habían sido reintegrados a la cinemateca. Salvo las películas. Entre las dos incursiones, fueron incautados títulos latinoamericanos y nacionales, pre- miados en festivales de todas latitudes casi todos ellos y exhibidos entre nosotros por la institución en algún caso desde hace cuatro años, en otros tres, y en la mayoría dos, sin haber despertado hasta el presente la menor reticencia oficial. En la lista, figuran Ollas populares, TVenezuela, La bandera que levantamos, Líber Arce, liberarse, Compañero presidente, un fragmento de La hora de los hornos, Hanoi martes 13, 79 primaveras y Me gustan los estudiantes.

Parece ocioso detenerse a reseñar los datos de cada uno de esos títulos, de cuyas exhibiciones locales y distinciones internacionales esta página se ha venido ocupando desde 1967. Habría que preguntarse, en cambio, qué ha llevado al gobierno a enfocar su atención sobre este material, en octubre de 1971, precisamente. La respuesta resulta bastante obvia si se piensa que la Cinemateca del Tercer Mundo ha concentrado prácticamente toda su actividad en la programación de funciones para comités de base del Frente Amplio. Las "visitas" a la C3M ya fueron intensificando desde que hace más o menos un mes, un grupo de hombres armados a guerra penetró en su sede para capturar un cartel de propaganda del estreno de Fidel y un libro de programaciones. Esta vez, en cambio, el botín fue mucho más sustancioso: títulos que fueron reuniéndose pacientemente a lo largo de cuatro años de actividad indoblegable, que han singularizado a la institución en el plano internacional y que, en el caso de la producción propia, han dado por fin la dignidad de un cine nacional del que carecíamos. Basta enumerar nomás los títulos uruguayos que todavía, a la hora que se escriben estas líneas, prosiguen su "cautiverio" para distinguir en qué polo se sitúan, por un lado, esas películas y la autoridad que dispuso su secuestro, por otro. Basta, tal vez una operación mucho más sencilla todavía: comparar las "campañas" televisadas, encomendadas a las grandes agencias y financiadas a toda trapo, con La bandera que levantamos, hecha con toda la precariedad de medios y condiciones a que nos ha condenado nuestro subdesarrollo, pero también con toda la entrega, la energía y la inventiva de que la cultura uruguaya es capaz de anteponer a esa ofensiva.

Contrariamente a lo que se ha informado, las programaciones de la C3M se seguirán cumpliendo. Un informe de lo acontecido se elevará al general Seregni y a la mesa ejecutiva del Frente Amplio. Pero los comités de base siguen teniendo a su disposición una colección de películas única en el país y en el continente.

JOSE WAINER

"MARCHA" 30 de junio de 1972
POR LA LIBERTAD DE TERRA Y ACHUGAR

desde Italia, Chile y Alemania

ROMA, 16. — Numerosas reacciones entre los cineastas y el periodismo de varios países ha suscitado el arresto de Walter Achugar, uno de los más entusiastas difusores del cine tercermundista e italiano en hispanoamérica.

La repercusión pareció llegar a su clímax cuando la prensa italiana difundió un cable enviado a la embajada del Uruguay en Roma, firmado por los directores del cine italiano, Gillo Pontecorvo, Elio Petri, Roberto Rossellini, Pier Paolo Pasolini, Michelangelo Antonioni, Francesco Rosi, Bernardo Bertolucci, Marco Ferreri, Valerio Zullini, Carlo Lizzani, Mario Monicelli, Francesco Maselli, Giuliano Montaldo, Valentino Orsini, Mario Camerini, Luigi Magni, Folco Fulci, Luigi Comencini y Vittorio De Sica.

En Chile, ante el silencio de la embajada uruguaya, medios cercanos a Chile-Films exigirían hoy una explicación a los representantes de Uruguay.

También en Chile, la universidad ha comunicado que "está movilizando todos sus medios para protestar por la detención del cineasta uruguayo".

● Foro Internacional del Nuevo Cine. Berlín 25. 6-2. 7 - 1972.
Al embajador del Uruguay. 53 Bonn.
Al ministro de Relaciones Exteriores del Uruguay. Montevideo.

Hace más de tres semanas fueron encarcelados Walter Achugar y Eduardo Terra, a quienes conocemos como prominentes representantes del cine uruguayo. No fue dada ninguna información sobre las razones de su arresto. Protestamos contra esta detención y exigimos la libertad inmediata de Walter Achugar y Eduardo Terra. Foro Internacional del Nuevo Cine. Amigos de la Cinemateca Alemana, Berlín. Comunidad de Trabajo de los Periodistas del Cine de Alemania. Sindicato de Realizadores. Comunidad de Trabajo de los Nuevos Productores de Largometraje de Alemania.

Inclusión progresiva o inclusión excluyente: dos marchas de la cultura

Raúl Antelo
Universidade Federal de Santa Catarina

En una reflexión sobre libros infantiles, Walter Benjamin observa que no son las cosas las que asaltan la atención del niño sino que es la curiosidad infantil la que penetra en las imágenes de esos volúmenes multicoloridos. Así, a la manera de los taoistas, el niño vence la pared ilusoria de la superficie y, elevándose por entre tapetes y decorados, penetra en el escenario en que vive el mundo de ficción. Disfrazado, el chico entra entonces en ese mundo como quien participa de una mascarada y, al inventar historias, se convierte a sí mismo en un director de escena que no se deja censurar por el sentido (*Selected Writings* 435).

La idea es crucial para entender el lugar que ocupa (que *juega*) la cultura brasileña en el pensamiento crítico de Ángel Rama. La velada censura que Rama proyecta, en sus artículos para *Marcha*, a una cultura que no domina demasiado, pero que, sin embargo, le atrae poderosamente y a la que además quiere corregir, de forma solapada, a partir de una inequívoca hegemonía literaria, aunque no visual (es decir, cultural, corporal), es un valioso indicio de las paradojas de la modernidad suratlántica. Tendríamos así dos estrategias enfrentadas: de un lado, la inclusión progresiva, "adulta", aunque discriminatoria, de Rama; del otro, en cambio, la inclusión excluyente del cine joven, cuando no "imberbe", de Glauber Rocha. La línea y el círculo, la ascensión y la decadencia diseñan pues dos marchas disímiles de la cultura moderna en la región que vale la pena examinar en más detalle.[1]

Tomemos, entonces, como principio de análisis, las consideraciones que hace Ángel Rama al evaluar el cine de Glauber Rocha. Habiendo asistido a la Quinta Muestra del Cine Latinoamericano de Génova, donde pudo apreciar, entre otros, *Deus e o diabo na terra do sol*, *Vidas secas* y *Maioria absoluta*, Rama anota que

> El Brasil es un país único en el mundo, donde la mitad de la población, o sea unos cuarenta millones de hombres, tiene menos

de 25 años de edad. Esta increíble juventud ha venido acompañada de manifestaciones artísticas —y desde luego políticas y sociales, igualmente jóvenes, igualmente talentosas e inmaduras, a la vez, pero no hay duda, aun frente a los evidentes defectos de su producción artística, que ella representa la más vigorosa, actuante, por momentos sobrecogedora fuerza creadora del país vecino. Es un país de jóvenes, que ellos quieren hacer a su medida y de acuerdo a los obligadamente incompletos conocimientos que los distinguen. Como un "gigante enfermo" se ha definido al Brasil, ¿por qué no llamarlo el "bebé en patines"? ("Los jóvenes" 3-4)

Atribuye Rama a esa misma infantilidad la intromisión airada del embajador brasileño en Roma, quien habría visto, en los filmes elegidos, una conspiración internacional contra la dictadura y que, en consecuencia, habría vetado dos de ellos, una película hecha por el CPC, bajo la dirección de Leon Hirszman, *Maioria absoluta*, y la obra de Glauber, ambas proyectadas fuera del concurso oficial. A Rama le atrae esta última película, "obra de un jovencísimo director, Glauber Rocha, al frente de un equipo igualmente 'bebé'", en que "errores y aciertos se combinan por partes iguales" para el logro de una obra parricida e iconoclasta, la obra de un héroe festivo y furioso, desmesurado y violento, en pocas palabras, un Prometeo latinoamericano.[2]

Tras resumir el enredo de la película, no sin destacar que el milenarismo sertanero y su noción de catástrofe, el "desgraciarse", es una mera variante de la violencia circular de un bandido pampeano, Juan Moreira,[3] Rama considera que:

> Estéticamente la obra contiene admirables fragmentos, pero también insoportables imitaciones del estilo Eisenstein (en *Iván el terrible*) y un diálogo engolado entre Montherlant y Sartre, sobre el destino, la crueldad y la muerte. Glauber Rocha estaba allí y juntos participamos en una discusión que nos pidió Aristarco para *Cinema nuovo*.[4] Viéndolo se comprenden muchas cosas: en primer lugar su increíble talento futuro, porque Glauber Rocha tiene 26 años, y su film[e] fue hecho —y producido por él mismo— entre los 23 y 25 años. A esa edad debe atribuirse en buena parte los errores de una mimetización demasiado evidente sobre las grandes obras del cine extranjero, incluyendo Pudovkin, Eisenstein y los film[e]s japoneses de Kurosawa. La primera parte sobre la vida religiosa, que evoca varias secuencias famosas de Eisenstein en su film[e] sobre México y en sus "tomas" de las formas supersticiosas de la vida rusa, son extraordinarias. Luego el "tempo" del film[e] se ralenta, los diálogos

suplen las imágenes y Glauber Rocha se entrega gozoso a los virtuosismos; cuando la cámara comienza a girar alrededor de una pareja que se besa se alcanza una verdadera incandescencia estilística, cuando el miserable Manuel se opone a correr sobre las áridas tierras del sertão y el ciego cantor entona en el más alto y repetido registro su melodía popular, el espectador se siente penetrado de la profunda emoción del desenlace. Estos aciertos son los que deben considerarse, vista la juventud del realizador, para compensar los errores del montaje y de la técnica lenta y barroca de la elaboración. ("Despedida" 4)

Preocupado, como Godard, por alterar los mecanismos de la percepción de la imagen, Glauber transforma al espectador, según la mejor tradición de lo maldito, en alguien inquietante e incómodo. Definidas entonces como "jóvenes" y ansiosas, esas imágenes, verdadera poesía en movimiento las llamaría Rimbaud, materializan valores que aún no existen o que ya no operan, lo cual genera un caos o dispersión de cosas o personas, en rigor, ni condenados ni santificados, que vagan en busca del acontecimiento. La controversia al respecto de Sartre es pues extremadamente elocuente. Mientras Glauber se inclina a ver a Sartre como el eslabón antimimético, barroco y exasperado, situado entre Mallarmé y Debord, Rama por el contrario ve en Sartre a "un autor cuya más alta virtualidad creadora está en su penetrante inteligencia discursiva, y en cuanto sus personajes son seres que se revelan siempre por el lenguaje, más que en una acción discordante con las palabras".

Rama pide ponderación cuando en realidad lo joven se agita en lo contradictorio. Pero es por ese motivo que, aunque suspire por elegir, por estar además anclado en rigurosos principios de honradez, el joven se ve obligado a postergar su deseo hasta tanto no recupere la gracia de lo sagrado y lo no sagrado. "La juventud —decía Benjamin— confía en que se revele lo sagrado y lo condenable en el instante en que su voluntad común de elección se oriente hacia lo más elevado" (*La metafísica* 115). Esa también es la concepción, modernista y pedagógica, de Rama, que no deja de pedirle a un maestro como Antonio Candido, presente en la sala, que lo auxilie a él mismo, como "joven" ante la alteridad brasileña, para la correcta comprensión del filme. No hay duda de que para Rama, lo más elevado, la discriminación entre lo sagrado y lo condenable, es fruto de una concientización nacional; pero ese proceso de síntesis connota asimismo una paradoja ya que, al alcanzar esa madurez ambicionada, el juicio habrá perdido consecuentemente su virtud fundamental, la irreverencia juvenil.

Con todos sus errores, sus defectos, su mimetismo, no creo que haya hoy, en toda América, ninguna cinematografía que pueda compararse [...] y en buena parte es la obra de gentes muy jóvenes, que están pasando su etapa de experimentación que es, al mismo tiempo, la de una toma de conciencia nacional. Antonio Candido que estaba a mi lado durante la proyección de *Deus e o diabo na terra do sol* me daba su preciso testimonio sobre la verdad histórica, geográfica, religiosa e ideológica de la película. Pero todo el cine brasileño es hoy cine testimonio; sus jóvenes realizadores sienten, por encima de todo, que a ellos se les reclama, como alguien más grande, más humilde y más sabio que todos nosotros dijo, dar testimonio de la verdad, y ésta es la atroz verdad de la tierra brasileña. De la ultrajada tierra latinoamericana. ("Despedida")

Es clara la posición de Rama acerca del testimonio. El testimonio sería un valor documental acumulado por la vivencia. Pero en función de la tensión antes señalada, el mismo concepto de testimonio pasa a mantener una relación inestable con la historia que, a la postre, hace que se lo discrimine de las duras premisas verídicas para inclinarse hacia la esquiva verosimilitud, con lo cual el testimonio deja de ser pensado como mímesis de lo existente y, en cuanto hecho ficcional, pasa a ser mimetismo del lenguaje.

En efecto, la literatura de testimonio, que en aquellos años reivindicaba un contenido de verdad superior a la simple y gratuita literatura, no debería, en rigor, confundirse con el relato de un mediador cultural (la función que ejerce Candido ante Rama, la que Rama mismo cumple ante el público de *Marcha*), es decir, un tercero, un *testis*, que salvaría a la verdad de esa coyuntura difícil y problemática de no explicarse por sí misma. Pero tampoco debería ser el relato de alguien como el *superstes*, que juzga haber conocido algo en profundidad y, por tanto, acumulado legítimas vivencias a ese respecto, vivencias que a su vez transmite como sobreviviente. Por el contrario, el testimonio no es una forma sino una fuerza y el sujeto de ese tipo de relato es siempre alguien que asiste y es afectado por un proceso de des-subjetivación, alguien que atraviesa una experiencia del afuera y practica una transgresión a los valores consolidados, ya que el testimonio ocurre siempre en un peculiar no-lugar, el de la articulación del lenguaje.

El testimonio es entonces un acto de lenguaje y en esa medida está sujeto a todas las paradojas de la enunciación. Es el acto de un autor (*auctor*: el que encuentra, el que da fe) pero, en consecuencia, es doblemente un acto de potencia y de impotencia narrativa, ya que el

Inclusión progresiva o inclusión excluyente • 437

sujeto del testimonio no se puede definir a partir de lo que observa (su mera vivencia) sino a partir de una puesta en relato (el testimonio), lo que presupone siempre algo preexistente a sí mismo, un campo de fuerzas discursivas atravesado por lo fortuito (lo que puede no ser) pero no menos por la necesidad (lo que no puede no ser).[5]

Separada así de la observación y, en ese sentido, distante de lo trivial, la literatura de testimonio configura una peculiar experiencia biopolítica, que es crítica de lo institucional y de fondo discursivo antiretórico. El cine de Glauber así lo demuestra. Menos interesado por la forma que por la anatomía de un conflicto cuyos agentes son siempre permutables, su testimonio es frecuentemente desviado, descarrilado, desconstruido de modo tal que la dispersión incidental funciona como un análisis de las fuerzas políticas enfrentadas en el evento.

Sin embargo, no era así, por lo normal, como se evaluaba al testimonio, cuando éste irrumpe, con toda fuerza, hacia fines de los sesenta.[6] El género era unánimemente visto bajo premisas historicistas de adecuación a la realidad. En ese sentido, la opinión de Rama es significativa. Muestra que no puede ver, o sólo ve como defecto de una "técnica lenta y barroca", la peculiaridad iconoclasta de Glauber Rocha: su reivindicación de una cultura de la violencia, una cultura del hambre, la única capaz de suscitar, a los ojos del colonizador, la existencia del colonizado.[7] Y sin embargo, poco antes, motivado por el IV centenario de Góngora, el mismo Rama se preguntaba:

> ¿Qué joven poeta español o qué joven poeta uruguayo se ha acordado de la celebración? Si es lícito inventarles opinión, sería más o menos como sigue: "Sí, es un gran poeta, ¿y si habláramos de otra cosa?" Habrá que disculparles, don Luis, porque están tan ocupados con la temática existencial o con la temática político-social — que las dos los comen y el tiempo es breve — que no pueden atender a tu deslumbrante oficio. ("Góngora")

No obstante, lo sorprendente del caso es que Rama reivindica a Góngora con los mismos atributos de Glauber, como si éste fuese un heterónimo de aquél.[8] Cree que el poeta no era un exquisito sino,

> un bárbaro y atroz, dueño de un alma inculta [...], un bárbaro que no se puede tolerar a sí mismo, diríamos, y se aferra, hábil, superficial combinador de baratijas llamativas a los productos de una cultura lejana y decadente. Quizás eso le permitió salvarse del humanismo dulzón pero, como de paso, también le ahorró la simple humanidad. Por eso mismo, diría Ortega, fue un artista. ("Góngora")

Esa condición alterna, del artista rebelde e inconformista, Rama la detecta también en otro artista *anestético*, Chico Buarque de Hollanda, a quien no califica de "juvenil ni adolescente, sino infantil":

> Este joven que canta como un niño la alegría de descubrir la alegría, en su primera y famosa melodia, "A Banda" – "Estava à toa na vida / o meu amor me chamou / pra ver a banda passar / cantando coisas de amor" – es sin embargo el mismo que ha hecho una experiencia de musicante de poesía [...] Me refiero a su versión del bellísimo poema "Morte e vida severina" del mayor poeta de la generación brasileña del 40, João Cabral de Melo Neto, y a la adaptación de un poema del *Romanceiro da Inconfidência* de Cecília Meireles, "un poema de ritmo liviano, simple y popular, martiano", que lo llevan a afirmar, parafraseándolo a Vaz Ferreira, que "es asombroso que meramente comprenda lo que ha escrito tratándose de un joven, casi un 'garoto'". ("Otro juglar")

Si en el caso de Glauber, lo joven era indicio de desprolijidad y rebeldía, en el de Chico, la ingenuidad se convierte en astucia revolucionaria, martiana, ya que hace pasar un valor poético superior, "nuevo", a través de formas musicales populares y tradicionales. Chico es un transculturador.

Pero cabe pensar que, si vemos en Glauber Rocha a un caníbal que deglute a Eisenstein, Welles, Visconti, Buñuel, Godard o Rosellini, es difícil entender las restricciones de Rama ya que, en último análisis, su modelo de la transculturación narrativa latinoamericana no es otra cosa sino la actualización de la antropofagia oswaldiana de la cual, mejor que cualquier otro artista, deriva Glauber. No es pues por el prisma de un populismo urbano de vanguardia que se puede entender la distancia entre Glauber y Rama. Todo los une. Salvo que el brutalismo de Glauber no es mero primitivismo y no solo no lo es *per se* sino porque el primitivismo presupone una superioridad ética, una relación colonial por parte de quien rotula y no hay, en el caso de Rama (o, diríamos de la tradición letrada desde la cual juzga), ningún tipo de superioridad en relación a la desmesura de la estética del hambre. Rama está queriendo descolonizar la literatura y toda su crítica puede interpretarse, en efecto, como el pasaje de los estudios literarios a los culturales.

Glauber, por su lado, tampoco opta entre formas, como un típico vanguardista (*tupy or not tupy*, estetización de la violencia o politización del arte) sino que pone las fuerzas antagónicas en transe. Tal vez sea esa una diferencia que cuente. Rama está fatigado por la modernidad letrada. Glauber, en cambio, es el artista agotado por la modernidad. A ese respecto, David Oubiña recuerda su manifiesto: "El cineasta es el hombre que se ha liberado de la cultura del cine. Filmar entonces, solo puede ser una práctica radicalizada. Hay que aprender a dibujar como un niño, como Picasso. Hay que empezar todo de nuevo" (64).

Recordábamos, al principio, a Walter Benjamin cuando nos decía que el niño perfora la pared ilusoria de la superficie de las imágenes y, carnavalizando su discurso, se convierte a sí mismo en un director de escena que no se deja censurar por el sentido consabido. Hay así en Glauber el deseo de una lengua adánica transformada en un archivo de semejanzas, un arabesco gozoso y proliferante. Observa Oubiña, en esa línea de pensamiento, que el lenguaje de Glauber se caracteriza por una

> [s]intaxis trabada, entrecortada, fragmentaria, explosiva. Invención de palabras, juegos con el sentido. Caligrafía desordenada de Glauber, desmelenada, caótica. Leer como en traducción. Leer, por ejemplo, *obrakynomatographyka, cineterceyromundista, ymperyalyzmo, xo-byz* (donde ya es casi imposible descifrar *show-biz*, es decir *show-business*). Ortografía de Glauber: anormal, oblicua, sesgada. Escribir PH en vez de F, o Z en vez de S; pero sobre todo Y en lugar de I, o K donde debería ir C. En sus textos teóricos y críticos, Rocha recupera la K y la Y que la lengua portuguesa sólo conserva para vocablos extranjeros. Palabras reescritas, encrespadas, hirsutas. Un ripio, ahí donde antes había una fluidez. Cierta dificultad para leer, cierta violencia sobre el lenguaje. Proust: "Los libros hermosos están escritos en una especie de lengua extranjera". Las palabras y las imágenes deberían volverse inubicables, tender a lo irreconocible. Solo así podrán encontrar una formulación nueva. (61)

A través de esos distanciamientos epifánicos, Glauber pone las representaciones en trance y el trance, como señala Ivana Bentes, es transición, pasaje, devenir y posesión. Está vinculado al concepto de experiencia que concomitantemente desarrollaba Foucault a partir de la obra de Roussel; es un atravesamiento, un sesgo en las ficciones que arman las redes de sentido. De allí que Glauber deconstruya, como quería Murena, la antinomia euclidiana de *Los sertones*, colocando el par naturaleza/cultura en trance, es decir, transformando beatos, santulones y asesinos a sueldo en agentes de la Revolución.

La misma Ivana Bentes destaca así ciertos rasgos que ella denomina sádicos en el cine de Glauber —el beato Sebastião imponiendo penitencias a los fieles; el *cangaceiro* Corisco fusilando a los pobres para que no se mueran de hambre; Antonio das Mortes sembrando la muerte en nombre de la Revolución futura, pero tales rasgos no le son exclusivos. Remontan a ensayos clásicos, como "El valor de uso de (DAF) de Sade" o "La estructura psicológica del fascismo", de Georges Bataille y, por lo demás, se los encuentra, asimismo, en la obra de Pasolini (basta pensar en *Salò*). Es necesario, entonces, resignificar la carta citada por Bentes como una rebelión que no es del individuo Glauber sino de los jóvenes contra las estructuras dogmáticas del Partido, y verla en consecuencia como una alternativa común a un nuevo tipo de intelectual, los disidentes: "O PC [Partido Comunista] acredita e prega uma revolução orgânica, talvez sem sangue—o que parece impossível—, enquanto toda a juventude indisposta deseja uma ação terrorista total contra regimes escandalosos" (Bentes 29).

Inscrito pues en la tradición de ambivalencia de lo sagrado, que Bataille inaugura en los años treinta, Glauber se depara con el valor *sacer* (Agamben) que es el del pueblo en falta (Deleuze), el de la multitud inorgánica. Y esa falta no se hace visible por su completitud, materialidad o tipicidad orgánicas sino por medio de lo que Benjamin supo llamar el *inconsciente óptico*, una impresión anestética que genera la apatía o inoperancia de los circuitos convencionales. Es elucidativo entonces oirlo a Glauber, en una revisión del proceso compositivo de *Deus e o Diabo na Terra do Sol*, sobre todo porque en ese testimonio contrapone, a la mirada joven de su película, la mirada lukacsiana, "madura", del otro filme visto por Rama en Génova, *Vidas secas* de Nelson Pereira dos Santos. Glauber mismo no se anima a criticarlo, aunque de hecho lo critique, a través de la reivindicación de lo inconsciente en la imagen:

> as origens neo-realistas russas, dos grupos que vêm formando o cinema novo, produzem subitamente *Deus e o Diabo na Terra do Sol*, um objeto inteiramente não identificado dentro do processo cinematográfico. Você identifica as raízes, mas justamente você vê, por exemplo, o *Vidas Secas*, um filme que se integra na tradição expositiva, crítica do neo-realismo, quer dizer, um tremendo cuidado, seriedade do real, quer dizer, querendo argumentar apenas com aquilo que é produzido pelo real ao nível do consciente, quer dizer que é um discurso perfeito nesse sentido, mas que se identifica, tem ainda uma semelhança expressiva com o neo-realismo. O *Deus e o Diabo* rompe com isso, quer dizer, salta como objeto não-identificado, quer dizer, recuperando uma espécie de síntese do cinema mundial no momento, mas utilizando todas as armas e

Inclusión progresiva o inclusión excluyente • 441

instrumentos do cinema em função de apenas um objetivo, que tem que acabar com o capitalismo; um objetivo revolucionário claro, quer dizer, "o sertão vira mar, a terra é do homem" tal, aquele discurso ali. O filme aliás é uma descurtição, uma descodificação, é uma espécie de liberação da violência através dos seus fantasmas, uma liberação do inconsciente coletivo, do camponês brasileiro, do Terceiro Mundo, através dos seus fantasmas mais expressivos que carregam em si inclusive os seus traços, os seus caracteres mais agressivos do arcaísmo barbárico que ainda perduram nos povos subdesenvolvidos, que perduram também nos caras que bombardeiam o Vietnã. Mas eu tenho escalas diferentes, você pode fazer medidas para isso. Então os monstros aparecem, quer dizer, há um corte naquela estrutura racional, lukacsiana, que marca o Nelson em *Vidas Secas*, que não é um defeito, é uma qualidade, que é o vigor do realismo crítico, mas em *Deus e o Diabo* tem uma ruptura em que *é admitida a comunicação do inconsciente*. Então existe uma dialética entre a relação do consciente e do inconsciente, quer dizer, do que a realidade lhe oferece mediante análise e o que você percebe através das energias do inconsciente e de outras percepções, inclusive de raios que você tem para ver outras coisas e que vêm marcar o meu cinema e que justamente dão a atipicidade do meu cinema. (Gerber 180)

Esta reivindicación de los poderes de la imagen, obtenidos gracias al montaje, es decir a la repetición y al corte (Agamben, *Image* 65-76), lo lleva a Glauber a concebir una mística estética, la del Atlántico. Cuenta en un manuscrito disperso que, estando en la playa con unas muchachas que discutían las ideas de Valéry, se le ocurre plasmar en un texto la metáfora que uno de sus colaboradores, no recuerda si el actor Antonio Pitranga o el artista plástico Calazans Neto, le provoca y así le pide a Luis Carlos Maciel que lo ayude a materializarla. Es sintomático el pedido de esa "revisão filosófica do texto, que poderíamos publicar com assinatura dupla, tendo esse sinal (&) dividindo (&), unindo os nomes". Como el entre-lugar de Silviano Santiago, verdadero *double-bind* de memoria y rememoración, que articula al discriminar y diferencia al reunir, el signo & remite a la cultura misma del Atlántico que, a la manera del Mediterráneo en relación a Europa,[9] define un marco supranacional de liberación regional. Glauber reivindica así, nietzscheanamente,

a mágica barroca do Atlântico [...], descoberta das origens numa terra de sol, raízes deste sangue passional que nos leva aos extremos, como cimento final de uma significativa luz que desperta o sono e daí o sonho de tamanha energia que não pode iluminar impunemente a Miséria e a Injustiça. (Gerber 211)

Rama también aludirá al Atlántico como área de fusión / difusión transregional pero, como no comparte con Glauber la idea de que los elementos de la ficción modernizadora sean puras fuerzas de confrontación que, por obedecer a una lógica circular, representan todas las posiciones posibles en el interior del sistema de la violencia, habrá siempre en sus juicios, a pesar de la plasticidad cultural reivindicada, el contrapeso de la mediación racional de la "ciudad letrada", que verticaliza las opciones, las vuelve homogéneas y disciplinadoras.[10] A su juicio, la atención que los narradores de la transculturación prestaban a los "arquetipos del poder de la sociedad regional" era una mera consecuencia del vigor y fijeza de los componentes culturales tradicionales, de donde, para Rama, tanto mayor sería la revulsión social cuanto más consolidada fuese la tradición cultural (*Transculturación* 98). Los ejemplos pasan por Gilberto Freyre, Guimarães Rosa y por Ariano Suassuna cuya fuerza, nos decía una reseña anterior, proviene de la reinvención tradicional.[11] Es clara, una vez más, la divergencia con Glauber. Mientras Rama ve a los transculturadores como traductores bien plantados en un lugar, el mesianismo de Glauber nos empuja hacia la intraducibilidad de los mensajes. El sertão=mar de Glauber es como el sertão=no lugar o el sertão=espera de Guimarães Rosa, señal de confrontación de dos economías discursivas: la economía restricta y la economía generalizada, la mímesis y el mimetismo, la realidad y lo Real.

En última instancia, en esa incomprensión de Rama hacia Glauber, hacia lo joven o imberbe, adjetivo que más tarde se oirá del mismo Perón para desautorizar la militancia "barroca" de montoneros, se perfilan dos políticas culturales, una residualmente mimética y otra emergente, antimimética, que recién adquirirá visibilidad en los años noventa. La cada vez más residual es la política letrada de afirmación populista que, en última instancia, es afirmación del Estado como agente de redistribución simbólica. La posición emergente, en cambio, es la de la multitud recalcitrante a la obediencia estatal, que funciona ambivalentemente como sujeto renegado de la modernidad y soberano del despojo posindustrial, lo cual genera, a su vez, una aporía inherente a la modernidad periférica: la de la presencia concomitante y contradictoria de una multitud en busca de la afirmación de los muchos y un poder supremo cuyo máximo objetivo es el gobierno de uno sólo.[12] En Brasil, ese conflicto cultural se insinúa, en los setenta, entre los partidarios (populistas) de Chico Buarque de Hollanda y los defensores (multitudinarios) del Tropicalismo.[13] A partir de los noventa, estos ocuparían el lugar de los primeros y, dando visibilidad al soberano *sacer*, tendríamos películas como *Orfeu* (Cacá Diegues, 1999), *O Rap do Pequeno Príncipe contra as Almas Sebosas* (Marcelo Luna & Paulo Caldas, 2000), *O Invasor* (Beto Brant, 2001) y *Cidade de Deus* (Fernando Meirelles, 2002; basado en la novela homónima de Paulo Lins, 1997).[14]

En pocas palabras, gracias al programa cultural de inclusión progresiva, Ángel Rama toma distancia de la economía generalizada, el mimetismo y lo Real, es decir, del ideal de felicidad. Enlazando la observación inicial, diríamos que, a la cultura "joven" de un Glauber Rocha, que es la cultura imagética y fabuladora de un director de escena que no se deja censurar por el sentido consolidado, se le puede aplicar aquello que Benjamin desarrolla, al final de su vida, en el "Fragmento político-teológico". Sólo hay transgresión cuando lo profano tiene que erigirse sobre la noción de felicidad y cuando ésta se articula a lo mesiánico. A partir de ese punto de confluencia entre lo profano, lo mesiánico y lo gozoso, se determina una concepción histórica mística cuyo problema se expondría en una imagen: el ritmo de la inclusión excluyente, que es mesiánico por su misma fugacidad, es el objetivo político, sino del nihilismo, al menos del bajo materialismo. Por el contrario, con su defensa de la economía restricta, la mímesis y el testimonio, Rama busca, sin embargo, consolidar el materialismo idealista. De allí deriva buena parte de la tensión en su crítica hacia lo anestético, lo joven, lo corporal, es decir, el más allá de lo letrado.

NOTAS

[1] Debo registrar mi deuda a Nicolás Gropp, quien me facilitó el acceso a las colecciones de *Marcha* y *Acción*, así como al Núcleo de Estudos Literários e Culturais (NELIC) de la Universidade Federal de Santa Catarina, donde completé la investigación hemerográfica brasileña.
[2] En carta a Cacá Diegues (5 jul.1972) el mismo Glauber se compara a Prometeo: "eu não estou mentalmente fraco, estou sabendo de tudo mas as estruturas sociais se fecham, parece até que roubei o fogo; virei Prometeu" (*Cartas* 447). La imagen es retomada por David Oubiña en *Filmología*... 61.
[3] "La obra, compuesta a partir de una canción popular –lo que llamarían los españoles un romance de ciegos– historia, sin fijarlo exactamente en el tiempo, pero evocando una época de comienzos de siglo, después de la derrota de la famosa revuelta de los 'cangaceiros', los distintos y errados caminos que sigue un sertanero, Manuel, a la búsqueda de su salvación y la de su gente. Después de 'desgraciarse', como nuestro Juan Moreira, por una injusticia, es decir, después de matar a un patrón porque le ha negado lo que era suyo,

comienza esa búsqueda, torpe, erróneamente, tal como corresponde a su ignorancia y a su ardiente afán de una vida mejor, menos miserable (y hasta qué extremos llega esa miseria es imposible transmitirlo por escrito; solo las imágenes pueden ilustrarlo), que encuentra primero en uno de los profetas populares, aquí Santo Sebastiano, que arrastra a las masas con el anuncio de un milagro que transformará el *sertão* en mar, y dentro de él surgirá una isla con ríos de leche donde beberán los niños. Fracasado este camino ante el horror del sacrificio de los inocentes que el Santo exige para rescatar la sangre de Jesús, encontrará otro camino en una banda de cangaceiros, dirigida por Corisco, discípulo de Lampiao, donde también verá repetirse la crueldad hasta extremos verdaderamente intolerables (la castración y la lenta muerte inflingida a un coronel en venganza por un castigo que su padre ejecutara sobre el cangaceiro cuando niño) para por último comprender, en los últimos segundos del filme, tal como canta el romance popular que acompaña su carrera, que la tierra no es de Dios ni del Diablo, que la tierra es del hombre y para el hombre." Leído como héroe popular de la modernización, a la manera de Moreira, se lo puede juzgar, como dice Ludmer, como "una pura fuerza de confrontación porque combina violencia con posiciones contrapuestas (...) puede reresentar todas las pociones posibles en el interior de la violencia en ese momento y puede representar también su lógica circular" (Ludmer, *El cuerpo del delito* 234)

[4] Se refiere al editor de la revista *Cinema nuovo*, Guido Aristarco, autor de *Marx, le cinéma et la critique du film* (1972).

[5] Retomo las ideas de Giorgio Agamben en *Quel che resta di Auschwitz*, 11-36.

[6] Aunque, en el caso del cine, se pueda hablar de una institucionalización del testimonio a partir de 1968, en el de la literatura, el hito es 1970, cuando *Casa de las Américas* inaugura la modalidad testimonio como categoría de sus concursos anuales. Como afirma Carmen Ochando Aymerich ("Hacia la institucionalización del testimonio", en De Paepe, Christian, 163-70, a partir del premio a Maria Esther Gilio por *La guerrilla tupamara*, la política cultural cubana institucionalizó una expresión destinada a condensar las expectativas estéticas de las nuevas prácticas revolucionarias. Comentando el hecho en la revista *Casa de las Américas* (n° 64, La Habana, ene.-feb.1971, 172-73), Joaquim Pedro de Andrade destacaba que la comunicación era una necesidad de la toma de conciencia. "No negamos —decía— que en la ficción (cuento, novela) el escritor puede, él también, hacer militancia revolucionaria. Pero es en el testimonio donde se recogen los elementos que se encuentran en la sociedad, prontos para entrar en el linotipo y ser divulgados masivamente". Como relata en entrevista a Jorge Ruffinelli (*Marcha*, n° 1555, Montevideo, 6 ago. 1971, 30-1), es entonces cuando Galeano abandona la ficción y de ese gesto deriva *Las venas abiertas de América Latina*, concebido a partir de la idea de que escribir era una forma posible de la acción. A pesar de su defensa del testimonio en la reseña sobre el cine de Glauber, esa literatura de actualidad, conversación y sencillez, tomada como sinónimo de madurez, al tornarse hegemónica, despierta prevenciones en Rama, quien alerta contra el peligro

de la *puerilización*. Refiriéndose a *Diario del cuartel* de Carlos María Gutiérrez, periodista de *Marcha* y premio *Casa* de poesía en 1970, el crítico denuncia la tarea escolar que "comienza a merodear el arte del gusto de los funcionarios y que es, para los adultos, como esos poemas que encantan a las nodrizas y éstas trasladan a los niños" (Link).

⁷ Véase Rocha "Una estética". La primera edición del manifiesto "Uma estética da fome" fue publicada en 1965 por *Revista da Civilização Brasileira*. Lo recoge luego el primer número de una revista crítica del modernismo, *Arte em revista* (São Paulo, mayo 1981, 15-7).

⁸ Ida Vitale reseña en la misma página de esa evocación gongorina la traducción (de Rodolfo Alonso) de los *Poemas* de Pessoa, un marco de la literatura de desubjetivación que, en última instancia, marca al testimonio tal como lo concibe Agamben.

⁹ "La naturaleza mediterránea, los recursos que ofrecía, las relaciones que ha determinado o impuesto se encuentran en el origen de la asombrosa transformación sicológica y técnica que, en pocos siglos, ha distinguido tan profundamente a los europeos de los demás hombres, y los tiempos modernos de las épocas anteriores. Los mediterráneos dieron los primeros pasos ciertos para precisar los métodos, indagar la necesidad de los fenómenos mediante el uso deliberado de los poderes del espíritu, y comprometer al género humano en esa especie de aventura extraordinaria que vivimos, cuyos desarrollos nadie puede prever y cuyo rasgo más notable, más inquietante, quizás, es el alejamiento más marcado de las condiciones iniciales o naturales de la vida" (Valery 259).

¹⁰ Esa fuerza es anunciada por la Romanidad o Latinidad sarmientina que Rama reivindica en dos textos inmediatamente divulgados en Brasil, "Um processo" y "Transculturação". Ocupa, finalmente, el centro de la escena en los dos capítulos iniciales de *Transculturación narrativa en América Latina*.

¹¹ Al asistir a un montaje del Club de Teatro en el Nuevo Teatro Circular de Montevideo, Rama observa que: "Suassuna no es sólo el mejor comediógrafo brasileño actual, sino que también el autor que ha sabido resolver con mayor felicidad y precisión escénica, los problemas de este género en esta Sudamérica de hoy. Tanto en ésta su primer obra [*Auto da Compadecida*] como en *O santo e a porca* ha puesto en escena los peculiares personajes nordestinos de su lugar, resucitando con ellos un candor inventivo, un humor ingenuo y simple que es, históricamente, patrimonio de las capas más populares de una sociedad. Una anécdota elemental –el entierro de un perro en sagrado, con el acompañamiento ritual cristiano– sirve para poner en acción personajes que no hubiera desdeñado Plauto ni la farsa medieval, ni Gil Vicente, ni Molière, como son el párroco del lugar balanceado entre las necesidades terrenas y los deberes del ministerio, los desheredados burlones, mitómanos y enredadores, Chico y Juan Grillo, la consabida pareja del panadero y su mujer, y ascendiendo por las jerarquías un obispo al que el mote de simoníaco le cae muy grande, un bandolero en la mejor tradición del "western", y, para coronarlo todo, un Jesús mulato y una virgen Compadecida como hubiera complacido a Gonzalo de Berceo. Pero justamente Suassuna es un hombre

que sabe muy bien sus latines y sus lenguas modernas –por algo es profesor universitario– de tal modo que su creación popular respira abundantes lecturas que le permiten reinstaurar situaciones clásicas. Al mismo tiempo que se complace en sus personajes populares, los sabe ver con mirada humorística, colocándolos en el filo de la caricatura: está con ellos efectivamente, y está de frente a ellos riéndose de sus ingenuidades bien pensadas. De ahí ese producto muy popular y muy culto a la vez, esa burla irreverente de la iglesia por un hombre afecto a los mitos religiosos y, por encima de ello, a una filosofía de la vida hondamente cristiana." ("Sainete"). La ficha aclara que se trata de tres actos de Ariano Suassuna; traducción de Carlos M. Gutiérrez; dirección de Sergio Otermin, escenografía de López de León y Morosoff; vestuario de Domingo Caballero con música de Enrique Almada.

[12] Véase Beasley-Murray; Ludmer "La multitud", refutada por Casullo; Montaldo; Hardt y Negri. Para una crítica de esas ideas ver Sarlo. Ver también Sloterdijk y Virno

[13] Véase, entre otros, Carvalho, Favaretto, Lucchesi y Diaguez; Matos; Menezes; Santaella; Wisnik.

[14] Herschmann; Herschmann e Ivana Bentes evalúan que "a cultura rap tem conseguido não só produzir um contradiscurso como também traçar novas fronteiras sócio-culturais (e espaciais) que oscilam entre a exclusão e a integração [...] Trata-se de um vigoroso discurso que se afasta da lógica estatal e midiática de reforço das fronteiras, do enclausuramento e do *apartheid* social, discursos de 'exclusão' e repressão [...] que promovem o medo do 'outro'", lo que en última instancia configura "um discurso sociopolítico forjado na própria cultura da periferia e 'traficado' crescentemente pelo mercado".

BIBLIOGRAFÍA

Agamben, Giorgio. *Quel che resta di Auschwitz: l'archivio e il testimone.* Torino: Bollati Boringhieri, 1998.

———. *Image et mémoire.* París: Hoëbeke, 1998.

Aristarco, Guido. *Marx, le cinéma et la critique de film.* Paris: Minard, 1972.

Beasley-Murray, Jon. "Peronism and the Secret History of Cultural Studies". *Cultural Critique* 39 (Minnesota, primavera 1998): 189-217.

———. "Hacia unos estudios culturales impopulares: la perspectiva de la multitud". *Nuevas perspectivas desde/sobre América Latina. El desafío de los estudios culturales.* Mabel Moraña, ed. 2ª ed. Pittsburgh, PA: IILI, 2002. 173-95.

Benjamin, Walter y otros. *Selected writings.* vol. 1 1913-1926. Cambridge, MA: Belknap Press, 1996.

_____ "Fragmento político-teológico". *Discursos interrumpidos I.* Jesús Aguirre, trad. Madrid: Taurus, 1982. 193-4.
_____ Ana Lucas y Luis Martínez de Velasco. *La metafísica de la juventud.* Barcelona: Paidos, 1993.
Bentes, Ivana. "O devorador de mitos". Glauber Rocha e Ivana Bentes. *Cartas ao mundo.* São Paulo: Companhia das Letras, 1997.
Botting, Fred y Scott Wilson. *Bataille: a critical reader.* Oxford, UK/ Malden, MA: Blackwell, 1998.
Carvalho, Gilberto de. *Chico Buarque: análise poético musical.* Río de Janeiro: Codecri, 1983.
Casullo, Nicolás. "¿Y ahora quienes somos?" *Clarín* (Buenos Aires, 27-01-2002): Cultura y Nación, 2.
Cidade De Deus. Dir. Fernando Meirelles. Río de Janeiro: Lumière, 2002.
Deus e o Diabo na Terra do Sol. Dir. Glauber Rocha. Río de Janeiro: Copacabana Filmes, 1964.
Favaretto, Celso. *Tropicalia: alegoria, alegria.* São Paulo: Kairós, 1979.
Galeano, Eduardo. *Las venas abiertas de América Latina.* 66ª ed. México: Siglo Veintiuno, 1993.
Gerber, Raquel. *O mito da civilização Atlântica: Glauber Rocha, cinema, política e a estética do inconsciente.* Petrópolis: Vozes, 1982.
Gilio, María Esther. *La guerrilla tupamara.* La Habana: Casa de las Américas, 1970.
Gutiérrez, Carlos María. *Diario del cuartel.* La Habana: Casa de las Américas, 1970.
Herschmann, Micael. *O Funk e o Hip-hop invadem a Cena.* Río de Janeiro: Editora da UFRJ, 2001.
_____ e Ivana Bentes. "O espetáculo do contradiscurso". *Folha de São Paulo* (Sãa Paulo, 18-08-2002): Mais!, 10-1.
Lévy, Bernard Henri. *El siglo de Sartre.* Barcelona: Ediciones B, 2000.
Link, Daniel, Claudia Gilman y Raúl Antelo. "Literatura e instituciones". *A Comparative History of Cultural Formations: Latin American Literatures.* Oxford University Press, en prensa.
Lucchesi, Ivo y Gilda Diaguez. *Caetano por que não? Uma viagem entre a aurora e a sombra.* Rio de Janeiro: Leviatã, 1993.
Ludmer, Josefina. *El cuerpo del delito: un manual.* Buenos Aires: Perfil, 1999.
_____ "La multitud entra en acción". *Clarín* (Buenos Aires, 19-01-2002): Cultura y Nación, 2.
Matos, Cláudia. *Acertei no milhar.* Río de Janeiro: Paz e Terra, 1982.
Menezes, Adélia B. de. *Desenho mágico: poesia e política em Chico Buarque.* São Paulo: Hucitec, 1982.

Montaldo, Graciela. "Entre la masa: la dinámica de sujetos en el siglo XIX" (*Reunión de la Latin American Studies Association*, Washington, 2002).

_____. "Iconografías bastardas. Masa y multitud; interlocución del Poder en el Estado moderno" (manuscrito inédito).

Negri, Antonio y Michael Hardt. *Empire*. Cambridge, MA: Harvard University Press, 2000.

_____ y Raúl Sánchez. *Arte y multitudo: ocho cartas*. Madrid: Trotta, 2000.

O Invasor. Dir. Beto Brant. Río de Janeiro: Pandora Filmes, 2001.

O Rap do Pequeno Príncipe Contra as Almas Sebosas. Dir. Paulo Caldas y Marcelo Luna. Río de Janeiro: Riofilme, 2000.

Orfeu. Dir. Carlos Diegues. Río de Janeiro: Rio Vermelho Filmes, 1999.

Oubiña, David. *Filmología: ensayos con el cine*. Buenos Aires: Manantial, 2000.

Paepe, Christian de. *Literatura y poder: actas del coloquio internacional K.U.L. (Lovaina)/U.F.S.I.A. (Amberes), octubre de 1993*. Leuven, Belgium: Leuven University Press, 1995.

Rama, Ángel (seudónimo Antonio Gundin). "Los jóvenes testimonian la verdad". *Marcha* 1244 (Montevideo, 19-02-1965, 2ª sección): 3-4.

_____ "Despedida Brasileña: un Sartre ejemplar". *Acción* (Montevideo, 29-09-1960): 4

_____ "Góngora sin lágrimas". *Marcha* 1080 (Montevideo, 20-10-1961): 31.

_____ "Otro juglar: Chico Buarque de Hollanda". *Marcha* 1504 (Montevideo, 31-07-1970): 28.

_____ "Sainete folklórico: Auto de la Compadecida". *Acción* (Montevideo, 16-07-1960): 5.

_____ "Transculturação na narrativa latino-americana". *Cadernos do Opinião* 2 (Rio de Janeiro, s.d., 1975): 71-82.

_____ "Um processo autônomico: das literaturas nacionais à literatura latino-americana". *Argumento* 3 (São Paulo, 1974): 37-49.

_____ *Transculturación narrativa en América Latina*. México: Siglo Veintiuno, 1982.

Rocha, Glauber. "Una estética de la violencia: nuestra originalidad es el hambre". *Marcha* 1374 (Montevideo, 13-10-1967).

___"Uma estética da fome". *Revista da Civilização Brasileira* 3 (Río de Janeiro, julio de 1965): 165-70.

___ "Afrika 70: realidade e ficção". *Folhetim* 10, *Folha de São Paulo* (São Paulo, 27 de marzo de 1977): 3-4.

_____ "Acabou o MDB cultural Vamos dar nome aos bois!". *Folhetim* 152, Folha de São Paulo (São Paulo, 16 de diciembre de 1979): 3-4.

_____ Nelson Pereira dos Santos y Alex Vianny. "Cinema novo: origens, ambições e perspectivas". *Revista da Civilização Brasileira* 1 (Río de Janeiro, marzo de 1965): 185-96.

_____ e Ivana Bentes. *Cartas ao mundo*. São Paulo: Companhia das Letras, 1997.

Santaella, Maria Lúcia. *Convergências: poesia concreta e tropicalismo*. São Paulo: Nobel, 1984.

Sarlo, Beatriz. "Épica de la multitud o de la consolación por la filosofía". *Punto de Vista* 73 (Buenos Aires, agosto de 2002): 4-9.

Sloterdijk, Peter y Germán Cano. *El desprecio de las masas: ensayo sobre las luchas culturales de la sociedad moderna*. Valencia: Pre-Textos, 2002.

Valéry, Paul. *Miradas al mundo actual*. Buenos Aires: Losada, 1954.

Vidas Secas. Dir. Nelson Pereira dos Santos. Río de Janeiro: Riofilme, 1963.

Virno, Paolo. *Mondanità: l'idea di "mondo" tra esperienza sensibile esfera pubblica*. Roma: Manifesto libri, 1994.

_____ *Grammatica della moltitudine: per una analisi delle forme di vita contemporanee*. Soveria Mannelli (Catanzaro): Rubbettino, 2001.

Wisnik, José Miguel. "Onde não há pecado nem perdão". *Almanaque* 6 (São Paulo, 1983).

_____ "Gaia Ciência: literatura e música popular no Brasil". *Pensamento Brasileiro*. Roma: Embaixada Brasileira/Ed.Ila Palma, 1995.

_____ "Cajuína Transcendental". *Leitura de poesia*. Alfredo Bosi, ed. São Paulo: Atica, 1996.

Blues de un desencuentro:*
Marcha y la cultura popular

Gustavo A. Remedi

> El esplendor de los versos de Homero nunca me ha eneguecido. No olvido quiénes eran, en realidad, los aqueos: bestias depredadoras. Siempre los vi con ojos de Andrómaca ("Josefina Péguy", en ¡*Bernabé, Bernabé!* [1988], Tomás de Mattos.)

> Aquí la pobreza y la marginación han alumbrado [...] una cultura y una sociedad paralelas que emergen en diversas ocasiones: los cultos afro, la Amsterdam, el analfabetismo [...] El país homogéneo e integrado alumbró [...] dos países portadores de *culturas que no se reconocen* (Raúl Zibechi, "La venganza de las cucarachas" [1995]; énfasis mío)

I. Puerta de emergencia

En el siguiente ensayo se trata de reexaminar el modo en que *Marcha* procesó un concepto de lo popular –y en particular, de la o las culturas populares nacionales–, y sobre todo, en que se pensó *en relación* a la cultura popular. Puesto que *Marcha* fue parte de un proceso cultural, y de formación de una conciencia y una cultura críticas, en el que participaron personas y generaciones con ideas y sensibilidades diferentes, intentaré hacer justicia tratando de captar distintos momentos, enfoques y tratamientos de esta cuestión. Sin embargo, creo posible arriesgar –y adelantar, a modo de idea-guía– un juicio de conjunto: me refiero a la proposición de que el tema y concepto de lo popular, y de la relación que los intelectuales asociados a *Marcha* (tanto los que escribieron en su páginas como los que las leyeron y discutieron), es uno de sus flancos más débiles, y en tal sentido, más expuestos a la crítica cultural y política. Podríamos decir que, en general, esta problemática –y su solución– quedó más allá de su sensibilidad política y estética, más allá de su horizonte de conciencia, más allá de lo que pudieron percibir, sentir y procesar. Esto obliga a pensar el legado de la conciencia crítica no como algo incuestionable sino como "un problema", un asunto a examinar y tratar de superar (Armas y Garcé 74).

Los cambios de todo orden (políticos, sociales, demográficos, estéticos, filosóficos, en la estructura de sentimientos) que han tenido lugar en Uruguay en los últimos treinta años, por otra parte, abrieron un espacio o posición distante que permite mirar hacia atrás y evaluar críticamente la relación entre *Marcha* y lo popular. Es decir, hicieron que el problema fuera más fácil de identificar y de criticar. En tal sentido, uno puede decir que una parte del proyecto cultural de *Marcha* y una buena parte del "canon de los valores que fijó *Marcha* a por lo menos dos generaciones" (Rocca, "Marcha" 339), encontró su punto final –es decir, se volvió inadecuada e insostenible– más o menos hacia la misma fecha de su clausura forzada. Algunas figuras emblemáticas –ciertamente Ángel Rama, Hugo Alfaro, Ernesto González Bermejo, Eduardo Galeano, Jorge Rufinelli, y aunque de manera muy diferente, Emir Rodríguez Monegal y Homero Alsina Thevenet– pudieron entrever una sombra de lo porvenir, y abrieron la puerta –sin adentrarse demasiado– a nuevos territorios y escuelas. Dudo que sean los más. Más bien, y aunque me pese o me duela, creo asistir a lo contrario: la pretensión de continuar el proyecto cultural de *Marcha* más allá de aquel criminal punto final.

Cabe preguntarse, ¿son sólo los cambios culturales ocurridos después de 1973 los que hacen posible esta crítica política y cultural de *Marcha*? ¿No había suficiente evidencia de otras actividades culturales y de otras formas de vivir, de sentir y de pensar la cultura *bastante antes* del cierre de *Marcha*? ¿No estaba ya en circulación y en discusión todo un corpus de planteamientos teóricos, provenientes de diversas orientaciones y disciplinas, de Antonio Gramsci a Roland Barthes, de Walter Benjamin y la Escuela de Francfort a Raymond Williams y la Escuela de Birmingham, de la Escuela de los *Annales* a la antropología simbólica, de Erwin Goffman o Henri Lefebvre al Círculo de Bajtín, que habilitaban –y que de hecho, obligaban y hacían impostergable– un cambio de paradigma y de concepción? ¿A qué se debió el desinterés y la indiferencia, que a su vez resultaron en desconocimiento de la cultura popular? ¿A qué respondió la insensibilidad y relativa incapacidad de poder ver la cultura popular –no "desde abajo" o de rodillas, como diría Valle Inclán en 1925, pero por lo menos de igual a igual, y no tan sólo "desde arriba" o "por encima del hombro" (Alfaro). ¿Por qué esta generación no pudo pensarse de otra manera, e imaginarse una función que cumplir respecto a la cultura popular (aunque más no fuese la de interlocutores y *críticos* de la cultura y la conciencia popular)? ¿Cuál fue el costo político que se pagó, y que seguimos pagando, a raíz de esta rara discapacidad? ¿Por qué es que la llamada conciencia crítica tuvo que chocarse contra la desbordante nueva realidad social y cultural no sólo del país sino de la propia izquierda –chocarse, y asombrarse, y asustarse– para empezar a volver a pensar la cuestión y a realizar un golpe de timón, que de hecho todavía está a medio realizar?

II. DE CAMINOS Y CALLEJONES SIN SALIDA

> La izquierda de fin de siglo ya no es la que, en los comienzos del Frente Amplio, reunía vastos contingentes profesionales, capas medias y trabajadores sindicalizados. A ellos se suman cada vez más, *para escándalo de muchos*, aquéllos a quienes el modelo neoliberal condena a la exclusión (Zibechi "La izquierda sorprendida" [1994]; énfasis mío).

En 1974, cuando la dictadura militar uruguaya clausuró el semanario *Marcha* luego de treinta y cinco años de existencia, cerró *una etapa* de nuestra historia cultural, asociada a su vez, a una época y a una generación (de escritores, de lectores, de actores sociales y políticos.) Uno de los fenómenos culturales más notables y interesantes del país, y como ha señalado Jorge Rufinelli ("Ángel Rama" 49-50), una de las principales "tribunas intelectuales de América" (junto con *Casa de las Américas* en Cuba, *Crisis* en Argentina, *¡Siempre!* en México, o *Claridad* en Puerto Rico) había llegado a su fin. Sin embargo, "a rey muerto, rey puesto", y los espacios y caminos que abrió *Marcha*, no se extinguieron con su clausura. Muy por el contrario, la ausencia monumental y hasta *mitológica* del semanario *Marcha* no hizo más que reforzar y animar diversos proyectos por ocupar el lugar que quedó vacante, para continuar la obra de *Marcha*: el viaje necesario, esa necesidad de embarcarse hacia lo desconocido en busca de un mundo nuevo –de un mundo mejor, de una utopía–, porque de otra manera no vale la pena vivir. Esto sucedió tanto en el país y en el ámbito periodístico y cultural, como en otras tierras y por otras vías. ¿No fueron, acaso, de algún modo "hijos de *Marcha*", los diversos semanarios y foros político-culturales que se inventaron en los últimos años de la dictadura militar, y más tarde, durante la transición, de *Cuadernos de la Plaza* a nuestra *Brecha* de hoy día, pasando por las mañanas de *CX 30 La radio* o de *Sarandí* (a principios de los ochenta) –de hecho, mucho de nuestra cultura radial–, la *Cinemateca, Jaque, El País Cultural,* o *Búsqueda* (en el sentido de las continuidades y coincidencias que identifican de Armas y Garcé 1997)? ¿No es tal el papel que, a su modo, también desearían cumplir diversos foros y encuentros de escritores, pensadores, artistas plásticos, docentes, activistas sociales y políticos, que se han creado e institucionalizado a escala continental, como el Foro de San Pablo, o los Congresos de la Asociación de Estudios Latinoamericanos (L.A.S.A.)? (Aunque acaso puede que este papel lo cumplan mejor algunas disquerías, festivales de cine o competencias deportivas en tanto generadoras de otros tipos de encuentros simbólicos en donde colectivamente se elabora un sentido de realidad nacional o "la unidad" continental.)

En aquel año de 1974, sin embargo, pocos podían imaginar qué iba a ser de aquel Uruguay en los doce años siguientes (donde quedó muy poco de aquel Uruguay llamado "democrático, humanista, de bienestar"), o cómo iba a ser "el futuro" –"el año 2000"–, desfigurado por el derrumbe económico y social que sobrevino tras la refundación del Uruguay sobre una base tecnocrática-autoritaria y la mentada "apertura neoliberal". Por lo demás, varias generaciones enteras crecieron, y nacieron, de 1974 a esta parte, que no conocieron ni a *Marcha* ni a su gente, que nunca vieron un *Marcha* en un escaparate del quiosco, ni en la mesa del comedor, y que de *Marcha* solo les queda, en el mejor de los casos, las historias de sus mayores, historias acerca de algunos de nuestros muertos más célebres (de Quijano, de Rama, de Onetti, de Alfaro, de Martínez Moreno), los fantasmas que sobrevuelan ciertas búsquedas y revelaciones del presente (por ejemplo, respecto al destino del maestro Julio Castro), un vago aire de familia de algunos emprendimientos editoriales actuales (aun si de menor envergadura), la presencia todavía deslumbrante de algunos exponentes de aquella generación (Benedetti, Maggi, Alsina Thevenet, etc.), aun cuando el abismo generacional, teórico, estético o político sea ya, salvo contadas excepciones, por lo general, insalvable. Claro, quedan también *las ruinas* del edificio cultural (Achugar) construido por aquella generación –¿las ruinas del Uruguay batllista?–, es decir, las ruinas de nuestra educación, del "Uruguay de bienestar", de nuestros relatos y vías de ascenso social. Y también nos queda una manera de vivir, de sentir y de pensar, que aunque no seamos conscientes del todo, en buena parte –a veces para bien, otras para mal– sigue pautando nuestro presente y condicionando nuestro futuro.

Uno de los asuntos y problemas que más pone en evidencia la culminación de una etapa cultural y el (necesario, saludable) quiebre epocal y generacional entre el proyecto de *Marcha* y el Uruguay de hoy, tiene que ver con diversos fenómenos que caracterizan los últimos treinta años de nuestro proceso cultural (aunque tienen sus raíces muchas décadas atrás), con las profundas transformaciones socioculturales que han tenido lugar de un tiempo a esta parte, con los cambios en nuestra forma de vivir y de "pensar la cultura", y con el fenómeno de la cultura popular, tanto lo que entendemos por ella como sobre cómo nos relacionamos con ella. Es en este terreno donde posiblemente *Marcha* tenga menos que decir –aunque por esto mismo, más que revelarnos y enseñarnos–, aun cuando algunos fenómenos y tendencias muy características de *Marcha* ya empezaban a dejar entrever, si bien tímidamente, una cierta apertura, flexibilidad y capacidad de readecuación de su paradigma cultural a los nuevos tiempos. Tal el caso del espacio e importancia que se adjudicó al cine; a algunos practicantes cultos de ciertos géneros literarios "menores" (como la novela policial); al dibujo humorístico –de contenido social–; a la poesía gauchesca o a la canción de protesta, en tanto producción letrada, culta o domesticada acerca de la vida rural (Borges 9-10) o la vida orillera, y también, por último, a las realidades sociales, y a la conciencia y las visiones del mundo de las clases populares *siempre y cuando* fueran reelaboradas y "enriquecidas" por los grandes autores y las formas cultas o vanguardistas de escribir y de narrar cinematográficamente (Rama, *García Márquez*; *Transculturación*; Remedi, "Esfera pública" 144).

A ser justos, las críticas que uno le puede hacer a los críticos literarios –a la generación crítica– no se le pueden hacer ni a Carpentier, ni a Arguedas, ni tampoco a los practicantes del Nuevo Cine o de la Nueva Canción que vinieron más tarde. Estos artistas desde muy temprano (algunos desde la década del veinte, en el caso de Carpentier o Borges; Rulfo, Arguedas y García Márquez más tarde, puesto que eran más jóvenes) sí se interesaron y se compenetraron, y se tomaron en serio, y supieron apreciar y disfrutar y hasta adoptar en parte, esa cultura maravillosa en la que escogieron posicionarse y desde la que buscaron, quizás sin éxito, porque no pudieron escapar de la cárcel de su condición de escritores, volver a ver (poder ver) América desde la maravilla, desde el sur, desde lo quechua, desde el humor y la manera de contar de los pueblos de provincia, desde Calibán.

Por otra parte, los planteos de Rama en los ochenta (*La ciudad* y "Más allá..."), de Alfaro en los noventa, lo mismo que una o más generaciones posteriores de actores sociales, artistas, periodistas, críticos culturales y docentes que "parados sobre los hombros" de *Marcha* han podido ver más allá del medio siglo, de la ciudad letrada y del horizonte de la clase media, "blanca" y "paternal" ("*Marcha* fue impermeable a los planteos feministas" Gilman 164), no pueden sino ser tomados como prueba de que aun con sus inevitables limitaciones y puntos ciegos, *Marcha* (¿qué proyecto no está circunscripto a su propio horizonte?) echó bases suficientes para su propia trascendencia y superación.

De todos modos, sorprende y quizás resulta un poco paradójica la tardanza en el procesamiento de ciertos fenómenos sociales y culturales, en particular, la ausencia, o el papel muy menor y marginal que ocupó la cultura popular nacional –las prácticas culturales, las visiones de mundo, las estéticas de las clases populares– en el proyecto de *Marcha*, que no se reconociera y se tomara la cultura popular-nacional por lo menos como punto de partida para una reflexión crítica y una conversación, lo cual contrasta y contradice un poco –o bastante– su vocación revolucionaria, de *intérprete, interlocutor* o *aliado* de la lucha de las clases oprimidas, su crítica al difusionismo, al imperialismo cultural y la dependencia cultural de nuestra modernidad periférica, en suma, su proclamado nacionalismo y americanismo.

Lo que fue tardanza en los sesenta y setenta, es ausencia insoportable, teórica y políticamente insostenible e inexplicable más allá de los ochenta. Y si bien nuestra cultura crítica actual fue posible gracias a *Marcha* (mal que les pese a quienes la clausuraron, "los muertos que vos matáis gozan de buena salud"), muchos de nuestros puntos ciegos y limitaciones también provienen de aquel imaginario y modelo cultural, sobre todo en lo que respecta a la cuestión cultural y el tratamiento de lo popular ("...las tradiciones de todas las generaciones muertas se adhieren como pesadillas a las mentes de los vivos").

La dificultad de procesar y dialogar con lo otro, lo no-moderno, lo reprimido o el inconsciente de lo Occidental, lo resistente y lo contestatario (lo híbrido, lo subalterno), no es un fenómeno menor. Por el contrario, se halla en la base de diversos tipos de crisis y conflictos que afectan a nuestro país en general, y en particular, a la izquierda nacional. Me refiero al conjunto de problemas que genera el apego a viejas nociones de lo que es la cultura, la cultura nacional y la cultura popular, y su contracara, el no reconocimiento de diferentes subculturas dentro de una cultura nacional, y por lo tanto del carácter "problemático" de nuestra cultura nacional (Sambarino). Uno de estos problemas es la crisis de relacionamiento entre generaciones, cada una con sus distintas problemáticas, ansiedades, estéticas, y marcos de referencia, pero sobre todo, cada vez más distintas entre sí. Otro es la existencia del mismo problema en la propia cultura de izquierda como resultado de su propio crecimiento y expansión, y de la convergencia, por lo tanto, de realidades culturales muy diferentes – generacionales, étnicas, regionales, de género, de clase– detrás de un proyecto de crítica y de transformación social. En suma, a los cada vez más insalvables desencuentros entre generaciones, estratos sociales y espacios culturales en un país donde se han ido agravando las diferencias económicas, sociales y culturales, que ha dejado de ser homogéneo e integrado, si es que alguna vez lo fue. Que hoy podamos empezar a ver y decir estas cosas, que hoy podamos pensar el país como más heterogéneo, dividido y excluyente de lo que pensábamos o de lo que quisiéramos, en sí mismo implica el agotamiento de un determinado proyecto de hegemonía *cultural* del que, salvo raras excepciones, también participó la generación crítica: criolla, blanca, patriarcal, modernizadora, abiertamente afrancesada y anglófila, proveniente de las clases medias, y en algunos casos, como los que pasaron por el Centro Ariel, de la aristocracia vernácula (Caetano y Rilla en Rocca, *35 años* 6).

III. Martín Fierro, Ariel, Marx ¿y después?

> The proletarian revolution cannot but be a total revolution. [...] *presupposes the formation of a new set of standards, a new psychology, news ways of feeling, thinking and living that must be specific to the working class*, that must be created by it and that will become dominant when the working class becomes the dominant class (Antonio Gramsci, "Questions of Culture", 14 June 1920, *Cultural Writings* 1985; énfasis mío)

...he puesto unos cuantos cantares del pueblo..., para estar seguro al menos de que hay algo bueno en este libro.

Augusto Ferrán (en *Verso y prosa* de Blas de Otero)

Puede pensarse que "la cultura" jugó un papel secundario, necesario pero auxiliar, del proyecto periodístico e intelectual de *Marcha*, cuya preocupación principal era abordar "los acontecimientos políticos, nacionales e internacionales, de la economía" (Rocca, *35 años* 3). La "sección cultural", sin embargo, fundamentalmente dedicada a la literatura, ocupaba casi la cuarta parte del semanario (usualmente, de la página 24 ó 25 a la página 30 ó 31). La intervención cultural de *Marcha* podría haber tenido por finalidad la misma que Rocca adjudica a la sección cultural de su predecesor *Acción*: "almacenar un metadiscurso que no envejece [a diferencia del comentario de lo ocurrido en el panorama político o económico en la semana], que "forma el gusto", y que, además, puede tentar al lector ajeno al mensaje y la doctrina política de *Acción*" (8). O sea, la sección cultural podría haber servido para atraer y mantener un público lector *primariamente* interesado en cuestiones culturales –en las contribuciones literarias, las notas y las reseñas de literatura, teatro, cine y televisión, en las discusiones sobre música o plástica, en los dibujos de Pieri, el humor de Julio Suárez "Peloduro" o de César di Candia, "Don Verídico" y *La mar en coche*, ...¡las contratapas de *Pancho*! (¿su página principal?)–, y *secundariamente* interesado en el tema político; es decir, un tipo de lector, a contramano del orden editorial, aunque sin embargo, contemplado en el plan editorial.

Considerando lo anterior, podríamos entonces asumir que la cultura no era ni tan secundaria ni tan auxiliar, y que de hecho, pudo haber sido su núcleo vertebral; sobre todo a la hora de acrecentar "el público lector", de atraer a un lector diverso, y de sostenerse en tanto *empresa* (política y cultural). Segundo, lo cultural pudo haber sido "su mensaje más duradero", su verdadero mensaje. Al fin y al cabo, si es cierto que *Marcha* es en parte hija de *Ariel*, "la cultura" (la preocupación estética por lo bello/lo embellecedor del espíritu, de la persona, de la sociedad; la preocupación por el imperio de los valores humanistas – la libertad, la justicia, la igualdad, la solidaridad– por sobre cualquier otra consideración; el culto de la idea/el idealismo juvenil y rejuvenecedor movilizado hacia la transformación progresiva de la sociedad) no podría ser nunca secundaria sino *lo principal*: la cultura

Blues de un desencuentro • 459

por encima de todo lo demás, porque de otra forma la vida no es vida, ni el progreso es tal. En este sentido, entonces, lo político es auxiliar de un proyecto cultural, de un modelo civilizatorio y de modernización. Y es aquí que cabe formular otra serie de interrogantes: ¿Qué papel jugó la cultura en el proyecto de *Marcha*? ¿En qué consistía su proyecto cultural, su modelo de civilización y cómo se articulaba con su proyecto transformador y concientizador? ¿Cómo se tradujo su nacionalismo, su americanismo, su jacobinismo –su eventual marxismo– al plano de la cultura? ¿Qué lugar ocupó la cultura popular? ¿Cómo se definió y se trató lo popular?

El modo en que *Marcha* pensó y se relacionó con *lo popular* se originó en gran medida en lo que el propio Rama describió por medio de la metáfora de *la ciudad letrada*, es decir, de un modelo de cultura en donde la lectura y la escritura, sobre todo de determinados textos, juegan un papel central y vertebral en la organización social. El libro, el periódico, el documento, los que escriben, los que firman, y dentro de ese vasto conjunto de objetos, ceremonias y funciones o papeles sociales, *ciertos* tipos de libros y periódicos (elaborados en correspondencia a determinadas formas estéticas, y repositorio de determinados mensajes e ideas) ocuparon *el centro* de ese mundo o modelo cultural, el cual indirectamente contribuía, a su vez, a organizar y a aceptar un determinado modo de organizar la producción social, lo mismo que la asignación de los bienes y privilegios disponibles en la sociedad. Entrar e integrar *la ciudad letrada* era una forma ingeniosa de adquirir un poder necesario (un "capital simbólico" o "capital cultural") para participar, junto con los que poseían otras formas de poder (económico, político, militar), en las tareas de dirección y administración de la producción (alejados de la producción manual), y para mejor posicionarse a la hora del reparto de los bienes y privilegios sociales. La alta cultura, las bellas letras y las bellas artes (la música clásica, el teatro, la pintura) también ocuparon el centro de este modelo cultural y también funcionaron como *fetiches* mágicos, portadores y dadores de estatus y de poder a sus conocedores, cultores, administradores y estrellas.

La "cultura nacional", por su parte, estaba constituida por un conjunto todavía más limitado y específico de textos (organizados en correspondencia con convenciones muy específicas, que contenían cierto tipo de relatos), prácticas sociales (que debían llevarse a cabo de determinadas maneras) y lugares (en donde circulaban tales textos y se realizaban tales prácticas). En la medida en que aportaba una explicación y un sentido de la organización de la producción, de la estructura social, de la forma de asignar recursos y privilegios, y en fin, de todas las actividades que se realizaban, ese "canon" de artefactos, prácticas y lugares pasó a ser el arca, el tótem, las tablas de piedra, donde se encontraba depositada la memoria nacional, las claves de la problemática nacional, y en suma, la esencia del ser nacional. "El letrado", por su parte, era la corporización del ciudadano ideal de la República, y en tanto tal, por una suerte de "Destino Manifiesto" en menor escala, tenía el mandato –el derecho– de administrarla y dirigirla. (Rama, *La ciudad*; Remedi, *Murgas* 19-20)

La circunscripción y administración de la cultura nacional servía, por oposición, a definir otros dos espacios culturales (así como un sistema de oposiciones, relaciones y trasvasamientos); por una parte, las *otras culturas nacionales* (que respondían a otras historias y situaciones, dominio de otros poderes y otros letrados), y por otra parte, *la cultura popular*, es decir, todo el otro conjunto de prácticas, universos simbólicos, lugares, actores e intervenciones culturales que no participaban de la ciudad letrada, y que por tanto, eran nacionales en un grado menor o inferior ("el pueblo", "las masas"), aun cuando eran admitidos e integrados a la economía, la sociedad, la política nacional (ocasionalmente hasta en la cultura nacional, en tanto asunto folclórico) mediante el trabajo, la disciplina, la represión, el voto, o la educación, aunque claro, en calidad de subalternos, bajo la dirección y el mando de la élite nacional.

Si la cultura nacional daba un poder simbólico, permitía el ascenso social y por lo tanto el progreso, inversamente, la cultura popular era símbolo de inferioridad, de falta de poder, de incapacidad de manejarse dentro de la civilización y de la modernidad. En tanto tal, era temida, por ser dadora de un valor y estatus inferior, y también combatida, en tanto que se la veía como obstáculo al progreso, como traba –cuando no, como antagonista– a la expansión de la cultura y la civilización nacional, es decir, al proyecto de cultura que pretendían imponer las élites letradas. Es decir, esto *también* es el *Ariel* de Rodó, en la vereda de enfrente tanto de Próspero (el progreso meramente material, la pobreza teórica de un cientificismo mecanicista, determinista, la fe positivista, el utilitarismo sin freno, exento de toda moral), como de Calibán: las clases populares embrutecidas por la explotación y el papel a que se las ha arrinconado en la organización social, excluidas de los espacios de privilegio y de poder, combatidas y despreciadas en tanto portadoras de otra cultura y de otras maneras de (querer) vivir. (Fernández Retamar, *Calibán*). ¿No es acaso ésta una de las críticas más punzantes que se le puede hacer no solo a Rodó, sino a toda una galería de personajes de ideologías diversas: de Renán a Sarmiento, de Ingenieros a Ortega y Gasset? El propio José Hernández, y no solo el de *La Vuelta*, por cuanto al movilizar la reivindicación y la alegoría del "gaucho pobre" contra el gobierno (y muy brevemente al "salvaje", porque necesita de un "afuera" y la primera parte tiene que terminar de alguna manera) no encuentra otra forma de hacerlo que invalidando y matando "gringos", "indios" y "negros". Por lo demás, ¿hasta qué punto el americanismo cristiano y grecolatino de Rodó, el Nuevo Mundo y el Dios de Darío, la Nueva "Raza" hispanoamericana de Vasconcelos, la América Nuestra de Martí, más allá de coincidir en la necesidad de una unión supranacional (Real de Azúa 29) contra el emergente imperialismo de Estados Unidos, no encerraban una celebración –una nostalgia– de otros imperios, imperialismos y tiranías, de "los brillos parisinos"? ¿No es éste otro de los constantes problemas del intelectual latinoamericano, que a la vez que busca descubrir su cultura, su identidad, su diferencia, su originalidad, termina por ubicarse culturalmente –epistemológicamente, éticamente– en la antigüedad clásica, en la cosmogonía judeocristiana, en Madrid y la Madre Patria, en Londres, París o Nueva York?

Pese al declarado nacionalismo, americanismo o su proyecto de Biblioteca Americana, Pablo Rocca entiende que no hay mayor riesgo en formular la misma pregunta respecto a *Marcha*: "¿hasta qué punto ellos mismos no estaban 'anclados en París' mucho más, quizás que lo admitido por los recuerdos de Onetti unos días después de la muerte de [Quijano] su amigo y maestro?" (35 *años* 14-5) El propio Rama explicó que (como buen hijo del 900 y primer discípulo de Rodó) "Quijano enseñó a pensar dentro de un modelo francés" (en Alsina Thevenet 174). Pero, más allá de las virtudes de enseñar (a pensar) o del racionalismo (francés) ¿cuáles eran los peligros y riesgos que se corría al "enseñar a pensar" las cosas de una manera, de "traducir el mundo" –la realidad latinoamericana, el mundo– a los términos del letrado, del racionalismo francés? ¿Existen otras formas de pensar, o de organizar y dar un sentido a la realidad, cuando menos complementarios al racionalismo, capaces de suplir las limitaciones y equívocos de éste? ¿Hasta qué punto aquellos europeísmos criollos del paso del siglo que se hallan en la base de ciertos "americanismos" de medio siglo –y hasta contemporáneos– no constituyeron el principal obstáculo para encontrarse y abrazar la América Profunda, no la América Nuestra de Martí, sino la América Caníbal, la América Indígena, la América Negra, la América expropiada, embrutecida, lo mismo que la América Otra construida en la resistencia, en la necesidad de sobrevivencia y afirmación, en la lucha contra la conquista, la esclavitud, la explotación, en suma, para enfrentarse a la realidad social y cultural americana en su multiplicidad y en su *otredad radical*? Quizás no como punto final, pero al menos como "un punto de partida" para la construcción de lo que Enrique Dussel ha denominado *una transmodernidad*, y que no es ni una modernidad entendida en términos de aceptación y organización de la sociedad sobre la base de un modelo cultural dominante (europeo, angloamericano) que se funda con la incorporación de América al sistema mundial en 1492, ni un regreso a una pre-modernidad imposible, ni tampoco es la falsa solución, igualmente eurocéntrica, de la posmodernidad, sino que es *otro tipo de modernidad* capaz de hacer un lugar y articular diferentes modos de vivir, de organizar y dar sentido a la realidad ("The World System" 233-4). Dice Dussel en otro de sus ensayos:

> Only when the civilizing and exculpating myths of modern violence are denied and the injustice inherent to sacrificial praxis both inside and outside of Europe is recognized is it possible to overcome the essential limitation of "emancipatory reason." This overcoming of emancipatory reason as a liberating reason is possible only when both enlightened reason's Eurocentrism and the developmentalist fallacy of the hegemonic process of modernization are unmasked. It is my contention here that these operations can still be performed from enlightened reason when one discovers the dignity of the other (of the other culture, sex, or gender), when one pronounces innocent the victims of modernity by affirming their alterity as identity in the exteriority. this manner, modern reason is transcended not as denial of reason as such, but rather as denial of the violent, Eurocentric, developmentalist, hegemonic reason. What is at stake here is what I have called "transmodernity," a worldwide ethical liberation project in which alterity, which was part and parcel of modernity, would be able to fulfill itself. ("Europe" 476)

La pregunta obvia es ¿cómo concilió *Marcha* su proyecto cultural letrado, en gran parte *arielista*, en parte *martinfierrista* (es decir, un criollismo crítico radicalizado), europeísta, modernizador, con su vocación revolucionaria, aliada a las luchas de las clases populares del país y de América?, ¿hasta qué punto *Marcha* pudo visualizar, aceptar la realidad, y relacionarse con esa Otra América, y recién a partir de ahí imaginar *otro tipo* de proyecto nacional, de *americanismo*, de *trans-modernidad*?

El problema se agrava aún más cuando pensamos en la gradual aceptación del "marxismo" por parte de *Marcha*, aproximadamente de fines del cincuenta en adelante, sobre todo si tomamos en cuenta los aportes de Gramsci y su escuela a la teoría marxista del siglo XX, y al papel central que el gramscismo asigna a la cultura en el proceso político, a las culturas subalternas, a las culturas emergentes, a la idea de la contra-hegemonía cultural (es decir, un modelo cultural opuesto al de la cultura dominante, que es una cultura para la opresión), y a la necesidad de construir una cultura diferente, que no puede ser la mera imposición de *una* cultura, que es bastante más que papeles y palabras escritas, sobre la base de un encuentro y un reconocimiento de la cultura popular.

A este punto, es preciso repasar los distintos intentos que tuvieron lugar dentro de *Marcha* con el objetivo de "ir más allá" de un apego a los conceptos tradicionales de cultura y cultura nacional –"más allá de la ciudad letrada", como diría el propio Rama en 1985, mucho después de clausurada *Marcha*– y de hacer algún tipo de gesto o reverencia hacia las clases y las culturas populares: ese otro "espejo" o *aleph* de lo americano y lo nacional.

A fines de 1950 Carlos Real de Azúa, Washington Lockhart y otros empiezan a sentirse preocupados tanto por el avance del cine y de la cultura de masas en su conjunto, como por la caída del libro, del interés por la literatura y la discusión acerca de ella (Rocca, *35 años* 62-4). "La caída de la república de las letras", sin embargo, estaba emparentada tanto con el cine como con "el frangollo cultural reinante" (citado por Rufinelli, "Ángel Rama" 51) y "la polémica incesante de las élites que se habían reducido a su propio cerco" (Rocca 62). En 1962, escribe Benedetti: "en el Uruguay existe una élite sin que exista el gran público, y entonces esa élite pasa a significar una presencia absurda" (Rocca 65). Por absurda, esta comprobación no deja de ser maravillosa, del mismo modo en que lo fue el inesperado encuentro de Carpentier con la Ciudadela La Ferrière que construyera Henri Christophe, o el pomposo y mágico entierro de la pierna del general Antonio López de Santana, al que se refiere García Márquez en su discurso de aceptación del Premio Nobel. Absurdo pero maravilloso también era encontrarse en este confín de la Tierra con una de las élites más conectadas e identificadas con la alta cultura europea, y al mismo tiempo tan de espaldas a la realidad *cultural* del país y del continente, o al menos, mucho más de lo que estarían dispuestos a aceptar. En todo caso, como dejan entrever tanto Real de Azúa como Benedetti, "el gran público" –"la inmensa mayoría" de Blas de Otero– estaba en otra cosa, estaba en otra parte, en más de un sentido. Había llegado el momento para un cambio de rumbo.

A partir de la década del sesenta, y según una declaración del propio Rama de 1969, a diferencia de sus antecesores, él redefinió la tarea cultural de *Marcha* como la de

> reinsertar la literatura dentro de *la estructura general de la cultura,* lo que fatalmente llevó a un asentamiento en lo histórico y a operar métodos sociológicos que permitieran elaborar *esa totalidad* [...] fue también la lección del tiempo porque la revolución cubana, *la apertura del nuevo marxismo, el desarrollo de las ciencias de la cultura* [...] marcaban otros derroteros. (Rufinelli 51; énfasis mío)

Sin embargo, esto no condujo a que Rama y todos los que participaron de esta nueva etapa dejaran de creer (lo maravilloso presupone una fe, decía Carpentier) en la capacidad de la literatura y de la novela de representar y explicar "esa totalidad" social, histórica y cultural que era América o el mundo. La literatura, por lo tanto, no solo no perdió su centralidad sino que tampoco perdió su *representatividad* de la totalidad o la complejidad, de "una cultura latinoamericana". De las cenizas de la República de las Letras surgió el Ave Fénix de la latinoamericanidad literaria, de un sentimiento, imaginación e identidad que se iban a forjar a través de la escritura. La idea de la capacidad articuladora de lo europeo, lo americano y lo popular que para Rama exhibían ciertas novelas lo entusiasmó y fue lo que orientó, por al menos una década y algo más, su labor intelectual y cultural. De fines de los sesenta en adelante se volvió claro que algunos esfuerzos y movimientos musicales, pictóricos y cinematográficos también apuntaban a realizar una tarea de transculturación (por otros medios), por lo que, aun en calidad de socios menores, también pasaron a formar parte del interés de esta generación.

Así las cosas, lo popular en *Marcha* apareció fundamentalmente de cuatro maneras distintas, y por cierto contradictorias en sí mismas y entre sí. Apareció primero en tanto "cultura de masas", organizada alrededor del consumo y la celebración de libros, músicas y películas provenientes de las metrópolis globales y regionales (EE.UU., Italia, Francia, México, Argentina) y en menor grado, en torno a la radio y la naciente televisión. Esto no abarcaba sino solo *algunas* procedencias y géneros cinematográficos y musicales (el tango, el jazz) entre un conjunto infinito de etno-músicas, géneros y estilos. En todo caso, fue "una respuesta emergente al explosivo fenómeno del cine en Montevideo donde, sin caer en la hipérbole, puede afirmarse la existencia de una sala en cada esquina. La inmediata masificación, su proliferación, urgía una contestación crítica para un arte que una buena franja de los intelectuales rioplatenses persistía en desconocer" (Rocca 16). Danilo Trelles, Arturo Despouey, Homero Alsina Thevenet –el propio Rodríguez Monegal, para quien el cine era la nueva lengua franca– hicieron su parte respecto a ayudar a difundir y digerir esta corriente de cine. Lo mismo podría alegarse respecto del auge de la radio (del 20 en adelante) y de la televisión, a partir de 1960. "Por el propio peso de los canales [...] *Marcha* reincorpora su fugaz columna de crítica televisiva (e incluye como sección en el número de balance cultural de fin de año –en 1966– a la televisión)" (Gilman 166).

Segundo, lo popular también apareció en tanto *formas cultas o vanguardistas* construidas sobre la base de una *reelaboración* de las culturas subalternas, y por tanto *mediadoras* de las formas y prácticas expresivas del otro, ya sea en la forma de *ensayos y novelas* que hablaban de nuestra realidad social y cultural (García Márquez, Carpentier, Guimaraes Rosa, Rulfo, Arguedas, que son a juicio de Rama los que mejor realizan el proyecto de transculturación) como de otras formas: la literatura *gauchesca* (que como advierte Borges, son invenciones de letrados), *canciones* (la canción de protesta apoyada sobre una base de folclore, Atahualpa Yupanqui, Daniel Viglietti, Víctor Jara, la Nueva Trova, la movida tropicalista), *obras de teatro* (por ejemplo, de Conteris, de Rosencof), *intervenciones plásticas* (Lam, el movimiento muralista mexicano o chicano, la Escuela del Sur, o las instalaciones de Helio Oticica), o *el nuevo cine* (de Glauber Rocha, Carlos Diegues, Nelson Pereira dos Santos, Jorge Sanjinés, Tomás Gutiérrez Alea o Patricio Guzmán).

Todos estos artefactos y prácticas culturales contribuyeron, a su vez, a la formación de una *industria cultural*, o quizás dos, una latinoamericana y otra metropolitana (poderosas compañías editoriales españolas, en buena medida, marcaron el ritmo y el rumbo de *la masificación* de esta literatura), y también pasaron a ser objetos de consumo, a ser parte de "la cultura de masas". En tanto tales, también fueron tema del discurso letrado, aunque en este caso, en la primera acepción de lo popular que veníamos manejando.

También es preciso distinguir entre el cine proveniente de Europa o EE.UU. y el Cine Latinoamericano, así como las distintas razones que perseguía la celebración y crítica de uno y otro. El primero estaba asociado a un proyecto de procesar la cultura de masas o de estar conectado y "al día" con la *cultura moderna*; el segundo, con la preocupación por las formas de representar y atender a *nuestra realidad*. Es decir, el cine europeo o norteamericano se corresponde con el primer sentido de lo popular, mientras que el Nuevo Cine Latinoamericano, con el segundo. El interés y el apoyo al Nuevo Cine Latinoamericano, en otras palabras, era una respuesta que llevaba implícita tanto una crítica del cine comercial (por ejemplo, a los melodramas y comedias fáciles y conformistas provenientes tanto de México o Argentina, como de EE.UU.), como un esfuerzo por hablar de nuestra realidad, desde formas de ver propias, y de crear, en suma, un marco conceptual y un lenguaje visual y cinematográfico propio, en relación, incluso, al buen cine europeo o norteamericano.

El apoyo de *Marcha* a la canción de protesta y a un *nuevo tipo* de canción folclórica, por su parte, también llevaba implícita una crítica del manejo que tanto las nuevas industrias culturales (la industria discográfica, la radio, la televisión) como el discurso político conservador hacían del "folclore" y de "la tradición": "El SODRE dedica semanas enteras a la exaltación del folclorismo, las payadas y todos los materiales que componen la versión estereotipada y falsificada de la realidad nacional" (Gilman 166). En este marco, es decir, "contra el auge folklorista, [*Marcha*] desmiente una y otra vez las visiones míticas de la tradición impuestas por el poder político y cultural [...] las falsedades involucradas en el mito rural y pueblerino" (171).

Tercero, lo popular estuvo presente en las propias concesiones al consumo y a los gustos de la clase media (a la cultura de masas) a que obligaba este tipo de *empresa* de periodismo cultural, que si no llegaba a ser masivo, tampoco era exclusivo o marginal. Esto se manifestó en el formato y en la diagramación, en las ilustraciones, en el humor, en las cartas de los lectores (que ocupaban las dos primeras páginas), y en las secciones dedicadas a la propia cultura de masas (el cine, la radio, la televisión). También, "en los primeros números cuenta con páginas de entretenimiento (grafología, ajedrez, palabras cruzadas), temas "femeninos" (belleza, modas, arreglo del hogar, consejos útiles), y deportes (turf, fútbol)" (Gilman 154). A mediados del 60, "por primera vez [se] incluye comentarios de discos folclóricos, no en forma casual sino concediendo un espacio fijo destinado al folklore como género" (166). A partir de 1968, bajo la dirección de Rufinelli, se avanza un pasito más con la inclusión de algunos de los llamados géneros menores (novela policial, ciencia ficción) y de obras literarias o cinematográficas en las que se reconoce y explora el impacto de la cultura de masas en la cultura y la conciencia popular.

> En la dirección de Rodríguez Monegal se había tolerado la novela negra, en la de Rama casi no había sido tomada en cuenta; también –si tratamos de literaturas "marginales", como entonces se les llamaba– la ciencia ficción entró en *Marcha* [...] Rufinelli proyectó una y otra forma de escritura, la primera en respuesta al creciente fenómeno de calidad y volumen como por la pública y reiterada simpatía de su admirado Juan C. Onetti. La narrativa de Manuel Puig, por ejemplo, tuvo que hacerle revisar esclerosados conceptos sobre "bellas letras" y "sub-literatura", midiendo con más cuidado al folletín, a la historieta y al cine popular. (Rocca 122-3)

Me aventuro a interpretar que para Rufinelli estas otras prácticas culturales –este tipo de arte "menor" o "plebeyo" que convocaba a los más– importaban tanto por el papel que habían pasado a ocupar en la vida cultural del país (cultivados tanto por el público lector como por los propios escritores en busca de otros públicos) como por las *huellas* que habían empezado a dejar en la conciencia, en la forma de experimentar la realidad y de narrar que empezaron a arraigar en la cultura nacional y popular, todo lo cual hacía impostergable que estas cuestiones se empezaran a atender y abordar. Convergen aquí los dos tipos de acepciones de lo popular que he propuesto anteriormente: lo popular como *oferta* masiva y como *práctica* extendida, y lo popular como *representación* de la conciencia y la cultura popular nacional, es decir, representación del dato de nuestra realidad intra-cultural (algo así como la intra-historia a que se refería Unamuno).

Por último, uno de los ángulos en que el tratamiento de la cultura, de la cultura nacional y de la cultura popular aparece de manera más premonitoria y sugerente, es, paradójicamente, *por fuera* de "la sección cultural" (es decir, al margen del espacio designado para lo que se consideraba "la cultura"). En efecto, aparte de la sección cultural hubo otras secciones y páginas dedicadas a cuestiones de tema cultural o socio-cultural. Me refiero, por ejemplo, a los ensayos de Hugo Alfaro en sus *Reportajes a la realidad*; a las investigaciones de Ernesto González Bermejo, a mitad de camino entre el informe y la reflexión acerca de diversas realidades sociales concretas (olvidadas, marginadas, tornadas invisibles o irrelevantes por la cultura dominante), conectadas, a su vez, a diversas problemáticas de orden ideológico, estético, ético y cultural; a los recuadros de *La chica de lentes* (por ejemplo, sobre el discurso televisivo o la pornografía), y hasta artículos ocasionales como, por ejemplo, "¿Estilo de vida o *way of life*?" (1972) de Mario Benedetti, que en este caso abordaba una discusión de orden político y cultural (verdadera punta de lanza y núcleo de la propaganda oficial). Este *tipo* de análisis cultural más allá de las libros y las películas quizás haya sido uno de los aportes de mayor vigencia hoy, treinta años después, tanto por su contenido –en la medida que supo ver y documentar nuestra realidad social– como por su manera de concebir y abordar "la cuestión cultural" y lo popular.

Lo que sigue es un intento de crítica puntual a cada una de estas modalidades de trabajar lo popular. Respecto a lo primero, ¿hasta qué punto la producción cinematográfica como *un* aspecto de la cultura de masas –otro es lo que la gente hace con esa oferta simbólica– no resultaba más que una extensión de la cultura hegemónica –tanto en el nivel local como en el global– que encontraba otros lenguajes y otras vías de propagación, más que su cuestionamiento? Por lo demás, ¿eran el fenómeno del cine o de la radio los *únicos* fenómenos sociales y culturales masivos que interesaron al gran público y que merecían este tipo de respuesta y atención? ¿No hubo acaso una explosión comparable en el ámbito deportivo, en el espacio cultural de la inmigración, en el teatro del carnaval, en los cambios en el estilo de vida y las costumbres producto del aumento del protagonismo de la clase obrera, de la modernización y el consumo, de la creciente presencia y protagonismo de la mujer en la vida social y cultural, lo mismo que del indígena o el negro a nivel continental (en este último caso, también en el plano local)? ¿No demandaban estos otros fenómenos una atención y respuesta equivalente?

Más importante todavía, ¿desde qué condiciones de recepción, claves y marcos teóricos (éticos, políticos, estéticos) se abordaba el análisis y la crítica cinematográfica? ¿Qué tipo de discurso cultural, estético, político fue el del comentario y la crítica de cine que se fue organizando en *Marcha*? ¿Surgió una crítica cinematográfica desde nuestra situación, desde Calibán ("Mi tarea aquí es hablar *desde* Calibán, no siempre *sobre* él", dice Fernández Retamar ["Calibán quinientos"]) complementaria y coherente con, por ejemplo, los planteos del Nuevo Cine Latinoamericano o la Cinemateca del Tercer Mundo (aunque fuesen ambos fenómenos de vanguardia más que de cultura popular)? ¿O se limitó a ser un comentario y una crítica "desde ningún lugar", "desde ningún marco teórico" –llegado el caso, *à la Cahiers du cinema*– al margen o sin conexión alguna, por ejemplo, con la proposición paralela de un Nuevo Cine Latinoamericano, o con la propia realidad y circunstancia de recepción?

Por otra parte, cuando se fue crítico del "catastrófico avance de los medios de comunicación" quizás se desestimó demasiado pronto la posibilidad de ocupar determinadas posiciones en la *mediación* de la oferta de la cultura de masas y de realizar una intervención propia dentro de esos "nuevos campos de producción cultural", de formación de opinión y del gusto. La cultura de masas global funciona sobre la base de una red de operadores *locales* que también realizan una tarea de selección y distribución (de unos materiales y no de otros, de unos más, de otros menos, de ciertas procedencias y cines *versus* de otras procedencias y cines). Si bien mucho viene pre-digitado desde las casas matrices y "grandes poderes" comandan estos campos culturales, una infinidad de tareas y opciones recaen sobre la cultura local, y es allí donde se abren espacios y oportunidades de actuación (más allá de la mera recepción crítica). La *Cinemateca Uruguaya* (1953), el Festival Internacional de Cine Experimental y Documental organizado por Trelles y el SODRE (de 1954 en adelante), la propia asociación entre *Marcha* y la *Cinemateca del Tercer Mundo* en 1969, algunas editoras de discos (Ayuí/Tacuabé desde 1971) y radioemisoras fueron, ciertamente, incursiones en esta dirección. Sin embargo, en vez de ir al encuentro de la cultura de masas y meterse en el corazón de la bestia con la finalidad de encauzar en algo su curso, o alterar su perfil, parecieron conformarse con la organización de un circuito de cine experimental y culto en la vereda de enfrente o "prudentemente" alejado de la cultura de masas. (Distinto es el panorama en los ochenta y noventa donde asistimos a una mayor audacia respecto a intervenir y realmente afectar y dar otro perfil a la cultura de masas en el nivel nacional, tanto al nivel de las salas, de las distribuidoras o de la televisión [Remedi, "Montevideo"]).

Respecto a lo segundo cabe preguntarse: ¿qué límites tenía la tematización y reelaboración de lo popular *mediatizado* por "la nueva novela", "el nuevo cine" o "la nueva canción"? ¿Hasta qué punto la literarización de la cultura del otro –de lo *no-literario*– en los téminos de la cultura letrada, no terminaba por silenciar y borrar al otro? (Remedi, *Murgas* 33) ¿No era posible, acaso, construir un espacio de encuentro e intercambio con el Otro y sus formas darle sentido y de vivir y de interpretar el mundo *sin tener que pasar* por la nueva novela? Un espacio, por ejemplo, en el que hubiera lugar para confrontar distintas formas de ver la realidad social, por un lado la de los académicos, novelistas y periodistas, y por otro, la de los propios actores sociales subalternos (como las lecturas y discusiones que compartieron y en las que chocaron Rosario Castellanos y Jesusa

Palancares acerca del personaje homónimo y la historia de *Hasta no verte Jesús mío*), y quienes desde su subalternidad consiguen producir nuevas formas de ver la realidad.

¿Hasta qué punto "el arte nacional y popular" que destilaba la novela, esa forma "suprema y total" que elaboraba, "daba valor" y convertía en literatura "lo para-cultural", no *dejaba fuera* lo esencial de lo popular nacional que también era cuerpo, gesto, oralidad, música, ritmo, experiencia sensual, paisaje, travesía, relación social, baile, sabor, movimiento, aroma, éxtasis, ganas de vivir, textura, temperatura, estado espiritual, y tantas cosas más, y cuya reducción a simple asunto literario, a nueva forma de escribir, a cosa de la imaginación, no puede sino conducir a una forma de violencia (estética, ética, social) (Remedi, "La ciudad letrada" 100-1), de avasallamiento y hasta de aniquilación cultural? Por el contrario, era preciso visualizar la existencia de una "esfera pública popular" –una suerte de país sumergido o paralelo, en los términos de Zibechi– y el trabajo de "los transculturadores populares" –contrapartes o *dobles* de los que habla Rama– que por su posición particular en la escena cultural, y por su sensibilidad y habilidades también particulares, acceden a determinados tipos de experiencias estéticas y materiales culturales (inaccesibles a los letrados) y que, por consiguiente, son *capaces de producir* determinados tipos de productos y de ofertas simbólicas y estéticas como no lo pueden hacer los letrados (Remedi, "Esfera pública" 144). Sin embargo aquella generación se aferró no solo al proyecto de "hacer política mediante la formación de la opinión" (Gilman 153) sino también "al cambio de conciencia" a través de "la educación del gusto" por la belleza y la moral (Gilman 164-5), de la formación de la opinión estética y de la experiencia perceptual-estético-sensorial sin necesariamente cuestionarse mucho –y menos, cuestionarse *a fondo*– las bases políticas e ideológicas sobre las que se apoyaba ese programa de "educación sentimental" y de "elevación" estética y moral (Eagleton, *The Ideology*; Giddens). El testimonio y el cine documental, sin bien avanzaron un paso en dirección de ceder la interpretación y la palabra a las clases populares, no dejaron de encuadrar la palabra oral, el cuerpo, los gestos a la palabra escrita, el libro, en fin, a lo literario, y en el caso del cine, a lo cinematográfico; en ambos casos, en control del autor o de los autores letrados y subordinados a la lógica (política, económica, estética, etc.) del espacio cultural "culto" o letrado.

En cuanto a lo tercero, ¿qué impidió construir y llevar a la práctica un discurso analítico y eventualmente de crítica cultural de esas formas y discursos del entrenimiento, de la moda, de la belleza, del fútbol?

¿Qué impidió, por ejemplo, la reformulación vernácula o "nacionalización" del discurso de crítica cultural que pretendió hacer, cada uno en su estilo, momento y lugar, personajes tan diversos como R. Barthes, W. Benjamin, E. P. Thompson o C. R. L. James, que hacía tiempo que habían caído en la cuenta que la hegemonía –la dominación– burguesa y colonial de la que hablaba Gramsci (el temido imperialismo de Darío, Rodó o Quijano) se llevaba a cabo por la vía de ciertas imposiciones y "negociaciones" de índole estética y cultural, tanto literarias como no-literarias? ¿Qué contradicciones produjo esta serie de concesiones a lo popular *junto* a la idea y la valoración (predominante) de esas prácticas como "inferiores" –que no "elevan" (y por lo tanto que degradan y reproducen confusión, ignorancia, mediocridad)–, *sumado* a la ausencia de un discurso analítico y crítico, vernáculo respecto a tales asuntos? Asuntos que, ciertamente, conformaban una parte de "la totalidad de la vida cotidiana" (Gilman 154) así como del "dato empírico" y "la realidad" que *Marcha* siempre pretendió atender y privilegiar como forma de echar por tierra las distintas *mitologías* acerca de la cultura nacional y la nacionalidad.

En cuanto al cuarto modo en que aparece el tema de lo popular, es decir en forma de crónica y reflexión acerca de la vida urbana, de la vida cotidiana, o de determinadas subculturas o problemáticas culturales particulares, cuatro son las reservas que se pueden plantear. Primero, está claro que para los editores de *Marcha* estos aportes caían *fuera de lo cultural* ¿era porque se trataba del espacio social y cultural de *lo popular*? ¿era porque no se consideraba que estas situaciones implicaran una producción cultural, una economía-política cultural? Segundo, y quizás porque no se tomó estas cuestiones todo lo en serio que se las debió haber tomado, este tipo de exploración de la cultura nacional no fue muy lejos ni tuvo demasiada profundidad, es decir, no generó una forma más sistemática –una teoría, una hermenéutica– de "estudio cultural", ni tampoco echó mano de las herramientas y modelos de operación que las diversas disciplinas (la antropología, la sociología, la historiografía, la sicología, la propia teoría cultural, etc.) habían generado y puesto a disposición. Es decir, los propios autores de estos trabajos –no solamente los editores– puede que también pensaran que la crónica o el informe alcanzaban, y que estos temas no merecían más. Es decir, no merecían un estudio y una reflexión cultural más… ¿científica? (del mismo modo que sí parecían merecerlo un poema, una novela o una obra de pintor nacional). Tercero, si bien este tipo de crónicas pone en evidencia una voluntad de *mirar hacia* lo popular, hacia un problema cultural extra-literario o extra-artístico, no me resulta igual de claro que siempre se consiga volver a interpretar la cultura nacional *desde* la posición de las personas –las subjetividades– allí localizadas. (Esta problemática remite a la diferencia, por ejemplo, entre el *Carlos* (1965) de Mario Handler, los relatos de Carlos *en el filme*, la posibilidad que Carlos tomara la cámara e hiciera su propio filme, no ya de sí mismo y de su vida sino de la realidad o de otras realidades –cosa que ha intentado hacer Handler, al menos de manera parcial, en su último filme documental *Aparte* (2002) acerca de/con jóvenes marginados–, y los relatos de Carlos *fuera de un filme y por otras vías* y que implica toda otra estética y situación comunicacional, marcada por la oralidad, la gestualidad, la corporalidad, las canciones o bailes que lo expresan, la forma de presentarse en público, o la forma de habitar y modificar su espacio material y social. Lo mismo podríamos haber ejemplificado esto mediante una novela testimonial, pongamos por caso, *Biografía de un cimarrón* (1968) de Miguel Barnet. Esto nos lleva al último punto, que muchas veces al mirar hacia lo popular faltó atender y prestar la atención hacia *las formas expresivas del otro*, las ocasiones en que el otro habla en sus propios espacios y tiempos, en fin, en sus propios términos (aún cuando eche mano o esté forzado a hacer uso de otros discursos, y aún cuando ésta sea una situación en la que tenga que acomodarse y encontrar la forma de hablar en *el marco* de un determinado orden y régimen político, económico y cultural, es decir, en *condiciones* que muchas veces no escoge ni controla del todo). A este respecto, son muy aisladas y tangenciales las ocasiones en que las formas expresivas populares fueron tomadas en cuenta. Así, por ejemplo, la nota "Carnavales son los de ahora" (1972) de Jorge Musto, aunque bienvenida, no pasó de ser una atención pasajera y superficial –coincidente con el período de celebración del carnaval– al vasto mundo de la cultura popular. Sobre todo, tardía.

Luego de estas respuestas e interrogantes respecto a las cuatro modalidades mediante las que *Marcha* se posicionó frente a la cultura popular queda por preguntarse ¿cuánto y qué decidió ignorar, erradicar y excluir? Quedó afuera, en principio, todo lo que el discurso letrado no pudo ni ver, ni tolerar, ni apreciar (ni valorar), ni domesticar, ni literaturizar en sus propios términos. Todo lo que amenazó y desafió y desagradó a la ciudad letrada, al sentido de la belleza y el gusto que compartía la élite intelectual sin mayores excepciones. En otras palabras: mucho, demasiado. Demasiada gente. Demasiadas experiencias estéticas. Demasiados aportes culturales. Demasiadas cosas hermosas, placenteras, y valiosas, que enriquecen a la experiencia humana. Todo un mundo. Muchos otros mundos hacia donde también hubiera sido necesario navegar.

Quiero creer que algo de esto intuyó y quiso formular la generación crítica cuando dio el salto al cine, a la canción, a la idea misma de la transculturación en tanto apreciación y absorción de ciertos elementos de otras culturas. Quizás faltó reconocer que había que dar otros saltos, que fuera de la literatura y los patrones sensoriales y estéticos dominantes existen otros espacios culturales, cosas que hacemos a diario, y todo otro conjunto de transculturadores (artesanos, carnavaleros, maestras, roqueros, señoras que conversan en la panadería, poetas de ómnibus, presentadores de noticias, cocineros, jóvenes que escogen consumir o llevar puesto ésto o aquello, o hacer el amor o matar siguiendo el modelo de tal o cual revista, canción o programa de televisión), todos y cada uno de ellos haciendo sus interpretaciones del mundo, sus selecciones, valoraciones, traslados, "traducciones" e invenciones. Que era preciso ensanchar la esfera pública -ensanchar la mirada y el "ojo crítico"- a fin de hacer posible un encuentro y un intercambio mayor, más multitudinario y a la larga más prolífico y enriquecedor. Que los contornos y las murallas de aquella ciudad descansaban sobre una historicidad, en algunos casos en la ceguera y la arbitrariedad, y en otros, en una probada efectividad para mantener un orden y sistema de privilegios, cuando no en un abierta misoginia, elitismo o racismo.

IV. Extramuros y sus riesgos

La crítica de la ciudad letrada, y en particular, del modo en que *Marcha* y toda una generación y un estadio de conciencia en el Uruguay pensó y se relacionó con la cultura popular, está plagada de riesgos. Entre ellos cuatro son los que me interesa subrayar. El primero de ellos, de corte ingenuo, es no reconocer nuestra doble -o múltiple- pertenencia y condición cultural. Lo mismo que Pedro Arcanjo, aquel personaje que primero interesara a Jorge Amado y luego a Nelson Pereira dos Santos, somos habitantes de muchos mundos, combatientes en muchos frentes, *uno* de los cuales es el mundo de la escritura, de la lectura, de la literatura, del mundo imaginario construido con pedacitos de novelas de Stevenson, de historias de Scherezada, de marinos, viajes intergalácticos, caballeros o profetas, como decía Borges en su "Prólogo" a *Evaristo Carriego*. No se trata de renunciar a este mundo, ni de olvidar el alfabeto, ni de quemar archivos y bibliotecas, y ni siquiera de dejar de difundir y referirse a la literatura -entre tantos otros discursos–, por cuanto sería simplemente una barbaridad. Pero no una barbaridad menor o mayor que la de ignorar y querer destruir otros mundos, los otros mundos en los que también transitamos e intervenimos. La cultura letrada constituye, obviamente, tan solo una parte, muy pequeña, de lo que somos (Lo mismo podría decirse de otros mundos tomados de manera aislada, sea el espacio del carnaval, la cultura del deporte, el mundo del espectáculo o del *hip-hop*.)

Un segundo riesgo, de corte vanguardista, es el de simplemente sustituir unos espacios culturales por otros, y de privilegiar unos transculturadores por encima de otros (por ejemplo, la computadora o los videojuegos en lugar de la TV, la TV o el carnaval en lugar del cine, el carnaval o el *rock* en lugar de la literatura), cuando de lo que se trata es de recomponer una totalidad dialógica, un espacio social y cultural complejo irreducible a una forma de representar y ver la realidad, a una sola propuesta de sentido y de valor. La sustitución de una forma expresiva por otra puede resultar simplemente en "continuar por otras vías" la colonización del otro y de la cultura popular, actualizando el proyecto de transculturación *narrativa* que encandiló a Rama –que por definición domestica, recorta, descontextualiza, violenta, silencia, borra lo que molesta, lo que no cuadra, lo que no se comparte, lo que no se valora o lo que no se comprende– todo lo cual se puede hacer por igual, tanto mediante una obra literaria, como mediante una película, una canción, o cualquier otra forma de lectura y representación. Recomponer la totalidad conflictiva, en cambio, como instancia negativa, de análisis y crítica, permite evitar el problema de tener que definir *a priori* lo (auténticamente) popular puesto que de lo que se trata es de enfrentar y "poner a dialogar" distintas expresiones y discursos provenientes de distintos ámbitos, así como de encontrar los *marcos* y las *mediaciones* que permitan llevar a cabo un análisis y una *crítica* política y estética de las distintas intervenciones, y que apunta a determinar y a interrogar aquello que "el pueblo adopta o no tiene más alternativa que adoptar como propio –independientemente de quién lo haya hecho o para quién–, porque es lo que más responde a su realidad, a sus valores, sus necesidades e intereses en un momento dado" (Gramsci 195; énfasis mío).

En efecto, un tercer riesgo, de corte populista, es el de pensar que para poder ver y relacionarnos con otras culturas, con la cultura popular, con otros transculturadores, con otras formas de hacer y de pensar y de vivir, es preciso suspender –o peor aún, renunciar– a la crítica política, ética y estética. Por el contrario, "debemos asumir la responsabilidad de no mellar el filo de esa herramienta, tan delicada como imprescindible, que alguien llamara la conciencia crítica" (Armas y Garcé 77). Prefiero, por consiguiente, ver a la cultura popular como un espacio-otro donde ocurren *muchas cosas*, de diversa índole, incluso contradictorias entre sí, y que es preciso mapear, cotejar, estudiar y criticar (Remedi, "Ésfera pública" 138). No hay nada más contradictorio que la cultura popular (Gramsci 194): allí quedan expresados actos de subordinación, de acomodo, de opresión de otros (los cuales es preciso identificar y contrarrestar) lo mismo que actos de reafirmación, de protesta, de resistencia, de creación, signos de una "cultura emergente" (los cuales es preciso rescatar y ayudar a desplegar), del mismo modo que el *yo* es la resultante problemática de vivir en una sociedad y civilización determinada. El encuentro con el otro y su mundo, por tanto, tiene que ser parte de un proyecto de respeto, de apreciación (que nos aporta y enriquece) a la vez que de identificación de aquello que no favorece la convivencia, y que por lo tanto tiene que ser criticado y de alguna manera resuelto y superado.

Un cuarto riesgo, de corte teórico-metodológico, consiste en descuidar el "desde dónde" (desde qué posición social, proyecto, valores, en el marco de qué condiciones y estructuras de poder, etc.), el "cómo", el "a fin de qué", "con quién", etc. vamos a realizar la crítica estética y política (Vidal, *Crítica literaria*). Todos desafíos teóricos, metodológicos, prácticos, etc., a resolver. En todo caso, está claro que la crítica de la ciudad letrada y la aceptación del encuentro con "lo popular" es todo menos fácil y simple, y por cierto, es bastante más difícil y complejo que limitarse a moverse dentro de la América Narcisa, la América Simplificada, o la América de Papel.

V. El botín

Muy poco me queda por agregar a este repaso del modo en que *Marcha* y "la conciencia crítica" uruguaya visualizó y se relacionó con la cultura popular, que es otra forma de hablar del *otro*, y también de *nuestra realidad* social y cultural nacional concreta. Más allá de las críticas puntuales ya anotadas podemos decir que, en cuanto a "lo popular", en lo fundamental, *Marcha* "miró para otra parte". En los esfuerzos y episodios en que corrigió el rumbo o se aventuró un poquito más allá de la ciudad letrada y de la alta cultura, se "quedó corta". No tuvo ni su E. P. Thompson, ni su Roland Barthes, ni su Stuart Hall. (Lo cual hay que tomarlo en el contexto de que esta generación se pensaba como "al día" con las ideas modernas). Más allá de los casos excepcionales ya mencionados (Alfaro, González Bermejo, Benedetti, Galeano, Handler, etc.) que dejaron entrever una capacidad especial para acercarse y posicionarse *estéticamente* "en la calle", "entre la muchedumbre" (quizás sí hayamos tenido nuestros W. Benjamin y nuestros R. Barthes al fin y al cabo) me acecha la duda respecto a si los escritores y lectores de *Marcha* "amén de preservar una prudente distancia crítica que los protegiera de las tentaciones parroquialistas, realmente participaron [...] de los valores, códigos lingüísticos e inquietudes de sus prójimos" (Armas y Garcé 88), y si, en realidad, no coincidieron con los intelectuales "que aunque sean de origen popular no se sienten ligados al [pueblo], no lo conocen ni sienten sus necesidades y aspiraciones [...] con relación al pueblo son algo separado [...] son más extranjeros que los extranjeros frente al pueblo-nación" (Gramsci, citado en Armas 89). En tal sentido, queda por reiterar un sentido de urgencia respecto a la necesidad de procesar con mayor velocidad los cambios que han ocurrido tanto en la sociedad y en la cultura nacional como en la teoría de la cultura y en la teoría de una política transformadora, donde la cultura –el edificio cultural– juega un papel pivotal. La necesidad de completar el mentado "cambio de paradigma cultural" implica dejar atrás muchos de los supuestos y tareas que se propuso para sí la generación de escritores y lectores de *Marcha*, al tiempo que profundizar su proyecto de crítica, y por otras vías, de otra manera, avanzar en nuestro proyecto de emancipación. No obstante, de ningún modo estamos en cero. Primero, la propia experiencia de *Marcha*, como vimos, abrió diversas puertas y rumbos (que aquí he llamado modalidades de pensar y relacionarse con lo popular). Segundo, en los años que han pasado desde su clausura en 1974 también han sucedido cosas nuevas –y muy alentadoras– en este respecto, y hemos podido empezar a ver, a valorar y a relacionarnos mejor con muchas otras áreas y expresiones de lo popular, llámese: cultura afro, literatura testimonial, (historia o semiótica de) nuestra sensibilidad, medios masivos, vida cotidiana, antropología urbana, diversos tipos de festividades y religiosidad, radios comunitarias, corrientes vernáculas de *rock, reggae* o música tropical, sexualidad de los jóvenes, lenguaje de la ciudad, estudios de la cultural material, mirada feminista, cultura de la marginalidad, y mucho más. Todos fenómenos que ya no implican solamente un mirar *hacia* sino también un volver a repensar el país –la cultura nacional, la cultura latinoamericana– *desde* estos nuevos espacios, estéticas y formas de pensar. Si bien quizás no se haya realizado un cambio completo de paradigma, podemos decir que hoy, al menos, hay una *pugna* entre dos maneras de ver y relacionarse con lo popular: una manera "que nace" y "otra que ha de helarte el corazón". *Marcha* ha alumbrado ambas.

Por último, además de volver a señalar *el proyecto pendiente de nuestra trans-modernidad* (variante del proyecto inconcluso de la modernidad de Habermas, de la trasnochada apología de la modernidad de Berman, o la modernidad desbocada de Appadurai), pienso que la figura del Pedro Arcanjo capaz de moverse con placer y comodidad dentro y entre muchos mundos *sin renunciar a ninguno* (no necesariamente el Pedro Arcanjo algo idealista respecto a las posibilidades del *melting pot*), ofrece una salida bastante decorosa y eficiente al problema de la hibridez, de la subalternidad, y a tener que estar entrando y saliendo de la modernidad (o escapándose, o escondiéndose). En todo caso, está claro que otro será el papel que los intelectuales –la izquierda, en general– tendrán que jugar *en relación a lo popular*, al dato de nuestra realidad social y cultural, de nuestra vida cotidiana, de los otros concretos con que nos cruzamos a diario. Por sobre todo, otro deberá ser *el fundamento* ético y estético sobre el que se va a tener que apoyar tanto el análisis y la crítica (social o cultural) como un proyecto económico-político verdaderamente de recambio.

NOTA

* Inspirado en el título de la canción de Walter Benavidez y Eduardo Darnauchans, *Blues de los pequeños desencuentros*.

BIBLIOGRAFÍA

Achugar, Hugo. *La biblioteca en ruinas. Reflexiones culturales desde la periferia*. Montevideo: Trilce, 1994.

Alfaro, Hugo. "Puntos suspensivos", alocución final a "El debate que la izquierda se debía". *Brecha* (Montevideo, 16 de abril de 1992): contratapa.

Alsina Thevenet, Homero. ("H. Al.") "Quijano". *Diccionario de la Literatura Uruguaya*. Tomo II. Alberto Oreggioni, dir. Montevideo: Arca-Credisol, 1987. 171-5.

Appadurai, Arjun. *La modernidad desbordada. Dimensiones culturales de la globalización*. Gustavo Remedi, trad. Buenos Aires: FCE-Trilce, 2001.

Ardao, Arturo. *Etapas de la inteligencia uruguaya*. Montevideo: Universidad de la República, 1971.

Armas, Gustavo de y Adolfo Garcé. *Uruguay y su conciencia crítica. Intelectuales y política en el siglo XX*. Montevideo: Trilce, 1997.

Borges, Jorge Luis. "La poesía gauchesca". *El Martín Fierro*. (3ª ed.) Buenos Aires: Columba, 1960.

Dussel, Enrique. "The World-System and 'Trans'-modernity". *Nepantla* III/2 (Durham, 2002): 221-44.

_____ "Europe, Modernity and Eurocentrism". *Nepantla* I/3 (Durham, 2000): 465-78.

Eagleton, Terry. *The Ideology of the Aesthetic*. Oxford: Blackwell, 1990.

_____ *Una introducción a la teoría literaria*. José Esteban Calderón, trad. Buenos Aires: FCE, 1983.

Fernández Retamar, Roberto. *Calibán. Apuntes sobre la cultura en nuestra América*. (2da. ed.) México: Diógenes, 1974.

_____ "Calibán quinientos años más tarde". *Nuevo Texto Crítico* VI/11 (Stanford, 1993): 223-44.

García Canclini, Néstor. *La culturas populares en el capitalismo*. Buenos Aires: Nueva Imagen, 1981.

Giddens, Anthony. *The Transformation of Intimacy*. Stanford: Stanford University Press, 1992.

Gilman, Claudia. "Política y cutura: marcha a partir de los años 60". *Nuevo Texto Crítico* VI/11 (Stanford, 1993): 153-86.

Gramsci, Antonio. *Selections from Cultural Writings*. Cambridge: Harvard University Press, 1985.

Machín, Horacio. "Ángel Rama y 'La lección intelectual de *Marcha*'". *Ángel Rama y los estudios latinoamericanos*. Mabel Moraña, ed. Pittsburgh: IILI, 1997. 71-94.

Peirano Basso, Luisa. *Marcha en Montevideo, y la formación de la conciencia latinoamericana a través de sus cuadernos*. Buenos Aires: Javier Vergara, 2001.

Rama, Ángel. *La ciudad letrada*. Hanover: Ediciones del Norte, 1984.

_____ *Transculturación narrativa en América Latina*. (2da ed.) México: Siglo XXI, 1987.

_____ "Más allá de la ciudad letrada", entrevista de Mario Szichman en *Espejo de escritores*. Reina Roffé, ed. Hanover: Ediciones del Norte, 1985.

_____ *García Márquez. Edificación de un arte nacional y popular*. [Recopilación de clases dictadas en el Centro de investigaciones lingüístico literarias de la Universidad de Veracruz en 1972]. Montevideo: Facultad de Humanidades y Ciencias, 1986.

Remedi, Gustavo. "Esfera pública popular y transculturadores populares. Propuesta de interpretación y crítica de la cultura nacional desde las prácticas culturales de las clases subalternas". *Hermenéuticas de lo popular*. Hernán Vidal, ed. Minneapolis: Institute for the Study of Ideologies and Literature-Literature and Human Rights Series, 1992. 127-203.

____ *Murgas: El teatro de los tablados. Interpretación y crítica de la cultura nacional*. Montevideo: Trilce, 1996.

____ "Theorizing Popular Culture Studies in Uruguay". *Studies in Latin American Popular Culture* XV (Las Cruces NM, 1996): 85-97.

____ "Representaciones de la ciudad: Apuntes para una crítica cultural". *The 17th Lousiana Conference on Hispanic Languages and Literatures*. Baton Rouge: Lousiana State University, 1996. 237-54.

____ "Los lenguajes de la conciencia histórica: a propósito de *Una ciudad sin memoria*". *Memoria colectiva y políticas de olvido, Argentina y Uruguay, 1970-1990*. Adriana Bergero y Fernando Reati, comps. Rosario: Beatriz Viterbo, 1997. 345-69.

____ "La ciudad letrada: Ángel Rama y la espacialización del análisis cultural". *Ángel Rama y los estudios latinoamericanos*. Mabel Moraña, ed. Pittsburgh: IILI, 1997. 97-122.

____ "The Production of Local Public Spheres: Community Radio Stations (1996), que aparecerá en *Latin American Cultural Studies. A Reader*, editado por Ana del Sarto, Alicia Ríos y Abril Trigo (Duke University Press).

____ "Fantomas contra los vampiros multinacionales 2ª parte (o la batalla por la esfera pública)". *Escenario 2*, 1/3 (Montevideo, 2000): 58-62.

____ "Los demonios de Ariel. Fuentes del imaginario cultural popular a principios del s. XX" (2000), que aparecerá en *El imaginario cultural en el Uruguay* (Tomo 2), Hugo Achugar y Mabel Moraña, editores (Montevideo, Trilce)

____ "Montevideo en sus pliegues: Mediaciones y mediadores en la ciudad" (2001) que aparecerá en *Reconfiguraciones materiales y simbólicas de la cultura del Cono Sur Post-dictatorial*, editado por Laura Martins (Instituto Internacional de Literatura Latinoamericana, University of Pittsburgh).

Rocca, Pablo. *35 años en Marcha. Crítica y literatura en Marcha y en el Uruguay 1939-1974*. *Nuevo Texto Crítico* VI/11 (Stanford, 1993): 3-151. También publicado en Montevideo: Intendencia Municipal de Montevideo-División Cultura, 1992.

____ "Marcha". *Diccionario de Literatura Uruguaya*. Tomo III. Alberto Oreggioni, dir. Montevideo: Arca, 1991. 335-40.

Rowe, William y Vivian Schelling. *Memory and Modernity. Popular Culture in Latin America*. London: Verso, 1991.

Rufinelli, Jorge. "Ángel Rama, Marcha y la crítica literaria latinoamericana en los 60s". *Nuevo Texto Crítico* VII/14-15 (Stanford, julio 1994-junio 1995).

____ *Crítica en Marcha. Ensayos sobre literatura latinoamericana.* México: Premia-La Red de Jonás, 1979.

Sambarino, Mario. *La cultura nacional como problema.* Montevideo: Nuestra Tierra, 1970.

Trigo, Abril. *¿Cultura uruguaya o culturas linyeras? (Para una cartografía de la modernidad uruguaya).* Montevideo: Vintén, 1997.

Verdesio, Gustavo. *Forgotten Conquests Rereading the New World From the Margins.* Philadelphia: Temple University Press, 2001.

Vidal, Hernán. "Para una redefinición culturalista de la crítica literaria latinoamericana". *Ideologies and Literature* IV/16 (Minneapolis, 1983).

____ "Hacia un modelo general de la sensibilidad social literaturizable bajo el fascismo". *Fascismo y experiencia literaria*. Minneapolis: Institute for the Study of Ideologies and Literature, 1985.

____ *Poética de la población marginal: Fundamentos materialistas para una historiografía estética.* Minneapolis: The Prisma Institute, 1987.

____ "The Notion of Otherness Within the Framework of National Cultures". *Gestos* 11 (Irvine, abril, 1991).

____ "The Concept of Colonial and Postcolonial Discourse". *Latin American Research Review* XXVIII/3 (Austin, 1993).

____ *Crítica literaria como defensa de los derechos humanos: Cuestión teórica. University of California, Irvine, Hispanic Studies* 2 (Newark, DE: Juan de la Cuesta, 1994).

Zibechi, Raúl. "La venganza de las cucarachas". *Brecha* (Montevideo, 13 de enero de 1995): contratapa.

____ "La izquierda sorprendida". *Brecha* (Montevideo, 16 de diciembre de 1994): 3-5.

Pancho Graells en *Marcha*

Omar Prego Gadea

Francisco Graells nació en Caracas en 1944 y a partir de 1951 residió en Uruguay.
Comenzó a publicar sus caricaturas en *Marcha*, en 1968 y luego en el quincenario *Misia Dura* (1970).
Desde inicios de 1972 hasta 1973 codirigió *La Balota*, semanario humorístico del diario *Ahora*. Más adelante codirigió el suplemento *La Chacota* del diario *El Popular* (1972). Durante ese período colaboró con los periódicos *Extra*, *De Frente* y *Ahora* mientras publicaba la página de caricatura política en *Marcha*.
Después del golpe de Estado de 1973 y la clausura –por la dictadura– de *Marcha*, se radicó en Buenos Aires donde publicó en el diario *Noticias*, y en las revistas *Crisis* y *Satiricón*.
En 1975 regresó a Venezuela, ocupándose de la caricatura de política internacional del diario *El Nacional* durante ocho años.
Paralelamente fue director de arte de la revista de economía *Número*.
En ese período sus dibujos fueron publicados en Brasil, Colombia, Francia, México y Suiza.
En 1983 se radicó en París –donde vive actualmente–. Firma en ese año un contrato con Cartoonist and Writers Syndicate, de Nueva York, para la distribución de sus caricaturas en Estados Unidos.
Actualmente trabaja regularmente para *Le Monde*, *Le Monde diplomatique*, *Le canard enchaîné*, *Le magazine littéraire*, *The Herald Tribune*, *Le Monde de la musique* y desde 1988 colabora también con *Il Sole 24 Ore* de Milán y el *Guardian* de Londres.

CONTEXTUALIZACIÓN HISTÓRICO-POLÍTICA DE LAS CARICATURAS DE FRANCISCO GRAELLS PUBLICADAS EN *MARCHA* DURANTE LOS AÑOS *1971-1973*

Se ha dicho que los años que corresponden al llamado "Pachecato" (diciembre de 1967 a febrero de 1972) y los del gobierno de Bordaberry (marzo de 1972 a junio de 1976, cuando es depuesto por los militares) fueron los de mayores y más sangrientos enfrentamientos entre los orientales desde principios de siglo. A lo largo de todo ese período, el país vivió en "estado de tensión y de guerra", según Carlos Quijano, quien en un editorial escrito en vísperas de las elecciones de 1971 dijo:

> Llevamos tres años largos de medidas de seguridad, a cuya sombra toda clase de atentados se han cometido: los presos que continúan presos después de ser liberados por la justicia; los órganos de prensa clausurados para siempre; el parlamento burlado; el Poder Judicial desobedecido; las autonomías pisoteadas.

Y a renglón seguido se preguntaba si todo eso no era, ya, "el totalitarismo puro y simple, la implantación de un estado policíaco sin barreras ni frenos, donde todo derecho desaparece y falta toda garantía". Hacía luego un inventario de la desastrosa política económica:

> El dólar que cae en todos los mercados del mundo, aquí sube; el endeudamiento externo es mayor; la producción está en retroceso, las quiebras se multiplican, el producto bruto repta, la inflación contenida parcialmente a garrote está en las cintas, pronta a emprender después de noviembre su enloquecida carrera.

También se interrogaba si podía creerse que la respuesta a la "sedición" era la represión, si podía creerse que esa sedición era el fruto de agitadores "foráneos", adiestrados por Fidel y Mao, y si con la ayuda de "técnicos" extranjeros esa sedición podía ser derrotada.

> ¿El fracaso también irreversible de la política seguida, no revela que detrás de la "sedición", hay algo más que "influencias foráneas"? ¿Es que se puede lograr la paz con desprecio de la justicia? ¿Quiere el país que prosiga la política del garrote o que se intente con imaginación, con lucidez y con energía, el difícil pero esperanzado camino de las transformaciones en una sociedad en retroceso como es la nuestra?

Las elecciones del 26 de noviembre de 1971 fueron de hecho una derrota del Pachecato, que recogió apenas el 22 por ciento del electorado. Hasta bien avanzado el escrutinio (ensombrecido por las denuncias de fraude formuladas por el senador Wilson Ferreira Aldunate) era imposible saber si el candidato del régimen, Bordaberry, sería o no el nuevo Presidente. Finalmente triunfó –una victoria a lo Pirro– y tomó el mando para continuar la política de su antecesor.

Fueron, esos, años trágicos, años de odio y de muertos, de estudiantes asesinados a mansalva, de miedo, de represión constante, de mordazas a la prensa, de palabras prohibidas: para referirse al MLN-Tupamaros, los medios de prensa no podían emplear malas palabras como "tupamaros", "sediciosos", "guerrilleros", entre otras. Podían, sí, llamarlos "delincuentes", por ejemplo. La imaginación pudo más: los llamó "innombrables". Fueron años en los que se crearon campos de concentración, se anuló el derecho de *habeas corpus*, se denegaron libertades otorgadas por la justicia, se legisló por decreto en materia de arrendamientos, de problemas fiscales, contrataciones de crédito privadas; se congelaron precios y salarios (en la práctica los únicos congelados fueron los salarios), y en el primer semestre de 1971 se presentaron anuncios de quiebras y solicitud de concordatos por valor de tres mil millones de pesos.

Durante esos años, también, se institucionalizó la tortura. Según un informe de una comisión especial del Senado de la República, hubo innombrables comprobaciones de casos de tortura que iban desde los malos tratos o la privación de agua y comida, el encierro en calabozos con excrementos, a tratos inhumanos a mujeres embarazadas, tortura sicológica, etcétera.

En ese clima de asfixia, de persecución, de prohibiciones, de arbitrariedades, donde la prensa opositora era uno de los blancos privilegiados, uno puede preguntarse hoy, a más de veinte años de distancia, (con asombro) cómo se las arregló Pancho para resumir mágicamente en una contratapa, semana a semana, lo que estaba ocurriendo en el país. Peleando a brazo partido con las interdicciones, contra los múltiples decretos prohibitivos, contra una censura todopoderosa y dispuesta a decretar clausuras a diestra y siniestra. (Sobre todo a siniestra.)

Quienes miren ahora esas planchas, podrán notar que casi no hay –o directamente no hay– menciones a esos sediciosos innombrables. La respuesta es sencilla: no se podía hacerlo so pena de clausura inmediata, de requisa, de prisión incluso. (En 1974 Quijano, Onetti, Mercedes Rein, Hugo Alfaro, fueron encarcelados acusados de pornografía, por haber premiado y publicado un "cuento pornográfico", cuyo autor, Nelson Marra, soportó cuatro años de prisión.)

El milagro de estas planchas –aparte del de su humor– consiste en haber sobrevivido sin caer al abismo, paseando por la cuerda floja de la censura cada viernes. En haberse burlado de ese sistema dictatorial (empezando por el dictador mismo, por ese Pacheco trasmutado en una suerte de Ubu Rey que además fuera boxeador), sin olvidarse de las "fuerzas del orden", de los grupos parapoliciales, neonazis; de algunos ministros, dignatarios en la corte farsesca del Rey Ubu. Pero apiadándose de esas viejecitas de barrio en búsqueda de vituallas inexistentes, facialmente ingenuas, y convirtiéndonos en cómplices de toda una Corte de los Milagros en la que pícaros a la fuerza trataban de sobrevivir vendiéndonos productos u objetos inverosímiles.

La gran mayoría de esas planchas se defiende sola, sin ayuda de ningún texto que, incluso, puede estorbarles. Algunas, muy pocas, requieren, tal vez, un marco referencial a ciertas peculiaridades que las nuevas generaciones no tienen por qué conocer. Es a partir de esa certidumbre que nos hemos permitido escribir algunas breves noticias o reproducir textos de esos tiempos.

Pero, insistimos, todo lo que el humor tiene de auténticamente transgresor está ahí, vivo, chispeante, en los dibujos y en los diálogos siempre concisos de los personajes de Pancho. Son como fulminantes descargas de humor –muchas veces negro– que saltan de esas planchas al lector-pararrayos. Que siguen saltando, mejor dicho.

24-08-1973[1]

15-09-1972

09-07-1971

Escasez[2]

Es cierto que entre fines de 1972 y principios de 1973 los precios de todo, o de casi todo, aumentaron desaforadamente. Las listas con los nuevos e inatrapables precios ocuparon tres páginas enteras de diario, en cuerpo menudo. Pero también es cierto que, a modo de compensación, la plaza quedó desabastecida.

La carne trepó a cumbres verdaderamente borrascosas. La paleta, por ejemplo, pasó de 605 pesos a 1.080; el cuadril de 1.065 a 1.865 pesos. Y el lomo de 1.509 a 2.645 pesos. Pero como si, de pronto, todo el mundo se hubiera convertido al hinduismo: las vacas eran sagradas, inencontrables, incluso después de levantada una severa veda que afectó, sobre todo, a los consumidores montevideanos.

Hambrientos, angustiados, los montevideanos buscaron una forma de consuelo en el humo del cigarrillo. Sin fortuna. En esa letra menuda, los precios de todas las marcas se multiplicaron por diez, pero como en el caso de las vacas, ello no alcanzó para hacer que los cigarrillos volvieran. Floreció el mercado negro, y en las esquinas hombres mal entrazados ofrecían su mercadería gambeteando el lente (no demasiado celoso) que tiraba el botón. También subieron las tarifas de UTE y AFE, así como el boleto. En compensación, los trenes casi no circulaban ya, los apagones eran generales, y la gente empezó a ir a pie a sus trabajos. (Los que tenían una ocupación.) En las ferias no había frutas ni verduras. Pero la represión era gratis.

10-11-1972

La veda y otras yerbas

La Veda (drástica reducción del consumo de carne vacuna a la población y para su exportación) provocó una repulsa general (¿general?) en el país. La Federación Autónoma de la Carne propuso una movilización popular y denunció que la Veda estaba provocando graves perjuicios a los trabajadores y a la población en general. De 14.000 trabajadores ocupados en dicha industria en 1950, restaban en julio de 1972 apenas 6.000. El índice de desempleo alcanzaba el 70 por ciento.

Esa impopular medida, –explicó un vocero de la Federación– le fue impuesta al país desde el exterior. Ella supondrá una caída de las exportaciones y como además se deberá pagar la deuda externa (¿eterna?), la carne no sólo será escasa, sino cara. También se harán inaccesibles los demás artículos de primera necesidad –harina, azúcar, verduras y frutas en general– todo lo cual anuncia un panorama tormentoso. Los trabajadores, en consecuencia, tendrán que luchar por su sobrevivencia, dijo.

Tras de cuernos, ¿paros?

Equilibrio
Más bien inestable

En agosto de 1972, el flamante gobierno de Bordaberry fijó el salario mínimo de los funcionarios públicos en 45.000 pesos y el del sector privado en 25.200, con retroactividad a julio.

Según datos estadísticos insospechables, el consumo promedio de una familia tipo estaba estimado en más de 100.000 pesos mensuales.

Esa sensible diferencia era considerada por muchos "una manera de fomentar lo que el propio Fondo Monetario Internacional calificó de perturbaciones laborales".

En 1968, recordaron, las protestas obreras fueron reprimidas con el apoyo de las medidas prontas de seguridad. En 1972 se disponía ya de la supresión de garantías y de la ley de Seguridad del Estado.

¿Y mañana?

07-04-1972

24-12-1971

CARESTÍA

El 28 de junio de 1968, en el marco de las Medidas de Seguridad, el Poder Ejecutivo dictó un decreto de congelación de precios y salarios. En esa fecha, los salarios estaban un 53.1 en relación a los de 1957, tomados como base 100. La congelación de salarios (que convirtió en exóticos los artículos de primera necesidad como los huevos, el azúcar, el harina, el pan, la carne, las papas, entre otros muchos) tuvo además un sobreprecio: para reducir los salarios, el gobierno buscó quitar a los trabajadores el derecho de huelga; encarceló dirigentes sindicales y desencadenó un violento enfrentamiento con los sectores sindicales. Los diarios tienen prohibido anunciar conflictos gremiales, muchos dirigentes sindicales están detenidos. Pese a ello, la resistencia sigue, desafiando allanamientos nocturnos, persecuciones, arbitrariedades de todo tipo.

No Nombrar la cosa

A mediados de abril, cuando los orientales se aprestaban para rendir culto a la sacrosanta semana de turismo, el gobierno anunciaba una serie de medidas económicas que don Carlos Quijano no vaciló en calificar de "devaluación vergonzante".

El ministro de Economía, César Charlone (sí, el mismo del presidente Terra, el dictador del 33) decidió la implantación de varios tipos de cambio:

29-12-1971

a. Dólar a 350 (el dólar, oficialmente, seguiría teniendo una par de 250 pesos) para Turismo y viajes; pasajes, seguros y reaseguros; comisiones por servicios devengados, etcétera. Es decir, para los rubros principales del sector Servicios, descartados intereses y amortización de deudas.

b. Dólar a 325 para remesas familiares.

c. Dólar a 300 para rentas consulares, aumento que encarecerá las importaciones.

d. Dólar a 250 para importaciones de mercaderías "en aquellos casos en que la operación cuente con una financiación no menor de 180 días contados a partir de la fecha de embarque de la mercadería correspondiente".

Escéptico, Quijano preveía que esa devaluación oculta no estaba destinada a darle una inyección a las exportaciones, sino que era una operación de calafateo. No le servirá al país y, por el contrario, hará mayor el deterioro, sostenía. El termómetro del paralelo seguirá subiendo y nuevas y más generalizadas devaluaciones serán necesarias. Las profecías se cumplieron.

POLICÍA DEL TESORO

02-04-1971

En marzo de 1971 estalló un escándalo bancario –que involucró al Banco Mercantil, al cual estaba estrechamente vinculado el entonces ministro de Pacheco, Jorge Peirano Facio– que movilizó a la Justicia competente. Hubo de todo: vaciamiento, desaparición de los libros de contabilidad del banco y de sus colaterales.

El estrepitoso episodio hizo recordar otro, ocurrido dos años atrás, cuando a raíz de actuaciones judiciales en la Financiera Monty y en el Banco de Crédito, un oportuno incendio destruyó los eventuales elementos de prueba.

Como algunos memoriosos recuerdan, el caso terminó con el procesamiento del ministro. Paralelamente, y tal vez para poner el pecho al descrédito del gobierno en la opinión pública y a una serie de versiones acerca de la corrupción existente al más alto nivel, Pacheco dispuso la reactivación de la llamada "policía del tesoro", que supuestamente debería impedir que estas cosas ocurrieran.

Al menos con excesiva frecuencia.

NO ES DICTADURA ...

Según un balance hecho por Carlos Quijano (*Marcha*, febrero 19 de 1971) a ocho meses de las elecciones, la situación del país era ésta:
1. La campaña reeleccionista ha sido lanzada y el señor Pacheco la tolera. Es el caso de recordar: quien calla otorga. 2. Las medidas de seguridad continúan y el Ejecutivo está muy bien instalado en ellas. Utilizarlas se ha convertido en su modo habitual y exclusivo de gobernar. 3. Como la constitución presidencialista no basta y tampoco bastan las medidas prontas de seguridad, hemos conocido la supresión

de las garantías y se acaba de pregonar, aunque sin éxito por el momento, la prórroga de ese régimen hasta abril.

Y a renglón seguido Quijano se preguntaba:

¿Qué se busca? ¿Acaso se pretende que las elecciones se preparen y realicen en el marco de las medidas de seguridad, con el reeleccionismo y el oficialismo dueños de todos los medios de comunicación?

¿Se quiere hacer una parodia de elecciones libres para consolidar en nombre de la democracia, el continuismo y la dictadura?

¿Se intenta bloquear a la oposición, en forma desembozada o hipócrita, todos los caminos, para obligarla a gestos desesperados?

¿Utilizar sistemáticamente la provocación, para tener pretextos si la repuesta llega, a mayor represión y mayor violencia?

Como si el presidente Pacheco se hubiera propuesto responder afirmativamente a todas las preguntas del director de *Marcha*, el mismo día en que Quijano escribía ese editorial, el gobierno desacataba una resolución del Poder Legislativo que dejaba sin efecto una clausura al diario opositor *Ya*, y mantenía la medida, basada en un título tomado de una revista extranjera. "Es el desafío y el golpe de estado. La consolidación de la dictadura. Por lo general se considera que el golpe se produce cuando se disuelve el Parlamento y el capitoste de turno asume todos los poderes. Pero ¿qué diferencia sustancial existe entre disolver las Cámaras y negarse a hacer lo que ellas, en ejercicio de sus legítimas potestades ordenan?", volvía a preguntarse el editorialista, en un agregado de último momento.

Y concluía así: "Solo caben dos partidos: por o contra el poder desbordado que se embarca en una siniestra aventura".

04-06-1971

REPRESIÓN

Los presos estaban uno al lado del otro, de plantón, con los rostros aplastados contra el muro del cuartel. Llevaban más de tres horas de plantón y el coronel presenciaba, rodeado por un anillo de oficiales, el castigo. Detrás de cada espalda de preso, había un fusil M-1 o una carabina. Todavía era verano. Se escuchaba el vuelo de las moscas.

Entonces, lentamente, los presos comenzaron a silbar, suavecito, como soplando el muro. El silbido creció. Todos los presos silbaban, el silbido subía por el aire: los presos silbaban el cielito de los tupamaros y el coronel se puso nervioso y de golpe se rió y empezó a gritar. "Traigan el clarín", se reía el coronel. "¡El clarín!" gritó "¡El clarín para que afinen! ¡Están fuera de tono!". Y entonces los presos cambiaron la melodía y el coronel apretó los dientes. Ahora silbaban una canción de la revolución española. Y después la cantaron. Todas las voces de los presos cantaban: "Oficiales, oficiales, tenéis mucha valentía", cantaban. "¡Veremos si sois valientes cuando llegue vuestro día!" Los soldados tenían los dedos en los gatillos y el coronel no decía nada.

20-12-1972

PRENSA Y RUMORES

Las restricciones a la libertad de prensa (instauradas durante el régimen de Pacheco Areco y perfeccionadas por el gobierno de Juan María Bordaberry) merecieron numerosas condenas de organismos internacionales. En setiembre de 1972, la insospechable Sociedad Interamericana de Prensa (SIP), reunida en Miami, aprobó un informe presentado por el presidente de la Comisión de Libertad de Prensa, en el cual se aludía –tangencialmente, pero de manera transparente– a la situación existente en nuestro país.

El informe sostenía que "no es de extrañar, pues, que aun cuando cada una de nuestras constituciones garantiza prácticamente la libertad de palabra –tanto escrita como oral– el secreto y la manipulación de las noticias y hasta las restricciones previas o la censura abierta, estén a la orden del día". Como consecuencia de ello, el informe estima que la batalla contra la censura –abierta o encubierta– se ha convertido para la prensa del continente "en uno de los imperativos más frustrantes e inescapables".

En Uruguay, y sobre todo en Montevideo, esa censura hizo que la ciudad se convirtiera en una enorme fábrica de rumores. Privado de referencias creíbles (diarios, radios, televisión) el ciudadano vulgar y silvestre se dio de lleno al gozoso ejercicio de la invención. Todo vale, parecían decirse. Nada era desaforado, todos éramos García Márquez, el Uruguay era Macondo.

16-10-1971

REGISTRO DE VECINDAD

El Registro de Vecindad, cuya creación en el Uruguay fue propuesto por el entonces ministro del Interior, Santiago de Brum Carbajal en febrero de 1971, no era otra cosa que la traducción casi literal del implantado en la Alemania nazi de Adolfo Hitler en 1930. Al parecer, De Brum se enteró que el susodicho Registro hubo de ser implantado aquí durante la dictadura de Terra, allá por el año 33.

En ese momento, un comisario de policía, Carlos María Santos, con el registro nazi a la vista, elaboró un texto de dieciocho artículos extendidos en 23 páginas. Allí se creaban obligaciones: la de delatar a todo sospechoso de actividades antinacionales, la de registrar domicilio, datos de quienes ocupaban ese domicilio, detalles sobre viajes, etcétera.

Uno de los artículos, el 13, establecía que la policía tenía el derecho de "exigir a cualquier persona que se presente personalmente a dicha oficina a formular declaraciones [...] e informar sobre los miembros de la familia, dando las referencias que se le pidan".

Un legislador, al enterarse de este proyecto, dijo: "Cuando esto se difunda, De Brum tendrá que irse. Lo único que faltaba es que copiara a los alemanes. En estos casos es preferible que se meta la mano y no la pata".

Pelo corto, ¿ideas largas?

Allá por aquellos años setenta (y un poco antes también) el solo hecho de llevar el pelo un poco largo, al estilo *Beatles* (ojo, no confundir con Batlle, Jorge) suponía que sobre él recayeran las más negras sospechas acerca de su condición de subversivo, sedicioso, tirabombas. Para que los malos ejemplos no cundieran, las bien mandadas autoridades de la enseñanza dictaron un decreto reglamentando de manera estricta el largo admitido del cabello en los estudiantes.

Las melenas no deberían, en ningún caso, superar el margen determinado por el cuello de la camisa (¿y los felices que usaban camisa?) previéndose la no admisión de los infractores a los locales liceales.

Para bien marcar su repudio hacia seres tan inadaptados, los adherentes a la Juventud Uruguaya de Pie (no de a pie) lucían cortes tipo cepillo o militar. La lucha entre peludos y cabezas rapadas duró casi tanto como el enfrentamiento entre demócratas y totalitarios, es decir, hasta el regreso de la Democracia.

05-05-1972

Torna, Piscina mía

Desde mayo de 1971, en altavoces fijas, móviles, publicidad en diarios (oficialistas), radios (todas) y televisión (todos los canales), una abrumadora campaña en favor de la reelección del presidente Pacheco azotaba Montevideo. La mayor insistencia apuntaba a que lo dejaran terminar lo que había empezado, pedía un mandato generoso del pueblo en ese sentido. El pueblo, o una parte de él, se tomó la campaña para la pachanga y de inmediato asoció esa "obra" de Pacheco y su gran elenco con otras obras, menos públicas pero mucho más difundidas a nivel callejero: la construcción en la quinta presidencial de Suárez y Reyes de un alto muro protector coronado por torretas, destinadas a soldados armados a guerra, de una piscina y de un gimnasio, donde el Presidente pudiera practicar su deporte favorito, el boxeo.

16-05-1971

12-02-1971

A LO HECHO, PECHO

A fines de febrero de 1971, la campaña por la reeleccíon del presidente Pacheco navegaba a todo trapo. Una las consignas repetida con mayor insistencia sostenía que "para que Pacheco continúe la obra comenzada, la reelección es el único camino". Esa obra, según una contratapa de Pancho (*Marcha*, febrero 12 de 1971) consistía, principalmente, en la proliferación de presos políticos, en las reiteradas clausuras de diarios, en la aplicación sistemática de la tortura, en el asesinato de estudiantes, en la proscripción de partidos políticos, la congelación de salarios, la persecución sindical, etcétera. La otra consigna (que por supuesto se hizo célebre y propició la circulación de toda clase de chistes, sobre todos los de subido tono) anunciaba a quien quisiera escucharla que "Pacheco pone pecho". Nunca se supo muy bien si lo ponía o lo daba, pero esa frase se convirtió en el más sólido (pero lácteo) argumento del reeleccionismo. La reelección no salió, pero la figurita premiada fue Juan María (Juancho) Bordaberry, cuyo gobierno hizo añorar el de su antecesor.

Elecciones

¿Cómo gobernará o desgobernará el señor Bordaberry?, volvemos a preguntar. ¿Con qué fuerzas, si no las tiene? ¿Con qué equipos, si no los tiene? ¿Con qué ideas o cuál ideología? ¿Las de los gorilas brasileños de los cuales se siente, según sus propias declaraciones tan cerca? ¿Vigilando los sermones en las iglesias? ¿Suprimiendo la autonomía universitaria? ¿Lanzando excomuniones contra el comunismo? [...] Todo no ha terminado el 28 de noviembre. Todo recién empieza.

El país está en crisis. Una crisis. Una crisis profunda, para curar la cual no valen exorcismos, improperios, calumnias o chirigotas. La hora de ponerse verdaderamente en marcha ha sonado. Ahonde en sus ideas, afirme su disciplina, manténgase atento al reclamo del tiempo y al llamado de la tierra natal, ajuste y decante sus soluciones que son las únicas valederas y cumpla con la decisión patriótica que no le falta, su patriótica tarea. El Frente Amplio es ya el presente. Será el futuro. Ha ganado su primera batalla. Ganará las venideras.

(Editorial de *Marcha* del 3 de diciembre de 1971, una semana después de las elecciones nacionales en las que el Partido Colorado, pese a ganarlas, quedó en minoría en ambas cámaras, con 54 bancas – perdió 13 en relación a 1966–, mientras que el candidato más votado fue Wilson Ferreira Aldunate.)

11-02-1972

El FMI

Ya tiene su ley el gobierno y con él los más poderosos del país, que encontraron un instrumento para enriquecerse aún más, como el pueblo encontrará en ella un motivo de mayor empobrecimiento". [...] "Nos alistamos en la misma línea de Argentina, Chile, Perú y todos aquellos que oyeron las sirenas del Fondo Monetario. Nuestra clase media desaparecerá, nuestro proletariado se irá disgregando en la medida que mueran nuestras industrias, nuestro pueblo conocerá una pobreza que nunca había sospechado. Ya tienen su ley los blancos y los poderosos; pueden celebrarla con júbilo, mientras el pueblo, desde ya, se juramenta en derrotarlo para siempre.

07-04-1972

(Esta diatriba, recogida por *Marcha* el 26 de noviembre de 1971, fue publicada por el diario *Acción* (Partido Colorado, Lista 15) el 17 de diciembre de 1959, cuando estaban los Blancos en el poder y los Colorados eran oposición. El gobierno de Pacheco, con el apoyo de la Lista 15, renovó un acuerdo con el FMI. Bordaberry, a su vez, se apresuró a firmar una nueva Carta en marzo de 1972).

Precios y salarios

Según el Instituto de Estadística de la Facultad de Ciencias Económicas, en los cuatro meses que van corridos de diciembre de 1971 a abril de 1972, el costo de vida subió un 34,10 por ciento. Índice general en diciembre 3977.6. Índice general en abril, 5333.9. En mayo el aumento sería del 39.57 por ciento. La prevista inflación del 40 por ciento para todo el año, en consecuencia, habría sido ya alcanzada en los primeros cinco meses.

En los diez años transcurridos entre 1962 y 1971, las dos más altas tasas mensuales de aumento se registraron en 1965 (8.30) y 1967 (10.18). La tasa correspondiente a los primeros cuatro meses de este año 72 es de 8.53. Supera a la de 1965.

06-10-1972

01-06-1972

Acuerdo ¿nacional?

El anuncio de un "gran acuerdo nacional entre el Partido Colorado y el Partido Nacional", hecho por el presidente de la República, Juan María Bordaberry (con reparto de ministerios y todo) fue recibido con cierto escepticismo por muchos sectores blancos. El diputado Rodríguez Labruna, sin ir más lejos, opinó que el tal acuerdo contiene "una serie de aspiraciones vagas, difusas, con un contenido doctrinario nebuloso y envejecido". A su juicio, sobre todo después de la escalada de violencia que por ese entonces sacudía al país (acciones de la guerrilla tupamara, violenta represión del Ejército y la Policía, con decenas de muertos) lo que el país quería era "un acuerdo a partir de una coalición igualitaria con un programa renovador".

En cambio, se firmó un acuerdo "entre un presidente que manda y sectores que obedecen", recompensados con ministerios sin gravitación en la política exterior o en la vida económica. El acuerdo incluyó la exportación del ex presidente Pacheco Areco como embajador plenipotenciario a España.

REPRESIÓN Y DESPUÉS ...

El 14 de abril de 1972, el Movimiento de Liberación Nacional (MLN-Tupamaros) dio muerte a cuatro personas: dos policías, un oficial naval, un ex subsecretario del Interior. En la tarde misma de ese día trágico, las Fuerzas Conjuntas (ejército y policía) tomaron por asalto dos refugios de sediciosos. En esas operaciones, ocho personas (sediciosos según los partes oficiales) fueron muertos.

Reunida en un clima de conmoción pública, la Asamblea General, al cabo de una prolongada discusión, votó las medidas de excepción pedidas por el Poder Ejecutivo, con la aprobación del Partido Colorado y del Partido Nacional. La Asamblea otorgó al Poder Ejecutivo, por el término de treinta días, la anuencia solicitada para suspender la seguridad individual, pero también el estado de guerra interno, en los siguientes términos: "Decrétase por el término de 30 días el estado de guerra interno, para la represión de la subversión en el área afectada y al solo efecto de lo establecido en el artículo 253 de la Constitución de la República".

Ese mismo día –sábado 15– el Poder Ejecutivo dictó dos decretos para poner en vigor las autorizaciones obtenidas. Con el primero de ellos considera configurado "el caso extraordinario de traición o conspiración contra la patria" y suspende la seguridad individual por el término de treinta días. Con el segundo declara "el estado de guerra interno con la única finalidad de autorizar las medidas necesarias para reprimir la acción de individuos o grupos que por cualquier medio conspiren contra la patria en los términos previstos por el artículo 253 de la Constitución". Dichas medidas –agrega el decreto– "se limitarán

16-02-1973

a las áreas afectadas por la acción de los conspiradores y regirán por el término autorizado por la Asamblea General".

Ese 15 de abril, el Poder Ejecutivo dictó otro decreto que, en los hechos, instauraba una censura de prensa que, en la práctica, equivalía a una prohibición de informar.

Según ese texto, los medios de difusión e información no podrán:

a. Brindar ningún tipo de noticias sobre operaciones militares o policiales que no sean las suministradas oficialmente;

b. Difundir información acerca de actos realizados por las organizaciones subversivas, ni reproducir total o parcialmente documentos o noticias emanados o relacionados con ellos, así como comentarios o de cualquier modo contribuir a su propalación;

c. Emitir opiniones o juicios sobre la actuación de las fuerzas armadas y policía que conspiren contra su moral o reputación en cuanto se refiera a la lucha antisubversiva.

14-07-1972

2º La violación de las prohibiciones precedentes configura delito militar.

3º Las denuncias de cualquier naturaleza que los medios de difusión e información reciban, deberán ser puestas en conocimiento de los ministerios respectivos, que las diligenciarán de inmediato.

... Y MÁS PANCHO

Las planchas que siguen pertenecen a un período más reciente de Pancho, al que podríamos llamar "período *Le Monde*". Como podrá apreciarse, a pesar de la irrupción de nuevos personajes, de situaciones puntualmente diferentes, de la introducción de nuevos procedimientos gráficos, Pancho sigue siendo básicamente Pancho. Suyo es ese súbito estado de gracia que le permite *caricapturar* una situación y entregárnosla para que la reconozcamos, para ser derribados del caballo por la cegadora luz de la revelación.

Estos dibujos son más suntuosos, más voluminosos. Pacheco, Bordaberry, los generales y coroneles de turno, las entrañables viejitas de las ferias o de las veredas montevideanas eran puramente lineales en los tiempos de *Marcha*. El Papa, Pinochet, Yeltsin, las ruinas que nos propone el Nuevo Orden Internacional son ya auténticos dibujos, con sus luces y sombras, su relieve. Pero detrás de unos y otros está la misma mano segura, infalible.

Una vez, Julio Cortázar y Julio Silva se pusieron a hablar de las diferentes aproximaciones al dibujo, ocasión en la que Julio Silva (cuenta el otro Julio) perdió la paciencia y declaró, terminantemente: "Mirá, che, a la mano hay que dejarla hacer lo que se le da en las pelotas".

29-12-1972

Con perdón de la palabra, yo creo que eso es lo que hace Pancho. Uno tiene la sensación de que aquí es la mano la que actúa por su cuenta, la que nos muestra en que consiste una entrevista entre el Papa Carol Wojtyla y el general Pinochet, la que nos sugiere cual es el vehículo preferido de ese mismo general. O la que dibuja a ese matrimonio acomodado (en más de un sentido) que observa desde el mundo esterilizado de su limusina cómo unos matones neonazis muelen a golpes a una víctima del racismo cotidiano.

Notas

[1] Corresponde a la fecha en que se publicó la caricatura en *Marcha*.
[2] Los textos que acompañan las caricaturas fueron redactados por Omar Prego, basado en notas de prensa publicadas en *Marcha*.

II. Testimonios

De Julio E. Suárez

¿Dos *Marchas*?

Arturo Ardao

En su libro *Literatura uruguaya del medio siglo*, que publicara en 1966, alejado ya de *Marcha*, recordó Emir Rodríguez Monegal su acceso en 1945 a la jefatura de la sección literaria. Recordando a la vez que hacia el mismo año tenía lugar la concurrente actuación en la misma, o en relación con ella, de varios coetáneos suyos, pasó a sostener que se estaba ante la emergencia de una nueva generación, de bien propias características.

"En uno de los primeros estudios que hice –agregaba– la bauticé 'Generación del 45', y el nombre ha sido repetido". Señalado lo cual, seguido de distintas consideraciones a propósito de desacuerdos con la dirección política del semanario –en la época a que hacía referencia– concluía en "la existencia de dos grupos generacionales, y hasta de dos *Marchas*".

Dos generaciones, dos *Marchas*... Lejos de compartir la personal interpretación que de una y otra dicotomía hacía el autor, valedera es, en cualquier caso, la primera de ellas, y convencionalmente admisible, previo reajuste de su enunciado, la segunda.

Se trataba allí, en efecto, por un lado, de dos generaciones: la fundadora y la llamada del 45; por otro, en correspondencia con lo anterior, de dos partes de *Marcha*: la primaria, o troncal, centrada en la sección política, con el fundador y director general a la cabeza, y la secundaria, o complementaria (dicho sea así, sin nada restarle de su significación intelectual e histórica), centrada en la sección literaria. (Por supuesto, en esta glosa de las consideraciones que Rodríguez Monegal refería a los años 45 y siguientes, hacemos abstracción de los anteriores, en los que integrantes de la generación fundadora estuvieron a cargo de la sección literaria, como fue el caso, primero de Juan Carlos Onetti y después de Dionisio Trillo Pays).

Importa aclarar que las denominaciones "sección política" y "sección literaria" resultan aquí de una simplificación o contracción convencional, ampliadas como eran una y otra –cada una a su modo–

por lo cultural en sentido lato. La primera, en cuanto lo político en sentido estricto, era acompañada con vastedad por notas económicas, sociológicas, históricas, científicas, filosóficas. La segunda, por acompañar habitualmente a la crítica literaria, siempre dominante, la crítica teatral, la cinematográfica, la musical. Cada una de ellas, por lo demás, con sus redactores propios y sus colaboradores propios.

Piedra de toque de lo diferenciable –con toda legitimidad– de esas dos partes de *Marcha* (ya que no "dos *Marchas*"), la político-cultural y la literario-cultural, nunca establecidas como tales en ellas mismas, ha venido a ser un significativo hecho de estos últimos años: ponen respectivamente el acento en una y otra, dos valiosas obras dedicadas a la historia, exégesis y crítica del semanario.

Publicada, y con merecida difusión, *35 años de Marcha*, por Pablo Rocca, enfoca en especial la parte literario-cultural, sin omitir referencias al resto. Todavía inédita (aunque en vías de publicación en Francia y en nuestro país), *Los intelectuales, la cultura y la política en Uruguay en el contexto internacional del siglo xx*, tesis doctoral en La Sorbona, de nuestra compatriota Carmen de Sierra, hace dominante enfoque de la parte político-cultural, sin omitir tampoco referencias a la otra.

Prologa a esta última quien dirigió la tesis, el profesor Daniel Pécaut, Director de Estudios de la Escuela de Altos Estudios en Ciencias Sociales, de La Sorbona; buen conocedor de América Latina, con larga actuación académica en el Brasil.

He aquí su riguroso primer párrafo:

> No es frecuente, en América Latina, que una revista independiente se mantenga durante más de treinta años, que llegue a reunir a historiadores, economistas, filósofos, críticos literarios, que logre publicar a la vez estudios eruditos y análisis de coyuntura, que consiga atravesar los años sesenta sin sucumbir a los sectarismos y a los dogmatismos, y que no desaparezca, en definitiva, más que bajo el efecto de un régimen de terror. Tal ha sido la proeza de *Marcha*, cuya irradiación, bajo el impulso de su director Carlos Quijano se ha ejercido mucho más allá de las fronteras del Uruguay, más allá incluso de las de América Latina.

Dos palabras sobre *Marcha*

Homero Alsina Thevenet

La primera edición de *Marcha* se publicó en 1939, entre el final de la Guerra Civil Española y el comienzo de la Segunda Guerra Mundial, cuyo estallido estaba ya largamente pronosticado. Ingresó así a un país donde la discusión política era frecuente, porque el mundo la provocaba. Para los adolescentes de entonces, y en especial para los estudiantes, el nuevo semanario era un vehículo apropiado para plantear y clarificar los términos diarios que los cursos liceales no mencionaban y que eran sin embargo de manifiesta importancia. Esos términos eran comunismo, fascismo, socialismo, capitalismo, imperialismo. Allí pareció memorable, como una lección para todos, el artículo en que Carlos Quijano explicó el pacto nazi-soviético de 1939 como otra manifestación del realismo político y de la astucia estratégica desmintiendo la fácil oposición ideológica con que tantos se llenaban la boca.

Esa independencia de opinión también fue válida para la política nacional, que era entendida entonces como una simple oposición de blancos y colorados, en nombre de tradiciones, sin atender las divisiones de ellos y el surgimiento de otras corrientes. Como fuera ya señalado en su momento, *Marcha* innovó en el periodismo al establecer un pluralismo de opiniones. No ocultaba sus preferencias, que eran afines a un moderado socialismo, pero abrió sus páginas a la firma de personalidades que venían de otras corrientes, con la consecuencia de agitadas polémicas, a menudo en largas Cartas de Lectores.

La política no fue su único terreno. La educación fue atendida en sus páginas, en especial por Julio Castro, mano derecha de Quijano en la creación y el desarrollo del semanario. Los temas de la salud, la economía y la vivienda, que eran y siguen siendo los puntos críticos del Uruguay, aparecieron puntualmente en sus páginas. Y encima estuvo la actividad cultural. Nos tocó atender las páginas de cine, mayormente con Hugo Alfaro, durante 1946-1952, y sobre ello cabe subrayar que sin duda hemos cometido algunos errores de valoración y hasta de información, pero en cambio hemos disfrutado de una independencia que es rasgo necesario de la crítica. Estuvimos doblemente libres de la presión comercial que proviene de la publicidad paga y del repertorio de estrellitas, chismes y escándalos con que se siguen vistiendo muchas páginas de cine en todo el mundo. A lo cual es obligatorio agregar que la independencia se extendió también a los terrenos de la música (Mauricio Müller), del teatro (Carlos Martínez Moreno), de la sociología (Carlos Real de Azúa) y sobre todo de la literatura (Emir Rodríguez Monegal, después Ángel Rama). Años más tarde llegó a hablarse de una Generación del 45, con la obvia exageración de atribuirle un pensamiento uniforme. No lo había. Existió en cambio una voluntad de incursionar en terrenos culturales que la educación liceal no tocaba. En perspectiva, hoy cabe recordar que Rodríguez Monegal fue en este país el primero en promover algunos nombres que después se hicieron moneda corriente, como Borges, Franz Kafka, James Joyce, Virginia Woolf, Henry James, William Faulkner, Ernest Hemingway. Y lo hizo sin olvidar por cierto a los más lustrosos nombres nacionales, como Idea Vilariño, Mario Benedetti, Felisberto Hernández. Todo lo cual entronca por cierto con cierto apogeo de la cultura uruguaya en la década de 1940, con la edición de libros, la creación de la Comedia Nacional, el inmediato florecimiento del teatro independiente, los comienzos de Cine Arte del SODRE, de Cine Club, de Cine Universitario.

El homenaje a *Marcha*, pasadas seis décadas de su creación, obliga a recordar la validez de la discrepancia, que es parte del progreso en todo orden. Obliga también a recordar que fue necesario un régimen militar para que se produjera su clausura (1974). Mucho antes, un memorable dibujo de Julio E. Suárez (Peloduro) había mostrado a Quijano manejando un auto a contramano. Era una broma, pero Quijano y ese auto cumplían una función.

El periodismo independiente

Eduardo Galeano

Las ideas revelaban cierta inclinación al rojo, pero más rojos estaban los números. Hugo Alfaro, que además de ser un brillante periodista hacía las veces de administrador y cumplía la insalubre tarea de pagar las cuentas, saltaba de alegría en raras ocasiones:

—*¡Llegaron avisos! ¡Tenemos la edición financiada!*

En la historia universal del periodismo independiente, siempre se ha celebrado semejante milagro como una prueba de la existencia de Dios. Pero al director de *Marcha*, Carlos Quijano, se le torcía la cara. Y mascullaba maldiciones: aquella buena noticia era la peor de las noticias. Si había publicidad, se iba a sacrificar algún espacio imprescindible, y todos los espacios eran imprescindibles para cumplir como era debido con la misión que había dado nacimiento al semanario.

Marcha había nacido a contraviento, y a contraviento vivía: publicaba información mentida o escondida, desataba polémicas y difundía sesudos artículos que interrogaban la memoria y el destino del Uruguay, de América Latina y del planeta Tierra. No había sido fundada para cazar consumidores, sino para cuestionar certezas, encender conciencias, joder paciencias y alborotar avisperos.

Siempre resultaban pocas las páginas para decir todo lo que había que decir, viernes tras viernes, hasta que el terror militar puso fin a los treinta y cuatro años de esa locura.

Carlos Quijano, economista[*]

José Manuel Quijano

Este cuaderno, el cuarto de la serie de seis dédicada a recoger el pensamiento de Carlos Quijano, incluye sus escritos económicos del período 1939-1958. En estas dos décadas Quijano escribió unas cinco mil cuartillas durante los casi mil viernes que componen el período. Muchas de esas páginas son, por cierto, coyunturales. Pero en medio de la premura del escrito periodístico, a lo largo de esas páginas se van perfilando los problemas económicos del Uruguay tal como el autor los concibe y como, en medio de estadísticas por entonces muy escasas o inexistentes, los analiza.

De todos los textos que se incluyen en este cuaderno solo en uno, "Las bases del desarrollo económico", Quijano incursiona en temas teóricos y hace algo más explícita la fundamentación de sus opiniones. En los demás, salvo raras excepciones, la referencia teórica está implícita. Lector incansable, Quijano, como todo estudioso, estuvo sujeto a ciertas influencias. Leyó tempranamente a Marx, al cual regresó hasta el fin de sus días en apoyo de las grandes concepciones generales. Por razones de edad, sus estudios formales de economía concluyeron bastante antes de que Keynes publicara la "Teoría General" y de que Kalecki diera a conocer la "Teoría de la dinámica económica". Es evidente, sin embargo, que conoció a estos autores y que tomó de ellos aquello que le pareció pertinente.

Que la inversión determina al ahorro y que el déficit público puede ser necesario para impulsar el desarrollo económico parecen ser elementos de la reflexión keynesiana que Quijano admite y defiende. Que los precios se fijan a partir de ciertos costos a los cuales se agrega el margen de ganancia, remite al tratamiento kaleckiano de la fijación de los precios. En otros aspectos, no obstante, Quijano tomó distancia de los grandes maestros de los años treinta. Su país, pequeño y subdesarrollado, exigía una sistematización propia.

Ante todo, Quijano no compartió la visión (a veces vulgarizada y simplista) de que el incremento en el ingreso nacional conduce necesariamente a la reactivación sostenida de la economía. Hacer pozos y luego taparlos para pagar un salario y, por esa vía, elevar la demanda y reactivar la producción, resultan para Quijano recomendaciones quizá adecuadas para países industrializados (es decir, con una industria integrada) que se encuentran en una fase descendente del ciclo económico, pero francamente desatinadas para países subdesarrollados, con industria incipiente y muy dependientes del comercio exterior.

Quizá por esta razón no compartió la causalidad keynesiana entre las variables económicas y siguió fiel a la idea de que en la economía predomina la interrelación entre las variables y, muy difícilmente, sus efectos se pueden jerarquizar en un orden causal. En un país subdesarrollado y con un coeficiente de apertura relativamente alto, la inflación conduce a una variación en el tipo de cambio pero, al ocurrir la devaluación, los precios internos reciben un formidable aliento al alza. La interrelación, a su juicio, ofrece más elementos para el análisis que la rígida, y con frecuencia engañosa, causalidad.

Estas diferencias con el enfoque keynesiano acompañarán a Quijano durante toda su vida y le llevarán a ser discretamente escéptico en cuanto al resultado final de ciertas experiencias latinoamericanas (por ejemplo, la de la Unidad Popular en Chile) a las cuales se encontraba políticamente muy ligado pero económicamente distante. Su enfoque de los problemas económicos ponía énfasis en la necesidad de capitalizar apropiadamente al país (y lo de apropiadamente reviste especial importancia porque no toda capitalización debe ser alentada) y relegaba a un segundo plano la necesidad política, con frecuencia imperiosa, de reactivar a cualquier costo, y por el camino que fuera, a la economía.

Solo es duradero lo que se monta sobre cimientos sólidos o lo que contribuye a edificar esos cimientos. En un país como Uruguay, levantar esos cimientos, con inteligencia y paciencia, y con sujeción a un plan que contemple las posibilidades reales del país y el contexto internacional en el cual está inmerso, es el único camino posible. Alentar proyectos inviables y aplicar políticas económicas erráticas y despistadas, son la antesala del derrumbe económico. Así percibirá Quijano los acontecimientos económicos del país entre 1939 y 1958.

El desarrollo económico, por lo tanto, estará ligado a la capitalización del país y (aspecto que el autor sólo toca marginalmente en este cuaderno, pero que fue una de sus creencias más firmes) al crecimiento de la población. La primera es resultado del esfuerzo de inversión de las empresas privadas y del Estado. El crecimiento de la población, por su parte, en un país como el Uruguay, no puede desligarse de políticas de inmigración bien trazadas que aporten mano de obra calificada para aquellas actividades que el país, con visión de largo plazo, debe impulsar. Inversión bien encaminada y adecuado crecimiento poblacional son los dos ejes, desde su visión, que gobiernan el destino económico del país.

Ahora bien, ¿de dónde provienen los recursos para la inversión? En cuanto a la empresa privada, Quijano pondrá el acento en el autofinanciamiento de los proyectos de inversión y, por tal motivo, será crítico de la imposición directa y llamará en su apoyo a los economistas europeos, como Kaldor y otros, que comenzaban a echar las bases del impuesto al gasto. Es interesante destacar que la teoría del autofinanciamiento empresarial corresponde, sobre todo, a la experiencia anglosajona (Estados Unidos y Gran Bretaña) y se desvincula, muy claramente, del éxito económico de Japón y Alemania Federal en las décadas siguientes a la segunda posguerra, donde la relación banca-industria y el fuerte endeudamiento de ésta con aquella ha sido uno de los elementos centrales de sus modelos de reconstrucción.

En la reflexión de Quijano, sin embargo, el autofinanciamiento cobra gran importancia por razones diversas, aparentemente, a la mera influencia de la experiencia anglosajona, dominante por entonces sobre todo en territorios inspirados en lo británico-norteamericano. País pobre y que debe construir sus cimientos, Uruguay necesita un Estado pujante e inversor que, presumiblemente, absorberá buena parte de los recursos depositados en los bancos para financiar su déficit público. De ahí la necesidad de que la tasa de interés sea atractiva para los depósitos del público (otra diferencia clara con el enfoque de Keynes), que la moneda conserve su estabilidad, y que los depósitos nutran la gran tarea de capitalización que debe emprender el Estado.

El Estado, y en esto hay una vasta reflexión latinoamericana posterior que confirma la convicción de Quijano, no puede desligarse de su función central de comandar la capitalización del país. Sustituirá a un empresariado débil, sin excluirlo, e impulsará los proyectos viables. Nacionalizará cuando sea necesario. Y dejará espacio limitado al capital extranjero con lo cual Quijano marca, expresamente, su discrepancia con los escritos iniciales de Prebisch y la Cepal. Pero ¿es posible que un país pobre y con escasos recursos recurra apenas de manera tangencial al capital extranjero? Quijano cree que sí y buena parte de sus escritos de 1947 y 1948 están destinados a demostrarlo.

El Uruguay salió de las dos guerras mundiales con sus reservas acrecidas. Después de la Primera Guerra, y al tiempo que las potencias beligerantes se recuperaban, las reservas uruguayas se evaporaron. No repetir esa experiencia, convertir a las reservas de la Segunda Guerra en la fuente de recursos para la capitalización nacional, es una de sus más claras obsesiones. La larga serie de artículos titulada "El plan Marshall y nosotros", de la cual solo hemos recogido algunos textos, machaca en esta idea. Si la guerra nos benefició (Quijano cree que, en otro sentido, la guerra nos hizo mucho mal) al concluir ésta dependerá de nuestra inteligencia, de nuestra sagacidad, y de una adecuada aplicación de las reservas, que le abramos al país y a las nuevas generaciones otra perspectiva.

Las reservas del país deben ser el punto de partida de un plan económico nacional. El préstamo externo, al cual Uruguay debe recurrir solo de manera excepcional, Quijano lo concibe como un instrumento de dominio y de control sobre el país. Es interesante notar, además, la vinculación que Quijano parece trazar entre préstamo externo y descapitalización nacional, a través del reembolso de los préstamos pero, además, por el aliento indirecto que la previsible estrechez de divisas significa para la fuga de capitales. Difícil imaginar un tema más actual, detectado por el autor desde los años cincuenta.

¿Cuál es, en definitiva, la perspectiva que el Uruguay necesita? El país es, por naturaleza, ganadero. Apoyar la capitalización de la ganadería (más cabezas por hectárea, más rendimiento por vacuno en el mismo lapso) es, en su opinión, el punto de partida de una sólida posición económica. Si la ganadería no progresa, tal como ocurre, Quijano lo atribuye a una política económica equivocada y no hace referencia, en los escritos económicos de ésta época, a los problemas del mercado internacional y a la relación costos-rendimiento de las mejoras en los campos ganaderos. La agricultura debe estar reservada tan solo a aquellas zonas especialmente aptas del país. La agricultura con subsidio –subsidio que se obtiene de la imposición sobre la producción ganadera– resulta, a su juicio, un contrasentido.

El proyecto ganadero-agrícola, Quijano lo entrevé, es de patas cortas. Sobre todo en un mundo de cambio tecnológico acelerado. Uruguay necesita un proyecto industrial que debe concebirse a partir de tres ideas básicas: a) procesar los bienes agropecuarios; b) otorgar protección pero ligar a las empresas beneficiadas al control y al plan del Estado; c) buscar para la industria un espacio integrado: la cuenca del Plata. Quijano no apuesta a las industrias de exportación. Pero el proyecto industrial carece, en el Uruguay, de mercado interno. Tan solo la integración le ofrece destino industrial al país. Integración de un territorio pequeño y débil con otro (u otros) más grande y poderoso. Difícil empresa: conservar la identidad nacional y, al mismo tiempo, ofrecerle un destino económico al país. Porque Uruguay, espacio político, no es sin embargo un espacio económico viable para las exigencias tecnológicas del momento.

Hay aquí, nuevamente, el propósito de montar cimientos sólidos. Las industrias de exportación, concebidas para vender en el mercado internacional (donde ponen sus condiciones los más fuertes) sólo pueden tener, en el mejor de los casos, un éxito muy efímero. La integración subregional, por el contrario, implica mercados seguros y de largo plazo en donde el país podrá ir elevando, paulatinamente, la eficiencia de su producción industrial. Tamaño de mercado y eficiencia industrial están estrechamente ligados por medio de las economías de escala. Costos en descenso contribuyen, de manera efectiva, a la difícil empresa del desarrollo económico. Una y otra vez, a lo largo de los años, Quijano insistirá en la necesidad de los acuerdos económicos con Argentina que era, por entonces, el país de mayor desarrollo relativo de la región.

¿Qué es lo que Quijano objeta de cuanto estaba ocurriendo? En "los años de bovina euforia", tal como él los denomina, el país se encamina, inconsciente y alegre, hacia un derrumbe que vaticina estrepitoso. Una vez más las reservas que el país acumuló durante la guerra empiezan a evaporarse, las más de las veces en adquisiciones totalmente prescindibles. El Estado gasta. Quijano no objeta el gasto público. El gasto conduce al déficit. Quijano no objeta el déficit. Uno y otro pueden ser necesarios. La objeción se orienta, sin embargo, a que el Estado gasta sin ton ni son, sobre todo en gasto corriente, que en buena medida se origina en los compromisos del político irresponsable que reparte puestos públicos y pasividades.

Al amparo de unos precios internacionales favorables para nuestros productos de exportación, precios relativos que, concluida la guerra, no demorarán en volverse desfavorables, el país fue aflojando sus hábitos de trabajo. Tilinguería imperdonable. El país marcha a contrapelo de los principios elementales del desarrollo económico. Y mientras dieciocho mil uruguayos viajan a Suiza, en 1954, para alentar a la selección nacional en el campeonato de fútbol, convencidos de que "como el Uruguay no hay", Quijano cumple la penosa tarea de pronosticar que cada nueva manifestación de dispendio es una palada más que ensancha la propia fosa. En la gestación de esta crisis de dimensión nacional, la responsabilidad principal recae sobre el gobierno. Pero no es solo el gobierno el que nos lleva al despeñadero. Es una mentalidad, que permea a todas las capas sociales y en donde predomina un individuo –asalariado o empresario– que, como en el relato de Benedetti, desde el día que inicia su actividad laboral cuenta cuantos le faltan para solicitar la jubilación. Penosa desidia que caerá como tromba sobre las generaciones posteriores.

Quijano fue siempre un defensor de las causas sindicales. La cautela y el respeto están siempre presentes cuando aborda el tema sindical o los reclamos salariales. No se plegó, además, calificándola de visión ortodoxa, a la creencia de que "el salario sólo puede elevarse a la par de la productividad. Pero no hay plan viable ni esfuerzo sostenido si el trabajador limita su reclamo al ámbito salarial. Esto es particularmente evidente en cuanto a los funcionarios públicos, los hombres concretos con quienes el Estado debe cumplir el papel de eje de la acumulación del país. Funcionarios comprometidos con ese Estado, y no disociados del mismo, es el salto cualitativo de madurez que Quijano reclama. La irresponsabilidad que percibe en otras esferas, y que denuncia, solo puede tener dique de contención en los trabajadores mismos.

No hay en los escritos de Quijano reflexiones específicas sobre el comportamiento empresarial. No obstante, considera que muchos de los que incursionaron en la industria sobreviven al amparo de un Estado que los protege, que les otorga subsidios y exenciones impositivas, con un costo indudable para el resto de la sociedad. Costo que podría encontrar justificación, en tanto sea transitorio, si los empresarios reinvierten en sus empresas, y contribuye a elevar la producción y la productividad. Pero la falta de una tradición industrial, la estrechez del mercado interno y el dirigismo incoherente, sin plan, que practica el gobierno, conspiran contra una industria pujante y un empresariado transformador. El estancamiento, sin invento y sin innovación, es el horizonte previsible.

Hacia 1957, cuando el descalabro empieza a asomar por todos los frentes, Quijano escribe una concisa (y, que sepamos, pionera) explicación de la inflación nacional. Inflación de costos, según él la califica, que se origina en tres grandes vertientes: el incremento impositivo, resultado del gasto corriente incrementado; las devaluaciones de mediados de los años cincuenta que encarecen los productos importados; y los incrementos salariales que, por entonces, habían sido muy superiores al incremento anterior del costo de la vida. No estudia la evolución del margen de ganancia, aunque puede presumirse que éste tiene un comportamiento alcista. Inflación que se explica, asimismo, por la pugna entre distintos sectores que no quieren perder participación en un ingreso nacional que se estanca. El país está en pugna no para cambiar, no para proyectarse hacia adelante, sino para conservar parcelas conquistadas en los momentos efímeros de la bovina euforia. ¿Sorprendente? ¿Desanimante? No tanto, si se recuerda la enseñanza de Womack, el biógrafo de Emiliano Zapata: los grandes saltos hacia adelante de la humanidad son protagonizados, con frecuencia, por hombres que quieren volver al pasado.

* Prólogo de uno de los cinco tomos publicados en 1985 por *Cuadernos de Marcha* con una recopilación de textos de Carlos Quijano.

Quijano en México

Manuel Claps

Uno de los primeros amigos que hicimos cuando llegamos a México en el 79 fue, naturalmente, don Carlos Quijano. Lo visitamos junto con mi compañera en las oficinas de *Marcha*, ubicadas en un departamento del condominio de Avenida Universidad 1900. El Altillo, donde vivían exiliados de distintos países de latinoamérica. Era una tarde luminosa. El departamento era austero. Con sus mesas de trabajo, sus estantes donde se acumulaban carpetas con originales. Había trasladado *Marcha* al exilio ya que no podía vivir sin ella. Desde allí se editaban los *Cuadernos*.

Nos recibió con su acogedora bonhomía y cordialidad. Se alegró de vernos. Nos preguntó por amigos comunes; en primer término por Alfaro. Quería tener noticias frescas, pese a que estaba bien informado. Nos dio su visión de México: "Este es un gran país", dijo. "Un país de grandes contradicciones", agregó. "Aquí hay de todo ... No hagan caso a lo que les dicen que no hay tal y tal cosa, aquí hay de todo". Nos dio algunas pautas interpretativas de la sociedad mexicana y nos regaló el último *Cuaderno*. Hicimos un balance de la situación del país. Sopesamos las posibilidades de cambio y concluimos en que el horizonte estaba aún muy cerrado. Quedamos en reunirnos para cenar.

Las tareas de instalación y las actividades de ambos nos alejaron por un tiempo hasta que *Marcha* se mudó a una linda casa de dos plantas ubicada en la esquina de Medicina y Medicina, una calle en U en el barrio Copilco Universidad, casi enfrente de donde vivíamos. Entonces el trato fue más frecuente. Yo iba a verlo casi todas las semanas, intercambiábamos informaciones, hacíamos el estado de situación del país, compraba los *Cuadernos*, le llevaba textos.

Llegaba todas las mañanas a su oficina. Más temprano o más tarde, según tuviera o no clase en la UNAM. Cuando volvía de la facultad lo hacía siempre acompañado de jóvenes alumnos.

La universidad quedaba a unas pocas cuadras. Iba y regresaba a pie, con su aire juvenil, sereno y decidido. Vestía sencillamente. Sobre la camisa sin corbata un buzo verde oscuro y un pantalón negro. Era una figura familiar en el barrio. Siempre traía algún libro bajo el brazo. Desde mi ventana lo veía llegar. Luego, sentado frente a su escritorio, atendía gente, leía originales, corregía pruebas. Nos saludábamos de ventana a ventana. Su voz fuerte y grave desmentía sus años. "¿Cómo está su señora?", me preguntaba. "Nos vemos". Y volvía a su trabajo.

Luego del mediodía se iba a almorzar y volvía a media tarde, quedándose hasta la nochecita. Acogía a los visitantes con su gesto comprador y cordial. Cuando pasaba algún tiempo sin verlo, insinuaba un reproche cariñoso: "¿Se ha olvidado de mí?". Nunca olvidaba un halago para con las mujeres.

Pese a su pesimismo respecto al corto y mediano plazos, tenía una esperanza inquebrantable en la recuperación del país. Si bien su posición personal le impedía la integración en un frente de lucha común con los demás exiliados, continuaba la lucha desde su trinchera (junto a algunos amigos y colaboradores). Los *Cuadernos de Marcha* fueron esa trinchera. Reunió en ellos trabajos de uruguayos y de otros latinoamericanos. Nuestra América volvía a fundirse en una unidad fraternal. Contó con firmas de primer nivel y desde México mantuvo los lazos del Uruguay en el exilio, especialmente con los uruguayos que estaban en México, en Europa (desde Suecia a España).

Se sentía muy a gusto con sus amigos mexicanos y latinoamericanos. Desde su juventud y luego desde su reducto de la Ciudad Vieja había estado siempre en contacto con Hispanoamérica. Ahora esa relación era más directa y real. Quijano era, sin duda, una de las personalidades latinoamericanas de mayor prestigio. La continuidad de su vida puesta de manifiesto en *Marcha* encontraba su culminación en este último reencuentro con América. Lo sombrío de los días vividos se reflejaba en las páginas de los *Cuadernos*. Estudios sobre la situación política, económica, social y cultural de su país y de América vieron la luz en ellos. Fueron voceros de denuncia del genocidio de nuestros pueblos.

Con una fe empecinada, sorteaba como siempre las dificultades económicas y los números iban saliendo regularmente. Bien impresos, con portadas atrayentes. El logotipo de la nave con la vela desplegada y la consigna que privilegiaba el navegar frente a la vida (*Navigare necesse, vivere non necesse*) los identificaban de inmediato en las librerías.

Si bien a Uruguay podían llegar muy pocos ya que el riesgo que corría el destinatario o el portador era grande, algunos viajeros se animaban a traerlos camuflados entre otros papeles o llegaban desde

Brasil. Como hemos dicho, los *Cuadernos* eran parte de la presencia de Uruguay y de América Latina en México, y desde México, en América y en el mundo.

Pero no se conformó con ellos. Creó *Marcha* editores y pese a la advertencia de su amigo Orfila Reynal, director de Siglo XXI con respecto al riesgo económico, llegó a editar varios títulos. Entre los uruguayos: Ángel Rama, Mario Benedetti, Eduardo Galeano. Lamentablemente la advertencia de Orfila se cumplió y no pudieron aparecer más.

Pero los *Cuadernos* siguieron saliendo hasta su muerte y continuaron después de ella.

Una de las últimas veces que lo visité estaba con un amigo cuyo nombre no recuerdo. En determinado momento y hablando, por supuesto, de Uruguay, Quijano dijo: "Yo no volveré" y mirándolo reflexivamente (y calculando su edad), agregó: "Y Ud. tampoco". Con ese tono terminante que solía usar, apelando a su larga experiencia y a su sabiduría. Desgraciadamente acertó con respecto a él, pero se equivocó con respecto al amigo.

Su pesimismo era más aparente que real. En él manifestaba su indignación por la situación del país, pero mantenía una profunda fe en que el horror terminaría algún día. La relación dialéctica entre negación y afirmación se resolvía en última instancia en una afirmación apasionada y prueba de ello es toda su obra, su lucha sin descanso contra la dictadura. Lo corroboran sus últimas cartas. La preocupación por conseguir la vieja rotativa era el apronte del caballo para una nueva salida.

De acuerdo a la evolución de los sucesos en el país acortaba o alargaba el plazo del retorno, oscilaba entre la desesperanza y la esperanza. No hay que olvidar que tenía más de ochenta y cinco años. Más allá de las dudas sobre su capacidad y la utilidad de su vuelta, quería volver.

Cuando resolvimos volver, lo llamé por teléfono para combinar el encuentro. Quedamos en concretar la fecha. El adelanto del vuelo hizo imposible que nos viéramos. Las últimas palabras que le escuché fueron: "¿Cuándo nos veremos de nuevo?". Era a finales de marzo del 84. Seguí sabiendo de él y la noticia de su muerte nos sorprendió en el tenso y conflictivo Buenos Aires, va a hacer ahora un año. Nos pareció imposible que eso sucediera. Lo habíamos dejado tan entero y animado que nos parecía que iba a vivir siempre. Pero tenía sus años. Un derrame interno segó sus días. La continuación de su obra queda en manos de los que le sobrevivimos y de los que recién se integran a la lucha. Los *Cuadernos* seguirán y *Marcha* reaparecerá bajo otro nombre. Discrepancias incidentales aparte no han de impedir la prosecución de la lucha para lograr el país por el que tanto soñó, sufrió, y luchó.

Cuadernos de México en Francia

María Angélica Petit

> *La politique ne méritrait pas une parcelle d'énergie si elle n'était pas justifiée par un projet culturel.*
>
> Aimé Césaire
> "Les fruits de l'exil", París, 1982

"Nunca estuve tan cerca de Quijano como cuando estaba en México" me dijo esta mañana Mario Benedetti para expresar su admiración y su amistad por el director de *Marcha*; él, que colaboró con el semanario en forma tan relevante para sí mismo al inicio de su carrera, de su *ser-como-escritor*, como lo fue para los lectores del semanario, a quienes entregó su espíritu crítico muchas veces enmascarado por su sentido del humor bajo el seudónimo de Damocles en su sección "Mejor es meneallo". Era esa sin duda una puerta de entrada a *Marcha* para convertirse luego en regocijo y alivio de las tensiones que otras secciones, develando realidades del acontecer nacional, ponían en juego. Cabría que yo formulara la misma frase al iniciar este intento de describir mi relación con Quijano en tanto colaboradora. Tal ha sido la sugerencia de Mercedes Quijano al proponernos participar en este perfil diseñado por quienes de una forma o otra colaboramos con su padre.

No me cupo publicar en ninguna de las 1.676 ediciones del semanario *Marcha*, aunque su director me había invitado a hacerlo y reprochado mi exceso de meticulosidad, inaparente para el tiempo (y el espacio) periodístico, aunque, por supuesto, le interesaban esas inherentes connotaciones de la investigación histórica (y periodística). Pude hacerlo en cambio en el diario *Tribuna* que editaba suplementos especiales, durante el corto lapso en que fue dirigido por Quijano.

Mi colaboración efectiva con Quijano se produce cuando el centro de gravedad de su influencia directriz se desplaza de Montevideo a Ciudad de México, porque donde estaba Quijano, fiel como la sombra al cuerpo, estaba *Marcha*. Si no podía ser el semanario por imposición de las circunstancias emergentes de la dictadura, serían los *Cuadernos de Marcha*, que en "sus jóvenes ochenta años", en frase de Ángel Rama, renacerían como *Cuadernos de Marcha*, Segunda Época, recibiendo de su director el mismo impulso, la misma tenacidad y ardor periodístico que, en Montevideo, el semanario *Marcha* en junio de 1939 y *Cuadernos de Marcha* en 1967.

Habíamos sido varios los alumnos de Arturo Ardao, en sus cursos de filosofía dictados en el Instituto Vázquez Acevedo y en los de sociología en la Facultad de Derecho, que nos iniciamos, como lectores asiduos, en el proceso formativo de *Marcha*. Sabíamos que nuestro profesor "escribía en *Marcha*" y que desempeñaba, junto a Quijano, un papel principal en materia política pero sobre todo político-institucional. En la discusión sobre partidos políticos, leyes electorales y reforma constitucional. Que "él había escrito el primer editorial del semanario" era un secreto que compartían los iniciados.

De inmediato la figura del economista Carlos Quijano, quien se sabía en los corredores de la facultad que había sido fundador de la cátedra de economía –cuya necesidad de ser creada en nuestra Universidad anotó, y leí, en sus cuadernos de estudiante en la Sorbona– surgió agigantada. Sus editoriales de primera página de *Marcha*, compitiendo con una ilustración, que luego pasaron a la tercera página, constituyeron la fuente de un conocimiento que no se impartía ni en la Sección Agregaturas de Enseñanza Secundaria, ni en el Instituto de Profesores, ni en la Facultad de Humanidades a los estudiantes de historia. Abrevaban en Quijano los exportadores de lana y los delegados del gobierno ante los centros financieros de Washington para contratar la deuda externa –Pancho, el ineludible caricaturista, los inmortalizó con la escudilla en la mano–, tanto como los que fuimos construyendo los parámetros indispensables en materia económica para aprender y entender no solo economía o historia económica sino el proceso histórico en sí mismo. Para comprender la realidad nacional en su cada vez más acuciante vigencia. El pensamiento económico de Quijano integró el instrumental teórico que habilitara nuevas perspectivas en la investigación y en el enfoque de una "historia total" en nuestras clases de Historia en Enseñanza Secundaria, de Historia de las Ideas en la Facultad de Derecho y muy pronto en mi seminario de maestría de Historia Contemporánea de América Latina dictado en la Université des Sciences Paris VII, y junto a Gustavo Beyhaut en la Université Paris III. Quijano siguió siendo para mí, a través del tiempo, el maestro dentro y fuera de fronteras. Como lo es en la actualidad el profesor que en el pasado, sin él saberlo, nos inició en *Marcha*. Con ambos mantuvimos correspondencia en el exilio.

Cuando el primer paquete con cien ejemplares del número uno de *Cuadernos de Marcha*, Segunda Época, envuelto en papel manila y pleno de sellos de México llegó al apartamento en que vivíamos en París, me pareció que el país comenzaba a ser reconquistado. Enmarqué ese papel con el sello de Marcha dirigido a nuestro nombre y dirección, en un marco de madera que compré en el mercado de las pulgas como si fuera un cuadro, como si fuera un símbolo, y lo coloqué a la entrada del apartamento, morada de exilio, para no retirarlo hasta que levantamos la casa para regresar al Uruguay.

Luego empezaron a llegar paquetes con los libros de *Marcha Editores*, fundada por Quijano en México, concomitantemente con el "Centro de Estudios Uruguayos y Latinoamericanos" (CEUAL). El correo francés no se inmutó por la regular llegada de esos envíos ni tampoco los libreros, que tomaban los *Cuadernos* en consignación, en las tres librerías especializadas en ediciones en lengua hispana que entonces funcionaban en París, concurridas fundamentalmente por estudiantes franceses y latinoamericanos, muchos de ellos exiliados, y por docentes de los diversos departamentos universitarios dedicados a la enseñanza de disciplinas enmarcadas en el escenario hispanoamericano, en especial literatura e historia. En aquel momento político la sección revistas despertaba preferente interés. Ellas significaban un vínculo cultural vivo y renovado. Eran también puertas abiertas a la opinión pública y esto para nosotros era entonces primordial. Quijano, por su parte, siempre valoró significativamente las distintas manifestaciones de la dinámica cultural y política de Francia.

Poco tiempo antes de la salida de *Cuadernos*, había leído en una revista artesanal publicada por exiliados uruguayos en Suiza, que *Cuadernos de Marcha* iba a aparecer en México y había escrito a Quijano para ofrecerme para divulgarlos en Francia. En primer lugar, lograr que las bibliotecas y centros de documentación de las universidades se abonaran, cosa que efectivamente sucedió, que *Cuadernos* entrara en los ficheros universitarios, que integrara los bancos de datos interuniversitarios e internacionales, y también que se abonara el mayor número posible de lectores. Yo había comprobado con dolor que no había en Francia ninguna colección de *Marcha* completa: se había perdido una memoria histórica que en ese momento era urgente recuperar. Cuando el Uruguay falto de libertad se encontraba, política y culturalmente "intervenido", clausurado, y cuando se acumulaban las preguntas para entender el pasado y la historia inmediata, la colección de *Marcha*, para quienes estábamos fuera del país –como para los insiliados dentro de él–, se hacía indispensable. Sabíamos que no era tampoco posible, en el Uruguay, consultar *Marcha* en la Biblioteca Nacional y que muchas colecciones privadas se encontraban sepultas en patios traseros, en terrenos baldíos o en jardines. Sentí que los uruguayos éramos culpables por aquella imprevisión, por aquella carencia de la colección en Francia (y en nuestro exilio), que ahora nos lastimaba y que no podíamos incurrir en el mismo error. *Cuadernos* debía integrar la más amplia red de consulta coordinada en el exterior. Pronto pude comprobar en el Centro de Documentación del IHEAL (Université Paris III) que a medida que los *Cuadernos* de México integraban los ficheros que catalogan temas y autores, constituían (como hoy sucede) una fuente utilizada por estudiantes universitarios de distintas disciplinas al redactar trabajos de licenciatura, memorias o tesis de doctorado. Uruguay volvía, en cierta forma, a integrarse a un proceso cultural.

El esfuerzo que realicé, participando en una tarea que a Quijano interesó desde siempre, constituyó para mí una militancia intelectual y política, un gratificante aliciente moral en el exilio. Dio lugar, además, a un asiduo intercambio de correspondencia. Creo haber guardado en un bibliorato, como Quijano me indicó, veintinueve cartas, algunas de su puño y letra, otras, con su firma, mecanografiadas por su secretaria mexicana. Un solo reproche recibí reiteradamente de Quijano: que me empeñara en realizar ese trabajo, que implicaba también una responsabilidad económica, en forma honoraria.

La colectividad uruguaya exiliada en Francia –si se puede llamar colectividad a una dispar presencia motivada por un abanico de ideas políticas–, recibió con entusiasmo, cabría decir con alegría si ese estado de ánimo fuese compatible con la situación de exilio, los *Cuadernos* que se editaban en México. Era una forma de recuperar el suelo perdido y de avizorar el Uruguay a construir. Un sitio donde discutir y repensar el país y la problemática latinoamericana.

"Los lazos secretos que unen a los uruguayos solo se han hecho visibles cuando hemos pasado al exterior: redescubrimos la cultura que nos hizo y nos permite la comunicación presta y efectiva" (Ángel Rama, carta desde Washington del 11 de abril de 1982). *Cuadernos de Marcha* brindaba un espacio a esa comunicación y a este redescubrimiento. Por eso se abonaron a *Cuadernos* exiliados que se ganaban el pan en la construcción, como enfermeros o trabajando de noche en panaderías. Los menos como profesores universitarios. Varios obtuvieron becas y realizaron licenciaturas, maestrías y aun doctorados en la universidad. En las listas de abonados que enviaba a Quijano, y que guardo en la memoria junto con las oportunidades de encuentro y discusiones que nacían del exilio, reconozco nombres que actualmente honran como investigadores e incluso ocupando el cargo de decanos en la Universidad de la República.

La tarea que comencé como militancia de "libre tirador", según Beyhaut, fue oficializada por Quijano y escribano público en un documento en que nos designaba a Omar Prego y a mí, para actuar conjunta o separadamente, como los representantes en Francia de *Cuadernos de Marcha* y de *Marcha Editores*. No me era necesario presentar ese documento para hacer los trámites que Quijano me encargaba. (Entre otros seleccionar y, luego de consultarlo, contratar libros para traducir y publicar, solicitar textos a escritores). A Carlos Quijano se le conocía y se le respetaba en los medios intelectuales y de prensa de París, que se honraban con la posibilidad de aproximarse a él y le felicitaban al saber que en el exilio continuaba su misionera acción cultural y política.

LES FRUITS DE L'EXIL

Anunciada por una enorme pancarta, en 1982, en el Grand Palais se realizó la Exposición *L'Amérique Latine à Paris*, subtitulada *Les fruits de l'exil*, que comprendía pintura, escultura, literatura, música, fotografía, manifestación cultural latinoamericana organizada por *Droits Socialistes de l'Homme* –organización de alcance político y cultural donde participé junto a Cortázar– y por su presidente, Pierre Bercis, en una comisión integrada por exiliados latinoamericanos. En una de las alas de aquel amplio espacio, quince mil metros cuadrados, se brindó a cada expositor, doscientos sesenta en total, cualquiera fuera su jerarquía artística en la escala del reconocimiento crítico y su valoración comercial, un espacio propio y de iguales dimensiones para exponer sus obras. Desde el argentino Le Parc, uno de los artistas latinoamericanos mejor cotizados en aquel momento en París, hasta creadores uruguayos que recién habían salido de la cárcel del régimen dictatorial uruguayo. Por la magnitud de su obra al uruguayo Justino Serralta se le adjudicó un espacio destacado a la entrada del enorme salón. Pude instalar allí un *stand* de amplias dimensiones para exponer en su totalidad las ediciones de *Cuadernos de Marcha* Segunda Época y los libros de Ediciones de Marcha. Para ello hube de hacerme cargo de montar una "librería". La oportunidad era inmejorable para difundir la cultura latinoamericana. La intensidad del trabajo y la responsabilidad asumida antes y después de desmontada, estaban justificados. Expuse todas las publicaciones surgidas de la investigación en Francia sobre América Latina. Las revistas provenientes de La Documentation Francaise (*Problémes d'Amérique Latine, Notes et études documentaires*, serie en la cual colaboré, y del Institut des Hautes Etudes de l'Amérique Latine (la serie *Les Cahiers d'Amerique Latine* y la serie *Travaux et mémoires*), la colección entera de la revista *Amérique Latine* editada por CETRAL, instituto dirigido por el jesuita chileno exiliado Gonzalo Arroyo, así como también la obra de los escritores latinoamericanos en sus traduciones al francés y sus ediciones originales en español. En un horario especial el presidente Mitterrand y su esposa visitaron esa improvisada librería latinoamericana. Rompiendo el protocolo, ella se retiró cargada de los *Cuadernos de Marcha* que puse en sus brazos, y de las actas del coloquio internacional realizado en el Senado, con intervención, entre otros, de Michel Jospin, Carlos Martínez Moreno (venido de México a esos efectos) y Enrique Erro[1], donde se habían denunciado y estudiado desde el punto de vista penal, las violaciones a los derechos humanos en el Uruguay. Recuerdo que le entregué un ejemplar del libro recién editado en Madrid, *Juan Carlos Onetti o la salvación por la escritura*, porque esa obra también había sido alentada por la necesidad de mostrar otra cara de la cultura uruguaya, la que la dictadura quería ocultar y destruir. Ella se demostró preocupada por la situación del Uruguay y estaba al tanto de la presencia de Martínez Moreno y del foro contra la violación de los derechos humanos y del orden institucional en nuestro país. Poco después el Presidente Mitterrand –a quien en el momento sólo saludé– recibiría personalmente a Betel Seregni para solicitar su intervención en procura de la libertad de su padre.

HOMENAJE A ÁNGEL RAMA

Otras dos instancias de mi colaboración con Quijano acuden a mi memoria.

Cuando falleció Ángel Rama, con quien había tejido una especial amistad durante su trágicamente breve estancia en París, ciudad en la que proyectaba fijar su residencia, hablé por teléfono con Quijano para darle el pésame, y le propuse dedicarle un número especial de homenaje, lo que aprobó comprometiéndome a enviarle los materiales en un plazo extremadamente breve. Pude poner en el correo los trabajos de Roa Bastos (cuya emoción al recibir la noticia me conmueve todavía), de Jacques Leenahardt, Claude Couffon, Omar Prego, Eduardo Galeano, Cristina Peri-Rossi, Homero Alsina Thevenet, a los que se sumaron *in situ* los aportes de Saúl Sosnowki y Hugo Achugar.(México, Año V, N° 25, enero/febrero 1984).

Juan Carlos Onetti, de quien había logrado que se integrara a la aparición del No 1 de los *Cuadernos* de México, con un texto que rubricó con su firma a la vez que con el célebre "Periquito el Aguador", se negó esta vez a participar. "No puedo escribir nada sobre Ángel, lo haría llorando", me explicó con evidente angustia, por teléfono. El envío a México ya hecho, viajé de París a Madrid para lograr el testimonio de Juan. No escribió pero aceptó el grabador. Por circunstancias que no vienen al caso, ese reportaje continúa inédito.

Por una extraña correlación de fatalidades en el número siguiente (envié desde París los textos de Claude Fell, Pierre Bercis y Omar Prego, a los cuales se sumó en México el de Jorge Ruffinelli), se rendía homenaje a Julio Cortázar, fallecido luego de abandonar el hospital, en el mes de febrero. Muy pronto, la tapa de luto, con letras negras sobre fondo blanco, del número 27, julio de 1984, de *Cuadernos de Marcha* Segunda Época, rezaba "Murió Carlos Quijano".

Mi compromiso con Quijano y con sus descendientes que han proseguido su obra se cumple ahora en Montevideo, como integrante del consejo de redacción de *Cuadernos de Marcha*, Tercera Época. También, entiendo, desde mi tarea de coordinadora de la revista *IDEAS, Historia de las Ideas /Mentalidades/ Sensibilidad*, publicación especial de *Cuadernos de Marcha*. Su primera serie, dedicada a la generación española de 1898 sé que hubiera satisfecho a Quijano. En esta temática como en todas, la ausencia de su pluma es una carencia irremediable.

Pasados tres lustros de aquellos cinco años de colaboración a distancia mantengo grabados en el oído y en el espíritu la calidez de la voz y las estimulantes y agradecidas palabras de Quijano –no decirlo sería faltar a la fidelidad, al perfil de su persona, con que recibía mis consultas e iniciativas.

NOTA

[1] Fueron convocados por el Senado francés, entre otros, Lionel Jospin, Secretario General del Partido Socialista Francés; el escritor uruguayo Carlos Martínez Moreno, jurista especializado en derecho penal; Enrique Erro, senador uruguayo, destituido, exiliado en Buenos Aires y luego en París, ciudad donde fallecería; así como en ciudad de México falleció Martínez Moreno, ambos sin retornar a Uruguay.

Réquiem por Carlos Quijano
25 de junio de 1984*

Mario Benedetti

Cuando Eduardo Galeano me telefoneó desde Calella para darme la noticia ("Murió Quijano") tuve, junto con el dolor, la sensación de que, con ese hecho infausto, concluía una época: para Uruguay, para la llamada "generación de *Marcha*", para la cultura de nuestro país, y también para cada uno de nosotros. Quizá valga la pena señalar, como un mero índice de esa repercusión, que todos los escritores uruguayos (Onetti, Gurméndez, Larreta, Alsina, Galeano, Peri Rossi, Marra y yo mismo), de muy distintas edades, que vivimos nuestro exilio en España, hemos estado largamente vinculados a Quijano y a *Marcha*.

Conocí personalmente a Carlos Quijano en 1945, cuando empecé a escribir en el semanario, y desde entonces seguí colaborando hasta que fue clausurado por la dictadura, en 1974. A esa altura, lo que le resultaba insoportable al gobierno era que, pese al aluvión de amenazas, sanciones y censuras, Quijano y su equipo continuaran publicando su verdad y su denuncia. Todo el país esperaba ansiosamente el viernes, porque *Marcha* era algo así como el termómetro social, el diagnóstico comunitario. Y siempre lo había sido. A pesar de la gastada tipografía, de la pobre calidad del papel, de la escasez de avisadores, de su incorregible talante polémico, el semanario era una tribuna insoslayable y su repercusión excedía en mucho el ámbito nacional. Para varias promociones de periodistas y escritores fue una escuela insustituible.

Como señaló alguna vez Ángel Rama: "Quijano enseñó a pensar con claridad". Una de las consecuencia de esa lección fue que los colaboradores estables de *Marcha* discutíamos mucho con Quijano y frecuentemente entrábamos en contradicción con sus enfoques sobre el país o sobre política internacional. Pero ése era precisamente el gran atractivo de escribir allí: que fuera un hervidero cultural y político. ¿Quién de nosotros podrá olvidar esos jueves casi folclóricos, en que concurríamos a los vetustos, destartalados talleres de la imprenta Treinta y Tres a corregir nuestras galeradas, armar y compaginar las secciones a nuestro cargo, a veces en medio de duras polémicas internas, siempre aderezadas por el humor y la confraternidad? Ahí Quijano era el centro natural, con sus comentarios agudos, el austero despliegue de su erudición y su inteligencia, y en ocasiones una inflexibilidad que no sabíamos si era firmeza o tozudez. Su anecdotario era infinito. Se había formado culturalmente en París: fue allí donde compartió un intenso período estudiantil con Miguel Ángel Asturias y Haya de la Torre, de quienes sabía vida y milagros. Abogado, y posteriormente catedrático de economía en la Universidad de Montevideo, su verdadera vocación fue, sin embargo, el periodismo, pero un periodismo que movía y conmovía ideas y profundizaba en la realidad nacional y latinoamericana. Independiente hasta la exageración, a pesar de su profesión de fe socialista en 1958, mantuvo hasta el final una empecinada libertad de juicio; algo que le trajo no pocos problemas con diversos sectores de la izquierda tradicional, que, sin embargo, siempre reconocieron su indeclinable honestidad, su coraje cívico, la transparencia de sus intenciones.

Fundada por Quijano en 1939 *Marcha* duró la friolera de treinta y cinco años, extendidos en cinco más de *Cuadernos de Marcha*, publicados en el exilio mexicano. En el equipo inicial estuvieron Arturo Ardao (hoy exiliado en Venezuela) y Julio Castro (muerto en la tortura). Su primer secretario de redacción fue nada menos que Juan Carlos Onetti. En la redacción inicial también estuvieron Francisco Espínola, Arturo Despouey, Lauro Avestarán. La sección literaria estuvo a cargo, en distintas épocas, de Onetti, Rodríguez Monegal, Ángel Rama, Carlos Ramela, Sarandy Cabrera, Arturo Sergio Visca, Mario Trajtenberg, Jorge Rufinelli y yo mismo. En cine hubo sobre todo un binomio crítico inolvidable: Homero Alsina Thevenet y Hugo Alfaro. En teatro: Carlos Martínez Moreno. En música, Mauricio Müller. Fueron colaboradores permanentes: Zelmar Michelini y Héctor Rodríguez. Varios lustros después que Onetti, la secretaría de redacción fue ocupada por Eduardo Galeano. En el equipo más o menos estable de colaboradores participaron Mario Arregui, Mauricio Rosencof, Hiber Conteris, Carlos María Gutiérrez, Idea Vilariño, Omar Prego, Enrique Amorim, Cristina Peri Rossi, Milton Schinca, Gerardo Fernández, Manuel Flores Mora, Carlos Maggi, Alberto Methol, Washington Benavides, Silvia Lago, Jesualdo Sosa, Circe Maia, Manuel Arturo Claps y tantos otros. Ah, me olvidaba: el corredor de avisos y suscripciones fue durante muchos años el notable poeta Juan Cunha. Entre los colaboradores latinoamericanos estaban Julio Cortázar, Mario Vargas Llosa, García

Márquez, Roa Bastos, Cardenal, César Fernández Moreno, Carlos Fuentes, Antonio Skármeta, Bryce Echenique, Manuel Puig, etcétera.

El hecho de que la mayoría del equipo nacional haya sido víctima de la represión (desde el asesinato de Zelmar Michelini hasta la muerte en la tortura de Julio Castro; desde la incomunicación de Mauricio Roseincof y la prisión del propio Quijano, Onetti, Mercedes Rein, Alfaro, Nelson Marrera e Hiber Conteris, hasta el exilio forzoso de decenas de colaboradores) es después de todo una señal inequívoca de la actitud coherente de un elenco que no transigió con la dictadura. Acaso el único integrante de *Marcha* que colaboró y sigue colaborando con los militares sea el críticoArturo Sergio Visca, quien en compensación –y como razonable vigencia de la ley de la oferta y la demanda– ocupa hoy dos puestos oficiales: presidente de la Academia de Letras y director de la Biblioteca Nacional.

Ya estaba yo exiliado en Buenos Aires cuando Quijano, poco después del cierre de *Marcha*, tuvo que salir inopinadamente de Uruguay. Y salió sin nada, con lo puesto. Cuando nos encontramos en un café de la calle Lavalle, me contó que había escapado casi milagrosamente por el norte, o sea, por la frontera con Brasil; de ahí había ido en autobús hasta una provincia argentina y, tras varias peripecias, había llegado por fin a Buenos Aires, donde no lo habían querido admitir en ningún hotel porque no tenía equipaje. Estaba muy agradecido a Michelini porque le había conseguido alojamiento en un hotelito regenteado por uruguayos. En ese entonces Quijano ya tenía setenta y cuatro años. Tras una vida intensa, comprometida, pródiga, él, era toda una institución del Uruguay democrático, se salvaba por un pelo de un nuevo encarcelamiento e ingresaba en el exilio solo, fugitivo, casi como un delincuente. Era para llorar. También es para llorar que un hombre de esa dimensión haya muerto en el destierro, sin que el país entero le haya podido rendir en vida el homenaje que él habría, seguramente, rechazado, pero que merecía como pocos. Nuevo baldón para la dictadura, que incluso había ordenado retirar de las salas públicas de la Biblioteca Nacional la colección de *Marcha*.

Hay que reconocer que era un desamor correspondido. A partir del golpe Quijano fue tajante con los militares, y siempre se opuso a todo diálogo con ellos. "Diálogo es palabra de ilustre prosapia. Implica la tolerancia, y no se concibe sin la entera libertad de las partes. No hay diálogo sin libertad" (Esto lo escribió en julio de 1983, en el número 22 de *Cuadernos de Marcha*). Y en el último número de la misma publicación, que me llegó sólo tres días antes de su muerte, se reafirmaba en lo dicho:

Dialogar es reconocerles una autoridad de la que carecen. Dialogar es transar. Hay que aguantar hasta que se caigan, sin dejar de acosarlos. Y caerán, sin duda. No tienen salida, y el tiempo trabaja contra ellos [...] Dejemos, pues, de imaginar conciliaciones imposibles y no olvidemos. Los pueblos que olvidan o ignoran la historia están condenados a repetirla.

Así era Quijano. Por algo su apellido es el mismo del Quijote. Con su semanario, de influencia continental, pudo haber ganado bastante dinero, siempre que hubiera abdicado de sus principios. Por el contrario, jamás hizo concesiones en su insobornable antiimperialismo, y en consecuencia no sólo no ganó, sino que perdió lo poco que tenía. Trabajar junto a él no era fácil ni cómodo, aunque siempre era estimulante. Era todo un carácter y, sin embargo, había en él un lado afectuoso, entrañable, justo, generoso. Por otra parte, todos teníamos una historia en común, con luchas y riesgos compartidos. Quizá por todo eso lo queríamos de veras, y en estos días, cuando nos fuimos pasando telefónicamente la noticia, más de un sufrido veterano se quedó en silencio, y luego dijo, asombrado de su propia reacción: "Es increíble, pero ¿sabés que estoy lagrimeando?"

* Publicado en *El País* de Madrid de esa fecha y reproducido en Mario Benedetti, *El desexilio y otras conjeturas* (Buenos Aires. Ed Nueva Imagen, 1985), libro dedicado a la memoria de Carlos Quijano maestro de varias generaciones. Texto con el cual Mario Benedetti adhiere al presente homenaje.

Julio Castro
¡Quince años después!*

Arturo Ardao

A Zaira

Acaba de cumplirse el decimoquinto aniversario de la desaparición de Julio Castro, ocurrida el 1° de agosto de 1977. ¡Quince años! Quince años sin que se hayan aclarado las circunstancias que rodearon el final de su existencia física. Aquella existencia que fuera una de las más ricas y fecundas, a la vez que más nobles y generosas, del Uruguay y la América Latina de su siglo. Quince años sin que se le haya hecho justicia. Pero, al fin, el tiempo vuelve cada vez más resplandeciente la aureola del martirio.

Nacido en 1908, se acercaba entonces a los setenta años de edad. Su salud era delicada, después de haber sido de excelencia hasta solo unos años atrás. Se hallaba bajo medicación y cuidados exigentes. En esas condiciones, la consabida situación en que lo colocó la naturaleza de su desaparición forzada, le fue fatal.

Todos los que en estos últimos años hemos escrito sobre Julio Castro –Julio, a secas, como era habitualmente llamado, aun en su ausencia, por quienes lo trataron de sur a norte de América Latina, del Río de la Plata a México, país por país– hemos sentido la dificultad de abarcar en el papel su personalidad increíble. La explicaba en 1985 alguien sobrado de motivos para conocerlo bien, el educacionista Miguel Soler Roca:

> No me resulta fácil escribir sobre Julio Castro. La dificultad estriba en su condición de hombre de múltiples dimensiones, en la riqueza de situaciones que vivió, en su vocación irrefrenable por ampliar su propio horizonte y el de los demás, en la facilidad con que se aproximaba, con invariable simpatía, a todos los pueblos y culturas: Aún aquellos que durante largos años fuimos sus compañeros, en latitudes y situaciones diversas, sentimos que la presentación de su personalidad, tan plural y tan singular a la vez, excede toda pretensión de síntesis. ("Un desaparecido ...")

Sobresaliente pedagogo en el plano de la teoría, en un país como el nuestro de grandes doctrinarios de la educación, lo fue además, de excepcional manera, en el terreno de la docencia –y aun de la militancia educacional– en su patria chica y en su patria grande. Lo quisimos apuntar en 1987 (Soler 3-12). Pero en este aspecto, nada más elocuente que estas testimoniales –emocionadas y emocionantes– palabras del mismo Soler Roca:

> Maestro y compañero mío, ¿cuántas páginas hemos borroneado juntos? ¿Cuántas veces compartimos el micrófono en salones, calles y plazas, para defender causas que nos eran comunes? ¿Con cuántos maestros nos hemos reunido, juntos, trabajando por el Uruguay y por América? ¿En cuántas comunidades [del país y del continente] hemos participado, juntos, en bodas, bautizos y entierros, en inauguraciones de escuelas, en pláticas con campesinos? ¿Cuántas veces hemos cruzado, juntos, los Andes? Tú ibas siempre al volante, en todo, abriendo camino. Gracias, Julio, por haberme dejado compartir tantos trozos de tu largo e incompleto viaje. (8)

Y sin embargo, todo el complejo lado pedagógico de su personalidad, por sí solo tan difícilmente abarcable, no es más que una parte de la misma, sin dejar de constituir su indiscutible espina dorsal. Está, además, el lado político, pleno de ideas, de reflexión, de estudio, tanto como de aquella su incesante actividad, en este aspecto, como en todo, desde la dirigente más destacable hasta la más menuda de hormiga laboriosa.

Unificando el conjunto, una universal inquietud que lo condujo a una cultura de aristas también universales, con acento –aparte de lo pedagógico– en lo histórico, lo sociológico, lo literario.

Versatilidad insólita, así, de su pluma tanto como de su quehacer, con rápidos a la vez que naturalísimos cambios en su siempre sorprendente trayectoria vital. En alguna oportunidad lo hemos visto en el medio rural, de donde procedía, con indumentaria, habla y actitudes espontáneamente campesinas, y apenas a las veinticuatro horas dando una sólida y castiza conferencia académica en el Paraninfo de la Universidad.[1]

Tropero en su adolescencia, antes de ganar como alumno de una escuela rural la beca que cambió (y no cambió) el rumbo de su vida, "tropero" le gustaba llamarlo Quijano, de quien fuera –lo hemos escrito más de una vez– el más íntimo y abnegado de todos sus compañeros. Justificadísima la expresión por su vocación viajera, constante devoradora de nuevos y lejanos horizontes. Pero habría que añadirle, con no menos justicia, la de "baqueano". Llegó a conocer tal vez como nadie, la tierra y la gente de su país y su América, en sus modalidades geográficas, culturales, costumbristas, lingüísticas, tanto rurales como urbanas.

¡Qué de conmovidos recuerdos! Lo conocimos personalmente –hace ahora sesenta años– en una inolvidable noche de octubre de 1931, en la misma ocasión que a Quijano. Nos tocó hablar a los tres un mes antes de las elecciones de ese año, en un local partidario de la Avenida Agraciada, en la parte hoy llamada del Libertador Lavalleja. Desde entonces fuimos toda la vida, como con Quijano, estrechos compañeros. A quien tuvo el privilegio de serlo suyo –muchos lo tuvieron– "hermano" preferiría decirle, y nosotros también preferiríamos decirle a él, porque realmente lo era.

En la milicia de la prensa, compañeros fuimos en la últimas semanas de *El Nacional*, del que era colaborador un tanto anterior; en el semanario *Acción*, 1932-1939, desde el primer número, en el que su artículo se tituló simbólicamente "El maestro y la escuela", hasta el último; en *Marcha*, 1939-1974, cuya dirección compartimos varias veces en ocasionales ausencias de Quijano, también desde el primero hasta el último número. Pero otros muy especiales compañerismos nos unieron.

En 1934, rodeábamos en un caserón de las afueras de Santana do Livramento a Basilio Muñoz, rodeado también allí, en otro plano, por Tomás Berreta, Luis Batlle Berres, Ismael Cortinas, Arturo González Vidart, Carlos Quijano, José Francisco Saravia, Juan Labat, en vísperas de la elección de la Constituyente convocada por Terra. Descartada ya la invasión en aquel momento, se tuvo la alerta de un inminente allanamiento por parte de la fuerza federal brasileña. El grupo de siete jóvenes que integrábamos con Julio, recibió la orden de permanecer en el lugar y recibirla, lo que determinó su prisión militar durante dos semanas. Eran los otros cinco, Pedro Basilio (Cacho) Muñoz –hijo mayor del legendario caudillo, hoy uno de los dos sobrevivientes del grupo– Juan José Duclós, Juan Carlos Alíes, Gregorio y Enrique Castro, hermanos de Julio. Cuando atraídos por éste, aquellos hermanos y otros dos, Domingo y Demetrio, más el propio Julio –¡cinco hermanos!– se presentaron juntos a Basilio Muñoz, visible fue la emoción del General. Domingo y Demetrio no fueron de los detenidos por haber sido súbitamente enviados a Montevideo, trayendo, y en seguida llevando, sendos chasques.

Otro muy especial compañerismo –en cierto modo, parte segunda del que acabamos de mencionar– lo constituyó en la misma década, la preparación y publicación conjunta, en 1937, de Vida de Basilio Muñoz, aquel libro de iniciación, tanto más querido por haber sido escrito en colaboración con él y por lucir prólogo de Quijano. Grabados en la memoria, como si fueran de ayer, tenemos los prolongados coloquios recogiendo recuerdos, noche a noche, de aquel impar y venerable guerrero al mismo tiempo que paradigma de narrador nativo. Tenían lugar ellos en el seno de su familia, junto a su esposa Morocha y sus hijos, los fraternos hoy como siempre, medio siglo más tarde, Célica, Cacho y Alberto.

Al evocar compañerismos tan especiales dentro del genérico que fuera entrañable hasta el último día, no nos resistimos a registrar aquí el tan casual como inesperado, para ambos, de París y Madrid, en 1967. A fines de ese año cumplíamos ante autoridades de UNESCO, con Luis de León, una misión de la Universidad de la República para un plan de incremento de la investigación científica, lejano pero no indirecto antecedente del actual PEDECIBA. Encontrándonos una mañana en el edificio de la Place Fontenoy, nos sorprende de pronto, llamándonos por nuestro nombre, la voz amiga de Zaira, la valerosa esposa de Julio. Por razones funcionales habían ido desde Quito, donde desde hacía un tiempo llevaba a cabo Julio tareas como experto de la nombrada organización.[2] Producido el encuentro con éste mismo, en diaria compañía compartimos en adelante la estancia en París, por las fechas de la muerte del Presidente Gestido, y en Madrid, a donde nos llevaron también otros compromisos culturales.

En 1977, en la última de las cartas que nos dirigiera a Caracas, describiendo la situación que aquí se vivía, insertaba Julio las siguientes palabras, patéticas entonces pero mucho más después del insuceso del mes de agosto: "... desaparece gente, a veces por algún tiempo; otras veces por siempre".

La reedición metódica de sus libros, conferencias, ensayos, proyectos, informes, así como de tantas notas de prensa de muy variada índole –parte todo ello de la mejor historia intelectual del país– requerirá, a la hora de acometerse, muy pacientes y dedicadas investigaciones. Con mayor razón las requerirá la reconstrución de su multiforme trayectoria personal. Cuando se haga, será de evidencia completa lo que en el país y fuera del país hace ya mucho tiempo muchos saben, pero que por explicable desinformación muchos compatriotas –incluidos muchos también que creen haberlo conocido– ignoran, y sus victimarios ignorarán siempre: el muy grande uruguayo y latinoamericano que fue –que es– Julio Castro.

Notas

* Artículo publicado en *Cuadernos de Marcha*, agosto 1992.
[1] En referencia a aquella insólita versatilidad, se ha escrito: "Manejaba las estadísticas de la economía nacional con la misma soltura que el tractor y el lazo" (Soler Roca, "Julio Castro" 4).
[2] El encuentro con el propio Julio quedó previsto para la comunicación desde los hoteles. La buena suerte quiso otra cosa. Apenas un rato más tarde, impedido un ascensor, inicia nuestro grupo de trabajo el descenso por la escalera. Otro, a su vez, subía por el tramo contiguo. Antes de visualizarlo, reconocemos la dominante voz de Julio. Emotivo encuentro, nada fácil, ni aún buscado, en medio del gran número de personas y variadas disposiciones del enorme edificio.

Bibliografía

Soler Roca, Miguel. "Un desaparecido que está con nosotros". *Cuadernos de Marcha* tercera época 7 (Montevideo, diciembre, 1985): 3.

_____ "Julio Castro, educador". *Cuadernos de Marcha* tercera época 22 (Montevideo, agosto, 1987): 3-12.

Colaboradores de Marcha, *1950*

Post Scríptum

Horacio Machín

Por una circunstancial división del trabjajo intelectual, me tocó a mí la tarea de escribir estas palabras finales. Me apresuro a señalar que mi preocupación no es cerrar el diálogo académico/intelectual que abren estos trabajos, sino dejarlo abierto. En particular, dejar abierta la posibilidad de que dicho diálogo contribuya a una mejor circulación nacional/trasnacional de las ideas. Quizás, ésta haya sido la motivación inconsciente por la que preferí usar la palabra Post Scríptum en lugar de epílogo o, quizás, "afterword". En breve, este Post Scríptum es una introducción fuera de lugar que se suma a las entrañables palabras iniciales de Mabel Moraña y Tulio Halperin Donghi, las cuales, por lo mismo, hacen mucho más difícil mi tarea.

En la búsqueda de trabajos críticos para este volumen fue central la colaboración que recibí en un viaje que hice a Montevideo (Uruguay) aproximadamente dos años atrás. Agradezco aquí toda la colaboración, la generosidad intelectual y el afecto que recibí en Montevideo de todos los que, de una manera u otra, ayudaron a que este proyecto sea posible. En particular, mi agradecimiento al doctor Arturo Ardao, una excepcional figura del pensamiento latinoamericano todavía no suficientemente "descubierta", quien tuvo la generosidad intelectual de colaborar con su conocimiento privilegiado de la experiencia de *Marcha*. Con infinita paciencia, Ardao respondió a mis preguntas con lujo de detalles y contagiosa energía intelectual. Obviamente, las posibles malinterpretaciones de sus respuestas son de mi exclusiva responsabilidad. Todavía recuerdo con especial cariño la gentileza del doctor Ardao y de su amable esposa invitándome a tomar el té en su casa (varias veces). Todo ésto hizo que mi trabajo fuese mucho más placentero.

Una de las características diferenciales de América Latina en relación con otras regiones del Tercer Mundo es el malestar de los intelectuales con respecto a la vida pública y a la falta de una cultura político-democrática enraizada en las prácticas de la vida cotidiana.

Después del fin de la Guerra Fría, las batallas de las ideas sufren un cambio en la representación de los intelectuales: de legisladores culturales a intérpretes culturales (Z. Bauman). Para repasar las estructuras de pensamiento que acompañan dicho cambio, quizás sea necesario hacer "una doble historización" (P. Bourdieu). Es decir, una historización que nos permita escapar del relativismo y de la historia. Si no subestimamos la importancia de las figuras centrales de *Marcha* (Quijano, Ardao, Castro) y, al mismo tiempo, la consideramos como una experiencia intelectual colectiva tal vez sea conveniente distinguir aquí entre *trayectoria* y *proyecto*. Ésto, no como dos realidades separadas, sino como dos entidades analíticamente separables. La *trayectoria* es una noción relacional, indisociable del contexto histórico-social en el que a los intelectuales de *Marcha* les tocó actuar, vivir, soñar, trabajar y distinguirse. Mientras que, el *proyecto* intelectual de *Marcha* (autopercibido como uno y el mismo) es una intencionalidad axiológica (ético-política) que recorre toda su *trayectoria* y opera como una matriz de significaciones culturales. En suma, si la *trayectoria* es la que le brinda a *Marcha* un sentido de multiplicidad, el *proyecto* le brinda uno de continuidad.

La *trayectoria* de *Marcha* presupone *in nuce* una interpretación de la cultura como orientación práctica. A través de su periodismo cultural, *Marcha* recrea una tradición intelectual latinoamericana, con la que sus colaboradores más directos se identifican. Además, la *trayectoria* de *Marcha* despliega un cierto pragmatismo (institucional y/o comunicacional) que es inevitable hasta para una empresa artesanal y su periodismo independiente que se precia de serlo. Este pragmatismo institucional de *Marcha* le permite negociar semanalmente los significados culturales de la vida cotidiana y entablar un diálogo con sus diferentes públicos durante más de 35 años. La *trayectoria* de *Marcha* es la que mejor exhibe las marcas de sus propios límites (internos y externos, intelectuales e institucionales) Por ejemplo, un límite interno de la comunidad discursiva de *Marcha* es la dominación masculina y sus silencios respecto al feminismo y las cuestiones de género. Un ejemplo obvio de sus posibles límites externos es su lucha y resistencia al creciente autoritarismo militar a partir de los sesenta. El *proyecto* de *Marcha* (intencionalidad ético-política) presupone un núcleo de creencias básicas que opera como un cinturón de seguridad axiológica. Son los intelectuales "troncales" Quijano, Ardao y Castro (que no cobraban por su trabajo) los que más se identifican con el *proyecto*. Dentro de este *proyecto*, las mujeres fueron incluidas sólo en su calidad de ciudadanas con derecho al sufragio universal. Son contadas las excepciones de mujeres que lograron introducir, esporádicamente, su sensibilidad de intérpretes culturales con derecho propio en *Marcha*. Éste es el caso de las entrevistas y los testimonios de María Esther Giglio (por ejemplo, a la actriz de cine popular argentina Isabelita Sarlo) que pueden ser vistas como un antecedente en *Marcha* de los estudios culturales.

La importancia de esos intelectuales "troncales" en *Marcha* es decisiva y, muchas veces, encandilante. A su vez, la importancia de los asalariados literario-culturales en la *trayectoria* de *Marcha* no puede ser subestimada: fueron los que le aportaron a *Marcha* una dinámica cultural receptiva de las estructuras de la vida cotidiana. Cabe señalar que en *Marcha* siempre existió una desproporción entre los salarios (decorosos) que cobraban sus colaboradores no troncales y las inmensas energías intelectuales que *Marcha* provocaba, despertaba y demandaba de todos sus colaboradores sin excepción (así como también de sus lectores). De alguna manera, la comunidad intelectual de *Marcha* participaba de un *sentido común* que todos sus colaboradores comunicaban a sus lectores: la vida intelectual sin *Marcha* era impensable, y si ésta era imaginable, lo era gracias a *Marcha*. Quizás este sentido común intelectual sea un índice de por qué los liberales democráticos socialistas y los sesentistas confluyeron en el espacio público de *Marcha*, y por qué quedaron fuera de dicho espacio los intelectuales tecnócratas modernizantes (cientificistas, desarrollistas, sociologistas, etc.). Estos, nunca tuvieron una participación activa en la *trayectoria* del semanario *Marcha* más allá de la sección *Cartas de los lectores*.

Los intérpretes literarios y/o culturales –por su propia formación en los suburbios de "la ciudad letrada" (A. Rama) y su inserción semi-profesional en el mercado– no afirmaron que "la cultura es ordinaria" (como los estudios culturales) sino que trabajaron en otras dos interpretaciones *in nuce*: la de la cultura como forma de vida y la de la cultura como comunidad utópica socialista (R. Williams) La coincidencia conflictiva entre los legisladores culturales (liberales éticos) y los intérpretes culturales en *Marcha* pasa por su común interpretación de la cultura como comunidad socialista latinoamericana. Dicha coincidencia discursiva y dicha interpretación cultural práctica, forma parte de la alquimia intelectual de *Marcha*. Esta alquimia, sigue siendo hoy un enigma para intelectuales liberales democráticos en período de extinción. Por ejemplo, una fórmula homóloga la de la alquimia de *Marcha* la podemos encontrar hoy en los debates europeos de la "tercera vía global" (Giddens) que intentan darle un rostro humano al neoliberalismo. Aquí también la importancia heurística (político/epistemológica) de la distinción entre liberalismo democrático y económico –central a toda la trayectoria de *Marcha* y en particular a sus intelectuales troncales– recién cobra visibilidad en la teoría social europea (Habermas, Wallerstein, Giddens) en los sesenta, cuando la hegemonía neoliberal eclipsa al liberalismo político.

La *distinción entre el liberalismo político y económico* –central para los editoriales de Ardao y Quijano– no sólo es la de un par de conceptos descriptivos sino que, en *Marcha*, es *un medio de construcción*: la construcción de un nuevo imaginario liberal democrático y/o socialista. En suma, dicha distinción es la que permite producir cosas que no existían anteriormente. Su centralidad política y/o epistemológica es un aporte significativo de los intelectuales troncales a la *trayectoria* de *Marcha*. Con respecto a la sensibilidad intelectual que acompañó dicho aporte vale mencionar aquí la frase de Rodó que cita Ardao en *América Latina y la latinidad* (México 1993): "*Hay un interés y una emoción particulares en la consideración de los orígenes humildes de las cosas que después se engrandecieron y magnificaron*".

El periodismo político-cultural de *Marcha* presupone *in nuce* una interpretación no esencialista de la cultura. La misma homóloga con la de los estudios culturales contemporáneos. Por ejemplo, *Marcha* focalizó (antes que los estudios culturales poscoloniales en la academia americana) el nexo entre imperialismo y cultura y, además, subrayó la necesidad de la descolonización mental de los intelectuales latinoamericanos. A diferencia de los estudios poscoloniales, *Marcha* incluyó en su rechazo al "esencialismo estratégico" de la hegemonía académica americana (más o menos tolerante). Frente a los nuevos imaginarios de los estudios culturales, y en particular, al de la sociedad civil democrática trasnacional, vale la pena mencionar que para los editoriales de Quijano la economía política era (como para Marx) la anatomía de la sociedad civil. El balance entre economía y conciencia política forma parte del atractivo que todavía conserva la ensayística política, económica y cultural del director de *Marcha*, Carlos Quijano. En cuanto al populismo posmoderno de los estudios culturales latinoamericanos, la única forma de populismo que pasó el filtro selectivo (liberal democrático socialista) de *Marcha* fue la *América Latina y la latinidad* de la Iglesia y la teología de la liberación. Por último, frente al estatuto ambiguo de la cuestión de la interdisciplinariedad en los estudios culturales fuera de los bordes de las disciplinas, cabe mencionar que la convergencia de economistas, filósofos, historiadores, literatos y críticos culturales en *Marcha* fue un periodismo político cultural interdisciplinario. En suma, el estatuto epistemológico y/o político de la mentada cuestión de la interdisciplinariedad es, por lo menos, tan ambiguo como lo es en los estudios culturales trasnacionales *Marcha* llegó a alcanzar un tiraje de 30.000 ejemplares (Alfaro). Se puede tener una idea de su impacto comunicacional si se toma en cuenta que la población del Uruguay en 1974 no llegaba a 3.000.000 y que la mitad (aproximadamente) estaba radicada en Montevideo. En su momento, la oferta simbólica de *Marcha* no tuvo competidores serios (ni en la llamada prensa grande ni en la otra) y alcanzó a diferentes franjas de edades. Por ejemplo, para los jóvenes estudiantes que ingresaban a la enseñanza universitaria (pública, gratuita y laica) sin el respaldo de un capital simbólico familiar (Bourdieu), *Marcha* les suministró una identidad para-universitaria más allá del estado. *Marcha* fue el equivalente simbólico cualitativo de la "extensión universitaria" –consagrada por la Ley Orgánica Universitaria de 1958– para la cual la Universidad estatal no estaba preparada ni tenía los recursos para llevarla a cabo. Para el aluvión de las masas estudiantiles que ingresaba por primera vez en la enseñanza universitaria, el discurso de *Marcha* constituyó una pedagogía socio-cultural (liberal democrática socialista) como "educación del deseo" (J. P. Thompson) latinoamericano.

En mi opinión, el análisis de la valoración de Rodó y el arielismo es una vía privilegiada para explorar las relaciones de fuerza previas a 1958 (Revolución Cubana) dentro del campo intelectual de *Marcha*. Carlos Real de Azúa, en 1967 (*Cuadernos de Marcha*), enfoca la "recepción" del arielismo en la cultura nacional, distingue tres tendencias y ubica dentro de las mismas a muchos intelectuales que habían colaborado en *Marcha* antes de 1958. A su vez, Arturo Ardao, en 1970 (*Biblioteca de Marcha*), usa con maestría la retórica jurídica del alegato, focaliza el idealismo axiológico (de los valores y no de las ideas) de Rodó y el arielismo y enmarca esto dentro del pensamiento latinoamericano. El ensayo sociológico cultural de Real de Azúa (centrado en la recepción del arielismo) de alguna manera seculariza el aura axiológica del arielismo, la cual es finamente analizada por el ensayo filosófico de Ardao. Escapa a estas notas ahondar en esta batalla de las ideas, me basta señalar que en el espacio simbólico de *Marcha*, esta tensión intelectual es previa a 1958 (tal como lo muestra el ensayo de Real de Azúa). Después de 1960 dicha tensión intelectual se reconfigura. A su vez, la *trayectoria* y el *proyecto* de *Marcha* confluyen en un nuevo banco de pruebas donde los legisladores culturales y los intérpretes culturales aprenden a reconocerse mutuamente. Entre otras cosas porque la dictadura le dio (por ausencia) un particular relieve y significación al liberalismo político que se había perdido.

Como señala Mabel Moraña (Introducción) "volver críticamente sobre el legado de *Marcha* es mucho más que un ejercicio académico". Implícita o explícitamente, los trabajos críticos recogidos en este volumen enfrentan el desafío que les ofrece su propio objeto de reflexión: averiguar qué parte del legado cultural de *Marcha* es útil para el presente. Este desafío es el que impide separar aquí el análisis cultural de la interpretación/comprensión, y a su vez, este análisis, del cambio de las coordenadas nacionales, internacionales y trasnacionales. Cualquier intelectual que intente explorar el legado y/o la significación cultural de *Marcha* termina hablando, casi sin proponérselo, de su propia experiencia. Son las vivas interrogantes que la experiencia de *Marcha* plantea todavía hoy a nuestra percepción de contemporáneos las que, implícita o explícitamente, entrecruzan las ideas en este volumen.

Colaboradores

Yamandú Acosta. Actualmente profesor de tiempo completo en la Universidad de la República (Montevideo-Uruguay); es Profesor Titular de Historia de las Ideas (Facultad de Derecho) y Profesor Adjunto e investigador en el Centro de Estudios Interdisciplinarios Latinoamericanos (Facultad de Humanidades y Ciencias de la Educación). Artículos suyos de filosofía, historia de las ideas y estudios latinoamericanos han sido publicados en Alemania, Argentina, Brasil, Canadá, Chile, Colombia, Costa Rica, España, México, Paraguay, Uruguay y Venezuela.

Raúl Antelo. Profesor titular de literatura brasileña en la Universidad Federal de Santa Catarina. Ha sido Profesor visitante en las Universidades de Texas-Austin, Yale, Duke y Leiden. Autor de *Literatura em revista* (1984); *Na ilha de Marapatá* (1986); *João do Rio: o dândi e a especulação* (1989); *Parque de diversões Aníbal Machado* (1994); *Algaravi - discursos de nação* (1998) y *Transgressão e modernidade* (2001). Colaboró en obras colectivas tales como *Modernidad e modernismo no Brasil* (1994); *The Future of Cultural Studies* (2000); *Brasil - Culture and Economies of Four Continents* (2000), así como en los catálogos *Roteiros. Roteiros. Roteiros. Roteiros. Roteiros* (Bienal de São Paulo, 1998) y *Fricciones* (Museo Reina Sofía, 2000). Editó *A alma encantadora das ruas* de João do Rio (1997) y la *Obra completa* de Oliverio Girondo (1999) para la colección Archivos de UNESCO, donde también colaboró en las ediciones críticas de Mário de Andrade y Henríquez Ureña. Dirigió la Associação Brasileira de Literatura Comparada (ABRALIC).

Arturo Ardao. Filósofo, pensador latinoamericano, historiador de las ideas en América, investigador, ensayista, abogado. Es una de las figuras clave del pensamiento latinoamericano contemporáneo.

Compartió con Carlos Quijano la dirección de *Marcha* y estuvo en el consejo editorial de *Cuadernos de Marcha* en sus tres épocas. Fue Profesor de Historia de las Ideas en América y Decano de la Facultad de Humanidades y Ciencias en la Universidad de la República, Montevideo y Profesor en el Instituto Andrés Bello de la Universidad Simón Bolívar en Caracas, Venezuela. Su vasta obra publicada (libros, artículos, ensayos) incluye, entre sus libros: *Filosofía de la lengua española* (Montevideo, 1963); *Rodó. Su americanismo* (Montevideo, 1970); *Etapas de la inteligencia uruguaya* (Montevideo, 1971); *Espacio e inteligencia* (Caracas, 1983); *Romania y América Latina* (Montevideo, 1991); *América Latina y la latinidad* (México 1993); *Lógica de la razón y lógica de la inteligencia* (Montevideo, 2000, París 2002).

Hiber Conteris. Novelista y crítico uruguayo es ahora catedrático de Trinity University. Sus publicaciones principales incluyen: *Ten Percent of Life* (Nueva York, 1987), *La Diane au crépuscule* (París, 1988) e *Información sobre la Ruta 1* (Barcelona, 1987). Actualmente prepara el libro *Literaturas marginales. Un estudio crítico de las formas literarias latinoamericanas*, que será publicado en Montevideo.

Haydée Ribeiro Coelho. Es profesora agregada de literatura latinoamericana en la Universidad de Minas Gerais, Florianópolis, Brasil. Realizó estudios de Pos-doctorado (2002) en la Facultad de Humanidades y Ciencias de la Educación, Universidad de la República, Montevideo, bajo la supervición de Hugo Achugar. Su proyecto de investigación "La gestación de la memoria, de la literatura y de la crítica en el exilio" tuvo el apoyo de CAPES (Coordinación de Personal de Nivel Superior). Sus áreas de interés son la memoria y los campos identitarios en América Latina, tiene varios trabajos publicados en revistas especializadas y ha presentado ponencias en varios congresos internacionales. Recientemente presentó su ponencia "Cultura y literatura: el exilio brasilero en el Uruguay en los años sesenta" en el VIII Congreso Internacional de CELCIR (Centro de Estudios de las Literaturas y Civilizaciones en el Río de la Plata), Universidad de la República, Facultad de Humanidades y Ciencias de la Educación (2002). Trabaja corrientemente en la publicación de un libro sobre sus temas de interés.

Claudia Gilman. Doctora en Letras, Universidad de Buenos Aires, Argentina; docente en la Facultad de Humanidades y Ciencias donde cursó estudios doctorales con Beatriz Sarlo. Actualmente es profesora en Literaturas extranjeras y latinoamericanas e investigadora en CONICET, Buenos Aires, con especialización en arte y política en América Latina en los sesenta. Además de artículos publicados en diferentes revistas especializadas argentinas y extranjeras, publicó prosa de ficción; es periodista Cultural y traductora. En colaboración con Graciela Montaldo publicó la novela *Preciosas cautivas* (Alfaguara, 1993) y está en vías de publicación su trabajo *Entre el fusil y la palabra: dilemas de la literatura revolucionaria* (Siglo XXI, Buenos Aires, 2003).

Tulio Halperin Donghi, profesor emérito de la Universidad de California en Berkeley, y uno de los más importantes historiadores de América Latina. Su obra se concentra en el estudio de la Argentina moderna, pero alcanza también todo el desarrollo histórico continental. Ha incursionado también en temas de cultura y literatura latinoamericanas. Su obra incluye títulos como: *El pensamiento de Echeverría* (1951), *El Río de la Plata al comenzar el siglo XIX* (1961), *Historia contemporánea de América Latina* (1969), *Argentina: de la revolución de independencia a la confederación rosista* (1972), *Argentina en el callejón* (1964), *Argentina: la democracia de masas* (1972), *José Hernández y sus mundos* (1985), *Nación para el desierto argentino* (1982), *Reforma y disolución de los imperios ibéricos, 1750-1850* (1985), *Sarmiento: Author of a Nation* (ed.) (1994), *Vida y muerte de la República verdadera* (1999).

Lucía Jacob. Es Licenciada en Comunicación Audiovisual en la Universidad ORT del Uruguay (1999). Como tesis de graduación realizó el guión y la dirección de un cortometraje de 15 minutos de duración, titulado *"Lo dijeron ayer en la televisión"*. Hizo trabajos de investigación sobre la Cinemateca del Tercer Mundo y el Cine Club de Marcha. En 1996, participó en un taller de Guión Cinematográfico dictado por Karin Rydholm en la Escuela de Cine del Uruguay. En 1998 participó en un taller sobre Estructura Dramática a cargo del montajista y director de cine argentino Miguel Pérez y en otro sobre "Arte y Medios" dictado por el profesor Joan van den Berghe. Ese mismo año comienza a trabajar en la Universidad ORT como asistente del área audiovisual. En el año 2001 dirige *"The Puff Movie"*, Uruguay, Cortometraje de 4 minutos (guión y dirección) y obtiene una beca de IBERMEDIA para realizar un Posgrado de guión de largometraje de ficción en la ESCAC (ESCOLA SUPERIOR DE CINEMA I AUDIOVISUALS DE CATALUNYA) en Barcelona. Actualmente reside en España, Barcelona y trabaja como Lectora y Correctora de guiones cinematográficos.

Horacio Machín. Profesor de Literatura Latinoamericana en la Universidad de Minnesota. Se ha especializado en movimientos intelectuales e historia de las ideas en el movimiento de las "Madres de la Plaza de Mayo" y la función del intelectual en América Latina.

Mabel Moraña. Profesora de la Universidad de Pittsburgh donde es Directora de Publicaciones del Instituto Internacional de Literatura Iberoamericana. Sus publicaciones incluyen *Literatura y cultura nacional en Hispanoamérica, (1910-1940)* (1982), *Memorias de la generación fantasma* (1988), *Políticas de la escritura en América Latina. De la Colonia a la modernidad* (1997). *Viaje al silencio. Exploraciones del discurso barroco* (1998). Ha editado *Relecturas del Barroco de Indias* (1994), *Mujer y cultura en la Colonia hispanoamericana* (1996), *Ángel Rama y los estudios latinoamericanos* (1997), *Indigenismo hacia el fin del milenio. Homenaje a Antonio Cornejo Polar* (1998) y es co-editora de *La imaginación histórica en el siglo XIX* (1994).

María Luisa Peirano. Licenciada en Letras por la Universidad de la República (Uruguay); es doctora en Comunicación Pública por la Univeridad de Navarra (España). Fue colaboradora de la cátedra de Semiótica de la Literatura en la Facultad de Ciencias de la Comunicación de la Universidad de la República y actualmente es profesora en la Universidad de Montevideo. Escribe para varios periódicos y revistas y ha participado en diversas investigaciones y congresos sobre temas culturales. Recientemente publicó *Marcha de Montevideo*, Javier Vergara Editor, Buenos Aires, 2001.

María Angélica Petit. Investigadora, ensayista, consejera editorial de *Cuadernos de Marcha* en México y en París; con estudios de doctorado en Ciencias Sociales, EHESS, París. Fue docente en Université de Paris III y Paris VI; es Profesora Agregada en Historia de las Ideas en la Facultad de Derecho y Ciencias Sociales y en el Instituto de Profesores "Artigas" (Montevideo, Uruguay) e integra el "Centro de Estudios de Literaturas y Civilizaciones del Río de

La Plata" (CIELCIRLP) Francia. Ha publicado varios trabajos de investigación histórica y literaria, participado en varios congresos internacionales en temas de su especialidad e integra la "Comisión Obras Completas de Arturo Ardao" que serán publicadas por el Poder Legislativo (Uruguay). Recientemente hizo el *Prólogo* de Arturo Ardao, *Logique de la Raison et Logique de l"Intelligence*, ed Hartmann, París 2002.

Mirian Pino. Licenciada y Doctora en Letras Modernas por la Universidad Nacional de Córdoba. Su tesis doctoral versó sobre la Narrativa chilena luego del golpe de estado. Es profesora adjunta en la cátedra de Literatura Hispanoamericana II de la Escuela de Letras, Universidad Nacional de Córdoba, Argentina. Es becaria pos-doctoral de CONICET (Consejo Nacional de Investigaciones Técnicas y Científicas) en Buenos Aires-Argentina, cuyo tema de investigación es "El semanario Marcha, crítica cultural y proyecto creador". Ha escrito diversos artículos en revistas argentinas, chilenas y de EE.UU., tales como *INTI, Revista de Crítica Literaria Latinoamericana, Nuevo Texto Crítico*. Fue coordinadora de un libro de ensayos críticos en torno a las narrativas latinoamericanas (1970-1990) , y co-autora de dos libros recientes, *De centros y periferias en la literatura de Córdoba* (Córdoba, 2001) y "La novela criminal en Chile: el detective Heredia" (Chile, 2002).

Omar Prego Gadea. Escritor, periodista, ensayista. Realizó estudios de literatura en la Facultad de Humanidades y Ciencias, Universidad de la República, Montevideo, Uruguay. Fue crítico literario del semanario *Marcha*, colaboró en París en *Cuadernos de Marcha* Segunda Época y formó parte del consejo redactor de *Cuadernos de Marcha* Tercera Época (1985-2002). Prologó la obra Carlos Quijano. Cultura. Personalidad. Mensajes, tomo VI (1992) de la serie editada por la Cámara de Representantes del Uruguay. Sus escritos políticos fueron publicados en *Le Monde* (París), *Excelsior* (México), *Il Corriere della Sera* (Italia), *El Nacional* (Caracas) y *La Opinión* (Buenos Aires). Como crítico literario colaboró en *Le Monde Diplomatique* (París), *Amerique Latine* (París), *Texto Crítico* (México) y *Revista Iberoamericana*. Publicó varias novelas y trabajos de investigación literaria y crítica cultural. Integró en Madrid el jurado internacionl convocado para discernir el "Premio Alfaguara de novela 2001" que fue otorgado a la escritora mexicana Elena Poniatowska.

Gustavo A. Remedi. Uruguayo, inició sus estudios en la Facultad de Arquitectura de Montevideo, y se graduó en la Universidad de Minnesota (Minneapolis). Actualmente se desempeña como profesor de literatura y cultura latinoamericana en Trinity College (Connecticut). Ha publicado sobre cultura popular, y es autor de *murgas: el teatro de los tablados* (1996), acerca del carnaval en tiempos de la dictadura militar. Sus ensayos recientes tratan de la relación entre la organización espacial, la estética y la conciencia posmoderna. Actualmente está realizando una investigación sobre el movimiento de radios comunitarias en Montevideo.

Pablo Rocca. Profesor de literatura uruguaya y latinoamericana en la Facultad de Humanidades y Ciencias de la Educación (Universidad de la República). Responsable del Programa de Documentación en Literaturas Uruguaya y Latinoamericana de la mencionada Facultad. Crítico literario en diversos medios, desde 1985; ha publicado numerosos artículos de su especialidad en su país y en Argentina, Brasil, España, Estados Unidos y México. Entre sus libros figuran: *35 años en* Marcha *(Crítica y Literatura en el semanario* Marcha *y en Uruguay)*, 1991; *Horacio Quiroga, el escritor y el mito*, 1996; *Historia de la literatura uruguaya contemporánea* (dos vols. a la fecha, 1996-97); la edición crítica, prólogo, notas y bibliografías de los *Cuentos completos*, de Eduardo Acevedo Díaz (1999) y *Enseñanza y teoría de la literatura en José Enrique Rodó* (2001).

Jorge Ruffinelli. Crítico y profesor uruguayo, y actualmente académico de la Universidad de Stanford. Ha trabajado extensamente sobre literatura y culturas uruguaya y latinoamericana. Entre sus múltiples libros se cuentan: *Palabras en orden* (1974); *El otro México: México en la obra de B. Traven, D. H. Lawrence y Malcolm Lowry* (1978); *José Revueltas, ficción política y verdad* (1977); *Crítica en marcha: ensayos sobre literatura latinoamericana* (1979); *El lugar de Rulfo y otros ensayos* (1980); *Infamias de la inteligencia burguesa y otros ensayos* (1981); *Lectura e ideología: el primer Mariano Azuela* (1982); *Poesía y descolonización: viaje por la poesía de Nicolás Guillén* (1985). Actualmente trabaja sobre temas de crítica cultural y literaria, y sobre cine latinoamericano.

Carmen de Sierra. Doctora en Historia-EHESS (Ecole des Hautes Etudes en Sciences Sociales), París-Francia Titre de Maitre de Conferences- Section Histoire Moderne et Contemporaine-Francia. Licenciada en Historia- IPA- Uruguay. Ex Docente e Investigadora del IHEAL (Institut des Hautes Etudes sur l'Amérique Latine)-París III-Sorbonne-París-Francia. Investigadora Asociada de CREDAL (Centre de Recherche sur l'Amérique Latine)- CNRS-París-Francia. Es Docente e Investigadora CODICEN- ANEP-Uruguay y fue Docente-Investigadora de la Facultad de Ciencias Sociales-UDELAR-Uruguay. Su tesis doctoral versó sobre *Marcha*, los intelectuales, la cultura y la política en Uruguay en el contexto internacional del siglo XX. Ha publicado varios trabajos y ha presentado ponencias en varios congresos internacionales de Americanistas sobre temas de su especialización. Una versión revisada y en castellano de su tesis doctoral sobre *Marcha* (en francés, 1977) está en vías de publicación (Montevideo, Uruguay).

Abril Trigo. Profesor del Departamento de Español y Portugués de la Ohio State University. Sus publicaciones incluyen: *Caudillo, Estado y Nación* (1990) y *¿Cultura uruguaya o culturas linyeras? (Para una cartografía de la neomodernidad posuruguaya)* (1997).

Eduardo J. Vior. Cursó estudios de Historia en la Facultad de Filosofía y Letras de Buenos Aires. Master en la Universidad de Heilderberg, Alemanania y Doctor en Ciencias Sociales en la Universidad de Main and GieBen, Alemania. Investigador, ensayista, participante en congresos internacionales de americanistas, con varias publicaciones en revistas internacionales sobre temas de su especialidad. Entre sus publicaciones en revistas se incluyen "Las visiones de nuestra América, las visiones de la Otra América y las nuevas fronteras" en *Cuadernos Latinoamericanos* (2000) y "Visiones de Calibán visiones de América" en *El Hermes criollo* (2001).

www.ingramcontent.com/pod-product-compliance
Lightning Source LLC
Chambersburg PA
CBHW071353300426
44114CB00016B/2041